亳州年鉴 2017

YEARBOOK OF BOZHOU

亳州市地方志编纂办公室 编

方志出版社
Publishing House of Local Records

图书在版编目（CIP）数据

亳州年鉴 2017/亳州市地方志编纂办公室
编. -- 北京：方志出版社，2017.11
ISBN 978-7-5144-2695-3

Ⅰ. ①亳… Ⅱ. ①亳… Ⅲ. ①亳州市－2017－年鉴
Ⅳ. ①Z525.44

中国版本图书馆CIP数据核字（2017）第279648号

亳州年鉴（2017）

编　　者：亳州市地方志编纂办公室
责任编辑：张　颢

出 版 人：冀祥德
出 版 者：方志出版社
地址　北京市朝阳区潘家园东里9号（国家方志馆4层）
邮编　100021
网址　http://www.fzph.org
发　　行：方志出版社图书经销中心
（010）67110500
经　　销：各地新华书店
印　　刷：南京凯德印刷有限公司

开　　本：889×1194　　1/16
印　　张：27.75
字　　数：715千字
版　　次：2017年11月第1版　　2017年11月第1次印刷
印　　数：0001~1000册

ISBN 978-7-5144-2695-3　　定价：260.00元

《亳州年鉴》编纂委员会

《亳州年鉴》编辑部

编辑说明

BIANJISHUOMING

一、《亳州年鉴》坚持以马克思列宁主义、毛泽东思想、邓小平理论、“三个代表”重要思想、科学发展观、习近平新时代中国特色社会主义思想为指导，坚持辩证唯物主义和历史唯物主义的立场、观点和方法，存真求实，全面、客观、系统地记述年度发展情况。

二、《亳州年鉴》是中共亳州市委、亳州市人民政府主办的年度资料性文献。旨在记载亳州市自然、政治、经济、文化、社会概貌和发展情况，为党政机关和社会各界了解亳州、研究亳州提供权威系统准确的信息资料，并为亳州市积累史料。2002 年创刊，每年编辑一卷。《亳州年鉴 (2017)》为第 16 卷。

三、本卷年鉴除特载和附录部分内容采用综合性文章外，其余均采用规范性记述，按类目、分目、条目三个层次编排。对各类目、分目间的交叉重复资料，在分清主次和互相协调的基础上，采取详此略彼的记述方法予以记载。类目标题标于类目起始处和书眉，分目用小标宋字体配底纹随文标出，条目标题则用黑体字前后加“【 】”表示。2017 年版《亳州年鉴》对类目和分目设置进行部分调整。

四、本卷年鉴收录范围，以亳州市现有行政区划为界，时间以 2016 年 1 月 1 日—12 月 31 日为限。个别文字和图片时间有上溯或下延；选用图片来源较广，一些图片不知拍摄者，为了统一，每幅图片后均不署名，主要拍摄者署名于书前。

五、本卷年鉴所载信息资料由全市各机关、单位提供并审核，作者在文尾署名。由于来源、统计方法或口径不同，不同部门提供的同项数据或有不一致的，以统计部门公布的数据为准。计量单位采用国务院公布的公制和国际单位制，少数非统计意义的计量单位仍用市制。

《亳州年鉴》编辑部

2017 年 10 月

要　目

YAOMU

亳州市行政区划图

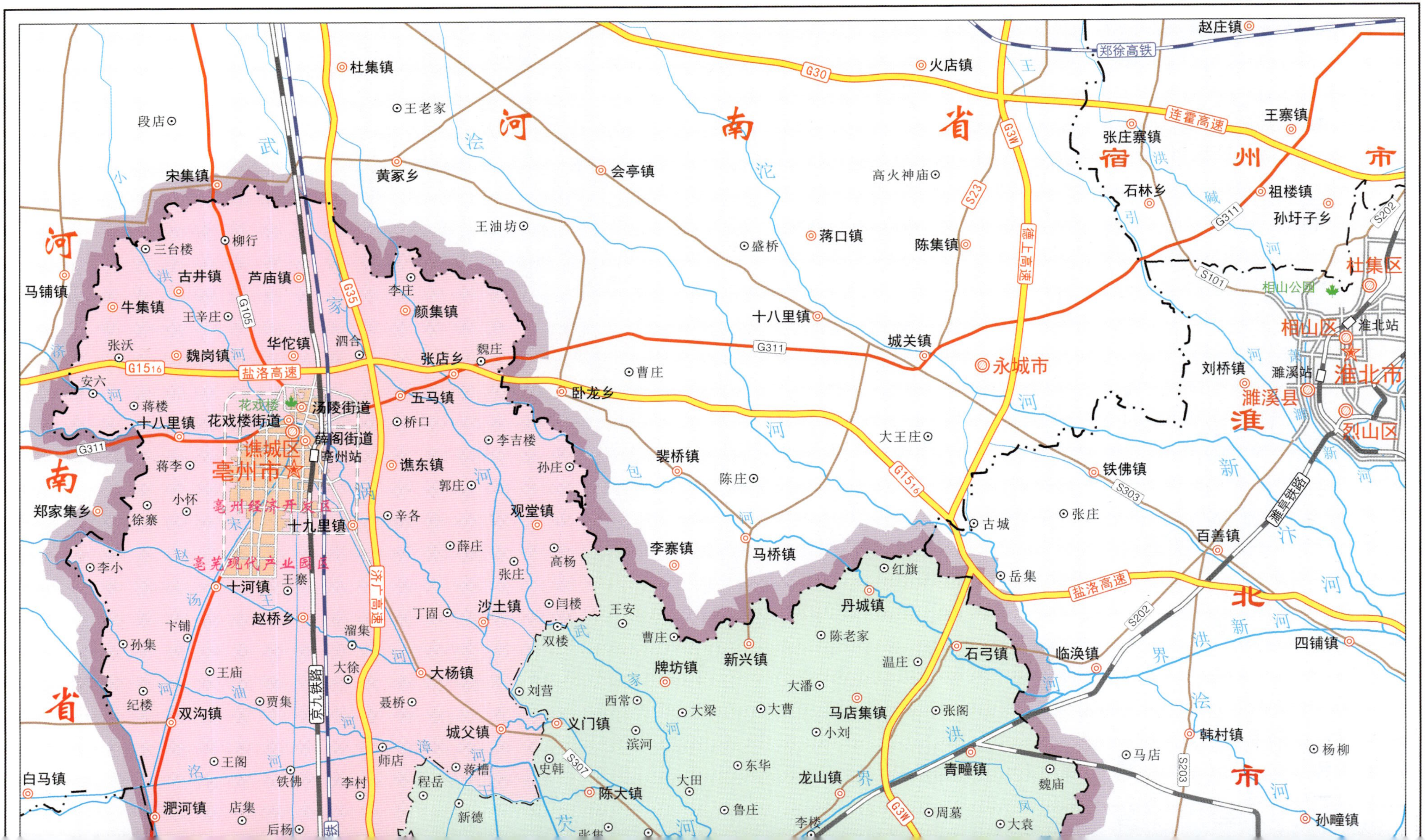

河南省
宿州市
淮北市
河南省
赵庄镇
郑徐高铁
火店镇
G30
连霍高速
王寨镇
张庄寨镇
杜集镇
王老家
段店
会亭镇
黄冢乡
高火神庙
石林乡
祖楼镇
孙圩子乡
宋集镇
G3W
S23
德上高速
王油坊
蒋口镇
陈集镇
盛桥
三台楼
柳行
古井镇
芦庙镇
马铺镇
牛集镇
李庄
颜集镇
G105
G35
S101
S202
杜集区
相山公园
相山区
淮北站
王辛庄
十八里镇
城关镇
张沃
华佗镇
泗合
魏庄
魏岗镇
张店乡
G311
永城市
刘桥镇
濉溪站
濉溪县
烈山区
G1516
盐洛高速
曹庄
安六
卧龙乡
五马镇
蒋楼
花戏楼
汤陵街道
桥口
花戏楼街道
十八里镇
薛阁街道
谯城区
亳州站
李吉楼
大王庄
蒋李
亳州市
谯东镇
孙庄
裴桥镇
铁佛镇
郭庄
陈庄
S303
郑家集乡
小怀
徐寨
亳州经济开发区
辛各
观堂镇
十九里镇
古城
张庄
百善镇
濉阜铁路
薛庄
李寨镇
马桥镇
高杨
李小
亳芜现代产业园区
张庄
岳集
十河镇
王寨
红旗
闫楼
沙土镇
王安
丁固
丹城镇
卞铺
赵桥乡
济广高速
溜集
曹庄
陈老家
孙集
双楼
S202
四铺镇
石弓镇
临涣镇
王庙
大徐
牌坊镇
新兴镇
温庄
大杨镇
刘营
大潘
纪楼
贾集
京九铁路
聂桥
西常
大梁
大曹
马店集镇
张阁
双沟镇
滨河
义门镇
城父镇
小刘
韩村镇
马店
杨柳
王阁
S203
师店
东华
S307
白马镇
铁佛
李村
蒋槽
史韩
大田
龙山镇
青疃镇
魏庙
程岳
陈大镇
涸河镇
店集
新德
鲁庄
周墓
后杨
李楼
大袁
孙疃镇

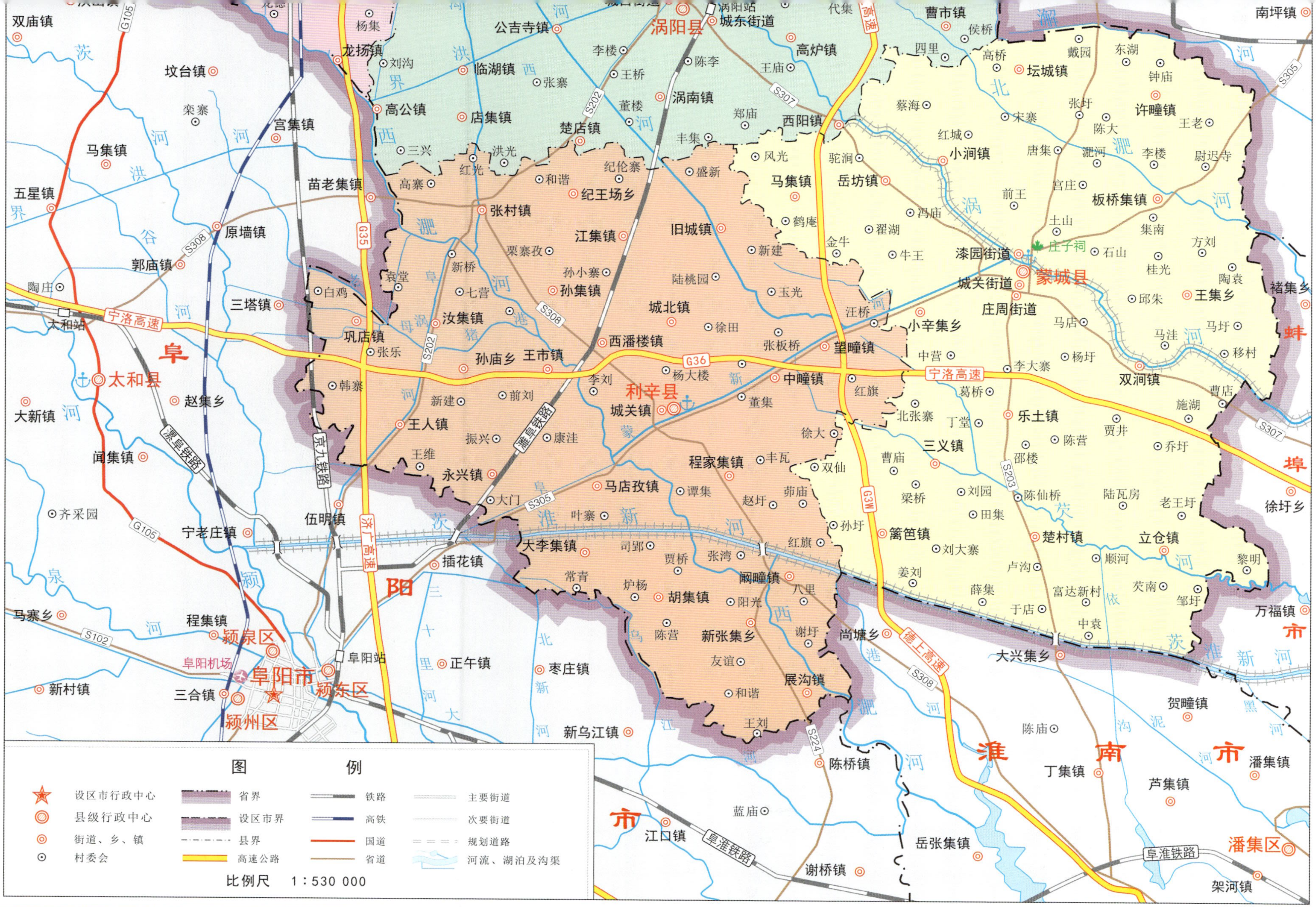

安徽省第四测绘院编制 审图号：皖亳S(2017)03号

二〇一七年十月

亳芍花开

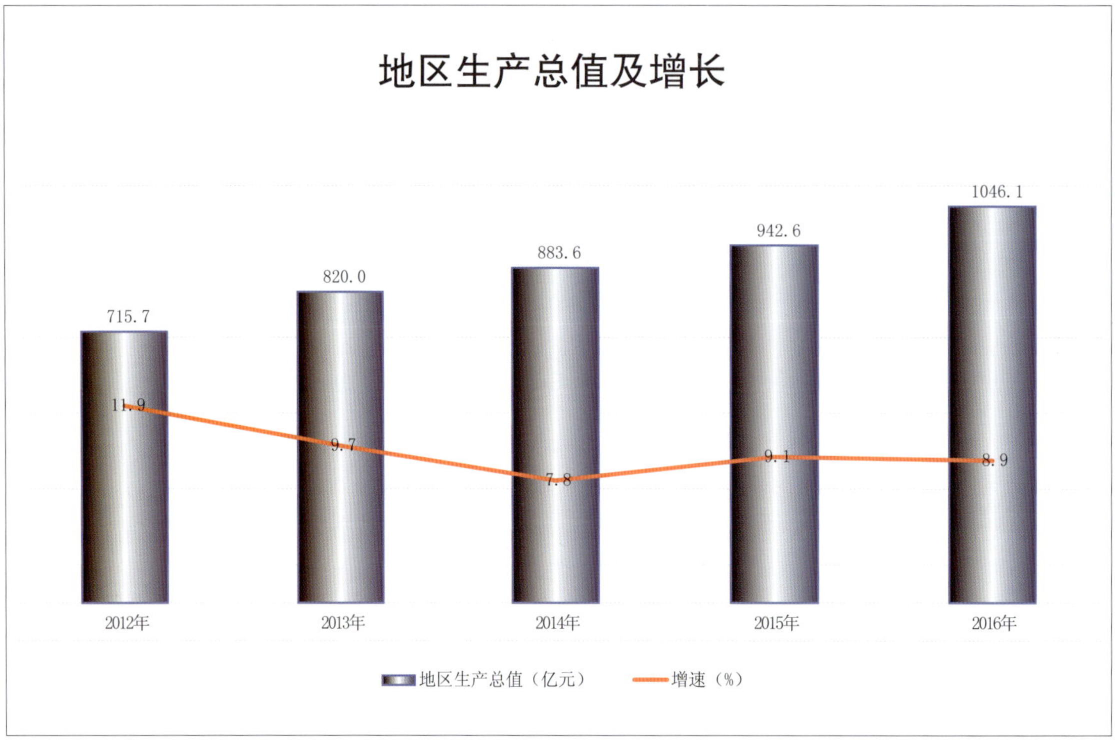
地区生产总值及增长
715.7
820.0
883.6
942.6
1046.1
11.9
9.7
7.8
9.1
8.9
2012年
2013年
2014年
2015年
2016年
地区生产总值（亿元）
增速（%）

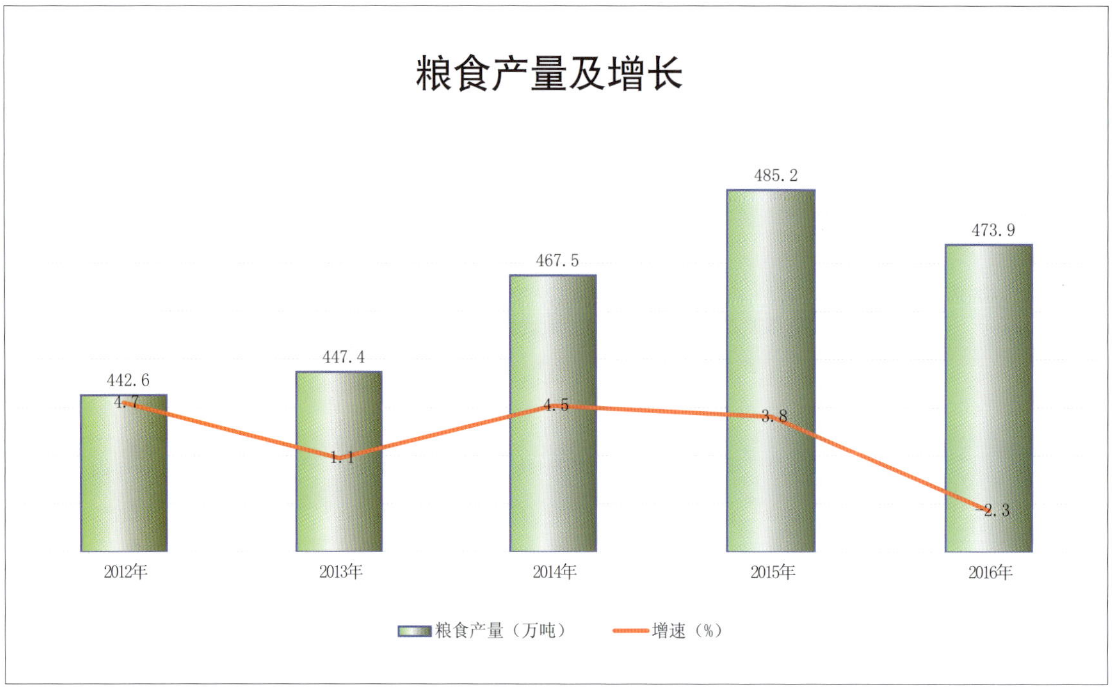
粮食产量及增长
442.6
447.4
467.5
485.2
473.9
4.7
1.1
4.5
3.8
-2.3
2012年
2013年
2014年
2015年
2016年
粮食产量（万吨）
增速（%）

固定资产投资及增长

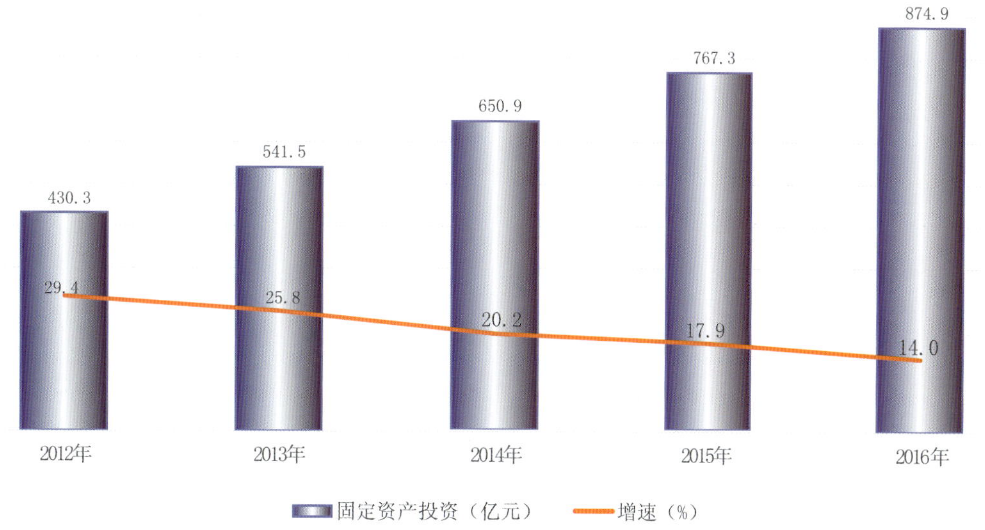

工业增加值及增长

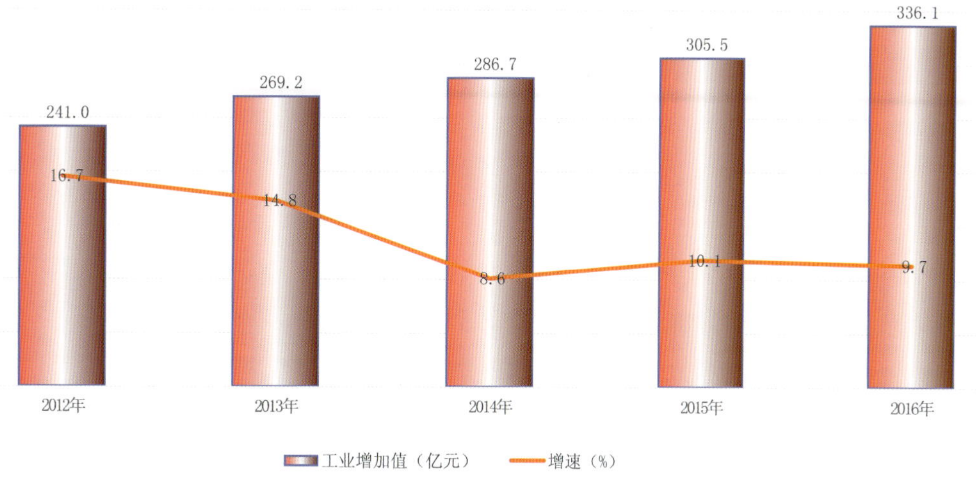

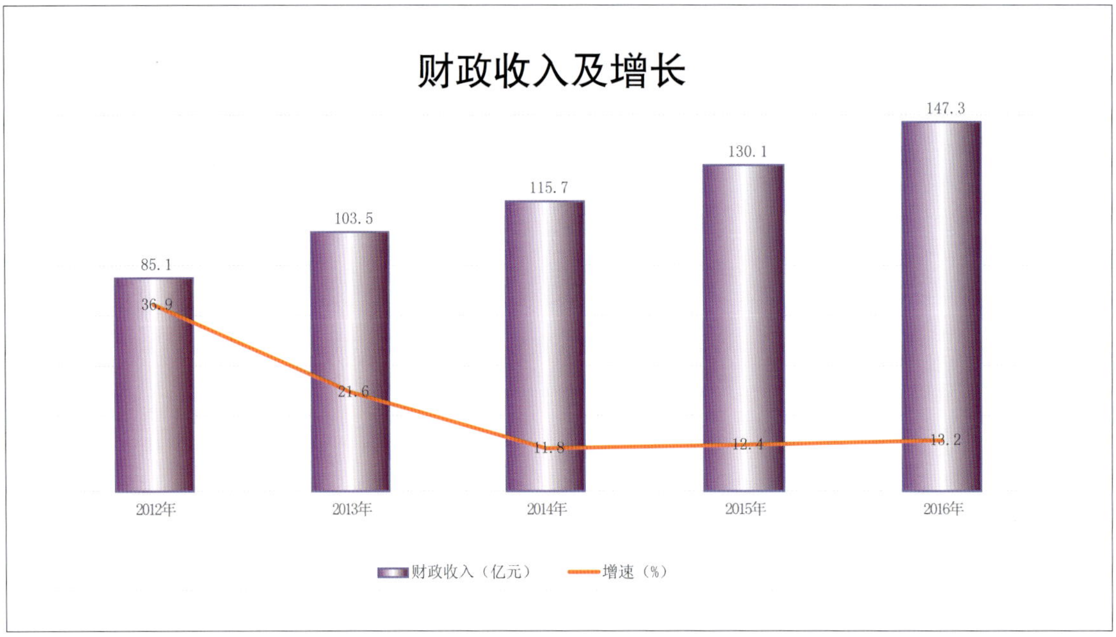
财政收入及增长
85.1
103.5
115.7
130.1
147.3
36.9
21.6
11.8
12.4
13.2
2012年
2013年
2014年
2015年
2016年
财政收入（亿元）
增速（%）

社会消费品零售总额及增长
303.7
345.1
388.4
436.4
492.1
15.7
13.6
12.6
12.4
12.8
2012年
2013年
2014年
2015年
2016年
社会消费品零售总额（亿元）
增速（%）

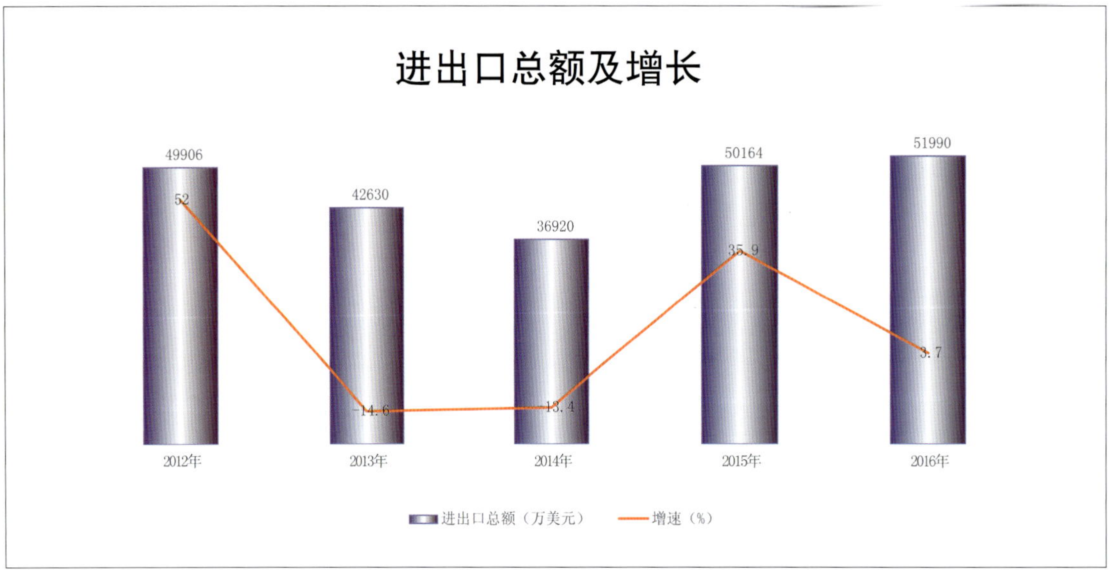
进出口总额及增长
49906
42630
36920
50164
51990
52
-14.6
-13.4
35.9
3.7
2012年
2013年
2014年
2015年
2016年
进出口总额（万美元）
增速（%）

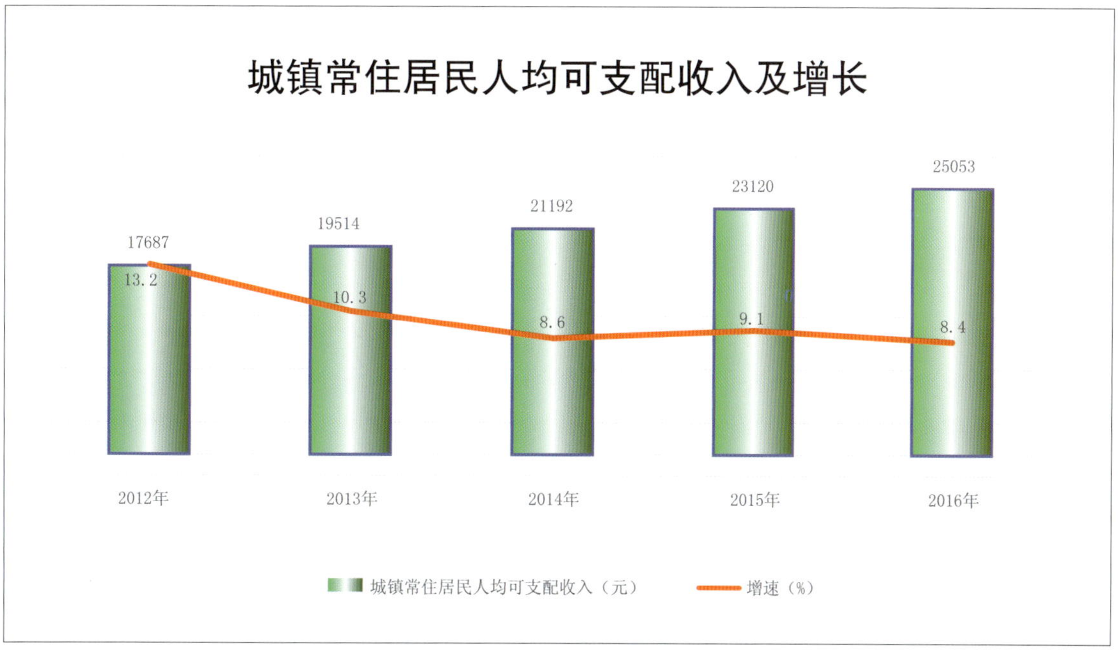
城镇常住居民人均可支配收入及增长
17687
19514
21192
23120
25053
13.2
10.3
8.6
9.1
8.4
2012年
2013年
2014年
2015年
2016年
城镇常住居民人均可支配收入（元）
增速（%）

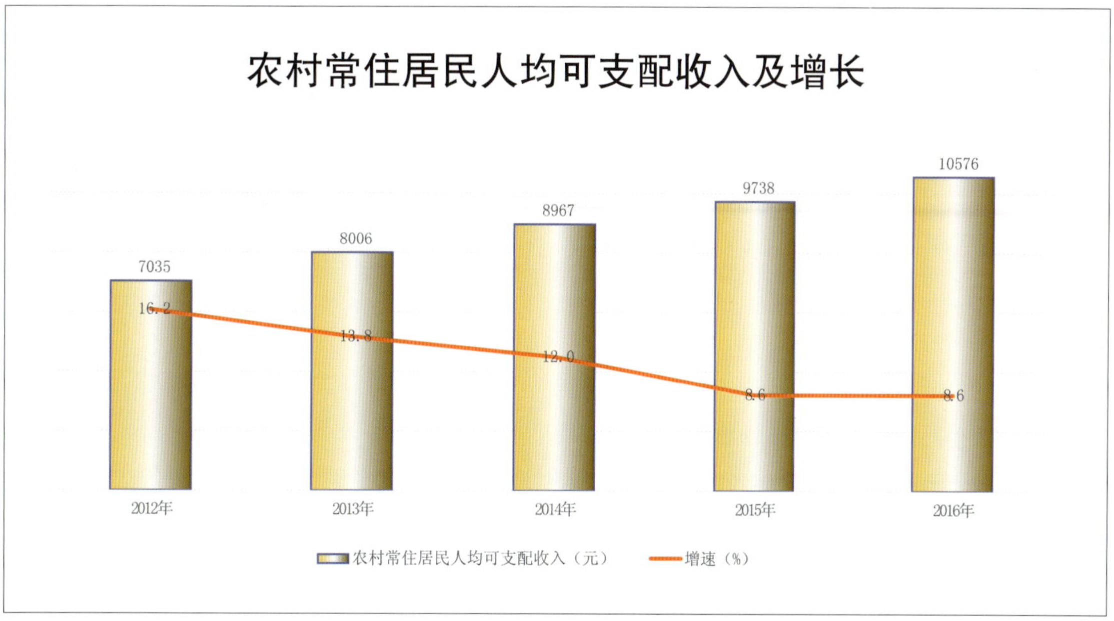
农村常住居民人均可支配收入及增长
7035
8006
8967
9738
10576
16.2
13.8
12.0
8.6
8.6
2012年
2013年
2014年
2015年
2016年
农村常住居民人均可支配收入（元）
增速（%）

中药产业流通与质量安全信息化高峰论坛

2016 年国际（亳州）中医药博览会暨第 32 届全国（亳州）中药材交易会开幕式

纪念华佗诞辰 1889 周年祭祀典礼

2016 年国际（亳州）中医药博览会“互联网 +
生花草茶”论坛

2016 年国际（亳州）药材药品交易洽谈会

中药展厅

五禽戏展演

2016 年 1 月 20 日，“古井商学院”揭牌

2016 年 4 月 27 日，古井贡酒与黄鹤楼酒战略合作正式签约

2016 年 10 月 31 日，苏宁云商与古井贡酒举行战略合作发布会

2016 年古井集团获评“全国企业文化示范基地”称号

2016 年 5 月 26 日，古井贡酒·年份原浆米兰世博会定制酒亮相安徽—中东欧合作机遇与展望对话会

2016 年 9 月 9 日，古井贡酒秋季开酿大典，乐舞告祭

2016 年 11 月 19 日，徽商全球理事会年会在古井召开

2016 年 9 月 21—23 日，中国共产党亳州市第四次代表大会召开，确立“深入践行五大发展理念，奋力走在皖北振兴前列”总要求

2016 年 7 月 6 日，在亳州市第三届人民代表大会第八次会议上，新当选的亳州市人大常委会主任汪一光（前排右一）和亳州市人民政府市长杜延安（前排右二）向宪法进行宣誓

2016 年 1 月 17 日，中国人民政治协商会议第三届亳州市委员会第六次会议召开

2016 年 12 月 21 日，省委书记李锦斌（左二）在筑梦社区调研

2016 年 12 月 30 日，市委书记汪一光在亳州学院风雨操场为师生上关于就业的党课，鼓励大学生们踏上青春新征程，走好就业第一步

2016 年 11 月 22 日，杜延安（右二）带队检查低温寒潮等气象灾害应对情况

2016年，市委书记汪一光和市长杜延安联名发出《亳州老乡，请您回家——致亳州老乡的一封家书》公开信，希望在外工作的亳州老乡回乡创业。图为青年创客空间

2016年，亳州市数字城管系统项目通过国家住建部专家组评审验收

建安路隧道建设

2016 年，亳州市扎实推进脱贫攻坚工作，图为新建光伏发电项目

高铁项目建设

市行政中心向市民开放

亳州学院揭牌仪式

2016 年 12 月 14 日，“2017 亳州文化旅游年”开幕

目　录

特　载

大事记

市情概览

中共亳州市委员会

亳州市人民代表大会

亳州市人民政府

政协亳州市委员会

纪检监察

民主党派

社会团体

军　事

法　治

发展　改革

经济监督管理

中药产业

农　业

工 业

交通 邮政

商 贸

信息业

城乡建设与管理

文化旅游　新闻传媒

财政　税收

金融　保险

教育　科技

卫生　体育

民政　宗教

园区建设

县　区

标准建制镇

附　录

索　引

CONTENTS

特　载

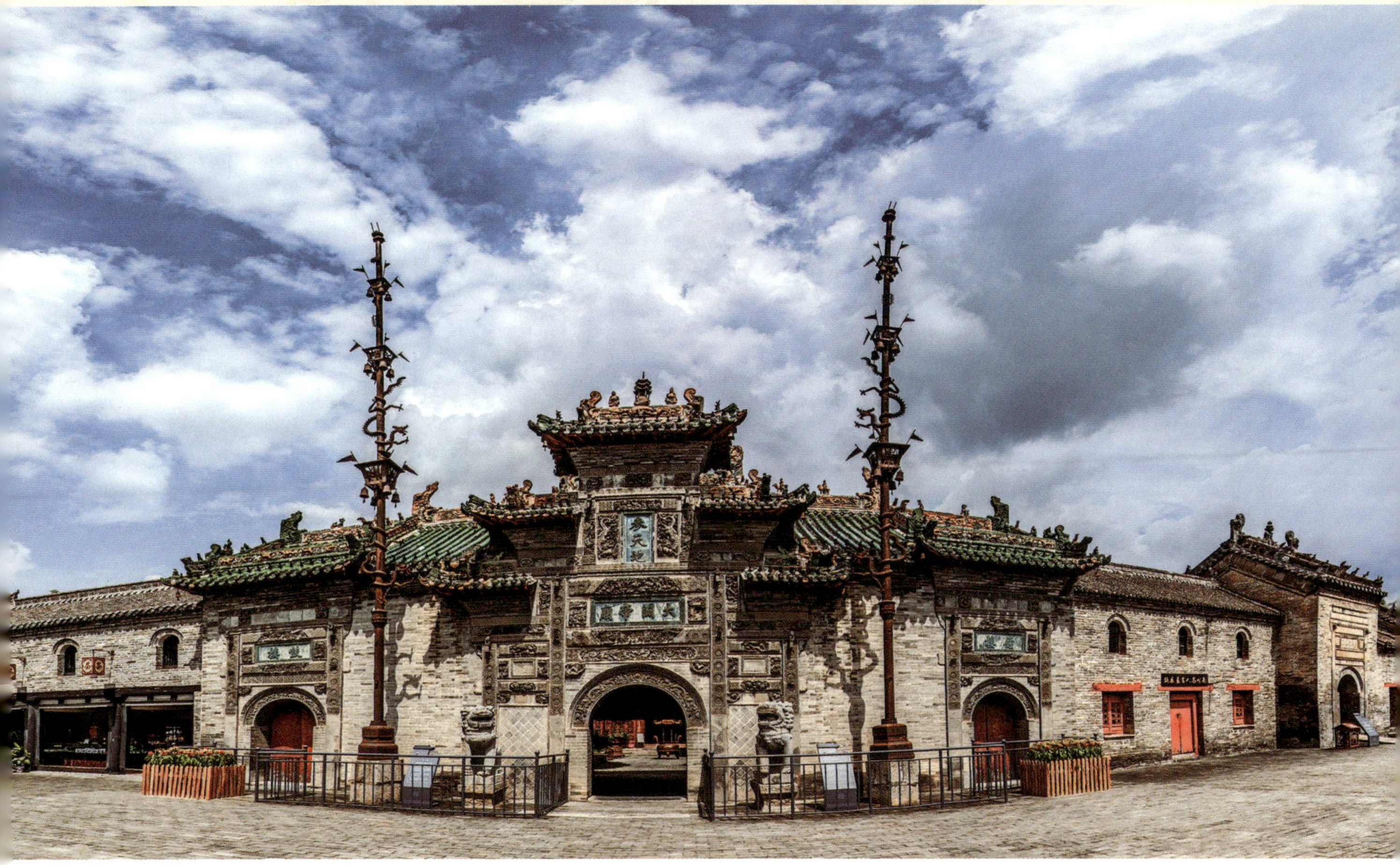

“美丽亳州”系列图片——花戏楼

加快跨越赶超　决胜全面小康
奋力走在皖北振兴前列

——在中国共产党亳州市第四次代表大会上的报告

（2016年9月21日）

汪一光

一、过去五年的工作

市第三次党代会以来，面对复杂多变的国际国内经济环境和艰巨繁重的改革发展稳定任务，市委坚决贯彻中央和省委各项决策部署，带领全市各级党组织和广大干部群众，解放思想、攻坚克难，团结拼搏、真抓实干，圆满完成了市第三次党代会确定的目标任务，为今后的发展奠定了坚实基础。

这五年，经济健康快速发展，综合实力显著增强。主要经济指标增速位居全省前列。财政收入达到130.1亿元，是“十一五”末的3.1倍，居全省第12位，比“十一五”末提升4个位次，年均增长25.2%，提前两年完成“十二五”预期目标。社会消费品零售总额436亿元，是“十一五”末的2倍，年均增长14.4%。金融机构存款余额1260亿元、贷款余额783亿元，分别是“十一五”末的2.3倍和3.2倍。累计完成固定资产投资2723亿元，是“十一五”期间的3.7倍，其中累计完成工业投资1152亿元，是“十一五”期间的4倍。产业结构不断优化，二、三产业比重分别比“十一五”末提升1.9个百分点和4.1个百分点。申请发明专利、授权发明专利分别是“十一五”期间的8.4倍和17.3倍。市场主体总数达到21.4万个，比“十一五”末净增10.2万个；规模以上工业企业、限额以上商贸企业分别是“十一五”末的3.2倍、5.8倍。现代中药产业优势凸显，康美华佗国际中药城建成并投入使用，珍宝岛药业、修正药业等全国中药百强企业中有45家落户亳州，亳州市被列入全省首批战略性新兴产业集聚发展基地，药业生产企业发展到151家、通过GMP认证139家。农业基础地位更加稳固，成功创建全省首个“小麦亩产千斤市”和“吨粮市”，2012－2014年连续三年荣获“全国粮食生产先进单位”，农业发展方式加快转变，现代食品产业加速崛起。

这五年，改革开放持续深化，发展活力显著释放。坚决落实中央和省委全面深化改革决策部署，2013年以来共完成175项改革任务，取得一批积极成果。行政体制改革成效显著，在全省率先完成政府工作部门权力清单、责任清单、公共服务清单和行政收费清单编制运行工作，完成行政审批中介服务事项清理规范工作；全面建立市县镇村四级网上办事大厅，月办件已达20万件，满意率超过99%，“互联网+政务服务”亳州模式全国点赞。金融体制改革不断深化，在全国首创“532”小额贷款保证保险模式，在全省率先打造“我要贷款”中小微企业及个人网上贷款平台。深化农村综合改革，农村土地承包经营权确权登记颁证基本完成。商事制度改革、教育医疗改革、司法体制改革等稳步推进。招商引资取得重大进展，累计利用市外资金4086亿元，年均增长32.9%，640个亿元以上项目落户亳州市。对外贸易快速发展，累计实现进出口总额21.2亿美元，年均增长15.9%。与央企、知名民企、知名商会合作更加密切，药博会影响力不断扩大，国际友好城市和友好交流城市发展到11个国家的13个城市，全方位对外开放格局进一步形成。

这五年，城乡建设统筹推进，环境面貌显著变化。中心城区建设加快推进，老城改造稳步实施，新城形象日益显现，城市功能大幅提升。新增建设用地6733.33公顷，是“十一五”期间的1.7倍。城镇化率达到37%，年均提高1.6个百分点，增速居全省第一位。中心城区规划面积扩大到218平方千米，三县县城规划面积总和扩大到160平方千米。南部新区道西片区骨干路网全部建成，配套设施日益完善，市政公园、万达广场等一大批项目投入使用。北部新城建设步伐加快，市政设施建设和水系治理扎实推进。“地净、路畅、水活、天蓝、林拥城”工程成效明显，中心城区干道机扫率超过90%，平稳有序搬迁4个客运站，取缔非法客运三轮车1.4万辆，拆除违法违规户外广告9051处，完成“一涵四闸”建设，环境保护和节能减排全面完成省下达目标任务，PM_{10}平均浓度下降13个百分点，建成环城林带40.4千米，人工造林27133.33公顷。积极创新城市管理，中心城区建成数字城管系统、视频监控系统，成功创建全省文明城市，被列入国家智慧城市建设试点。省道307一级公路完成改造，绕城快速通道西线工程全线贯通，济祁高速永利段建成通车、利淮段年内全程通车，商合杭高铁亳州段开工建设，亳州机场选址获批，引江济淮入亳、涡河高等级航道改造等一批重大项目加快实施。农村清洁工程扎实推进，“三线三边”环境治理、“三治三增三提升”行动不断深入，人居环境明显改观。建成省级美丽乡村中心村54个，美丽乡村建设始终走在全省前列。

这五年，社会事业全面进步，人民生活显著改善。累计实施民生工程43项，财政民生支出达到862.8亿元，占全部财政支出的83%以上。城镇居民人均可支配收入增长49%，农村常住居民人均可支配收入翻了一番。53万人稳定脱贫，422万农村居民和18.8万学校师生饮水安全问题得到有效解决。新增城镇就业人员73.5万人，累计转移农村剩余劳动力74.5万人。城乡低保标准稳步提高，新型农村合作医疗、新型农村社会养老保险提标扩面，在皖北地区率先实现农村低保、五保供养和扶贫标准“三线合一”，覆盖城乡的社会保障体系不断健全。新建九年制学校51所，招录编制内教师10191名，义务教育均衡发展工作经验被评为全国优秀案例。亳州师专升格为亳州学院，结束了亳州市没有本科院校的历史，市人民医院成功创建三级甲等医院。市博物馆、图书馆、档案馆、谯望楼及建安文学馆等建成使用。大力培育和践行社会主义核心价值观，107人荣登“中国好人榜”，占全省的十分之一，“书香亳州”建设全面推进，“国学经典进课堂”活动成为全国典型。

这五年，民主法治有序推进，和谐大局显著巩固。坚持和完善人民代表大会制度，获得地方立法权并制定出台《立法程序规定》，人大工作制度化、规范化、科学化水平不断提高。坚持和完善中国共产党领导的多党合作和政治协商制度，人民政协政治协商、民主监督、参政议政水平进一步提高。爱国统一战线不断发展壮大，民族、宗教、侨务、港澳和对台工作取得积极进展。工会、共青团、妇联等群团组织桥梁纽带作用得到充分发挥。《法治亳州建设纲要（2011－2015年）》颁布实施，“六五”普法规划全面完成，法治政府、法治社会建设扎实推进。深化“平安亳州”建设，建立健全“三位一体”信访工作责任制、“五位一体”安全生产责任制，加大药材市场和食品安全监管力度，人民群众安全感显著增强。党管武装工作成效明显，国防动员和后备力量建设扎实推进，全民国防教育不断深入，军民融合深度发展，成功创建全国双拥模范城。

这五年，党的建设不断加强，执政能力显著提升。认真贯彻落实《中国共产党地方委员会工作条例》和《中国共产党党组工作条例（试行）》，市委总揽全局、协调各方的领导核心作用得到更好发挥。党的群众路线教育实践活动、“三严三实”专题教育成效显著，“两学一做”学习教育扎实推进，思想政治教育常态化机制进一步形成。加强舆论引导和舆论斗争，强化对各类宣传思想文化阵地的管理，牢牢掌握意识形态工作的领导权、主导权和话语权。严格落实《党政领导干部选拔任用工作条例》，坚持“赛场选马”，领导班子和干部队伍建设不断加强，县乡党委换届圆满完成，干部工作满意度测评连续5年达98%以上，位居全省前列。建立干部日常巡查制度，坚持大规模培训干部，干部能力素质明显提高。大力实施人才强市战略，各类人才队伍蓬勃发展。建立党建工作督查调度会制度，开展软弱涣散基层党组织治理整顿，基层基础不断夯实。严肃党内政治生活，不像党员、不在组织、不守规矩、不起作用等问题正在有效解决。认真贯彻中央八项规定精神和省市30条规定，深化机关效能建设，党员干部作风进一步好转。坚决抓好中央和省委巡视反馈问题整改，超职数配备干部、基层党组织长期不换届等专项整治取得显著成效。认真落实党风廉政建设“两个责任”，始终保持惩治腐败高压态势，五年来，全市纪检监察机关共立案5886件，给予党政纪处分5499人，移送司法机关256人，党风政风持续好转。

回顾五年历程，我们壮志在胸、豪情满怀。过去的五年，是倍受考验、砥砺奋进、铿锵前行的五年，是蓄势积能、弯道超车、加速崛起的五年，是综合实力提升最快、城乡面貌变化最大、人民群众受益最多的五年。与五年前相比，亳州各方面都在发生着积极而深刻的变化。成绩的取得，离不开党中央和省委的坚强领导，离不开历届市委和老领导、老同志打下的坚实基础，离不开社会各界的团结奋斗，离不开全市人民群众的伟大创造，离不开广大干部的辛勤付出。在此，我代表中共亳州市第三届委员会，向全市广大党员、干部和人民群众，向所有关心、支持、参与亳州发展建设的各界朋友，表示衷心感谢并致以崇高敬意！

五年的积极探索和生动实践，给予我们深刻的启示：

必须始终坚持发展为先。对亳州来说，发展是最紧迫的任务、最重大的责任。面对发展不足、发展不快、发展不优这个最基本的市情，我们坚持发展是硬道理，咬定发展目标不放松，大力推进经济工作项目化、项目工作责任化，主攻项目建设和招商引资，瞄准目标、压实责任，打基础、利长远，不观望、不折腾，千方百计增强综合实力，彻底摆脱了建市之初多项指标全省垫底的被动局面，经济社会发展每年都上新台阶，城乡面貌每年都有新变化。

必须始终坚持改革创新。唯改革者进，唯创新者强，唯改革创新者胜。我们坚持解放思想，把改革创新摆在发展全局的核心位置，在尊重发展规律的基础上，在依法依规的前提下，摒弃思维定式，摆脱路径依赖，在网上办事大厅、政企直通车微信服务平台建设等诸多方面，大胆试、大胆闯、大胆干，最大限度地创造良好环境、释放改革红利、激发创新活力，不断集聚加快跨越赶超的新动能。

必须始终坚持为民服务。全心全意为人民服务是我们党的根本宗旨。我们坚持人民至上，紧紧围绕解决人民群众关心关注的热点问题，从群众最盼望的事做起，从群众最不满意的地方改起，尽心竭力解民困排民忧，千方百计促民富安民心，每年都坚持办好一批民生实事，让人民群众拥有更多的获得感，充分激发了广大干部群众干事创业的无限热情，凝聚了加快跨越赶超的澎湃力量。

必须始终坚持干字当头。世界上的事都是干出来的，不干，半点马克思主义都没有。我们坚持每天都是节点、全年都在冲刺，抓紧每一天、干好每一年，奋发有为、久久为功，破解了一个又一个难题，打造了一个又一个亮点，取得了一个又一个胜利。亳州拥有良好的发展局面，在于我们干得比别人更多、更实、更拼。亳州一点一滴的变化，都渗透着广大干部群众的心血汗水；一草一木的成长，都凝聚着亳州儿女的艰苦付出。实践充分证明，只有真抓才能攻坚克难，只有实干才能梦想成真。

必须始终坚持党的领导。办好亳州的事情，关键在党，关键在人。市委坚持总揽全局、协调各方，支持和保证人大、政府、政协等依法依章程独立负责、协调一致地开展工作，营造了团结一心、和谐共事、各司其职、各尽其力的良好政治生态。坚持党管干部原则，坚持正确的用人导向，坚持不懈抓好班子带好队伍。坚持面向基层、重心下移，发挥好各级党委（党组）的领导核心作用、基层党组织的战斗堡垒作用和广大党员的先锋模范作用，不断提高各级领导班子的执行力、创造力，为加快发展提供了坚强保障。

纵观五年发展，我们在前进中还存在一些不容忽视的困难和问题。主要是：工业化率较低，农业现代化水平不高，经济总量偏小；基础设施建设滞后，城镇化率不高；市场主体不大不强；公共服务和民生保障水平亟待提高，脱贫攻坚任务艰巨；信访和社会稳定压力依然较大；部分党员干部思想观念、履职能力、工作作风与加快发展要求还不相适应，基层党组织建设仍需加强；一些领域消极腐败现象易发多发，反腐败斗争形势依然严峻；人才短缺，等等。这些问题，都需要在今后的工作中高度重视，勇于担当，迎难而上，认真加以解决。

二、今后五年的指导思想和奋斗目标

未来五年，是全面建成小康社会的决胜阶段。综合判断，未来五年亳州市仍处于大有作为的重要战略机遇期。我国经济发展进入新常态，世界经济发展进入转型期，全球科技发展酝酿新突破，宏观经济长期向好的基本面没有改变，为我们创造了稳定外部环境。国家大力支持中部地区加快崛起、推进供给侧结构性改革，省委省政府大力支持皖北地区加快发展、实施调转促“4105”行动计划，为我们承接产业转移、壮大经济实力带来了难得机遇。经过历届市委市政府和全市人民的不懈奋斗，亳州的发展后劲明显增强，发展优势日益凸显，发展潜能加速释放。特别是近年来，我们大力加强作风建设，风清气正、干事创业的政治生态进一步优化，崇尚实干、狠抓落实的责任意识进一步增强，众志成城、跨越赶超的强大合力进一步凝聚，为我们加快发展提供了坚强有力保障。站在新的历史起点，我们脚下的支撑更加坚实，肩上的责任更为重大。我们必须科学把握大趋势，主动适应新常态，奋力谱写更加美好的亳州新篇章。

今后五年的指导思想是：高举中国特色社会主义伟大旗帜，以马克思列宁主义、毛泽东思想、邓小平理论、“三个代表”重要思想、科学发展观为指导，深入贯彻落实习近平总书记系列重要讲话精神和视察安徽重要讲话，统筹推进“五位一体”总体布局，协调推进“四个全面”战略布局，坚持五大发展理念，强化问题导向、目标导向、服务导向、务实导向，一心一意谋发展、聚精会神抓党建，着力解决人民群众关心关注的热点问题、社会各界反映强烈的焦点问题、当前工作中亟待解决的重点问题、制约亳州长远发展的难点问题，在全面建成小康社会的征程中加快跨越赶超，奋力走在皖北振兴前列。

今后五年的奋斗目标是：努力打造特色鲜明、优势突出的新兴工业强市，绿色高效、优质安全的现代农业强市，底蕴厚重、功能完善的文化旅游强市，互通互联、方便快捷的新型智慧城市，生态宜居、文明和谐的健康养生城市，全面完成“十三五”规划目标任务，各项主要经济社会发展指标领先皖北，在全省位次前移，与全省全国同步全面建成小康社会。

奋力走在皖北振兴前列，既是省委省政府的明确要求，也是亳州加快发展的现实需要，更是全市广大党员干部义不容辞的历史责任；既是一个宏伟的目标、阶段性的纲领，又有着脚踩大地、深耕沃土的具体内容；既是凝聚人心、振奋士气的一面旗帜，又完全符合亳州实际、实干就能够实现。我们必须坚定坚决地担负起这一重大历史使命，把全市广大党员干部的思想和行动统一起来，引导和团结全市上下为实现这一目标而拼搏奋斗。

实现奋力走在皖北振兴前列的宏伟目标，必须扎实推进“两大任务”。

第一，坚持一心一意谋发展。发展是第一要务，是解决亳州所有问题的关键。我们必须坚持以经济建设为中心，高举发展旗帜，增强发展信心，凝聚发展力量，转变发展方式，提高发展质量，保持高于全省、领先皖北的发展速度，到2020年财政收入力争进入全省前10位。奋力在全面推进新型工业化、信息化、城镇化、农业现代化，全面增进人民福祉等方面，走在皖北振兴前列。

第二，坚持聚精会神抓党建。加强党的建设是市委第一位的责任。我们必须进一步加强党的领导，落实全面从严治党要求，始终保持先进性和纯洁性，着力提高执政能力和领导水平，努力推动思想建设、组织建设、作风建设、反腐倡廉建设、制度建设全面进步，为奋力走在皖北振兴前列提供坚强保障。

实现奋力走在皖北振兴前列的宏伟目标，必须切实强化“四个导向”。

一是强化问题导向。问题是时代的声音。每一个问题的解决，都实现了工作的新进步，一批问题得到解决，就会推动我们的事业迈上新台阶。我们要牢固树立问题意识，紧紧盯住“四个点问题”，制定问题清单，完善“找交销查考”工作机制，坚持精准施策、精准发力、精准落实、精准见效，以问题的解决推动亳州各方面工作全面进步。

二是强化目标导向。目标关乎工作成效，目标关乎精神状态。我们要坚定不移地围绕既定目标，勇于拉高标杆，敢于创先争优，把亳州放在皖北、全省乃至全国的大格局中来审视，找准定位、瞄准靶标、明确路径，制定跨越赶超的时间表和路线图，做到实化、细化、量化、具体化，做到可考核、可比较、可检验，做到人人争先进、事事创一流、年年有跨越。

三是强化服务导向。实现好、维护好、发展好最广大人民的根本利益是我们一切工作的出发点和落脚点。我们要把人民拥护不拥护、赞成不赞成、高兴不高兴、答应不答应作为衡量一切工作得失的根本标准，通过为群众特别是困难家庭、企业和其他社会组织提供全方位、高质量的服务，使改革发展成果更多并更公平地惠及全市人民。

四是强化务实导向。求真务实是党的思想路线的核心内容。我们要始终把务实作为成事之道，坚持实事求是，深入基层一线，紧密结合实际，谋实招、办实事、求实效；坚持从实践中来、到实践中去，努力在实践中找到解决问题、推动工作的办法，力求科学有效、务实管用、简便易行；坚持把崇尚实干、狠抓落实作为座右铭，在真抓实干中担当起无愧于这个时代、无愧于亳州人民的历史重任，努力以我们的辛苦换取人民的幸福。

我们坚信，只要一直保持共产党人的奋斗精神，一直保持对人民的赤子之心，一直深怀对亳州大地的真挚感情，一直坚持引导和团结全市上下共同奋斗，就一定能够实现大会确定的宏伟目标！

三、推动经济社会持续健康发展

坚持发展第一要务，崇尚创新、注重协调、倡导绿色、厚植开放、推进共享，努力实现更有效率、更有质量、更加公平、更可持续的发展。

（一）坚定不移推进结构调整，奋力在全面提升经济实力上走在皖北振兴前列。调结构转方式促升级是实现新常态下新发展的根本之举，必须深入实施调转促“4105”行动计划，大力推进供给侧结构性改革，积极增加有效投入，不断扩大有效供给，推动经济发展行稳致远。

大力推进工业强市。培育壮大战略性新兴产业，紧盯项目、投资、税收等关键指标，完善政策支持体系，营造良好制度环境。突出抓好现代中药产业集聚发展基地建设，实施“369”提升计划，鼓励药业企业兼并重组，促进药品技术转让、研发和培育，奋力冲刺“双千亿”目标，加快建设现代中华药都。积极谋划现代食品饮料、现代物流、新一代信息技术应用等产业基地建设，抢占未来竞争制高点，力争战略性新兴产业产值占规模工业总产值比重达到35%。积极承接产业转移，大力发展劳动密集型企业。做大做强县域经济，大力推进三县一区错位发展、集聚发展，支持涡阳县重点打造煤电煤化工、装备制造、食品饮料制造及农副产品加工等产业集群，支持蒙城县重点打造汽车制造及零部件生产、食品饮料制造及农副产品加工、农机装备制造等产业集群，支持利辛县重点打造食品饮料制造及农副产品加工、能源等产业集群，支持谯城区重点打造现代中药、白酒、食品饮料制造及农副产品加工等产业集群。大力发展民营经济，积极构建"亲""清"新型政商关系，建好用好政企直通车微信服务平台，穷尽办法、倾尽所能、依法依规帮助企业解决困难。坚持质量第一发展战略，建设包括国家中药材产品质量监督检验中心、市农产品质量安全检测中心、市食品药品检验中心在内的一批权威检验检测机构，为维护亳州品牌声誉提供科学规范支撑。努力降低实体经济企业成本，增强经济持续稳定增长动力。

大力推进现代服务业发展。积极发展文化旅游产业，推进北关历史街区、涡河文化旅游产业带等重点项目建设，完善基础设施，串联三县一区，打造精品景区、精品线路，努力建设皖北一流、辐射中原、全国知名的文化旅游强市。积极推进健康养生城市建设，加快争创国家中医药健康旅游示范区，普及健康生活、优化健康服务、完善健康保障、建设健康环境、发展健康产业，着力培育一批优势突出、特色鲜明的中医药养生保健机构，打造一批知名度高、吸引力强的健康养老、健康养生、医养结合服务品牌。大力发展现代金融业，积极培育村镇银行，加快引进各类金融及类金融机构，推进企业上市融资，办好"安徽省股权托管交易中心现代中医药及健康产业亳州专板"，着力打造资本市场的亳州板块。大力发展现代物流业，加快中药材物流园建设，探索发展保税物流、跨境物流等现代物流模式。统筹做好科技服务、商贸服务、电子商务、体育健身等服务业发展，推动生产性服务业向专业化和价值链高端延伸，生活性服务业向精细化和高品质转化。

大力推进农业现代化。深入实施农业现代化推进工程，加快转变农业发展方式，推动传统农业大市向现代农业强市跨越。着力构建现代农业生产体系，推进高标准农田和农田水利等基础设施建设，继续提高农业机械化水平，加强农业科技推广体系建设，实施"互联网+现代农业"行动，建立农产品质量安全可控制可追溯体系，提高农业综合生产能力。到2020年建成260000公顷高标准农田，粮食总产稳定在50亿千克，主要农作物耕种收综合机械化水平达到90%以上。着力构建现代农业产业体系，实施绿色增效转型工程，优化农产品供给结构，积极发展专用品牌粮食产业、设施园艺业、规模畜牧业、中药材种植和休闲观光农业，发展生态循环农业。到2020年力争规模养殖比重达到85%，新认证无公害农产品、绿色食品、有机食品200个，农产品加工产值达1200亿元。着力构建现代农业经营体系，大力培育新型农业经营主体，发展多种形式的农业适度规模经营，培育和发展农业社会化服务组织，促进农业一二三产融合发展。

大力推进创业创新。完善大众创业、万众创新政策体系，积极推进大学生创业，着力抓好亳州老乡返乡创业，大力扶持民营企业"二次创业"。着力推进青年创客空间、筑梦社区等"互联网+创业"平台建设，鼓励发展众创、众包、众扶、众筹等模式，千方百计降低创业门槛和成本。深入实施创新驱动发展战略，着力构建以企业为主体、市场为导向、产学研用相结合的技术创新体系，努力建设一批研发中心，培育一批创新型企业，转化一批科技成果，研发一批创新产品。到2020年力争全市高新技术企业达到100家，高新技术产业增加值占规模以上工业增加值比重达到35%。大力促进互联网与各行业的深度融入、良性互动，拓展经济发展新空间。

（二）坚定不移深化改革开放，奋力在全面增强发展活力上走在皖北振兴前列。改革开放是党在新的历史时期最鲜明的旗帜，也是我们实现弯道超车、跨越赶超的重要举措，必须以更大力度深化改革、扩大开放，为经济社会发展注入新动力、拓展新空间。

坚持深化改革。深入落实

中央和省委决策部署，发挥经济体制改革牵引作用，统筹推进民主法治、文化体制、社会体制等领域改革，推动改革任务全面落地。深化行政体制改革，巩固完善政府工作部门权力清单、责任清单和行政收费清单，打造公共服务清单、中介服务清单“升级版”。深化商事制度改革，加快实施“五证合一、一照一码”。深化金融改革创新，完善新型政银担险企合作机制，拓宽中小微企业融资渠道，加强政府融资平台建设，降低企业和政府融资成本，积极防控金融风险。深化农村综合改革，推进农村集体资产确权到户和股份合作制改革，健全农业支持保护制度，完善城乡一体化发展体制机制。深化国资国企改革，充分激发企业活力，支持古井集团、建安集团做优做大做强。抓好国家和省重点改革试点任务，推进基层探索创新，让改革更加精准地对接发展所需、基层所盼、民心所向。健全完善工作机制，压紧压实责任，强化督查考核，完善改革成果评估机制，不断增强改革实效。

扩大对外开放。大力提升招商实效，深入推进精准招商、以商招商、借会招商、产业链招商，力争利用市外内资年均增长15%左右，利用外商直接投资年均增长10%左右。大力提升对外开放层次，培育壮大对外贸易经营主体，加快海关、国检等对外开放窗口建设，力争外贸进出口总额年均增长10%以上。大力提升园区承载能力，力争到2020年全市园区建成区面积达到123平方千米、生产总值翻一番以上。大力提升综合交通运输能力，全面完成商合杭高铁、亳州机场建设，积极推进亳蚌、徐阜城际铁路开工。

强化法治保障。坚持党的领导、人民当家做主、依法治国有机统一，推进科学立法、严格执法、公正司法、全民守法，牢牢把握全面依法治市的正确方向。在全社会牢固树立宪法法律权威，弘扬宪法精神。突出抓好领导干部这个关键少数，完善学法制度，增强法治思维，提高依法办事能力，严守权力边界。突出做好城乡建设与管理、环境保护、历史文化保护方面的立法工作，提高立法质量。加强法治政府建设，加大食品药品安全、医疗卫生等关系群众切身利益的重点领域执法，实现政府活动全部纳入法治轨道。实施“七五”普法规划，开展法律“六进”活动，推进公共法律服务体系建设，不断提高全民法治意识。深化司法体制改革，加强司法队伍建设，支持法院、检察院依法独立公正地行使审判权和检察权，努力让人民群众在每一个司法案件中都感受到公平正义。

（三）坚定不移统筹城乡建设，奋力在全面加快城镇化进程上走在皖北振兴前列。城镇化是实现现代化的必由之路，必须坚持城乡统筹理念，全面加强城乡规划建设管理，积极优化城乡生态环境，大力推进以人为核心的新型城镇化。

完善城市综合功能。突出抓好中心城区规划建设，早日建成百万人口大城市。以人口集聚和就业为核心，打造配套齐全、产业集聚、产城融合、宜居宜业的现代化城区。严格按照“规划全覆盖、土地全报批、征收全完成、基础设施全开工、项目早填满”的要求，完善南部新区道西片区建设，有序展开道东片区建设，加快北部新城建设；推进棚户区、城中村、老旧小区改造，加强历史文化名城保护，降低建筑容量，促进人居环境提升，进一步增强城市发展动力和综合竞争力。实现城市功能提升，建成由北外环、济广高速、亳芜大道、古井大道构成的绕城快速通道，构建城市快速交通系统；建成建安路和汤王大道涡河隧道，改善涡河北岸区域基础设施；完善水、电、路、气、热及公厕、停车场等基础设施；建成文化馆、大剧院、科技馆、体育馆、城市展览馆等文化体育设施，构建安全高效便利的公共服务设施网络。提升城市管理水平，深化住房制度改革，鼓励农民退宅进城和外来务工人员进城置业，推进房屋征收货币化安置；加大违法建设查处力度，杜绝私搭乱建行为；扎实做好亮化、公园、绿道等城市景观建设与管理，解决“脏乱差”问题，实现城市的精细有效管理，着力提升城市形象，成功创建国家园林城市、国家卫生城市。抓好三县县城规划建设，重点支持涡阳县南部新区、蒙城县城南新区、利辛县滨河新区建设，统筹推进新城区、老城区、工业区联动发展，提高集聚产业、扩大就业、公共服务能力，形成各具特色的发展格局。

打造新型智慧城市。强化城市信息网络、数据中心等信息基础设施建设，实施光纤到户工程，推动实现“三网融合”；加快“无线亳州”建设，实现城区公共区域免费 Wi-Fi 全覆盖，构建泛在普惠、人人共享、安全可信的信息网络。着力推进公共服务便利化，完善网上办事大厅、“我家亳州”手机 APP 平台功能，构建智慧城市服务平台，实施智慧社区、智慧交通、智慧医疗等智慧城市特色工程，全面提升经济社会信息化水平。着力推进社会治理精细化，推动物联网、云计算、大数据等新一代信息技术与城市管理深度融合，完善数字城管功能。加快视频数据平台建设，实现视频监控城区全覆盖、农村重要节点全覆盖。

推进美丽乡村建设。全面推进美丽乡镇、中心村建设和自然村环境整治。以改善农村人居环境为重点，统筹推进产业发展、社会治理和精神文明建设，全面加强公共服务、基础设施建设，努力打造农民幸福生活美好家园。抓好美丽集镇建设，着力整治集镇建成区。到 2020 年建成美丽集镇示范镇 20 个以上，480 个左右中心村达到省级美丽乡村建设标准。

持续优化生态环境。着力推进“地净、路畅、水活、天蓝、林拥城”工程，加强生态保护，加大环境治理，提升亳州“颜值”。实施“地净”工程，持续推进农村清洁工程，不断提高城市环境卫生水平，完成市垃圾焚烧发电厂和污泥处理厂建设，推进生活垃圾分类收集和回收，健全城乡生活垃圾处理体系。实施“路畅”工程，消除中心城区“断头路”，以高铁站客运枢纽为核心，建成城市公共交通网络系统，提升公共交通便捷化程度。实施“水活”工程，推进“五水共治”，完成引江济淮入亳项目建设，建成城南调蓄水库，完善中心城区水生态总体布局；推进涡河、西淝河等河流综合治理，消除中心城区黑臭水体。实施“天蓝”工程，推进大气污染防治，加强工业废气、餐饮油烟、施工扬尘、机动车污染治理和秸秆禁烧工作，全面完成淘汰黄标车、PM_{10} 年均浓度控制任务。实施“林拥城”工程，建成城市绿道系统，绿化覆盖率达到 36%，城市建成区绿地率达到 33%，着力打造“城在林中、林在城中”的城市生态景观。抓好工业污染、生活污染和农业面源污染防治，解决危害群众健康和影响可持续发展的突出环境问题。加强生态文明制度建设，建立健全生态环境治理体系，完善生态文明绩效评价考核和责任追究制度。成功创建国家环保模范城市。

加强精神文明建设。践行社会主义核心价值观，继续开展“书香亳州”建设和国学经典“六进”活动，弘扬民族精神、时代精神和亳州精神，发挥道德模范和身边好人的典型引领作用，加强公民思想道德建设，争创更多文明单位、文明村镇、文明社区，成功创建全国文明城市、全国未成年人思想道德建设工作先进城市。丰富公共文化产品供给，推进公共文化服务均等化。深化文化体制改革，抓好重大文化项目建设，培育骨干文化企业，培养文艺人才队伍，扶持优秀文化产品创作，打造地方文化品牌，扩大和引导文化消费，加快建设文化强市。

（四）坚定不移保障改善民生，奋力在全面增进人民福祉上走在皖北振兴前列。带领人民创造幸福生活，是我们党始终不渝的奋斗目标，必须坚持以人民为中心的发展思想，顺应人民群众对美好生活的向往，以保障和改善民生为重点，不断把为全市人民造福事业推向前进。

坚决打赢脱贫攻坚战。贯彻精准扶贫精准脱贫基本方略，坚持“五个一批”，落实“六个精准”，确保如期实现贫困人口全部脱贫、贫困村全部出列、贫困县区全部摘帽。精准施策发力，扎实做好精准识别、精准帮扶、精准施策、精准脱贫各项工作，细致划分“四个清单”，实行分类管理、区别对待、各个击破。坚持火力全开，满足扶贫工作的一切需要，集中资源，集中力量，加快实施健康脱贫、产业脱贫、就业脱贫等脱贫攻坚八大工程。完善工作机制，构建横向到边、纵向到底的责任体系，建立核查机制、评估机制、退出机制和问责机制，以制度机制为保障，坚决完成脱贫攻坚任务，努力创造经得起实践、历史和群众检验的业绩。

加快改善群众生活。继续深入实施民生工程，完善工作推进机制，提高资金使用效益，着力解决好人民群众最关心最直接最现实的利益问题，让人民群众共享改革发展成果。实施更加积极的就业政策，通过鼓励企业吸纳、公益性岗位安置、社会政策托底等多种渠道帮助就业困难人员尽快就业，确保零就业家庭动态清零。千方百计提高城乡居民收入，力争到2020年人均收入赶上全省平均水平。普及基础教育，完善城乡一体的义务教育发展机制，加强职业教育，扩大规模，提升质量，推进各类教育协调发展。健全城乡养老和住房保障体系，完善城乡居民基本医疗保险制度，加快构建更加公平更可持续的社会保障制度。深化医药卫生体制综合改革，提升县域医疗服务水平，构建分级诊疗新秩序，加强基层卫生服务能力建设，努力全方位、全周期保障人民健康。扎实推进“三医联动”，大力发展中医药事业，力争到2020年基本公共卫生服务达到全省平均水平。支持社会资本办医办学办养老机构，参与公益事业项目建设管理。深入实施农村饮水安全工程，实现农村自来水“村村通”。坚持计划生育基本国策，认真做好人口计生服务工作。大力发展体育事业，建成城市社区15分钟健身圈，全面推广五禽戏，提高市民身体素质，申请举办全省全国体育赛事。维护职工、青少年、妇女儿童合法权益，提高弱势群体和特殊群体救助水平。

积极创新社会治理。完善党委领导、政府主导、社会协同、公众参与、法治保障的社会治理体系，创新社会治理方式，提高社会治理科学化水平。深化“平安亳州”建设，建立立体化数字化社会治安防控体系，防范和打击违法犯罪活动，不断增强群众安全感。落实信访工作责任制，完善公开约访接访和带案下访制度，加强矛盾纠纷排查化解，从源头上预防和减少社会矛盾。发挥好市民公约、村规民约作用，鼓励社会组织参与社会治理，实现政府治理与社会自我调节、居民自治良性互动，成功创建全国社会管理综合治理优秀市。落实安全生产责任制，强化安全隐患排查治理，坚决遏制重特大安全事故发生。

四、深入推进全面从严治党

坚持把抓好党建作为最大政绩，认真履行全面从严治党主体责任，做到真管真严、敢管敢严、长管长严，为奋力走在皖北振兴前列提供坚强保障。

着力强化“四个意识”，筑牢奋力走在皖北振兴前列的思想根基。坚定政治方向，站稳政治立场，强化政治定力，切实增强政治意识、大局意识、核心意识、看齐意识，坚定坚决地向党中央看齐、向习近平总书记看齐。严肃党的政治纪律和政治规矩，全面贯彻落实中央和省委重大决策部署，确保政令畅通、令行禁止。大力开展中国特色社会主义和中国梦主题宣传教育，增强党员干部道路自信、理论自信、制度自信、文化自信。完善党委中心组学习制度，突出抓好学习贯彻习近平总书记系列重要讲话精神和视察安徽重要讲话，用讲话精神武装头脑、指导实践、推动工作。落实党管意识形态工作主体责任，健全意识形态领域情况分析研判、预警和处置机制，加强新闻舆论引导，弘扬主旋律，传播正能量。推动传统媒体与新兴媒体融合发展，加强网络思想文化阵地建设，打造一批传播力、公信力、影响力显著的新型主流媒体。加强和规范党内政治生活，认真落实“三会一课”、领导干部过双重组织生活、接受双重管理等制度，增强党内政治生活的政治性、时代性、原则性、战斗性。

着力造就“四铁干部”，打造奋力走在皖北振兴前列的骨干力量。严格执行《党政领导干部选拔任用工作条例》，坚持“好干部”标准，培养具有铁一般信仰、铁一般信念、铁一般纪律、铁一般担当的干部队伍。坚持“赛场选马”，凸显重实干、重实绩、重基层的鲜明用人导向，不断提高选人用人公信度。创新干部教育培训方式，有针对性地开展专题培训，提高领导干部专业素养。加强和改进干部到基层挂职任职工作，推动干部资源向基层倾斜，促进干部在一线砥砺磨炼。拓宽干部交流渠道，建立健全常态化交流轮岗制度，推动干部在多岗位历练中成长成才。严格执行干部监督管理各项规定，认真落实谈话、函询、诫勉等制度，推动从严管理监督干部常态化。坚持干部档案“凡提必审”，个人有关事项报告“凡提必核”，纪检监察机关意见“凡提必听”，反映违规违纪问题线索具体、有可查性的信访举报“凡提必查”，坚决防止“带病提拔”“带病上岗”。按照政治过硬、本领过硬、作风过硬、廉洁过硬的要求，统筹抓好各级领导班子建设，选好管好用好“一把手”。建立健全领导班子和领导干部年度综合考核、经常性考察制度，实现干部管理常态化。推动领导干部能上能下，始终保持干部队伍生机与活力。加大年轻干部、女干部、少数民族干部和党外干部的培养选拔力度，加强后备干部队伍建设，不断优化干部队伍结构。做好老干部工作，切实发挥好老干部的作用。大力实施人才强市战略，坚持引育并举，统筹推进各类人才队伍建设，努力打造人才高地，加快形成人才支撑发展、发展造就人才的生动局面。

着力解决"4+1"问题，夯实奋力走在皖北振兴前列的基层基础。牢固树立大抓基层的鲜明导向，完善党建工作督查调度会制度，推动全面从严治党向基层延伸，着力解决不像党员、不在组织、不守规矩、不起作用和基层党组织软弱涣散"4+1"问题，充分发挥基层党组织的战斗堡垒作用和党员的先锋模范作用。积极探索不同领域党组织设置和发挥作用的有效途径，制定和落实年度基层党建工作问题清单、任务清单、责任清单，扎实推进非公企业和社会组织党建工作，实现党的组织和党的工作全覆盖。建设高素质基层党组织带头人队伍，注重从大学生村干部、复员退伍军人、农村致富带头人中，选优配强村"两委"班子。全面落实农村"一定三有"和城市社区"三有一化"政策，扎实推进基层党建保障工作，切实保障村级干部待遇和办公经费。严格按照"四讲四有"要求，加强党员考绩，促进党员发挥先锋模范作用。严把发展党员入口关，提高党员发展质量，及时处置不合格党员。积极探索"互联网+党建"模式，加强"网上党支部"建设，不断创新流动党员教育管理的方式方法。大力宣传基层党建工作的先进典型，宣传优秀基层干部的先进事迹，充分发挥典型示范引领作用。

着力推进"四风"整治，营造奋力走在皖北振兴前列的良好环境。巩固拓展党的群众路线教育实践活动和"三严三实"专题教育成果，深入推进"两学一做"学习教育，持续整治"四风"，打造风清气正、干事创业的政治生态。认真落实和完善领导班子及其成员作风建设责任清单、考核评价办法，健全作风建设长效机制。建立健全直接联系群众机制，完善机关联系基层、干部联系群众"双联系"制度，严格落实调查研究、驻村走访、结对帮扶等规定，问政于民、问需于民、问计于民，听民意解难题，增进与群众的感情。深入贯彻落实中央八项规定精神和省、市30条规定，严肃查处侵害群众利益的不正之风和腐败问题，着力维护群众切身利益，推动基层干部作风转变。密切关注"四风"新动向，盯住重要节点，坚决把作风建设抓到底，引导党员干部培养高尚情操、抵制不良风气，营造积极向上、健康和谐的社会环境。按照"一个结合起来""三个区分开来"的要求，鼓励创新、宽容失败，推动形成想作为、敢作为、善作为的良好风尚。

着力压实"两个责任"，构筑奋力走在皖北振兴前列的廉政防线。严格落实党风廉政建设党委主体责任和纪委监督责任，实行"一案双查"，着力构建不敢腐、不能腐、不想腐的长效机制。坚持纪在法前、纪严于法，严格贯彻执行《中国共产党廉洁自律准则》《中国共产党纪律处分条例》和《中国共产党问责条例》，加大纪律审查力度，真正把纪律规矩挺起来、管到位、严到份。综合运用监督执纪"四种形态"，对党员干部苗头性倾向性问题早发现、早提醒、早纠正。大力开展以案说法、以案明纪等警示教育，引导党员干部受警醒、知敬畏、明底线。坚持不懈抓好中央巡视"回头看"反馈意见及省委巡视未整改到位问题的整改，深入推进党风廉政建设巡察，始终做到利剑高悬、震慑常在。加强对权力运行的制约和监督，扎实推进廉政风险防控，认真落实"八个全覆盖"，积极做好党务、政务等各领域办事公开，让权力在阳光下运行。科学整合基层纪检组织力量资源，积极稳妥推进纪检体制改革，加强执纪执法机关之间的协调配合，形成反腐倡廉的整体合力。坚持惩治腐败无禁区、全覆盖、零容忍，做到有案必查、有腐必惩，让腐败分子没有任何藏身之地。

着力发挥领导核心作用，凝聚奋力走在皖北振兴前列的强大合力。以党章为根本、以民主集中制为核心，紧紧围绕把方向、管大局、做决策、保落实，认真落实《中国共产党地方委员会工作条例》及省委系列配套制度，组织贯彻好《中国共产党党组工作条例（试行）》等党内法规，充分发挥党委总揽全局、协调各方的领导核心作用。支持人大及其常委会依法履行职能和行使权力，使立法权、监督权、重大事项决定权和人事任免权更好地体现人民意志、维护人民利益。支持政府依法行使职权，为政府集中精力抓发展创造条件。支持人民政协围绕团结和民主两大主题履行职能，加强政治协商、民主监督、参政议政制度建设。积极发展社会主义协商民主，认真贯彻《中国共产党统一战线工作条例（试行）》和省委《实施办法》，落实党的民族、宗教政策，完善同各民主党派、工商联和无党派人士的合作共事机制，进一步发展壮大爱国统一战线。加强党对群团工作的领导，深化群团组织改革，增强政治性、先进性、群众性，充分发挥其桥梁和纽带作用。坚持党管武装工作的正确方向，加强国防动员和后备力量建设，巩固和加强军政军民团结，促进军民融合深度发展。

同志们，百舸争流，奋楫者先；跨越赶超，实干者成。让我们更加紧密地团结在以习近平同志为核心的党中央周围，在省委的坚强领导下，不忘初心、继续前进，勇担历史使命、不负人民重托，引导和团结全市人民，以更加坚定的信念、更加昂扬的斗志、更加扎实的工作，为全面建成小康社会、奋力走在皖北振兴前列而努力奋斗！

名词解释

1. 一涵四闸——“一涵”即凤尾沟涵；“四闸”即亳菊路钢坝闸、亳芜大道闸、龙凤新河牡丹路橡胶坝、建安路闸。

2. PM_{10}——指浮在空气中粒径在10微米以下的固态和液态可吸入颗粒物。

3. 三线三边——“三线”即铁路沿线、公路沿线、江河沿线；“三边”即城市周边、省际周边、景区周边。

4. 三治三增三提升——“三治”即治脏、治乱、治违；“三增”即增强功能、增加绿量、增进文明；“三提升”即提升规划水平、提升建设水平、提升管理水平。

5. “三位一体”信访工作责任制——即信访工作“分管市领导 + 主管部门 + 属地”三位一体责任机制。

6. “五位一体”安全生产责任制——即安全生产“主管领导、分管领导 + 属地监管 + 企业主体 + 主管部门 + 协管部门”五位一体责任机制。

7. “369”提升计划——“3”即形成“三大中心”：中药材大宗交易中心、中药材价格形成中心和中药材商品等级分类标准示范中心。“6”即培育中药商贸流通“六大市场”：中药材专业市场、中药材种子种苗市场、保健品市场、植物香料市场、制药机械市场、药包材市场。“9”即打造全国中药产业“九大基地”：中药材种植基地、中药材进出口基地、中药饮片生产基地、中药提取物生产基地、中成药制造基地、中药保健品生产基地、植物香料生产基地、中药科技研发基地以及中药科技人才培养基地。

8. 双千亿——即到2020年底，全市现代中药工业总产值达到1000亿元，中药商贸流通业交易总额突破1000亿元。

9. 五证合一、一照一码——即营业执照的注册号、组织机构代码证号、税务登记证号、社保登记证号及统计证号统一为一个登记码，标注在营业执照上。

10. 法律“六进”活动——即法律进机关、进农村、进社区、进学校、进企业、进单位。

11. 五水共治——即抓节水、保供水、治污水、防洪水、排涝水。

12. 国学经典“六进”活动——即国学经典进机关、进农村、进社区、进学校、进企业、进家庭。

13. 五个一批——指脱贫攻坚工作中，坚持发展生产和促进就业脱贫一批、易地搬迁脱贫一批、生态保护和补偿脱贫一批、发展教育脱贫一批、社会保障兜底一批。

14. 六个精准——指脱贫攻坚工作中提出的扶贫对象精准、项目安排精准、资金使用精准、措施到户精准、因村派人精准、脱贫成效精准。

15. 四个清单——指亳州市脱贫攻坚工作制定的已脱贫户清单、巩固期贫困户清单、政策兜底贫困户清单和重点帮扶贫困户清单。

16. 三医联动——即医疗、医保、医药改革联动。

17. 农村“一定三有”——指在农村基层党组织中开展定权责立规范，收入有保障、干好有希望、退后有所养的活动。

18. 城市社区“三有一化”——指在城市社区基层党组织中开展有人管事、有钱办事、有场所议事,推进城市基层党建区域化建设的活动。

19. 四讲四有——即讲政治、有信念,讲规矩、有纪律,讲道德、有品行,讲奉献、有作为。

20. 一个结合起来——即把严格管理干部和热情关心干部结合起来。

21. 三个区分开来——即把干部在推进改革中因缺乏经验、先行先试出现的失误和错误,同明知故犯的违纪违法行为区分开来;把上级尚无明确限制的探索性试验中的失误和错误,同上级明令禁止后依然我行我素的违纪违法行为区分开来;把为推动发展的无意过失,同为谋取私利的违纪违法行为区分开来。

22. 监督执纪"四种形态"——即党内关系要正常化,批评和自我批评要经常开展,让咬耳扯袖、红脸出汗成为常态;党纪轻处分和组织处理要成为大多数;对严重违纪的重处分、做出重大职务调整应当是少数;而严重违纪涉嫌违法立案审查的只是极少数。

23. 八个全覆盖——即重要岗位轮岗、审计监督、工作日志、党风廉政巡察、干部日常巡查、拟提拔干部重大事项审核、政府性投资项目审计、来信来访举报干部核查全覆盖。

政府工作报告

——在亳州市第四届人民代表大会第一次会议上

（2017 年 1 月 9 日）

杜延安

一、2016 年和本届政府工作回顾

2016 年，在省委、省政府和市委的坚强领导下，市政府紧紧依靠全市人民，全面贯彻党的十八大和十八届三中、四中、五中、六中全会精神，深入学习贯彻习近平总书记系列重要讲话特别是视察安徽重要讲话精神，坚持稳中求进、进中求优、优中求快的工作总基调，紧盯人民群众关心关注的热点问题、社会各界反映强烈的焦点问题、当前工作中亟待解决的重点问题、制约亳州长远发展的难点问题，主动适应经济发展新常态，大力推进供给侧结构性改革，攻坚克难，奋力拼搏，圆满完成市三届人大七次、八次会议确定的各项目标任务，实现了“十三五”发展良好开局。

1-12 月，在省统计局公布的 24 项主要经济指标中，我市有 20 项增速居全省前 8 位，其中 12 项居全省前 5 位、7 项居全省前 2 位、2 项居全省第一位，主要经济指标增速继续保持在全省前列。全年地区生产总值 1046 亿元，增长 8.9%、超过全省平均水平；财政收入 147 亿元、增长 13.2%，增速居全省第一位；固定资产投资 874.9 亿元、增长 14%；社会消费品零售总额 492.1 亿元、增长 12.8%；城镇常住居民人均可支配收入 25053 元、增长 8.4%，农村常住居民人均可支配收入 10576 元、增长 8.6%。

（一）“调转促”步伐进一步加快

战略性新兴产业发展迅速。制定出台药品技术转让研发和培育、市外知名企业并购本市药业企业、中药配方颗粒生产等系列政策，设立首批 10 亿元药品技术转让和研发专项投资基金，5 家药业企业完成重组，中药配方颗粒生产基地获批建设并已组织开展生产和临床使用研究，300个药品技术转让申请已报省待批。新增规模以上中药工业企业14家、总数达178家，新通过GMP认证企业20家、总数达150家，国家中药材产品质量监督检验中心建成并试运行。安徽九方制药有限公司注射用牡荆素成功获得中药一类新药临床批件，填补了全省中药一类新药研发领域的空白。安徽济人药业有限公司疏风解毒胶囊单品种销售收入突破5亿元。战略性新兴产业实现产值297亿元、增长17.3%。现代中药产业集聚发展基地实现产值267亿元，新签约药业项目60个、总投资285亿元，新落户全国知名医药企业7家、总数达50家。联滔电子、创酷科技、国能蒙城生物质发电、海创新型节能建筑材料、信义光伏及玻璃制造等企业发展迅速，新一代信息技术、节能环保、新能源、新材料等产业取得长足发展。

传统产业加快升级。大力实施工业“四百计划”，新增规模以上工业企业134家，实现规模工业增加值272亿元、增长10%；实施重点工业项目200个，完成投资360亿元。规模以上食品工业实现总产值300亿元、增长10%。白酒产业实现产值100亿元、增长12%。古井集团生产销售逆势上扬，实现收入75亿元、增长10.7%，实现税收23亿元、增长14.7%。江淮安驰销售汽车4.5万台，实现产值23.4亿元、税收1.3亿元。新增中国驰名商标2件、省著名商标28件。

第三产业稳步发展。净增限额以上商贸流通企业124家、总数达727家，万达广场、蒙城红星美凯龙等一批商业综合体建成开业，中国物流亳州综合物流园、亳州皖新物流园等商贸流通项目开工建设，中药材流通追溯体系试点项目通过商务部初验。实现旅游总收入120亿元、增长19.4%，国家中医药健康旅游示范区已上报待批，新创建国家AAAA级旅游景区2个，培育乡村旅游精品线路7条，利辛县获评为全国十佳生态休闲旅游城市，谯城区获评为最美中国·生态（自然）旅游胜地和美丽乡村旅游胜地。加大住宅用地供应力度，持续稳定房地产市场，完成房地产开发投资231.4亿元，商品房销售550万平方米。客货运周转量、快递业务量分别增长3.8%和92%。

（二）稳增长根基进一步夯实

投资规模不断扩大。建立市本级工业项目规划建设审批五项促进机制，前期审批流程由282天压减至100天。全年实施省市重点项目397个，完成投资595亿元、增长17.4%；续建项目198个，完成投资420亿元、增长21.7%；新开工项目199个，完成投资175亿元；新谋划储备项目1340个，总投资3500亿元。投资80亿元的神农谷中药电商物流城、20亿元的九洲方圆制药、19亿元的外经钻石广场、19亿元的碧桂园平侯府、17.5亿元的碧桂园龙城等项目进展顺利，投资10.6亿元的司尔特肥业、10亿元的太安堂中药物流及人参加工等一批项目建成投产，引江济淮入亳、涡河高等级航道改造等重大项目前期工作扎实推进。落实中央专项建设基金项目21个、总额27亿元。推行政府和社会资本合作PPP模式，投资17.6亿元的谯城区“产城一体化”项目被评为国家第三批PPP示范项目。

精准招商成效显著。全年实际利用市外内资1400亿元、增长15%，新签约招商项目300个、总投资1165亿元，其中工业项目230个、总投资756.8亿元。投资58亿元的长白山制药产业园、40亿元的恩度食品药材深加工基地、35亿元的蒙城九九慢城杜仲良种产业化等32个10亿元以上项目签约落户。成功举办2016年国际（亳州）中医药博览会暨第32届全国（亳州）中药材交易会，签约招商项目48个，总投资345.2亿元。2016中国国际徽商大会期间，我市签约项目54个，总投资420.9亿元、占全省的16.9%。

园区建设深入推进。市经济开发区道西片区和道东1号地块征迁全部完成，交付净地2066.67公顷；亳芜现代产业园区新建、改建道路14.6千米，水电管网等基础设施不断完善；市食品产业园签约项目18个、总投资20.7亿元。6个省级开发区实现产值235亿元、增长15.2%，实现经营收入1080亿元、增长17.6%，完成财政收入35亿元、增长40%。

要素保障持续加强。扎实推进农村土地综合整治，争取土地增减挂、工矿废弃地复垦、新增建设用地指标共2466.67公顷，计划指标总量居全省第一位，全省首家完成全域永久基本农田划定、土地利用总体规划调整完善。新增存款330.2亿元、贷款253.2亿元，分别高于上年130.9亿元、112.1亿元。保险业保费总收入56亿元、赔（给）付金额22亿元。“532”小额贷款保证保险累计发放1.5亿元，“4321”新型政银担业务在保余额29.3亿元，小微企业续贷过桥资金周转贷款48.2亿元、周转率20.5。新引进各类高层次人才30人，培育高技能人才2156人。

（三）农业现代化水平进一步提升

加快建设现代农业产业体系。全年粮食总产47.4亿公斤，建设粮食绿色增产示范片45个、优质专用品牌粮食生产基地10.33万公顷、中药材标准化种植基地1.5万公顷，新增设施蔬菜种植面积5333.33公顷。新创建畜牧绿色低碳健康养殖示范场56个，规模化养殖比重达82%，比上年提高2个百分点。大力发展农产品加工业，产值超亿元农产品加工企业115家，规模以上农产品加工业实现产值660亿元。新增“三品一标”认证产品62个，“涡阳大豆”获批国家地理标志产品。利辛县、谯城区被列为省级现代生态农业产业化示范县区。

加快建设现代农业生产体系。新增各类农机2.7万台套，农机销售额24.4亿元、是上年的8倍，市县共补贴农机购置资金13.2亿元、是上年的22.2倍。新增农机总动力118.5万千瓦，总量985.4万千瓦、居全省第一位。西淝河等沿淮洼地应急工程、6条中小河流治理工程全面建成，淮干一般堤防加固、港河泵站、病险涵闸除险加固等工程加快建设，完成农田水利基本建设投资13.2亿元，利辛县荣获省“江淮杯”一等奖。争取“十三五”期间高标准基本农田建设指标26.07万公顷、资金39.1亿元，建设高标准基本农田7.56万公顷，新增耕地2133.33公顷。谯城区获批为全国首批农村产业融合发展试点示范区。新建高大平房仓35栋、仓容22万吨，维修加固老旧粮库315栋、仓容67万吨。

加快建设现代农业经营体系。新增市级以上示范合作社92家、家庭农场95家，全市适度规模经营面积26.27万公顷。培育现代生态农业产业化联合体52个，农机社会化服务组织发展到1280家。全市农产品电子商务交易额突破10亿元。农村土地承包经营权确权登记颁证工作全面完成，三县一区农村产权交易中心初步建成，涡阳县农村承包土地经营权抵押贷款发放1.4亿元、居全省试点县第一位。

（四）改革创新活力进一步释放

供给侧结构性改革扎实推进。出台落实供给侧结构性改革“1+4”系列政策文件，清理“僵尸企业”8家，关闭刘店煤矿、退出产能150万吨，安置职工2002人。鼓励农民退宅进城购房，全面停止新建还原安置房，中心城区货币化安置比例达60%以上，商品房去化周期控制在合理区间。争取省代发置换债券69.4亿元并全部置换完成。完成省阶段性降低社会保险费率任务，减轻企业用工、用能、物流等成本3亿多元。

“放管服”改革实现突破。在全省率先编制完成公共服务清单和中介服务清单，梳理市级公共服务事项1321项，保留中介服务事项204项、取消26项、规范37项。优化“互联网+政务服务”，网上办事大厅累计办结申办件286.7万件，满意率99.9%；“政企直通车”微信平台办理企业反映问题1602个，满意率95%；“我要贷款”平台发放贷款37亿元，“税融通”发放贷款15亿元；“我家亳州”APP累计下载158万人次。设立市县不动产登记中心。建成市县一体化公共资源电子交易平台。商事登记实现“五证合一、一照一码”。

重点领域改革持续深化。规范预算管理，盘活财政存量资金14.9亿元。全面推开营改增试点，试点企业1.6万户，国税、地税业务办理互联互通，在全省率先实现“一窗办两税”，减免地方各项税收21亿元，办理出口退税2.8亿元。新增IPO报备企业1家、“新三板”挂牌企业8家、区域股权交易中心挂牌企业86家，实现直接融资184.7亿元、是上年的3.4倍。建安集团资产规模增至1123亿元、居全省第二位，新增融资397亿元、到位287.6亿元。药都银行资产规模达404亿元，营业收入和利润居全省农商行系统第一位。中小学、幼儿园教师无校籍管理改革被列为全国乡村教师队伍建设优秀案例，医药卫生体制综合改革进展顺利，市县两级妇幼保健和计生服务机构整合工作全面完成，机关事业单位养老保险制度改革有序展开，3个国有林场改革工作全面启动。

大众创业万众创新蓬勃发展。深入开展“亳州老乡，请您回家”和助力青年学子创业活动，成立市“请您回家助您创业”办公室，设立1500万元创业扶持专项资金，4375个创业线索已成功转化3217个。出台“互联网+创业示范园”鼓励政策和促进农民工进城就业的若干意见，筑梦社区、青年创客空间分别入驻企业209家、70家，发放创业担保贴息贷款7.9亿元，新增市场主体4.7万户、增长23%。高新技术产业实现产值350亿元、增长22%；新认定高新技术企业24家、授权发明专利155件，新增省级企业技术中心10家、省级新产品8件。

开放发展空间不断拓展。全年实际利用外商直接投资7.2亿美元、增长10%，实现进出口总额5.3亿美元、增长5%，新增进出口实绩企业23家、总数达128家。推动企业“走出去”，新培育外经主体5家，组织开展境外经贸活动4次。

（五）新型城镇化建设进一步提速

突出规划引领。扎实推进全域空间统筹规划和“城乡建设一张图”编制工作。编制完成新型城镇化发展规划、综合交通规划、高铁站片区规划和中心城区近期建设规划、空间特色规划，以及公厕、充电桩、菜市场等32个专项规划，整合完成43个单元规划。编制完成所有行政村村庄布点规划和涡阳县“多规合一”试点总体规划。

推进城乡建设。在市中心城区实施城建项目274个、完成投资128.1亿元。市垃圾焚烧发电厂、安置还原小区D区、药都大道棚户区改造、华佗广场一期改造等项目投入使用，50条道路、文化公园、养老服务中心等开工建设。中心城区日供水能力提高到12万吨，16条主次干道部分路段弱电下地工程顺利实施，新投入纯电动公交车150辆，建设公交首末站3个。新改建国省干线公路194.5千米，建成农村道路畅通工程3655千米，绕城快速通道西线、南线、北线基本贯通。三县县城建设步伐加快，累计实施项目211个、完成投资63.6亿元，涡阳县南部新区发展框架全面拉开，蒙城县城市森林公园西片区项目加快建设，利辛县新建、续建城市道路27条。蒙城县、利辛县获评为国家园林县城。2015年度31个省级中心村建设、2016年度52个省级中心村和37个乡镇政府驻地建成区整治建设全部完成，利辛县美丽乡村整县推进工作有序展开。

强化科学管控。理顺城市管理体制，成立市城市管理行政执法局。数字城管系统受理事项24.8万件，办结率96.3%。拆除中心城区违法违规户外广告20048块（处、个）、电话报刊亭240座，完成魏武大道、希夷大道楼体立面整治工作，利用市政基础设施小修机制修复破损设施1450处，理顺中心城区路灯管理体制，建成区路灯亮灯率98%，整治背街小巷35条，改造老旧小区15.8万平方米，新建改建公厕50个，住宅小区物业服务覆盖率85%。集镇交通、卫生、建设、经营“四大秩序”整治和农村清洁工程、“三线三边”环境治理深入推进，清理垃圾22万吨、河道4800千米。

（六）生态环境进一步优化

“地净、路畅、水活、天蓝、林拥城”工程持续推进。中心城区“五车”实现信息化监管，城市干道机械化清扫率90%以上。魏武大道南段等6条断头路顺利打通，建安路涡河隧道、汤王大道涡河隧道开工建设。宋汤河四期、凤尾沟二期工程全部完工，“一涵四闸”工程投入使用，中心城区涡河以南、铁路以西水系全面贯通，水质明显改善。秸秆禁烧成效显著，全年卫星监测火点数由上年的53个下降到2个，秸秆综合利用率85%。关闭无证自办商品混凝土搅拌站88家、其中已拆除31家，列入市政府目标考核的建筑工地扬尘治理达标率100%，淘汰黄标车和老旧车8360辆，PM_{10}和$PM_{2.5}$年均浓度较上年分别下降4.9%、4.3%，主要污染物减排超额完成省下达任务。“林拥城”项目完成投资2.3亿元、栽植苗木400多公顷、建成环城林带13千米，建成城市绿道52千米，国家园林城市创建工作稳步推进。

生态建设成效显著。千万亩森林增长工程顺利收官，人工造林6533.33公顷，建设绿色长廊764千米，全市森林覆盖率18.4%。利辛县获评为全国绿化模范县。市污水处理厂、南部新区污水处理厂扩建工程开工建设，中心城区污水集中处理率

95.7%，全市日污水处理能力30万吨。83家规模化养殖场完成污染综合治理任务，关闭或搬迁禁养区内规模养殖场60家，市县11条（处）黑臭水体整治工程全面启动，宋汤河沿岸39处排污口实现截污，涡河出境水质好于入境水质。

资源利用效率持续提升。全面落实最严格水资源管理制度，严守“水资源开发利用、用水效率、水功能区限制纳污”三条红线，万元GDP用水量下降6.2%。清理闲置低效用地174.6公顷，建成标准化厂房40万平方米。5个光伏电站并网发电、总装机规模200兆瓦，签约落地生物质发电项目9个。单位GDP能耗下降3%。

（七）和谐稳定局面进一步巩固

脱贫攻坚步伐加快。成立市扶贫局，编制贫困村贫困户帮扶措施大全，科学划分“四个清单”，配套出台光伏、教育、健康、特色种养、乡村旅游、社保兜底等系列政策。全年投入扶贫资金2.56亿元、是上年的8.2倍，其中市本级安排1.03亿元、是上年的20.6倍。在皖北地区率先实现农村五保分散供养标准、低保标准、扶贫标准“三线合一”，免除义务教育阶段贫困家庭子女作业本费和教辅资料费。建成户用光伏电站16080座、村级光伏电站187座。发放贫困户小额扶贫贷款1.4亿元，完成贫困户危房改造任务5110户、贫困村电网改造项目218个，开工建设贫困村道路1011.3千米，饮水安全工程、高标准基本农田、宽带网络和4G网络实现贫困村全覆盖。市脱贫攻坚信息服务平台建成使用，日均回访贫困户150户。19个易地扶贫搬迁安置点全部开工建设。为35个贫困村各招聘了1名医学专业本科毕业生。预计全年出列161个村、脱贫84150人。

民生工程顺利实施。32项民生工程投入资金125.8亿元，全面完成年度任务。基本建成各类保障性安居工程27006套。新增城镇就业3.8万人，转移农村富余劳动力10.7万人。新增养老服务机构床位1000张，五保集中供养能力75%。为9.8万名80岁以上老人发放津贴1562.4万元。机构集中养育孤儿、散居孤儿基本生活费标准每人每月提高300元，分别达1300元、900元，累计发放2819.5万元。救助流浪乞讨人员3700人次。解决13.9万农村居民饮水安全问题。17个乡镇食品检验室、33个社区和农产品批发市场食品快速检测室全部建成。

社会事业全面发展。新建、改扩建中小学42所，建成公办幼儿园40所，完成“村小提升工程”项目200个，改造薄弱学校431所。市精神病医院投入使用，市人民医院二期工程建成，华佗中医院新院主体工程完工，新建二级以上民营医院10家，所有乡镇卫生院和社区卫生服务中心均设置中医科。人口自然增长率8.6‰。市体育公园开工建设，新建市中心城区室外游泳池10个、社区公共体育场地170片、室外健身器材326套，成功举办市第二届运动会，我市被授予“国家健身气功五禽戏传承地”称号，校园五禽戏创编结题报告通过国家体育总局评审。公共文化场馆全部免费开放，广播村村通实现自然村全覆盖。尉迟寺遗址保护规划获国家文物局批准实施。

社会治理不断加强。扎实推进“平安亳州”建设，建成市级视频数据平台，刑事案件发案下降18.2%、治安案件下降24.6%。网上信访投诉平台正式开通，517件重点信访事项全部化解。137个省市挂牌安全隐患已整改136个，排查一般安全隐患20519个、整改率98.6%。消防监督服务和灭火救援水平有效提升。全面启动“七五”普法规划，覆盖城乡的公共法律服务体系实体平台基本建成。精神文明建设扎实推进，13人入选“中国好人榜”，24人当选“安徽好人”及获提名奖。国防教育、国防动员、人民防空工作进一步加强，军民融合深度发展。民族宗教、妇女儿童、档案、地方志、红十字、残疾人、慈善公益事业健康发展。统计、外事、侨务、对台、供销、气象、地震、防灾减灾、应急管理、公积金管理、新闻出版、无线电管理、食品药品监管和关心下一代工作取得新进展。

（八）政府自身建设进一步加强

扎实开展“两学一做”学习教育，健全市政府党组工作规则、重大事项向市委请示报告等制度，建立经济工作、项目建设、环境保护和安全生产四个“双调度”制度，完成年度岗位责任目标任务676项，整改“四个点问题”中涉及政府工作问题清单事项690项，有效保障了省委、省政府和市委各项决策部署的快速落实。坚持依法行政，健全重大事项决策程序和合法性审查程序，提请审议地方法规草案2件，重大事项合法性审查率100%。办理人大议案建议200件、政协建议案和提案358件，满意率均在98%以上。畅通群众沟通渠道，依法公开政务信息10.8万条，通过人民网网友留言、市长热线、政风行风热线、沟通—政务零距离等渠道受理群众诉求16万多件，办结率96%以上。贯彻落实中央八项规定精神和省市“三十条”规定，全面整改政府系统承担的中央巡视“回头看”、省委巡视组巡视和国务院第三次大督查反馈问题，着力强化行政监察，全力推进审计监督、制度规范全覆盖，查处政府系统违法违纪案件174件，政府系统党风廉政建设取得新成效。

各位代表，2016年各项任务的完成，标志着本届政府工作的圆满收官。回首过去六年，面对各种复杂严峻的考验，在省委、省政府和市委的坚强领导下，我们紧紧依靠全市人民，保持战略定力，坚定发展信心，埋头苦干实干，全市经济社会进入了加速崛起、跨越赶超的崭新阶段。

六年来，我们聚焦扩量提质，致力转型升级，综合实力快速增强。地区生产总值连续迈上5个百亿元台阶，突破1000亿元，是2010年的2倍。全部财政收入是2010年的3.5倍，在全省排名提升4个位次。固定资产投资是2010年的3.2倍。社会消费品零售总额是2010年的2.2倍。银行存贷比由44.9%提高到65.1%。三次产业结构由26.7∶37.4∶35.9优化为19.5∶38.9∶41.6，规模工业企业突破1000家，总产值突破1000亿元，工业化率提高2个百分点，战略性新兴产业增加值占比由15.4%提高到27.5%。6个省级开发区入园企业由360家增加到1350家，产值由25.2亿元提高到235亿元。

六年来，我们聚焦深化改革，致力扩大开放，创新活力充分激发。“互联网＋政务服务”、商事制度改革、农村综合改革走在全省全国前列，“放管服”“调转促”积极推进，各类市场主体由11万户增加到25万户，民营工业增加值占规模以上工业比重由47.9%提高到73%，民间投资占固定资产投资比重由57.2%提高到64.5%。累计利用市外内资5486亿元、年均增长29.5%，进出口总额26.5亿美元、年均增长14.2%，实际利用外商直接投资30.6亿美元、年均增长28.7%。累计实现高新技术产业增加值75亿元、年均增长18.9%。

六年来，我们聚焦协调推进，致力统筹发展，城乡面貌焕然一新。城镇化率达38%，年均提高1.5个百分点，增速居全省第一位。中心城区建成区面积扩大到65平方千米，集聚人口60万人。三县县城建成区总面积扩大到94平方千米，集聚人口79.5万人。市县乡村交通大幅改善，泗许高速、济祁高速亳州段建成通车，省道307亳州段全线升级为一级公路，新改建农村公路5784.5千米，改造公路危桥636座。美丽乡村建设在全省考核中连续两个年度位居先进行列。

六年来，我们聚焦民生保障，致力共建共享，人民生活持续改善。民生支出累计1107亿元、占财政总支出的84.5%，新建保障性住房16.2万套，改造农村危房3.7万户，城乡基本养老、基本医疗保险和居民大病保险实现全覆盖，54.7万人稳定脱贫。学前教育毛入学率、初中毕业升学率、普通高考本科达线率分别为90.3%、97.2%和51.3%，较2010年分别提高32.4、25.5和14.1个百分点；职业教育进一步发展，在校学生达7.3万人，是2010年的1.4倍。累计新增城镇就业33.2万人，转移农村富余劳动力88.9万人，解决435.5万农村居民和19.9万名师生饮水安全问题。城镇和农村常住居民人均可支配收入分别是2010年的1.6倍、2.3倍。

六年来，我们聚焦工作重点，致力长远发展，干成一批大事要事。首次荣膺全国双拥模范城、安徽省文明城市，三次荣获“全国粮食生产先进单位”称号，连续五年荣获“全省人口与计划生育工作先进市”称号，成功创建全省首个“小麦亩产千斤市”和“吨粮市”，顺利跻身国家智慧城市试点市、国家创建新能源示范城市试点、全省首批战略性新兴产业集聚发展基地。尤其是，商合杭高铁开工建设，亳州机场选址获批，板集电厂并网发电，亳州学院挂牌招生、结束了我市没有本科院校的历史，“现代中医药及健康产业亳州专板”正式开板，极大地提振了全市人民干事创业的精气神。

各位代表，六年的成绩来之不易，六年的成就令人振奋！六年来，我们砥砺奋进，铿锵前行，一步一个脚印，一年一大台阶，各项事业都取得了显著成绩。这些成绩的取得，是省委、省政府和市委正确领导的结果，是历届政府、历任老领导老同志接力奋斗的结果，是市人大和市政协监督支持的结果，是全市635万人民团结拼搏的结果。在此，我代表市人民政府，向全体人大代表、政协委员，向全市各条战线上的工人、农民、知识分子、干部、人民解放军指战员、武警官兵、政法干警以及社会各界人士，致以崇高的敬意！向所有参与亳州建设的各位投资者和关心支持亳州发展的各界朋友，表示衷心的感谢！

六年的奋斗历程和全市人民的伟大实践，给予我们宝贵启示：办好亳州的事情，必须坚持解放思想不动摇，以新理念引领新发展，不断向改革开放要动力，向创新创业要活力，向特色优势要竞争力；必须咬住发展不动摇，以“见第一就争、见红旗就扛”的勇气担当，快马加鞭、苦干实干，比别人干得更多、比别人干得更实、比别人干得更拼；必须坚定绿色发展不动摇，像爱护眼睛一样保护生态，像对待生命一样对待环境，坚持走可持续发展之路；必须致力改善民生不动摇，坚持以人民为中心的发展思想，时刻把群众的安危冷暖放在心上、扛在肩上，让发展更有温度、让幸福更有质感！

与此同时，我们也清醒地看到，我市经济社会发展仍存在一些突出矛盾和问题：一是发展不足，结构不优，经济总量较小、工业基础薄弱、农业产业化水平偏低、现代服务业发展不快的状况仍未根本改变，大项目特别是拉动作用大的工业项目不多，项目建设对经济的支撑作用仍待提高。二是创新能力不足，对外开放程度不够，科技研发投入较少，高层次人才紧缺。三是城镇化水平不高，社会事业欠账较多，城乡道路、环境卫生、污水处理等基础设施存在不少短板，安全生产、污染减排等领域还存在一些亟待整改的问题。四是少数干部担当精神不足、争先意识不强、解决问题的办法不多，不愿为、不会为、不敢为、作风不实等问题还不同程度存在，政府系统机关效能仍需进一步提高。所有这些问题，必须高度重视，切实增强忧患意识和危机意识，采取有力措施加以解决。

二、今后六年的奋斗目标和主要任务

今后六年，是“深入践行五大发展理念，奋力走在皖北振兴前列”的关键时期，是我市决胜全面小康的攻坚阶段。国务院批准了促进中部地区崛起的“十三五”规划和中原城市群发展规划，省第十次党代会作出了加快皖北地区“四化”协调发展、支持亳州建设省际交汇区域中心城市的决定，市第四次党代会明确了建设“新兴工业强市、现代农业强市、文化旅游强市、新型智慧城市、健康养生城市”的奋斗目标，描绘了亳州发展的美好蓝图。我们要抢抓战略机遇，牢牢扭住发展第一要务不动摇，矢志不渝、锐意进取，奋力谱写亳州改革开放和现代化建设的新篇章。

今后六年经济社会发展的指导思想是：全面贯彻党的十八大和十八届三中、四中、五中、六中全会以及即将召开的党的十九大精神，深入学习贯彻习近平总书记系列重要讲话特别是视察安徽重要讲话精神，统筹推进“五位一体”总体布局和协调推进“四个全面”战略布局，坚持稳中求进、优中求快、奋发有为的工作总基调，坚定地用新发展理念统领发展全局，适应把握引领经济发展新常态，贯彻落实“五大政策”，以“深入践行五大发展理念，奋力走在皖北振兴前列”为总要求，以提高发展质量和效益为中心，以推进供给侧结构性改革为主线，以实施五大发展行动计划为总抓手，积极扩大有效需求，着力实施创新驱动发展战略，紧盯“四个点问题”，坚持问题导向、目标导向、服务导向、务实导向，全面做好稳增长、促改革、调结构、惠民生、防风险各项工作，坚定地在践行五大发展理念中闯出新路，不断开创奋力走在皖北振兴前列新局面。

今后六年经济社会发展的奋斗目标是：

——综合实力显著增强。主要经济社会发展指标领先皖北、在全省位次前移，地区生产总值达1850亿元；固定资产投资、财政收入、规模工业增加值在2016年的基础上翻一番，分别达到

1700亿元、300亿元、500亿元；进出口总额突破8亿美元。

——质量效益显著提升。三次产业结构优化为12.5∶41.5∶46，工业化率达40%以上，战略性新兴产业和现代服务业比重明显提高，新兴工业强市、现代农业强市、文化旅游强市建设取得新成效。

——城乡建设显著加快。城镇化率提高到48%，中心城区辐射带动作用和县域经济实力持续增强，新型智慧城市、健康养生城市建设加快推进，美丽乡村、美丽集镇建设扎实推进，城乡统筹、一体化发展水平显著提升，百万人口大城市基本建成。

——生态环境显著改善。"地净、路畅、水活、天蓝、林拥城"工程取得显著成效，空气质量优良率达80%，污染治理、节能减排和生态保护修复取得明显成效，实现地更净、路更畅、水更清、天更蓝、城更美。

——生活水平显著提高。居民收入达到全省平均水平，城乡居民收入差距逐步缩小。实现贫困人口全部脱贫。就业、社保、医疗、住房、食品药品安全等公共服务体系更加健全，基本公共服务更加均等。

今后六年经济社会发展的主要任务是：

（一）实施创新发展行动，全力培育经济增长新动能。深入实施创新驱动发展战略，积极对接"三重一创"建设工程，扎实推进产业创新升级，大力支持实体经济发展，全力推动大众创业万众创新，集聚创新发展新动能。大力实施创新平台建设工程，培养招引各类"高精尖缺"人才，打造一批创业园区、技术转移中心、创客载体，力争规模以上工业企业研发机构覆盖率达30%。大力实施创新创业主体培育工程，力争全市高新技术企业达100家以上。现代中药产业实现"双千亿"目标，农产品加工业产值突破1200亿元，服务外包产业加快发展，文化旅游和健康养老产业成为新的经济增长极。深入推进行政体制、农业农村、财税金融、国资国企、住房制度等重点领域改革。

（二）实施协调发展行动，全力构建统筹联动新格局。围绕"省际交汇区域中心城市"定位，大力实施城乡规划、建设、管理提升工程，加快铁路、公路、水利、航道、航空、电网、气（油）管线、信息网络、物流通道设施建设，打造百万人口大城市。加快发展县域经济，支持三县一区城市提质扩容、产业错位发展，确保县域经济总量突破1530亿元，力争有1个县区进入全省十强县。大力实施美丽乡村建设工程，扎实推进美丽集镇和中心村建设，加快农村基础设施改造提升。深入开展精神文明建设，创建全国文明城市、国家卫生城市、全国未成年人思想道德建设工作先进城市。

（三）实施绿色发展行动，全力建设生态宜居新家园。打造绿色环境，发展绿色产业，倡导绿色生活，建设人水和谐、绿色共享的美丽家园。加强生态环境保护，创建国家园林城市、国家环保模范城市，全市绿化覆盖率达38%，城市建成区绿地率达32%。加强资源高效利用，发展可再生能源和清洁能源，建立循环产业体系，加快绿色低碳发展。建立健全资源有偿使用和生态补偿机制，严格落实领导干部生态环境损害责任追究制度，强化大气、水、土壤污染治理，推进"五水共治"和"减排、压煤、降尘、治车、禁烧"工程，建成区污水收集率和处理率均达99%以上。

（四）实施开放发展行动，全力拓展经济发展新空间。深入实施招商引资提质增效工程，确保利用市外内资年均增长15%左右、外商直接投资年均增长10%左右。深入实施综合交通体系建设工程，全面完成商合杭高铁建设，助推亳蚌、淮阜城际铁路开工建设，加快推进亳州机场、亳蒙高速、淮阜高速、涡河高等级航道建设，力争高速公路里程达356千米、国省干线里程达1340千米、农村道路畅通工程达12800千米。深入实施外贸主体培育壮大工程，依托"一带一路"，加快建设对外开放平台，推动设立海关正式机构。深入实施园区转型升级工程，创建1个以上国家级开发区。

（五）实施共享发展行动，全力增进人民生活新福祉。坚持"六个精准"，紧盯"两不愁三保障"目标，深入推进脱贫攻坚工程，确保全面小康路上不落一人。深入推进就业创业促进工程，新增城镇就业15万人以上，转移农村劳动力35万人以上。深入推进社会保障全覆盖工程，认真办好人民满意的教育，着力打造城市社区15分钟健身圈、城市15分钟文化圈、农村5千米文化圈。加强法治亳州、平安亳州、信用亳州建设，大力推进社会管理信息化建设、食品药品“智慧监管”、安全生产“铸安”行动，着力促进军民融合深度发展。

三、2017 年重点工作

今年是实施“十三五”规划的重要一年，是供给侧结构性改革的深化之年，是新一届政府的开局之年，做好各项工作意义重大。全市经济社会发展的主要预期目标是：地区生产总值增长 9% 左右，财政收入增长 10% 左右，固定资产投资增长 14% 左右，规模工业增加值增长 12% 左右，社会消费品零售总额增长 12% 左右，进出口总额增长 5% 左右，城镇常住居民人均可支配收入增长 9% 左右，农村常住居民人均可支配收入增长 10% 左右，节能减排、大气和水污染防治完成省政府下达的年度目标任务。

为实现上述目标，重点要抓好 10 个方面的工作：

（一）突出工业主导地位，加快建设新兴工业强市

发展优势产业。围绕现代中药产业“双千亿”目标，大力实施“369”行动计划，实现医药制造业总产值 320 亿元、增长 18%，新增规模以上药业企业 15 家。加快推进现代中药产业集聚发展基地建设，完成固定资产投资 95 亿元、增长 15%，实现产值 310 亿元、增长 16%，引进中成药大品种 3—5 个，完成 300 个以上药品的技术转让受理工作，新通过 GMP 认证企业 15 家以上。深入推进中药配方颗粒生产基地建设，争取 3—5 家企业开展省中药配方颗粒生产和临床使用研究。大力发展白酒产业，实现产值 120 亿元、增长 20%。大力发展电子信息、汽车制造、农机装备、鞋服箱包等劳动密集型产业，实现产值 50 亿元、增长 8%。大力发展食品制造产业，继续实施“百家龙头企业提升工程”，规模以上农产品加工企业突破 500 家、实现产值 700 亿元，市食品产业园入驻企业 20 家以上，县区每个食品产业园新入驻企业 5 家。

壮大产业规模。扎实推进工业“三百工程”，加快实施 100 个在建项目、100 个亿元项目、100 个技改项目，完成工业投资 400 亿元、增长 15%，完成技改投资 140 亿元、增长 15%。扎实推进工业“123 工程”，加快培育 100 家小巨人企业、200 家成长性小企业、300 家基础较好的小微企业，鼓励企业做大做强、做专做精，新增规模以上工业企业 100 家、销售收入亿元以上企业 200 家、5 亿元以上企业 25 家，形成工业企业梯次成长格局。

提高创新能力。积极引导企业加大研发投入，支持企业引进转化新技术、新产品、新工艺，鼓励企业与高校院所合作组建技术转移中心，新增省级企业技术中心 5 家以上、专精特新中小企业 10 家、新产品 6 个。实施质量兴市和品牌强市战略，培育申报中国驰名商标 1 件、安徽名牌产品 4 个。大力培育引进创新主体，认真做好招才引智工作，认定高新技术企业 15 家，引进各层次科技人才团队 5 个以上，新增授权发明专利 160 件。着力打造创新平台，推进国家农业科技园区建设，充分发挥国家中药材产品质量监督检验中心作用，打造全国一流、涵盖中药材全产业链的第三方检测公共服务平台。

（二）突出农业提质增效，加快建设现代农业强市

优化农业生产结构。大力实施“双千”增收工程，积极推进农业增产、农民增收，确保粮食总产稳定在 48 亿公斤以上。优化农业种植结构，建设优质粮食生产基地 10 万公顷以上，中药材种植面积发展到 7.73 万公顷，蔬菜面积稳定在 13.33 万公顷。发展生态循环牧业，新建绿色循环健康养殖示范场 60 个，创建省级以上规模畜禽养殖示范场 3 个，力争规模养殖比重达 83%。提升休闲观光农业水平，新培育乡村旅游精品线路 4 条，新创建省级以上休闲农业与乡村旅游示范点 1 个。继续实施“绿色亳农”品牌培育计划，新增无公害农产品产地、绿色食品原料基地 20 个，新增“三品一标”认证产品 60 个。

激发农业发展活力。开展省级现代生态农业产业化示范县区创建，新创建示范主体 30 个、联合体 20 个。积极培育新型职业农民和农业经营主体，新增省级示范合作社 6 家、省级示范家庭农场 12 家。投资 1.5 亿元，新增粮食烘干设备 72 套、蔬菜水果冷藏库 65 座。健全土地流转信息服务平台功能，适度规模经营面积发展到 26.67 万公顷。实施农村土地所有权、承包权、经营权分置改革，推广农村承包土地经营权抵押贷款试点经验，推行“532”小额贷款保证保险模式，缓解新型农业经营主体贷款难问题。

夯实农业发展基础。继续实施小型水利工程改造提升“5588”行动计划，推进茨河、阜蒙河、北淝河等中小河流治理和港河大型泵站改造工程，完成淮干一般堤防加固和陈桥闸、洺河闸、油河闸除险加固等工程。新开工建设高标准基本农田2.67万公顷以上。支持农机合作社建设，新增省级以上示范社6家，建设标准化农机库棚300个。落实农机购置补贴政策，优化农机装备结构，力争主要农作物耕种收综合机械化水平达90%以上。推进农村电网升级改造，完成投资3.6亿元。创建全省人工影响天气标准化县区1个，建设气象防灾减灾标准化镇、村各8个。建设数字化示范粮库80个。

（三）突出三产转型升级，加快推进服务业跨越发展

加快发展全域旅游。坚持把旅游业作为我市经济发展的重要增长极，以创建国家中医药健康旅游示范区为契机，以开展“亳州文化旅游年”系列活动为抓手，围绕旅游精品线路、精品景区、优质业态，加快全域旅游目的地建设，把我市打造成为皖北旅游中心城市，实现旅游总收入160亿元、增长35%。编制完成市全域旅游规划，加快重点文化旅游项目建设，新建、续建文化旅游项目23个、总投资222亿元、年内完成投资59亿元。举办亳州国际雕塑大赛，建成市文化馆、郑店子温泉度假区及游船码头等项目，开工建设北关历史街区保护与利用工程、市游客集散中心，实施花戏楼、中华酒谷创建AAAAA景区和新四军四师红色旅游景区等提升工程。加快涡河文化旅游产业带、谯城区现代农业示范区“亳药花海休闲观光大世界”、老子生态园、庄子文化旅游区、西淝河生态休闲度假区等景区建设，实现三县一区串点成面、联动发展。

持续发展金融业。稳步推进金融机构网点建设，增设网点5个。不断创新金融产品和服务，扎实推进“4321”政银担合作、“税融通”和“我要贷款”平台等工作，新增信贷投放150亿元以上。完善多层次资本市场体系，支持企业加快上市步伐，新增“新三板”挂牌企业5家、区域股权交易中心挂牌企业10家，继续办好“现代中医药及健康产业亳州专板”，实现直接融资80亿元。切实发挥保险保障功能。

繁荣发展商贸流通业。优化大型商业网点总体布局，加大商贸流通企业培育力度，新增限上企业80家以上。积极推动大型商贸流通企业营销网络向农村延伸，完善“新网工程”网络，新建和改造农家店120家。加快推进新发地农副产品物流批发市场及冷链物流园、圆通速递皖北区域中心、涡阳中农批皖北农贸电商国际物流园、蒙城天河广场等重点商贸流通项目建设。加快推进神农谷中药电商物流城、康美（亳州）中药物流园等项目建设，着力打造全球最大的中药材集散地和中药生产销售集聚地。

大力发展新兴服务业。加快建设新型智慧城市，优化升级网上办事大厅，推广“我家亳州”APP平台运用，重点建设市政务云平台、大数据双创中心，发展云计算和大数据产业，开发利用视频数据资源，推动信息技术更好服务经济升级和民生改善。落实服务外包产业发展扶持政策，启动“云上神州”大数据产业园建设，完善硬件配套设施，引进数据处理中心、呼叫中心等服务外包企业5家以上，创建省级现代服务业集聚区。鼓励社会资本投资发展养老服务业，促进农村敬老院转型升级，力争15%的敬老院转型为区域性养老服务中心。加快推进医疗卫生与养老服务相结合，市级和每个县区分别建成2家以上医养结合机构，新增各类医疗护理型床位1000张以上。

（四）突出项目引领带动，加快蓄积经济发展后劲

强力推进项目建设。坚持把项目建设作为第一抓手，认真落实“四督四保”和“双调度”制度，严格兑现项目推进奖补政策，新建、续建重点项目500个以上、总投资2000亿元以上、年度投资600亿元以上。充分发挥重大项目的牵动作用，规范执行工业项目前期工作流程，严格约定开竣工时间，做好跟踪保障服务，确保建成九洲方圆制药、修正中药生产基地、信利新能源100兆瓦光伏电站、中国亳州现代服装产业基地等一批亿元以上重点产业项目，开工建设长白山制药产业园区、民生药业产业园、鸿路装配式建筑生产基地等项目。积极跟踪国家、省重点投资领域和方向，重点谋划一批产业项目和基础设施项目，新谋划项目1000个以上、总投资3000亿元以上。加强中央一般转移支付和专项

转移支付的申报争取工作。

精准推进招商引资。坚持把招商引资作为第一要事，继续实行领导带头招商制度，积极开展节会招商、驻点招商、专业招商、以商招商，探索开展委托招商、网上招商，加快推动异地商会建设，全年利用市外内资增长15%以上。重点抓好现代中药、食品制造、服务外包、文化旅游等产业招商，引进亿元以上工业项目120个，其中亿元以上现代中药项目15个、食品加工项目8个。充分发挥园区招商引资的引擎作用，每个省级开发区至少引进10亿元以上项目1个、5亿元以上项目5个。建立招商线索推进落地联席会议制度，完善招商引资考核办法，全力营造大招商、招大商的浓厚氛围。

加快推进园区转型。坚持把园区作为经济发展的主阵地，加速提升园区规划、产业层次、配套建设水平，力争6个省级开发区实现产值265亿元，完成固定资产投资460亿元，实现财政收入43亿元。支持市经济开发区、亳芜现代产业园区加快建设职教园、医疗器械产业园、药业机械产业园、云计算大数据产业园、高新技术产业园等“园中园”，谯城经济开发区争创国家级开发区，涡阳经济开发区加快建设光机电产业园，蒙城经济开发区加快建设汽车制造及零部件配套产业园，利辛经济开发区加快建设丝网服饰产业园。大力推进标准化厂房建设，6个省级开发区建设标准化厂房40万平方米以上。

加快振兴县域经济。强化产业支撑，大力发展特色经济、民营经济。在产业政策支持、政府投资引导基金投入、招商引资项目布局、重大项目建设等方面，加大对县域产业发展的倾斜力度，力争县域经济总量突破1000亿元、财政收入达100亿元。支持涡阳县重点发展装备制造、食品饮料加工等产业，蒙城县重点发展汽车制造及零部件生产、农机装备制造、食品加工等产业，利辛县重点发展食品及农产品加工、能源等产业，谯城区重点发展现代中药、食品饮料加工等产业，促进县域经济协调发展。各县区分别储备谋划项目200个以上、总投资规模不低于600亿元。

（五）突出城市能级提升，加快建设省际交汇区域中心城市

优化城市布局。编制市域空间综合规划，科学确定城市发展边界，认真做好城市规划与土地利用总体规划及各专项规划的衔接。加快教育、文化、体育、卫生以及其他公共服务设施规划编制，促进公共资源均等化配置。注重整体有序、联动开发，同步抓好老城区改造提升，加快高铁站片区和谯城区北部新城建设，推动市经济开发区和亳芜现代产业园区产城融合发展。

完善城市功能。着力提升中心城区集聚力和辐射力，市本级年内投资110亿元、实施城建项目303个，配套建设科教文卫体等公共服务项目83个、基础设施提升和园林绿化项目200个。加快建设日供水能力20万吨的城南地表水厂、市体育馆、市中心城区停车场等项目。实施引江济淮亳州段城区供水配套工程，启动建设输水管道和城南调蓄水库。加快推进海绵城市试点工程和综合管廊建设，改造老城区主次干道雨污分流管网20千米。完成11条路段河段夜景亮化工程。加大老城区拆迁改造力度，加快华佗广场二期、筛子市、柴家沟、灵津渡社区及周边地块等7个项目棚户区改造，推进陵西湖、涡河景观带建设，提升汤陵公园、曹操公园等建管水平，建成市科普公园和市防灾减灾科普馆，完成道东片区2号和3号地块1533.33公顷土地、140万平方米房屋的征迁工作。加强三县县城建设，年度投资34.7亿元、实施37个重大基础设施项目，完善路网、水网、电网等基础设施，建成数字化城市管理平台，提高县城整体承载力和吸引力。

构建综合交通体系。启动交通建设大会战，建设贯通南北、连接东西的综合交通体系，年内投入37亿元。加快建设商合杭高铁亳州段，继续实施涡河高等级航道整治工程，积极推进亳州机场、亳蚌城际铁路、淮阜城际铁路、亳蒙高速、中心城区快速道路系统前期工作。完善城区交通网络，加快建设中心城区绕城快速通道、亳州北公交客运枢纽站、8个公交首末站及一批公交站台，开工建设高铁南站客运枢纽站和蒙城客运枢纽站，推进涡阳火车站升级改造。提升市域通畅能力，改建国省干线公路260千米以上，建成农村道路畅通工程2000千米以上。

（六）突出绿色生态发展，加

快改善城乡生活环境

继续推进“地净、路畅、水活、天蓝、林拥城”工程。提高道路清扫保洁质量和市容市貌管理水平,全面实施“五车”信息化监管,实现市区数字城管全覆盖。加快实施中心城区快速路网工程、年内建成12千米,打通木兰路、柴胡路等4条断头路,加快建安路涡河隧道、汤王大道涡河隧道建设。实施凤尾沟三期、团结沟、龙凤新河等城区水系贯通治理工程。严格落实环境空气质量和大气污染防治工作“双考核”制度,启动安徽瑞福祥食品有限公司搬迁工作,加快市静脉产业园规划建设,认真做好秸秆禁烧工作,PM_{10}和$PM_{2.5}$年均浓度、主要污染物减排、空气优良天数完成省下达任务。建成“林拥城”环城林带,新建城市绿道50千米,打造“城在林中、林在城中”的城市生态景观。

建设美丽乡村。认真落实美丽乡村、美丽集镇建设规划和中心村布点规划,推进2017年度43个乡镇政府驻地建成区整治工作,加强基础设施建设和公共服务配套,同步开展80个中心村建设和全市所有自然村环境整治工作。支持利辛县做好美丽乡村整县推进建设工作。立足中医药、白酒、生态农业等优势产业,规划建设5个产业特色鲜明、人文气息浓厚、生态环境优美的特色小镇,年内至少启动2个特色小镇建设。大力推进农村土地综合整治和采煤塌陷区综合整治工作,完成城乡建设用地增减挂钩项目1000公顷,复垦利用工矿废弃地333.33公顷,补充耕地1333.33公顷。

严守生态红线。完成人工造林4666.67公顷,建设森林生态廊道480千米、生态农田林网6.13万公顷,争创省级生态乡镇和省级生态村各3个。全面推行“河长制”,加强53条河流72个断面监测,西淝河断面水质改善至III类。强力推进水污染防治,实施东城海子等35个黑臭水体治理项目。强化畜禽养殖污染和农业面源污染治理,完成185家禁养区内养殖场搬迁关闭和60家以上规模化畜禽养殖场污染综合治理任务。加强饮用水源地保护,做好土壤污染防治工作。加快建设涡阳道源湿地公园、蒙城北淝河湿地公园、利辛西淝河湿地公园等湿地保护与恢复工程。加快国家新能源示范城市建设,推进秸秆综合利用产业化,农作物秸秆综合利用率87%。全面开展城乡环境综合治理,统筹推进农村清洁工程、“三线三边”环境治理工作,加快生活垃圾终端处理设施建设,推行城乡环卫一体化试点工作。

(七)突出内生动力激发,加快推进改革开放

深化供给侧结构性改革。坚定不移去产能,综合运用市场化法治化手段,处置“僵尸企业”,清理“僵尸合同”,严防已化解产能死灰复燃。加大房地产市场调控力度,适度增加住宅用地供应,着力提高货币化安置比例,促进房地产市场平稳健康发展。加强政府债务管控,积极争取地方政府债券转贷资金。鼓励利辛县抓住贫困县IPO绿色通道机遇,引进拟上市企业。继续落实好全面营改增和各项减税政策,降低制度性交易成本和要素成本。创新政府投融资机制,推广运用政府与社会资本合作PPP模式,鼓励社会资本参与重点项目建设。

推动重点领域和关键环节改革。大力推进“放管服”,动态调整权力、责任、行政收费、公共服务、中介服务“五个清单”,全面推开“双随机、一公开”模式,优化提升“互联网+政务服务”,最大程度方便群众和企业。深化商事制度改革,全面推进“五证合一、一照一码”和企业简易注销登记,加快构建事中事后监管体系。深化财税金融体制改革,加强财政预决算管理,盘活财政存量资金,搭建国地税一站式联合征收平台,推动政府融资平台市场化转型,规范民间投融资行为。深化国企国资改革,组建市本级国资运营管理公司,支持古井集团、建安集团做大做强,实施国有企业和事业单位公务用车制度改革。完善公共资源交易平台运行机制,推动“六统一联”落到实处。推进户籍制度改革,全面实施居住证制度,有序推进农业转移人口市民化。深化供销合作社综合改革。

提升对外开放水平。持续优化外贸发展环境,加大政策扶持力度,提升贸易便利化水平。推动外贸转型升级,加强外贸主体培育,强化外贸进出口骨干企业调度和服务,全年新增进出口实绩企业20家。着力优化进出口结构,支持中药提取物、食品饮料、健康养生等优势产品出口,鼓励企业引进国外先进技术、设

备和原材料，支持有条件的企业“走出去”。大力引进外资企业，力争外商直接投资增长8%左右。主动参与淮河生态经济带建设分工与合作。深化与芜湖市的结对合作。积极参与“牵手世界的安徽”等重大展会，办好2017年国际（亳州）中医药博览会暨第33届全国（亳州）中药材交易会。

发展民营经济。按照“非禁即准”原则，全面放开投资领域，推进各项政策落地见效，大力扶持民营企业做大做强，实现民营经济增加值650亿元、增长10%，民营经济增加值占比提高1个百分点。加大对“双创”的财税支持和金融服务力度，重点扶持筑梦社区、青年创客空间发展，建设各类创业孵化基地和众创空间，鼓励老乡返乡创业、青年学子创业，新增私营企业6000家、个体工商户2万户以上。新创建省级中小企业公共服务示范平台2家、省级小微企业创业基地2个。用好“政企直通车”微信平台，穷尽办法、倾尽所能、依法依规帮助企业解决实际问题，增强民营企业家发展信心，让企业家专注创业、安心创业，构建“亲”“清”新型政商关系。

（八）突出“六个精准”，坚决打赢脱贫攻坚战

层层压实脱贫责任。认真落实“六看六确保”“四个全覆盖”工作要求，坚持满足扶贫工作一切需要，火力全开，适当宽裕，分级负责，各方协同，工作到户，责任到人，确保全面实现人脱贫、村出列、县区摘帽的目标。扎实推进精准扶贫精准脱贫，动态完善“四个清单”和贫困村贫困户帮扶措施大全，建立返贫预警机制，完善巩固脱贫后续计划和保障措施。按照“源头严把、过程严控、验收严格、纪律严厉”要求，建立核查、评估、退出和问责机制，压实县区、乡镇、村各级责任，确保脱贫结果真实可信、脱贫成效经得起检验。

深入实施脱贫攻坚八大工程。大力发展特色种养业扶贫，完成光伏扶贫项目建设。加快易地扶贫搬迁安置点建设，完成3745人搬迁任务。对未考上高中或大学的贫困家庭子女实现免费中等职业教育和“雨露计划”全覆盖，从根本上阻断贫困代际传递。落实健康脱贫基本医疗保障优惠政策，提升贫困群众医疗保障水平，破解因病致贫、因病返贫难题。加强基础设施建设，完成贫困村道路畅通工程、电网改造、高标准基本农田建设任务，改造贫困户危房15393户。

千方百计加大扶贫投入。市本级安排财政预算扶贫资金5.7亿元，其中新增4.7亿元，将当年财政收入增量的20%以上、涉农资金统筹整合出的40%以上、清理收回财政存量资金可统筹使用部分的50%以上，以及压缩出的行政办公经费全部用于扶贫工作。将建档立卡贫困户的扶贫标准提高到4310元。推进县区统筹整合使用财政涉农资金，发挥财政扶贫资金杠杆作用，多方撬动社会资本投入扶贫工作。

（九）突出民生保障，全力提升群众幸福指数

着力保障改善民生。全面完成省下达的民生工程任务。坚持就业优先，重点抓好返乡农民工进城就业，新增城镇就业3万人、转移农村富余劳动力7.2万人、进城就业农民工2.1万人。健全社会保障体系，实行全民参保登记，稳妥推进机关事业单位养老保险制度改革。城市低保标准与城镇居民人均消费性支出同比例提高，实现农村五保分散供养标准、低保标准、扶贫标准“三线合一”。加大农村留守儿童关爱保护力度，认真解决低收入人群的法律援助问题。建成并投入使用市精神病人福利中心、养老服务中心。继续实施农村饮水安全巩固提升工程，实现农村安全饮水村村通。

统筹发展各项事业。优先发展教育事业，提升学前教育发展水平，深化教师无校籍管理改革，实施乡村教师支持计划，推进义务教育均衡发展；年内在中心城区新建改扩建8所中小学、3所公办幼儿园，完成180个“村小提升工程”项目；启动亳州职业技术学院二期工程建设，建成亳州特教学校新校区，完成亳州中药科技学校、亳州幼儿师范学校二期工程建设。继续支持亳州学院建设有特色的地方高水平应用型本科高校，支持亳州职业技术学院创建地方技能型高水平大学。深化医药卫生体制综合改革，扎实推进“三医联动”，实现城乡居民基本医疗保险“六统一”；加快华佗中医院新院建设，确保年内投入使用；启动建设市第二人民医院、市妇幼保健计划生育服务中心；积极发展社会办医，年内建设二级及以上医院5家；开展第三届全市名中医评选活动；人口自然增长率控制

在9.5‰以内。持续提升公共文化体育服务能力，加快建设公共文化服务设施，建成并投入使用市“五位一体”公共活动中心，开工建设市广电中心；繁荣地方文艺创作，传承发展非物质文化遗产，广泛开展送戏下乡、送戏到敬老院和城市文化广场活动。建设城区15分钟健身圈，办好第三届中国（亳州）国际健身气功博览会，在全国推广校园五禽戏，筹办国际半程马拉松比赛等各种赛事活动。

积极创新社会治理。推进“七五”普法工作，加强公共法律服务体系建设。落实“三位一体”信访工作责任制和领导干部开门接访、带案下访、重点约访工作制度，努力打造“阳光信访、责任信访、法治信访”。强化精神文明创建，建成安徽好人馆亳州馆，抓好中国好人、道德模范评选宣传活动，全面提升公民道德水平。健全食品药品安全监管网络，提高监管保障能力，扎实推进食品药品安全城市创建工作。扎实开展“安全生产隐患排查治理年”活动，深入推进重点行业和领域专项整治，提升消防火灾防控水平，清理危化品运输车辆，取缔非法的混凝土沥青搅拌站、码头港口、小型加气站，认真排查农村枯井、河塘、自建房等各类隐患，确保安全隐患整改率达98%以上。加快视频数据监控系统建设，推进市县乡村四级综治维稳信访工作中心（站）规范化、实战化。健全完善社会治理体系，加强矛盾纠纷排查化解，完善社会稳定风险评估制度，最大限度预防和减少社会矛盾。加强互联网安全管理，加大治安突出问题专项整治，严密防范和依法打击各类违法犯罪行为，全力建设更加稳定、和谐、有序的“平安亳州”。加强国防动员、国防教育和民兵预备役建设，推进军民融合深度发展，争创新一轮省级双拥模范城（县）。强化统计管理，完成第三次农业普查。开展第十届村委会换届选举。统筹抓好外事、侨务、对台、民族宗教、防震减灾、应急管理、公积金管理、无线电管理和机关事务管理工作，推动档案、地方志、红十字、残疾人、妇女儿童、新闻出版、文物保护和关心下一代等事业健康发展。

（十）突出自身建设，着力提升政府工作水平

站在新起点，面对新期待，我们一定牢记宗旨、不辱使命，夙夜在公、勤勉工作，不忘初心、继续前进。坚持讲看齐、见行动。牢固树立“四个意识”特别是核心意识、看齐意识，始终在思想上政治上行动上与以习近平同志为核心的党中央保持高度一致，确保党中央、国务院、省委、省政府和市委的各项决策部署落地生根。坚持依法行政。自觉接受市人大及其常委会的法律监督和工作监督，自觉接受市政协的民主监督，自觉接受社会和舆论监督，主动倾听各民主党派、工商联、无党派人士意见建议，充分发挥工会、共青团、妇联等人民团体重要作用，切实做好政府立法和政务公开工作，认真办理人大议案建议和政协委员提案，确保政府工作始终在法治轨道上运行。坚持为民执政。坚持以人民为中心的发展思想，把改善民生福祉作为政府工作的出发点和落脚点，集中力量做好普惠性、基础性、兜底性民生建设，切实解决好人民群众关心关注的脱贫攻坚、就业创业、子女教育、看病就医、健康养老等现实问题，竭尽全力让亳州百姓过上更加美好幸福的生活。坚持务实勤政。强化责任担当，弘扬实干作风，铆足干劲、增强闯劲、保持韧劲，把所有心思用在谋发展上，把全部精力用在干事业上，立下军令状，明确作战图，咬紧牙关、攻坚克难，确保干一件、成一件、积小胜为大胜。坚持廉洁从政。严格执行党内政治生活的若干准则、党内监督条例、廉洁自律准则、纪律处分条例，认真落实中央八项规定精神和省市“三十条”规定，全面加强政府系统党风廉政建设，认真落实主体责任，切实履行“一岗双责”，持续强化审计监督，始终保持惩治腐败高压态势，严肃查处侵害群众利益的不正之风和腐败问题，着力打造忠诚干净担当的干部队伍。

各位代表，事业任重道远，责任重于泰山。让我们在省委、省政府和市委的坚强领导下，团结带领全市人民，凝心聚力，奋发进取，加快跨越赶超，决胜全面小康，为“深入践行五大发展理念，奋力走在皖北振兴前列”而努力奋斗，以优异成绩迎接党的十九大胜利召开！

政府工作报告名词解释

1. 四百计划——即围绕100户小巨人企业、100户拟进规模企业、100个亿元以上工业项目、100个工业企业技术改造项目，集中优势资源，抓好帮扶服务，促进企业发展壮大，形成梯次成长格局，筑牢工业经济持续扩张的根基。

2. PPP模式——即public-private-partnership的字母缩写，通常译为“公共私营合作制”，是指政府与营利性企业、非营利性企业，为了合作建设城市基础设施项目或提供某种公共物品和服务，以特许权协议为基础，彼此之间形成一种伙伴式的合作关系，并通过签署合同来明确双方的权利和义务，以确保合作的顺利完成，最终使合作各方达到比预期单独行动更为有利的结果。

3. “532”小额贷款保证保险——指为满足小型微型企业、农村种植养殖大户和城乡创业者等生产经营活动中的小额融资需求，由借款人投保小额贷款保证保险，银行以此作为主要担保方式向借款人发放贷款的一种业务模式，一旦发生代偿，保险公司、政府与银行按5∶3∶2的比例承担贷款本息损失。

4. “4321”新型政银担——指我省在全国率先构建的政策性担保体系，对小微企业担保贷款出现的代偿，由原担保机构、省担保集团、合作银行及地方财政按4∶3∶2∶1的比例分担。

5. 三品一标——“三品”即无公害农产品、绿色食品、有机食品；“一标”即农产品地理标志。

6. 五证合一、一照一码——“五证合一”指整合工商营业执照、税务登记证、机构代码证、人社部门社会保险登记证、统计部门统计登记证，由工商部门核发一个营业执照的登记制度改革；“一照一码”指由工商部门直接核发加载法人和其他组织统一社会信用代码的营业执照。

7. 新三板——即全国中小企业股份转让系统，是经国务院批准，依据证券法设立的继上海证券交易所、深圳证券交易所之后第三家全国性证券交易场所，主要为全国创新型、创业型、成长型非上市中小微企业发展服务。

8. 三线三边——“三线”即铁路沿线、公路沿线、江河沿线；“三边”即城市周边、省际周边、景区周边。

9. “五车”——即洒水车、清扫车、垃圾运输车、渣土车、混凝土搅拌车。

10. 一涵四闸——“一涵”即凤尾沟涵；“四闸”即亳菊路钢坝闸、亳芜大道闸、龙凤新河牡丹路橡胶坝、建安路闸。

11. 四个清单——即我市脱贫攻坚工作制定的已脱贫户、巩固期贫困户、政策兜底贫困户和重点帮扶贫困户清单。

12. 五大政策——即宏观政策要稳、产业政策要准、微观政策要活、改革政策要实、社会政策要托底。

13. 五大发展行动计划——即省、市提出的创新、协调、绿色、开放、共享发展行动计划。

14. 三重一创——省委、省政府提出在全省建设一批重大新兴产业基地、推进一批重大新兴产业工程、组织一批重大新兴产业专项，构建创新型现代产业体系，推动战略性新兴产业加快向主导产业转变。

15. 双千亿——即到2020年底，全市现代中药工业总产值达到1000亿元，中药商贸流通业交易总额突破1000亿元。

16. 六个精准——即扶贫对象精准、项目安排精准、资金使用精准、措施到户精准、因村派人精准和脱贫成效精准。

17. 两不愁三保障——“两不愁”指稳定实现农村贫困人口不愁吃、不愁穿；“三保障”指保障义务教育、基本医疗、住房安全。

18. “369”行动计划——“3”即形成中药材大宗交易、中药材价格形成和中药材商品等级分类标准示范“三大中心”；“6”即培育中药材专业、中药材种子种苗、保健品、植物香料、制药机械和药包材等中药商贸流通“六大市场”；“9”即打造全国中药材种植、中药材进出口、中药饮片生产、中药提取物生产、中成药制造、中药保健品生产、植物香料生产、中药科技研发和中药科技人才培养等中药产业“九大基地”。

19. “双千”增收工程——即推广“粮食作物＋经济作物”高效集约耕作模式，实现亩收千斤粮、亩增千元钱。

20. IPO——即首次公开募股，指一家企业或公司（股份有限公司）第一次将它的股份向公众出售。

21. 四督四保——即督查推进新建项目，保证开工率；督查推进续建项目，保证竣工率；督查推进竣工项目，保证达产率；督查推进储备项目，保证转化率。

22. 静脉产业园——指以垃圾回收和资源再利用产业为主导的生态工业园，实现生活和工业垃圾变废为宝、循环利用。

23. 双随机、一公开——即检查对象、执法检查人员随机抽取产生，检查情况和查处结果及时向社会公开。

24. 六统一联——即统一的制度规则、平台交易、服务标准、信息公开、评标专家、信用管理，异地互联互通的公共资源交易运行机制。

25. 六看六确保——即看扶贫对象准不准，确保目标数据要实；看项目安排准不准，确保“五个一批”帮扶举措要实；看资金使用准不准，确保保障举措要实；看措施到户准不准，确保政策落地要实；看因村派人准不准，确保责任到位要实；看脱贫成效准不准，确保质量进度要实。

26. 四个全覆盖——即精准扶贫全覆盖、监测评估全覆盖、防范返贫全覆盖、责任落实全覆盖。

27. 三医联动——即医疗、医保、医药改革联动。

28. 六统一——即实现城乡基本医疗覆盖范围、筹资政策、保障待遇、医保目录、定点管理、基金管理“六统一”。

29. “三位一体”信访工作责任制——即信访工作“分管市领导＋主管部门＋属地”三位一体责任机制。

图 1　谯望楼

大事记

“美丽亳州”系列图片——曹操运兵道

1月

5日 省人大常委会副主任臧世凯到亳州调研经济社会发展情况和基层人大工作开展情况。

6日 亳州市涡阳县石弓镇中心卫生院、利辛县胡集镇中心卫生院和谯城区古城镇中心卫生院被评为全国“群众满意的乡镇卫生院”。

12日 安徽安元现代健康产业投资中心揭牌仪式举行,亳州市首支现代健康产业投资基金正式设立。

同日 《亳州市人民政府关于进一步推进户籍制度改革的实施意见》出台,亳州市将全面放开落户条件限制,全市户口不再有农业和非农业之分,统一登记为居民户口;只要在亳州市有稳定住所,包括租赁的房屋,就可以申请登记常住人口;无户口人员可申请登记常住户口。

13日 市三届人大常委会第四十四次会议召开。会议听取市人大常委会工作报告(草案)的起草说明;听取市三届人大七次会议议程、日程草案,议案审查委员会名单草案,计划和预算审查委员会名单草案;听取市三届人大七次会议主席团和秘书长名单草案、列席人员名单草案;听取人事任免议案的说明。会议分组审议市人大常委会工作报告(草案);审议市三届人大七次会议议程、日程草案,议案审查委员会名单草案,计划和预算审查委员会名单草案;审议市三届人大七次会议主席团和秘书长名单草案、列席人员名单草案;表决有关事项和人事任免事项。

同日 亳州市网上办事大厅手机客户端上线,4996项业务可以在线办理,市民可以享受随时随地申办事项的快捷。

16日 市委常委扩大会议召开,传达学习习近平总书记在中央政治局“三严三实”专题民主生活会上的重要讲话精神,研究部署亳州市贯彻落实意见。

18日 科技部下发《关于第七批国家农业科技园区建设的通知》,亳州国家农业科技园区榜上有名,这是市首个国家级农业科技园区。该园区核心区位于谯城经济开发区内,规划面积9.9平方千米。园区按照“核心区—示范区—辐射区”三个层次的空间结构进行规划和布局,总规划面积134.9平方千米,规划期限5年。

17—19日 中国人民政治协商会议第三届亳州市委员会第六次会议在亳州举行。会议听取政府工作报告,《亳州市国民经济和社会发展第十三个五年规划纲要(草案)》,听取市中级人民法院工作报告、市人民检察院工作报告。会议审议批准政协第三届亳州市委员会常务委员会工作报告,审议批准政协第三届亳州市委员会常务委员会关于三届五次会议以来提案工作情况的报告。会议选举吴火权为政协第三届亳州市委员会秘书长;补选刘琦为政协第三届亳州市委员会常务委员。

18日 由亳州市委宣传部联合亳州晚报社、亳州广播电视台开展的2015年度亳州十大新闻评选结果揭晓:亳州市委出台第十三个五年规划的建议,为未来五年发展指明方向;网上办事大厅全覆盖,智慧城市建设成功入选“国家队”;“书香亳州”建设启动,国学经典教育引向深入;全面打响脱贫攻坚战,到2018年底实现贫困人口全部脱贫。城区交通拥堵、户外广告实施同整治,“九城同创”纵深开展;市经开区和谯城经开区现代中药基地入围首批省战略性新兴产业集聚发展基地,“调转促”稳步推进;“三严三实”专题教育活动扎实有效开展,解决一批“不严不实”问题;多项经济指标增速入列全省第一方阵,GDP增速首超全省平均水平;礼遇和帮扶道德模范、身边好人,形成鼓励先进和争做模范热潮;古井集团经营业绩持续逆势攀升,成为中国白酒行业唯一一家连续三年持续增长的企业。

18—20日 亳州市第三届人民代表大会第七次会议在亳州举行。大会以举手表决的方式,通过亳州市第三届人民代表大会第七次会议关于政府工作报告的决议、关于亳州市国民经济和社会发展第十三个五年规划纲要的决议、关于亳州市2015年国民经济和社会发展计划执行情况及2016年计划的决议、关于亳州市2015年预算执行情况和2016年预算的决议、关于亳州市人民代表大会常务委员会工作报告的决议、关于亳州市中级人民法院工作报告的决议、关于亳州市人民检察院工作报告的决议。大会以无记名投票的方式，选举市人大常委会秘书长，三名市人大常委会委员。大会以举手表决的方式，通过亳州市人民代表大会法制委员会组成人员人选名单、亳州市人民代表大会财政经济委员会组成人员人选名单。新当选人员向宪法进行宣誓。

20日　副省长梁卫国对亳州市农业农村工作进行调研。梁卫国查看涡阳县西阳镇郭寨村小麦绿色增产模式攻关示范片，了解该县土地经营权确权登记颁证工作进展情况。梁卫国对涡阳县土地经营权确权登记颁证工作取得的成绩给予肯定。

同日　中国商业文化研究会年会暨五届二次理事会在古井集团召开。这次年会是该研究会首次在北京以外的地方召开；古井集团被大会评为“商业文化示范基地”。

21日　副省长花建慧对亳州市进行调研。花建慧一行查看药通网、亳州市青年移动电商产业园、珍宝岛药业、古井生态产业园区建设情况。

22日　全市春运工作电视电话会议召开，部署春运工作。

同日　市统计局召开新闻发布会。2015年，全市GDP总量达942.6亿元，比上年增长9.1%。发展速度自组建地级市以来首次赶超全省平均水平，高于全省0.4个百分点。GDP总量是2010年的1.8倍，“十二五”期间年均增长11.1%。

23日　2015年新浪安徽微博之夜在合肥大剧院隆重举行。活动现场揭晓“安徽十大党政新闻发布微博”奖等奖项。亳州市“@亳州发布”获“安徽十大党政新闻发布微博”奖，并居全省党政新闻发布微博第四名（地市级第三名）。

25日　市商务局消息，在省商业经济学会公布的2015年全省“安徽老字号”品牌名单中，亳州正丰医药有限公司的“承庆堂”、安徽一闻香清真食品公司的“一闻香”、亳州铜关粉皮有限公司的“铜关牌”三个品牌榜上有名。

26日　市委组织部联合市人社局开展第三批享受市政府特殊津贴人员推荐选拔工作，评选出30位优秀人才为市第三批享受市政府特殊津贴人员。

同日　2015年，全市国税系统完成税收收入53.7亿元，同比增长13.1%，增收6.2亿元，国税收入首次突破50亿元大关。

27日　市环保局消息，全市从2016年起开始实施环境保护网格化监管体系，建立“市、县（区）、乡镇（街道、场）、村委会（社区）”四级网格，密织一张环境保护大网，从源头防控环境隐患，提升生态环境质量。

28日　市委常委扩大会议在市行政会务中心召开，学习贯彻十八届中央纪委六次全会和省纪委九届六次全会精神。

29日　“汤都风韵”亳州市美术作品展在市博物馆开展。展出近150幅作品，由市73位省级以上美协会员创作。

2月

1－2日　全市经济工作城乡建设暨2015年第四季度经济工作督查调度会议召开。会议传达省城市工作会议精神、省经济工作会议精神、省美好乡村建设推进会议精神；对政府问题清单工作进行部署；通报2015年度岗位责任目标完成情况，安排部署2016年度岗位责任目标工作。2015年，全市国内生产总值942.6亿元，增长9.1%，发展速度自建市以来首次超全省平均水平，高于全省0.4个百分点；全市粮食总产量485.2万吨；规模以上工业增加值249.6亿元，比上年增长10.9%，高于全省2.3个百分点，居全省第三位，皖北第一位。

2日　全市新媒体人士座谈会在市行政会务中心召开。亳州市22家政府网站、新闻网站、商业网站、政务微信微博、媒体“两微一端”负责人及部分自媒体人士、网络代表人士参加座谈会。

同日　国家物联网标识管理公共服务平台在亳州正式成立服务中心。亳州市食品、药品企业通过该服务中心可为自己的产品申报办一个“身份证”，让消费者可对产品从源头生产到市场销售终端进行全程监控。

4日　据统计消息，2015年，古井集团实现营业收入67亿元，利润总额9.9亿元，上缴税收20亿元，品牌价值突破375亿元，各项经营指标再创历史新高。

计划中，亳州市印发《亳州市水污染防治工作方案》《亳州市2016年水污染防治工作任务分工（征求意见稿）》《各县区政府水污染防治目标责任书（征求意见稿）》及《“十三五”污水处理设施项目计划》等文件，与县区政府签订水污染防治目标责任书，强化水污染防治。

9日　全市领导干部会议召开，宣布省委关于亳州市委、市政府主要领导职务调整的决定。

省委常委、组织部部长邓向阳出席会议并讲话。省委组织部常务副部长何军宣读省委决定。省委决定汪一光任亳州市委书记、亳州芜湖现代产业园区党工委第一书记（兼），免去杨敬农的亳州市委书记、常委、委员、亳州芜湖现代产业园区党工委第一书记（兼）职务。省委决定提名汪一光为亳州市人大常委会主任候选人，免去其亳州市人民政府市长职务，提名杜延安为亳州市人民政府市长候选人。免去杨敬农的亳州市人大常委会主任职务。

同日　市三届人大常委会召开第47次会议。会议决定任命杜延安为亳州市人民政府副市长、代理市长。市人大常委会副主任李伟为杜延安颁发任命书。按照法定程序，杜延安向宪法进行宣誓。

12日　亳州市2015年度省管领导班子和领导干部综合考核工作会议召开，省委第二考核组组长、省纪委副书记樊勇出席会议并讲话。市委书记汪一光，市委副书记、代市长杜延安分别代表市委班子、市政府班子作工作报告。

同日　广东省普宁市代表团到亳州市考察。

15日　2016年亳州芍花养生文化旅游节新闻发布会召开，2016年芍花节于4月30日至5月30日举行，主题为“欢乐·体验·健康”，主会场分别是谯城区十河镇和十八里镇，期间共开展21项文化娱乐活动。

17日　亳州军分区党委第一书记任职通知大会在亳州军分区举行，省军区政委戴勇宣读任职通知并讲话。经省军区党委常委会议研究决定，市委书记汪一光任亳州军分区党委委员、常委、党委第一书记。

19日　亳州市召开“两学一做”学习教育工作会议，对全市“两学一做”学习教育进行动员部署。市委书记汪一光参加会议并讲话，市委副书记、代市长杜延安主持会议。

21－22日　宿州市委书记、市人大常委会主任张曙光率宿州市党政代表团到亳州市考察。

26日　中国残联副理事长程凯一行到亳州市，先后到市特教学校、安徽沪谯集团、市残疾人综合服务中心等地，调研亳州市特殊教育开展、企业接纳残疾人就业、残疾人综合服务等工作。

27日　全市第一季度经济工作督查调度会议暨推进非公有制经济健康发展大会召开。会议对全市第一季度经济社会发展情况进行总结，对下阶段工作进行部署。市委书记汪一光出席会议并讲话，市委副书记、代市长杜延安主持会议并讲话。汪一光指出，市委、市政府决定，将人民群众关心关注的热点问题、社会各界反映强烈的焦点问题、当前工作中亟待解决的重点问题、制约亳州长远发展的难点问题这“四个点问题”的解决，作为“奋力走在皖北振兴前列”的抓手，坚定坚决推动问题解决。

28日　2016年中国中医药健康促进暨华佗·中医药文化论坛在亳州市开幕。国家中医药管理局原副局长吴刚参加开幕式并讲话。论坛由省中医药管理局、亳州市人民政府、中国健康促进与教育协会指导，中国中医药报社理事会、中国中药协会国医药文化专委会主办，中华国医药文化合作组织、亳州市药业行业协会承办。论坛主题为“传承和创新”，论坛内容包括开幕式、高峰论坛、主题论坛—医药对话、中药企业传承与创新产品展示、亳州药业发展环境考察等。开幕式上举行浙江中医药大学“博士后工作站”和“国医大师吕景山工作室”揭牌仪式。国医大师、主任医师、山西中西医院教授、山西省针灸研究所所长吕景山，国医大师、河南省邓州市中医院院长唐祖宣，中国健康促进与教育协会常务副会长兼秘书长黄泽民，东盛集团董事长、广誉远掌门人郭家学，中国中医药文化组织轮值主席、健民药业集团股份有限公司总裁徐胜，安徽中医药大学、浙江中医药大学相关负责人，全国各地62家中医院院长，11家老字号制药企业和100余家知名企业负责人参加开幕式。

同日　亳州市召开农村土地

综合整治工作调度会，调度农村土地综合整治和不动产登记工作。3月31日举行市不动产登记中心挂牌仪式，并颁发第一本不动产登记权证。

28－29日　市三届人大常委会第四十八次会议召开。会议听取审议市政府关于全市水资源保护情况的报告；听取审议市检察院关于规范司法行为工作情况的报告；听取市政府关于请求批准将棚户区改造等三个融资项目有关资金列入市本级预算议案的说明。会议听取关于许可对市三届人大代表王强采取行政拘留处罚的决定（草案）议案的说明；听取有关人事任免议案的说明。会议集中审议市政府关于请求批准将国开行三期棚改项目有关资金列入市本级财政预算的议案；市政府关于请求批准将亳州市涡河城区段综合治理工程项目政府购买服务资金列入市本级财政预算的议案；关于请求批准将谯城区华佗中医院新院建设项目政府补贴资金列入市本级财政预算的议案；审议关于许可对市三届人大代表王强采取行政拘留处罚的决定（草案）的议案；表决通过有关人事任免事项。

29日　市委常委扩大会议在市行政会务中心召开，会议学习传达习近平总书记视察安徽的重要讲话和重要指示，传达省委书记王学军在省委常委扩大会议上的重要讲话精神，研究部署亳州市贯彻落实工作。

同日　市总工会、市体育局在市区魏武广场联合举办千名职工大合唱及五禽戏展演活动。全市23支职工代表队的1050名职工参加合唱，展演华佗五禽戏。

5月

1日　市委书记汪一光到市人民医院、交警支队四大队一中队、市经开区污水处理厂、第三水厂、桐乡路施工现场和板桥口还原小区建设现场，看望慰问节日期间当班职工。

3日　亳州市举行纪念五四运动97周年暨“亳州市十大杰出青年”“亳州青年五四奖章”先进事迹报告会。会议传达习近平总书记在安徽视察期间关于青年和青年工作最新论述。“亳州市十大杰出青年”先进事迹报告团成员和“亳州青年五四奖章”先进事迹报告团成员揭晓。会上，举行青年突击队、青年志愿者和青年文明号宣誓仪式。

3－4日　省人大常委会副主任詹夏来率领省人大督查检查组到亳州，就中央和省委“加强人大工作和建设”有关文件精神落实情况，以及地方组织法、乡镇人大工作条例开展督查和执法检查活动。

4日　全省地质灾害防治工作电视电话会议在合肥召开，亳州市设立分会场收听收看会议实况。2016年，亳州市确定市级重要地质灾害隐患点13处。其中，采空地面塌陷3处、崩塌7处、不稳定斜坡2处、地面沉降1处。会议对市地质灾害防治工作进行部署。

同日　即日起，中国社科院考古研究所安徽工作站联合中科大科技史与科技考古系对谯城区城父镇后铁营遗址进行第二次考古发掘。后铁营遗址距今6000－6500年，曾出土过各类陶器、玉石器等。

6日　市委书记汪一光在上海现代服务业联合会多功能厅，出席《亳州市现代服务业发展“十三五”规划》评审会并讲话。上海现代服务业联合会会长、评审专家组组长周禹鹏主持评审。评审组一致同意通过评审。

同日　全市“现代中医药及健康产业亳州专板”启动会议举行。亳州市确定首批拟挂牌企业82家，6月底前开板。

7日　为期两天的2016年“简一杯”安徽省健美健身锦标赛暨全国健美选拔赛在市区药都剧场举行，全省各地30个代表队200余名选手参加16个项目比赛。

同日　“2015安徽省辖市最具影响力十件大事”评选在合肥揭晓，亳州市网上办事大厅入选。

10日　亳州市2015年省管领导班子和领导干部综合考核反馈会议在市行政会务中心召开。本次考核中，亳州市综合考核成绩位居全省前列。

同日　中国民航局批复亳州民用机场场址。根据场址批复，亳州民用机场选址在涡阳县标里镇刘竹村，位于亳州市东南部，距亳州市中心直线距离33.5千米、公路距离38千米。亳州机场总投资10亿元，将按照4C标准建设，可以起降空客A320、波音737系列及以下型号的民航客机。

14日 “安徽省庄子研究会”成立大会暨第一届学术交流会在蒙城举行。国内知名庄子研究专家、学者约120人参加会议。该研究会拥有各地个人会员98人，其中蒙城本地会员47人。大会选举安徽大学党委书记李仁群任会长，选举产生副会长5名、秘书长1名、理事25名。

16日 中国共产党亳州市第三届委员会第十次全体会议召开。会议由市委常委会主持。会议审议通过《中国共产党亳州市第三届委员会第十次全体会议关于召开中国共产党亳州市第四次代表大会的决议》，决定中国共产党亳州市第四次代表大会于2016年9月上旬召开。

同日 在安徽敬道生物科技有限公司提取车间，第一批青蒿素粗品提取成功。这是亳州市乃至全省第一家实现青蒿素提取的企业。

18日 省道307亳州段一级公路PPP项目合同签约仪式在亳州宾馆举行，全省第一个公路PPP项目正式落户亳州市。省道307亳州段一级公路PPP项目投资总额暂定为57.2亿元，该项目途经蒙城、涡阳和亳州市区，路线全长153.2千米，道路等级为一级公路标准，双向四车道。

同日 安徽出入境检验检疫局亳州办事处举行揭牌仪式。2012年，亳州市与安徽出入境检验检疫局签署合作协议，设立检验检疫筹备办事处。2015年，安徽出入境检验检疫局亳州办事处正式获批，由原阜阳局代管的亳州市辖区检验检疫业务全面移交亳州办事处。

19日 全市防范和打击非法集资工作会议召开。2015年起，全市公安机关共破获非法集资案件19起，抓获犯罪嫌疑人38人，涉案价值8.5亿余元，冻结资金1310余万元，查封轿车6辆，查封土地、房产26处。

同日 亳州市牡丹协会第一次会员代表大会召开，牡丹协会正式成立。

20日 亳州市举行亳州学院揭牌仪式，结束亳州市没有本科院校的历史。市委书记汪一光出席揭牌仪式并讲话，市委副书记、代市长杜延安主持揭牌仪式。亳州学院在原亳州师专39个专科专业基础上，新增学前教育、小学教育、文化产业管理3个本科专业，并于2016年秋季招录第一批本科生。

21日 全市“智慧医疗”工程建设现场会在蒙城县召开。为缓解看病难、看病贵问题，亳州市利用信息化手段提升诊疗水平，开展“智慧医疗”工程建设。

25日 全市招生委员会（扩大）会议召开，对2016年亳州市中高考工作进行部署。2016年，全市普通高考报名31966人，比2015年减少994人。其中，分类高考4427人，全国统考27539人。全市共设16个考点、925个考场。中考报名49255人。

27日 市委书记汪一光主持召开市委常委会议，研究关于举行学习贯彻党的十八届五中全会精神和习近平总书记视察安徽重要讲话精神开展五大发展理念集中教育培训暨市委中心组理论学习会议、筹备召开市三届人大八次会议有关事项，学习贯彻全省计划生育工作会议精神、全省环境保护工作约谈会议精神，审议并原则通过《亳州市落实党风廉政建设主体责任和监督责任追究实效办法（试行）》《亳州市落实党风廉政建设“两个责任”工作任务清单》《关于落实发展新理念加快农业现代化实现全面小康目标的实施意见》《亳州市2016年农业农村重点工作绩效考核方案》。

同日 市三届人大常委会第四十九次会议在市行政会务中心召开，会议决定亳州市第三届人民代表大会第八次会议于2016年7月5日召开。会议听取审议《亳州市人民代表大会及其常务委员会立法程序规定（草案）》，审议通过《亳州市人民代表大会常务委员会关于召开亳州市第三届人民代表大会第八次会议的决定》，审议通过有关人事任免事项，接待接受程效先辞职请求，报亳州市人民代表大会备案。

28日 亳州之友（昆明）招商恳谈会和昆明市安徽亳州商会成立大会在昆明世纪金源大饭店举行。亳州有关方面分别与云南育梦投资有限公司、云南新世纪药业有限公司、昆明益生药业有限责任公司就投资3亿元的民办职业技术学校项目、投资1.4亿元的中药材加工及冷链仓储项目、投资1亿元的农产品开发加工等项目签订投资合作意向协议。

30日 副省长刘莉到亳州市调研，查看市防汛抗旱准备情况，了解质量品牌升级工程和技工大市建设工作，全面调研经济社会发展情况。市委书记汪一光，市委副书记、代市长杜延安陪同调研。

同日　省委全面深化改革领导小组土地确权登记专项督查组到亳州市，就农村土地承包经营权确权登记颁证试点工作进行专题督查。

31日－6月2日　亳州市召开学习贯彻党的十八届五中全会精神和习近平总书记视察安徽重要讲话精神开展五大发展理念集中教育培训暨市委中心组理论学习会，会议邀请中国人民大学教授孙玉栋作供给侧结构性改革的框架辅导学习、省委党校教授汪兴福作习近平总书记系列重要讲话精神辅导学习、省委党校教授郝欣富作《党章》辅导学习。市委书记汪一光出席会议并讲话。400余人参加集中教育培训。

6月

2日　高考、中考准备工作专题会议召开，市委副书记、代市长杜延安主持会议并讲话。会议传达学习全省高考安全稳定工作会议精神，听取高考、中考准备工作情况汇报，对高考、中考准备工作做出具体部署。

3日　全市加快调结构转方式促升级工作领导小组扩大会议召开。市委书记汪一光主持会议并讲话，市委副书记、代市长杜延安出席会议并讲话。会议传达省调转促专题会议精神，通报市调转促总体工作进展情况，要求抓好重点工作，加快调转促步伐。

4日　市委书记汪一光带队到谯城、涡阳两地，市委副书记、代市长杜延安带队到利辛、蒙城两地，调研亳州市“三夏”和秸秆禁烧工作。

6－7日　省委宣传部副部长、省文明办主任贺懋燮到亳州市调研“两学一做”和文明创建工作开展情况，市委副书记、代市长杜延安陪同调研。贺懋燮一行到谯城区大杨镇郭万村实地察看文明创建工作开展情况，到药都大剧院观看现代梆剧《印记》。参加全省“两学一做”重大宣传典型刘亚先进事迹座谈会，看望慰问刘亚遗孀王丽，调研涡阳县争创全省文明县城工作。

7日　2016年高考开考。市委书记汪一光，市委副书记、代市长杜延安等市几套班子领导到市部分高考考点，巡视指导考务工作。2016年，全市参加普通高校招生考试有31966人，比上年减少994人，其中已经参加分类高考4427人；实际参加本次普通高考考生27534人，文理科考生比例约为3∶7。全市设涡阳、蒙城、利辛和谯城4个考区，共16个考点925个考场。

8日　市委书记汪一光主持召开市委常委会议，传达中央巡视组巡视“回头看”反馈意见整改动员部署大会精神，研究举办庆祝建党95周年歌咏比赛暨“全市十大最美劳动者”授奖活动筹备情况有关事项，审议并原则通过《关于健全完善矛盾纠纷多元化解机制的意见》、2015年度项目建设考核结果及《2016年项目建设目标考核办法》《关于加强人民政协协商民主建设的实施意见》。

9日　全市秸秆禁烧工作电视电话会议召开，对2016年午季秸秆禁烧工作进行全面部署。

14日　亳州市著名画家颜语在家中逝世，享年97岁，生前为国家一级画师、中国美术家协会会员，享受市政府特殊津贴。

同日　安徽九方制药有限公司投资6000万元一类新药牡荆素的临床批件，获得国家食品药品监督管理总局批准。

15日　市委副书记、代市长杜延安带队调研市人民医院南院二期、魏武大道南延工程、还原小区F区、绕城快速西外环段、“林拥城”项目魏岗段、国道105线一级公路、郑店子公园项目、汤王大道北段和人民路西段改造项目，查看项目推进过程中存在的问题，并现场办公协调解决。

16日　市创客协会成立大会暨青年之声青年创业大伽分享会举行。会议选举产生市创客协会第一届理事会班子成员。

17日　市委书记汪一光主持召开市委常委会议，研究关于成立市委巡视整改工作领导小组、2015年度落实党风廉政建设“两个责任”和惩防体系建设年度考核工作有关事项，审议并原则通过《亳州市人民代表大会及其常务委员会立法程序规定（草案）》、2015年度效能建设考评结果及《亳州市2016年市直单位效能考评办法》《“酒桌办公”专项整治工作方案》《不按规定交纳党费专项整治工作方案》《滥发津贴补贴专项整治工作方案》《基层党组织长期不换届专项整治工作方案》等12个专项整治方案。

18日　全市预防青少年儿童溺水工作紧急电视电话会议召开，部署防溺水工作。

19日　省政府督查组一行对亳州市权责清单制度建设情况进行督查。亳州市建立权力清单、公共服务清单、责任清单、行政收费清单等“四个清单”，成为全省最先建成纵向贯通市县乡、横向覆盖政府各部门，具有完整清单体系的市。同时，建立网上办事大厅，推动“四个清单”网上运行。

20日　全市县处级以上干部会议召开，贯彻落实中央巡视组巡视“回头看”反馈意见整改暨专项整治推进会精神，全面动员部署基层党组织长期不换届等12个方面问题专项整治工作。市委书记汪一光主持会议并讲话。市委副书记、代市长杜延安出席会议。全市副处级以上领导干部500余人参加会议。

21日　市纪委召开全市纪检监察系统巡视整改工作动员部署大会。会议通报全市查处发生在群众身边的不正之风和腐败问题专项工作开展情况，并对下一步工作进行部署。1－5月，全市共查处发生在群众身边的不正之风和腐败问题937起。

21－23日　省政协副主席邵国荷带领省政协考察团到蒙城县、涡阳县、谯城区等地，了解亳州市专用品牌粮食发展情况。市委书记汪一光陪同考察。2016年，全市专用品牌小麦面积达7万公顷。

22日　全市消防安全工作电视电话会议召开，会议通报2015年全市消防工作情况及下一步工作部署，并对2015年度全市消防安全工作先进单位进行通报表扬。2015年，全市各级政府共投入消防业务经费7151.57万元，新购8辆消防车，1400多套器材装备。全市共检查单位7312家，发现火灾隐患和消防违法行为9279处，督促整改9114处，下发各类法律文书3000余份；查封95家，责令“三停”（停止施工、停止使用、停止营业）61家，行政拘留52人。

24日　全市机关效能建设工作会议在市行政会务中心召开。会议回顾总结2015年度及2016年上半年度机关效能工作，研究部署下一阶段工作任务。市委书记汪一光参加会议并讲话，市委副书记、代市长杜延安主持会议。在2015年度全省综合考核中，亳州市获得总分第六名的好成绩，尤其是发展得分、党建得分和总分中的第三方评价得分均是全省第一名，领导班子评价为“好”等次，受到省委通报表扬。会议对机关效能建设提出更高要求。会议对优秀单位和优秀科长进行表彰。

25－29日　三县一区分别召开党代会，完成各项会议议程。会议期间，各县区均审议通过县、区委工作报告和纪委工作报告，选举产生新一届党委、纪委领导班子和出席市党代会代表，回顾和总结过去五年工作，并对未来五年发展进行谋划。中国共产党涡阳县第十一次代表大会上，胡明文当选为中共涡阳县第十一届委员会书记。中国共产党蒙城县第十二次代表大会选举车照启为县委书记。中国共产党利辛县第九次代表大会选举程修略为县委书记。中国共产党谯城区第十二次代表大会选举金春龙为谯城区委书记。

28日　亳州市举行庆祝建党九十五周年革命传统歌曲歌咏比赛暨“十大最美劳动者”授奖活动。市委书记汪一光，市委副书记、代市长杜延安出席活动。

同日　亳州市巡视整改周调度会议在市行政会务中心召开，市委书记汪一光主持会议并讲话。市委副书记、代市长杜延安参加会议并讲话。会议听取干部人事档案涂改造假、领导干部个人有关事项报告不实、基层党组织长期不换届、不按规定缴纳党费、违规办理和持有因私出国（境）证件等12个专项整治工作的进展情况、存在问题、下一步工作计划。

同日　国家新闻出版广电总局组织开展的第二届全国“书香之家”推荐活动评选结果揭晓，全国新产生959个“书香之家”，涡阳县杨光和利辛县李哲两个家庭入选。

29日　市委书记汪一光对“一涵四闸”、城市防汛、平原水库工作进行调研。“一涵四闸”项目是市城市水系贯通治理工程，包括建安路闸、凤尾沟涵、亳芜大道闸、龙凤新河牡丹路橡胶坝闸、亳菊路闸，工程中标价3919.46万元，水下主体工程完成。

同日 经省“安徽好人”评选委员会和公众代表评审团评定，5月份“安徽好人”揭晓。亳州市30年悉心照料瘫痪儿子和患病小叔子的谯城区王淑兰入选。

29－30日 市三届人大常委会第五十次会议召开。会议听取和审议市政府关于卫生城市创建工作情况的报告，进行专题询问；听取和审议市政府关于亳州市2015年市级决算的报告，审查批准2015年市级决算；听取和审议市政府关于亳州市2015年市本级预算执行和其他财政收支的审计工作报告；听取市人大财政经济委员会关于亳州市2015年市级决算（草案）审查结果的报告；听取和审议市法院关于全市法院行政审判工作情况的报告，做出相关决议；审议市三届人大八次会议议程（草案）、日程（草案）；审议市三届人大八次会议主席团和秘书长名单（草案）、列席人员名单（草案）；听取市人大常委会代表资格审查委员会关于部分代表资格变动情况的报告（书面）；审议《亳州市人民代表大会及其常务委员会立法程序规定（草案）》；对专项工作报告进行满意度测评；表决通过有关人事任免事项。

30日 市委书记汪一光主持召开市委常委会议，听取关于全市“两学一做”学习教育、巡视整改、全市法院行政审判有关情况汇报，审议并原则通过《中共亳州市委关于深入推进全面从严治党的实施意见》《关于市委换届风气监督教育工作方案》。

同日 由市文化旅游局主办的“中华药都·养生亳州”旅游推介会在上海市兴荣温德姆酒店举行。安徽省亳州市文旅局、亳州重点旅游景区、旅行社代表，特色旅游产品企业参加活动。上海50余家旅行社、户外协会、自驾游团体，以及30余家媒体记者，共约200人出席推介会。

7月

1日 “静墨心语”王永红中国画作品艺术展在亳州博物馆开展。王永红是亳州籍画家，现居北京，是中国美术家协会会员、中国工笔画学会会员。艺术展展出70余幅书画精品，以“丹青心语、田园乡愁”为主题，持续到6日。

5日 亳州市第三届人民代表大会第八次会议在市行政会务中心二楼多功能厅开幕。市三届人大八次会议应到代表427人，出席开幕式代表392名，符合法定人数。市委书记、市人大常委会党组书记汪一光主持大会。市委副书记、代市长杜延安向大会作《政府工作报告》。大会听取关于《亳州市人民代表大会及其常务委员会立法程序规定（草案）》的说明；表决通过大会选举办法；表决通过总监票人、监票人名单。

6日 亳州市第三届人民代表大会第八次会议闭幕。市三届人大八次会议应到代表427人，第二次大会实际到会代表386人，符合法定人数。汪一光当选为亳州市人大常委会主任、省十二届人民代表大会代表。杜延安当选为亳州市人民政府市长。新当选的市人大常委会主任汪一光、市人民政府市长杜延安向宪法进行宣誓。大会以举手表决的方式，通过《亳州市人民代表大会及其常务委员会立法程序规定》。

7日 即日是开斋节。市委书记汪一光、市长杜延安等市几套班子领导，到市区城里清真寺和北京清真寺，与穆斯林群众共度佳节。

同日 2016年亳州市“江淮普法行”启动仪式在市行政会务中心举行。2016年活动主题是“实施‘七五’普法，建设法治亳州”。

同日 全市劳动模范代表座谈会召开。会议学习传达习近平总书记在安徽调研时关于劳模的主要讲话精神，就进一步做好劳模评选等工作进行安排部署。全市有462人获“劳模”称号，其中25人获“全国劳模”称号，209人获“省部级劳模”称号，228人被评为“市级劳模”。

8日 省政府召开全省防汛抗洪救灾工作电视电话会议。市长杜延安在市分会场参加会议并部署市防汛抗洪工作。

9－10日 市委换届落实“四必看”“两学一做”学习教育专题讨论暨市委中心组理论学习（扩大）会议在市行政会务中心召开，市委书记汪一光参加会议并讲话，市委副书记、市长杜延安参加会议。会议学习《关于加强换届风气监督的通知》，观看警示教育片《镜鉴》，签订《严守换届纪律承诺书》；听取中央党校党史教研部主任谢春涛所作的《习近平总书记“七一”重要讲话精神辅导学习》、省网宣办主任范荣晖所作的《学习习近平总书记系列重要讲话，提升干部新媒介素养》两个专题报告。

12日　全市食品安全委员会议召开。市长杜延安出席会议并讲话。会议通报全市食品安全工作情况。市政府与各县、区政府签订食品药品安全责任书。

13日　国家开发银行安徽省分行行长于丕涛一行到亳州，实地考察市林拥城项目、水利开发项目和农村安全饮水工程等。

16日　“亳州老乡，请您回家”恳谈会在上海举行，市长杜延安与近200名在沪创业发展的亳州老乡交谈，诚挚邀请老乡们回家乡发展，共建美好家园。

20日　亳州市巡视整改周调度会议召开，市委书记汪一光主持会议并讲话。会议听取基层党组织长期不换届、不按规定缴纳党费、行业协会和学会不规范、违规经商办企业、“酒桌办公”等12个专项整治工作的进展情况、存在问题及下步工作计划。

同日　亳州市食品安全事故应急处置桌面推演举行。这是亳州市首次举行食品安全事故应急处置桌面推演。

同日　市纪委发布通报，曝光市5起违规经商办企业问题。即市质监局计量检测所三室原主任赵明学违规经商办企业问题，市卫计委原药具管理站副站长吴奎违规兼职取酬问题，利辛县水务局正科级退休干部常涛违规兼职盈利问题，涡阳县交通局义门交管站指导员吕中安违规经商办企业问题，蒙城县农委职工张一兵违规经商办企业问题。

21日　亳州市中药饮片行业协会第一次会员代表大会召开。协会共有会员企业80余家。协会以“服务广大会员，促进行业发展，振兴中华药都，弘扬中药文化”为宗旨。会议选举会长、副会长、常务理事、理事等。邢彦当选为会长。

23日　中国民间中医医药研究开发协会中西医结合妇科分会成立大会暨第一届中西医结合生殖论坛，在亳州举行。全国各地60余家医院的骨干医生参加活动。

23－24日　第二届中国中药材物流大会在亳州举行。中国中药协会会长房书亭出席会议。第二届中国中药材物流大会主题为：科学布局物流基地，规范开展物流服务。大会由中国仓储协会、中国中药协会主办，市政府等单位支持，中国仓储协会中药材仓储分会等单位承办，亳州市药业行业协会等单位协办。全国670家药企、1000余人参加会议。

25－26日　全市第二季度经济工作督查调度会议在涡阳召开，与会人员利用一天的时间，实地观摩考察涡阳经济社会发展情况。市委书记汪一光、市长杜延安、市政协主席汤涌、市委副书记方晓利参加观摩考察。26日召开会议，肯定涡阳县在经济发展、社会事业、城乡建设等方面取得的成就；总结上半年工作，分析当前形势，对下步工作进行全面部署。上半年，全市新增规模企业143家，战略性新兴产业产值129.7亿元、增长15%。全市小麦平均单产506千克，总产31.3亿千克；产值亿元以上龙头企业发展到45家，超5亿元5家；规模以上农产品加工企业430家，完成产值319亿元，同比增长14.5%，增速列全省第一位。实现社会消费品零售总额236亿元、增长12.8%，增幅居全省第三位；限上商贸企业总数达到701家，较年初新增136家。在省统计局公布的24项主要经济指标中，上半年，亳州市有18项指标增速居全省前8位，9项指标增速居全省前5位，4项指标增速居全省第一位。汪一光要求，全市要围绕“奋力走在皖北振兴前列”目标，以“四个点问题”为抓手，找准落点、精准发力、狠抓落实，确保完成全年目标任务。市委书记汪一光、市长杜延安出席会议并讲话，市政协主席汤涌出席会议，市委副书记方晓利主持会议。

27日　省委第三评估验收组组长、省财政厅副厅长孟照红率领省委巡视整改评估验收组到亳州市，就亳州市中央巡视组巡视“回头看”反馈意见整改工作开展情况进行评估验收。

28日　2016年全市征兵工作电视电话会议召开，正式启动2016年度征兵工作。

29日　全国双拥模范城（县）命名暨双拥模范单位和个人表彰大会在北京举行。表彰大会上，亳州市被命名为“全国双拥模范城”，建市以来，亳州市首次获此称号。

31日　亳州梁巘艺术研讨会暨亳州梁巘研究会成立大会在亳州古井产业园举行。

8月

1日　市委书记汪一光，市长杜延安等市几套班子领导看望慰问驻亳子弟兵，向驻亳部队官兵和民兵预备役人员，致以节日的祝贺，向全市烈军属、军队离退休人员、转业复员退伍军人致以问候。

同日　国道105涡河大桥正式通车。该桥北起于谯城区魏岗镇丁楼附近，直线向南延伸，跨涡河，终点与国道311平交，桥梁长657米，桥面宽度28米，采用一级公路建设标准，设计速度80千米/小时，沥青混凝土路面，双向六车道，完成投资约1亿元，是亳州市迄今为止投资规模最大的桥梁工程项目。

3日　全市农村土地综合整治工作调度会在蒙城召开。会议通报全市农村土地综合整治工作开展情况以及全市土地整治项目审计情况。要求各县区政府提高工作质量、切实完善规划、加大资金投入，按质按量完成农村土地综合整治各项工作。市政府与各县区政府签订2016年度耕地保护目标责任书。

9日　市委书记汪一光到谯城区十九里镇沈营村调研脱贫攻坚工作，要求该村脱贫攻坚各项工作继续走在全市前列，努力探索典型经验和模式。

同日　亳州一中组队参加2016年全国青少年高校科学营比赛活动，亳州市代表队分别夺得电子电路竞技、数学博弈论比赛、力学设计模型搭建比赛第一名；在知识竞答比赛中亳州市代表队获得第二名。

10日　安徽省股权托管交易中心现代中医药及健康产业亳州专板开板仪式在亳州市举行。市委书记汪一光、市长杜延安、省金融办副主任何昌顺等启动开板仪式水晶球。安徽安元投资基金管理公司与4家挂牌企业、安徽安元现代健康产业投资中心与6家企业分别签订投资意向书。

同日　亳州市家庭教育协会成立大会在市行政会务中心召开。会议审议通过《亳州市家庭教育协会章程（草案）》，选举产生第一届理事会和协会会长、副会长、秘书长。

12日　市青年企业家协会第三次会员大会召开。市委副书记、宣传部部长方晓利出席会议并讲话。市青年企业家协会第二次会员大会后，协会先后组织800余家企业参加全市青年人才招聘会，提供招聘岗位35000余个；建立就业见习基地57家，为毕业生提供就业见习岗位1596个，有效缓解就业压力。协会为会员企业提供贷款贴息300余万元，重点扶持20家基础相对薄弱、发展前景较好企业。广大会员向社会各界捐款200余万元，参与希望工程、爱心书屋等各项社会公益活动。市青年企业家协会成为推动亳州市经济社会发展的一支重要力量。会议选举产生市青年企业家协会第三届理事会会长、副会长等，为亳州青年创客空间导师团代表颁发导师聘书。

同日　市纪委监察局通报5起近期查处的典型问题，即亳州幼儿师范学校原副校长宫莉莉违反国家法律法规规定问题，亳州市公安局治安支队行动大队原教导员朱峰违纪问题，蒙城县漆园办事处北城社区党支部委员陈如意违反国家法律法规规定问题，利辛县公安局交警大队直属中队原中队长刘琪彬违反国家法律法规规定问题，涡阳县城西街道办事处俞庄社区党总支原书记蒋庆全违反廉洁纪律问题。

17日　市委中心组理论学习（扩大）会议召开，传达学习全省深化医药卫生体制综合改革试点工作推进会议，全省扶贫开发领导小组暨省抓金寨促全省脱贫攻坚领导小组会议，全省科技创新、科技奖励、合芜蚌国家自主创新示范区建设暨系统推进全面创新改革试验工作大会，全省供给侧结构性改革暨国资国企改革工作会议精神。安排部署工作。市委书记汪一光主持会议并讲话，市委副书记、市长杜延安出席会议并讲话。

同日　市三届人大常委会第五十一次会议闭幕。会议审议通过市人大常委会执法检查组关于检查《中华人民共和国药品管理法》实施情况的报告；审议通过市政府关于2016年上半年亳州市国民经济和社会发展计划执行情况及下半年工作意见的报告；审议通过市政府关于2016

年上半年市本级预算执行情况及下半年工作意见的报告；审议通过市政府关于“六五”普法规划实施和“七五”普法规划情况的报告；审议通过《亳州市人民代表大会常务委员会关于开展第七个五年法治宣传教育的决议（草案）》等。会议以无记名电子投票的方式通过有关人事任免事项，汪一光为新任命人员颁发任命书，新任命的副市长侯化、市政府秘书长吴火权等6位国家工作人员郑重向宪法宣誓。

18日　中国好人网第五届“帮好人万里行”亳州活动启动仪式在市行政会务中心举行。启动仪式现场慰问亳州市部分抗战老兵，并举行捐助仪式。

22日　根据省委巡视工作统一部署，省委第五巡视组对涡阳县委开展巡视“回头看”工作动员会召开。省委第五巡视组组长左振国做动员讲话，省委第五巡视组副组长马胜利及巡视组全体成员参加会议。省委巡视组将在涡阳县工作1个月左右。

同日　市纪委监察局下发《亳州市党员干部婚丧嫁娶监督办法》，以狠刹党员干部婚丧嫁娶大操大办之风，引导社会自觉抵制奢侈浪费、虚荣攀比等不良风气。

23日　市委书记汪一光主持召开市委常委会议，传达学习全国全省安全生产电视电话会议、全省民主党派工作座谈会议精神，听取市第四次党代会有关事项汇报，讨论并原则通过《亳州市扎实推进供给侧结构性改革实施方案》《亳州市深化市属国有企业负责人薪酬制度改革实施方案》《市第四次党代会市委工作报告（讨论稿）》《市第四次党代会市纪委工作报告（讨论稿）》。市委书记汪一光主持会议。

同日　亳州市人民代表大会常务委员会发布公告，《亳州市人民代表大会及其常务委员会立法程序规定》已经于2016年7月6日亳州市第三届人民代表大会第八次会议通过，并经2016年7月29日安徽省第十二届人民代表大会常务委员会第三十一次会议批准，予以公布，自2016年10月1日起施行。

同日　8月23日22时10分，国投新集电力利辛有限公司一期（2×1000兆瓦）1号机组高标准一次性经过168小时满负荷试运行后，高标准转入正式运行。国投板集电厂一期项目预计静态投资不超过58亿元，系国投新集公司与皖能集团合作开发的煤电一体化项目，建设规模为2台100万千瓦超临界发电机组，是安徽省目前最大的一个单体火电建设项目。

23－24日　省人大常委会副主任梁卫国带领省人大执法检查组，检查亳州市关于《中华人民共和国农民专业合作社法》及安徽省实施办法的贯彻落实情况。市委书记汪一光参加汇报会，市长杜延安陪同检查。

25日　2016年全市秋季秸秆禁烧和综合利用工作电视电话动员会议召开。市委书记汪一光参加会议并讲话，市长杜延安主持会议。

26日　省民政厅党组书记、厅长叶露中到亳州，就亳州市社会救助政策落实情况、社会福利机构和社区养老服务设施建设，以及民政信息化工作开展情况进行调研。2016年，亳州市将五保分散供养财政补贴标准由每人每年不低于2286元增加到3150元，提高37.8%；集中供养由不低于3960元提高到4150元，目前全市共保障2.94万人。

30日　市旗袍文化协会成立暨第一届会员大会召开。会议通过《亳州市旗袍文化协会第一届会员大会选举办法的草案》《亳州市旗袍文化协会章程》《亳州市旗袍文化协会会费收取标准及管理办法的草案》；选举产生第一届旗袍文化协会会长、副会长、秘书长。韩梅当选会长。旗袍文化协会成立的宗旨是“旗袍修身，善美修心”，团结全市广大旗袍爱好者、旗袍穿着者以及旗袍生产经营者，提高旗袍爱好者的生活质量，为亳州女性搭建一个提升自己、展示自己、释放自己的平台，为弘扬中国传统文化，推动旗袍文化事业的发展做贡献。

9月

1日　2016中国（亳州）首届安徽梆剧、曲艺会演、精品剧目展演在药都剧场正式开幕，展演持续到23日，安徽省戏剧家协会、亳州市文化旅游局等单位联合举办。

同日　蒙城县、利辛县、谯城区被评为“安徽省2014年度美丽乡村建设先进县”，分别位列皖北片区第一名、第六名、第七名。

同日 亳州市在商事制度改革"三证合一""一照一码"基础上，颁发首张具有国家标准的"五证合一、一照一码"营业执照，"五证合一、一照一码"制度在亳州市全面推开。

1－9日 市政协主席汤涌带领亳州市代表团对法国、德国、意大利进行友好访问。亳州市代表团应邀参加庆祝干邑市举办建市1000周年纪念活动，并在德国布朗菲斯市、意大利威尼斯市就文化遗产保护开发和城市发展、地方文化旅游品牌宣传推介、旅游公共管理体制等方面进行探讨交流。

2日 8月"中国好人榜"揭晓，亳州市民办教师朱景科和退休职工翟颖入选。

5－6日 安徽省第三届青年志愿者服务大赛决赛举行。亳州市"一个人的美发师"阳光助残项目获一等奖，"伴你成长——农民工子女关爱计划"、蒙城乐生爱心公益防溺水宣传志愿服务队等4个项目获二等奖。

6日 中国共产党亳州市第三届委员会第十二次全体会议召开，会议决定中国共产党亳州市第四次代表大会定于2016年9月21日在亳州召开。市委书记汪一光讲话。市委副书记、市长杜延安出席会议。全会讨论并通过中国共产党亳州市第三届委员会工作报告，审查并批准中国共产党亳州市第三届纪律检查委员会工作报告，通过市委三届十二次全会决议，投票表决确定亳州市出席省第十次党代表大会代表候选人预备人选。

7日 全市庆祝第32个教师节座谈会召开。会议宣读《亳州市教育局关于表彰2016年优秀教师和先进教育工作者的决定》，并为优秀教师代表和先进教育工作者代表颁奖。市教育局授予黄红星等199名教师为2016年"亳州市优秀教师"称号，授予张亚楠等50人为2016年"亳州市先进教育工作者"称号。

8日 2016年全国企业文化示范基地（古井集团）现场会召开。古井集团被中国企业联合会、中国企业家协会授予"全国企业文化示范基地"，为全省首家获此殊荣的企业。中国企业联合会驻会副会长尹援平、国务院国资委研究局副局长张涛、副市长赫璞峰等领导参加会议并为示范基地揭牌。

9日 2016年国际（亳州）中医药博览会暨第32届全国（亳州）中药材交易会开幕。国家中医药管理局副局长闫树江宣布大会开幕，人社部医疗保险司司长陈金甫，国务院参事、中国医药质量管理协会名誉会长张鹤镛，中国中药协会会长房书亭出席开幕式，市委书记汪一光致辞，市长杜延安主持开幕式。本届药博会由省政府、中国国际贸易促进委员会、中国中药协会共同主办，由市政府、中国国际贸易促进委员会安徽省委员会、北京同仁堂、康美药业、珍宝岛药业、太安堂药业联合承办。即日举办的活动有：2016年中国（亳州）投资环境说明会暨项目签约仪式，集中签约48个合作项目，总投资345.2亿元；2016年国际（亳州）药材药品交易洽谈会签约仪式，现场签订贸易协议34个，签约金额达28.6亿元；2016年国际（亳州）中医药展暨酒类产品展，有533家企业参展；纪念华佗诞辰1889周年祭祀典礼；2016年全国现代中医药发展暨全国知名中医院院长高端论坛；古井贡酒·年份原浆2016年秋季开酿大典；2016年国际（亳州）中医药博览会"互联网＋养生花草茶"论坛。中药产业流通与质量安全信息化高峰论坛。

9－11日 中国安徽名优农产品暨农业产业化交易会在合肥滨湖国际会展中心举行。亳州市组团参加本届农交会。会上，亳州市推荐上会签约项目4个，总投资额57.2亿元，其中大会现场签约重点项目2个，投资金额17亿元。全市有46家市内企业、14家合作社参展，参展近600个单品系列。

10日 2016年中国（亳州）第八届华佗五禽戏养生健身节开幕。国际健身气功联合会常务副主席兼秘书长、国家体育总局健身气功管理中心主任常建平，市委书记汪一光，市长杜延安出席开幕式。常建平为亳州市授"中国五禽戏传承地"牌。出席开幕式的领导和嘉宾共同观看传统五禽戏、校园五禽戏和九种健身气功功法展示。

11日 《华佗五禽戏》新书首发式暨传承收徒拜师仪式举行。该书为夏克平所著。

13日 亳州市政府与浪潮集团在济南签署战略合作协议。安徽省人大常委会原党组副书记、副主任任海深，市长杜延安，浪潮集团董事长兼CEO孙丕恕出席签约仪式。根据协议，双方将合作共建浪潮集团亳州产业园，建设亳州市政务云平台、大数据双创中心，发展云计算产业和大数据产业，参与亳州智慧城市建设。浪潮集团将在5年内累计投资10亿元，把产业园打造成国内一流信息化产业基地。

同日　8月“感动药都”志愿服务优秀典型评选揭晓，亳州市首例公务员造血干细胞捐献者孙启伟和利辛县爱心志愿者协会分别获得个人典型和集体典型。

21－23日　中国共产党亳州市第四次代表大会在市行政会议中心二楼多功能会议室召开。大会应到代表366名，实到代表364名，符合规定人数。省委指导组到会指导。会上，汪一光代表中国共产党亳州市第三届委员会向大会作题为《加快跨越赶超　决胜全面小康　奋力走在皖北振兴前列》的工作报告。中国共产党亳州市第三届纪律检查委员会向大会作题为《从严管党治党　忠诚履行职责　为奋力走在皖北振兴前列提供坚强保证》工作报告。代表们以无记名投票方式选举出中国共产党亳州市第四届委员会委员51名、候补委员10名；选举出中国共产党亳州市第四届纪律检查委员会委员37名，选举出出席中国共产党安徽省第十次代表大会代表37名。会议以举手表决的方式，一致通过《中国共产党亳州市第四次代表大会关于中国共产党亳州市第三届委员会工作报告的决议》《中国共产党亳州市第四次代表大会关于中国共产党亳州市第三届纪律检查委员会工作报告的决议》。

23日　中国共产党亳州市第四届委员会第一次全体会议在市行政会议中心举行。汪一光主持会议并讲话。新当选的市委委员、候补委员出席会议。市纪委委员列席会议。全会选举产生中国共产党亳州市第四届委员会常务委员会。第四届市委常委为汪一光、杜延安、方晓利、刘辉、杨长俊、刘海石、王玉玺、李军、张年进、金春龙、秦凤玉。全会选举汪一光为市委书记，杜延安、方晓利为市委副书记。全会通过中国共产党亳州市第四届纪律检查委员会第一次全体会议选举结果。新当选的市委书记汪一光发表讲话。

同日　中国共产党亳州市第四届纪律检查委员会举行第一次全体会议，选举产生新一届市纪委常委、书记、副书记，并经市委四届一次全会批准。杨长俊当选为市纪委书记，廉保军、孙万华、杨立民当选为市纪委副书记。新当选的市委常委、市纪委书记杨长俊在会上发表讲话。

24－25日　2016年第四届中国微生物与白酒酿造技术研讨会在亳州举行。北京工商大学校长、中国工程院院士孙宝国作题为“内寻外加，自然强化——健康白酒发展之管见”的专题讲座。全国170余位从事白酒技术创新研发专家学者及白酒企业代表参会。

24－29日　亳州市第二届运动会在亳州职业技术学院体育场开幕。省体育局党组书记、局长高维岭参加开幕式并讲话，市委书记汪一光宣布运动会开幕，市长杜延安致开幕词。运动会设27个大项、311个小项比赛，共9个代表团，5000多名教练员、运动员、工作人员参加，其中运动员达2000余名。

26日　省环保督察组督察亳州市工作动员会以视频会议形式召开。经省委省政府批准，即日起至10月26日，省第一环保督察组对亳州市开展为期一个月的督察。省第一环保督察组组长、省环保厅巡视员刘庆强出席会议并讲话。市委书记汪一光作表态发言。市长杜延安主持会议。

26－27日　全省推进“扫黄打非”进基层现场会在涡阳召开。省委宣传部常务副部长虞爱华参加会议并讲话。

27日　谯城区国家级出口中药材质量安全示范区获得“2016年国家级出口食品农产品质量安全示范区”称号。该示范区连续三年保持此项称号。

30日　即日是“烈士纪念日”。亳州市暨谯城区向烈士纪念碑敬献花篮仪式在皖北烈士陵园举行。市委副书记方晓利主持仪式。社会各界代表500余人参加活动。

10月

2日　中央文明办确定9月“中国好人榜”名单。其中，捡拾15万元巨款分文不取、物归原主的上海金鑫保安公司涡阳籍保安程飞入选。

10日　皖北片区旅游发展座谈会在亳州市召开。亳州、淮北、宿州、蚌埠、阜阳、淮南等皖北六市市政府分管负责人分别汇报当地旅游产业发展情况。2016年上半年，亳州市旅游总收入达到60.9亿元，同比增长19.1%，接待国内游客839万人次，同比增长16.2%。

13日　市委书记汪一光主持召开市委常委会议，传达学习《中共中央办公厅关于部分中管干部违反中央八项规定精神问题及其教训警示的通报》，学习贯彻全省社区党建工作座谈会、大学生村干部工作座谈会和基层党建重点任务推进会精神，听取巡视整改工作专题汇报和关于召开亳州市劳动模范、先进工作者和先进集体表彰大会的情况汇报，讨论通过《关于加强和改进新形势下档案工作的实施意见》《关于构建和谐劳动关系的实施意见》。

13－16日　泰国曼谷哩喃隆商业学院友人一行6人，到蒙城县部分学校、企业进行参观考察，洽谈合作事宜，开展文化交流活动。

16日　由谯城区双沟镇双西社区、市亳爱社工服务中心联合举办的“爱邻联盟”行动启动仪式暨双西社区社工服务站揭牌仪式在双西社区举行，标志着省民政厅“爱邻联盟”亳州市服务项目正式启动。

17日　由市政府主办的2016年中国国际徽商大会亳州市投资环境说明会暨项目签约仪式在合肥举行。会议有54个重点项目现场签约，签约金额420.9亿元，签约金额5亿元以上的项目21个。会议邀请全国各地的92家企业，其中上市公司、百强企业30家。

18日　2016中国国际徽商大会开幕式主旨论坛暨签约仪式举行。市长杜延安出席开幕式。亳州市3个项目在大会上集中签约，投资规模为108亿元。徽商大会期间，亳州市共签约招商引资项目57个，签约金额528.9亿元，其中工业项目40个，签约金额395.4亿元。签约金额5亿元以上的项目24个。

20日　保定市市长马誉峰带领保定市代表团到亳州市参观考察，市长杜延安陪同考察。杜延安和马誉峰分别代表两市市政府签署缔结友好城市合作框架协议，双方正式缔结为友好城市。

25日　亳州市召开劳动模范、先进工作者、先进集体表彰大会。市委书记、市人大常委会主任汪一光出席大会并讲话，市委副书记、市长杜延安主持大会。全市各行各业的100名劳动模范、先进工作者和20个先进集体受到表彰。

25日　市委书记汪一光主持召开市委常委会议，传达学习李国英代省长听取亳州经济社会发展汇报时重要讲话精神，听取巡视整改工作专题汇报，讨论通过《亳州市教育精准扶贫实施意见》《亳州市健康脱贫工程实施方案》《关于促进农民工进城就业的若干意见（试行）》。

26－27日　市三届人大常委会第五十二次会议召开。市委书记、市人大常委会主任汪一光参加会议并讲话。会议听取和审议市政府关于国家园林城市创建工作情况的报告；听取和审议市政府关于《亳州市十三五综合交通规划》编制情况的报告；听取和审议市政府关于扶贫开发工作情况的报告；审议市政府关于请求批准将建安集团邮储银行贷款等项目有关资金列入市本级预算的决议；审议市政府关于提请批准调整2016年市级预算的议案；表决通过有关人事任免事项。汪一光为新任命人员颁发任命书。

27日　全市美丽乡村建设观摩调度会在蒙城召开，市委副书记方晓利参加会议并讲话。会议通报嘉奖蒙城县、利辛县、谯城区三个全省2014年度美丽乡村建设工作先进县区，部署全市美丽乡村建设工作。要求各县区加快推进全市美丽乡村建设，如期完成年初既定目标任务。

28日　省委副书记、代省长李国英，省委常委、省委统战部部长沈素琍，省委常委、合肥市委书记吴存荣，省委常委、省军区司令员于天明等到亳州市代表团驻地，看望亳州市参加省第十次党代会的代表。

29日　参加省第十次党代会的亳州市代表团在驻地召开代表团会议。会议推选市委书记汪一光为亳州市代表团团长，市长杜延安为副团长。

同日　2016年中国（亳州）第二届互联网大会暨首届谯城区网络文化节举行开幕仪式。大会表彰一批互联网优秀企业和先进个人。本届大会以“繁荣健康网络文化　共建新型智慧亳州”为主题，活动期间举行互联网+健康中国科普——亳州谯城行、“共享网络资源　共建新型智慧城市”主题论坛、“奋力走在皖北振兴前列”微电影展播、“瞧”城多美丽——网络媒体系列采风等活动。

30－31日　中国共产党安徽省第十次代表大会在合肥召开。出席省第十次党代会的亳州市代表团全体代表讨论李锦斌代表中共安徽省第九届委员会所作的题为《坚定不移闯出新路　决战决胜全面小康　为建设创新协调绿色开放共享的美好安徽而奋斗》的报告。省第十次党代会代表、省人大常委会副主任詹夏来，省第十次党代会代表、省政协副主席郘国荷参加亳州市代表团讨论。亳州市代表团团长、市委书记汪一光，亳州市代表团副团长、市长杜延安参加讨论。

11月

1日　李国英到省第十次党代会亳州市代表团，与代表们一起讨论省委工作报告和省纪委工作报告。

同日　亳州市正式启动机关事业单位养老保险制度改革工作，涉及在职人员7.8万人、退休人员3.78万人。

2日　由中华全国新闻工作者协会主办的第二十六届中国新闻奖评选揭晓，亳州广播电视台选送的电视专题作品《会武功的洋媳妇》获国际传播类三等奖。

3日　中国检验检疫协会发布“2016中国进出口质量诚信企业”名单，亳州盛林药业有限责任公司、安徽瑞福祥食品有限公司、安徽协和成药业饮片有限公司三家企业入选。

同日　10月“中国好人榜”公布，涡阳县单集林场晁湖村村民刘玉侠被评选为“孝老爱亲类”好人。

3－6日　亳州市第四届学生田径运动会举行。

4－5日　市委中心组理论学习（扩大）会议暨“两学一做”学习教育专题讨论会议在市行政会务中心召开，市委书记汪一光主持会议并讲话。会议传达党的十八届六中全会精神和省第十次党代会精神。

6日　“第二届全国生态文明建设高峰论坛暨城市与景区成果发布会”在北京举行，利辛县获“全国十佳生态休闲旅游城市”称号。

同日　安徽省经济和信息化委会同省发展和改革委、省科技厅等部门，联合公布2016年安徽省第25批省认定企业技术中心名单。亳州市北京同仁堂（亳州）饮片有限责任公司技术中心、安徽双轮酒业有限责任公司技术中心、亳州市盛林药业有限责任公司技术中心等10家企业技术中心名列榜单。

同日　利辛板集电厂一期两台100万千瓦超临界发电机组全部并网发电，标志着全省最大的坑口电站正式进入投产运营阶段。

7日　安徽省老龄办发出全省“敬老爱老助老模范人物”评选表彰的通报，亳州市18人获得“安徽省敬老爱老助老模范人物”称号。

8日　市城乡规划局高铁站规划新闻发布会召开，亳州高铁南站站房和站前广场规划设计方案通过专家评审。

同日　2015年，蒙城县和谯城区被列为全省县域医共体首批试点县区，开展农村家庭医生签约服务。2016年，亳州市各县区全面开展家庭医生签约服务工作。家庭医生签约对象以65岁以上老年人、高血压、糖尿病、脑中风康复期、慢阻肺等人群为重点。

9日　市委书记汪一光主持召开市委常委会议，传达学习中央和省委关于学习宣传贯彻党的十八届六中全会精神的通知要求、中央统战部部长孙春兰在安徽调研检查统战工作时的重要讲话精神，听取市县乡人大换届选举工作、市政协四届一次会议筹备工作、公共服务清单和中介服务清单清理规范工作、领导干部不如实报告个人有关事项专项整治情况汇报，讨论通过《县处级领导班子及其成员作风建设责任清单》《关于进一步加强社区矫正工作的实施意见》《推进领导干部履行经济责任审计监督全覆盖工作方案》。

9－10日　“2016东盟10国主流媒体暨中央重点媒体安徽行”集中采访团到亳州市进行采访。《柬埔寨之光》副总编赛索提带队采访。

11日　2016年中国互联网+工业4.0助推传统企业转型升级高峰论坛暨2016年全国工业

控制计算机技术年会在亳州市召开。

11－17日　由市政协主办、市政协书画院、市老年书画院承办的纪念孙中山先生诞辰150周年书画提名展至市博物馆展出。展出市政协书画院提名作者创作的近80幅作品。

15日　市三届人大常委会第五十三次会议召开。会议建议市四届人大第一次会议于2017年1月上旬召开，会期4天。会议听取《关于亳州市人民代表大会换届选举工作方案（草案）》的说明和关于人事任免议案的说明，并进行集中审议；表决通过《亳州市人民代表大会换届选举工作方案（草案）》。市人大常委会副主任马昭华、欧阳永红、解杰昂参加会议。市委常委、副市长李军列席会议。

17日　中央及省直诸多媒体组成的安徽“五大发展见行动　党代会精神在基层”采访团走进亳州市，市委书记汪一光接受集中采访。

同日　9月至10月省“十佳”志愿服务典型评选结果揭晓。蒙城县特殊教育学校教师武亚楠被评为个人典型。

19日　徽商全球理事会年会在亳州市召开，200多名省内外知名徽商企业家参加会议。全国政协委员、十届安徽省政协副主席王鹤龄，市委书记汪一光参加会议并讲话。2016年徽商全球理事会年会由徽商传媒、徽商杂志社、徽商全球理事会主办，市招商局、古井集团协办，包括主题年会、徽商古井论坛、交流研讨、“千名徽商辅导万家在皖企业”五年行动亳州行、徽商全球理事会亳州恳谈会等活动。

20日　“2016年安徽省田径传统项目学校暨体育专项特色学校冠军赛”在合肥闭幕。亳州三中、亳州一中分别以第四名和第七名的成绩位居全省前十。亳州三中两名学生比赛成绩达到国家二级运动水平。

22日　全市网上办事大厅运行、我家亳州APP推广和视频数据平台建设三项工作电视电话会议召开。“我家亳州”APP已上线九大类76个便民栏目，下载用户140万，月活跃用户35万户，最高日活跃用户数为5万户。

23日　安徽省质量品牌升级江淮行——走进亳州暨亳州市第二届政府质量奖颁奖仪式在古井集团举行。安徽广印堂中药股份有限公司、利辛县富亚纱网有限公司、安徽协和成药业饮片有限公司等三家企业获第二届亳州市政府质量奖。古井集团被安徽省质量技术监督局、安徽省工商行政管理局确定为质量品牌升级工程教育实践基地。

24日　亳州市人民政府、中国铁塔安徽公司战略合作框架协议签约仪式在市行政会务中心举行。市长杜延安、中国铁塔安徽公司总经理吴成玉参加签约仪式。根据协议，中国铁塔安徽公司未来五年投资10亿元进行通信基站、室内分布系统等信息基础设施，到2020年，实现全市4G高速网络全面覆盖，支持亳州信息化建设及信息产业发展。

同日　亳州·商丘·周口平安边界建设暨警务协作会议在亳州市召开，会议对加强警务协作进行磋商。

25日　九三学社亳州市第二次代表大会在市行政会务中心召开。会议选举产生九三学社亳州市第二届委员会，张国芳当选为九三学社亳州市第二届委员会主委，刘云飞、臧艳丽当选为副主委；选举产生亳州市九三学社出席九三学社安徽省第十一次代表大会的代表，审议通过九三学社亳州市第二次代表大会《决议》。

同日　亳州市数字城管系统项目通过住建部专家组验收。

25－27日　第九届“恰卡杯”中国药膳大赛在北京举行。市药膳养生协会组织两支代表队均获得团体赛金奖，另有多个菜品获得金奖。

26日　中国农工民主党亳州市第二次党员大会在市行政会务中心召开。省政协副主席、农工党安徽省委主委牛立文到会指导并讲话。会议听取并审议《中国农工民主党亳州市第一届委员会工作报告》；选举产生农工党亳州市第二届委员会，龚艳玲当选为农工党亳州市第二届委员会主委，田兵、从民当选为副主委；选举产生亳州市农工党出席农工党安徽省第十一次代表大会代表，审议通过农工党亳州市第二次代表大会《决议》。

27日　市政协赴温州举行“亳州之友招商引资暨亳州老乡请您回家恳谈会”。市政协副主席张国芳及在温州及杭州、宁波、昆山等地的70多位亳州老乡参加恳谈会。

28日　亳州市组织收看全国推动移风易俗、树立文明乡风电视电话会议。市委副书记方晓利在市分会场收看会议并讲话。

29 日　中国民主建国会亳州市第二次代表大会在市行政会务中心召开。会议听取并审议通过《中国民主建国会亳州市第一届委员会工作报告》；选举产生民建亳州市第二届委员会，李长春当选为民建亳州市第二届委员会主委，董艳慧、周学华当选为副主委；选举产生民建亳州市委会出席民建安徽省第九次代表大会的代表，审议通过民建亳州市第二次代表大会《决议》。

同日　市文化市场综合执法大队查办的“亳州市谯城区雨梦网吧”违规接纳未成年人一案，被国家文化部文化市场司评定为“全国文化市场重大案件”，奖励办案经费 2 万元。

29 — 30 日　由中央国家机关党建研究会、《中直党建》杂志社、安徽省直机关工委联办的“党员考绩”座谈会在亳州市召开。中央国家机关党建研究会副会长、秘书长卢鸣参加座谈会。

29 — 30 日　“郑州—亳州—武汉”新型电子政务发展模式和实践调研活动到亳州市，了解亳州市智慧城市建设和网上办事大厅建设运行情况。

30 日　中国国民党革命委员会亳州市第二次代表大会在市行政会务中心召开。会议选举产生民革亳州市第二届委员会，马昭华当选为民革亳州市第二届委员会主委，李含君、王紫娟当选为副主委；选举产生亳州市民革出席民革安徽省第十三次代表大会的代表，审议通过民革亳州市第二次代表大会《决议》。

同日　亳州市市县乡三级公共服务清单和市县两级行政权力中介服务清单正式公布实施。在公共服务清单方面，市级梳理公共服务事项 1321 项，县区梳理公共服务事项 1000 余项，乡镇（街道办事处）梳理公共服务事项 300 余项。在行政权力中介服务清单方面，市本级保留 204 项，取消 26 项，规范 37 项；县区保留 100 余项，取消 20 余项，规范 30 余项。

同日　全市深化国、地税合作及征管体制改革新闻发布会召开。全市地税系统实现同城通办。

同日　中央文明办发布 11 月份“中国好人榜”，蒙城县乐土镇乔圩村的杨爱萍当选诚实守信类“中国好人”。

12 月

1 日　市委书记汪一光主持召开市委常委会议，传达学习全国、全省安全生产电视电话会议，全省卫生与健康大会和全省人才会议精神，听取市委四届二次全体（扩大）会暨“讲看齐、见行动”学习讨论推进会议、市四届人大一次会议、市政协四届一次会议筹备情况的汇报和巡视整改工作专题汇报。讨论通过《关于学习贯彻党的十八届六中全会精神开创全面从严治党新局面的实施意见》《亳州市五大发展行动计划》《关于在全市党员干部中开展“讲看齐、见行动”学习讨论实施方案》《2017 年亳州文化旅游年活动总体方案》。

2 日　中国民主促进会亳州市第二次代表大会在亳州宾馆召开。会议听取并审议通过《中国民主促进会亳州市第一届委员会工作报告》；选举产生民进亳州市第二届委员会，马露当选为民进亳州市第二届委员会主委，蒋召亮、汪春杰当选为副主委；选举产生亳州市民进出席民进安徽省第八次代表大会的代表，审议通过民进亳州市第二次代表大会《决议》。

5 日　第 31 个国际志愿者日，由市文明委主办，市委宣传部、市文明办、团市委共同承办的“志愿你我行　情暖亳州城”2016 年 12.5 亳州市国际志愿者日系列活动启动仪式在市区魏武广场举行。

7 日　市政协三届四十五次常委会议召开，会议决定，市政协四届一次会议将于 2017 年 1 月 8 日召开。会议审议通过《关于召开政协第四届亳州市委员会第一次会议的决定》，通过政协第四届亳州市委员会第一次会议预备会议议程（草案）、政协第四届亳州市委员会第一次会议预备会议日程、政协第四届亳州市委员会第一次会议议程（草案）以及政协第四届亳州市委员会第一次会议日程（草案）。会议审议通过《政协亳州市委员会关于加强对市政协委员履职服务与管理的暂行办法》，协商通过有关人事事项，并讨论政协第三届亳州市委员会常务委员会工作报告和提案工作情况的报告。会议对 2016 年度优秀提案、调研成果、社情民意信息和第一届

“政协好新闻”进行表彰。

9日 西班牙加泰罗尼亚州政府知识经济部科技局长弗朗西斯科·苏比拉达一行到亳州，考察中医药产业发展情况。

10日 2017年亳州文化旅游年周边地市合作洽谈会举行，河南商丘、周口，安徽宿州、蚌埠、阜阳等周边城市16个地市代理旅行社相关负责人参加。

同日 市体育局消息，亳州华佗五禽戏养生健身节（比赛）获“安徽省十佳体育品牌赛事”称号。

13日 中国烹饪协会将“中国养生美食之乡”匾牌授予蒙城县。在全国是首家。

14日 “2017亳州文化旅游年”动员会议在市行政会务中心召开。市委书记汪一光出席会议并讲话，市委副书记、市长杜延安主持会议。汪一光指出，深入开展文化旅游年活动是贯彻五大发展理念的重要举措，是贯彻落实省市党代会精神的重要举措，是奋力走在皖北振兴前列的有效抓手。市委、市政府将以此为契机，找准突破点、形成引爆点，补齐短板、整体提升，加速推进亳州文化旅游强市建设，为全市经济社会转型发展闯出一条新路。与会人员共同观看“中华药都·养生亳州”旅游形象宣传片，会议宣读《2017亳州文化旅游年总体活动方案》。

15日 亳州市首届健康养生产业发展论坛暨亳州市健康养生产业协会、亳州市健康养生产业研究院成立大会举行。

同日 卫生计生文化发展论坛暨大型纪录片《中华国药》新闻发布会在京举行。亳州市是唯一一个在新闻发布会上进行重点推介的城市。

16日 亳州市佛教第一次代表大会在市行政会务中心召开，市佛教协会成立。会议选举产生市佛教协会一届理事会，市白衣律院住持释能喜当选为会长。市委常委、组织部部长、统战部部长秦凤玉接见市佛教协会一届理事会成员。

同日 市河道管理局消息，亳州市全力推进的水系工程之“一涵四闸”完工并投入使用，涡河城区段、宋汤河、龙凤新河等河道全面贯通，铁道以西初步实现“水活”目标，城区河道水质好转。

17日 北京同仁堂（亳州）饮片有限公司新品发布暨名老中医交流会在亳州市召开。国家中医药管理局原副局长、中国中医药信息学会会长吴刚参加会议并讲话。国医大师石学敏、张大宁、唐祖宣、郭诚杰、徐经世等200余位名老中医，全国300余家知名中医院院长，全国500余家知名连锁医药负责人参加会议。

18日 国务院正式批复《中原城市群发展规划》，明确提出中原城市群要打造全国经济发展新增长极，涉及包括亳州在内的30个城市。亳州被列入核心发展区。

21日 省委书记李锦斌到九洲方圆制药有限公司、亳州筑梦社区、亳药堂、修正药业集团亳州制药公司、水活工程、林拥城项目、谯城区十河镇大周村、谯城区十河镇西关村等地，对亳州市现代中药产业发展、“双创”工作、城市建设、基层党组织建设、村级产业发展、脱贫攻坚等方面情况进行调研。

22日 即日起至2017年1月20日，亳州市将开展为期一个月全市校车安全集中专项整治行动。

22－23日 三届人大常委会第五十五次会议召开。会议听取审议市政府关于市三届人大七次会议代表议案建议办理情况的报告，对2016年政府议案办理工作进行满意度测评；审议批准《亳州市人民政府关于请求批准将亳州市薛阁塔周边和板桥口西侧土地一级开发项目政府购买服务资金列入市本级财政预算议案》。听取审议市人大法制委员会关于市三届人大七次会议代表提出的立法议案办理结果的报告，审议《亳州市违法建设查处条例》《亳州历史文化名城保护条例（草案）》草案，审议通过市人大常委会工作报告（草案）和市四届人大一次会议有关事项。会议审议通过有关人事任免议案。

24日 市委书记汪一光主持召开市委常委会议，传达学习省委书记李锦斌到亳调研和调研座谈会上讲话精神、全省工商联换届工作会议、全省哲学社会科学工作座谈会精神，讨论通过《亳州市“十三五”文化改革发展规划纲要》《关于深化人才发展体制机制改革的实施意见》《关于进一步做好抓党建促脱贫攻坚的实施意见》《关于在深化国有企业改革中坚持党的领导加强党的建设的实施意见》《关于完善市委管理的领导班子和领导干部综合考核工作的意见》《亳州市〈推进领导干部能上能下若干规定（试行）〉实施细则》，安排部署2016年民主生活会、巡视整改等工作。

25－26日　共青团亳州市第四次代表大会召开。团省委书记李红、市委书记汪一光、市长杜延安、市委副书记方晓利出席会议。李红对亳州市各级团组织工作给予肯定。李红要求，面对新形势、新要求，亳州市各级团组织要牢记使命，抓住机遇，奋发进取。不断开创亳州共青团事业发展新局面。汪一光强调，全市各级共青团组织要深入贯彻落实市第四次党代会精神，把握新方位、牢记新使命、落实新要求，主动适应时代发展要求和当代青年特点，全面履行各项职能，扎实推进自身改革，努力开创全市共青团工作新局面。会上，团市委书记丁辉代表共青团亳州市第三届委员会作工作报告。

27日　市政府举行新闻发布会，市统计局负责人向媒体通报全市经济社会发展情况。1－11月，在省统计局公布的24项主要经济指标中，全市增速居全省前八位的有20项、居前五位的有12项、居前二位的有7项。其中居第一位的有2项：财政收入137亿元、增长14.1%，金融机构各项贷款余额1026亿元、增长32.2%。

28日　“汤都翰墨，情系药都”亳州汤都书画院建院25周年书画作品展在市博物馆开幕。143幅作品参展，涉及书法、绘画、篆刻、印凭四大类。

29－30日　亳州市妇女第四次代表大会召开。省妇联主席黄红、市委书记汪一光、市委副书记方晓利出席会议并讲话。会议对亳州市各级妇联组织工作给予肯定。希望全市各级妇联组织和广大妇女群众抓住机遇，乘势而上，与全市人民一道为“深入践行五大发展理念，奋力走在皖北振兴前列”做出更大贡献。会上，市妇女联合会第三届委员会作工作报告。

30日　汤王大道涡河隧道工程和国道105线一级公路改建工程（古井产业园至泗许高速入口段）举行开工仪式。

市情概览

“美丽亳州”系列图片——涡河

亳州概况

亳州市位于安徽省西北部，地处华北平原南端，西北与河南省接壤，西南与阜阳市毗连，东与淮北市、蚌埠市相倚，东南与淮南市为邻。辖涡阳县、蒙城县、利辛县和谯城区。辖区面积8521.22平方千米，截至2016年年底，全市户籍人口646.8万人。亳州市是“国家历史文化名城”“全国首批优秀旅游城市”“中国长寿之乡”“中国五禽戏之乡”，是长三角经济圈的直接辐射区、中原经济区成员城市、皖北旅游中心城市、安徽省域交会中心城市之一，享有“中华药都”的美誉。是全球最大的中药材集散中心和中药材价格形成中心，建有全国规模最大的中国（亳州）中药材交易中心、全国唯一的国家中药材质量监督第三方检验中心，着力打造“世界中医药之都”。

亳州市区位优势明显，交通便利，距省城合肥330千米。京九铁路、青阜铁路纵贯全境，311、105国道和202、203、224、305、307、308省道在市内交叉穿过，济广高速、宁洛高速、泗许高速和济祁高速构成亳州市“井”字形高速公路网，涡河、茨淮新河航运畅通，北距商丘机场60千米，南距阜阳机场120千米，邮电通信网遍及城镇乡村。商合杭高铁亳州段开工建设，亳州机场场址获国家民航局批复。

2016年，亳州市全年地区生产总值1046亿元，增长8.9%、超过全省平均水平；财政收入147亿元、增长13.2%，增速居全省第一位；固定资产投资874.9亿元、增长14%；社会消费品零售总额492.1亿元、增长12.8%；城镇常住居民人均可支配收入25053元、增长8.4%，农村常住居民人均可支配收入10576元、增长8.6%。2016年，在省统计局公布的24项主要经济指标中，亳州市有20项增速居全省前八位，其中12项居全省前五位、7项居全省前二位、2项居全省第一位，主要经济指标增速保持在全省前列。

【历史沿革】亳州历史悠久，大量新石器时期遗存表明，远在七八千年以前，就有人类在此生息繁衍，是中华民族古老文化的发祥地之一。炎黄时代，帝喾代颛顼为帝，都于亳。夏朝，境西北为有虞氏，东南为涂山氏。商成汤灭夏，建立商朝，都亳，在亳境内建嵇方国。周初，亳地置焦国，后属陈国，又属楚国，至楚改名曰谯。秦为谯县，隶泗水郡。西汉，隶沛郡；今蒙城县称山桑县。东汉，隶豫州沛国；建安年间置谯郡。魏黄初二年（221），改谯为都。南北朝时期，改谯县为小黄县，于谯郡置南兖州。北周大象元年（579），改南兖州为亳州。隋大业三年（607），复改小黄县为谯县。唐开元年间，亳州为“望”州府之一。唐天宝元年（742），山桑县改称蒙城县。五代时期，亳州先后置宣武军、防御州、团练州。北宋大中祥符年间，升为集庆军，置节度使。元代，改属河南江北行中书省归德府。明初，亳州改隶凤阳府。清雍正二年（1724），亳州升为直隶州。雍正十三年（1735），降为散州，隶颍州府。同治三年（1864），清政府在亳、阜、蒙、宿接壤处，以雉河集为县治，循北魏古郡名，设立涡阳县。民国元年（1912），亳州改为亳县，隶安徽省凤颍六泗道（后改名淮泗道）。民国37年（1948）8月，成立亳州市，辖城关及郊区。民国38年（1949）2月，市、县合并，恢复亳县建制，隶阜阳专员公署。1964年10月，国务院决定从阜阳、涡阳、蒙城、凤台各划出部分行政区域，为利辛县行政区域；治所设于利辛集。1986年3月撤亳县建亳州市（县级），其辖区不变；同年，被批准为国家历史文化名城和对外开放城市。1998年2月，收归省直辖（副地级）。2000年5月，国务院批准亳州市为省辖市（地级），辖涡阳县、蒙城县、利辛县和谯城区。

【人文简况】亳州英才辈出，人文荟萃。道家学派创始人老子，其经典著作《道德经》，文约辞要，博大精深，被誉为“万经之王”。一代圣哲庄子，曾为漆园吏，其彪炳千秋的《南华经》，教育和启发人们探索宇宙的真理、养生的道理。著名政治家、军事家、文学家曹操，曾任东汉丞相，讨伐称霸诸侯，统一中国北方；他与子曹丕、曹植诚诏天下文人墨客，倡导推动文学艺术兴盛繁荣，形成独具风骨的建安文学；神医华佗发明的“麻沸散”，在世界医学史上最早应用于全身麻醉手术，比西方国家早1600余年；他首创的“五禽戏”已成为人们的养生之术。代父从军的巾帼英雄花木兰，精于诗、文、书、画和易学的宋代名士陈抟，杂剧创作家孟汉卿、悯农诗人李绅、捻军首领张乐行等都是亳州人。欧阳修、曾巩、晏殊等文坛巨子相继在亳州为官。历代名人为辉煌的中华古代文明做出不可磨灭的贡献。

悠久的历史和灿烂的文化，给亳州大地留下众多名胜古迹和文化遗产。有全国重点文物保护单位7处，省级重点文物保护单位38处，市级重点文物保护单位45处。著名的人文景观有被誉为“中国原始第一村”的新石器时代尉迟寺遗址；以砖木镂雕双绝闻名于世的国家级重点文物保护单位花戏楼；全国道教第一大殿太清宫（天静宫），俗称老子庙；被誉为“地下长城”的曹操运兵道；当代文史大家郭沫若亲题馆名的华祖庵；建筑考究、工程浩大的曹氏宗族墓群；浓缩亳州悠久文明史、馆藏丰富文物的亳州博物馆；讲述酒文化源起、传承和发扬的古井酒文化博览园；明清风格犹存、古色古貌依旧的明清老街等。在安徽三大旅游板块中，以亳州为重点的文化旅游区是其中之一。

【自然地理气候概况】亳州市位于北纬32°51′～35°05′，东经115°53′～116°49′，地貌呈东南、西北向斜长形，南北长约150千米，东西宽约90千米。辖境与黄河决口扇形地相连，属平原地带，地势平坦，仅东部有龙山、石弓山、齐山、狼山、双锁山等十余处石灰岩残丘分布。整个亳州地势西北高而东南低，以1/9000地面自然坡降向东南微倾。西北部谯城区詹楼地势最高，海拔42.5米；东南部利辛县展沟地势最低，海拔22米，相对落差20.5米。由于受河流蜿蜒切割变迁和黄河历次南泛的影响，形成平原中岗、坡、碟形洼地相间分布，具有“大平小不平”的地貌特征。

亳州市气候处在暖温带南缘，属暖温带半湿润气候区，有明显的过渡性特征，主要表现为季风明显，气候温和，光照充足，雨量适中，无霜期长，四季分明，春温多变，夏雨集中，秋高气爽，冬长且干。因气候的过渡性，造成冷暖气团交锋频繁，天气多变，年际降水变化大。亳州市常见的灾害性天气有旱、涝、大风、冰雹、干热风、低温、霜冻等，旱、涝是最主要的自然灾害。

2016年，亳州市属较差气候年景。全市年平均气温15.9℃，较常年偏高0.7℃，年平均降水量924.7毫米，较常年同期（867.1毫米）偏多一成左右，降水分布不均，冬季、夏季偏少，出现较重夏秋旱；春季、秋季偏多，其中秋季偏多近一倍，居历史同期多雨年第二位；年日照时数1855.9小时，较常年偏少185小时。大风、雨雪、强降温、道路积雪和结冰对设施农业、供电、供水和交通出行造成不利影响。

辖区内河流属淮河水系。主要干流河道有涡河、西淝河、茨淮新河、北淝河、芡河等。涡河自谯城区安溜镇入境，东南流经涡阳县至蒙城县移村集出境入怀远县，境内长173千米，流域面积4039平方千米；西淝河自谯城区淝河镇入境，东南流经涡阳县，至利辛县展沟镇出境入凤台、颍上县界，境内长123.4千米，流域面积1871平方千米；茨淮新河自利辛县大李集镇入境，向东流经利辛县境南部，至蒙城县邹楼出境入怀远县，境内长66千米，流域面积1401平方千米。

【资源概况】亳州地下蕴藏着丰富的煤炭、石油等矿产资源。2016年，全市已发现各类矿产9种，已探明储量的矿产6种，煤炭储量达50.2亿吨。煤炭开采和洗选业成为亳州经济发展的主导产业之一。全市拥有“古井贡”“高炉家”“古井及图”“药信”“芍花及图”“金坛子及图”“富亚及图”“广印堂及图”8件中国驰名商标，147件安徽省著名商标。拥有古井贡酒、金不换、高炉家酒、一闻香、瑞昌恒、铜关粉皮、承庆堂7个“安徽老字号”品牌。

亳州明清时期就有“药都”之称，是中医药文化的摇篮，盛产中药材。自东汉末年神医华佗开辟第一块“药圃”开始，亳州人种植、经营中药材已有1800余年历史。在中国《药典》上冠以“亳”字的就有“亳芍”“亳菊”“亳桑皮”“亳花粉”4种；其中亳白菊、亳白芍通过国家地理标志产品认证。1995年，江泽民亲笔题写“华佗故里，药材之乡”。2016年，亳州有千家药企、十万药商、百万药农、百万亩药材，形成药材种植、饮片加工、成药制造、物流贸易、保健医疗、科教研发等完整的现代中药产业体系。市委、市政府提出实施“养生亳州”行动计划，建设生态宜居、文明和谐的健康养生城市；

省政府要求把亳州建设成为国内外知名的“世界中医药之都”。亳州中药产业链条完善，集聚效应彰显，发展活力迸发。

2016年，全市中药材种植面积75333.33公顷，规范化种植21240公顷，通过良好农业规范认证的933.33公顷，2个产品通过地理标志产品认证；中药材专业市场内交易额约243亿元；通过GMP认证的药业企业150家，全市医药制造业实现产值281.3亿元。全市拥有中药类院士工作站3个，博士后工作站5个，国家级工程研究中心2个，省级企业技术中心和省级工程技术研究中心49个，高新技术企业38家，CNAS认证中药检测中心1家。拥有药品批准文号180多个，国家（省）级重点新产品9个，高新技术产品17个。基地药业企业驰名商标3件，著名商标25件，知名商标20件，地理标志产品2项。2016年，亳州市现代中药产业集聚发展基地纳入省统计监测企业159家，完成工业总产值288.1亿元。产值亿元以上药业企业达到83家，10亿元以上药业企业4家。药业行业实现进出口额2.14亿美元。在药品技术转让、研发和培育，中药配方颗粒生产基地建设等方面取得突破。

亳州酿酒历史悠久，春秋时期起，当地就用古井甘泉酿酒，此后酿酒业代代相传。建安元年（196年），曹操将家乡酿制的“九酝春酒”贡奉汉献帝，被列为宫廷用酒，年年进贡朝廷。“九酝春酒”即为今“古井贡酒”之前身。古井贡酒被誉为“酒中牡丹”，跻身中国八大名酒之列。2016年，古井贡酒股份有限公司收购黄鹤楼酒业51%的股份。古井集团实施双品牌运作，实现营业收入76.07亿元，利润总额11.04亿元，上缴税收22.91亿元，集团总资产164.68亿元。古井贡品牌价值达492.59亿元，稳居安徽省酒企第一名，中国白酒前五位。古井集团进入中国制造业500强。“古井贡酒酿造遗址”被列为全国重点文物保护单位。古井贡酒股份公司获第二届中国酒业“仪狄奖”企业腾飞奖。黄鹤楼酒获“2015湖北酒业年度十佳明星产品”奖。徽酒名镇高炉自古以“酒乡”著称，徽酒集团系全国浓香型白酒第二协作组副会长厂，全国浓香型大曲酒最大的生产基地之一，安徽省首家拥有CNAS国家实验室资格的企业。

亳州是全国优质农副特产品生产基地，盛产小麦、大豆、玉米、棉花、烟叶等粮油经济作物。截至2016年年底，小麦单产连续5年超过千斤。有国家级蔬菜批发市场辐射周边省市，成为苏、鲁、豫、皖交界处多县市果菜区域集散中心、信息传播中心、价格形成中心、科技推广中心，被农业部命名为“全国定点鲜活农产品批发市场”。涡阳苔干被列为“全国名特优新农产品”。涡阳县被农业部命名为“中国苔干之乡”。水果、油菜、粉皮、粉丝；优质山羊、生猪、禽类、水产养殖；禽蛋、奶类、水产品产量和畜牧业均具有规模。

亳州是皖北地区老工业基地。2016年，煤炭开采和洗选业，农副食品加工业，酒、饮料和精制茶制造业，医药制造业，汽车制造业等五大主导行业，对全市规模以上工业增长贡献率达59.2%。农副食品加工业，食品制造业，酒、饮料和精茶制造业，化学原料及化学制品制造业，医药制造业，金属制品业，非金属矿物制品业，木材加工和木、竹、藤、棕、草制品业，计算机、通信和其他电子设备制造，电力、热力生产和供应业，煤炭开采和洗选业，汽车制造业，纺织服装、服饰业等13个行业利润均超亿元。

亳州市拥有丰富的旅游资源。2016年，全市有1个国家级生态示范区、4个国家级生态乡镇、13个省级生态镇、30个省级生态村、12个市级生态镇、94个市级生态村；AAAA级旅游景点（区）6处，星级酒店18家，旅行社35家。全年实现旅游总收入131.9亿元，培育乡村旅游精品线路7条，利辛县获评“全国十佳生态休闲旅游城市”称号，谯城区获评“最美中国·生态（自然）旅游胜地”和“美丽乡村旅游胜地”称号。

【中国共产党亳州市第四次代表大会确立“深入践行五大发展理念，奋力走在皖北振兴前列”总要求】2016年9月21－23日，中国共产党亳州市第四次代表大会召开，选举产生中国共产党亳州市第四届委员会和纪律检查委员会，确立“深入践行五大发展理念，奋力走在皖北振兴前列”总要求，描绘未来五年亳州跨越赶超的美好前景。12月2日，市委四届二次全体（扩大）会议召开，审议通过《亳州市五大发展行动计划》，推动五大发展理念真正落地生根、奋力走在皖北振兴前列目标如期实现。

【"一封家书"激发"回乡创业"热情】2016年6月7日，市委书记汪一光和时任代市长杜延安联名发出《亳州老乡，请您回家——致亳州老乡的一封家书》的公开信，组建"请您回家助您创业"办公室，设立1500万元创业扶持专项资金，真诚希望在外工作的亳州老乡携技回乡、引资回乡、引智回乡，为家乡的建设添砖加瓦。至12月底，4375个创业线索已成功转化3217个，筑梦社区、青年创客空间分别入驻企业209家、70家。

【2016年起亳州市拥有地方立法权】经省人大常委会批准，《亳州市人民代表大会及其常务委员会立法程序规定》于2016年10月1日起施行。这标志亳州市拥有地方立法权，可以在城乡建设与管理、环境保护、历史文化保护三个方面，结合本地实际行使地方立法权。

【探索建立脱贫攻坚"亳州模式"】2016年，亳州市紧紧围绕"年度战役要打好，打出成效、打出气势、势如破竹"目标，落实"六看六确保""四个全覆盖"的工作要求，探索建立脱贫攻坚工作"党政同责，书记主抓"的领导体系和"满足扶贫工作一切需要，火力全开，适当宽裕，分级负责，各方协同，工作到户，责任到人"工作机制，并实行责任追究，全年出列161个村、脱贫84150人。

【亳州机场、高铁、引江济淮、涡河隧道等工程立体推进】2016年5月10日，中国民航局正式批复亳州民用机场场址。12月13日，国家发改委正式批复引江济淮工程可研报告，引江济淮入亳涉及亳州市9个乡镇。8月26日，涡河上首个隧道——建安路隧道工程举行开工启动仪式。12月30日，汤王大道涡河隧道工程正式开工。同时，商合杭铁路亳州段正在加快建设，亳蚌城际铁路可行性研究报告在编制，形成立体交通体系建设齐头并进局面。

【亳州学院成立】2016年5月20日，亳州学院揭牌仪式举行，结束亳州市没有本科院校的历史。新建立的亳州学院在原亳州师专39个专科专业的基础上，新增学前教育、小学教育、文化产业管理3个本科专业，并于2016年秋季招录第一批本科生。

【林拥城项目推进】2016年，林拥城项目建设加速推进，完成投资2.3亿元、栽植苗木400余公顷、建成环城林带13千米，建成城市绿道52千米。通过河道治理、水系沟通、活水工程、河岸绿化，城区内河水质明显改善，沿河景观绿化面积大幅增加；推进道路特色绿化建设，建成酒城大道、省道307、绕城快速等精品道路绿化工程；重点实施植物园、文化公园、体育公园、气象科普园等城市园林绿化精品项目，努力实现"300米见绿、500米见园"目标，打造"城在林中、林在城中"的生态景观。

【亳州市牡荆素获批国家中药一类新药临床批件】2016年5月20日，经过12年努力，安徽九方制药有限公司投资6000万元的一类新药牡荆素的临床批件，获得国家食品药品监督管理总局批准，填补全省中药一类新药研发领域的空白。

【古井贡、黄鹤楼双品牌冲向双百亿】2016年4月27日，安徽古井贡酒股份有限公司与武汉天龙黄鹤楼酒业有限公司并购合作签约仪式，在黄鹤楼酒业咸宁分厂举行，古井贡酒股份有限公司收购了黄鹤楼酒业51%的股份。古井集团将实施双品牌运作，两市场共振，实现双百亿目标。2016年，古井集团生产销售逆势上扬，实现收入75亿元、增长10.7%，实现税收23亿元、增长14.7%。

【全市中心城区机关大院向市民开放】2016年6月1日，市行政中心大院向市民开放建筑外的所有区域，开放面积约10.58万平方米，时间从每晚6点至11点，今后将逐步实现24小时开放，实现让绿于民，方便市民休闲健身。9月10日起，中心城区所有机关大院和学校健身场地设施陆续向市民开放。

（市地方志编纂办公室）

亳州市领导干部和市直单位、县区负责人名录（2016年12月31日）

一、地市级负责人

1. 市委负责人

汪一光　市委书记，市人大常委会主任、党组书记，亳芜现代产业园区党工委第一书记（兼）
杜延安　市委副书记、市长
方晓利　市委副书记、宣传部部长，市委党校校长（兼），市总工会主席（兼）
刘　辉　市委常委、常务副市长
杨长俊　市委常委、市纪委书记
刘海石　市委常委、政法委书记，市公安局局长
王玉玺　市委常委、秘书长
李　军　市委常委、副市长
张年进　市委常委、军分区司令员
金春龙　市委常委、谯城区委书记
秦凤玉　市委常委、组织部部长、统战部部长

2. 市人大常委会负责人

汪一光　市人大常委会主任、党组书记
李　伟　市人大常委会副主任、党组副书记
马昭华　市人大常委会副主任、市民革主委
欧阳永红　市人大常委会副主任，亳州学院党委书记
解杰昂　市人大常委会副主任

3. 市政府负责人

杜延安　市政府市长、党组书记
刘　辉　市委常委、常务副市长
李　军　市委常委、副市长
马　露　市政府副市长、市民进主委
赫璞峰　市政府副市长
邹桂武　市政府副市长
侯　化　市政府副市长

4. 市政协负责人

汤　涌　市政协主席、党组书记
齐建华　市政协副主席、党组副书记
龚艳玲　市政协副主席、市农工党主委
张国芳　市政协副主席、市九三学社主委

5. 其他地市级负责人

巩　中　市委党校常务副校长
王晓东　市中级人民法院院长
耿　标　市人民检察院检察长
张立驰　亳州学院党委副书记、校长
张俊民　亳州职业技术学院党委书记
方成武　亳州职业技术学院党委副书记、院长

二、市直各单位主要负责人（排名不分先后）

1. 市委、市人大、政府、政协秘书长、副秘书长

哈　薇　市人大常委会秘书长
吴火权　市政府秘书长
葛　生　市政协党组成员、秘书长候选人
靳家海　市委副秘书长、办公室主任
苏维峰　市人大常委会副秘书长、办公室主任
闫　莉　市人大常委会副秘书长
戴明启　市人大常委会副秘书长
王洪杰　市政府副秘书长
冯　浩　市政府副秘书长
王海运　市政府副秘书长、市扶贫局党组书记（兼）
王树东　市政府副秘书长
燕传立　市政协副秘书长、办公室主任
江　浩　市政协副秘书长

2. 市直单位主要负责人

张秀忠　市委政研室主任
管卫东　市委统战部副部长，市工商联（总商会）党组书记、副主席（副会长）
孙同林　市委政法委副书记、市综治办主任（兼）
李景彪　市直属机关工委书记、市效能办主任（兼）
杜金陵　市机构编制委员会办公室主任
王瑞锋　市政府副秘书长、市信访局局长
张廷林　市委组织部副部长、老干部局局长
时明金　市委党史研究室（市地方志编纂办公室）主任
胡　平　市档案局局长
戴　飚　市精神文明建设指导委员会办公室主任
穆　静　市广播电视台台长

李小彦　市发展改革委员会（市物价局）主任（局长）

陈　亮　市教育局局长

李　锋　市科技局局长

沈振清　市经济和信息化委员会主任

金少坤　市委统战部副部长、市民委主任

刘　伟　市民政局局长

王　成　市司法局党组书记

李　琳　市司法局局长

张传宾　市财政局（市国资委）局长（主任）

宋　峰　市人力资源和社会保障局局长

陈显锋　市环境保护局局长

石汉东　市住房和城乡建设委员会主任

刘　建　市交通运输局局长

应国君　市农业委员会主任

戴　力　市水务局局长

翟玉增　市林业局局长

李　松　市商务局局长

薛　冰　市文化旅游局局长

胡秋雯　市卫生和计划生育委员会主任

李迎春　市审计局局长

张培阳　市体育局局长

贺凤坤　市统计局局长

张学峰　市安全生产监督管理局局长

孙光华　市法制办主任

彭殿伟　市食品药品监督管理局局长

刘　颖　市工商局局长

赵心安　市质量技术监督局局长

黄卫国　市城市管理行政执法局局长

谷全民　市人民防空办公室（市地震局）主任（局长）

张东亚　市政府办公室调研员，市公共资源交易监督管理局党组书记

李长春　市公共资源交易监督管理局局长

王　宇　市政府发展研究中心主任

吴旭春　市房地产管理局局长

孙文亭　市供销合作社联合社主任

马　健　市招商局局长

赵华中　市城乡规划局局长

王险峰　市食品药品监督管理局副局长、市药发局局长

张解放　市信息局局长

陈昭敏　市扶贫局局长

曹振萍　市工商业联合会（市总商会）主席（会长）

马庆武　市总工会党组书记、副主席

丁　辉　共青团亳州市委员会书记

戴爱霞　市妇女联合会主席

张　弘　市文学艺术界联合会党组书记、主席候选人

葛兴全　市科学艺术协会主席

谭　峰　市经济开发区管理委员会主任、党工委书记

张　洁　亳州芜湖现代产业园区党工委书记、管委会副主任

三、县区四大班子负责人

胡明文　涡阳县委书记、县人大常委会主任

熊国洪　涡阳县委副书记、县长

吴　晋　涡阳县政协主席

车照启　蒙城县委书记

孔祥永　蒙城县委副书记、县长

郭　飚　蒙城县人大常委会主任

丁琪祥　蒙城县政协主席

程修略　利辛县委书记、县人大常委会主任

程　莉　利辛县委副书记、县长

龚保杰　利辛县政协主席

金春龙　市委常委、谯城区委书记

高　川　谯城区委副书记、区长

卞介山　谯城区人大常委会主任

管　杰　谯城区政协主席

（市委组织部）

图 2　鸟瞰亳州

中共亳州市委员会

“美丽亳州”系列图片——道德之乡

概　述

【概况】2016年，在省委、省政府的坚强领导下，中共亳州市委员会团结带领全市上下，认真学习贯彻党的十八大、十八届三中、四中、五中、六中全会和习近平总书记系列重要讲话特别是视察安徽重要讲话精神，落实中央和省委的各项决策部署，紧紧围绕“五位一体”总体布局和“四个全面”战略布局，以“深入践行五大发展理念，奋力走在皖北振兴前列”为总要求，以“四个点问题”和“30个方面问题清单”为工作抓手，坚持“一心一意谋发展、聚精会神抓党建”，研究新情况，解决新问题，适应经济新常态，推动经济发展行稳致远、党的建设全面加强、社会大局和谐稳定。在省统计局公布2016年度的24项主要经济指标中，亳州市有20项增速居全省前八位，其中14项居全省前五位、5项居全省前二位、2项居全省第一位，主要经济指标增速继续位居全省前列。

【理论武装】2016年，中共亳州市委员会坚持强化学习，以上率下，带头示范。进一步完善中心组理论学习制度，制定《2016年市委中心组理论学习计划》，采取专题研讨集中学、专家报告辅导学、组织培训系统学等多种形式，深入学习党的十八大、十八届三中、四中、五中、六中全会精神和习近平总书记系列重要讲话特别是视察安徽重要讲话精神，学习党中央治国理政新理念新思想新战略，自觉用五大发展理念武装头脑、指导实践、推动工作。牢固树立政治意识、大局意识、核心意识、看齐意识，始终与以习近平同志为核心的党中央保持高度一致。市委中心组共开展学习16次，其中专题集中研讨8次，集中学习4次，专题报告会4次，有效带动全市广大党员干部学习。组织开展“送理论下基层”“万堂党课进基层”宣讲活动，共宣讲5000多场，受众45万人次，广大党员干部道路自信、理论自信、制度自信和文化自信不断增强。

【经济建设】2016年，中共亳州市委员会抢抓发展机遇，创新发展理念，充分认识新常态、主动适应新常态、积极引领新常态，准确研判形势，发挥资源优势，突出问题导向，聚焦聚力短板，在顺应经济发展新常态中积极作为，奋力赶超，保持经济健康较快发展的良好态势。

坚定不移实施工业强市战略。制定出台药品技术转让研发和培育、市外知名企业并购本市药业企业、中药配方颗粒生产等系列政策，设立首批10亿元药品技术转让和研发专项投资基金，5家药业企业完成重组，中药配方颗粒生产基地获批建设并已组织开展生产和临床使用研究，300个药品技术转让申请已报省待批。新增规模以上中药工业企业14家、总数达178家，新通过GMP认证企业20家、总数达150家，国家中药材产品质量监督检验中心建成并试运行。战略性新兴产业实现产值297亿元、增长17.3%。现代中药产业集聚发展基地实现产值267亿元，新签约药业项目60个、总投资285亿元，新落户全国知名医药企业7家、总数达50家。市食品产业园一期签约项目18个、总投资20.7亿元。建安集团资产规模达1123亿元、居全省第二位。古井集团白酒主业营业收入73亿元、增长8.9%，上缴税收22.1亿元、增长10%。联滔电子、创酷科技、国能蒙城生物质发电、海创新型节能建筑材料、信义光伏及玻璃制造等企业发展迅速，新一代信息技术、节能环保、新能源、新材料等产业取得长足发展。

推进招商引资提质增效。坚持和完善市领导每月带头外出招商制度，依托现代中药、食品制造等优势产业，大力实施精准招商。2016年全市实际利用市外内资1429.6亿元、增长16%，新签约招商项目312个、总投资1189.5亿元，其中工业项目236个、总投资759.4亿元。长白山制药产业园、恩度食品药材深加工基地、蒙城九九慢城杜仲良种产业化等32个10亿元以上项目签约落户。举办2016年国际（亳州）中医药博览会暨第32届全国（亳州）中药材交易会，签约招商项目48个，总投资345.2亿元。2016年，中国国际徽商大会期间，亳州市签约项目54个，总投资420.9亿元、占全省的16.9%。

紧紧扭住项目建设龙头。强力推进项目建设。坚持“经济工作项目化、项目工作责任化”，谋划出台政府投资项目管理等3个办法，落实“四督四保”要求，多次主持召开项目建设专题调度会，协调解决项目推进中存在的问题。全年实施省市重点项目397个，完成投资595亿元、增长17.4%；续建项目198个，完成投资420亿元、增长21.7%；新谋划储备重点项目1353个，总投资3570亿元。司尔特肥业、太安堂中药物流及人参加工、亿丰亳达环保包装材料等一批项目建成投产，神农谷中药电商物流城、九洲方圆制药、外经钻石广场等一批重点项目加快建设。商合杭高铁开工建设，亳州机场、引江济淮入亳、涡河高等级航道改造、亳蚌城际铁路等一批打基础、管长远的重大项目取得积极进展。

着力抓好要素保障。推进农村土地综合整治，争取土地增减挂、工矿废弃地复垦、新增建设用地指标共2466.61公顷，计划指标总量居全省第一位，全省首家完成全域永久基本农田划定、土地利用总体规划调整完善。新增存款330.2亿元、贷款253.2亿元。保险业保费总收入56亿元，“532”小额贷款保证保险累计发放1.5亿元，“4321”新型政银担业务在保余额31.1亿元，小微企业续贷过桥资金周转贷款48.2亿元、周转率20.5。新引进各类高层次人才30人，培育高技能人才2156人。

实施五大发展行动计划。研究制定《亳州市五大发展行动计划》，深入谋划28项重点任务、35个重大工程，构成“深入践行五大发展理念，奋力走在皖北振兴前列”的顶层设计和行动指南，是亳州市未来发展的重大战略举措。《行动计划》以供给侧结构性改革为主线，以提高发展质量效益为中心，提出发展活力充分迸发、城乡发展协调推进、生态环境持续优化、开放层次实现跃升、民生保障更加有力五个具体目标。市委、市政府成立由主要负责人任组长的领导小组。每个发展行动设立一个专项推进小组，切实搞好统筹规划、协调推进、督促落实工作，着力构建立体式、多层级、强有力的领导体系。

大力推进农业现代化。全年粮食总产47.4亿千克，建设粮食绿色增产示范片45个、优质专用品牌粮食生产基地103333.33公顷、中药材标准化种植基地1500公顷，新增设施蔬菜种植面积5333.33公顷；新创建畜牧绿色低碳健康养殖示范场56个，规模化养殖比重达82%；产值超亿元农产品加工企业115家，规模以上农产品加工业实现产值660亿元。新增农机总动力118.5万千瓦，总量985.4万千瓦、居全省第一位。新增市级以上示范合作社92家、市级以上家庭农场95家，总数达到3871家；全市农产品电子商务交易额突破10亿元。三县一区农村产权交易中心初步建成，涡阳县农村承包土地经营权抵押贷款发放1.4亿元、居全省试点县第一位。

努力提升第三产业。净增限额以上商贸流通企业124家、总数达727家，万达广场、蒙城红星美凯龙等一批商业综合体建成开业，中国物流亳州综合物流园、亳州皖新物流园等商贸流通项目开工建设，中药材流通追溯体系试点项目通过商务部初验。实现旅游总收入120亿元、增长19.4%，国家中医药健康旅游示范区已上报待批，新创建国家AAAA级旅游景区2个，培育乡村旅游精品线路7条，利辛县获评为全国十佳生态休闲旅游城市，谯城区获评为最美中国·生态（自然）旅游胜地和美丽乡村旅游胜地。加大住宅用地供应力度，持续稳定房地产市场，完成房地产开发投资215亿元，商品房销售550万平方米。客货运周转量、快递业务量分别增长3.8%和92%。出台“互联网+创业示范园”鼓励政策和促进农民工进城就业的若干意见，筑梦社区、青年创客空间分别入驻企业239家、73家，发放创业担保贴息贷款8.1亿元，新增市场主体4.7万户、增长23%。

【全面深化改革】2016年，中共亳州市委员会及时传达学习贯彻中央和省委全面深化改革相关会议文件精神，推进八大领域164项改革，取得一批重要成果，较好地完成中央和省委部署的改革任务，为实现跨越赶超提供强大动力支持。

供给侧结构性改革扎实推进。出台落实供给侧结构性改革“1+4”系列政策文件，清理“僵尸企业”8家，关闭刘店煤矿、退出产能150万吨，安置职工2002人。鼓励农民退宅进城购房，全面停止新建还原安置房，中心城区货币化安置比例达60%以上，商品房去化周期控制在合理区间。

“互联网+政务服务”成效显著。优化“互联网+政务服务”，网上办事大厅累计办结申办件289.2万件，满意率99.9%；“政企直通车”微信平台办理企业反映问题1632个，办结1585件，办结率98%以上；“我要贷款”平台发放贷款37亿元；“我家亳州”APP累计下载158万人次。其中搭建“政企直通车”微信服务平台这一创新做法，得到省委改革办充分肯定、专题刊发，同时被中央改革办《改革情况交流》第175期单篇专题采用，被国务院办公厅专报信息刊发，新华网、人民网、安徽电视台等新闻媒体也纷纷给予宣传报道。

深化行政管理体制改革。在全省率先编制完成公共服务清单和中介服务清单，梳理市级公共服务事项1321项，保留中介服务事项204项、取消26项、规范37项。整合职责职能，组建市扶贫局、市商务和粮食局等政府机构，机构改革实现人员、职责和工作的平稳过渡。加快推进商事制度改革，商事登记实现“五证合一、一照一码”。中小学、幼儿园教师无校籍管理改革被列为全国乡村教师队伍建设优秀案例，市县两级妇幼保健和计生服务机构整合工作全面完成，机关事业单位养老保险制度改革有序展开，3个国有林场改革工作全面启动。

深入实施财税金融改革。规范预算管理，盘活财政存量资金14.9亿元。全面推开营改增试点，试点企业1.6万户，国税、地税业务办理互联互通，在全省率先实现“一窗办两税”，减免地方各项税收21亿元，办理出口退税2.8亿元。新增IPO报备企业1家、“新三板”挂牌企业8家、区域股权交易中心挂牌企业86家，实现直接融资184.7亿元、是上年的3.4倍。

【城乡与生态文明建设】2016年，中共亳州市委员会按照建设百万人口大城市的目标，坚持城乡一体，突出抓好规划建设管理工作，着力改善城乡人居环境，发展的整体性平衡性进一步增强。

突出规划引领作用。按照百万人口大城市目标定位，扎实推进全域空间统筹规划和“城乡建设一张图”编制工作。编制完成新型城镇化发展规划、综合交通规划、高铁站片区规划和中心城区近期建设规划、空间特色规划，以及公厕、充电桩、菜市场等32个专项规划，整合完成43个单元规划。编制完成所有行政村村庄布点规划和涡阳县“多规合一”试点总体规划。

加快城乡统筹发展。在中心城区实施城建项目274个、完成投资128.1亿元，牵头组织编制《市“十三五”综合交通发展规划》，建安路涡河隧道、汤王大道涡河隧道开工建设，绕城快速通道西线、南线、北线全线贯通，积极谋划以高架桥为重点的中心城区快速路网规划和涡河“五桥”项目，尽快实现城区东线全线贯通。三县县城建设步伐加快，累计实施项目211个、完成投资63.6亿元。蒙城县、利辛县获“国家园林县城”称号。加快推进美丽乡村和美丽集镇建设，编制完成所有行政村村庄布点规划。集镇交通、卫生、建设、经营“四大秩序”整治和农村清洁工程、“三线三边”治理深入推进。2015年度31个、2016年度52个省级中心村和37个乡镇政府驻地建成区整治任务全部完成。蒙城县、利辛县和谯城区均获省2014年度美丽乡村建设先进县区称号。

持续创新城乡管理。理顺城市管理体制，加快新型智慧城市建设，实现城管数字化，数字城管系统受理事件、部件24.8万件，办结率96.3%。实施城区道路交通拥堵综合整治，打通利辛路和建安南路“断头路”，涡河魏武大道桥等顺利通车，城区4个客运站平稳有序搬迁，主城区道路拥堵状况明显缓解。全面实施“地净、路畅、水活、天蓝、林拥城”工程，完成绿化400公顷、种植树木19万棵，建成环城林带13千米，建成城市绿道52千米。城市文明创建深入推进，拆除中心城区违法违规户外广告20048块、占道售货亭240座。中心城区“五车”实现智能化专项监管，城市干道机械化清扫率90%以上，建成区路灯亮灯率98%，建筑工地扬尘治理达标率100%。

【民主政治建设】2016年，中共亳州市委员会坚持党的领导、人民当家做主、依法治国有机统一，推动社会主义民主政治扎实发展。

推进全面依法治市。加强对全面依法治市的统一领导和统筹推进，成立市委全面依法治市领导小组，增加市法制办编制

5个，全面推行党委法律顾问制度，市委制定的每一份规范性文件均通过市法制办合法合规性审查。加强法治政府建设，健全重大事项决策程序和合法性审查程序，重大事项合法性审查率100%。推进司法体制改革，市中级人民法院制定司法改革过渡期法官遴选实施细则，推进矛盾纠纷多元化解机制建设，得到省高院充分肯定；市人民检察院稳妥推进检察官员额制等各项改革任务。

切实扩大人民民主。支持和保证人大及其常委会充分发挥国家权力机关作用，不断提高人大工作的科学化水平。开展地方立法工作，成立市人大法制工委，推动制定《立法程序规定》《“七五”普法规划》《亳州市人大常委会2016－2017年立法计划》。加强县乡人大建设，健全县乡人大组织制度和工作机制。注重发挥人民政协作为协商民主重要渠道和专门协商机构作用，推进重点协商民主计划实施，开展8次重点协商活动，较上年增加1倍。调整完善市县区委统战工作领导小组，督促市属国企、高校分别成立统战工作领导小组，协助指导各民主党派和市工商联做好换届工作。维护民族宗教领域和谐稳定。增强群团组织的政治性、先进性、群众性，发挥工会、共青团、妇联等群团组织的桥梁和纽带作用，完成团市委、妇联、工商联等换届工作，团市委在团省委2016年度重点工作考核中位居第一。

加强党管武装工作。召开市委常委议军会议，研究推进党管武装、国防动员和后备力量建设等重大问题，民兵整组工作全省排名第一。推进军民融合深度发展，进一步巩固军政军民团结的局面。

【民生和社会建设】2016年，中共亳州市委员会坚持以人民为中心，始终把群众的安危冷暖放在心中最高位置。做到发展为人民、发展依靠人民、发展成果由人民共享，不断提升生活品位，增进人民福祉，让发展更有温度，让幸福更有质感。

脱贫攻坚首战告捷。编制四项清单和《帮扶措施大全》，集中培训县区和乡镇党委书记，提出“满足扶贫工作一切需要，火力全开，适当宽裕，分级负责，各方协同，工作到户，责任到人”工作要求，摸排出123个具体问题并明确解决办法。投入扶贫专项资金2.56亿元、是上年的8.2倍。设立村扶贫专项资金，在皖北地区率先实现“三线合一”，建成户用光伏电站1.6万多座、村级光伏电站187座，发放贫困户贷款1.1亿元，完成贫困户危房改造任务5110户，全年共脱贫172个村、完成年度任务的106.8%，脱贫91736人、完成年度任务的109%。

大力实施民生工程。32项民生工程投入资金125.8亿元，全面完成年度任务。安置还原小区D区、药都大道棚户区改造、丁家坑棚户区改造等项目投入使用，基本建成各类保障性安居工程27006套。新增城镇就业3.8万人，新增养老服务机构床位1000张，“五保”集中供养能力75%，为9.8万名老年人发放津贴1562.4万元，发放孤儿基本生活费2819.5万元，解决13.9万农村居民饮水安全问题。

加快社会事业发展。亳州学院正式挂牌招生，结束亳州市没有本科院校的历史。新建、改扩建中小学42所，建成公办幼儿园40所，完成“村小提升工程”项目200个，改造薄弱学校431所。市人民医院二期工程建成，华佗中医院新院主体工程完工，市精神病医院投入使用，新建二级以上民营医院10家，所有乡镇卫生院和社区卫生服务中心均设置中医科。广播村村通实现自然村全覆盖。成功创建全国双拥模范城，市文化公园、体育公园等加快建设，市城市展览馆即将对外开放。实现公共文化场馆全部免费开放，市行政中心活动场地工作日早晚和节假日面向社会开放，受到广大群众的好评。

积极创新社会治理。坚持落实“三位一体”信访工作责任制，领导干部开门接访，开展进京上访专项整治，网上信访投诉平台正式开通，517件重点信访事项全部化解。亳州市连续6年被人民网授予全国网民留言办理工作先进单位。落实“五位一体”安全生产责任制，全面组织开展安全生产大检查，137个省市挂牌安全隐患全部整改完毕，排查一般安全隐患30465个、整改率99.7%。研究出台健全完善矛盾纠纷多元化解机制意见，扎实推进“平安亳州”建设，建成市级视频数据平台，构建立体式、多层次社会治安防控体系，加强边界地区联防联控，严厉打击违法犯罪活动，刑事案件发案下降18.23%、治安案件下降24.6%，保持社会大局的和谐稳定。完成“六五”普法规划，全面启动“七五”普法规划，覆盖城乡的公共法律服务体系实体平台基本建成，市法律援助中心获“第五届全国法律援助工作先进集体”称号。

【党的建设】2016年，中共亳州市委员会履行全面从严治党主体责任，坚持把抓好党建作为最大政绩，把全面从严治党与经济社会发展同部署、同落实、同检查、同考核，为“深入践行五大发展理念，奋力走在皖北振兴前列”提供坚强保障。

加强宣传思想工作。强化理想信念教育，制定《党委（党组）意识形态工作责任制实施细则》和《党委（党组）意识形态工作责任制考核办法（试行）》，加强舆论引导和舆论斗争，强化对各类宣传思想文化阵地的管理，牢牢掌握意识形态工作的领导权和主导权。贯彻党管媒体原则，对全市新闻单位学习贯彻习近平总书记新闻舆论工作座谈会重要讲话精神情况、意识形态工作责任制落实情况等进行全面督查，进一步规范和改进新闻舆论工作。加强新媒体建设，药都时空微信入围“全国电视生活服务微信公众号最具影响力TOP10”，是安徽省唯一获此殊荣的地市级广电新媒体。践行社会主义核心价值观，实施公民道德建设工程，建成安徽好人馆亳州分馆，新入选“中国好人榜”11人，22人入选“安徽好人”及提名奖。

持续强化作风建设。认真落实中央八项规定精神和省市30条规定，建立《县处级领导班子及其成员贯彻中央八项规定精神深入推进作风建设责任清单》，建立融三公经费、三资经费、公共用车监管和信访举报一键通于一体的“纪检110”网上巡察平台，加强经费管理。开展“两学一做”学习教育，制定工作行事历和任务清单，明确责任单位、责任人员和完成时限。累计开展学习讨论19800余场次；讲党课12740场次，受众17万多人。开展“五查五看”，着力解决“4+1”问题，全市补交党费810多万元，督促1230名“口袋党员”及时落实组织关系，617个未按期换届党组织全部完成换届。推进“讲看齐、见行动”学习讨论活动，围绕《市委常委会学习教育工作任务清单》10个方面76项具体任务，实行挂图作战并建立提示单制度。加强作风建设监督检查，开展专项督查225次，查处违反中央八项规定精神问题181起，处理197人。

加强干部队伍建设。按照“20字”好干部标准选人用人，坚持“赛场选马”，共研究调配干部18批311人次，其中换届继续提名97人次、提拔重用92人次，对803名关键岗位科级干部进行交流轮岗。完成市县乡党委和市县人大、政府、政协换届工作。加强民主集中制建设，开展县处级领导班子和领导干部2016年民生活会。着力建设高素质干部队伍，开展大规模干部培训，市县两级举办各类主题班、专题班180期，培训25000余人次。推进干部在线学习全覆盖，11107人参加在线学习，通过率为100%。出台《关于深化人才发展体制机制改革的实施意见》，凝聚培养创新人才360余人，获80余项科技创新成果。做好军转干部安置工作，年度安置任务全部完成。做好公务员管理、援藏援疆等工作。加强党校工作，制定出台《关于加强和改进新形势下党校工作的实施意见》。

推进基层党建不断创新。落实党建工作责任制，开展市县乡党委书记抓基层党建述职评议考核，推动全面从严治党向基层延伸。制定《关于学习贯彻党的十八届六中全会精神开创全面从严治党新局面的实施意见》等文件，召开39次市委常委会会议、书记专题会，研究各类党建工作议题81项。夯实基层基础，投入各类经费6.42亿元，比省委要求提前1年完成农村基层党建保障工程行动计划。174个村级活动场所按标准完成新建、改扩建。村、社区“两委”正职月均报酬分别达到2185元和2548元，103名优秀村书记享受副科级经济待遇。统筹推进企业、社区、机关党建，独立法人非公企业党组织组建率99.9%，单独组建率较上年提高13.5%。社区党建“三有一化”建设不断推进，中组部《组工信息》刊载《亳州市“四化同步”绘就区域党建“同心圆”》。党员考绩管理被中央国家机关工委组织部评为全国机关党组织“两学一做”最佳案例。加强和改进党员队伍教育管理，依托微信学习群等，新建网上党组织

220个，对8953名流动党员实现有效管理。

深化党风廉政建设和反腐败工作。坚持把纪律和规矩挺在前面，市委班子把开展警示教育作为“开门第一件事”，自觉践行习近平总书记“十个必须”和李锦斌书记“十个坚决”要求，带头守纪律讲规矩。严格落实“两个责任”和“一岗双责”，实施“一案双查”52起，责任追究62人，给予党政纪处分18人。持续深化“三转”，规范县区纪委书记、市经开区和亳芜产业园区纪工委书记以及派出（驻）纪检组长分工。积极实践监督执纪“四种形态”，制定出台《市管党员干部问题线索处置谈话函询工作暂行办法》，共开展谈话、函询140件次，给予党纪轻处分和组织处理1787人，党纪重处分和做出重大职务调整391人。落实“四个全覆盖”，制定具体实施办法或工作方案，完成28项制度建设任务。严肃查处损害群众利益行为，建立线索排查，对账销号和线索零报告3项制度，受理问题线索4045件，查处问题3767起，处理3209人。建立市委常委会固定专题研究巡视整改工作机制，聚焦12个方面突出问题，集中开展专项整治。目前，“酒桌办公”专项整治取得明显成效，其他11个专项整治全部完成任务。

加强市委常委会自身建设。始终坚定政治立场，努力从政治上分析和把握问题，切实提高政治敏锐性和政治鉴别力。带头提高能力本领，切实加强学习，深入调查研究，努力增强服务大局能力、改革创新能力、依法办事能力，不断推动各项工作迈上新台阶。带头坚持民主团结，提高科学民主依法决策水平。认真贯彻落实《中国共产党地方委员会工作条例》，完善《市委常委会议事规则》《书记专题会议议事规则》等12项制度，严格按照党的组织原则和党内政治生活准则办事，着力增强党内政治生活的政治性、时代性、原则性、战斗性。带头干事创业，践行“三严三实”，大兴实干之风，始终保持宵旰图治的精神状态，矢志不移推进“四个全面”战略布局落到实处。带头保持清正廉洁，牢固树立正确的权力观、地位观、利益观，严格遵守廉洁从政各项规定，严格执行中央八项规定精神和省、市30条规定，形成团结奋进、务实创新、风清气正、干事创业的良好政治生态。

（李运华）

重要会议

【亳州市县区委书记抓基层党建工作述职评议暨第四季度督查调度会】2016年1月16日，全市县区委书记抓基层党建工作述职评议暨第四季度督查调度会召开。会上，三县一区、市直工委、亳州经开区、亳芜产业园区等7个单位党委（工委）书记进行述职。会议指出，要争当“四个自觉”模范，着力树牢“看齐意识”，坚定理想信念；扎实开展服务型党组织建设，着力打造基层坚强战斗堡垒；大力开展能力作风提升工程，着力加强基层党员干部队伍建设；进一步压紧压实责任，强化督查考核，推动基层党建工作取得新的更大成效。

【亳州市第三届人民代表大会第七次会议】2016年1月18日，亳州市第三届人民代表大会第七次会议召开。会议确立“十三五”时期全市经济社会发展的主要目标：到2020年，经济综合实力和竞争力走在皖北前列，地区生产总值达到1600亿元，人均地区生产总值超过5000美元，财政收入突破200亿元；转型升级实现突破，发展活力充分激发，城市功能明显增强，民生保障更加有力，文明程度不断提高，生态环境持续优化，社会大局保持稳定，与全国、全省同步实现全面建成小康社会宏伟目标。

【全市经济工作、城乡建设暨2015年第四季度经济工作督查调度会】2016年2月2日，全市经济工作、城乡建设暨2015年第四季度经济工作督查调度会召开。会议指出，要坚持问题导向，突出短板意识，抓住发展的战略重点，紧紧围绕“去产能、去库存、去杠杆、降成本、补短板”五大任务，大力推进供给侧结构性改革。要统筹推进现代城区、美丽乡镇、美丽乡村建设，加快城乡一体化进程，努力形成层次分明、风貌各异、功能互补、点线面结合的城乡发展布局。

【全市招商引资工作会议】2016年2月14日，全市招商引资工作会议召开。会议指出，要进一步解放思想，优化环境，抢抓机遇，压实责任，完善机制，严格奖惩，以更加坚定的信心、更加有力的举措、更加扎实的作风，全面掀起全市招商引资新热潮。

【全市组织、统战和宣传部部长会议】2016年2月15日，全市组织、统战和宣传部长会议召开。会议要求各级党委和组织部门要坚持问题导向，勇于改革创新，努力开创党的建设和组织工作新局面。要立足自身优势，整合多方资源，切实加强新形势下统战工作，为"三个亳州"现代化建设提供广泛力量支撑。要牢牢把握"两个巩固"的根本任务，压实工作责任，坚持问题导向，补齐短板，切实提升宣传思想工作的科学化水平，不断开创宣传思想工作新局面。

【全市政法会议】2016年2月23日，全市政法会议召开。会议指出，要把防控风险、服务发展放在更加突出的位置，着力维护国家安全和社会大局和谐稳定。

【全市党校工作会议】2016年2月23日，全市党校工作会议召开。会议要求全市各级、各相关部门要认真学习、深刻领会全国、全省党校工作会议精神，以更加坚定的政治自觉和行动自觉，推动亳州市党校工作不断迈向新台阶。

【全市领导干部会议】2016年4月9日，全市领导干部会议召开。省委宣布汪一光任中共亳州市委书记，杜延安为亳州市市长候选人。

【全市第一季度经济工作督查调度会议暨推进非公有制经济健康发展大会】2016年4月26日，全市第一季度经济工作督查调度会议暨推进非公有制经济健康发展大会在蒙城召开。与会人员利用一天的时间，实地观摩考察蒙城县经济社会发展情况。会议强调全市广大干部特别是领导干部要牢固树立问题意识，以奋发有为的精神状态，坚定坚决地推动"四个点问题"的解决，确保全年各项任务的完成。要以构建"亲""清"新型政商关系为抓手，统一思想、坚定信心、积极作为，努力开创全市非公有制经济发展新局面。

【全市"三夏"暨秸秆禁烧和综合利用、夏粮收购工作会议】2016年5月18日，全市"三夏"暨秸秆禁烧和综合利用、夏粮收购工作会议召开。会议要求，全市上下要高度重视，紧急动员，凝心聚力，攻坚克难，不遗余力地抓好秸秆禁烧工作，严格落实属地管理责任，健全政府主导、部门联动、全民参与、齐抓共管的禁烧工作机制，力争实现全市秸秆禁烧"零火点"。

【全市计划生育工作电视电话会议】2016年5月31日，全市计划生育工作电视电话会议召开。会议要求，要进一步提高思想认识，按照计生工作的相关要求，做到力度不减、标准不降、考核不松，继续保持以往的成绩，团结协作，以良好的精神状态，扎实实开展好计生工作。

【全市机关效能建设工作会议】2016年6月24日，全市机关效能建设工作会议在亳州市召开。会议要求，全市各级各部门要进一步增强做好机关效能建设工作的责任感和紧迫感，把效能建设贯穿"奋力走在皖北振兴前列"的全过程，坚定不移、持之以恒地推进，努力取得新进步，实现工作水平新提升。

【亳州市第三届人民代表大会第八次会议】2016年7月5日，亳州市第三届人民代表大会第八次会议召开。大会选举汪一光为亳州市人大常委会主任，选举杜延安为亳州市人民政府市长。会议要求，全市上下要紧紧围绕"奋力走在皖北振兴前列"这一目标要求，坚持一心一意谋发展、聚精会神抓党建，崇尚实干、狠抓落实，不忘初心、继续前进，坚持不懈地把"奋力走在皖北振兴前列"的美好蓝图变成弯道超车、加快发展的生动实践，确保亳州与全省全国一道，同步迈入全面小康社会。

【全市第二季度经济工作督查调度会议】2016年7月25日-26日，全市第二季度经济工作督查调度会议在涡阳县召开。会议号召，全市上下要认真贯彻落实习近平总书记"七一"重要讲话和视察安徽重要讲话精神，进一步鼓舞斗志，提振士气，以"四个点问题"和"30个方面清单"为抓手，紧盯问题不放，倒排时间节点，坚定坚决推动解决，确保圆满完成全年目标任务。

【全市重点项目建设调度会议】2016年7月26日，全市重点项目建设调度会议在涡阳县召开。会议要求，要进一步增强忧患意识、危机意识，紧紧抓住项目建设这一“牛鼻子”，勇于担当、主动作为、锐意进取、攻坚克难，全力以赴抓好重大项目建设，以源源不断的项目支撑经济持续健康增长，推动产业转型升级。

【中国共产党亳州市第四次代表大会】2016年9月21日，中国共产党亳州市第四次代表大会开幕。汪一光代表中国共产党亳州市第三届委员会向大会作题为《加快跨越赶超 决胜全面小康 奋力走在皖北振兴前列》的工作报告。杨长俊代表中国共产党亳州市第三届纪律检查委员会向大会作题为《从严管党治党 忠诚履行职责 为奋力走在皖北振兴前列提供坚强保证》的工作报告。大会确立今后五年的奋斗目标：奋力走在皖北振兴前列，努力打造特色鲜明、优势突出的新兴工业强市，绿色高效、优质安全的现代农业强市，底蕴厚重、功能完善的文化旅游强市，互通互联、方便快捷的新型智慧城市，生态宜居、文明和谐的健康养生城市，全面完成“十三五”规划目标任务，与全省全国同步全面建成小康社会。

【全市劳动模范、先进工作者、先进集体表彰大会】2016年10月25日，全市劳动模范、先进工作者、先进集体表彰大会召开。会议要求，全市上下要大力弘扬“爱岗敬业、争创一流，艰苦奋斗、勇于创新，淡泊名利、甘于奉献”的劳模精神，积极投身宏伟实践，主动作为，敢于担当，见第一就争，见红旗就扛，共同谱写奋力走在皖北振兴前列的崭新篇章。

【全市美丽乡村建设观摩调度会】2016年10月27日，全市美丽乡村建设观摩调度会在蒙城县召开。会议要求，各地各部门要进一步自我加压、攻坚克难、团结协作、大干快干，深入贯彻落实市四次党代会精神，树立比学标杆，增强赶超动力，加快推进2015、2016年度全市美丽乡村建设，如期完成年初既定目标任务，确保亳州美丽乡村建设全省先进位次不动摇，为实现奋力走在皖北振兴前列继续谱写亳州美丽乡村建设新篇章。

【中国共产党亳州市第四届委员会第二次全体(扩大)会议暨“讲看齐、见行动”学习讨论推进会议】2016年12月2日，中国共产党亳州市第四届委员会第二次全体(扩大)会议暨“讲看齐、见行动”学习讨论推进会议召开。会议分组讨论并审议通过《关于学习贯彻党的十八届六中全会精神开创全面从严治党新局面的实施意见》《亳州市五大发展行动计划》《关于在全市党员干部中开展“讲看齐、见行动”学习讨论实施方案》和《中国共产党亳州市第四届委员会第二次全体会议决议》。全会号召，全市各级党组织和广大党员干部，要更加紧密地团结在以习近平同志为核心的党中央周围，始终保持良好精神状态，埋头苦干、扎实工作，不忘初心、继续前进，为“深入践行五大发展理念，奋力走在皖北振兴前列”努力奋斗，以优异成绩迎接党的十九大胜利召开。

【全市返乡农民工和青年学子创业工作现场会】2016年12月5日，全市返乡农民工和青年学子创业工作现场会在蒙城县举行。与会人员先后到蒙城马集家居产业园、小辛集乡农民工返乡创业园、乐土镇阿土部落现代农业项目、蒙城县电子商务孵化园进行观摩。会议要求，要火力全开，进一步抓好返乡人员创业，进一步抓好青年学子创业，进一步完善创业扶持机制，进一步提升创业服务质量，切实把各项创业措施落到实处。

【亳州文化旅游年动员电视电话会议】2016年12月14日，“2017亳州文化旅游年”动员电视电话会议在亳州召开。会议指出，深入开展文化旅游年活动是贯彻五大发展理念的重要举措，是贯彻落实省市党代会精神的重要举措，是奋力走在皖北振兴前列的有效抓手。会议要求，要把发展旅游业作为全市经济转型发展的突破口，以创建国家中医药健康旅游示范区为契机，以开展“亳州文化旅游年”活动为抓手，加快全域旅游目的地建设。

（李运华）

重大决策

【制定实施《亳州市国民经济和社会发展第十三个五年规划纲要》】2016年，亳州市制定实施《亳州市国民经济和社会发展第十三个五年规划纲要》。《规划》设置经济发展、创新驱动、民生福祉、生态文明四个方面的具体指标37项，力求预期性指标与约束性指标相兼顾。同时，从经济实力显著提升、转型升级实现突破、发展活力充分激发、城镇功能明显增强、民生保障更加有力、生态环境持续优化、文明程度不断提高等7个方面，明确发展的具体目标，绘就“十三五”发展宏伟蓝图。

【制订亳州市五大发展行动计划】2016年，亳州市制订五大发展行动计划。五大发展行动计划深入贯彻、有机承接安徽省五大发展行动计划，结合亳州工作实际，进一步明晰今后五年全市经济社会发展28项重点任务、35个重大工程，构成“深入践行五大发展理念，奋力走在皖北振兴前列”的顶层设计和行动指南，是亳州市未来发展的重大战略举措。

【实施“五水共治”行动计划】2016年，亳州市遵循“节水优先、空间均衡、系统治理、两手发力”的治水工作方针，牢固树立创新、协调、绿色、开放、共享“五大发展”理念，深入实施抓节水、保供水、治污水、防洪水、除涝水“五水共治”行动计划。

【探索建立脱贫攻坚“亳州模式”】2016年，亳州市围绕“年度战役要打好，打出成效、打出气势、势如破竹”目标，落实“六看六确保”“四个全覆盖”工作要求，探索建立脱贫攻坚工作“党政同责，书记主抓”领导体系和“满足扶贫工作一切需要，火力全开，适当宽裕，分级负责，各方协同，工作到户，责任到人”工作机制，严格责任追究。亳州市制定出台《关于坚决打赢脱贫攻坚战的实施意见》，系统部署全市脱贫攻坚工作。制定出台《亳州市加快推进光伏应用的实施意见》，市财政对贫困户户用光伏电站每座补贴2000元，对贫困村村级光伏电站每座补贴4万元，同时，有市直单位帮扶的贫困村光伏电站再给予每座16万元补助，给予光伏扶贫电站每千瓦时用电0.25元补贴，连续补贴6年；制定出台《亳州市发展乡村旅游推进精准扶贫实施意见》，利辛县曹店村等15个行政村纳入全国乡村旅游扶贫重点村；制定出台《亳州市健康脱贫工程实施方案》，实行“两免两降五提高一兜底”基本医疗保障优惠政策，到2017年底，县域内就诊率达到90%，全市贫困人口实现医疗兜底保障。制定出台《亳州市教育精准扶贫实施意见》，对建档立卡贫困家庭子女符合学前教育、义务教育、高中教育和高等教育的分别给予每生每年500元、800元、1000元资助和助学贷款，免除义务教育阶段贫困家庭子女作业本费和教辅资料费；制定出台《亳州市社保兜底脱贫工程实施办法》《关于做好农村低保五保与扶贫开发有效衔接的通知》，在皖北地区率先实现低保线、“五保”线、扶贫线“三线合一”。全年出列161个村、脱贫84150人。

【“政企直通车”平台运行】2016年，亳州市科学研判、系统谋划，经过反复研究论证，依据“穷尽所能，倾尽全力，依法依规”原则，利用互联网思维，建立“规上工业”“项目前期”“在建项目”“规下限下工商业”和“限上商业”等5个微信服务平台。每个子平台明确一位分管市领导、一个专门科室和一名具办人员具体负责“政企直通车”各项工作，以更好、更快捷地帮助企业解决困难。

【打造“互联网+政务服务”亳州模式】2016年，继网上办事大厅将政务服务由“实体大厅”向“网上大厅”迁移之后，“我家亳州”APP正式上线，亳州市成为全省首个实现公共服务“一手掌握”的地市。“我家亳州”手机客户端共开发查询缴费、交通出行、居家生活、医疗保健、新闻综合等7大类25个栏目，实现实名认证、一卡通支付、积分奖励和兑现、邀请码和分享等基础功能和应用。互联网与政务服务相结合，有效提升政府管理水平，实现“群众点键，数据跑腿”，让全市群众真正享受到“互联网+政务”便利。本年度，在由省市长协会举办的“2015安徽省辖市最具影响力十件大事”评选中，市网上办事大厅入选。

【“一封家书”引发返乡创业热情】2016年6月6日，市委书记汪一光、市长杜延安写下“家书”——“亳州老乡，请您回家”，呼唤老乡返乡创业，激发亳州人返乡就业创业的热情。市委、市政府高度重视返乡农民工和青年学子创业工作，成立“请您回家、助你创业”办公室，制定创业优惠政策，设立专门创业基金，竭尽全力为创业者服务。

【构建综合交通体系】2016年，亳州市通过航空、铁路、公路、水运等多方式运输模式的高效整合，有效提升综合交通运输效能。客运枢纽着力构建“一个中心强核、三个县区均衡”综合客运枢纽体系，规划构建16个综合客运枢纽，其中航空主导型客运枢纽1个，铁路主导型客运枢纽5个，公路主导型客运枢纽10个。货运交通枢纽将规划构建7个铁路主导型枢纽、14个公路主导枢纽和4个水运主导型枢纽。亳州机场、高铁、引江济淮、涡河隧道等工程立体推进。商合杭铁路亳州段加快建设，亳蚌城际铁路可行性研究报告在编制。

【“地净、路畅、水活、天蓝、林拥城”工程】2016年，亳州市实施“地净”工程，持续推进农村清洁工程，不断提高城市环境卫生水平，完成市垃圾焚烧发电厂和污泥处理厂建设，推进生活垃圾分类收集和回收，健全城乡生活垃圾处理体系。实施“路畅”工程，消除中心城区“断头路”，以高铁站客运枢纽为核心，建成城市公共交通网络系统，提升公共交通便捷化程度。实施“水活”工程，推进“五水共治”，完成引江济淮入亳项目建设，建成城南调蓄水库，完善中心城区水生态总体布局；推进涡河、西淝河等河流综合治理，消除中心城区黑臭水体。实施“天蓝”工程，推进大气污染防治，加强工业废气、餐饮油烟、施工扬尘、机动车污染治理和秸秆禁烧工作，全面完成淘汰黄标车、PM_{10}年均浓度控制任务。实施“林拥城”工程，建成城市绿道系统，绿化覆盖率达到36%，城市建成区绿地率达到33%，着力打造“城在林中、林在城中”的城市生态景观。

【制定亳州“互联网+”创业示范园扶持政策】2016年，为加快推进亳州“互联网+”创业示范园(筑梦社区)建设，亳州市出台《亳州“互联网+”创业示范园(筑梦社区)扶持政策(暂行)》和《亳州“互联网+”创业示范园(筑梦社区)创新创业类活动经费补助实施细则(暂行)》等包括人才服务和经费补助在内的一系列扶持政策，助力企业创新创业。

【全面开展“七五”普法工作】2016年，亳州市在全市公民中开展法治宣传教育的第七个五年规划(2016—2020年)，到2020年，将逐步建立健全亳州市法治宣传教育体系，促进普法宣传教育机制进一步完善，法治宣传教育工作实效性进一步显现。使全民法治观念、全体党员党章党规意识明显增强，依法治理全面深化，全社会厉行法治的积极性和主动性提高，守法光荣、违法可耻的社会氛围基本形成。

【亳州市百名理论骨干进基层送党课】2016年，亳州市162名宣讲骨干走进基层，为基层提供优质党课资源，推动全市“两学一做”学习教育深入开展。此次讲党课主要以现场讲座形式进行，采取到秸秆禁烧一线、爱国主义教育基地等进行现场授课，增强党课的感染力和说服力。讲党课主要对象为农村、社区、企业、学校、机关等基层单位党支部党员。

【第二届中国中药材物流大会举办】2016年7月23－24日，第二届中国中药材物流大会在亳州举行，大会主题为：科学布局物流基地，规范开展物流服务。会上，与会专家就中药材现代物流体系建设与中药材流通追溯无缝对接、发挥中药材第三方物流企业作用保障中药材质量、建设中药材物流体系推动中药产业健康发展，以及全国中药材物流基地建设的规划与进度，中药材物流企业的市场定位与发展策略等发表主旨演讲。

【2016年国际(亳州)中医药博览会暨第32届全国(亳州)中药材交易会举办】本次药博会以“中医药，让人类更健康”为主题，精心安排华佗诞辰1889周年祭祀活动、2016年亳州药博会开幕式暨华佗中医药文化展演、2016年国际(亳州)中医药展暨酒类产品展、2016年全国现代中医药发展暨全国知名中医院院长高端论坛、中国(亳州)第八届华佗五

禽戏养生健身节、古井贡酒·年份原浆——2016秋季开酿大典等“经贸、文化、学术”三大板块8项活动。药博会通过汇聚名家、名医、名企，搭建药界同人合作交流平台，共商中医药发展大计，共谋中医药振兴大业，共签约招商项目48个，总投资345.2亿元。

【党员考绩工作】2016年，亳州市对全市党员开展考绩工作党员考绩遵循“分类储绩、量化考核；标杆引导、底线管理；奖优罚劣、激励奉献”的基本原则，通过精细化管理、规范化操作、实效化运作、网络化推进，以储绩为基础，量化为依据，加分和扣分相结合，并以一年内累计得分作为考评党员发挥先锋模范作用的一项管理制度。通过党员考绩，把全面从严治党落实到每个支部、每名党员，真正使党的组织生活、党员教育管理严起来、实起来。该项工作被中央国家机关工委组织部评为全国机关党组织“两学一做”最佳案例。

【首部亳州版“立法法”施行】经省人大常委会批准，《亳州市人民代表大会及其常务委员会立法程序规定》于2016年10月1日起施行，作为亳州市行使地方立法权的首部法规，该法规也被称之为亳州版的“立法法”，它将对全市立法程序规范化、制度化进行约束，确保科学立法、民主立法。

【“江淮双创汇”走进亳州专场活动举行】2016年10月14日，“江淮双创汇”活动走进亳州。市委书记汪一光宣布活动启动。“江淮双创汇”是推进大众创业、万众创新，加快调转促开展的一项重要工作，通过政府引导、市场主导、社会参与、机制创新，拓展科技创新边界和空间，搭建汇聚信息、人才、导师、项目、资金的创新创业服务平台，构建适于创新创业的政府、市场、社会联合治理的“创新共治”新格局。

【确定2017年为“亳州文化旅游年”】为进一步加快文化旅游目的地建设步伐，将文化旅游业培育成重要经济支柱产业，2016年，亳州市将2017年定为亳州文化旅游年。12月17日，2017亳州文化旅游年（合肥）推介会在合肥举办。此次推介会介绍亳州丰富的文化旅游资源和优惠奖励政策，并对“2017亳州文化旅游年”主题活动进行重点推介。亳州市将2017年定为文化旅游年，计划推出68项活动，其中全年固定活动12场。除此之外，亳州市还会依据月份，推出全年系列活动。文化旅游年期间，亳州市将针对所有游客推出力度空前的优惠活动。同时，推行组团式奖励政策。

重大活动

【“两学一做”学习教育活动】按照中央和省委统一部署，2016年，中共亳州市委在全体党员中开展“学党章党规、学系列讲话，做合格党员”学习教育，进一步加强党员队伍建设，不断增强党性、转变作风、提高能力，切实解决“不像党员、不在组织、不守规矩、不起作用和基层党组织软弱涣散”等问题，把党员的先锋形象树起来，更好地凝聚最广大人民群众的磅礴力量。亳州市严格对照《实施方案》，确定10个方面76项具体任务，制成图表张贴上墙，按图索骥序时推进。全市累计开展学习讨论19800余场次；讲党课12740场次，受众17万多人；举办先进事迹宣讲会222场次，受众27247人次。开展党章、党规、系列讲话知识测试，通过率均在99%以上。依托“一群一号一网一端”，推送学习内容，打造“永不下课的课堂”。典型做法得到安徽省主流媒体宣传推介。紧盯“四个点问题”和党员、基层党组织“4+1”问题开展边学边查边改，引导广大基层党组织和广大党员立足部门和岗位实际，找问题抓整改促提升，争做“四讲四有”合格党员。

【巡视整改】2016年，亳州市委书记汪一光担任市委巡视整改工作领导小组组长，主持召开23次会议进行专题研究调度，制定整改方案、整改落实情况清单和整改制度建设清单，建立巡视整改定期调度报告制度和市委常委会固定专题制度。重点抓好消化超职数配备干部等12项专项整治，“酒桌办公”专项整治取得明显成效，其他11个专项整治全部完成任务。

【“讲看齐、见行动”学习讨论】2016年，为深入学习贯彻党的十八届六中全会精神，深入学习贯彻习近平总书记系列重要讲话特别是视察安徽重要讲话精神，深化“两学一做”学习教育，根据省委“讲看齐、见行动”学习讨论的安排部署，市委决定在全市党员干部重点是县处级以上领导干部中开展“讲看齐、见行动”学习讨论。学习讨论在市委统一领导下开展，由市委“两学一做”学习教育协调小组负责组织协调，市委宣传部负责具体组织实施、检查指导和督促落实。学习讨论自2016年12月开始，分宣传发动，学习研讨、查摆问题，对标整改、知行合一，巩固提升三个步骤，通过学习讨论，教育党员干部增强看齐的思想自觉和政治自觉，坚定不移推进全面从严治党，把全面从严治党决策部署变为实际行动，为亳州市“深入践行五大发展理念、奋力走在皖北振兴前列”提供坚强保障。

（李运华）

中共亳州市委办公室工作

【概况】2016年，中共亳州市委办公室创新工作方法，找准服务着力点，把握工作契合点，服务市委决策。着眼综合协调服务，强化工作统筹，规范工作流程，提高工作规范化、科学化、精细化水平，确保市委工作运转顺畅。坚持“四个导向”，崇尚实干、狠抓落实，围绕市委“深入践行五大发展理念，奋力走在皖北振兴前列”工作总要求，推动中央、省委和市委重大决策部署落实。本年度，市委办公室连续第6年被评为全国网民留言办理工作先进单位。

【决策服务】2016年，中共亳州市委办公室参与林拥城工程、市食品产业园建设、“亳州老乡，请你回家”、农民工返乡政策制定、破解企业用工难等重点项目或专题调研活动35次，形成一批调研成果，为市委科学决策提供重要参考依据。参与做好市第四次党代会筹备服务工作。起草《第三届市委工作报告》《市第四次代表大会整体工作安排方案》《党代会筹备工作行事历》等各类文稿，编印《市第四次党代会资料汇编》等相关资料，组织筹备会议，做好后勤服务。完成经济工作督查调度会、市第四次党代会、市委四届二次全会及市委召开的各类会议、市委重要文件、上级领导到亳汇报、媒体约稿及领导署名文章等重要文稿400篇，新闻通稿40多篇，审核把关市级媒体新闻稿件200余篇。制定《关于进一步加强全市党委信息报送工作的通知》，坚持信息通报、每月约稿制度。全年共上报省信息1200余篇，被省单篇或综合采用58篇，被中办采用1篇，获省领导批示1篇；编发《每日快报》120期、《要情专报》5期，编发信息快报及短信80余次（篇），上报省委办公厅重大紧急突发信息十余篇。开发完成亳州市工作日志网上备案系统，在全市试运行。做好市委法律顾问的组织联络和日常服务工作，全年市委法律顾问为市委重大决策、重大法律问题等提供法律服务20多次。完成市委主要领导引进项目协调、落地、投产等方面跟踪服务工作。

【综合协调】2016年，中共亳州市委办公室围绕《中国共产党地方委员会工作条例》，建立健全书记专题会议、市委常委会议事规则等市委工作制度16项，发挥党总揽全局、协调各方的领导核心作用。全年运转中央办公厅、省委办公厅下发的文件395件23700份，办理县区和市直单位上报文件、简报27600余件，运转以市委、市政府及市两办印发的文件465件，实现运转“零差错”。完善市委常委会议、季度经济工作督查调度会议方案，建立市委常委会记录整理操作规范，做好17次书记专题会议、44次市委常委会、经济工作督查调度会、市第四次党代会、四届两次全委会等重大会议的服务保障工作。做好县区、市直部门主要负责人外出的请假报备工作，全年领导干部外出报备1502人次。贯彻中央八项规定和省、市三十条规定精神，坚持厉行节约，严格财务审批手续，严格公车管理，严格执行《党政机关国内公务接待管理规定》，勤俭朴实办事业，全年“三公”经费同比下降71.1%。完成药博会等大型活动或重要会议的接待工作。

出台《亳州市2016年全面深化改革工作要点》，对8个领域164项专项改革，按照“四化、三可”要求，明确责任领导、责任单位和完成时限，实行台账管理，坚持对账销号。制定《关于建立改革任务落实“三察三单”制度的实施意见》《亳州市改革督察工作方案》，每季度对各县区、市直改革牵头单位进行全面督察，选取工商登记制度改革等10个重点改革事项开展专项督察，以常态化、全覆盖地督察促进改革任务落实。制定《2016年改革成果评估试点操作细则》，选取立案登记制改革、营改增改革等5个以群众或企业为受益主体的改革事项开展成果评估，评估结果与全面深化改革年度考核挂钩，提升改革推进成效。加大改革宣传力度，编发《改革信息》33期，其中搭建“政企直通车”微信服务平台这一创新做法，得到省委改革办充分肯定、专题刊发，同时被中央改革办《改革情况交流》第175期单篇专题采用，新华网、人民网、安徽电视台等纷纷报道。

印发《关于亳州市2016年美丽乡村建设的安排意见》，坚持把项目建设作为美丽乡村和美丽集镇建设的主抓手，注重科学规划，加大财政专项投入，突出亳州元素，体现人文特色。2015年度31个、2016年度52个省级中心村和37个乡镇政府驻地建成区整治任务全部完成，编制完成所有行政村村庄布点规划，利辛县美丽乡村整县推进工作有序展开。蒙城县、利辛县和谯城区获省2014年度美丽乡村建设先进县区称号。

修订农村清洁工程和集镇“四大秩序”测评奖惩办法，通过“抓投入保障、抓专项整治、抓常态保洁、抓监督考核”，提高县区工作积极性、主动性。探索创新农村清洁工程市场化、专业化运行管理机制，引导农村保洁从“重点治脏”转向“治脏治乱并举”，开展垃圾分类减量试点工作，清理垃圾22万吨，清理河道4800千米。

定点帮扶利辛县永兴镇永兴村，改善村委会办公条件，为村会议室配备20多套桌椅，更换远程教育电视机一台；协调落实修路资金60万元，为村修路3.37千米，建立村级60千伏光伏发电站一座和50户贫困户3千伏的光伏发电站；扶持村种植能手发展蔬菜大棚13.33余公顷；联系协调投资300万元的海创电子落户该村，每年可提供20余万元的财政税收；为村小学协调捐赠价值10万元的图书；协调市、县相关部门为该村建立健身广场、安装健身器材；支持扶贫专项资金5万元，在村主干道安装路灯。开展走基层送温暖活动，全年为困难群众送去慰问金1.2万元。该村全年实现脱贫136户，257人。

【督查落实】2016年，中共亳州市委办公室对贯彻落实中央、省市重大决策部署落实情况开展督查，加大对重点领域、关键环节、群众反映较多问题的督查督办力度，对督查中发现的问题，及时反馈被督查单位，并督促整改落实。对党委重大决策部署及时进行任务分解，明确牵头领导、责任单位、具办人员、完成时限，加强跟踪督办，反馈落实情况，确保党委政令畅通，决策落地。全年开展市委常委会安排事项督查28次，书记专题调度会安排任务督查12次，专项督查10次，印发《亳州督查》6期，《落实与反馈》63期。抓好市委常委会2016年工作要点和全市经济工作督查调度会议安排任务的落实。按照“年初建账、年中查账、年底结账”的要求，对市委常委会2016年工作要点进行任务分解，一季度一督查一通报。对全市一、二季度经济工作督查调度会议安排的任务及时进行分解，并以问题清单的形式通报落实不到位的单位。抓好市委领导批示件的贯彻落实。坚持“每半月汇总报告，每季度进行通报”制度，不断健全市委领导批示安排事项落实反馈机制，提升办理时效和办理质量，全年办理市委领导批示件278件，办结率100%。

修改《县处级领导班子及其成员贯彻中央八项规定精神深入推进作风建设责任清单》，进一步明确任务、严明责任，实现作风建设要求的实化、细化、量化、具体化。对全市各级各部门贯彻执行中央八项规定和省、市三十条规定精神，联合市纪委开展实地督查调研，对发现的问题进行督促整改，加大对重点领域、关键环节、群众反映较多问题的督查督办力度，查处违反中央八项规定精神问题99起，给予党政纪处分109人，先后20次对69起典型案例点名道姓通报曝光。抓好党群部门岗位责任目标任务的贯彻落实。对党群部门岗位责任目标任务落实情况实行一月一报告，一季度一汇总一通报。并将未按序时进度完成的事项列出问题清单，跟踪督办，确保全年党群部门岗位责任目标任务按序时进度顺利完成。严格执行《关于进一步精减文件和会议的通知》,加强办公自动化系统建设和电子公文管理,提高文件传输效率。全年全市非涉密文件网上传输达到95%以上,召开全市性会议26次,市委发文23个、市委办公室发文19个,没有超出市委会议、文件规定数量。

创新开发留言办理网上督办系统,严格执行“月分析,季通报”制度,开展回访督查2次,召开网友留言专题协调会3次。全年共办理回复省、市委书记留言962条,其中市委书记留言498条,及时回复率同比提高5%。9月,市委书记汪一光接受人民日报和人民网网民留言专访,9月23日《人民日报》头版和第16版深度报道亳州市网民留言办理工作的经验和做法。

【对外联络服务】2016年,市委市政府对外联络服务办公室完成各类接待任务600余批次,6000余人次,其中省部级领导40余人次,厅级领导400余人次。完成药市开市、药博会、党代会、徽商大会等大型节会活动及各类巡视组、督查组、考评组、调研组和兄弟市考察团接待工作。把宣传亳州、推介亳州、美誉亳州作为接待工作重要使命,创新接待工作。优化接待工作方案,重要接待任务均实行方案化操作;围绕“药文化、酒文化、道文化”内涵,精心设计、制作系列接待指南和餐卡;以大型节会活动为媒介,向客人展示亳州经济社会发展成果。

【队伍建设】2016年,中共亳州市委办公室按照好干部“20字”标准,提拔任用处级干部2名、交流1名,提拔任用科级干部2名,交流轮岗2名。组织县处级干部集中学习个人重大事项报告制度,加大宣传力度,避免错报、漏报,强化干部执行报告制度的规矩意识。培养2名入党积极分子,1名预备党员如期转为中共正式党员。严格执行“三会一课”制度,坚持“三会一课”纪实报告制度,第一支部过组织生活的做法与经验,在全市第八期党务干部培训班上作为典型,向全市进行介绍推广。做好党员考绩工作,以“每月申报、季度审核、半年考核、年度总评”方式,实现党员覆盖率100%。开展党员组织关系集中排查,共核实党员信息60人,完善更新党员信息库。整合机关党支部,将原有的9个党支部合并调整为4个,于5月中旬分别进行改选。开展党费收缴集中清理和专项检查,按照新工资标准对党费进行重新核算,不足部分及时补缴,并按规定进行公示。加强对非4家公企业党建指导,其中3家被市委非公工委和市经开区非公党委树为先进典型,谯陵医药被推荐为省级“双强六好”党组织。 (李运华)

宣传工作

【概况】2016年,市委宣传部把学习宣传贯彻习近平总书记系列重要讲话特别是视察安徽重要讲话精神贯穿党委中心组学习始终。市委中心组开展集体学习16次。坚持市领导上党课制度,各级领导干部带头学习宣传科学理论。两家单位被评为省级学习型党组织示范点。开展“送理论进基层”“万堂党课进基层”等活动,宣讲十八届五中、六中全会精神和省、市党代会精神。开展各级各类宣讲5000余场,受众68万人次。举办“药都讲坛”7期。做好社科年度课题发布、结项和成果转化工作,推出一批理论研究成果。

推动“讲看齐、见行动”学习讨论开展。在统筹抓好“两学一做”学习教育宣传工作同时,坚持挂图作战、流程把控,一周一调度、一周一督查、一周一总结。省直新闻媒体多次报道亳州市学习讨论开展情况,在省委“讲看齐、见行动”学习讨论工作座谈会上作典型发言。

出台意识形态工作责任制实施细则及考核办法,开展2次专项督查,推动责任落实。加大对论坛讲座、专题报告会的管理,严格执行审批报备制度。开展“扫黄打非”工作,推进“清源”“净网”“秋风”“护苗”等行动。全省“扫黄打非”进基层现场会在亳州市召开,市“扫黄打非”办公室被评为全国“扫黄打非”工作先进集体。确保网络意识形态安全,开展清理网上政治类有害信息等9个专项整治行动,建立健全舆情监测研判和会商处置工作机制。开展新媒体从业人员网上统一战线工作,开展摸底调查,制定实施办法,引导新媒体从业人员紧密团结在党的周围。

开展“奋力走在皖北振兴前列·我在行动”主题采访报道,

组织党的十八届六中全会、省第十次党代会和市第四次党代会宣传，开展脱贫攻坚、返乡创业、民生工程、秸秆禁烧、药博会等20多项重大专题宣传，展示全市上下奋勇争先的生动实践和可喜变化。全年在中央和省直主流媒体共发稿2037篇/条，同比增长76%，其中，人民日报发稿32篇，头版6篇。推进媒体融合发展，市直新闻媒体“两微一端”影响力增强。“药都时空”微信用户达15万人，日点击量10万次以上，居全省媒体公众号类微信影响力排行榜第二位。网上推出“向美好生活前行”等10余个重大专题宣传。

培育社会主义核心价值观。13人入列“中国好人榜”，居全省第一位，25人入选安徽好人榜及提名奖，61人被评为亳州好人。评选表彰第五届全市道德模范、第二届美德少年。推进“互联网+志愿服务”活动，全市注册志愿者15万人，评选命名13个“学雷锋活动示范点”14名“岗位学雷锋标兵”。推进国学经典教育和书香亳州建设，开展“国学经典、法律法规知识、道德模范事迹”三堂课宣讲1万余场，新华社作专门报道。“建设书香村居巩固基层宣传思想文化阵地”被评为全省宣传思想文化工作创新范例。开展“十大不文明行为”专项整治活动，启动“五星级文明户”创建评选。

推进基本公共文化服务标准化、均等化建设，完成市文化艺术中心主体工程，建成省级农民文化乐园13个、在建16个。公共文化场馆全部免费开放，广播电视村村通实现全覆盖，农家书屋更新图书12万册，放映农村公益电影近1.8万场。开展“三下乡”“送戏下乡”“送戏进敬老院”等活动，组织“亳州新貌游”“荷香满亳州”等文化惠民活动，开展各类文艺演出2900场，丰富群众文化生活。

出台《亳州市“十三五”文化改革发展规划纲要》。实施项目带动战略，25个文化产业项目进入省重点项目库，市文化艺术中心、亳州报业传媒广场等6个项目完成投资11.36亿元。开展第三届文化惠民消费季活动，171万人次参与，拉动文化消费6508万元。全年实现文化产业增加值27.57亿元，增长22.47%，占GDP比重2.64%；规模文化法人单位达到83家，增速20.3%。

【“扫黄打非”】2016年，亳州市集中开展“清源2016”“净网2016”“秋风2016”“护苗2016”四大专项行动，开展非法电台、电视台（点）专项整治，净化文化市场环境。出动3.68万余人（次），检查网吧6021家（次）、出版物市场5235家（次）、娱乐场所2864家（次）、印刷复制企业860多家（次），收缴侵权盗版出版物7973本（册），非法期报刊2336份（册），处罚整改网吧104家（次），发现处理网上淫秽色情信息3400余条，警告和限期整改9家网站，限期整改印刷企业8家，查处非法电台4起、电视台1起。侦破利辛吴某某等人涉嫌传播淫秽物品牟利案、利辛“中国军团”QQ群传播淫秽物品牟利案，侦办谯城曹某涉嫌传播淫秽物品牟利案、涡阳A货精品杂货铺金牌徽商等4起涉嫌贩卖、传播淫秽色情信息及物品牟利案件，其中吴某某案、“中国军团”QQ群案列为全国扫黄办、公安部挂牌督办案件。在3－5月的农村演艺文化市场专项整治行动中，全市出动检查人员980人（次），检查庙会演出136场次，红白喜事演出60场次。

【新闻宣传】2016年，亳州市做好市第四次党代会宣传报道，策划开展“奋力走在皖北振兴前列以优异成绩迎接市第四次党代会”“不忘初心 继续前进——迎接市第四次党代会特别报道”等专题宣传。做好全国、省、市两会宣传，全国两会期间，人民日报等5家中央主流媒体推出亳州市工作亮点报道。宣传药博会，邀请《人民日报》、新华社、中央电视台等29家中央、境外及省直新闻媒体共40名记者到亳现场采访报道大会盛况。宣传习近平总书记视察安徽重要讲话和新闻舆论工作座谈会重要讲话精神，开设“牢记总书记嘱托”专栏专题，推出系列报道。宣传报道党的十八届六中全会和省第十次党代会精神。围绕市委、市政府中心工作，各级各类新闻媒体开展“十三五”开局、调转促、脱贫攻坚、返乡创业、民生工程、秸秆禁烧等重点专题宣传20多项。开展“奋力走在皖北振兴前列”主题宣传，组织“奋力走在皖北振兴前列·我在行动”主题采访报道，逐一宣传各县区、市直各单位解决“四个点问题”及“30

个方面问题”的进展和成效，营造创先争优氛围。宣传报道“两学一做”活动，开辟专栏专题，省直媒体推出相关报道18篇(条)，中央及省直主流媒体均推出刘亚先进事迹典型报道。安徽日报“亳州新闻月刊”，出版6版。启动第二届“我给亳州留个影”主题新闻摄影大赛，以图片报道形式展示亳州精彩瞬间。推进媒体融合发展，优化媒体资源配置，加强融媒体中心建设，增强主流媒体实力。

【对外宣传】2016年，亳州市围绕调转促、手机网上办事大厅、刘亚先进事迹、市政府大院对市民开放等重点主题，《人民日报》、新华社、《光明日报》《经济日报》中央电视台、中央电台、人民网、新华网等中央主流媒体，以及《安徽日报》、安徽广播电视台、中安在线等省直主流媒体聚焦亳州，推出一批报道。在中央电视台《新闻30分》《天气预报》栏目、卫视气象频道和中央人民广播电台《乡村之声》播出亳州天气预报；在《人民日报》、人民网、《中国旅游报》、国家外文局五刊、安徽电视台、安徽音乐广播、中安在线、安徽旅游、合肥电视台投放亳州旅游宣传片，推出亳州旅游专题专版；组织“百名摄影师看亳州”采风活动、九华山—亳州旅游推介会，宣传亳州历史文化、旅游景点、民风民俗、建设新貌。3月中旬至4月上旬，组织市媒体前往河南商丘、周口、开封和江苏徐州四市采访，在市直媒体每周推出一个城市的专题报道，连续发稿30余篇。邀请上述4市和深圳市共11家媒体记者来亳采访，展示亳州历史、文化、古迹、经济和城市。11家媒体发出长篇报道20余篇。成果结集出版《咱们的城市》画册。在美国《侨报》、法国《欧洲时报》，美国和澳大利亚以及摩纳哥等国家地区的《中国安徽之声》,《大公报》《文汇报》等境外媒体，加大报道亳州力度；在国家外文局五刊〔《中国报道》(中文)、《中国东盟报道》(中文)、《今日中国》(法文)、《人民画报》(韩文)、《人民中国》(日文)〕登载亳州市落实五大发展理念、现代中医药产业集聚发展盛况等专题报道；东盟主流媒体暨中央重点外宣媒体安徽行到亳采访，所来媒体均对亳州市旅游文化和中医药产业做重点报道。截至12月底，亳州市在中央和省直主流媒体发稿2037篇(条)。其中中央媒体240篇(条)，省直媒体1797篇(条)。接待市外媒体记者273人次；编发《市外媒体涉亳报道》42期，其中，人民日报发稿32篇，头版6篇，6月24日头版刊发《群众点键 数据跑腿 亳州把政务服务装进市民口袋》。新华社撰写的亳州“三堂课”、刘亚先进事迹内参稿件，中央领导先后作出批示。与《安徽日报》合作开辟“亳州新闻月刊”，推出专版11个。接待市外媒体记者273人次。

【网络宣传】2016年，亳州市发挥亳州视听网、中国亳州网、亳州发布等平台作用，开设两会特别专题、“走在皖北振兴前列”“亳州老乡 请你回家”、建党95周年等重大专题宣传12个，发布信息3000多篇(条)。开展“美丽亳州行”网友活动和“向美好生活前行”视频微访谈两项原创活动。开办《药都时评》专栏，推出《亳州发展呼唤“工匠精神”》《汇聚“奋力走在皖北振兴前列”的磅礴力量》等47篇文章，有效引导舆论。开通“网信亳州”微信公众号。“亳州发布”政务微信粉丝4.1万，2016年全年总阅读量为459.4万次，在新华网政务微信排行榜中位列第6名。@亳州发布政务微博粉丝6.4万人，在全省各级政府、机关事业单位政务微博榜单排名全省第六位。亳州晚报官方微博粉丝4万人、官方微信用户5万人。亳州广播电视台官方微博粉丝8.7万人，掌上亳州微信用户约3.5万人，《药都时空》微信用户突破15万人，平均日阅读点击量达到10万次以上。药都时空微信在全省媒体类公号总排名第二位，在全国电视类公号中最好成绩排名全国第八位，入围“全国电视生活服务微信公众号最具影响力TOP10”，是安徽省唯一获此殊荣的地市级广电新媒体。

【践行社会主义核心价值观】2016年，亳州市印发《培育和践行社会主义核心价值观实践养成行动方案》等六个行动方案，开展“社会主义核心价值观主题季”“图说我们的价值观”“我为价值观代言”等活动，开展“讲文明树新风”公益广告。利用各种宣传媒介，开展第三批“中国梦”主题新创作歌曲宣传推广。探索“互联网+志愿服务”新模式，利用网站、微博、微信及手机APP

客户端发布和开展志愿服务活动，进行志愿者登记注册，及时发布活动，全市注册志愿者达15万人。每月评选“感动药都”志愿服务优秀典型，12个社区志愿服务广场被命名为全省三星级志愿服务广场，评选、命名亳州市第二批“学雷锋活动示范点”13个、“岗位学雷锋标兵”14名，在《亳州晚报》开辟“雷锋精神在亳州”专栏宣传被命名先进典型事迹。开展“十大不文明行为”专项整治活动，启动“五星级文明户”创建评选，全市132万农户参与。

确定刘亚为全市重大典型及全省重大宣传典型，中央、省、市、县各级新闻媒体集中宣传报道刘亚事迹24篇。向省“两学一做”学习教育协调小组办公室推荐农村、社区等基层党员先进典型5个、先进基层党组织6个、优秀党务工作者6名，其中，3人被确定为省级先进典型，1个基层党组织被确定为省级先进基层党组织。评选2015年书香亳州建设工作先进单位和阅读先进个人，评出先进集体470家，先进个人2063名。《亳州晚报》、市广播电视台开辟专栏，宣传报道“两学一做”中涌现的优秀共产党员、优秀党务工作者和先进基层党组织的先进事迹。把道德讲坛作为传播正能量的有效手段，组织道德模范、身边好人登上道德讲堂现身说法，用群众语言传播主流价值。加强未成年人思想道德建设，开展优秀童谣传唱活动，以“传承中华文化 共筑精神家园”为主题，举办全市青少年爱国主义读书教育活动等。

推进国学经典教育和书香亳州建设，开展“3+X”即“国学经典、法律法规知识、道德模范事迹”三堂课加中心工作政策宣讲1万余场，新华社专门报道亳州市“三堂课”做法。开展“互联网+书香村居志愿宣讲服务”活动，举办示范宣讲12场，直接听众1.5万余人，市广播电视台、掌上亳州APP、亳州视听网及“活动亳州”“药都时空”微信公众号等各类媒体对活动进行立体化宣传，活动信息阅读量超过100万人次，在线观看网上直播活动的超过20万人次。举行2016年亳州市“三下乡”暨书香村居示范宣讲启动仪式。举办亳州市首届“美丽乡村”MV大赛，展示美丽乡村建设成效。开展“徽商精神”论文征集活动。开展“送戏进敬老院”活动，举办送戏敬老文艺演出20场。组织开展首届出彩亳州人评选活动，通过市直、谯城区、涡阳县、蒙城县、利辛县的5场海选比赛，从350名选手中，评选出100名选手晋级全市初赛。

推进文艺发展。4月1日，亳州市大型舞台现代戏梆剧《印记》演出在北京长安大戏院举行。5－6月，梆剧《印记》在全市巡演10场。9月1－23日，开展“2016中国·亳州首届安徽梆剧、曲艺会演、精品剧目展演”活动，举行梆剧文艺会演、精品剧目展演和曲艺文艺会演。启动豫剧《一片杜鹃红》、舞台剧《魏武挥鞭》创排，启动动画剧《五禽戏传奇》、电影《二夹弦》拍摄。完成2017年度重点演艺、影视项目征集上报工作，上报戏曲3部、影视项目5部。下发《亳州市贯彻落实〈中共安徽省委关于繁荣发展社会主义文艺的实施意见〉任务分解表》的通知。

【文化实力建设】2016年，《2016年亳州市文化体制改革和发展工作要点》印发，开展改革“回头看”，组织开展文化经济政策落实情况自查，20项改革任务推进，贯彻落实《国有文化企业进一步健全法人治理结构的若干规定（试行）》《关于深化国有文化企业分类改革的意见》，深化国有文化企业改革。完成《亳州市“十三五”文化改革发展规划》《亳州市旅游业发展“十三五”规划》和《亳州主城区全域旅游规划》初稿编制工作，推进《亳州市十三五文化改革发展规划纲要》编制。推动文化产业发展。实施重大文化产业项目带动战略，44个文化产业项目入选《2016安徽文化产业招商项目册》。25个项目进入省2016年亿元以上重点项目投资和储备计划文化产业项目库，6个在建项目，投资22.73亿元。市文化艺术中心、亳州报业传媒广场等6个在建项目完成投资4.5亿元。推荐2017年省重点投资计划亿元以上文化产业项目续建8个、新开工12个，总投资280亿元，谋划项目21个，总投资226亿元。亳州市凯尊文化传播有限公司、左岸文化传媒公司被评为全省民营文化企业100强。争取文化强省建设专项资金支持，曹魏文化展示提升工程等6个项目获得200万元文化强省建设资金扶持。组织实施第三届文化惠民消费季活动,171.1万人次参与,拉动文化消费6507.9万元。

完善公共文化服务体系。建设公共文化基础设施,完善市图书馆内部功能,建成并对外免费开放;推进市文化馆主体建筑工程,完成市博物馆新馆、亳州大剧院前期工作;完成13个省级农民文化乐园建设前期工作,推进利辛县16个新建省级农民文化乐园建设任务;建设4个市级乡镇综合文化服务中心示范点,任务过半;推进2个省级社区综合文化服务中心示范点、3个省级乡镇综合文化服务中心示范点建设。推进公共文化场馆免费开放、农村文化专项补助2项文化民生工程,实行一月一督查、一月一通报,推进文化进万家、送戏下乡、送戏敬老活动,策划推出“亳州新貌游”、荷香满亳州——暑期文化旅游等系列文化惠民活动,举办“迎新年、唱大戏”、全市广场舞大赛等大型群众文化活动。举办“汤都风韵”美术作品展、“书情画意”书画作品展、林琳中国画展、王永红中国画展等,举办美丽亳州全国摄影大赛,启动大型舞台剧《道德颂》和动画片《华佗五禽戏》创作。

组织企业参加深圳文博会、合肥文博会、徐州文博会。安徽神剪文化传媒公司展出的《伍佰罗汉图》等作品被评为2016年中国(深圳)国际文化产业博览交易会“中国工艺美术文化创意奖”金奖、铜奖。会展期间,亳州市参展企业接洽1100余人次,现场销售98.6万元,达成合同采购175万元,意向采购665.9万元。 (魏斌)

组织工作

【概况】2016年,亳州市有党的基层组织9112个,包括城市街道基层党组织486个,乡镇基层党组织5496个。全市共有党组189个、中央和各级地方党委派出工委43个。城市街道10个,全部建立党工委;城市社区(居委会)81个,其中单独建立党委的9个、单独建立总支部的25个、单独建立支部的47个;乡镇79个,全部建立党委;乡镇社区(居委会)184个,其中单独建立总支部的141个、单独建立支部的26个;建制村1216个,其中单独建立党委的42个、单独建立总支部的868个、单独建立支部的306个。公有经济控制的企业法人单位共有384个,其中单独建立党委的12个,单独建立总支部的30个,单独建立支部的342个。在岗职工45316名,其中党员7046名。非公有经济控制的企业法人单位共有3239个,其中单独建立党委的6个,单独建立总支部的4个,单独建立党支部的890个;建立联合党支部的单位1274个,建立联合党支部331个。在岗职工103536名,其中党员3574名。事业法人单位共有997个,其中单独建立党委的15个,单独建立总支部的119个,单独建立支部的863个。在岗职工68854名,其中党员21311名。机关法人单位共有408个,其中单独建立党委的39个,单独建立总支部的90个,单独建立支部的279个。在岗职工26191名,其中党员15693名。社会团体单位223个,其中单独建立支部的62个;建立联合党支部的单位83个,建立联合党支部31个。从业人员1867名,其中党员608名。民办非企业单位471个,其中单独建立支部的136个;建立联合党支部的单位195个,建立联合党支部44个。从业人员7612名,其中党员466名。律师事务所单位21个,其中单独建立支部的9个;建立联合党支部的单位9个,建立联合党支部3个。从业人员137名,其中党员23名。会计师事务所单位2个,其中单独建立支部的2个。从业人员19名,其中党员3名。税务师事务所单位2个,其中建立联合党支部的单位2个。从业人员13名,其中党员3名。

全年调整优化39个班子,调配干部19批315人次。其中,提拔重用100人次,平级任职84人次,改非10人,免职15人,兼职3人,县区换届继续提名103人次。

【“两学一做”学习教育活动】2016年,亳州市开展“两学一做”学习教育活动。对照《实施方案》,确定10个方面76项具体任务。全市累计开展学习讨论19800余场次;讲党课12740场次,受众17万余人;举办先进事迹宣讲会222场次,受众27247人次。开展党章、党规、系列讲话知识测试,通过率均在99%以上。依托“一群一号一网一端”,推送学习内容,打造“永不下课的课堂”。典型做法得到安徽省主流媒体宣传推介。紧盯“四个点问题”和党员、基层党组织“4+1”问题开展边学边查边改，引导基层党组织和党员立足部门和岗位实际，找问题抓整改促提升，争做“四讲四有”合格党员。

【集中换届工作】2016年，亳州市完成市县乡三级党委(84个)，市县区二级人大政府政协(15个)，乡镇人大政府(158个)，民主党派(5个)，工商联、团委、妇联等换届工作，1272名提名人选均满票或高票当选，换届风气风清气正。对174名市管领导班子换届考察人选进行从严把关核查，对存在档案涂改、举报存疑、个人事项不如实报告等问题的7名干部取消考察对象资格。做好党代表、人大代表和政协委员推荐选举工作，对1188名“两代表一委员”人选的资格条件、身份认定、产生程序等审核把关，“两代表一委员”结构明显优化。强化换届风气监督，保证换届风清气正，无一例违反换届纪律的情况发生，受到省委换届督导组高度评价。

【七个专项整治】2016年，亳州市委组织部加强组织调度。研究制定七个专项整治工作方案，建立整改台账，明确责任时限，建立月度调度机制，抓好整改任务落实。开展不按规定缴纳党费专项整治，补缴党费1936.89万元。督促617个长期不换届基层党组织全部完成换届，制定《党费收缴工作定期公示制度》《党费收缴使用管理制度》《基层党组织换届定期报告制度》等，从源头上防止此类问题复发。开展干部人事管理突出问题和违反干部选拔任用工作有关事项报告制度专项整治，对三县一区和市直24个单位进行重点检查，督促整改38项突出问题，针对存在问题，举办干部人事工作业务知识专题培训会，全市200余名相关人员参加培训，制定出台《干部人事管理问责办法》，加强干部制度约束。开展两轮超职数配备干部专项整治，465个超职数配备干部全部消化。规范干部档案管理，对13159卷干部人事档案进行审核整改。全面完成违规办理和持有因私出国(境)证件专项整治，153名市管干部174本证件按规定交由市委组织部保管。推进干部重大事项审核全覆盖，组织579名市管干部重新填报个人有关事项报告表，对89名干部个人有关事项进行抽查核实，对存在瞒报情形的6人在全市点名通报批评。

【领导班子和干部队伍建设】2016年，亳州市制定出台《亳州市干部教育培训项目管理办法》，举办各类主题班、专题班206期，参训25812人次。组织11121人参加在线学习，通过率为100%。印发《关于进一步完善领导干部政治理论水平任职资格考试有关问题的通知》，举办任职资格考试10次，通过率达100%。对全市7个单位开展针对性巡查，与170多名干部开展谈心谈话。全年调整优化39个班子，调配干部19批315人次。其中，提拔重用100人次，平级任职84人次，改非10人，免职15人，兼职3人，县区换届继续提名103人次，处级领导班子功能优化。推进干部交流轮岗全覆盖，对市县内设机构803名科级干部进行交流轮岗。选派24名科级干部在市直单位之间相互挂职学习锻炼。审核县区干部选拔任用方案54批次1369人次，对不符合条件的3批次7人次未予批复。对51件次来信来访来电举报件全部进行核查。对市管干部提醒谈话80人次，函询58人次，诫勉1人。制定出台《防止“带病提拔”监督管理办法》《亳州市〈推进领导干部能上能下若干规定（试行）〉实施细则》《关于对领导干部进行提醒、函询和诫勉的实施细则》，强化制度刚性约束。

【人才工作】2016年，亳州市制定出台《关于深化人才发展体制机制改革的实施意见》。争取14所省属高校选派24名专家学者到亳州市对口单位挂职，选派10名优秀专业技术人才到基层乡镇挂职，推动人才向一线流动，解决技术难题76个，办实事215件。实施药都“双创”英才计划，有计划、有重点地遴选50名左右高层次创新创业人才。编发《2016年亳州市重点人才队伍建设工作方案汇编》，运用“PDCA”过程管理模式，统筹推进各类人才队伍建设。起草中药产业多层次人才体系建设扶持政策。围绕脱贫攻坚、产业集聚中心任务，举办中药企业家、农业实用技术等专题培训班，培训1200余人次。组织遴选优秀人才申报省“特支计划”，全市有13名高层次创新创业人才入选，位居皖北各市前列。举办“亳州人才讲坛”5期，1500余人参加。实施人才高地建设工程，涵盖12项重点人才项目。开展招才引智，引进高层次人才30名，急需紧缺人才107名。建立20家农村实用人才带头人实训基地。实施青年创客圆梦计划，首批遴选10名青年创业人才。开展第五批创新创业领军人才行动计划，设立科研团队10个，凝聚培养创新人才360余人，获80余项科技创新成果。开展第四批“515人才示范工程”创建，全市共创建8个人才集聚示范区、48个人才创业示范点。

【基层党建】2016年，亳州市制定出台《关于进一步做好抓党建促脱贫攻坚的实施意见》《关于在深化国有企业改革中坚持党的领导加强党的建设的实施意见》《加强社会组织党建工作实施意见》《2016－2020年非公企业和社会组织党建工作规划》《2016－2020年街道社区党的建设工作规划》《关于加强社区“三有一化”建设的意见》等，为抓好党建打下制度基础。全年投入农村基层党建经费6.32亿元，是上年的1.6倍，提前1年完成农村基层党建保障工程三年行动计划。建立123名县处级以上党员领导干部软弱涣散治理整顿联系点。选派123名机关优秀年轻干部到软弱涣散村担任第一书记，开展“强村带弱村”“百企联百村”活动，42个村进入先进行列。推进千名村级后备干部培养、百名优秀村党组织书记推选、万名“五星级”党员争创的“百千万”行动计划。从机关选派51名优秀干部挂任乡镇专职扶贫副书记，选派118名大学生村干部在扶贫村任职，促进大学生村干部在脱贫攻坚战场历练成长，做法被中组部《全国基层组织建设情况通报》刊载。在全市统一规定每月10日为基层党组织活动日，分类指导强化党支部功能，该做法被新华社《国内动态清样》刊载。

独立法人非公企业党组织组建率99.9%，有专职党员的社会组织党组织组建率100%。选派456名干部驻企帮扶。评定“五星级”党组织50个，评选市级“双强六好”企业党组织30个，总结“双比双争”先进社会组织党组织20个。在城市社区“四化同步”实施“同心家园”工程，该做法被中组部《组工信息》刊载。推进在职党员到社区报到工作，15644名党员到社区报到，开展志愿服务活动8583次。28个机关单位设立专职副书记。坚持应建尽建、交叉任职、融入中心，强化国有企业党建工作，做法被中组部《组工信息》刊载。抓党员队伍建设，制定出台《关于推进全面从严治党的实施意见》《关于进一步从严管理党员的意见》。全面实施发展党员全程纪实和入党志愿书编号管理。探索开展党代会代表提案工作，党代会期间，党代表提交提案668件，立案393件。（张威）

统战工作

【概况】2016年，亳州市贯彻落实中央和省委关于统一战线工作系列重大决策部署，坚持问题导向、目标导向、服务导向、务实导向，巩固壮大爱国统一战线。亳州市首次将统一战线工作纳入县区、市直单位党委（党组）党建考核内容。被省以上采用的统战信息宣传件238篇，6篇信息被中央统战部门户网站采用，9篇信息被《安徽统战专报》采用，12篇宣传件被《安徽统战》刊登。市委统战部被表彰为2016年度全省统战信息宣传先进单位，1人被表彰为全省统战信息宣传先进个人，2篇统战理论政策研究成果分获省二、三等奖，3篇统战实践创新成果获省优秀成果奖，囊括省委统战部表彰的全部奖项。统战实践创新成果《搭建服务民企新平台　构筑“亲”“清”政商新关系》作大会交流发言。

【推进多党合作】2016年，市委统战部协助市委制定《2016年度亳州市政党协商活动安排》，先后组织召开3次政党协商会议，征求市各民主党派、工商联、无党派代表人士意见建议20余条；协助市各民主党派机关招录5名工作人员，解决各民主党派市委会机关公用会议用房；成立协助民主党派换届工作领导小组，确定《协助民主党派做好换届工作程序》。就市民主党派领导班子人选与省委统战部、各民主党派省委会进行三方协商，进行民主推荐、考察等各项组织工作，率先完成市民主党派组织换届工作任务。围绕市人大、市政府、市政协换届，做好党外人大代表、政协委员的去留预测分析，及时向市委提出换届工作建议，做好《换届工作方案》，确保党的各项换届政策落到实处。换届工作中，与市委组织共同做好提名推荐工作，并按照凡进必评的原则，牵头对非公有制经济人士进行综合评价，完成市四届党外人大代表、政协委员的提名任务，市人大专委会首次安排1名党外干部担任正职，市政府工作部门安排2名党外干部担任正职。

【促进民族发展】2016年，亳州市争取省少数民族发展资金207万元，落实民族村基础项目15个，统筹落实市少数民族发展资金200万元，省财政扶持谯城区花戏楼街道的少数民族发展资金由上年的80万元增加到200万元，开展民族团结进步创建活动，谯城区城里清真寺被命名为第三批“全国民族团结进步创建活动示范单位”，亳州市永刚饮片厂有限公司被命名为第一批“省民族团结进步创建活动示范单位”。

【巩固宗教和谐局面】2016年，亳州市组织开展全市民间信仰工作调研，向省委统战部提出4点工作建议；开展全市涉外宗教渗透情况排查；开展宗教活动场所工作周志、重大事项报告、年终考核考评三个专项制度督查指导；开展基层民族宗教工作干部培训；推进2016年度基督教传道员认定备案工作；筹备成立市伊斯兰协会、市佛教协会，推进“和谐寺观”创建活动，宗教界人士涡阳天静宫住持李福被中央统战部、国家宗教局表彰为创建和谐寺观教堂“先进个人”，谯城区观堂观音寺、涡阳县孙楼基督教堂、蒙城县东部基督教聚会点3处宗教活动场所被省委统战部、省宗教局命名为“和谐寺观教堂”。

【非公经济建设】2016年，亳州市制定《全市工商联（总商会）换届工作方案》，召开全市工商联换届工作座谈会，对市工商联（总商会）领导班子及常委人选候选人进行提名考察，并进行综合评价；会同市工商联在广大非公经济人士中开展以“守法诚信、坚定信心”为重点的理想信念教育实践活动；牵头建立非公有制经济人士综合评价体系；市工商联建立“政企直通车·规下工商业”微信平台，入群企业1447家，收集问题127件，转办127件，回复127件，办结问题121件，办结率95.2%以上。蒙城县、利辛县工商联分别被评为全国、全省“五好县级工商联”。

【相关领域人士统战工作】2016年，市统战部开展留学归国人员、新媒体、非公经济人士年轻一代代表人士调查登记工作，初步建立新三类人员人物库。会同相关部门，召开新媒体代表人士座谈会，建立新媒体从业人员联席工作制度，制发《关于开展新媒体从业人员统战工作的实施办法》；与宣传部等部门定期举办新媒体代表人士座谈沙龙活动；选派1名代表人士参加第一期全省归国留学人员研修班和新社会阶层党外人士培训班，推荐4名代表人士参加省欧美同学会和省无党派知识分子联谊会网络界分会；在市政协委员提名推荐中，对新三类人中的代表人士进行侧重。

【海内外合作交流】2016年，市统战部接待涉侨团组6批44人次到亳考察访问；选派2名教师赴菲律宾执行汉语支教任务；争取亳州一中珍珠班项目、澳大利亚华侨魏基成捐赠项目、美国安徽同乡会会长江启荣助学金项目等侨务捐赠60余万元，全部用于民生事业；全年开展涉台经贸招商活动7次，开展借会招商活动3次，接待来访各界台胞19批136余人次，签署框架性合作协议3个；发挥药博会平台作用，邀请、组织台商到亳参展、洽谈合作；将涡阳县天静宫申报设立为首批全省对台交流基地之一；举办“寻道涡阳”系列交流活动；将五禽戏文化展演入岛项目申报为国台办2016年重点交流项目，并开展首次岛内巡展。

【队伍建设】2016年9月9日，中共亳州市委决定，市委常委、组织部部长秦凤玉任市委统战部部长、市社会主义学院院长（兼）。年内，市委统战部两名科长被提拔为副调研员，其中一名科长交流担任市民委（市宗教局）副调研员。为利辛县、谯城区各提拔推荐一名党外副县区长人选，这两个县区各有两名党外副县区长。为市职业技术学院新提拔配备一名正处级党外副校长，全市两所高校都配齐党外副校长。在全市党委换届工作中，市县区委坚持组织部部长、统战部部长“一人担”，配齐配强基层统战委员，推行统战系统单位合署办公或月例会制度，市县区和市属高校、国企党委均成立统一战线工作领导小组。组织市县（区）统战干部到中央社会主义学院、省社会主义学院参加学习培训，举办基层统战工作培训班，对全市三县一区近50名乡镇统战委员进行政治、业务培训。

【首次召开亳州新媒体代表人士座谈会】2016年2月2日，亳州市召开新媒体代表人士座谈会，通报全市经济社会发展情况，听取意见建议，交流工作经验，探讨加强和改善对新媒体从业人员工作方法途径，汇聚改革发展、推进“三个亳州”现代化建设正能量。市委常委、宣传部部长杜爱玉主持会议，市委常委、组织部部长、统战部部长陈平出席会议并讲话。全市各县区委组织部部长、宣传部部长、统战部部长、市县区网宣办主任，中国亳州网、亳州视听网、亳州共青团网、药通网、蒙城在线、涡阳论坛、利辛网、市互联网协会负责人，部分自媒体人士参加会议。会议要求，认真学习贯彻习总书记重要讲话精神，进一步增强做好新媒体从业人员工作的责任感、紧迫感；把握特点规律，建立健全工作体制机制，为开展好新媒体从业人员团结服务引导工作提供组织保障、形成工作合力；注重发挥新媒体代表人士作用，构建健康清朗的网络舆论生态。

【首次在中央社会主义学院举办党外人士培训班】2016年3月14日，亳州党外代表人士培训班在中央社会主义学院开班，市委常委、组织部部长、统战部部长陈平出席开班典礼并讲话，中央社会主义学院党组成员、教务长央吉出席开班典礼并致辞。市人大常委会副主任、市民革主委马昭华，市政协副主席、市农工党主委龚艳玲，市政协副主席、市工商联主席张国芳，民革市委会、民建市委会、民进市委会、农工党市委会、九三学社市委会全体委员，市直单位和各县区党外处级全体干部，部分统战干部共60人参加为期一周的学习培训。

【少数民族工作】2016年，市统战部会同市民委、市民政局、市人社局、市商务局、市公安局、市交通局等单位，牵头组织开展为期1个月的针对少数民族歧视性做法专项检查，确保日常生活，特别是重要节日期间不出现如拒住、拒载、拒餐、拒就业等影响民族团结的歧视性做法。亳州市按照“有联系、有威望、有影响、有造诣、有贡献”标准，搜集建立65名少数民族人士信息库，并向省委统战部推荐上报47名少数民族人士名单。下发《关于在县乡领导班子换届工作中做好少数民族干部选配的通知》，列出县乡换届工作中需要选配少数民族干部的清单，要求各地要严格按照省委、省政府《实施意见》和省委关于认真做好县乡领导班子换届工作的《通知》要求，通盘考虑少数民族干部选拔使用，将信念坚定、为民服务、勤政务实、敢于担当、清正廉洁的少数民族干部选配到各级领导岗位上来。研究通过《亳州市“百企帮百村”精准扶贫行动实施方案》，在全市范围内开展“百企帮百村”精准扶贫行动，对7个少数民族贫困村帮扶工作全覆盖。市委书记、市人大常委会主任汪一光，率领市委、市人大、市政府、市政协领导到城里清真寺、北京清真寺与各族穆斯林群众共庆开斋节。

【专题片展示民族团结进步事业】民族团结进步宣传月期间，市委统战部、市民委、市广播电视电联合拍摄四集专题片，集中展示近年来全市民族经济文化发展取得的新成就。四集专题片围绕“共同团结进步、共建美好家园”主题，从民族企业发展、民族新区建设、晰阳掌申遗、民俗馆展示、民族剧社成立、微电影参展6个不同侧面，以点代面，全面展示市第三次党代会以来全市民族团结进步创建活动成果。

【市佛教协会第一次代表大会召开】2016年12月16日，亳州市佛教协会第一次代表大会召开。市委统战部副部长、市宗教局长金少坤出席会议并讲话，市基督教三自爱国运动委员会主席苏玉屏代表市其他宗教团体到会祝贺。市委常委、组织部部长、统战部部长秦凤玉会后会见市佛教协会一届理事会领导班子成员。会议宣读市民政局批复，听取市佛教协会筹备组筹备工作报告，讨论通过《亳州市佛教协会章程》《亳州市佛教协会第一次代表会议选举办法》，选举产生市佛教协会第一届理事会，市白衣律院住持释能喜当选为市佛教协会一届理事会会长。

（锁孝坤　贾军涛）

市委政策研究

【概况】2016年，市委政策研究围绕市委中心工作和“奋力走在皖北振兴前列”目标要求，深入基层、深入群众调查研究，形成一批调研成果；推进美丽乡村和美丽集镇建设；推进改革；探索做好市新形势下党建工作新思路、新方法，为市委决策提供第一手材料，发挥参谋助手作用。

【专题调研】2016年，市委政策研究室结合全市重大工作部署，完成供给侧结构性改革、美丽乡村建设、农村清洁工程、党建工作等4个方面课题调研；会同市教育局完成全市中小学校闲置校舍调研报告，并报市委市政府领导参阅；组织对2015年度31个省级中心村、2016年度52个省级中心村（含利辛县整县推进）、37个省级乡镇政府驻地建成区整治建设基本情况进行全面摸底调研，撰写调研报告。同时，对全市省级中心村、集镇建成区规划、绿化进度进行全面督查，并将督查结果通报全市。

【政务服务】2016年，市委政策研究室起草并以政协名义印发亳州市《关于强化政策支持加快调结构转方式促升级行动计划的实施意见》，并分解任务和明确目标。参与市四次党代会报告起草工作；撰写深入学习贯彻市四次党代会精神系列评论员文章，以博正平署名在9月26日、27日、29日和10月11日、12日、13日《亳州晚报》发表。参与市“讲看齐、见行动”学习讨论活动，撰写《自觉增强看齐意识——论开展“讲看齐、见行动”学习讨论》和《讲看齐重在见行动——再论开展“讲看齐、见行动”学习讨论》专题评论员文章，分别在12月2日和5日《亳州晚报》发表。

【信息服务】2016年，市委政策研究室秉承“服务中心决策，指导工作实践，促进相互交流，展示地域风采”办刊宗旨，编印《新亳州》6期，交流到全国各地市。编印《2016年市情手册》，介绍亳州近年来经济社会发展及历史、文化、旅游等情况，发放至各县区、市直各单位和有关交流地市。办理回复人大、政协议案提案10件，就回复内容与相关代表、委员进行沟通，并报两办督查室。

【推进党的建设】2016年，市委政策研究室起草并以市委名义印发《中共亳州市委关于深入推进全面从严治党的实施意见》；起草并以市委办名义印发《市委党的建设工作领导小组2016年工作要点》，并分解任务38项，明确工作任务、责任领导、责任单位和完成时限，实行季度督查通报；起草并印发《关于充分市委党的建设工作领导小组职能作用的意见》；起草《2016年度市直机关领导班子党建考核指标和评分标准》。完成省委党建办交办的《亳州市非公党建工作研究》和《农村基层组织在扶贫攻坚中发挥战斗堡垒作用研究》两个专题调研，并上报省委党建办。其中《农村基层组织在扶贫攻坚中发挥战斗堡垒作用研究》获省党建办一等奖，《亳州市非公党建工作研究》获省委党建办三等奖。

【推进深化改革】2016年，《亳州市2016年全面深化改革工作要点》出台，确定年度改革任务164项，按照实化、细化、量化、具体化，可考核、可比较、可检验的要求，明确责任市领导、责任单位和完成时限，实行台账管理。召开市委全面深化改革领导小组第九次会议，传达学习中央和省委全面深化改革领导小组会议精神，总结工作进展情况，协调解决存在问题。坚持改革工作季报告、季督查制度，并将进展情况呈送分管市领导，便于分管市领导了解进度、加强调度。坚持全面督察与重点督察相结合，对全市43个市直改革牵头单位和三县一区开展全面督察，对支持中小微企业发展、工商登记制度改革、公共资源交易改革、新型城镇化试点等10项改革开展重点督察，掌握改革情况，加强协调落实。坚持改革成果由群众来评价，对立案登记制改革、政企直通车、营改增改革、城市公立医院改革、优化公共服务流程等5项群众、企业为受益主体的改革事项开展改革评估。强化改革宣传报道，编发改革信息35期，上报11期，亳州市搭建“政企直通车”微信服务平台这一做法，得到省委改革办充分肯定，并专题刊发，新华网、人民网、安徽电视台等报道。

【推进美丽乡村和美丽集镇建设】2016年，市委政策研究室起草并以两办名义印发《亳州市2016年美丽乡村建设的安排意见》；按照“保二争三创第一”目标，全面建成2014年度28个省级中心村，3月份顺利通过省级验收，皖北片区共9个先进县区，亳州市获3个，蒙城县、利辛县、谯城区分别名列第一名、第六名、第七名。按照“保二争三进位次，整县推进居前列”目标，推进美丽乡村建设，2015年度31个省级中心村项目进度完成94.3%，2016年度全市52个省级中心村整体进度完成92.94%、集镇建成区整治进度完成92.57%。

【推进农村清洁工程】2016年，亳州市修订农村清洁工程和集镇“四大秩序”测评奖惩办法，提高县区工作积极性，引导农村保洁从“重点治脏”转向“治脏治乱并举”；开展垃圾分类减量试点工作，每县区分别安排两个乡镇，每乡镇分别安排2个村进行试点；1—10月（11月后交市文明办）开展8次测评暗访，结果均通报全市，共清理垃圾18.5万吨，清理河道3560千米。

（李国文）

机构编制

【概况】2016年，亳州市机构编制委员会办公室（以下简称“市编办”）推进政府职能转变和机构改革，简政放权、放管结合、优化服务，全面建成“两个新型服务清单”。召开7次编委会，审议涉及民生、社会、经济等方面113项机构编制设置议题，审批市直机关事业单位申请用编计划337名。截至年底，有市直行政机关71家、事业单位151家；行政编制数1239名、政法专项编制数1704名、事业编制数6741名。本年度市编办内设机构“市事业单位登记管理局”，挂“市政府权力运行监督管理办公室”牌子，增加事业编制2名。

本年度，市编办获“全国机构编制工作先进集体”称号。

图3 亳州市编办获“全国机构编制工作先进集体”称号

【机构编制管理】2016年，市编办按规定程序和权限报批机构编制事项。凡涉及职能调整、机构设置事项，统一由市编办审核、编委会审议、按规定程序报省编委审批。《关于开展2016年度机构编制管理规定执行情况考核工作的通知》（亳编办〔2016〕82号）印发，对各县、区机构编制管理法律法规规章和有关政策执行情况，行政体制改革落实情况，控编减编完成情况、清单建设以及是否存在机构编制违纪违规情况等进行考核。畅通机构编制“12310”举报渠道，严肃有关机构编制事项查处。完善实名制数据管理库，按要求完成机构编制年度和各专项统计工作。完成市直131个事业单位法人年度报告，在《亳州晚报》设立专栏进行公示。完成市直63个机关、编办直接管理机构编制群众团体统一社会信用代码赋码工作。完成政务和公益域名注册管理工作，注册政务域名103个，公益域名159个，完成域名续费工作。

【政府职能转变和机构改革】2016年，亳州市推进城市管理执法体制改革，根据《中共安徽省委 安徽省人民政府关于深入推进城市执法体制改革改进城市管理工作的实施意见》（皖发〔2016〕40号）精神，单独设立市城市管理行政执法局，为市政府工作部门，市住房和城乡建设委员会不再加挂市城市管理行政执法局牌子。按照权责一致原则，推进市场监管领域综合行政执法改革，界定县、乡两级市场监管机构事权，强化基层监管力量。重新规范市总工会、市委统战部、市交通运输局等部门“三定”规定。推动事业单位改革。整合卫生和计生服务资源，设立市直及县区妇幼保健计划生育技术服务中心；撤销市传染病医院，设立市精神病医院，挂市第二人民医院、市精神卫生中心和市中医药精神病研究所牌子。优化教育资源，调整市区中小学校布局。设立市教育局经济开发区分局；撤销谯城区五马镇中心小学，在市第一中学南校区基础上设立市第十八中学；撤销谯城区华佗镇中心小学，设立亳州学院附属学校。配合市林业局，指导谯城区、涡阳县、蒙城县和市直部门开展国有林场改革。规范全市招投标服务机构名称及全市公共资源交易平台建设，理顺招投标和招投标监管体制。

【“放管服”政策落实】2016年，亳州市推进行政审批制度改革，及时做好国务院和省政府取消、调整行政审批事项衔接落实，加大放权力度。《亳州市人民政府关于国务院、省政府取消下放和调整行政审批项目等事项衔接落实有关问题的通知》（亳政秘〔2016〕229号）印发，取消国务院决定取消的职业资格许可和认定事项108项，取消省政府决定取消的市县两级实施权责事项73项。开展行政审批回头看工作，指导市直职能部门对照行政审批事项清单和网上办事大厅办理情况，逐项梳理行政审批事项取消、承接和调整清单，查找存在问题。在开展“两个新型清单”建设同时动态调整权责清单，依据法律法规规章“立改废释”，衔接上级政府调整权力事项，开展权责清单动态调整，要求市直部门对本单位权力清单、责任清单进行梳理。《亳州市人民政府关于公布市级政府权责清单目录（2016年本）的通知》（亳政秘〔2016〕219号）印发，清单事项共计10301项。落实政府权力运行监督管理办法。针对保留、取消、下放、转移权力事项，以及工商登记前置改后置行政审批事项，指导政府职能部门依照“颗粒化”后权力事项逐项制定事中事后监管细则、行政处罚裁量权基准，使每一项政府权力都有细化可操作运行规范，实现对政府权力事项运行全过程标准化监管。10月底完成市县区监管细则和自由裁量权基准制定工作。12月，市编办汇总市政府相关部门“放管服”改革工作任务，起草《亳州市深入推进简政放权放管结合优化服务改革工作任务》，细化分解任务，落实工作责任。

【“两个新型服务清单”建设】按照《安徽省人民政府办公厅关于在亳州等六市先行先试整体推进公共服务和中介服务事项清理规范工作的通知》（皖政办秘〔2016〕134 号）精神和市委、市政府要求，市编办组织开展公共服务清单和中介服务清单试点工作。5月30日召开动员大会，抽调人员集中办公。运用案例撬动、“九看六查”等方法，经过“三上三下”审核，10月完成市直65个部门、单位公共服务清单和30个部门、单位中介服务清单编制工作。清单编制坚持“端菜型”与“点菜型”服务相结合，市、县、乡三级覆盖，实现横向到边，纵

图4　2016年5月30日，亳州市编办组织召开“两个新型清单”建设工作动员会

向到底。市级梳理公共服务事项1321项，行政权力中介服务清单保留204项、取消26项，规范37项。在清单落地生效方面，梳理市本级可网上办理公共服务事项830余项，县区可网上办理公共服务事项500余项，统一纳入亳州市网上办事大厅，方便群众办事。“两个新型清单”公布实施后，亳州市形成以权力清单、责任清单、公共服务清单、中介服务清单和行政收费清单为框架的清单制度体系。

▲“九看六查”：看法律法规、看三定规定、看网站信息、看单位覆盖、看窗口办件、看收发文本、看年度总结、看试点市县、看权责清单；查材料是否完备、查梳理是否漏项、查事项是否科学、查名称是否规范、查依据是否充分、查指南是否明确。

▲“两个新型服务清单”为公共服务事项清单和行政权力中介服务事项清单。公共服务事项清单：市县(区)乡政府部门(含中央、省驻亳单位，下同)和国有企事业单位在利用行政权力或公共资源，对公民、法人和其他社会组织产生直接影响或满足直接需求的外部服务行为。包括各类推广、咨询、证明、转报、推荐、奖补等。行政权力中介服务事项清单：市政府部门在行使权力时，要求公民、法人和其他组织委托企业、事业单位、社会组织等机构开展作为行政权力行使条件的中介服务，包括各类技术审查、评估、检验、检测等。

【权力清单“颗粒化”建设】2016年12月，市编办受中央编办邀请，参加广东佛山《依托互联网深化行政审批制度改革交流研讨会》，市编办杜金陵主任作大会发言，介绍亳州市清单制度建设与网上办事大厅结合深化行政审批制度改革经验做法。亳州市“按照法定职责必须为，法无无授权不可为”原则，全面系统梳理政府权力家底，对权力事项进行“颗粒化”改造，将每项行政职权按照法律法规最低层级进行细分，细化10301项权利子项，依托亳州市网上办事大厅，将行政审批事项尽可能纳入网上办理，实现变“群众跑腿”为“数据跑腿”，“人工监察”为“电子监察、全程监察”；建立清单事项动态调整机制，根据法律法规立改废释和有关政策变动动态调整审批事项，做到权力事项与网上办事大厅审批事项的同步及时调整。网上办事大厅和清单制度建设为深化行政审批制度改革提供运行平台和制度保障。亳州市创新做法受到参会人员一致认可，中央编办主任张纪南在大会讲话中就亳州市权力清单“颗粒化”建设给予肯定和表扬。会后，滁州市编办专程到亳州学习清单制度建设结合互联网深化行政审批制度改革经验。

（李婉香）

机关党务工作

【概况】2016年，亳州市直属机关工作委员会加强对市直机关党员的学习教育培训，规范机关党组织建设。党员考绩工作被中央国家机关工委组织部评为全国机关党组织“两学一做”学习教育最佳案例。在全国机关党建座谈会上，亳州市就党员考绩工作发言，是发言的三个地级市之一。

【市直机关教育培训】2016年，市直机关工作委员会举办4期党务干部培训班和1期入党积极分子培训班，培训学员400多人次，开展机关党建座谈会5次，撰写理论文章和心得体会，增强机关党务干部理论素养和业务能力。以争当“四个自觉”模范集中学习教育、“两学一做”学习教育和“讲看齐、见行动”学习讨论为契机，开展党章党规学习，丰富学习内容，创新学习方式。举办市直机关“三严三实”专题教育电视知识竞赛。开展争当“四个自觉”模范集中学习教育征文活动，表彰一批优秀论文。举办市直机关“两学一做”学习教育演讲比赛，推进机关党员干部的思想建设。打造书香机关促学习。制订书香机关工作要点和评分细则，开展2次书香机关督查和调研活动，表彰全市50个书香机关和260名“阅读之星”，在全市机关党组织中营造“爱读书、善读书”浓厚氛围。

【市直机关党建】2016年，评选出市国税局机关党委等10个机关党建规范化建设示范点，发挥示范引领作用。开展“党组织关系集中排查”“基层党组织长期不换届”“不按规定缴纳党费”等专项整治。批准成立党组织3

个、临时党组织1个，撤销党组织1个，督促14个直属党组织按期完成换届选举。结转党员组织关系893个，发展党员65名，上缴市委组织部党费484万元，下拨基层党组织党费60多万元。全年慰问生活困难党员115名，下拨慰问金13.25万元。开展庆祝建党95年系列活动，表彰先进基层党组织10个，优秀党员41名，优秀党务工作者19名。举办庆祝建党九十五周年革命传统歌曲歌咏比赛。以“唱党歌、颂党恩”为元素，凸显歌颂党和祖国的主题，展现市直机关党员干部的精神风貌。制定出台《市直机关贯彻落实全面从严治党要求实施意见》，修改《机关党建工作使用指南》，编印《机关党建工作规范》《机关党支部工作手册》等。

【党员考绩】2016年，在全市机关党组织中推广党员考绩工作，制定新的党员考绩卡发放基层党组织使用。创立“网上党员考绩”平台，在市人社局、市地税局机关党委等10个机关党组织中开展试点，组织网上党员考绩业务培训，召开两次推进会，提高党员考绩实效。安徽铜陵、淮南、蚌埠、宿州，河南许昌、周口，山东淄博等地先后来人来电学习考察。党员考绩还被写进亳州市委四次党代会报告，党员考绩文本，作为创新专利，上报国家专利局，申请专利。11月29—30日，中央国家机关党建研究会、中直党建杂志社、安徽省直机关工委主办的“党员考绩”座谈会在亳州召开，中央国家机关党建研究会副会长、秘书长卢鸣、中组部、中宣部等党建专家充分肯定市“党员考绩”的做法，认为“党员考绩”突破党员考核管理的瓶颈，开创机关党建领域的先河，是从严治党落实落细落小的有效载体，需要不断总结、创新、探索、提高、完善和推广。推广微型党课。举办全市第三届微型党课精品课程比赛，省直工委副书记俞秀国，市委常委、秘书长王玉玺参加比赛并为获奖选手颁奖。成立微型党课宣讲组，赴三县一区开展巡回宣讲。《中直党建网》、国家机关工委《紫光阁》网站等进行报道。

【服务中心】2016年，完成市直机关出席市第四次党代会代表选举任务和市直代表团联络服务工作。严格党内组织生活。落实“三会一课”纪实报告，采取“季督查季通报”“找交销查考”方式，以检查党员领导干部参加双重组织生活会为重点，集中开展督查5次，下发通报5期，约谈机关党组织书记22人次。市委汪书记在第3期督查通报上作出批示：要求市直工委通过督查发现问题解决问题，并注重发挥领导机关和领导干部的作用。市委副书记方晓利组织召开市直机关党建推进会，落实汪书记批示精神，研究推进党建工作的措施和办法。梳理市直机关党建工作“三个清单”，广泛征求意见，列出机关党建4个方面12个突出问题，并逐一落到实处。（汝峰）

老干部工作

【概况】截至2016年，全市共有离休干部860人，平均年龄88.4岁。抗日战争时期参加革命工作28人，解放战争时期参加革命工作的832人。享受县处级待遇170人，科级待遇及以下690人。市直离休干部61人，退休市级干部18人。全市离退休干部党支部884个，其中，离退休支部数270个、与在职合编支部数581个、编入社区支部数33个。全年，市委老干部局慰问市直离退休干部30余人，接待来访老干部60余人。全年零投诉、零信访。

【学习贯彻中办发〔2016〕3号、皖办发〔2016〕51号文件精神】中央两办《关于进一步加强和改进离退休干部工作的意见》（中办发〔2016〕3号）文件下发后，市委老干部局组织全市离退休干部代表、老干部工作者集中观看《新闻联播》播报文件主要精神，并组织专题座谈。组织全市老干部工作者学习中组部负责人就《关于进一步加强和改进离退休干部工作的意见》答记者问内容。编印《离退休干部学习资料》100份，向离退休干部宣传中办发〔2016〕3号文件主要精神。省两办印发《关于进一步加强和改进离退休干部工作的实施意见》（皖办发〔2016〕51号），召开全市老干部局长会议专题学习。两次赴三县一区督查调研贯彻落实中央、省文件精神情况，并

图5 2016年8月22日—26日，“纪念红军长征胜利80周年”离退休干部书画展

听取老干部代表的意见和建议。

【思想政治建设】2016年，《关于在全市离退休干部中进一步深入开展为党和人民的事业增添正能量活动的通知》下发。组织市直离退休干部82人参观考察经开区、亳芜产业园区、古井产业园区，发放《为党的事业增添正能量宣传提纲》《〈关于进一步加强和改进离退休干部工作的意见〉答记者问》“两学一做”专题教育学习资料。举办全市离退休干部党支部书记暨老干部工作者培训班，共计100余人参加。召开市直离休干部及县处级退休干部经济形势通报会，共计50余人参加。在县区调研过程中，将各地离退休干部党支部建设情况列入重点督查内容。中央国家机关工委老龄办副主任夏九泰一行调研离退休干部党建工作，赴蒙城县人大机关老干部党支部、庄周办事处老干部党支部实地考察。

【离退休干部活动】“七一”前夕，在市老年大学举行庆祝中国共产党建党95周年文艺演出。举办“纪念红军长征胜利80周年”离退休干部书画展，征集书画作品265幅。组织老同志参加“缅怀革命先烈·弘扬长征精神”全省老年大学系统（北片）文艺会演，亳州老年大学参演国家级非物质文化遗产“二夹弦”经典剧目《三拉房》。组织参加省第六届离退休干部门球赛，亳州市离退休干部代表队获得冠军。加强老同志网宣队伍建设，组织网宣员代表参加全省老干部网宣工作培训。组织老干部在“服务三农”“社区共建”、文明创建等活动上发挥作用，在门户网站、《亳州老干部工作》上开设“增添正能量”专栏。

【关心下一代工作】2016年，市委召开全市关心下一代工作会议。开展“大学习大调研大讨论”三大活动，《安徽关工通讯》全文刊发活动方案。开展“放飞中国梦·永远跟党走”主题教育活动。组织中小学生开展征文、演讲比赛。组织参加中国关工委主办的“中华魂”主题教育读书活动，获一等奖4名，二等奖13名，三等奖26名，优秀奖77名。联合市委宣传部等部门开展“传承中华文化，共筑精神家园”爱国主义读书教育等活动。联合市教育局开展“放飞中国梦永远跟党走”主题教育活动，市关工委、市教育局关工委、利辛县教育局关工委赴京参加总结表彰大会；利辛二中康玲玲同学赴京参加“中华魂”主题教育夏令营活动。组织对全市100所小学11682名留守儿童进行义诊，建立义诊档案。推荐全省关工系统“双十佳”工作4人，其中蒙城县关工委常务副主任李学进评为全省“双十佳”。 完成年度“五好关工委”评选申报，推荐48个“五好关工委”。

（锁楠楠）

精神文明创建

【概况】2016年，亳州市开展省级文明城市争创、好人及道德模范评选表彰、“三线三边”城乡环境治理、志愿服务等系列精神文明创建活动。13人入选“中国好人榜”，25人获“安徽好人”及提名奖，评出“亳州好人”61人。其中，抬车救人获国内外报道，杨爱萍和刘亚分别入选“心动安徽·最美人物”和提名奖。评选表彰“亳州市五星级文明标兵户”100户。完成亳州好人馆概念性设计方案。

图6 2016年8月18—19日，亳州市举行“好人看古井 贡酒敬好人”座谈会

【第四届全省文明城市创建】2016年，对照全国、全省文明城市测评标准，亳州市每两月对文明县城（城区）组织一次暗访测评，2016年测评并印发通报6期，督促各县区实现文明创建工作常态化、长效化。建立文明创建日常督查机制，坚持每周上路督查两次，下发督查通报63期，促进近2000条实际问题解决，城市环境卫生改善，为争创省级文明城市打基础。制定《亳州市2016年全国文明城市暨全省文明城市测评年创建工作方案》，编印争创任务《操作指南》《网上申报材料参考》，8月1日组织召开省级文明城市争创工作培训会，9月份完成3次对城区测评点模拟测评、创建指导工作，印发督查通报；召开文明创建例会，解决存在问题，促进各项任务落实。协调、指导市辖三县一区迎接省级文明县（县城、城区）测评，并按照省文明办要求及时上报省级文明县（县城、城区）网上申报材料。10月21—22日，完成省文明创建测评组对市文明城市（城区）实地测评工作；根据测评组反馈问题，列出责任清单，印发通知，要求责任单位如期整改；组织人员集中整理省级文明城市网上申报材料并上报。

【志愿服务】2016年，亳州市印发志愿服务工作方案，对全年志愿服务重点工作进行明确和安排；下发3月份学雷锋志愿服务活动通知，组织志愿服务活动启动仪式，开展文艺志愿服务进社区、保护涡河志愿环保行、志愿宣讲进小区等志愿服务活动，在全社会营造志愿服务氛围；印发开展社区志愿服务活动创建工作通知，11月份对全市所有社区志愿服务工作进行督查验收，对工作开展较好社区划拨以奖代补资金24万元。12月5日，在魏武广场举行“12·5”亳州市国际志愿者日系列活动启动仪式。培育志愿服务先进典型，加大对志愿服务先进典型评选、表彰力度。2016年，亳州市获评省“月评十佳”志愿服务优秀典型9个，评出月度“感动药都”志愿服务优秀典型30个。开展亳州志愿服务网招投标工作并投入使用，与“我家亳州”APP对接，形成培训、招募、发布、奖励等为一体网上平台。

【身边好人、道德模范和美德少年评选表彰活动】2016年，亳州市13人入选“中国好人榜”，24人获“安徽好人”及提名奖，评出“亳州好人”61人，“身边好人”线索推荐数量连续10个月位居全省前列；编印《书香亳州·身边好人故事读本》，选录市40名道德模范和身边好人先进事迹，免费向社会发放；组织开展23场道德模范和身边好人基层巡展巡演巡讲活动；注重礼遇和帮扶道德模范、身边好人，按照市委、市政府《亳州市礼遇和帮扶道德模范、身边好人实施意见》，对道德模范和身边好人进行重奖。截至2016年年底，累计发放奖励金达589.5万元；坚持为上榜身边好人送喜报和奖励金活动，看望慰问“中国好人”刘亚家属等道德典型人物90余位；在市级新闻媒体开设“身边好人”专栏，如《亳州晚报》“好人点评”栏目，每月一期；评出第五届亳州市道德模范10名、第五届亳州市道德模范提名奖10名，第二届亳州市美德少年5名、第二届亳州市美德少年提名奖5名，在《亳州晚报》和亳州广播电视台开设专栏进行宣传。

【推进乡村学校少年宫建设和管

理】2016年,《关于对全市乡村学校少年宫进行督查的通知》(亳文明办〔2016〕52号)印发,亳州市精神文明建设指导委员会办公室分别于2月下旬、8月中旬和11月上旬组织对全市乡村学校少年宫进行3次专项督查,重点检查经费使用、设施修缮、器材配备、制度建设等项目实施情况,指导各县区推进乡村学校少年宫建设、管理工作,努力把乡村学校少年宫打造成为未成年人课外活动乐园、社会实践基地、陶冶身心课堂。各县区综合排名为蒙城县、利辛县、谯城区和涡阳县,前三名分别奖励15万元、10万元、5万元。转发《关于下达2016年乡村学校少年宫项目建设指标和前五批中央支持的乡村学校少年宫项目运转补助经费的通知》。2011—2015年,拨付乡村学校少年宫运转补助经费96万元,拨付2016年度安徽省乡村学校少年宫承建学校45万元,协调财政、教育部门按分配指标启动项目建设,并监督资金使用。10月20—21日,在利辛县举办2016年度全省乡村学校少年宫项目建设培训会。

【推进"三线三边"环境治理】2016年,亳州市精神文明建设指导委员会办公室按照一月一测评要求,完成月度暗访测评12次,开展垃圾、杂物和秸秆焚烧专项督查3次,开展"三线三边"治理专项行动,完成对乱堆乱放、广告标牌、砂石料场、建筑治理专项治理行动测评工作。谋划"三线三边"治理和农村清洁工程整合工作,联合市委党校对农村环境治理工作进行调研,组织赴山东省济宁、潍坊进行学习考察农村环境综合整治工作先进经验。

【农村精神文明创建】2016年,亳州市精神文明建设指导委员会办公室组织开展第四届文明村镇创建活动,完成省级文明村镇候选村镇和市级文明村镇督查验收工作,评选表彰市级文明乡镇16个,文明村60个。开展"五星级文明户"创建评选活动,完成对各县区"五星级文明户"创建评选活动开展情况专项督查工作并印发督查通报,督促县区评选表彰一批"五星级文明示范户",评选表彰"亳州市五星级文明标兵户"100户。

【"十大不文明行为"专项整治活动】2016年2－7月底,亳州市开展"十大不文明行为"专项整治活动,旨在提高市民文明素质,提升社会文明程度。活动分为评议动员、评议分析、集中整治、建立机制4个阶段。2月召开专项整治活动启动仪式,5月召开专项整治活动评议分析会,开展"十大不文明行为"专项整治"金点子"征集活动,6月初,各单位相继出台整治方案,活动转入集中整治阶段。7月底活动结束。

【城区文明创建"十个一"示范建设】2016年,根据《关于提升城区文明创建水平,开展"十个一"示范建设活动方案》,亳州市打造主干道、道路交口、集贸市场、社区、居民小区、文明单位、学校、医院、商业零售、餐饮店等"十个一"示范点,通过日常城区文明创建督查及"十个一"示范建设专项督查,促进示范点创建水平提升。工作中,以督查通报促进问题整改,以文明创建例会促进工作提升,打造一批可借鉴文明创建示范点。各牵头单位列出经验推广方案,3月起,将创建经验在全市范围推广。

【省文明城市测评组实地测评亳州市创建省级文明城市工作】2016年10月21－22日,省文明城市测评组对亳州市省级文明城市创建工作进行实地测评并召开测评反馈会,市委副书记方晓利出席会议并讲话。省文明城市测评组分6个小组对亳州市主次干道、商业大街、背街小巷、农贸市场、商场超市等项目进行详细测评,召开测评反馈会,通报亳州市创建省级文明城市存在问题。 (葛云飞)

信访工作

【概况】2016年度,亳州市持续推进信访制度改革,强化"三个信访"建设,抓各项任务落实,全市信访形势稳中向好,为经济社会发展创造良好环境。

【重大节日及活动期间信访平稳有序】2016年,亳州市完善驻京驻省工作预案和劝返接回工作方案,做好矛盾纠纷排查化解、驻京驻肥劝返接回等工作,以"主动劝离不延误、快接快返不滞

图7 市委书记汪一光(第二排中)接访

留、安全送达不出事、落地交接不倒流”为工作目标,研究情况,分析形势,落实措施,实现全国两会、十八届六中全会、G20峰会期间,全市无进京非访、集体上访、无倒留、滞留现象。

【“互联网+信访”】2016年,亳州市加快信访信息系统推广应用。印发《关于提高网上信访事项“五率”工作的实施意见》,建立月通报机制,加强业务培训和工作指导,举办两期信访干部培训班。抓信访信息系统办信办访,信访部门及时受理率99.97%、责任单位及时受理率97.19%、按期办结率98.43%。利用网上办事大厅、数字城管、“我家亳州”等政务信息平台,与市信息局、科大讯飞公司等单位合作,筹建全市信访管理预警系统。全市县级网上信访投诉平台、微信信访和手机信访全部开通,并将手机信访放在“我家亳州”上,进一步拓宽网上信访渠道,提高群众网上信访率。

【完善信访工作机制】2016年,亳州市印发《2016年度、2017年度信访工作责任目标考核办法》和《2016年度、2017年度市直单位信访工作责任目标考核评分细则》,明确考核对象、原则和考核指标、权重等,树立正确的信访工作导向,并将市直信访工作考核结果纳入市直机关效能考核。

【重点信访事项及积案办理】2016年,亳州市采取领导包案、挂牌督办,会同市委督查室、市政府督查室现场督查等方式,加强信访问题解决,全年办理省、市交办重点信访事项517件,办结517件,办理省信访局转交的信访积案337件,办结337件。

【通过法定途径分类处理信访投诉请求工作】2016年,亳州市在继续推进诉访分离和依法逐级走访同时,全面启动通过法定途径分类处理信访投诉请求工作,完成市直49家单位分类处理清单。印发《亳州市通过法定途径分类处理信访投诉请示工作规则》,规范操作程序,明确办理权限,同时督促县区开展依法分类处理工作。 (汪鹏飞)

党校工作

【概况】2016年,市委党校落实全国、全省和全市党校工作会议精神,围绕市委市政府中心工作,把握党校姓党根本原则,以“创建一流党校、培养四铁干部”为目标,按照省委党校办学质量评估和市委岗位责任目标要求,依法履职。市委党校在全省省辖市委党校办学质量评估中被评为先进党校;被评为全省公共机构节能先进单位、亳州市公共机构节水型单位。

【全市党校工作会议】《中共中央关于加强和改进新形势下党校工作的意见》《中共安徽省委关于加强和改进新形势下党校工作的实施意见》下发后,市委两次召开常委会学习习近平总书记重要讲话精神,贯彻全国、全省党校工作会议精神,听取市委党校工作汇报,研究全市党校工作发展。2016年2月23日,亳州市委在全省率先召开全市党校工作会议。会议强调,要深刻领会关于加强对党校工作领导的重要论述,把办党校、管党校、建党校责任落到实处,各级党委要切实担起主体责任,把党校工作纳入总揽全局的重要内容;相关部门要主动担起齐抓共管责任,为推进党校工作创造良好条件;各级党校要全力担起直接责任,不断加强自身建设。7月21

日，市委常委会议审议通过《中共亳州市委关于加强和改进新形势下党校工作的实施意见》，并及时印发，为全市党校事业发展指明方向。

【干部教育培训】2016 年，市委党校举办主体班 12 期，分别是县处级干部进修班、中青年干部培训班、乡科级干部进修班、党务干部培训班、统战干部进修班、初任公务员培训班、全市领导干部学习贯彻党的十八届五中全会精神培训班等，培训学员 1100 多人次。承办各类对外培训 85 期，培训学员 14000 多人次。进一步完善在职研究生班主任和学员管理，在校研究生人数 311 人。

【教学科研】2016 年，市委党校公开发表论文 30 篇，其中 B 类文章 2 篇，实现 B 类文章量的突破。完成 2015 年度 3 项省级课题、4 项市级课题结项工作和 2016 年度 3 项省级重点课题、2 项市政府调研课题和 2 项市社科课题立项工作，在《亳州晚报》刊发《党校园地》专版 9 期，出版校刊《新视角》4 期，编写《教学参考资料》4 期。成立“市情研究中心”，聚焦市情和“四个点问题”开展调查研究，撰写 10 篇咨政报告。

【理论政策宣讲】2016 年，市委党校围绕“两学一做”学习教育和“讲看齐、见行动”学习讨论，开展“万堂党课进基层，党校姓党讲精品”宣讲活动，全市各级党校累计送党课进基层 200 余场次，聆听党课基层党员 20000 余人次。

【教师队伍建设】2016 年，市委党校公开招录教师管理、经济、哲学等各类专业硕士研究生 8 名，遴选参公人员 3 名，加大分层分类培训力度，选派 10 名行政人员和骨干教师到市直单位、基层一线挂职调研，60 人次到中央党校、省委党校、人民大学等地参加学习培训。运用教学资源，坚持请进来，充实和扩大兼职教师队伍，外请授课比例超过 30%。

【“亳州大讲堂”】2016 年，市委党校围绕学习贯彻习近平总书记系列重要讲话特别是视察安徽重要讲话精神和党的十八大、十八届三中、四中、五中、六中全会精神，紧扣市委、市政府中心工作，组织举办“亳州大讲堂”，每月邀请一位全国知名专家学者莅亳为亳州市党员干部授课，每期受众 300 余人，旨在引导全市广大党员干部进一步筑牢理想信念，提升工作能力，打造全市领导干部学习充电重要平台。市委党校邀请中央党校党建教研部副主任戴焰军、上海市人民政府决策咨询专家董锡健等国内知名专家学者作形势报告、开设专题讲座。

【市委党校二期工程建设】2016 年，市委、市政府决定拨付资金 3000 万元用于党校二期工程建设。二期工程总建筑面积 10490.6 平方米，主要包括学员宿舍、学员餐厅及图书馆，其中学员宿舍为五层建筑，84 个房间，建筑面积 5118.3 平方米；学员餐厅为二层建筑，内含 2 个能同时容纳 300 人就餐的餐厅，建筑面积 1992.1 平方米；图书馆为三层建筑，建筑面积 3380.2 平方米，内有一体化书库、报刊阅览室、电子阅览室、学员教室和报告厅等。截至 2016 年年底，二期工程主体工程开工建设，并同步推进室内外配套装修设计、园林绿化和智能化建设设计等配套设施建设。

（戴晓玥）

图 8 “亳州大讲堂”

史志工作

【概况】中共亳州市委党史研究室（亳州市地方志编纂办公室）一个机构两块牌子，是市委、市政府负责党史和地方志工作的直属事业单位，列入党委序列。主要职责是研究中国共产党在亳州市不同时期的历史，收集整理党活动的有关资料，总结历史经验，宣传党的路线、方针、政策，为党的中心工作服务。编纂《亳州年鉴》，续修《亳州市志》，承办省委党史研究室和省地方志办公室交给的各项任务，同时指导三县一区史志办的工作。

2016年，市委党史研究室室被评为2015年度全市效能工作考评优秀单位；连续5年被省委党史研究室评为“安徽省党史宣传教育及刊物工作先进单位”；利辛县党史办被评为全省党史系统先进集体；蒙城县党史办副主任李克影被评为全省党史系统先进工作者；亳州市有三篇论文获得全省优秀党史成果二等奖。《亳州年鉴（2015）》被中国版协评为第五届全国综合年鉴编纂二等奖。

【党史编研】2016年，市委党史研究室完成《中国共产党亳州历史》（第二卷）30个党史二卷专题编写任务，形成20余万字专题材料，并汇编成册，提前完成年度任务；全年联合市委督查室两次督查县区党史资料编写工作，督促指导县区党史二卷编写。针对存在的突出问题，明确工作重点，推动县区党史二卷编写工作。各县区完成党史二卷初稿。其中，利辛县、谯城区召开评议会，利辛县党史二卷即将出版印刷。

完成以党史专著《新四军在亳州》为蓝本剧本《拂晓》创作任务。市委党史研究室组织人员以《新四军在亳州》为蓝本进行《拂晓》剧本创作，上半年完成初稿并进行评议修改。剧本成书面世，并上报省委党史研究室。该剧本以抗日战争时期，亳州人民在新四军第四师影响下，组建抗日武装，与日伪顽强进行激烈斗争历史为背景，以文艺创作方式展现新四军伟大的革命精神和高贵品质。

编制《亳州市2016－2020年党史工作规划》。依照中央、省党史规划精神要求，结合亳州本地

图9　2016年度主要史志成果

图10　资料室建设

实际,编写亳州市2016－2020年党史工作规划,为党史工作发展绘就蓝图,指明方向。

【党史宣传教育】为纪念建党95周年,2016年7月9日,市委党史研究室邀请中央党校党史专家谢春涛到亳州,在市委中心组理论学习(扩大)会议上授课,解读习总书记“七一”重要讲话精神。全市党员干部800余人听课。

为纪念建党95周年和红军长征胜利80周年,7月,市委党史研究室室会同市委组织部联合发文(亳党史〔2016〕1号),在全市开展第七个“全市领导干部党史教育日”活动。活动以学习党的历史、弘扬长征精神为主题。活动期间,各级党组织结合实际,进行多种形式活动。

拓展党史宣传阵地。市委党史研究室主任时明金以《铭记党史,不忘初心　,奋力走在皖北振兴前列》为题,以亳州红色革命发展为线索,介绍中国共产党在亳州发展历程,并在亳州市委党校、谯城区委党校开展宣讲,先后两次接受市电视台专访。

利用报刊、广播、电视、网络等媒体开展党史宣传。与亳州晚报社、亳州广播电视台联合在“七一”前后宣传亳州地方党组织建设和发展情况、当地优秀共产党员先进事迹、亳州境内党史纪念场馆等。

【《红色印记——亳州革命斗争简史》出版】为纪念建党95周年和红军长征胜利80周年,2016年,市委党史研究室依据亳州市红色资源编写完成亳州中小学红色革命历史教材《红色印记——亳州革命斗争简史》编辑出版工作。年初,该室组织人员开展资料收集及编写工作,完成初稿后,召开评议会,吸取各位专家提出的修改意见后报中共党史出版社审核。11月份,该书印刷出版。该书以图文并茂的形式,分章节介绍大革命时期、土地革命战争时期、抗日战争时期和解放战争时期亳州党史主要内容,涵盖亳州地方史主要历史事件和重要历史人物。

【亳州年鉴编纂】2016年,市委党史研究室完成《亳州年鉴(2016)》编纂出版工作。1月,启动《亳州年鉴(2016)》资料征集工作,向各有关单位征集文字和图片资料;5月,特载、附录内容以及各有关单位年鉴稿件收齐;6月,按照年鉴编辑流程,转入年鉴稿件编辑校改,对文稿逐一审核;7月完成年鉴合成,并根据需要调整有关篇目,补充完善资料;8月,交付印刷厂排版,三次校核后报方志出版社审稿;10月,该书出版面世。这是亳州连续编纂出版的第15部《亳州年鉴》。该书设有特载、大事记、总况、中共亳州市委、市人民代表大会、市人民政府、政协亳州市委员会、中共亳州市纪委、人民团体、民主党派、军事、法治、经济监督管理等34个类目,约82万字,图文并茂,突出反映2015年度亳州市委、市政府重要发展举措、重大发展成果,反映全市各行各业、各个领域的主要业绩。《亳州年鉴(2016)》首次在方志出版社出版。

2016年,在由中国版协年鉴工作委员会主办2015－2016年度年鉴编校质量检查评比活动中,《亳州年鉴(2015)》获二等奖。

【旧志整理】2016年,市地方志编纂办公室组织人员对旧版乾隆三年《亳州志》进行点校整理。5月完成点校;6月至8月完成审校;8月至9月报送出版社审稿,10月完成终审;12月由黄山书社公开出版发行。清·乾隆三年《亳州志》约20万字,是清朝乾隆年间亳州知州华度主修。清·乾隆三年《亳州志》共十六卷,61个类目。另,组织人员影印出版清乾隆三十九年《亳州志》。乾隆三十九年《亳州志》由郑交泰主修,王云万编纂。全书共十二卷(其中卷十二分为上、下两卷),分二十四类。详细记载亳州历史沿革、物产民俗、名胜古迹等内容,反映当时亳州政治、经济、文化、社会等状况。该书由黄山书社出版发行、扬州古籍线装文化有限公司承印。

【《历史典籍中的亳州》出版】　2016年,市地方志办公室在上年整理基础上,再次对地情书籍《历史典籍中的亳州》进行修改补充完善,增加注释、译文等内容,充实10万余字,并邀请亳州市有关专家进行审校把关,10月,该书印刷出版面世。《历史典籍中的亳州》从《史记》《三国志》《左传》《孟子》《水经注》等历史典籍,以及《亳州志》《颍州府志》等地方文献中,本着“求真求实、汇聚英华、弘扬传统、服务当代”宗旨，甄别选取典籍中记载古代亳州在哲学、历史、地理、文学、科技等各领域资料，并加以注释，对于部分较为难懂条目翻译成现代文，便于读者阅读。该书上溯先秦两汉南北朝，下限至明清，是一部全面了解亳州悠久历史的珍贵书籍。

【《亳州大事记》编印】2016年，按照年初分月推进目标，明确专人多方面、多渠道搜集亳州地情信息，筛选整理，编印校核，及时准确全面地记载全市政治、经济、文化、社会、生活等方面的大事、要事、特事、新事，为史料记载、地情书整理提供大量翔实资料，奠定基础。全年编辑整理出版《亳州大事记》月刊12期，合计11万字。在每月大事记基础上，编纂印刷《亳州大事记(2015)》合订本。

【“馆、库、网”建设】2016年，市地方志编纂办公室完成亳州方志馆建设初步框架设计；维护“亳州史志网”，更新丰富史志网内容，增强信息资料的真实性、时效性，提高网站实用性和吸引力；拓展工作渠道，开通“亳州史志”微博，及时将有关信息和地情资料在微博上发布，在2016年全市政务微博评比中获三等奖。

【村、镇志编纂】按照省地方志办公室统一部署，亳州市启动镇、村志编纂工作，全市有谯城区城父镇，涡阳县义门镇、新兴镇，利辛县阚疃镇、解甲集村等纳入全省名镇、名村志编纂规划。2016年，谯城区《城父镇志》、利辛县《阚疃镇志》完成初稿；《解甲集村志》送审，在10月份全国乡镇志编纂现场会上展示。（李之平）

档案工作

【概况】2016年，市档案局围绕市委、市政府工作大局，突出“服务经济社会发展，服务民生需求”工作主题，强化档案服务功能，履行“为党管档、为国守史、为民服务”岗位职责，做好各项工作。

图11　2016年亳州市重大建设项目档案培训

【档案业务培训】2016年，市档案局举办档案法律法规和新的归档文件材料整理方法培训班、全市重大建设项目档案业务培训班、全市精准扶贫档案培训会、各县区档案局业务股长培训会、全市档案人员岗前培训班共5期档案业务培训班，总计培训370余人次，培训内容涉及文书、科技、会计、声像、实物、电子等各种门类和载体的档案及相关法律法规。

【档案法治宣传】2016年，市档案局举办题为“从档案的收、管、用谈档案法治建设的重要性”的档案法制讲座；编印《档案法律法规及规范性文件汇编》发放至市直机关档案人员；利用“6·9”国际档案日宣传周，在市职业技术学院举办“你对档案知多少——档案进校园专题讲座”；在市政府行政会议中心举办档案图片展，开展“档案进机关”法治宣传活动；将档案法制宣传工作，纳入档案日常及专题培训内容，着力提高全社会档案法治意识。

【档案监督指导】2016年，市档案局印发《关于做好2015年度文件材料归档工作的通知》，督促市直单位及时完成上一年度文件材料的归档工作；对市卫计委、安徽香樟律师事务所、美丽乡村建设办、市党史办、市安监局、市经开区、市法院、市信访局、市交通局、市粮食局、市纪委、市重点建设局、105涡河大桥指挥部等单位进行档案业务指导，对古井集团、市教育局相关人员进行专题培训；配合市农委做好蒙城县、利辛县和谯城区等农村土地确权颁证档案的业务指导和检查验收工作，完成全省土地确权工作验收；围绕精准扶贫工作，及时制定精准扶贫档案的收集、整理及归档暂行办法。

【标准化建设】2016年，为规范档案室建设，提高档案管理水平，市档案局对基础设施较好、设备比较齐全、档案科学化管理水平较高的单位加大指导力度，组织专题指导和定向服务。安徽香樟律师事务所、涡阳16家财政所、蒙城6家财政所、利辛县4家财政所和谯城区4家财政所的档案工作通过省级档案工作目标管理认定，其中省一级30家，省二级1家。基层档案管理水平和能力提升，档案管理规范。

【档案法治建设】2016年，市档案局组织开展档案行政执法督查。主要对县、区档案局档案行政执法、队伍建设、制度文件执行、档案法律法规宣传、重大建设项目档案工作、县(区)档案基础设施建设和设备配置、贯彻国家档案局第9号令及依法接收档案进馆、馆藏档案数字化进展和档案信息资源开发利用等方面工作逐一进行督查考核，对存在的问题及时提出整改意见；开展档案安全检查。对市纪委、市统计局等12家单位进行档案安全专项检查，对存在问题的单位及时下发整改函，限期整改，对问题较为严重的单位进行通报；开展档案行政执法检查。对市宣传部、市总工会等30家单位进行档案执法检查，重点检查档案收集、整理、保管和利用情况，并首次将重大建设项目档案纳入执法检查内容。

【档案资源建设】2016年，市档案馆重点突出档案资源建设，开展档案接收工作。通过摸底调研，对档案整理较好的、初步具备进馆条件的单位和撤并单位进行专题培训和指导，并上门服务，确保成熟一家接收一家，力争档案齐全、完整、规范，符合进馆标准和质量要求。完成原人事局、原劳动局、原卫生局、原计生委和市人社局、市信访局、市统计局、市委党史研究室、市发改委、市卫计委、亳州调查队等11家单位的档案接收进馆工作，丰富馆藏资源，实现进馆档案文件级目录数字化和全文数字化。

【规范档案工作】2016年，市档案局起草《关于加强和改进新形势下档案工作的实施意见》经市政府常务会、市委常委会通过，以市委办公室和市政府办公室名义联合印发；与市扶贫局联合印发《亳州市扶贫档案管理暂行办法》，对亳州市精准扶贫档案工作进行规范；印发《亳州市档案馆收集档案范围实施细则》，明确档案馆接收范围，细化档案馆接收内容。

【重大建设项目档案工作】2016年，市档案局以省档案局重大建设项目档案执法检查为契机，推动亳州市重大建设项目档案工作：开展重大建设项目档案培训，全市近70家建设单位或责任单位派人参加；开展重大建设项目档案登记工作；对亳州市2008—2015年的市级重大建设项目进行档案登记，全面了解和掌握重大建设项目档案情况，为下一步开展监督指导奠定基础；对重大建设项目进行跟踪业务指导，对亳州涡河人民大桥加固工程、105涡河大桥新建工程、古井产业园建设项目及市垃圾处理厂重大建设项目进行档案业务指导；开展重大建设项目档案验收工作，根据项目建设进度，及时对有关项目进行档案验收，为建设单位提供服务。

(潘小华)

图 12　南湖秋景

亳州市人民代表大会

“美丽亳州”系列图片——庄子祠

概 述

【概况】2016年，亳州市人民代表大会常务委员会以党的十八大、十八届三中、四中、五中、六中全会和习近平总书记系列重要讲话精神为指导，在市委正确领导下，围绕中心，服务大局，开拓创新，奋发进取，完成市三届人大七次会议确定的目标任务，为推进全市经济社会健康平稳发展，推进全面深化改革和依法治市进程，加快全面建成小康社会步伐做出贡献。

【重要会议】亳州市第三届人民代表大会第七次会议于2016年1月18日至20日召开。会议审议通过市人大常委会工作报告、市人民政府工作报告、市中级人民法院工作报告、市人民检察院工作报告；审查和批准亳州市国民经济和社会发展第十三个五年规划纲要；审查和批准亳州市2015年国民经济和社会发展计划执行情况与2016年国民经济和社会发展计划草案的报告，批准2016年国民经济和社会发展计划；审查和批准亳州市2015年预算执行情况与2016年预算草案的报告，批准2016年市级财政预算。

通过关于设立亳州市第三届人民代表大会法制委员会、财政经济委员会的决定以及亳州市第三届人民代表大会法制委员会、财政经济委员会组成人员人选。会议选举哈薇为亳州市第三届人民代表大会常务委员会秘书长；丁辉、李坤、戴明启为亳州市第三届人民代表大会常务委员会委员。

亳州市第三届人民代表大会第八次会议于2016年7月5日至6日召开。会议听取杜延安代市长所作的市政府工作报告；审议通过《亳州市人民代表大会及其常务委员会立法程序规定》。会议选举汪一光为亳州市人民代表大会常务委员会主任；杜延安为亳州市人民政府市长；汪一光为亳州市出席安徽省第十二届人民代表大会代表。

亳州市第三届人民代表大会常务委员会第四十四次会议于2016年1月13日召开。会议审议通过市人大常委会工作报告；审议通过市三届人大七次会议议程、日程草案、议案审查委员会名单草案、计划和预算审查委员会名单草案；审议通过市三届人大七次会议主席团和秘书长名单草案、列席人员名单草案；审议通过代表资格审查委员会关于少数代表资格变动情况的报告。任命梁绍成、王艳东等为亳州市中级人民法院审判员。

亳州市第三届人民代表大会常务委员会第四十五次会议于2016年2月15日召开。审议通过《安徽亳州国家农业科技园区总体规划》。

亳州市第三届人民代表大会常务委员会第四十六次会议于2016年3月22日至23日召开。会议传达十二届全国人大四次会议精神；听取和审议关于实施“五水共治”工作等6件议案（并案办理）调研情况的报告；听取和审议关于加快亳州智慧城市建设的议案调研情况的报告；听取和审议关于精准扶贫工作等4件议案（并案办理）调研情况的报告；审议批准“十三五”规划纲要指标调整方案；审议批准省道307亳州段一级公路PPP项目实施方案及合同文本有关事项；审议批准将建安集团四个融资项目有关资金安排列入市级财政预算；审议通过《亳州市人民代表大会常务委员会关于许可对市第三届人民代表大会代表卢西明采取强制措施的决定》。会议任命：颜四新为亳州市中级人民法院审判委员会委员，怀峰为亳州市中级人民法院审判委员会委员，张贝贝为亳州市中级人民法院民事审判第一庭副庭长；余洋、陈乾宇、袁秀荣、胥艳彬、王浩为亳州市人民检察院检察员。免去王效林的亳州市人民检察院检察委员会委员、检察员职务。

亳州市第三届人民代表大会常务委员会第四十七次会议于2016年4月9日在亳州举行。会议决定任命杜延安为亳州市人民政府副市长。审议通过《关于亳州市人民政府副市长杜延安代理市长的决定》；审议通过《关于接受杨敬农辞去亳州市第三届人民代表大会常务委员会主任职务请求的决定》；审议通过《关于接受汪一光辞去亳州市人民政府市长职务请求的决定》。

亳州市第三届人民代表大会常务委员会第四十八次会议于2016年4月28日至29日召开。会议听取和审议市政府关于全市水资源保护情况的报告；听取和审议市检察院关于规范司法行为工作情况的报告;审议批准将国开行三期棚改项目有关资金列入市本级财政预算;审议批准将亳州市涡河城区段综合治理工程项目政府购买服务资金列入市本级财政预算;审议批准将谯城区华佗中医院新院建设项目政府补贴资金列入市本级财政预算;审议通过《亳州市人民代表大会常务委员会关于许可对市三届人大代表王强采取行政拘留处罚的决定》。会议任命韦潇轶为亳州市中级人民法院审判委员会委员、刑事审判第一庭庭长,赵长坤为亳州市中级人民法院审判委员会委员、刑事审判第二庭庭长;董伟、许翠洁为亳州市人民检察院检察委员会委员。免去邵丽华的亳州市中级人民法院立案一庭副庭长职务。

亳州市第三届人民代表大会常务委员会第四十九次会议于2016年5月27日召开。会议审议《亳州市人民代表大会及其常务委员会立法程序规定(草案)》;审议通过《亳州市人民代表大会常务委员会关于召开亳州市第三届人民代表大会第八次会议的决定》;审议通过《亳州市人民代表大会常务委员会关于接受程效先辞去亳州市第三届人民代表大会常务委员会副主任职务请求的决定》。

亳州市第三届人民代表大会常务委员会第五十次会议于2016年6月29日至30日召开。会议听取和审议市政府关于卫生城市创建工作情况的报告,并进行专题询问;听取和审议市政府关于亳州市2015年市级决算的报告,审查批准2015年市级决算;听取和审议市政府关于亳州市2015年市本级预算执行和其他财政收支的审计工作报告;听取市人大财政经济委员会关于亳州市2015年市级决算(草案)审查结果的报告;听取和审议市法院关于全市法院行政审判工作情况的报告,做出相关决议;审议通过市三届人大八次会议议程(草案)、日程(草案);审议通过市三届人大八次会议主席团和秘书长名单(草案)、列席人员名单(草案);审议通过市人大常委会代表资格审查委员会关于部分代表资格变动情况的报告;审议《亳州市人民代表大会及其常务委员会立法程序规定(草案)》。会议任命戴明启为亳州市人民代表大会常务委员会副秘书长;陈敬为亳州市人民代表大会常务委员会人事代表选举工作委员会主任;佘树民为亳州市人民代表大会常务委员会教育科学文化卫生(民族宗教侨务外事)工作委员会主任;龚朝昊为亳州市人民代表大会常务委员会法制工作委员会副主任。免去:丰霄寒的亳州市人民代表大会常务委员会副秘书长职务;陈敬的亳州市人民代表大会常务委员会教育科学文化卫生工作委员会主任职务;戴明启的亳州市人民代表大会常务委员会教育科学文化卫生工作委员会副主任职务;张秀忠的亳州市人民代表大会常务委员会研究室主任职务。会议决定任命薛冰为亳州市文化旅游局(市新闻出版广电局)局长;黄卫国为亳州市城市管理行政执法局局长。决定免去怀颖的亳州市文化旅游局(市新闻出版广电局)局长职务;管卫东的亳州市政府外事办(市政府侨务办、港澳事务办)主任职务。会议任命:唐峰为亳州市中级人民法院刑事审判第一庭副庭长;罗胜为亳州市中级人民法院民事审判第二庭副庭长;刘秋菊为亳州市中级人民法院立案一庭副庭长;马超、张继民为亳州市中级人民法院审判员。免去车永顺的亳州市中级人民法院审判员职务。

亳州市第三届人民代表大会常务委员会第五十一次会议于2016年8月16日至17日召开。会议听取和审议市人大常委会执法检查组关于检查《中华人民共和国药品管理法》实施情况的报告; 听取和审议市政府关于2016年上半年亳州市国民经济和社会发展计划执行情况及下半年工作意见的报告; 听取和审议市政府关于2016年上半年市本级预算执行情况及下半年工作意见的报告;听取和审议市政府关于“六五”普法规划实施和“七五”普法规划情况的报告;审议通过《亳州市人民代表大会常务委员会关于开展第七个五年法治宣传教育的决议》。审议通过《亳州市人民代表大会常务委员会关于接受丰霄寒辞去亳州市第三届人民代表大会常务委员会委员职务请求的决定》。会议任命:李坤为亳州市人民代表大会常务委员会法制工作委员会主任;梁海波为亳州市人民代表大会常务委员会预算工作委员会主任。决定任命侯化为亳州市人民政府副市长；吴火权为亳州市人民政府秘书长；陈亮为亳州市教育局局长；李锋为亳州市科学技术局局长。决定免去侯化的亳州市人民政府秘书长职务；燕传立的市粮食局局长职务；李建忠的市教育局局长职务；王晓杰的市科学技术局局长职务。

亳州市第三届人民代表大会常务委员会第五十二次会议于2016年10月26日至27日召开。会议听取和审议市政府关于园林城市创建工作情况的报告；听取和审议市政府关于综合交通体系规划情况的报告；听取和审议市政府关于扶贫开发工作情况的报告；审议批准将建安集团邮储银行贷款等项目有关资金列入市本级预算；审议批准2016年市级预算调整方案。会议通过陈敬为亳州市第三届人民代表大会常务委员会代表资格审查委员会副主任委员；丁辉为亳州市第三届人民代表大会常务委员会代表资格审查委员会委员。会议任命：陈新永、李建亮、李磊、王文文、王琛为亳州市人民检察院检察员。免去许石龙的亳州市中级人民法院审判委员会委员、审判员职务；郭仲亭的亳州市中级人民法院审判委员会委员、审判员职务；张虹的亳州市中级人民法院审判员职务；王清明的亳州市中级人民法院审判员职务。黄升喜的亳州市人民检察院副检察长、检察委员会委员职务；王子成的亳州市人民检察院检察员职务。

亳州市第三届人民代表大会常务委员会第五十三次会议于2016年11月15日召开。会议审议通过亳州市人民代表大会换届选举方案。会议任命高纲为亳州市人民代表大会常务委员会内务司法工作委员会副主任；史光荣为亳州市人民代表大会常务委员会教育科学文化卫生（民族宗教侨务外事）工作委员会副主任。决定任命李琳为亳州市司法局局长。决定免去曹振萍的亳州市司法局局长职务。

亳州市第三届人民代表大会常务委员会第五十四次会议于2016年12月9日召开。会议审议通过《亳州市人民代表大会常务委员会关于召开亳州市第四届人民代表大会第一次会议的决定》。

亳州市第三届人民代表大会常务委员会第五十五次会议于2016年12月22日至23日召开。会议听取和审议市政府关于市三届人大七次会议代表议案、建议办理工作情况的报告，对2016年议案办理工作进行满意度测评；审议批准将亳州市薛阁塔周边和板桥口西侧土地一级开发项目政府购买服务资金列入市本级财政预算；听取和审议市人大法制委员会关于市三届人大七次会议代表提出的立法议案办理情况的报告；会议对《亳州市违法建设查处条例（草案）》《亳州历史文化名城保护条例（草案）》进行审议；审议通过市人大常委会工作报告；审议通过市四届人大一次会议议程、日程草案；会议免去李琳的市人民检察院副检察长、检察委员会委员、检察员职务。

亳州市第三届人民代表大会常务委员会第五十六次会议于2016年12月27日召开。会议选举王玉玺为亳州市出席省第十二届人民代表大会代表。

【执法检查与调研】2016年7月13日，市人大常委会印发《药品管理法执法检查实施方案》；7月20日，组织学习药品管理法法律法规知识，召开执法检查动员会，听取市政府关于药品管理法实施情况的报告。7月22日起，执法检查组赴三县一区进行实地检查，8月16日，市三届人大常委会第五十一次会议听取和审议执法检查报告，8月25日，第148次主任会议研究，决定将审议意见连同执法检查报告印发市政府研究办理。

【专题询问】5月9日，市人大常委会第141次主任会议研究通过卫生城市创建专题询问方案；5月17日，召开专题询问动员会，安排部署询问有关工作，6月30日上午，市人大常委会第五十次会议对市卫计委等8个政府部门开展专题询问。

【人事任免】2016年，市人大常委会做好市人大常委会补选1名省人大代表相关工作。年内任免70人次，其中，任命和决定任命43人次、通过2人、免职和决定免职21人、接受辞职4人。组织常委会任命的领导人员向宪法宣誓，督促“两院”组织市人大常委会任命的审判员、检察员等向宪法宣誓。

【代表工作和议案办理】2016年，市人大常委会做好市人大代表议案建议的处理工作。市三届人大七次会议以后，对收到的代表议案建议进行全面整理，并制作成电子文档，转交给市"一府两院"办理；1月，提请主任会议研究市人大代表议案办理调研方案，指导与帮助8个市人大代表小组开展议案办理工作专题调研，配合相关工委做好议案调研报告和相关决议的起草工作；5月，制定市人大代表议案建议办理工作督办方案，提交主任会议研究并实施；7月、8月配合相关工委开展议案建议督办活动；9月，做好代表议案建议督办工作的总结汇总工作并向主任会议报告后，向办理单位反馈；12月，听取市政府关于议案办理工作的报告，开展议案办理工作满意度测评；代表对议案建议办理的满意率较2015年有所提高。

丰富闭会期间代表活动。继续推进代表小组建设，指导和督促各县区组织市人大代表小组开展活动，代表小组活动的质量和效果进一步提升。协助市"两院"开展多种形式的联系代表活动，增进代表对"两院"工作的了解；组织代表参与常委会组织的执法检查、视察和专题调研活动，不断提高代表对常委会工作的参与程度；坚持落实"代表接待日"制度，做好主任会议成员接待代表的服务保障工作，共接待4个批次10名代表，跟踪督办代表提出建议和意见的办理，推动案件执行、消防、危房改建等一些问题的解决；全年邀请60名省、市人大代表列席市人大常委会会议，密切代表与常委会的联系。做好主任会议成员联系代表小组和常委会委员联系代表的服务保障工作。组织市人大代表参与"政务沟通零距离"电视栏目录播、公开招考、参加市政府新闻发布会等活动100余人次，为代表反映民意和了解政务创造良好条件。

为代表履职提供保障。为全体市人大代表订阅《中国人大》《江淮法制》，向代表发送学习资料，为代表学习交流提供支持；利用电子邮箱等方式，及时向代表通报常委会的主要工作动态，协调"两院"有关部门向代表通报重要工作情况，为代表知情知政提供服务；与办公室配合，做好在市委党校举办市人大常委会履职培训班筹办和后勤保障工作；走访看望基层人大代表，做好误工费和交通费的及时发放工作，保护代表履职性。

做好驻亳省人大代表履职的服务保障工作。密切与驻亳省人大代表的联系和交流，了解代表履职动态，帮助代表解决有关问题；指导各个代表小组制订年初活动计划，督促代表小组每季度开展一次活动；参与驻亳市直和谯城省人大代表小组的联组活动，为代表小组活动提供优质服务；组织部分驻亳省人大代表赴六安、安庆两市开展会前视察活动、组织市直和谯城省人大代表小组赴古井集团黄鹤楼酒业公司开展学习调研活动，为代表履职提供支持和帮助；指导和帮助驻亳省人大代表撰写调研报告、议案建议；组织驻亳省人大代表按时参加省十二届人大六次会议。（马安国）

市人大常委会办公室工作

【概况】2016年，市人大常委会机关在市委和市人大常委会党组的领导下，认真学习贯彻党的十八大和十八届三中、四中、五中、六中全会精神，围绕中心，服务大局，突出重点，注重实效，各项工作取得全面进步。

【会务工作】2016年，市人大常委会办公室筹备召开市三届人大七次会议和八次会议。制定筹备工作方案，倒排行事历，明确分工，责任到人，确保人代会顺利召开。会议听取和审议市人大常委会和"一府两院"工作报告以及"十三五"规划纲要，审查和批准计划和预算报告；完成大会选举任务；表决通过设立法制委员会、财政经济委员会的决定以及两个委员会组成人员人选。

4月9日，市委召开全市领导干部大会，宣布省委有关市委、市人大常委会、市政府主要负责人调整的决定。根据市委安排，市人大常委会办公室迅速行动，做好人代会筹备工作。7月5－6日，市三届人大八次会议召开，选举汪一光为市人大常委会主任，杜延安为市人民政府市长，汪一光为出席省十二届人民代表大会代表。审议通过《亳州市人民代表大会及其常务委员会立法程序规定》。

筹备召开市人大常委会会议。全年计划召开7次常委会会议，实际举行13次。听取和审议

13项专项工作报告，发出审议意见书11份，作出决议决定30项；组织开展1次执法检查、1次专题询问。

服务召开市人大常委会主任会议。全年共召开23次主任会议，听取市政府关于现代中药产业发展、农产品质量安全监管体系建设、旅游产业发展、外事外资外贸工作等7个专项工作报告，提出意见建议，并以主任会议纪要的形式印发给相关部门研究处理。

【机关建设】2016年，市人大常委会办公室高度重视思想建设。开展“两学一做”学习教育和“讲看齐、见行动”学习讨论，抓好党的十八大和十八届三中、四中、五中、六中全会精神和习近平总书记系列重要讲话特别是视察安徽重要讲话精神学习，不断强化“四个意识”，特别是核心意识、看齐意识。严守党的政治纪律和政治规矩，自觉在政治上、思想上、行动上与以习近平同志为核心的党中央保持高度一致。按照“四个善于”要求，坚持把党的领导贯穿于依法履职的全过程，确保中央和省委市委决策部署在人大工作中得到贯彻落实，保证人大工作与市委要求同心同向。机关党组成员在工作和生活中恪守党规党纪，在大是大非面前立场坚定、旗帜鲜明，坚决维护中央权威，坚决服从市委领导，切实做到不出格、不出事。组织机关全体党员集中学习18次，召开专题研讨会4次，聘请专家学者作辅导讲座6次，机关领导讲党课12次，实地参加廉政教育2次，党员干部撰写个人学习心得体会50余篇。

持续加强作风建设。贯彻中央八项规定精神，严格执行省市委三十条。压缩发文和会议数量。改进调研和检查方式，执法检查和专题调研采取集中与分散相结合，以分散为主；明察与暗访相结合，以暗访为主；真正做到不打招呼、轻车简从，深入基层，摸清实情。压缩公务接待开支，控制公务接待标准。抓好省委巡视组对市巡视反馈意见的整改以及市委关于个人重大事项报告等12项专项整治工作。机关党组成员带头执行中央八项规定精神、省市三十条规定、个人重大事项报告制度以及机关各项制度。2016年，常委会及办公室发文数进一步下降，会议通知一律采取电报形式制发。“三公”经费支出较上年明显下降。

履行党风廉政建设主体责任。落实中央、省市委和纪检监察机关有关党风廉政建设的部署和要求，坚持把党风廉政建设工作纳入市人大常委会的日常工作，做到同部署、同落实。推进市人大机关党风廉政建设工作，强化对机关广大党员干部的教育、监督和管理。坚持做到重要工作亲自部署、重大问题亲自过问、重点环节亲自协调、重要案件亲自督办。发挥党组核心领导作用，坚持民主集中制原则，执行“四个不直接分管”和“末位表态”制度。落实“一岗双责”制度。创造条件支持和保障执纪执法机关查处违纪违法问题，配合市纪委做好党风廉政建设和反腐败工作。及时传达学习贯彻省、市纪委有关文件精神。组织机关全体党员干部到皖北烈士陵园，缅怀革命先烈，接受党性教育。参观市廉政教育基地，加强党风廉政教育，不断强化纪律意识和规矩意识。

严格执行党建工作制度，推动党内生活正常化、规范化。落实党建工作责任制，牢固树立抓基层党建工作第一责任人的职责意识。党组领导亲自部署安排全年党建工作，做到任务分解到位，责任落实到人。注重发挥机关党委作用，推动党内生活有序开展。落实“三会一课”、党费收缴管理等制度，党内生活的严肃性、战斗性进一步增强。组织召开党组民主生活会。班子成员围绕“两学一做”学习教育暨“讲看齐、见行动”要求，重点对照《关于新形势下党内政治生活的若干准则》《中国共产党党内监督条例》，联系党的十八大以来抓作风建设的实际，联系自身执行中央八项规定精神和省市委三十条实际，查找自身存在的问题，剖析原因，开展批评和自我批评，提出整改措施。（马安国）

亳州市人民政府

“美丽亳州”系列图片——夜色亳州

概 述

【概况】2016年，亳州市人民政府完成实现“十三五”发展良好开局。全年地区生产总值1046亿元，增长8.9%、超过全省平均水平；财政收入147亿元、增长13.2%，增速居全省第一位；固定资产投资874.9亿元、增长14%；社会消费品零售总额492.1亿元、增长12.8%；城镇常住居民人均可支配收入25053元、增长8.4%，农村常住居民人均可支配收入10576元、增长8.6%。

【农业】2016年，亳州市粮食总产47.4亿千克，建设中药材标准化种植基地1.5万公顷，新增设施蔬菜种植面积5333公顷。新创建畜牧绿色低碳健康养殖示范场56个，规模化养殖比重达82%。规模以上农产品加工业实现产值660亿元。新增“三品一标”认证产品62个，“涡阳大豆”获批国家地理标志产品。利辛县、谯城区被列为省级现代生态农业产业化示范县区。新增各类农机2.7万台套，农机销售额24.4亿元。新增农机总动力118.5万千瓦，总量985.4万千瓦、居全省第一位。完成农田水利基本建设投资13.2亿元，利辛县获省“江淮杯”一等奖。新增市级以上示范合作社92家、家庭农场95家，全市适度规模经营面积26.3万公顷。全市农产品电子商务交易额突破10亿元。农村土地承包经营权确权登记颁证工作全面完成。

【工业】2016年，亳州市新增规模以上中药工业企业14家、总数达178家，新通过GMP认证企业20家、总数达150家，国家中药材产品质量监督检验中心建成并试运行。安徽九方制药有限公司注射用牡荆素获中药一类新药临床批件，填补全省中药一类新药研发领域的空白。安徽济人药业有限公司疏风解毒胶囊单品种销售收入突破5亿元。战略性新兴产业实现产值297亿元、增长17.3%。现代中药产业集聚发展基地实现产值267亿元，新签约药业项目60个、总投资285亿元，新落户全国知名医药企业7家、总数达50家。实施工业“四百计划”，新增规模以上工业企业134家，实现规模工业增加值272亿元、增长10%；实施重点工业项目200个，完成投资360亿元。规模以上食品工业实现总产值300亿元、增长10%。白酒产业实现产值100亿元、增长12%。古井集团生产销售逆势上扬，实现收入75亿元、增长10.7%，实现税收23亿元、增长14.7%。江淮安驰销售汽车4.5万台，实现产值23.4亿元、税收1.3亿元。新增中国驰名商标2件、省著名商标28件。

【服务业】2016年，亳州市净增限额以上商贸流通企业124家、总数达727家，万达广场、蒙城红星美凯龙等一批商业综合体建成开业，中国物流亳州综合物流园、亳州皖新物流园等商贸流通项目开工建设，中药材流通追溯体系试点项目通过商务部初验。实现旅游总收入120亿元、增长19.4%，国家中医药健康旅游示范区上报待批，新创建国家AAAA级旅游景区2个，培育乡村旅游精品线路7条，利辛县获评为全国十佳生态休闲旅游城市，谯城区获评为最美中国·生态（自然）旅游胜地和美丽乡村旅游胜地。加大住宅用地供应力度，持续稳定房地产市场，完成房地产开发投资231.4亿元，商品房销售550万平方米。客货运周转量、快递业务量分别增长3.8%和92%。

【园区建设】2016年，亳州市经济开发区道西片区和道东1号地块征迁全部完成，交付净地2066.7公顷；亳芜现代产业园区新建、改建道路14.6千米，水电管网等基础设施不断完善；市食品产业园签约项目18个、总投资20.7亿元。6个省级开发区实现产值235亿元、增长15.2%，实现经营收入1080亿元、增长17.6%，完成财政收入35亿元、增长40%。

【发展保障】2016年，亳州市建立市本级工业项目规划建设审批五项促进机制，前期审批流程由282天压减至100天。全年实施省市重点项目397个，完成投资595亿元、增长17.4%；续建项目198个，完成投资420亿元、增长21.7%；新开工项目199个，完成投资175亿元；新谋划储备项目1340个，总投资3500亿元。投资80亿元的神农谷中药电商物流城、20亿元的九洲方圆制药、19亿元的外经钻石广场、19亿元的碧桂园平侯府、17.5亿元的碧桂园龙城等项目进展顺利，投资10.6亿元的司尔特肥业、10亿元的太安堂中药物流及人参加工等一批项目建成投产，引江济淮入亳、涡河高等级航道改造等重大项目前期工作扎实推进。落实中央专项建设基金项目21个，总额27亿元。推行政府和社会资本合作PPP模式，投资17.6亿元的谯城区“产城一体化”项目被评为国家第三批PPP示范项目。推进农村土地综合整治，争取土地增减挂、工矿废弃地复垦、新增建设用地指标共2466.7公顷，计划指标总量居全省第一位，全省首家完成全域永久基本农田划定、土地利用总体规划调整完善。新增存款330.2亿元、贷款253.2亿元，分别高于上年130.9亿元、112.1亿元。保险业保费总收入56亿元、赔(给)付金额22亿元。“532”小额贷款保证保险累计发放1.5亿元，“4321”新型政银担业务在保余额29.3亿元，小微企业续贷过桥资金周转贷款48.2亿元、周转率20.5。新引进各类高层次人才30人，培育高技能人才2156人。

【招商引资】2016年，亳州市实际利用市外内资1400亿元、增长15%，新签约招商项目300个、总投资1165亿元，其中工业项目230个，总投资756.8亿元。投资58亿元的长白山制药产业园、40亿元的恩度食品药材深加工基地、35亿元的蒙城九九慢城杜仲良种产业化等32个10亿元以上项目签约落户。举办2016年国际(亳州)中医药博览会暨第32届全国(亳州)中药材交易会，签约招商项目48个，总投资345.2亿元。2016年，中国国际徽商大会期间，亳州市签约项目54个，总投资420.9亿元、占全省的16.9%。

【改革创新】2016年，亳州市出台落实供给侧结构性改革“1+4”系列政策文件，清理“僵尸企业”8家，关闭刘店煤矿、退出产能150万吨，安置职工2002人。全面停止新建还原安置房，中心城区货币化安置比例达60%以上。争取省代发置换债券69.4亿元并全部置换完成。在全省率先编制完成公共服务清单和中介服务清单，梳理市级公共服务事项1321项，保留中介服务事项204项、取消26项、规范37项。网上办事大厅累计办结申办件286.7万件，满意率99.9%；“政企直通车”微信平台办理企业反映问题1602个，满意率95%；“我要贷款”平台发放贷款37亿元，“税融通”发放贷款15亿元；“我家亳州”APP累计下载158万人次。设立市县不动产登记中心。建成市县一体化公共资源电子交易平台。商事登记实现“五证合一、一照一码”。推开营改增试点，试点企业1.6万户，国税、地税业务办理互联互通，在全省率先实现“一窗办两税”，减免地方各项税收21亿元，办理出口退税2.8亿元。新增IPO报备企业1家、“新三板”挂牌企业8家、区域股权交易中心挂牌企业86家，实现直接融资184.7亿元。建安集团资产规模增至1123亿元、居全省第二位。药都银行资产规模达404亿元，营业收入和利润居全省农商行系统第一位。中小学、幼儿园教师无校籍管理改革被列为全国乡村教师队伍建设优秀案例，市县两级妇幼保健和计生服务机构整合工作全面完成，机关事业单位养老保险制度改革有序展开。开展“亳州老乡，请您回家”和助力青年学子创业活动，设立1500万元创业扶持专项资金，4375个创业线索已成功转化3217个。出台“互联网+创业示范园”鼓励政策和促进农民工进城就业的若干意见，筑梦社区、青年创客空间分别入驻企业209家、70家，发放创业担保贴息贷款7.9亿元，新增市场主体4.7万户、增长23%。高新技术产业实现产值350亿元、增长22%；新认定高新技术企业24家、授权发明专利155件，新增省级企业技术中心10家、省级新产品8件。

【对外开放】2016年，亳州市实际利用外商直接投资7.2亿美元、增长10%，实现进出口总额5.3亿美元、增长5%，新增进出口实绩企业23家，总数达128家。推动企业“走出去”，新培育外经主体5家，组织开展境外经贸活动4次。

【城乡建设】2016年，亳州市编制完成新型城镇化发展规划、综合交通规划、高铁站片区规划和中心城区近期建设规划等32个专项规划，整合完成43个单元规划。编制完成所有行政村村庄布点规划和涡阳县“多规合一”试点总体规划。在市中心城区实施城建项目274个、完成投资128.1亿元。市垃圾焚烧发电厂、安置还原小区D区、药都大道棚户区改造、华佗广场一期改造等项目投入使用。中心城区日供水能力提高到12万吨，16条主次干道部分路段弱电下地工程顺利实施，新投入纯电动公交车150辆，建设公交首末站3个。新改建国省干线公路194.5千米，建成农村道路畅通工程3655千米，绕城快速通道西线、南线、北线基本贯通。三县县城建设累计实施项目211个、完成投资63.6亿元。蒙城县、利辛县获评为国家园林县城。2015年度31个省级中心村建设、2016年度52个省级中心村和37个乡镇政府驻地建成区整治建设全部完成。成立市城市管理行政执法局。数字城管系统受理事项24.8万件，办结率96.3%。拆除中心城区违法违规户外广告20048块（处、个）、电话报刊亭240座，完成魏武大道、希夷大道楼体立面整治工作，利用市政基础设施小修机制修复破损设施1450处。建成区路灯亮灯率98%，整治背街小巷35条，改造老旧小区15.8万平方米，新建改建公厕50个，住宅小区物业服务覆盖率85%。集镇交通、卫生、建设、经营秩序整治和农村清洁工程、“三线三边”环境治理深入推进，清理垃圾22万吨、河道4800千米。

【生态建设】2016年，亳州市推进“地净、路畅、水活、天蓝、林拥城”工程，中心城区“五车”实现信息化监管，城市干道机械化清扫率90%以上。宋汤河四期、凤尾沟二期工程全部完工，“一涵四闸”工程投入使用，中心城区涡河以南、铁路以西水系全面贯通，水质明显改善。秸秆禁烧工作中，全年卫星监测火点数由上年的53个下降到2个，秸秆综合利用率85%。关闭无证自办商品混凝土搅拌站88家，淘汰黄标车和老旧车8360辆，PM_{10}和$PM_{2.5}$年均浓度较上年分别下降4.9%、4.3%，主要污染物减排超额完成省下达任务。“林拥城”项目完成投资2.3亿元、栽植苗木400多公顷、建成环城林带13千米，建成城市绿道52千米。千万亩森林增长工程收官，人工造林6533.3公顷，建设绿色长廊764千米，全市森林覆盖率18.4%。利辛县获评为全国绿化模范县。市污水处理厂、南部新区污水处理厂扩建工程开工建设，中心城区污水集中处理率95.7%，全市日污水处理能力30万吨。83家规模化养殖场完成污染综合治理任务，关闭或搬迁禁养区内规模养殖场60家，市县11条（处）黑臭水体整治工程全面启动，宋汤河沿岸39处排污口实现截污，涡河出境水质好于入境水质。全面落实最严格水资源管理制度，严守“水资源开发利用、用水效率、水功能区限制纳污”三条红线，万元GDP用水量下降6.2%。清理闲置低效用地174.6公顷，建成标准化厂房40万平方米。5个光伏电站并网发电、总装机规模200兆瓦，签约落地生物质发电项目9个。单位GDP能耗下降3%。

【脱贫攻坚】2016年，亳州市成立市扶贫局，编制贫困村贫困户帮扶措施大全，划分“四个清单”，配套出台光伏、教育、健康、特色种养、乡村旅游、社保兜底等系列政策。全年投入扶贫资金2.56亿元，是上年的8.2倍，其中市本级安排1.03亿元，是上年的20.6倍。在皖北地区率先实现农村五保分散供养标准、低保标准、扶贫标准“三线合一”，免除义务教育阶段贫困家庭子女作业本费和教辅资料费。建成户用光伏电站16080座、村级光伏电站187座。发放贫困户小额扶贫贷款1.4亿元，完成贫困户危房改造任务5110户、贫困村电网改造项目218个，开工建设贫困村道路1011.3千米，饮水安全工程、高标准基本农田、宽带网络和4G网络实现贫困村全覆盖。市脱贫攻坚信息服务平台建成使用，日均回访贫困户150户。19个易地扶贫搬迁安置点全部开工建设。为35个贫困村各招聘1名医学专业本科毕业生。全年出列161个村、脱贫84150人。

【社会管理】2016年，亳州市32项民生工程投入资金125.8亿元，全面完成年度任务。基本建成各类保障性安居工程27006套。新增城镇就业3.8万人，转移农村富余劳动力10.7万人。新增养老服务机构床位1000张，五保集中供养能力75%。为9.8万名80岁以上老人发放津贴1562.4万元。机构集中养育孤儿、散居孤儿基本生活费标准每人每月提高300元，分别达1300元、900元，累计发放2819.5万元。救助流浪乞讨人员3700人次。解决13.9万农村居民饮水安全问题。17个乡镇食品检验室、33个社区和农产品批发市场食品快速检测室全部建成。新建、改扩建中小学42所，建成公办幼儿园40所，完成"村小提升工程"项目200个，改造薄弱学校431所。市精神病医院投入使用，市人民医院二期工程建成，华佗中医院新院主体工程完工，新建二级以上民营医院10家，所有乡镇卫生院和社区卫生服务中心均设置中医科。人口自然增长率8.6‰。市体育公园开工建设，新建市中心城区室外游泳池10个、社区公共体育场地170片、室外健身器材326套，举办市第二届运动会，亳州市被授予"国家健身气功五禽戏传承地"称号，校园五禽戏创编结题报告通过国家体育总局评审。公共文化场馆全部免费开放，广播村村通实现自然村全覆盖。尉迟寺遗址保护规划获国家文物局批准实施。推进"平安亳州"建设，建成市级视频数据平台，刑事案件发案下降18.2%、治安案件下降24.6%。网上信访投诉平台正式开通，517件重点信访事项全部化解。137个省市挂牌安全隐患已整改136个，排查一般安全隐患20519个、整改率98.6%。精神文明建设扎实推进，13人入选"中国好人榜"，24人当选"安徽好人"及获提名奖。（宋春华）

市政府办公室工作

【概况】2016年，市政府办公室完成政府工作报告、经济工作督查调度会议、省领导到亳调研汇报、省大型会议市委市政府交流等材料起草工作，撰写领导讲话、工作报告、典型发言等综合材料200篇，办理各类来文4800多件、阅件2.6万多份，转办各类领导批示件3.6万多件；组织市政府常务会议48场次、市政府党组会议22场次、市政府专题会议300余场次，整理会议纪要225篇；获"书香机关"称号；被市委、市政府评为"2015年度市直单位绩效考评优秀单位"。

【经济发展研究】2016年，市政府办公室围绕政府中心工作和"四个点问题"，先后就供给侧结构性改革、五水共治、公办检验检测机构整合改革、农村低保等问题开展专项调研活动，撰写重大课题调研材料8篇、经济运行分析材料4篇、重点课题报告58篇，编辑《送阅材料》49期、《决策参考》42期。

【政务信息编发】2016年，市政府办公室及时挖掘、总结、提升全市经济社会事业中的典型经验、做法，编发《每日信息快报》237期，《每日信息快报》《每周总结》《12345市长热线舆情专报》《每月受理情况通报》等各类信息700余期，联合市委办公室编发《亳州信息》115期，向省政府报送信息1340余条。

【政民互动】2016年，市政府办公室畅通市长热线、市民论坛、市长信箱等群众诉求反映渠道，组织市政府领导接听电话7次，参加在线访谈活动8次，受理群众诉求16.9万多件、办结率97%，群众满意率93%；加强市长热线交办件考核，制定出台《亳州市市长热线工作考核办法》，承办省长热线转办事项39件，办结率100%。

【督查督办】2016年，市政府办公室实行"三查三单"模式，对25个方面政府工作问题清单共765项实行动态管理，整改完成690项、办结率90.2%；对市政府系统2016年度682项岗位责任目标实行网上督办，实行"月通报、季考核"，推动各单位完成年度岗位目标任务676项；对汪一光书记在政府工作期间安排的3840项、杜延安市长安排的1050项工作提示单任务进行交办、督办，汇总上报《市长安排工作完成情况报告单》111期；督查督办市政府领导批示（包括人民来信、每日信息快报等）630件次，市领导安排的重要事项520余项，下发书面督办通知130件；办理人民网网友给省长、市长留言267件，按期回复率、网友满意率均为100%。组织或参与精准扶贫、网上办事大厅运行、农业农村重点工作、土地综合整治、不良贷款追缴、秸秆禁烧、学校体育场馆对外开放、"去降补"工作、文化旅游年活动等专项督查活动150多次，制发《亳州政务督查》和《督查专报》32期；办理省人大代表建议2件、省政协委员提案2件，办理市人大议案11件、建议189件和市政协委员建议案2件、提案356件，满意率98%以上。

【金融创新】2016年，市政府办公室推动金融创新，新增存款330亿元、贷款251.7亿元，分别高于上年130.7亿元、110.6亿元。保险业保费总收入56亿元、赔(给)付金额22亿元。推进“我要贷款”平台建设，优化升级手机APP功能，通过平台发放贷款37亿元。“税融通”业务全面推开，累计发放贷款15亿元。“532”小额贷款保证保险累计发放1.5亿元。“4321”新型政银担业务成功为850户企业提供比例再担保业务，在保余额31.1亿元。小微企业续贷过桥资金周转贷款48.2亿元，周转率20.5，居全省第一位。

【应急值守】2016年，市政府办公室建立市内联动、跨区域联动应急协同机制，发布应急管理信息206条，形成军地协同、区域合作的应急处置合力。修编完善突发事件应急预案，开展应急演练127场次。全面落实24小时值班制度，处理应急信息366件，编发《亳州值班信息》80期、《亳州应急管理动态》12期。开展应急宣教培训工作，组织各类培训36场次、4200人次。

【政务公开】2016年，市政府办公室升级政务公开平台，改版市政府门户网站，加快推动政府网、政务公开网融合。主动公开政务信息10.8万条，依法按时答复依申请事项64件。市政府门户网站发布要闻类、图片类信息2281篇，策划专题11个，日均访问量上升至4.3万人次，影响力和关注度不断攀升。定期对全市534家网站进行全方位、无遗漏监测，及时整改发现问题，政府网站考核位居全省第三位、全国第23位，创历史最好成绩。

【机关事务管理】2016年，市政府办公室完成市直党政机关办公用房清理整改工作，解决部分党政机关办公用房使用面积严重不足的问题，改善部分单位的业务用房条件。完成市行政中心、市行政综合服务中心地下室就餐配餐区改造项目建设，解决了建市以来市直机关工作人员无就餐地点的问题。完成市行政中心开放绿地改造项目建设并于2016年6月1日对外开放，开放面积10.58万平方米。市行政综合服务中心地下汽车库项目完成建设方案调整及前期报建手续办理。

【外事侨务】2016年，市政府办公室接待涉外、涉侨团组13批次88人次。包括以韩国农业振兴厅考察团、香港中电集团投资考察团、美国威斯康星州花旗参农业总会经贸团等为代表的经贸团组；以韩国荣州农业研修团、法国欧洲文体友协代表团、泰国哩喃隆青少年友好交流团、菲律宾华教中心考察团等为代表的民间友好交流代表团；以旅美科协代表团、省侨商会团组等为代表的侨商侨领团等多个涉外涉侨团组先后到亳州访问考察。加强与韩国荣州等传统友城联络，互派公务员研修交流、互派教育、体育等各领域团组访问等活动形成机制。与法国干邑市正式缔结友好城市并与2016年9月派遣代表团出席法国干邑市建市1000周年纪念活动，推动古井集团与法国干邑市酒类行业交流合作。

【公积金管理】2016年，亳州市归集住房公积金22.37亿元，同比增长11.6%，完成年初预算目标任务的135.57%。43413人提取公积金，提取金额16.07亿元，同比增长33.81%，完成年初预算目标任务的133.92%。审批住房公积金贷款5623笔，金额15.71亿元，发放贷款4434笔，金额12.49亿元，完成年初预算目标任务的104.1%。全市住房公积金增值收益提取廉租房建设补充资金0.72亿元。

【红十字工作】2016年，亳州市推进应急救护“进机关、进企事业单位、进学校、进社区、进农村”活动，全年共举办救护员培训班3期，培训108人次，普及性救护专题培训班50期，培训2780人次。实施人道救助125人次，帮助33名白血病、先天性心脏病患儿，申报救助资金113万元。完成364例造血干细胞采样任务。新增注册志愿者176人，现有志愿者416人，组建红十字志愿服务队9支。申办民办非企业机构“亳州市红十字应急救护培训中心”，连续4次获“无偿献血先进城市”称号。（宋春华）

扶贫开发

【概况】亳州市所辖三县一区全部是省级以上扶贫开发重点县

区，其中，利辛县是国家扶贫开发重点县、大别山片区县，涡阳县、蒙城县、谯城区是省扶贫开发重点县、皖北片区县。截至2015年年底，全市有贫困村286个，建档立卡贫困人口(以下简称“贫困人口”)323456人，占全省总数的10.6%。2016年，省下达亳州市年度脱贫任务为161个贫困村出列、84150人脱贫。至年底，172个贫困村出列、91894人脱贫，分别完成目标任务的106.8%和109.2%。

【扶贫机构建设】2016年4月，亳州市编委会同意亳州市扶贫办公室设社会扶贫科，核定科长1名(副科级)，将药博会筹办科、扶贫科分别更名为综合科、计划项目科。9月，亳州市扶贫办公室更名为亳州市扶贫局，由亳州市政府办公室二级机构调整为市政府直属参公事业单位。10月，亳州市编委批准同意亳州市扶贫局增加1名副局长职数，增设考核评估科，核定副科级领导职数1名。12月16日，中共亳州市委第41次常委会议研究通过亳州市扶贫局升格为正处级，单位性质调整为行政机构，核定编制12个，领导职数4名，负责执行中央、省、市关于打赢脱贫攻坚战决策部署，指导全市各级各部门扶贫开发。12月13日，亳州市编制委员会印发《关于在乡镇、街道办事处设立扶贫工作站的通知》(亳编〔2016〕73号)，撤销各乡镇、街道办事处计划生育服务所，在各乡镇、街道办事处设立扶贫工作站，为财政全额拨款事业单位，股级规格，所需

图13 利辛县城北镇产业扶贫种植项目

编制从各县、区乡镇、街道办事处事业编制总额中调剂。

【脱贫攻坚政策制定】2016年，《亳州市加快推进光伏应用的实施意见》出台，市级财政对贫困户户用光伏电站每座补贴2000元；对贫困村村级光伏电站每座补贴4万元，对有市直单位帮扶贫困村光伏电站再给予每座16万元补助；对光伏扶贫电站发电给予每千瓦时用电0.25元补贴，连续补贴6年。制定出台《亳州市发展乡村旅游推进精准扶贫实施意见》，利辛县曹店村等15个村纳入全国乡村旅游扶贫重点村。印发《亳州市社保兜底脱贫工程实施办法》《关于做好农村低保与扶贫开发有效衔接的通知》，将扶贫标准由2855元调整到3150元，将农村低保标准由年人均2400元调整到年人均3150元，将农村“五保”分散供养财政补助标准由年人均2286元调整到年人均3150元，在皖北地区率先实现低保线、“五保”线、扶贫线“三线合一”。制定出台《亳州市健康脱贫工程实施方案》，实行“两免、两降、五提高、一兜底”基本医疗保障优惠政策，对有瘫痪卧床或精神疾病人员贫困家庭，给予每人每年1000元护理补贴，解决贫困人口因病致贫、因病返贫问题。制定出台《亳州市教育精准扶贫实施意见》，对建档立卡贫困家庭子女构建从学前教育、义务教育(小学初中)、高中教育到中职教育财政补助体系，市和县区财政分别给予每生每学年学前教育500元、义务教育800元、高中教育1000元、中职教育1000元就学扶助，对家庭特别困难学生每人给予一次性特别救助2000元。编制《亳州市脱贫攻坚政策措施大全》，把到户措施分为8类35条78项，到村措施分为5类11条16项，内容涵盖特色种养、教育救助、就业救助、医疗救助、金融救助、危房改造、安全饮水等，为全市精准扶贫分类施策、

精准到户提供方便。

【脱贫攻坚“八大工程”实施】2016年，亳州市实施易地扶贫搬迁工程、就业脱贫工程、健康脱贫工程、智力脱贫工程、产业脱贫工程、金融扶贫工程、基础设施建设扶贫工程、社保兜底工程。易地扶贫搬迁工程。启动建设19个安置点655套住房，截至年末，655套住房主体完工，完成投资4020万元。就业脱贫工程。培训贫困人口5270人，举办就业招聘会50场次，引导、安排14800名贫困人口就业。健康脱贫工程。新农合基金为建档立卡贫困人口报销2.53亿元、大病保险为建档立卡贫困人口支出0.26亿元；通过一站式结算信息系统为建档立卡贫困人口支付基本医疗、大病保险、医疗救助、政府兜底等费用2020万元48322人次；发放11780户瘫痪卧床或精神疾病人员贫困家庭补助资金1178万元，发放47307名贫困残疾人生活救助金3249.8万元，发放40005名重度残疾人护理补贴2728.1万元。智力脱贫工程。发放16553名建档立卡贫困家庭子女补助资金1372.5万元，免除义务教育阶段贫困家庭子女作业本费和教辅资料费，发放普通高中、中职国家助学金6684万元，办理21014名贫困大学生生源地助学贷款1.6亿元。产业脱贫工程。实施光伏扶贫工程，全市建设贫困户户用光伏电站33020座、贫困村村级光伏电站268座，截至年末，建成户用光伏电站16080座、村级光伏电站187座；实施种养殖产业扶贫，该市共落实种养殖业奖补资金4589.76万元。其中，涡阳县投入财政资金500万元，依托源和堂药业股份有限公司藏红花种植基地，为500户贫困户托管种植33.33公顷藏红花药材；谯城区引导2100户贫困户发展中药材种植195.47公顷，落实产业扶贫资金1117.6万元。蒙城县引进强英鸭业扶贫工程，带动1360户贫困户从事肉鸭养殖脱贫，投入扶贫资金272万元。利辛县与北京德清源公司签订合作协议，成立农业投资有限公司，计划投资3.63亿元，实施蛋鸡产业扶贫工程。金融扶贫工程。完成贫困人口评级授信工作，授信金额8.05亿元，全年发放小额信贷1.45亿元。基础设施建设扶贫工程。建设贫困村道路1011千米，完成218个贫困村电网改造项目，贫困村安全饮水、宽带网络和4G网络实现全覆盖。社保兜底工程。发放农村低保金2.97亿元，保障81830人；发放农村五保供养资金1.1亿元，保障3万人；完成5110户贫困户危房年度改造。

【脱贫攻坚信息服务平台建设】2016年6月21日，亳州市脱贫攻坚信息服务平台建成并投入使用，信息服务平台手机APP版同时上线。亳州市脱贫攻坚信息服务平台具有“实时了解贫困户信息、实时查看帮扶举措、实时跟踪措施落实、实时评估脱贫成效、实时监督扶贫过程”五大功能。市扶贫局成立信息核查中心，通过亳州市热线办招录黄恒华等5名工作人员，依托平台开展在线回访、跟踪落实。建立问题清单形成和解决机制，督查督办精准扶贫各项工作落实。截至年末，共回访贫困户15084户，梳理交办问题10500个。

【扶贫活动】2016年，市扶贫局组织开展系列活动，推进扶贫工作。4月，利用一个月时间，集中开展扶贫对象建档立卡精准“核查月”活动。全市派出1124个工作组、17602名党员干部进村入户核查扶贫对象，新识别扶贫对象29479户58816人，清退30227户57366人，更正基础信息不准确贫困户63895户，修订帮扶措施不准确贫困户109251户；10月17日，组织开展“10·17”扶贫日活动。活动期间，搭建项目认领认捐平台，通过平台认领项目217个、金额888.6万元，制作扶贫宣传展板165个，悬挂扶贫宣传标语1300余条，发放宣传资料9.72万余份，发送公益短信近13万条，募捐资金167.43万元；11月10日至16日，开展乡镇党委书记脱贫攻坚集中“走访周”活动，活动期间每名乡镇党委书记每天走访贫困户8户以上，形成专题调研报告91份；11月19日至20日，举办全市脱贫攻坚专题培训班，54家市直单位主要负责人，各县区委书记、政府分管负责人，90个乡镇（街道）党委（党工委）书记参加培训。培训班编发12期简报。

（王亚奇）

招商引资

【概况】2016年度，亳州市实际利用市外内资1429.6亿元，同比增长16%，完成全年目标任务103.6%，超过序时进度3.6个百分点；新签约招商引资项目312个，总投资1189.5亿元，签约项目个数和投资总额较2015年均实现较快增长，签约项目数同比增长32%，投资总额增长19.5%。新签约项目中，工业项目236个，总投资759.4亿元，其中亿元以上项目132个，总投资682亿元。

【招商优惠政策】2016年，亳州市强化政策创新，制定出台促进药品技术转让、研发和培育扶持政策，设立首批10亿元药品技术转让和研发专项基金，鼓励、支持企业转移药品批号、引进药品技术、加强药品研发；为支持本地企业做大做强，鼓励市外知名企业并购本市药业企业或收购本市药业企业股权，制定出台市外知名企业并购本市药业企业扶持政策；市政府研究出台《亳州市现代中药产业集聚发展基地项目建设专项资金管理办法》，对现代中药项目设备投资、技术研发等给予财政奖励。珍宝岛药业、天士力药业等一批国内知名药企在进行药品批号转移或开展并购工作。

【优化招商环境】2016年，亳州市制定并发布“权利清单、责任清单、收费清单、服务清单”，建立高效快捷市政府网上办事大厅，在全国、全省树立典范；建立运营亳州市政企直通车——规上工业、限上商业、规下工商业、在建项目、招商引资项目前期5个微信平台，倾尽所能、依法依规帮助企业解决问题。招商引资项目前期平台已收集问题53个，办结51个，办理满意率100%。为提升项目规划建设审批效率，研究建立项目规划建设审批五项促进机制，将项目审批流程进行梳理，划定节点和办理时限，总时限压缩在100天以内，无故超期办理将追究责任人责任。

【食品产业招商】2016年，亳州市引导食品加工企业加入市食品产业园。全市引进食品加工项目42个，入驻市食品产业园18家，其中投资超过10亿元的有广西恩度集团投资40亿元的现代中药及食品加工项目、绍兴和顺集团投资16.5亿元的名特优食品产业园项目、河南牧原集团投资15亿元的循环农业项目和泰国正大集团投资15.6亿元的可追溯猪源项目等。

【总部经济招商】2016年，已签约项目有河南驼人集团驼人皖北医疗用品生产基地项目，谯城区山东瑞康医药股份有限公司医药电子商务交易平台项目，建设全国性的医药电子交易平台；新签约物流项目7个。包括落户亳芜的北京深港投资管理公司物流园区项目；谯城区兴邦物流仓储项目；投资5亿元的太平洋建设集团区域总部及基础设施建设项目；安徽天兴建工集团拟在亳州市建设总部大楼项目；蒙城县菜大师电子商务项目。落户亳芜现代产业园的中国物流和新华物流项目已开工建设、总投资7亿元的北京深港投资管理有限公司物流园项目正在开展前期工作、广东太安堂投资7.5亿元建设亳州电商物流园项目。

【社会事业招商项目】2016年，亳州市累计新签约医疗项目6个，医养结合、养老项目7个，教育办学项目7个，文化旅游项目8个。香雪集团投资5亿元建设医养城项目；北京深港投资管理有限公司计划在亳芜现代产业园区投资华荣健康产业园项目，主要建设酒店、老年公寓、综合性二级甲等医院，亳州康鑫养老服务有限公司医养院项目，北京金瑞洪源生物科技有限公司二甲综合医院和养老中心项目；深圳市润春华投资发展公司建设医院、养老及医学教育综合项目；广州七喜集团建设利辛第二人民医院新区项目签订正式投资协议；亳州李楼心脑血管医院项目；来安家宁医院在涡阳投资建立二级骨科专科医院；驼人集团投资2亿元在涡阳建设民营医院项目；北京金瑞洪源生物科技公司总投资4亿元在谯城区建设二甲综合医院和养老中心项目；广州伟才科教技术开发有限公司投资1亿元在蒙城建蒙城伟才(国际)幼儿园项目，亳州市汤都教育发展有限公司在市经开区建设小学教育项目；文化旅游项目有涡阳县当代艺术交流中心项目，蒙城县儿童游乐园项目，谯城区观堂镇观音寺生态文化旅游园项目，上海延云投资管理有限公司游乐场、水上乐园项目，安徽联华实业集团老子文化生态园项目。

【借会招商】2016年，亳州市开展借会招商活动20次。4月9日，参加杭州安徽商会三届13次会长会议；4月15日，参加2016年台商转型升级对接会（大陆与台湾连锁业CEO峰会）；4月27日至28日，举办中国中医药健康促进暨华佗中医药文化论坛。5月9日至10日，参加合肥（安徽省与全国知名民营企业推动长江经济带战略发展洽谈会）；5月12日至13日，参加杭州土地招商推介会；5月18日，参加天津2016年新标药品推荐会；5月28日至30日，参加昆明亳州商会成立及招商推介会。6月14日至15日，参加在郑州举办的中国（河南）非公有制经济发展论坛，6月22日至24日，参加在武汉举办的第16届华侨华人创业发展论坛。7月16日至17日，在上海举办“亳州老乡，请您回家”老乡恳谈会，7月22日至23日，在亳州市举办的第二届全国中药材物流大会。9月9日至10日，在亳州市举办2016年国际（亳州）中医药博览会暨第32届中国（亳州）中药材交易会。10月17日至19日，参加在合肥举办的2016年中国国际徽商大会。同时亳州市举办专场投资环境说明会。11月17日至19日，在亳州举办2016年徽商全球理事会年会，11月22日至25日，参加在广州举办的第28届全国医药经济信息发布会；11月27日在温州举办“亳州之友”招商引资暨“亳州老乡，请您回家”恳谈会。12月13日，参加合肥2016青年侨商和海外博士走进安徽侨梦苑活动；12月14日，参加杭州徽商精英年会；12月25日，参加在深圳举办的中和兰贸易发展中心供应链金融高峰论坛；12月27日参加温州市亳州商会成立大会。

【徽商大会招商活动】2016年10月18日，2016中国国际徽商大会开幕式主旨论坛暨签约仪式举行。亳州市3个项目在大会上集中签约，投资规模为108亿元。其中内资项目两个，分别是吉林神华集团长白山制药股份有限公司长白山制药亳州产业园项目，投资规模58亿元；广西恩度高科技股份有限公司食品深加工项目及中药保健品中成药生产项目，投资规模40亿元；外资项目1个，为香港顺泰集团商业购物中心项目，投资规模10亿元。徽商大会期间，亳州市共签约招商引资项目57个，签约金额528.9亿元，其中工业项目40个，签约金额395.4亿元。签约金额在5亿元以上项目24个。

【“亳州老乡，请您回家”恳谈会活动】2016年6月至7月，市招商局参与组织在外亳州老乡恳谈会6次，参加恳谈会人数1200余人。配合谯城区于6月20日在浙江省温州市举办150余位老乡参加的恳谈会。7月16日，结合昆山市亳州商会成立大会召开，在上海举办“亳州老乡，请您回家”恳谈会，组织200余位老乡参加恳谈会；配合涡阳县于8月10日在浙江省台州市举办老乡恳谈会；配合蒙城县召开3次老乡恳谈会，分别是5月14日至15日在河北省胜芳举办的400余位老乡参加的恳谈会、7月23日至24日在浙江省宁波市举办的100余位老乡参加的恳谈会、7月30日至8月1日在北京举办的200余位老乡参加的恳谈会；配合利辛县于7月16日在江苏省无锡市举办160余位老乡参加的恳谈会；7月21日至23日先后接待昆山、深圳等几批老乡来访和恳谈。

【专业招商】市第三批外出招商组于2016年1月7日组建，建立组长负责制，严格按照《亳州市外出招商干部管理考核办法》和《外出招商组财务管理暂行办法》进行日常管理，要求招商组强化工业招商意识，重点围绕现代中药、食品制造，以及服装鞋帽、电子电气、装备制造等劳动密集型产业，招引一批龙头企业、上市企业。细化招商任务，对每一个招商组、每一名招商队员，都明确招商任务，做到可量化、可考核。抓好学习培训，提升工作本领，4月6日，招商组人员在浙江大学参加招商引资专题培训班。全年外出招商组共引进项目23个。

【政企直通车】2016年，亳州市发挥政务直通车项目前期微信服务平台、招商引资项目前期监管平台作用，坚持问题导向，畅通企业反馈或解决问题渠道，解决政企信息不对称问题。建立问题办理的反馈机制，通过“找、交、销、查、考”，快捷高效地解决企业推进、建设过程中各种问题，为企业营造良好发展环境。全年关注项目前期微信平台企业301个，关注率100%，收集57个问题，办结54个，客商满意率100%。

【招商督查调度】2016年，亳州市建立约谈制度，对未完成招商引资任务或工作不力的任务单位主要负责人，由市主要领导进行问责告诫谈话，一年拟约谈两次，连续三次被约谈单位给予相应惩处。约谈制度已提交市法制办进行合法性审查，正按照市法制办要求征求所有任务单位意见。坚持定期通报制度，按月通报市领导、市直单位、各县区党委、政府主要负责人外出招商情况和项目签约落地情况，促使各级领导干部实实在在走出去，心无旁骛去招商。严明考核奖惩，按照“六库合一”制度，严格对照考核办法，坚持全年过程考核，保持工作压力，真正把数字搞准、把情况搞实、把作风搞正，确保完成全年招商引资目标任务。

（王猛）

信息化建设

【概况】亳州市信息局是市政府直属管理参公单位，主要职能推进智慧城市建设，贯彻执行国家、省有关信息化建设方针政策、标准和法律法规，组织协调信息产业重大建设项目实施，拟定亳州市信息产业政策、发展规划，统筹全市信息化项目建设，协调解决全市信息化发展建设中重大问题，指导全市电子政务系统建设，负责全市电子政务各应用系统规划、建设、推广和管理工作，负责全市信息化项目审核工作等。

2016年，亳州市着力推进智慧城市建设，邀请业内专家，联合银江股份、科大讯飞等企业，在全省率先出台《亳州市加快推进“互联网+”行动实施方案》，明确“互联网+”创业创新、“互联网+”制造、“互联网+”现代农业、“互联网+”智慧能源、“互联网+”电子商务、“互联网+”便捷交通等13个领域行动计划。编制全省第一个《亳州市云计算产业发展规划（2016—2020年）》，提出云计算产业发展的六大工程、四大保障。

执行《亳州市人民政府关于印发亳州市政务信息化建设项目管理办法的通知》要求，履行审查职责，采取现场调查，与专家、业主共商等方式，开展全市信息化项目备案审查工作。截至2016年年底，收到信息化审查项目165个，总预算为35987.85万元，通过推进硬件资源共享，从严审核软件开发费用，节约财政资金6176.18万元，资金节约率17.16%。

【网上办事大厅】2016年，亳州市创新探索政务服务模式，科学设计网上办事大厅平台系统，推进权力网上运行，梳理权力家底，建立四个清单，规范运行流程，优化办事环境，打通服务群众“最后一千米”。亳州市网上办事大厅入驻行政审批和公共服务类事项7153项，其中行政审批类5544项、公共服务类1609项，群众可通过在线申办、在线预约等方式，在网上办事大厅提取公积金、办理老年证，申请公租房、申请办理就业失业登记证、申请办理二代身份证等事项。为解决不会上网群众网上办事难题，在每个行政村都设立代办点。截至2016年年底，亳州市网上办事大厅累计受理群众申报事项289.1万件，正常办结269.7万件，群众满意率99.99%。

网上办事大厅让“数据跑腿”代替“群众跑腿”，“电子监察”代替“人工监察”，“数据共享”代替“信息孤岛”，“主动服务”代替“被动等待”，解决群众办事难、权力监督难、精准服务难等问题，资源共享。《人民日报》于2016年4月26日在头版进行报道，中央电视台、新华社、《安徽日报》等媒体相继报道100余篇。

【“我家亳州”APP】2016年，亳州市围绕“信息化惠民”理念打造城市公共信息平台即“我家亳州”APP，已上线九大类76个栏目，包括水、电费查缴、书香亳州、欢乐药都、实时路况等特色栏目，特别是快速理赔、交通违章答题销分等栏目为安徽省首创。截至2016年年底，下载用户154万户，月活跃用户数36万，最高日活跃用户数6.1万户，各类缴费36万笔，合计金额3793万元。《人民日报》《安徽日报》、人民网等媒体对此平台进行报道。

【视频数据平台建设】2016年，亳

州市在主城区内科学布点，整合新建公共视频资源、试点性接入部分社会视频资源，实现对主要公共区域、场所、街道、治安保卫重点单位及周边区域、治安复杂区域等部位监控全覆盖，并将视频数据推送给市公安局、市城管执法局、市文明办、市政公用处、市气象局、市人防、市应急办、市武警支队等41家单位，服务于治安管理、城市管理、交通指挥、文明创建、市政公用设施管理、应急调度、维稳等工作，资源共建共享，同时推进三县一区平台建设。截至2016年年底，已新建5214台摄像头，整合企事业单位、党政机关大院、居民小区等视频资源2669路，总监控点位达7883路，实现主城区监控全覆盖，视频数据平台上线后，城区可防案件数目同比下降36.3%，2016年4－8月，利用视频直接破获案件492起，上报典型案例48起，找到失踪人员4人，多在24小时内破案，如“8·16”海潮夫、韩国料理店入室盗窃案、“5·8”尾随女性抢劫案、“3·24”高档车辆后视镜被盗案、天润、文景苑7起连环入室盗窃案、“3·30”蒙面持刀抢劫案等。

【城市基础数据库建立】2016年，坚持“集中建设、授权使用”原则，推进数据汇集，建立数据标准体系，统一搭建服务平台，强化数据安全保护，建立城市基础数据库，推动部门间数据互通共享、关联应用。已建成人口数据库、法人数据库和电子证照数据库，整合、分析、入库50家单位795类17.91亿条公共数据，实现数据动态对接单位21家，完成身份证、户口簿、工商营业执照等218种1743万个常用证件制证工作，实现与网上办事大厅关联调用。

【智慧交通项目建成】2016年，亳州市建设智慧交通项目。该项目是以GIS系统为依托，综合集成交通信号控制、视频监控、电子警察、卡口等信息，构建亳州市智慧交通管理系统，初步形成覆盖中心市区交通运行监测与指挥体系、面向出行者全程交通信息服务体系，提升城市交通运行效率和管控能力。截至2016年年底，智慧交通系统7个子系统全部上线；135个违停抓拍球、巡逻球安装完成并调试上线；26个流量采集设备调试上线；电警卡口41个路口235路摄像机全部调测上线；完成37个点位信号机改造，完成29个路口信号灯改造，3台诱导屏正常显示实时路况。系统通过对主城区过往车辆实时检测、全面采集、自动处理，形成交通诱导信息，并通过交通诱导屏、“我家亳州”手机APP等发布实时路况，均衡中心城区道路交通流分布，缓解主干道路交通压力，提高城区交通出行质量。

【智慧城市项目】2016年，智慧管网完成管线普查探测工作，探查面积为80平方千米，探测综合管线长度约2800千米，建成地下管线信息化管理系统；建设完成智慧环保中噪声综合监测与发布系统、空气环境质量手机APP发布系统、信息化安全防护与保障、水质自动站第三方运行与维护、市县两级视频会议系统、综合监管应用平台、市级以上重点污染源视频监控以租代建项目等；基本建成覆盖市－县－镇－村四级卫生专网，智慧医疗硬件设备部署到位，人口健康信息平台市级系统部署完成，云HIS系统日门诊量超过20000人次，在院人数超过4000人；建成运营中药材流通追溯体系并通过部级验收；酒类流通电子追溯体系通过安徽省商务厅、省财政厅联合评审验收。

【环卫“五车”信息化监管平

图14 2016年12月8日，“我家亳州”APP平台宣传

台】2016年，亳州市政府对清扫车、洒水车、渣土车、商砼车、垃圾运输车五类车辆进行数字化改造，对“五车”运行时间、运行路线以及作业内容进行监控，提升“五车”监管水平。截至2016年年底，清扫车、洒水车、垃圾车设备安装78辆，渣土车设备安装248辆；商混车设备安装130辆。经亳州市住房城乡建设委和市城管执法局登记备案车辆全部安装完成，实现主城区内“五车”全覆盖。2016年11月17日，《人民日报》《安徽日报》《安徽经济报》、中安在线网络电视中心等20余家中央驻皖、省直主要新闻单位媒体记者，采访报道“亳州市五车管理平台”的工作进展情况。

【“金农易贷”项目】2016年，“金农易贷”项目上线。该项目由市数据中心与药都银行合作，是大数据资源在金融领域创新应用，面向中小微企业和三农提供信贷产品，基于政务数据资源和药都银行客户数据资源，探索从传统线下授信向线上授信转变，实现自动评级、自动授信、利率定价自动化和风险监测预警自动化“四个自动”。7月14日，“金农易贷”上线。截至2016年年底，通过手机银行、网银等渠道发起190767笔业务申请，授信户数71198户，授信金额45.71亿元，户均授信6.42万元。（王峰志　曹单单）

政府发展研究工作

【概况】2016年，亳州市人民政府发展研究中心（亳州市人民政府政策研究室）围绕人民群众关心关注热点问题、社会各界反映强烈焦点问题、当前工作中亟待解决重点问题、制约亳州长远发展难点问题，开展重大课题调研，提高调研工作针对性、实效性，提升参谋助手服务水平。

【课题调研】2016年，《亳州市人民政府办公室关于印发2016年度市政府系统重点调研课题的通知》下发，亳州市人民政府发展研究中心（亳州市人民政府政策研究室）协调并配合课题承办部门开展课题研究。全年完成重点课题报告45篇，编辑《送阅材料》49期，为市委市政府领导决策提供服务。组织2015年度优秀课题成果评比活动，编印《2015年亳州市政府系统重点课题调研成果汇编》。另，开展孤儿基本生活保障情况、农村低保问题、公办检验检测机构整合改革、供给侧结构性改革、生猪屠宰、五水共治等专项调研活动，撰写《孤儿基本生活保障情况调研报告》《亳州市农村低保问题调研及对策建议》《关于亳州市市属公办检验检测机构整合改革的思考与建议》《亳州市生猪屠宰管理工作调研报告》《五水共治调研报告》等7篇调研材料；撰写《亳州“十二五”主要经济指标在全省占比分析》《亳州与阜阳、宿州“十二五”县域经济发展比较分析》等4篇经济运行分析材料。针对市委、市政府关注“五水共治”重点工作，深入各领域调研，提出“治三河、清三水、保四水”项目化管水治水思路；针对生猪屠宰领域白条肉、病死肉、私屠滥宰多发情况，组织开展调研，摸清乱象，提出建立“一组一办一队”监管体制和落实基层政府、定点企业、监管部门和个体经营户4个责任管理思路。

【信息服务】2016年，亳州市人民政府发展研究中心（亳州市人民政府政策研究室）精选全局性、宏观性政策动态和与亳州市经济发展有关政策措施，解读分析，针对亳州市发展提出意见建议，编辑《决策参考》43期，选编《2017年经济形势预测》《后国际金融危机时代全球经济的五大趋势》等150余条经济信息。

【课题调研及决策咨询服务业务培训】2016年5月27日至28日，市政府举办政府系统课题调研及决策咨询服务业务培训班。邀请国务院发展研究中心、省政府发展研究中心及市直有关部门专家讲授宏观经济形势分析、调查研究基本方法、调研报告写作技巧、思维方式创新等有关内容，市政府有关部门、直属机构及各县区政府办公室、县区主要经济部门从事调研及文字工作相关人员150余人参加培训。培训旨在提升业务人员调查研究能力、综合分析能力、公文写作能力及决策咨询服务能力。（杨甜）

外事侨务工作

【概况】2016年，亳州市组织开展对外交流，做好领导干部的出访和对外接待工作；友好城市交流进一步深化；侨务工作取得新进展；外国人在亳州就业、居留等工作及领事保护工作等涉外管理取得新成绩。

【出访交流】2016年，亳州市依托友好城市资源，利用“两江流域合作”和“一带一路”建设等战略性平台，推动经贸文化交流合作，加大对外宣传力度，扩大对外开放。3月，谯城区卫生局、华佗医院负责人赴法国执行医疗卫生交流合作任务；4月，市文联负责人赴美国执行“魅力安徽”摄影展任务；5月市外办负责人赴韩国招商、拓展友城工作；6月，市体育局相关负责人赴南美执行健身气功教学和推广任务；7月，亳州市派遣市融资担保公司等多家金融企业负责人赴香港执行培训任务；8月，亳州市派团赴美国执行消防技术合作任务；9月，市政协汤涌主席率团访问法国、德国、意大利；10月，市委、市政府相关负责人分别赴俄罗斯等国执行“两江流域合作”等任务；古井集团分别向欧洲、东南亚派遣经贸团组；11月，市人社局等部门赴中国香港执行安徽省“千人赴港培训计划”；谯城区工商联负责人率亳州市民营企业组团赴俄罗斯执行经贸访问任务。

【友好城市交流】2016年，亳州市继续加强与友好城市间的经济、文化、教育交流。市经开区公务员贾焕赴韩国荣州市执行为期半年的交流任务；韩国荣州市公务员安银淳到亳州开展为期半年的研修；韩国庆北专门大学到亳进行农业及中医药考察；市政协主席汤涌率代表团赴法国干邑市友好访问。

【邀请来访】2016年，亳州市接待涉外、涉侨团组15批次104人次。包括以韩国农业振兴厅考察团、香港中电集团投资考察团、美国威斯康星州花旗参农业总会经贸团、西班牙加泰罗尼亚州政府知识经济部考察团等为代表的经贸团组；以韩国荣州农业研修团、法国欧洲文体友协代表团、泰国哩喃隆青少年友好交流团、菲律宾华教中心考察团等为代表的民间友好交流代表团；以旅美科协代表团、省侨商会团组等为代表的侨商侨领团等多个涉外涉侨团组到亳州考察。

图15　2016年9月，亚太经合组织国家工商会研修班到亳州

【侨务工作】2016年，亳州市推动涡阳县依法成立侨联组织；开展全市侨情普查工作，建立全市侨情信息库；实现两项涉侨服务事项进驻市网上办事大厅，提高服务效率；组织困难归侨侨眷参加全省归侨侨眷技能培训班，帮助归侨侨眷就业创业；宣传侨法，利用春节慰问、侨情普查等机会，借助电视、报纸、微信等媒介开展侨法宣传工作；争取侨务捐赠60余万元，全部用于民生事业。

【服务企业】2016年，亳州市组织企业赴境外开展对外经贸合作交流4批13人次；组织20余家亳州市知名企业参加省、市大型对外合作座谈会、对接会9场次；帮助企业和高校办理邀请外国人来华4批7人次；受理企业APEC商旅卡申请7人次。

【涉外管理】2016年，亳州市做好外国人在亳州就业、居留等工作及领事保护工作，制定亳州市境外安全保护工作相关文件；组织相关企业和机构参加全省领事保护宣传培训活动，免费为市民发放领事保护宣传手册；做好加拿大EUREKA制片公司、东盟十国媒体团等两批次境外媒体到亳州采访拍摄服务工作。　（王惠君）

政协亳州市委员会

“美丽亳州”系列图片——幸福生活

概　述

【概况】2016年,政协亳州市委员会在中共亳州市委的坚强领导下,牢牢把握团结和民主两大主题,履行政治协商、民主监督、参政议政职能,发挥协调关系、汇聚力量、建言献策、服务大局的重要作用,完成市政协三届六次会议确定的各项任务。

【政协协商民主建设】2016年,政协亳州市委员会开展全体会议协商。市政协三届六次会议期间,委员们听取讨论"一府两院"工作报告、"十三五"规划及其他报告,围绕事关全市经济社会发展的一些重大问题,开展协商议政,提出300余条有价值的意见建议,梳理归纳汇总成6个方面94条建议报市委、市政府,为党委政府科学决策提供参考。市委、市政府领导分别参加委员分组讨论,听取委员意见建议,回应委员关切,与委员共商亳州发展改革大计。开幕会上10位委员的大会发言,赢得与会市领导和委员们的高度评价,市委主要负责人现场逐篇作出重要批示,要求党委政府及相关部门对委员意见建议研究借鉴、吸纳办理。承办重点民主协商活动。按照市委和市政府、市政协共同制定的《2016年度重点民主协商活动计划安排》,有序组织承办重点民主协商活动,"加快'调转促',打造现代中药集聚发展基地"常委专题协商会,市政协常委、委员针对亳州市中药产业发展,提出150余条意见建议,并形成会议建议案。市委书记汪一光参与协商,会前审阅大会发言材料,出席会议听取委员意见建议,对委员的协商建言的积极性给予高度评价,对会议成果及《建议案》给予肯定。"加大精准扶贫力度,加快精准脱贫步伐"常委专题协商会,收到会议材料30篇,2个调研组和12人作交流发言,市长杜延安牵头组织协商活动,率市直20多个部门的负责人到会听取意见,并作回应讲话,要求相关部门对《建议案》及委员建议吸纳办理。"加强城区供水设施建设与管理,提升城区居民饮水保障水平""支持企业加快上市挂牌步伐,推进企业直接融资工作"等6个重点协商活动,市委、市政府领导分别牵头组织并出席协商活动,形成的《建议》均得到市政府及相关部门办理,促进市委、市政府科学民主决策和政策措施的落实。通过调研视察和提案办理开展协商。依托专委会和界别组,围绕城区公厕建设与管理、农村土地流转、企业科技创新等课题,开展对口协商、界别协商。就城市文明创建、"互联网+"行动计划实施开展专题视察,对城市文明创建的视察报告得到市委、市政府领导重视和批示,有关部门对建议进行吸纳办理。配合省政协完成"推进战略性新兴产业集聚发展"等课题调研,5次在省政协相关协商会作大会口头发言,《打造国家级现代中药产业集聚发展基地的建议》《精准实施产业扶贫,打赢脱贫关键之战》两次调研成果分别在省政协常委专题协商会上发言,得到省委省政府主要负责人肯定。继续推行主席、副主席领衔协商督办重点提案、探索开展专委会对口督办重要提案制度,主席、副主席督办的6件重点提案和专委会督办的7件重要提案,均取得实效。

【汇聚改革发展合力】2016年,政协亳州市委员会密切与市各民主党派、工商联和无党派人士的联系沟通,搭建平台,支持参与市委、市政府重大决策部署的协商讨论,邀请参加政协重要调研、考察和协商活动,对提案优先督办、社情民意信息优先报送、大会发言优先安排,支持通过政协渠道履行职能、发挥作用。市政协三届六次会议上,安排8位市民主党派、工商联和无党派人士委员作大会发言,占发言总数的80%;8次重点民主协商活动,安排市各民主党派、工商联和无党派人士作大会口头发言41人次,占口头发言总数的60.3%;主席、副主席领衔协商督办的重点提案和专委会对口督办的重要提案中,9件来自市各民主党派、工商联和无党派人士,占69.2%。促进各界关系和谐。坚持民族和宗教重要节庆走访慰问活动,召开民族宗教工作座谈会,对宗教场所建设与管理、中学及高等院校清真餐饮窗口开设情况等开展调研考察,为推动相关工作提供参考。规范界别活动组织形式,丰富活动内容,围绕涉农资金管理与使用、中小企业转型升级、名院名医名科工程建设、快递与电子商务发展、新闻出版工作创新发展等课题，组织开展界别活动14次，反映不同阶层、不同群体的利益诉求。加强对外联系交流。利用上级政协到亳州、与兄弟市政协互访等机会，宣传亳州改革发展成就、深厚历史文化、优越投资发展环境等，扩大亳州知名度、美誉度和影响力、吸引力。以亳州之友联谊会、市政协书画院为平台，加强与市外关注亳州发展的知名人士联系交流，为到亳州投资兴业、经贸合作、文化交流提供服务，凝聚助推亳州改革发展的智慧和力量。

【日常履职活动】2016年，政协亳州市委员会修订反映社情民意信息工作条例，完善社情民意信息征集、筛选、报送、反馈、表彰机制，定期开展“委员接待日”活动，及时反映各界别群众的愿望、呼声和诉求。编印《社情民意》17期，其中市领导批示12期。组织开展1月份以扶贫慰问和8月份以捐资助学为主题的“结对帮扶月”活动，全年为困难群众捐款捐物150多万元。继续组织编写《亳州历史文化丛书》，编辑出版《涡水之恋——李灿与中原文化》《亳州风土民情》《亳州老街故事》等完成组稿工作。改版市政协网站，建设市政协信息化平台、市政协委员微信公众号，编报《亳州政协》8期，举办首届“政协好新闻”评选，组织参与第九届全省“政协好新闻”评选活动，2篇稿件被评为三等奖，市政协被评为先进单位。全年在江淮时报、亳州晚报刊登专版9期17个版面，在市级以上媒体发表作品200余篇，其中省级以上媒体发表50余篇。另完成市政协换届会议的各项筹备工作。

【政协自身建设】2016年，政协亳州市委员会不断完善主席会议、常委会议各项制度、规程，加强政协班子思想、作风、能力和廉政建设，发挥常委会带头作用。修订专委会通则，制定各专委会工作简则，推进专委会工作“六个一活动”（即牵头承办一次重点协商、独立承办一次对口协商、协商督办一件重要提案、提交一篇高质量的调研报告、召开一次工作座谈会和组织所联系界别组各举办一次界别活动），发挥专委会的基础作用。制定《委员视察条例》《关于加强对市政协委员履职服务与管理的暂行办法》，改进委员履职服务与管理，建立优秀履职成果评选表彰机制，提高委员履职积极性，发挥委员主体作用。

提案工作

【提案办理】2016年，市政协三届六次会议期间，政协委员、政协各参加单位和各专门委员会围绕中心、服务大局，紧扣改革发展稳定主题，通过提案建言献策，共提交提案379件，经审查立案370件，立案率97.6%。内容涉及亳州市经济建设、政治建设、文化建设、社会建设和生态文明建设各个方面。3月11日，市委、市政府、市政协联合召开提案交办会，正式交由党委部门办理提案13件，交由政府部门办理提案357件，会议对提案办理工作进行安排部署。积极制定修订《提案工作条例》等制度，完善提案工作机制。继续推行主席、副主席领衔协商督办重点提案、专委会对口督办重要提案制度，提案办理工作继续纳入市直机关效能考核，市政协提案委会同市委督查室、市政府督查室、市机关效能办联合督办提案，加大提案督办力度，提高提案办理成效。至2016年11月底，370件提案全部办复，委员满意和基本满意率达97%。

重要会议

【市政协三届六次会议】市政协三届六次会议于2016年1月17－19日召开。会议审议批准汤涌代表政协第三届亳州市委员会常务委员会所作的工作报告，审议批准张国芳代表政协第三届亳州市委员会常务委员会所作的关于三届五次会议以来提案工作情况的报告。会议选举吴火权为政协第三届亳州市委员会秘书长，选举刘琦为政协第三届亳州市委员会常务委员。会议期间，委员们听取讨论“一府两院”工作报告、“十三五”规划及其他报告，紧扣亳州市“十三五”规划、改革发展稳定中的重大问题、涉及人民群众切身利益的实际问题，协商议政，建言献策。

【常委会议】市政协三届三十八

次常委会议于2016年1月7日召开。会议审议通过政协第三届亳州市委员会常务委员会工作报告(草案)和提案工作情况的报告(草案)；协商通过叶祖贵、冯浩、刘梦汝、刘琦、李锋、李皓、吴火权、陈晓亮、赵华中、荀凤飞、贺凤坤、倪民、龚保杰、熊化平为第三届亳州市政协委员，马永亮、王登峰、王德全、方宏、刘志桂、刘鸣、汝刚、孙跃山、李成贵、吴浩、余林、汪为民、陈邦云、陈敬、和俊亮、梁志山、程莉、梦子良、蔡怀华、蔡淑华不再担任第三届亳州市政协委员，王德全不再担任第三届亳州市政协常委的人事事项；审议通过市政协三届六次会议分组办法、分组名单和各组召集人名单；对民建亳州市委员会提出的《关于加强对北关老街保护力度的建议》等20件2015年度优秀提案进行表彰。

市政协三届三十九次常委会议于1月17日召开。会议听取市政协三届六次会议分组讨论情况的汇报；协商通过政协第三届亳州市委员会补选秘书长、常务委员候选人建议名单；审议政协第三届亳州市委员会第六次会议选举办法(草案)。

市政协三届四十次常委会议于1月19日召开。会议听取市政协三届六次会议分组讨论情况的汇报；审议通过政协第三届亳州市委员会第六次会议决议(草案)；审议通过政协第三届亳州市委员会提案委员会关于三届六次会议提案审查情况的报告(草案)；协商通过政协第三届亳州市委员会补选秘书长、常务委员候选人名单；审议通过政协第三届亳州市委员会第六次会议选举办法；审议通过政协第三届亳州市委员会第六次会议总监票人、监票人名单。

市政协三届四十一次常委会议于3月24日召开。会议传达学习全国政协十二届四次会议、省政协十一届四次会议精神；审议通过《政协亳州市委员会专门委员会通则》；市政协主席汤涌对市政协全年工作进行安排部署。

市政协三届四十二次常委会议暨“加快‘调转促’，打造现代中药集聚发展基地”专题协商会于7月8日召开。会议听取市政协调研组的调研报告；市政协常委、委员围绕主题进行大会发言；中共亳州市委书记汪一光对会议协商成果给予充分肯定，对会议成果的转化落实、对加快推进亳州市现代中药产业集聚发展基地建设提出要求。会议分组讨论并审议通过《市政协常委会关于“加快‘调转促’，打造现代中药集聚发展基地”的建议案》；市政协主席汤涌对上半年工作进行总结，对下半年工作进行安排。

市政协三届四十三次常委会议暨“加大精准扶贫力度，加快精准脱贫步伐”情况通报会于8月18日召开。会议听取市政府副市长马露关于亳州市“加大精准扶贫力度，加快精准脱贫步伐”工作情况的通报；市政协常委、委员就有关问题现场向市直相关部门进行咨询；会议任命燕传立为政协第三届亳州市委员会副秘书长，接受陈强、侯化辞去政协第三届亳州市委员会副主席职务的请求；会议审议通过《中国人民政治协商会议亳州市委员会提案工作条例》。

市政协三届四十四次常委会议暨“加大精准扶贫力度，加快精准脱贫步伐”专题协商会于11月10日召开。会议听取市政协精准扶贫调研组的调研报告；市政协常委、委员围绕主题进行大会发言；中共亳州市委副书记、市政府市长杜延安回应有关问题，对委员发言和协商成果给予充分肯定和高度评价，对吸纳转化会议成果，进一步做好全市精准扶贫、精准脱贫工作作出部署安排。会议传达学习中共十八届六中全会、省第十次党代会、市第四次党代会精神；审议通过《市政协常委会关于“加大精准扶贫力度，加快精准脱贫步伐”的建议案》《政协亳州市委员会委员视察工作条例》；会议任命江浩为政协第三届亳州市委员会副秘书长、张贺阳为政协第三届亳州市委员会社会和法制委员会副主任，免去徐迎春的政协第三届亳州市委员会常务委员、文史资料委员会主任和江浩的政协第三届亳州市委员会提案委员会主任职务。市政协主席汤涌就履行好人民政协扶贫攻坚职责和做好各项工作作讲话。

市政协三届四十五次常委会议于12月7日召开。会议审议通过关于召开政协第四届亳州市委员会第一次会议的决定；通过政协第四届亳州市委员会第一次会议预备会议议程（草案）、日程；通过政协第四届亳州市委员会第一次会议议程（草案）、日程（草案）；审议通过《政协亳州市委员会关于加强委员服务与管理的规定》；会议任命岳德亮为政协第三届亳州市委员会提案委员会主任，免去其政协第三届亳州市委员会副秘书长职务。会议讨论政协第三届亳州市委员会常务委员会工作报告（征求意见稿）和提案工作情况的报告（征求意见稿）。会议对民革亳州市委《关于切实加强农村教师队伍建设》等20件2016年度优秀提案、市政协研究室《精准实施产业扶贫打赢脱贫关键之战》等37篇2016年度优秀调研成果、市政协办公室《关于解决市区公交运行中几个突出问题的建议》等10篇2016年度优秀社情民意信息以及纪恒庆《城区治堵“大处方”是如何开出的——亳州市政协民主协商活动侧记》等15篇第一届亳州市“政协好新闻”进行表彰。

市政协三届四十六次常委会议于12月21日召开。会议协商通过《关于政协第四届亳州市委员会委员名额和界别设置的决定》；协商通过政协第四届亳州市委员会委员名单；审议通过政协第三届亳州市委员会常务委员会工作报告和提案工作情况的报告；会议通过《关于授权主席会议审议市政协三届四十六次常委会议未尽事宜的决定》。

【全市政协工作经验交流会】全市政协工作经验交流会于11月25日召开。会议传达全省政协工作经验交流会精神，通报亳州市三届政协以来的主要工作情况。会上，各县区政协、民建亳州市委、民革亳州市委、市工商联、市公安局、市交通运输局、市农委等有关单位作大会发言。会议要求全市各级政协组织要坚持党的领导，牢固树立政治意识、大局意识、核心意识、看齐意识；要坚持把实施年度协商计划作为政协履职的重点，不断完善专题协商，全面推进对口协商，着力创新界别协商，强化提案办理协商，探索其他形式的协商；要坚持高举团结民主旗帜，凝聚社会各界共识，坚持上下联动、协调互动，发挥各党派团体和基层政协的作用；要坚持以创新思维推动政协各项工作，坚持强化委员的主体作用、专委会基础作用和界别纽带作用，为人民履职尽责。

重要活动

【“制度建设年”活动】2016年，政协亳州市委员会贯彻《中共亳州市委关于加强社会主义协商民主建设实施意见》要求，推进政协协商民主制度机制建设，组织开展“制度建设年”活动，全年制定修订27项制度。起草并报请市委办公室印发《关于加强人民政协协商民主建设的实施意见》（亳办发〔2016〕1号），规范政协民主协商的内容、形式，提出加强政协民主协商与党委和政府工作衔接的举措，明确人民政协制度建设的重点和加强政协协商能力建设要求，强调要加强和完善党对人民政协协商民主建设的领导。与市政府共同建立专委会与市政府有关部门对口联系协商机制，修订专委会通则、制定专委会工作简则，进一步加强对口协商制度机制建设。建立完善市政协领导和专委会联系界别活动组、委员接待日等制度，进一步加强界别协商制度机制建设。修订提案工作条例，制定提案委员会工作规则、提案审查立案实施细则等制度，报请市委办、市政办转发《重点提案产生和办理暂行规定》，进一步加强提案办理协商制度机制建设。修订完善关于加强委员自身建设和服务管理的规定，制定委员视察工作条例，建立评比表彰优秀提案、优秀调研成果和优秀社情民意信息制度，激励委员主动履职、参与协商。出台市政协机关信息化平台管理暂行规定，提高机关服务委员协商建言的保障能力。

【市政协委员理论培训班】2016年5月16－22日，亳州市在中国人民大学举办市政协委员理论培训班。培训对象主要为本届市政协部分常委会组成人员、委员和市、县（区）政协机关干部。培训课程主要有中国政治经济发展态势剖析、从中西比较看中国政党制度的优势、人民政协理论与实践、当前国际战略形势与中国周边安全等，授课教师均为知名专家教授。培训还安排现场教学。

【纪念孙中山先生诞辰150周年书画提名展】2016年11月11－17日，由市政协主办，市政协书画院、市老年书画院承办的纪念孙中山先生诞辰150周年书画提名展在市博物馆举办。本次书画展以弘扬中华文化、凝聚智慧力量、纪念孙中山先生平生事迹为主题，展出市政协书画院提名作者创作的近80幅作品。

（马士林）

政协亳州市委员会办公室工作

【概况】2016年，政协亳州市委员会办公室围绕市委、市政府决策部署和市政协三届六次会议、《市政协2016年工作要点》所确定的工作，按照市政协党组和主席会议要求，服务政协履职，完成各项任务。

【服务保障】2016年，政协亳州市委员会办公室起草并报请市委批转市政协2016年工作要点，对年度重点工作任务进行分解细化量化。组织保障市政协三届六次会议、39～45次常委会议、81～95次主席会议、党组中心组理论学习扩大会议、市政协主席读书班等重要会议、活动召开，完成市政协三届六次会议筹备工作。市政协三届六次会议前，按照市政协党组和主席会议部署，征集大会发言，联系组织委员调研，撰写调研报告，筛选10位委员作大会发言。和市委办、市政办共同召开提案交办会，交办370件提案，完成主席、副主席领衔开展的6次重点提案办理协商活动和专委会对口协商督办7件重要提案的协调服务工作。加大协商督办力度，370件提案全部办复，委员满意和基本满意率96.5%。完成市政协就城市文明创建、“互联网+”行动计划实施情况等课题调研视察相关服务工作。完成省政协就“推进战略性新兴产业集聚发展”“加快安徽省淮河流域旅游产业发展”“专用品牌粮食发展”等课题到亳调研，以及组织在亳省政协委员赴淮北市、滁州市考察相关服务工作。完成组织政协常委、委员以及机关人员赴全国政协培训中心、人民大学、井冈山等地培训的相关服务工作。制订年度界别活动计划，协调组织14个委员活动组开展界别活动。推进《亳州历史文化丛书》分卷书稿编写工作，《李灿与中原文化》《亳州老街的故事》《亳州风土民情》交付出版，承办孙中山先生诞辰150周年书画展。推进宣传工作，改版市政协网站，开设“亳州政协信息化平台”和“市政协委员微信公众平台”，在《江淮时报》《亳州晚报》刊登专版10期19个版面，在市级以上媒体发表作品200余篇，其中省级以上媒体发表50余篇。

【重点工作】2016年，政协亳州市委员会办公室承办市委和市政府、市政协共同制定《2016年重点民主协商活动计划》确定的重点民主协商活动。协调服务市政协课题调研，动员广大政协委员、市政协各参加单位、县区政协，参与调研，撰写大会发言，协调市委办、市政办及有关部门做好协商会议筹备。8次重点协商活动共征集发言材料240篇，协商成果以《建议案》或《建议》形式报送市委市政府。推进深化改革工作。做好市政协4项牵头改革任务推进实施的组织协调工作，改革任务均按要求完成。举办重点民主协商活动计划；协助市委制定并出台《关于加强人民政协协商民主建设的实施意见》和任务分解；会同市政办制定《关于建立市政协专门委员会与市政府有关部门对口联系协商制度的通知》，推进市政府部门与市政协专门委员会对口联系协商工作制度化、规范化、程序化；出台《中国人民政治协商会议亳州市委员会委员视察工作条例》《关于加强与改进界别活动的意见》《关于建立市政协领导和专委会联系界别活动组制度的通知》《政协亳州市委员会优秀提案表彰办法》《政协亳州市委员会优秀调研、视察（考察）报告评选表彰办法（试行）》《政协亳州市委员会优秀社情民意信息评选表彰办法（试行）》等。完成市政协在昆明、温州举办亳州之友招商恳谈会协调服务工作。

（马腾飞）

纪检监察

“美丽亳州”系列图片——五禽戏表演

概　述

【概况】2016年，中共亳州市纪律检查委员会（市监察局）严明各项纪律，践行“四种形态”，落实“两个责任”，加强作风建设，严厉惩治腐败，党风廉政建设和反腐败工作取得新成效。

严明党的纪律特别是政治纪律和政治规矩，教育引导党员干部增强“四个意识”，坚决维护以习近平同志为核心的党中央。严明组织纪律，坚持“四个服从”，克服组织涣散、纪律松弛现象。查处对抗组织审查、干扰巡察等违反政治纪律案件9件，处理7人。抽调16人督导“两学一做”专题民主生活会，责令谈话、函询对象在民主生活会做出深刻检查。加强对党的纪律执行情况监督检查，加强对中央、省委和市委重大决策部署落实情况监督检查，确保政令畅通和决策落实。

把贯彻执行廉洁自律准则、纪律处分条例、问责条例、党内政治生活准则和党内监督条例，融入日常监督管理和执纪审查之中，督促党员、干部知敬畏、存戒惧、守底线。

对换届工作部署早、行动快，落实“九严禁”要求，抽调十余人，开展多轮换届风气巡回督查。建立快速核查机制，落实核查全覆盖制度，对全市党委、人大、政府、政协换届人选7024人次严把政治关、廉洁关，对91人次进行集中核查，做好党风廉政意见回复工作，营造风清气正换届环境。

制定巡视整改方案，运用项目化手段、工程化措施、清单化管理，推行报账、交账、转账、查账、销账“五账”式工作法，完成44项整改任务。市委部署开展12个专项治理，解决问题，完善相关制度，推进标本兼治。办理省委巡视组交办问题线索227件，立案180人。其中县处级6人、乡科级46人，给予党政纪处分173人，涉嫌犯罪被移送司法机关处理19人。

2016年，根据省委委托，对亳州学院和亳州职业技术学院开展巡视。在巡视期间，共谈话108人次，受理信访举报17件次，发现被巡视党组织问题68个、领导干部问题线索14件，其中1人被移送司法机关处理，巡视效果充分彰显。

【“两个责任”落实工作】2016年，中共亳州市纪律检查委员会（市监察局）协助党委落实主体责任，强化纪委监督责任，完善制度、严肃问责，促进“两个责任”有效落实。落实党委主体责任。每次市委常委会都设巡视整改议题，定期听取党风廉政建设情况汇报，年初由市委领导带队对“两个责任”落实情况进行考核。市委书记带头履行第一责任人责任，定期调度党风廉政建设和反腐败工作，约谈县区、部门党委（党组）书记，每周调度一次巡视整改工作。市人大、市政府、市政协党组抓好自身主体责任落实。严格履行纪委监督责任。对“两个责任”进一步细化实化，明确党委（党组）、党委（党组）第一责任人、领导班子成员“一岗双责”和纪委（纪检组）监督责任82项。绘制“两个责任”落实流程图，建立“两个责任”工作台账，实行“两个责任”清单化管理、项目化推进。各级党组织通过开展约谈提醒、责任考核、组织党政主要负责人在纪委全会上述责述廉并开展评议，层层传导压力。每半年开展一次落实“两个责任”情况监督检查。推行“两个责任”定、查、述、评、究“五步工作法”，签订“共性+个性”菜单式党风廉政建设责任书。坚持失责必问。制定实施《亳州市党风廉政建设主体责任和监督责任追究实施办法》等制度，提高问责工作规范化水平。从执纪审查中深挖“两个责任”落实不力问题并问责。2016年，实施“一案双查”52起，责任追究干部47人、单位15个，给予党政纪处分18人。

【践行“四种形态”】2016年，中共亳州市纪律检查委员会（市监察局）按照5类标准处置问题线索，全市纪检监察机关共处置反映问题线索2502件，谈话函询140件次，增长191.67%；给予纪律轻处分1787人，占处分总人数的82.05%；给予纪律重处分391人，占处分总人数的17.95%；使“红脸出汗”渐成常态，纪律轻处分成为大多数。

【纠正“四风”工作】2016年，中共亳州市纪律检查委员会（市监察局）推进“两学一做”学习教育和“讲看齐、见行动”学习讨论，把“四种形态”体现到作风建设全过程,持续纠“四风”、正党风。紧盯节点,抓早抓小。坚持经常抓、抓经常,看住重要节点,做到节前发通知、严明纪律要求,节中抓检查、紧盯违纪问题,节后严问责、加强通报曝光,持之以恒。综合运用明察暗访、重点抽查、集中检查和巡察监督,着力发现隐形变异“四风”问题。突出重点,抓住要害。在“四风”问题中,突出抓好反对享乐主义和奢靡之风,集中力量查处公款吃喝、公款送礼、公款旅游、公车管理、“酒桌办公”、党员干部出入私人会所、借培训之机奢侈浪费、利用婚丧喜庆敛财、滥发津补贴和实物等问题。同时,把“四风”问题多发频发重点岗位和关键领域,及时纳入重点整治范围,动辄则咎,严肃处理。严格执纪,形成震慑。开展专项督查182次,查处违反中央八项规定精神问题181起,增长141.3%;处理197人,增长146.3%;给予党政纪处分186人,增长204.9%;分74批对247起305人典型案例点名道姓通报曝光。严格执行《党政机关厉行节约反对浪费条例》,建立《县处级领导班子及其成员贯彻中央八项规定精神深入推进作风建设责任清单》等制度,探索建立融“三公经费”“三资经费”、公共用车监管和信访举报“一键通”于一体的“纪检110”网上巡察平台,推进作风建设常态化、长效化。

【纪律审查】2016年,亳州市纪检监察机关坚持无禁区全覆盖零容忍,查处一批腐败案件。共接受和办理信访举报4705件,下降13.13%;立案2201件,增长14.75%;处分2178人,增长25.65%,其中处分县处级干部4人、乡科级168人,涉嫌犯罪被移送司法机关处理59人。全市检察机关立案侦查贪污贿赂、渎职侵权等职务犯罪125人。全市法院审结一审贪污贿赂案件129件、渎职侵权案件19件。市纪委抽调380余人次,配合中央纪委和省纪委对杨敬农、程效先、梁栋严重违纪违法问题进行调查处理。

发挥反腐败协调小组作用,健全纪检机关与公检法机关干部信息沟通机制,畅通线索移交和案件移送渠道,形成整体合力。落实“一为主两报告”制度,强化问题线索管理,规范重要问题线索报告、移送和处置工作。加强对中央纪委、省纪委查报件和省委巡视组移交问题线索的督查督办。剖析腐败案件,针对存在问题,健全监管制度,发挥治本功能。信访举报和执纪审理工作加强。

【整治侵害群众利益工作】2016年,中共亳州市纪律检查委员会(市监察局)严肃查处侵害群众利益的不正之风和腐败问题。市委坚持把群众利益放在首位,多次召开常委会议对专项工作研究部署、提出要求。各级纪检机关把查处侵害群众利益不正之风和腐败问题摆上重要位置,制定方案、落实责任、加强督查,实行线索排查,对账销号和线索零报告3项制度,对群众举报问题线索紧盯不放、一查到底。受理问题线索4045件,查处问题3767起,增长104.4%;处理3209人,增长106.5%;其中给予党政纪处分2075人,增长106.4%;涉嫌犯罪被移送司法机关处理49人,增长16.7%。分32批对141起165人点名道姓公开曝光。

按照中央纪委和省纪委专项部署,加强扶贫领域监督执纪问责工作,对信访举报中涉及扶贫问题及时处置,建立移送查处工作机制。严肃处理贪污挪用救济物资、截留私分扶贫款、优亲厚友、虚报冒领扶贫资金等突出问题,查处扶贫领域问题16起,给予党政纪处分15人。

围绕“四个点问题”,办好大型电视问政栏目“沟通—政务零距离”,2016年推出10期,受理问题清单38项,全部办结,处理6人;完善“政风行风热线”上线办法,完成 56家单位6轮上线工作,受理热线电话2117件,办结2066件,按时办结率98%,群众满意率86%。出台《亳州市网上办事大厅超时办件责任追究规定(暂行)》,建立超时办理事项登记、受理、核查、督办制度,发现超时办件50件,责任追究46人。

【党风廉政教育】2016年,中共亳州市纪律检查委员会(市监察局)增强党风廉政教育针对性和实效性。着力搭建4个平台,搭建课堂教育平台。在市委、县区委党校主题班次中开设党风廉政专题课,在清风讲堂、干部夜校等教育平台邀请相关专家作专题报告成为常态。搭建专题教育平台。针对不同行业特点开展专题教育640余场次。播出《廉政播报》52期，刊发《亳州廉政》专版12期。开展“学党纪条规、做廉洁干部”读书教育以及“清风伴我行、学做当先锋”演讲比赛活动。搭建警示教育平台。在市党风廉政教育中心召开市委中心组理论学习（扩大）会、警示教育暨“两学一做”学习教育推进会，是市委、市纪委换届结束后，新一届“两委班子”上班后第一件事。中国纪检监察报对此进行报道。拍摄《上瘾的“毒药”》，指导县区纪委设立农村廉政教育基地、建立流动警示教育展览，开展“接地气”警示教育活动。完成市警示教育基地改造提升工程，173家单位7000余人次到基地接受教育。搭建廉政文化教育平台。开展廉政文化示范点创建工作，全市共有省级廉政教育基地2个、省级廉政文化示范点44个。开展廉政文艺创作、展演和廉政公益广告展播活动。组织收看大型廉政纪录片《千年包公》。开展“廉洁家规家风家训”征集活动。

【监督工作】2016年，中共亳州市纪律检查委员会（市监察局）加强对权力运行监督制约。开展党员干部违规经商办企业专项整治。全市上报单位经商办企业27家，党员干部经商办企业40人，党员干部配偶、子女经商办企业89人；认定党员干部违规经商办企业32人，全部进行整改处理，给予党政纪处分5人，注销公司21人，变更法人6人、退出5人，对5人违规经商办企业通报曝光。开展“酒桌办公”专项整治。成立34个督查组，开展专项督查97次，核实“酒桌办公”问题线索17起，立案17起25人，给予党政纪处分25人。加大监督制约力度。落实党内监督条例，制定《关于对来信来访举报干部问题全面核查的实施办法》，加强对党的领导机关和领导干部特别是主要领导干部监督。对县处级领导干部进行廉政谈话586人次，审核把关拟提拔或重用县处级领导干部155人次。加大镇村主要负责人经济责任审计力度，已对20个乡镇、509个村（居）开展审计监督。

【队伍建设】2016年，中共亳州市纪律检查委员会（市监察局）重视机关党的建设，始终坚定正确的政治方向，保持坚强的政治定力，牢固树立“四个意识”，自觉同以习近平同志为核心的党中央保持高度一致。学习党的十八届六中全会精神，开展“两学一做”学习教育、“讲看齐、见行动”学习讨论等活动。落实纪委书记、副书记提名考察办法，改进推荐考察方式，完成市县乡三级纪委换届工作，班子结构优化，整体功能增强。加大干部教育培训力度，组织382名市县乡三级纪检干部到中国纪检监察学院、省党风廉政教育中心等参加培训。聚焦主业主责，8项任务全部完成，设立乡镇纪检工作室，乡镇纪委书记全部实现专职。

落实“五严守十不准”规定，加强内部监管，接受社会监督。对县区纪委领导班子和干部队伍开展专项巡察，发现问题督促整改。强化日常监督执纪，处置反映纪检监察干部问题线索，其中谈话3人，函询4人，初核43人。严明审查、巡察、保密纪律，对执纪违纪行为严惩不贷，2016年受理纪检监察干部信访举报95件次，立案10人，给予党政纪处分9人，组织处理6人，诫勉谈话3人，涉嫌犯罪被移送司法机关处理1人。

中共亳州市纪律检查委员会（市监察局）办公室工作

【概况】2016年，中共亳州市纪律检查委员会（市监察局）办公室不断提高政治素质。强化纪律意识，严格落实“五严守十不准”规定，努力做到政治上不糊涂、思想上不松懈、作风上不出格、工作上不缺位。强化内部监管，加强与各部门之间的沟通，主动为领导服务，当好参谋助手，按时完成领导交办任务。

【保障工作】2016年，中共亳州市纪律检查委员会（市监察局）办公室完成市纪委常委会24次，书记办公会30余次，全体党员干部学习会议20余次等会议的保障工作。围绕中央八项规定精神和省市“三十条”要求，严格接待标准，热情周到服务。制定《亳州市纪委监察局公文处理实用手册》，规范公文处理流程，细化公文处理步骤，严格公文格式。全年发文270余件，收文2000余件，全部符合规定要求，做到高效运转、准确无误。推进信息化建设，指导县区开展分保测评，将保密工作贯穿于机关各项业务工作的始终。全年迎接省市保密检查3次，开展保密自查4次，针对检查自查中发现的薄弱环节，落实整改措施，立足以查促管，以查促教。

【管理工作】2016年，中共亳州市纪律检查委员会(市监察局)办公室制度建设逐步完善。制定出台《亳州市纪委监察局公文处理管理制度》等规章制度，建立健全制度体系。车辆管理规范有序。按照市里统一要求，采用网上申报、后台审核、软件结算的方式进行管理，每辆公车安装GPS定位系统，以信息化的手段，保证公车运行规范有序。做好年初财务决算和年末财务预算工作，加强档案和固定资产管理，严格使用各项经费，不断压缩"三公"经费开支。

【综合文字工作】2016年，中共亳州市纪律检查委员会(市监察局)办公室完成市纪委三届六次全会、三届七次全会，市纪委向市第四次党代表大会工作报告，等综合文字材料50余篇。完成市纪委常委会及领导交办的有关文件、工作汇报、工作总结、领导讲话稿的起草工作，以及反腐倡廉建设调研材料等60余篇，文字总量达40多万字。

【督办工作】2016年，中共亳州市纪律检查委员会(市监察局)办公室围绕委局重要安排部署和工作要求，开展督办工作。制定出台《亳州市纪委监察局重要事项督办工作制度》，把机关岗位责任目标任务、"四个点问题"落实情况、省委巡视亳州市反馈意见、案件质量检查情况、"两学一做"学习教育开展情况等15个重点问题纳入重点督办事项，对督办事项每周一统计，每周一督办，每周一公布，确保重点工作件件有落实，事事有回音，重点督办事项办结率100%。

(程伟如)

图 16　花戏楼

民主党派

“美丽亳州”系列图片——涡河闸

中国国民党革命委员会亳州市委员会

【概况】2016年，中国国民党革命委员会（简称“民革”）亳州市委员会共有106人党员。其中，市第一支部19人，市第二支部21人，市第三支部20人，市第四支部10人，市农业支部18人，谯城支部18人。成员分布：政府部门25人，教育系统30人，医疗系统10人，文化艺术5人，公有制经济12人，民营企业主11人，退休10人。党员中获高级职称32人，占成员总数41%，中级职称42人，占成员总数53%。

【思想建设】2016年，民革亳州市委员会组织全体党员学习中共十八届六中全会、中共安徽省第十次代表大会和中共亳州市第四次代表大会精神；学习统一战线理论，学习《民革章程》和民革党史。组织骨干力量参加民革安徽省委员会参政议政、宣传工作培训，组织年度宣传信息和参政议政工作培训，各支部委员、宣传信息通讯员、参政议政骨干等40余人参加培训。贯彻民革中央“薪火相传，圆多党合作之梦”学习教育活动要求，拓展思想教育新思路和新形式，探索建立思想建设长效机制。组织新党员和入党积极分子到南京中山陵拜谒孙中山先生，进行革命传统教育。

【组织建设】2016年，民革亳州市委员会新增党员5人。完成民革亳州市委员会党员信息核查和登记工作。建设后备干部队伍，向民革安徽省委员会推荐后备干部和对基层骨干进行集中培训、实践锻炼，提高后备干部综合素质。配备专职副主委，新招录一名公务员。

民革亳州市委员会办公室主任袁方被民革中央委员会表彰为全国先进个人，第三支部党员杨永华获民革中央颁发的民革全国祖统工作先进个人，专职副主委王紫娟获全省“三八红旗手”称号及“纪念孙中山先生诞辰150周年征文活动”优秀征文奖，农业支部副主委蒋祥廷获年度“坚持和发展中国特色社会主义学习实践活动”优秀党员。

【参政议政】2016年1月，民革亳州市委员会在市两会上提出《充分整合有效资源，加快现代职业教育》《聚焦精准要求，推进脱贫攻坚落细落准落实》等23件集体提案及15件社情民意。王紫娟提出《实施“九城同创＋”工程　启动海绵城市建设》被作为市政协三届六次大会口头发言材料。王紫娟、王元、赵冬梅3人所写提案获2016年度政协亳州市委员优秀提案。

民革亳州市委员会围绕药业经济、精准扶贫工作、振兴旅游经济、生态环境保护等社会民生问题开展调研并提交调研报告，促进实际问题有效解决。

参加中共亳州市委、市政府、市政协和有关部门召开的党外人士协商会、座谈会、情况通报会，就统战工作会议精神贯彻落实、中共亳州市委“两学一做”学习教育活动、经济社会发展等提出意见建议，在市政协专题协商、对口协商、常委会协调等各类活动中提交发言材料8篇。

【社会服务】2016年，民革亳州市委员会倡导成立亳州市博爱促进会，资助亳州一中贫困生40名共计8万元。为沙土镇中心小学学生送去100件羽绒服及学习文具，看望慰问贫困家庭。组织医疗卫生、法律、文化等专业人士开展“三下乡”志愿服务活动，为当地百姓送去义诊、免费送春联、法律咨询等服务。在高铁站东段开展2公顷博爱林创建仪式，博爱促进会会员和全体民革党员可认购和养护博爱林树木。联合市移动电商园等爱心企业开展志愿服务活动，向亳州市经开区100位环卫工人赠送价值5000元新鲜水果和洗漱用品。开展对沙土镇万魁医院中医科、心内科等科室业务支援和帮扶活动。

【换届选举】根据民革安徽省委员会安排和中共亳州市委要求，按照《中国国民党革命委员会章程》有关规定，2016年8月，民革亳州市委员会成立换届工作领导小组。8月下旬，民革亳州市委员会进行民主推荐。11月30日，民革亳州市第二次代表大会召开，产生第二届民革亳州市委员会：马昭华任主委，李含君任兼职副主委，王紫娟任专职副主委、袁方、吴强、王元、锁敬宇任委员。

（田露）

中国民主建国会亳州市委员会

【概况】2016年，中国民主建国会（简称“民建”）亳州市委员会发展7名会员，共有会员98人。其中，2名省人大代表、7名市人大代表、21名市政协委员、5名区人大代表、12名区政协委员。

民建亳州市委员会被民建安徽省委员会评为2016年度新闻宣传工作三等奖、反映社情民意工作先进集体三等奖；获民建安徽省委员会理论研究组织奖。会员李阳撰写《奉法守常促民主 履职守恒谈建国》获民建安徽省委员会理论研究成果三等奖，会员张化祥撰写《政党协商理论研究》获民建安徽省委员会理论研究成果优秀奖。《关于提高亳州市自来水质量及强化管理的建议》被市政协评为“优秀提案”，《发挥中华药都优秀发展中药保健产品》获政协亳州市委优秀调研成果奖，《关于加强农村留守儿童暑期安全的建议》获优秀社情民意信息奖。周学华副主委被民建中央评为全国社会服务工作先进个人；张化祥被民建安徽省委员会评为反映社情民意工作“先进个人”。罗海燕、郭德峰、闫龙泉等会员撰写调研报告和社情民意获政协亳州市委员会表彰。

【队伍建设】2016年，民建亳州市委员会组织骨干会员及基层组织负责人参加民建中央、民建安徽省委员会、市委统战部等举办教育培训6批次、50人次；组织企业家会员参加民建中央组织风险投资论坛和非公经济发展论坛，参加省民建组织企业家培训讲座；开展新会员培训和参政议政培训。改版升级市民建网站，建立民建会员微信群和亳州民建微信公众号。

【参政议政】2016年，民建亳州市委员会向民建安徽省委员会、政协亳州市委员会、市委统战部等报送工作动态信息50余篇；提出政治协商建议50余条，其中，民建亳州市委员会专职副主委董艳慧提出“建立职业院校与企业的校企合作机制，加快职业教育发展”“加强工程质量监管，落实责任追究机制”“加强对中小学校园及周边食品卫生安全的监管”等建议引起市委分管领导重视，市委办公室专门通知有关部门落实；参政议政方面，提交人大议案8件，建议18件，政协提案50余件（其中集体提案15件），社情民意信息30余篇。在亳州市政协三届六次会议上，董艳慧发言《加强亳州市水资源管理和保护刻不容缓》和罗海燕会员发言《充实养生文化内涵，提升“养生亳州”品牌》得到市委主要领导批示及有关部门办理。在市政协2016年度专题协商会、对口协商会、界别协商会上，提交发言材料20余篇，被政府及部门采纳落实。报送民建中央秋季调研成果1篇，报送民建安徽省委员会社情民意信息10篇，其中被安徽省政协《社情民意》采用1篇，省政协协商民主重点课题采用2篇。

【社会服务】2016年，民建亳州市委员会组织会员到谯城区赵桥乡敬老院，为老人免费体检，并送去生活用品；为利辛县城关镇富康村困难群众送去价值3000余元米面油等；与团市委希望工程办公室联合成立“民建（亳州）思源基金”，筹集善款17万余元，用于亳州教育扶贫；为亳州中药科技学校“民建思源工程班”学生送去图书和班费、奖学金；为利辛县争取民建中央发放思源救护车一辆；为市政协扶贫村贫困家庭学生送去2万元助学金。

【民建亳州市委员会换届选举】2016年11月29日，中国民主建国会亳州市第二次代表大会召开。大会选举产生中国民主建国会亳州市第二届委员会，选举李长春、董艳慧（女）、周学华、陈龙、牛品（女）、何颖川、张化祥等7人为委员，选举李长春、董艳慧为出席中国民主建国会安徽省第九次代表大会代表。经中国民主建国会亳州市第二届委员会第一次全体会议选举，李长春任主任委员，董艳慧任副主任委员（专职），周学华任副主任委员（兼职）。 （杨轶博）

中国民主促进会亳州市委员会

【概况】2016年，中国民主促进会亳州市委员会拥有会员69人，设立4个支部。教育一支部15人、教育二支部19人、医卫综合支部20人、市区直属机关支部15人。会员来自教育、文化、新闻出版、政府机关等，其中中高级以上职称占总数的85%。现任省人大代表1人，省政协常委1人，市人大常委2人、代表3人，市政协常委2人、委员8人。

本年度，中国民主促进会亳州市委员会获“民进全国参政议政工作先进集体”称号。

【思想建设】2016年，中国民主促进会亳州市委员会把政治理论学习纳入常态工作，并将理论学习和各类工作会议、培训相融合，形成高效节约的工作机制。组织学习中共十八大、十八届三中、四中、五中、六中全会以及习近平总书记系列重要讲话精神、《统一战线工作条例》、市委《关于加强社会主义协商民主的实施意见》和《关于加强政党协商民主建设的实施意见》等文件，提升广大会员的思想觉悟和理论水平，坚定与中国共产党风雨同舟，走中国特色社会主义道路的政治信念。

【参政议政】2016年，中国民主促进会亳州市委员会提交省委会的《加强扶持力度 推进新型农业经营主体加快发展》提案，被评为省政协重点提案。在亳州两会上，《加强光伏扶贫推广应用 创建新型能源城市》被选为市政协大会口头发言，《关于加强农村留守儿童的教育与管理建议》被列为市政协主席领衔督办重点提案；在市人代会上《关于加强亳州市水资源保护和开发利用的建议》《完善社会救助机制 确保特困群众精准脱贫》分别被定为市人代会大会1号和3号议案。在市政协8个协商会上，亳州民进提交的10篇材料中有7篇作为大会口头发言。

【组织建设】2016年，中国民主促进会亳州市委员会按照“坚持标准、保证质量、改善结构、慎重发展”的要求，吸收新会员5名，新培养入会积极分子2名，均为所在单位业务骨干。

【中国民主促进会亳州市第二次代表大会】2016年12月1日至2日，中国民主促进会亳州市第二次代表大会在亳州召开，民进安徽省委主委李和平，中共亳州市委常委、组织部部长、统战部部长秦凤玉参加大会并发表讲话。会议以无记名投票方式选举产生民进亳州市第二届委员会，马露当选为市委主委，蒋召亮、汪春杰当选为副主委，陈杰、张晋中、张守光、陈显锋当选为委员。

【社会服务】2016年，中国民主促进会亳州市委员会组织开展教育、健康、环保等综合宣传咨询活动2次，发放各类传单6000多张，为广大群众普及知识，排疑解惑，传递真情，诠释友爱。组织邀请会内外医卫专家到偏远乡村开展大型义诊活动3次，每次活动都受到群众欢迎和好评。

中国民主促进会亳州市委员会配合市政府精准扶贫工作，响应市政协“市级政协委员一对一结对帮扶困难群众”号召，16名人大代表、政协委员、科级以上干部结对帮扶29户贫困家庭，在个人就业、子女入学、家庭生活等各方面进行帮扶。全年累计捐赠财物折合人民币9000多元。春节前夕，组织会内书画专家在集镇和乡村举办免费送春联活动；在“三八”妇女节前夕，组织开展庆“3·8”——环湖健康行”和五禽戏健身推广活动；以“6·5”世界环境日为契机，组织开展环保宣教进社区、进学校、进乡村活动。参与“春蕾计划”捐资助学、义务献血活动、安徽省南部地区抗洪救灾捐献活动等。（陈杰）

中国农工民主党亳州市委员会

【概况】2016年，中国农工民主党亳州市委员会有3个支部，党员75人，其中新发展党员5人。

【队伍建设】2016年，中国农工民主党亳州市委员会组织市委员会委员、支部委员及党员中的人大代表、政协委员学习中国共产党十八大、十八届三中、四中、五中、六中全会精神和习近平总书记系列讲话和视察安徽的重要讲话精神。开展“同心”思想和社会主义核心价值体系学习教育活动。组织各支部分别召开会议开展“学精神、学党章、学党史”学习活动。开展学习《中国共产党统战工作条例（试行）》和中央、省、市统战会议精神；开展党员专题学习会3次；组织全体委员到北京参加党外干部培训班；组织党员到南京祭扫邓演达烈士墓；组织党员缴纳特殊党费1万余元，用于农工党上海“一干会址”的布展；组织各支部观看《铁血丹心邓演达》等党史教育片。

【开展活动】2016年，中国农工民主党亳州市委员会组织农工党员医疗专家赴利辛县城关镇富康村、谯城区立德乡申楼村、亳州市特教学校开展医疗扶贫义诊活动，共计接诊2000余人次，免费赠送价值6000余元的药物；组织农工党专家，赴涡阳县人民医院举行“新生儿窒息复苏及危重症早期识别和抢救技术培训班”，涡阳县医疗保健机构的产科、新生儿科技术骨干共计300余人参加培训；协助市医院、华佗中医院专家开展院内外培训；支持王继峰成立“亳州市心理学会”，组织党员中的心理咨询师，利用各种平台开展心理知识培训活动，先后到淝河、双沟等8所中心校做考前心理辅导报告，受邀为市检察院、市公安局警官培训中心等5家单位作公务员心理调适报告。

【参政议政】2016年，龚艳玲主委在省政协会上的提案《不断优化重点民生工程结构，向困难地区和群众倾斜》获常务副省长詹夏来批示，被省政协列为重点提案；农工党提出的《关于发展众创空间，推进大众创新创业的建议》提案被评为2016年度优秀提案。在市政协四届一次会议上，农工党亳州市委员会提交政协集体提案16份，其中3份作为大会发言。分别是：农工党提出的《关于深化亳州市医药卫生体制改革工作的建议》；张东洋委员提出的《做实做细健康脱贫工作的建议》；马莉委员提出的《提升亳州市科技创新能力的几点建议》。在市四届人大一次会议上，田兵副主委提出的《关于加快亳州市园林绿化立法进程的议案》被列为议案。两会期间，党员中的政协委员及人大代表共递交的建议案4件，上报信息和社情民意36条。

【调研活动】2016年，中国农工民主党亳州市委员会组织党员开展3次大型调研活动。基层卫生调研活动，针对基层医疗存在的困难、妇女和儿童普遍存在的疾病问题进行调研，并提出改进意见和建议；提升基层医疗机构中医药服务能力建设调研活动，解决这次调研中发现的问题，取得两个成果：在农工党安徽省委会的支持协调下，挂靠农工中央的中国初级卫生保健基金会多次协商沟通，为谯城区争取价值3600余万元的基层医疗设备，已安装使用；根据调研结果在市委统战部部长秦凤玉带领下，前往北京争取中华慈善总会和民政部养老产业研究会支持，经洽谈向市捐赠价值200余万元的中小学课外读物，捐赠意向明确。开展精准扶贫调研，逐户摸清贫困户致贫原因、类型及需求，为完成精准脱贫任务，提出建议和意见。

【中国农工民主党亳州市第二次党员大会召开】2016年11月26日，中国农工民主党亳州市第二次党员大会在亳州召开。安徽省政协副主席、农工党省委主委牛立文，农工党省委秘书长余成林，中共亳州市委常委、组织部部长、统战部部长秦凤玉，中共市委统战部副部长管卫东，市工商联主席曹振萍，农工党省委组织部部长王国祥、副部长崔前田等出席会议。市各民主党派负责人应邀参会。大会审议通过农工党市委主委龚艳玲代表农工党亳州市第一届委员会作题为《积极履职 扎实工作 为亳州奋力走在皖北振兴前列而努力奋斗》的工作报告，选举产生由龚艳玲、田兵、从民、刘军、马莉、王洲、魏广友等7人组成的农工党亳州市第二届委员会。在农工党亳州市第二届委员会第一次全体会议上，龚艳玲当选为主任委员，田兵、从民当选为副主任委员。

（李道远）

九三学社亳州市委员会

【概况】2016年，九三学社亳州市委员会发展5名新社员，共有社员96名。其中高级职称42人，中级职称50人，研究生以上学历15人，本科学历69人。九三学社亳州市委员会被九三学社安徽省委员会表彰为“社会服务工作先进集体”，九三学社亳州市委谯城区支社被九三学社安徽省委员会表彰为2016年度先进基层组织，九三学社亳州师专支社被九三学社安徽省委员会表彰为“百名专家乡村学堂讲科普活动先进集体”。社员孙鹏、吕岳被九三学社安徽省委员会表彰为“社会服务工作先进个人”，社员皮振雷、宛煜被九三学社安徽省委员会表彰为“百名专家乡村学堂讲科普活动优秀专家”。徐景龙被九三学社安徽省委员会评为“安徽九三模范”。刘云飞被九三学社安徽省委员会表彰为“信息工作先进个人”，方林飞被社中央表彰为“2014－2015年度参政议政工作先进个人”、被九三学社安徽省委员会表彰为“2016年度参政议政先进个人”。

【思想建设】2016年，九三学社亳州市委员会组织社员学习贯彻中共十八大、十八届三中、四中、五中、六中全会精神和习近平总书记系列重要讲话，学习九三学社安徽省委员会和中共亳州市委重要会议、组织社员参加九三学社安徽省委员会、市委统战部、市委组织部等单位举办的培训教育活动6次，46人次接受培训。

【参政议政】2016年，九三学社亳州市委员会累计提交提案、议案、建议案52件。省政协委员张国芳和省人大代表韩青在省级两会上提出4件提案、议案、建议，张国芳在省政协十一届四次会议上作《淮河流域旅游产业经济发展的建议》主题发言。和市政协委员在市政协三届六次会议上提出46件提案，其中《提升农产品质量安全水平的建议》提案被市政协列为重点提案并被表彰为优秀提案。市人大常委刘云飞、闫鸿雁在市人大三届七次会议上提出并立案《关于做好亳州市立法权承接工作的议案》等2件议案、建议。在市政协三届六次会议上，臧艳丽作《提升园林城市建设水平的建议》、九三学社亳州市委员会作《提升工作实效，打赢脱贫攻坚战》发言被市委书记现场批示，九三社员在专题协商会和资政会上发言6次，张国芳提出《关于排蓄结合、涵养水源，促进水资源综合利用的建议》被政协亳州市委员会表彰为优秀提案。社市委共组织、参与专题调研3次，参加九三学社安徽省委员会组织“工业园区低效闲置用地”专题调研，完成政协亳州市委员会安排“园林城市创建”“亳州中医药产业发展”等课题撰写任务，臧艳丽提出《加强园林城市建设 不断改善人居环境》、刘云飞提出《做好精准扶贫工作的几点建议》、方林飞提出《关于提升精准扶贫信息公开水平的建议》等三篇调研报告被市政协表彰为优秀调研成果。向九三学社安徽省委员会、政协亳州市委员会、市委统战部报送信息32件。

【社会服务】2016年，九三学社亳州市委员会联合市教育局、市科协，在谯城区城父中学等8所中小学开展开展8场“讲科普”讲座，听讲座学生2300余人。组织“国际科学和平周”活动。向12户困难群众，累计捐款1.6万元，捐助衣物26件，帮助解决实际问题18个。组织11名专家型社员到利辛县纪王场乡和谐村开展社会服务活动，5名医疗专家诊疗现场发放900份材料，给80余名村民进行义诊咨询，6名农业专家到肉鸡饲养基地、野鸡饲养基地、油用牡丹种植基地现场给予技术指导、管理咨询。组织5名林业专家到谯城区十九里镇马寨新村林业基地、亳州市林拥城南外环苗圃基地开展社会服务活动。

【九三学社亳州市第二次代表大会】2016年11月24日至25日，九三学社亳州市第二次代表大会召开。大会选举产生九三学社亳州市第二届委员会，选举方林飞、刘云飞、孙鹏、张国芳、赵锋、韩青、臧艳丽7人为委员，选举出席九三学社安徽省第十一次代表大会的3名代表张国芳、刘云飞、李井国。经九三学社亳州市委员会二届一次会议选举，张国芳任主任委员，刘云飞任副主任委员（专职），臧艳丽任副主任委员（兼职）。（戴璐）

社会团体

“美丽亳州”系列图片——南湖夜色

总工会

【概况】2016年，市总工会下辖涡阳县总工会、蒙城县总工会、利辛县总工会、谯城区总工会4个县级总工会，直属困难职工帮扶中心、职工学校2个事业单位。全市基层工会6609家，工会会员546552人。

本年度，市总工会被中华全国总工会、国家安全生产监督管理总局评为“全国安康杯竞赛优秀组织奖”，被中国职工保险互助会评为”职工互助保障工作优秀单位”，被中共安徽省委组织部、安徽省总工会评为“全省工会系统先进集体”，被安徽省总工会经费审查委员会评为“市级工会经审工作规范化建设考核一等奖”。

【关爱职工活动】2016年，市总工会开展劳动竞赛、技术比武、技术协作、发明创造、提合理化建议等多项群众性经济技术创新活动，参加职工3万余人，取得技术创新成果80余项，提合理化建议15359条，采纳6545条，创经济效益11265万元。维护职工队伍和社会稳定，帮扶困难职工。开展春送岗位、夏送清凉、金秋助学、冬送温暖活动。帮助1万余人实现就业、投入送清凉资金60余万元，帮助601名困难职工和农民工子女上大学，发放送温暖款物435万元，救助困难职工（农民工）7419户。推动和谐劳动关系建设，帮助职工依法维权，全市签订工资集体协商专项合同1259个，覆盖企业5364家，覆盖职工211416人。开展法律法规进企业活动，举办法律知识培训班16次，参加法律知识竞赛职工21659人，聘请专业律师免费为职工提供法律服务115次。开展职工文化体育活动，举办市直职工书画展、千名职工五禽戏展演、迎“七一”职工大合唱比赛、职工户外徒步、乒乓球比赛、钓鱼比赛等活动27次。

图17　2016年6月，亳州市举办迎“七一”职工大合唱比赛

【“十大最美劳动者”评选表彰】2016年，经过县区和基层工会层层推荐和多轮公示，评出古井集团有限责任公司高江婧等10人为亳州市“十大最美劳动者”。6月28日，对“十大最美劳动者”进行表彰，市委、市人大、市政府、市政协几套班子主要领导出席表彰大会并为获奖者颁奖。

【市级劳动模范、先进工作者、先进集体评选表彰】2016年7月，《亳州市劳动模范评选办法》和《亳州市关于开展劳动模范、先进工作者和先进集体评选表彰的通知》下发，经过层层推荐、严格审核和公示，并经市政府第153次常务会议研究，确定100名劳动模范和先进工作者、20个先进集体。10月25日，市级劳动模范、先进工作者、先进集体表彰大会召开，市委、市人大、市政府、市政协相关领导参加会议并为先进代表颁奖。

【信息化建设】2016年，按照省总工会在亳州市开展职工信息化平台建设试点工作部署和要求，市总工会推进职工信息化平台建设，完成35万名工会会员信息采集，在进行信息化软件招标采购工作。视频会议室安装调试完毕，投入试运行。

【建功立业活动】2016年，《亳州市2016－2020年劳动竞赛规划》下发。围绕实施经济调转促“4105”行动计划，动员职工投身亳州市经济建设。5月3日，全市职工劳动竞赛启动仪式举行，活动涌现出一批职工创新能手，并开展“十大职工创新成果”评选表彰活动，评出14项技术创新成果。

【“职工书屋”建设】2016年，市总工会按照三年建设100家市级“职工书屋”示范点计划，在2014年、2015年两年建设80家示范点基础上，筹集40万元资金，建设20家市级“职工书屋”。推荐申报2家国家级“职工书屋”、4家省级“职工书屋”、5家省级“职工书吧”。（张光宇）

共青团亳州市委

【概况】2016年，共青团亳州市委贯彻中央、省委党的群团工作会议精神，围绕党政中心工作，凝聚青年，筑牢主业，做好共青团工作根本任务，在青年创业就业、青少年思想引领、青少年维权等各方面取得新进展。

【青春创业就业】2016年，亳州市团市委组织举办高校中职毕业生招聘会，联合亳州学院举办“亳州学院2016年春季毕业生招聘会”，参与企业300余家，提供岗位2000余个，覆盖求职青年3000余名；举办亳州市第十一届青年人才招聘会，参与企业300家，提供岗位8500余个，覆盖求职青年6000余名。加强亳州青年创客空间运营管理，入驻企业70家，预约登记意向入园企业106家。推进“农村青年电商培育工程”和农村青年创业致富“领头雁”培养计划，实施“一村一电”，蒙城完成105个自然村（社区）一村一电，涡阳淘实惠布点230家，谯城区农村淘宝开业53家，利辛农村电商布点291个村。管好用活500万元青易贷资金，稳定惠及创业青年100名。

【青春扶贫行动】2016年，开展全市共青团双联扶贫工作专项行动，推动资金、技术、人才、项目4个“双联”，助力精准扶贫。开展“冬日暖阳·精准扶贫”关爱困难青少年活动，点亮微心愿1200个，发放“爱心礼包”1000个。举办希望工程慈善晚会、开展爱心义卖、实施爱心总动员、组织希望工程“爱心一日捐”等，募集资金160.25万元，资助贫困学生800名。推进“阳光助残”行动，结对率95%，保持全省领先位次。

【青少年思想引领】2016年，召开全市纪念五四运动97周年暨亳州市十大杰出青年、亳州青年五四奖章先进事迹报告会，举办全市“红领巾心向党——为奋力走在皖北振兴前列时刻准备着”主题队会，“红领巾相约中国梦”少先队主题队会，召开少工委二届一次全委会议，开展少先队专题讲座。举行“药都雏鹰之星”评选活动、青少年发明创造大赛、国学经典知识竞赛、道德模范进校园活动，开展进校园活动18场次，通过团市委微博微信发布国学知识、法律规则等38次。

【宣传工作】2016年，共青团亳州市委与市内主流媒体合作，联合开设青少年信箱、雷锋精神在亳州、青春典型先进事迹展播、“十杰”“五四”先进事迹报告团、“圆梦大学”等8个专栏，在《中国青年报》、中国文明网、《安徽日报》《安徽青年报》等发表信息25篇。开展网络引导活动10次。编发手机报30期，“青年之声”“共青亳州”微信继续领跑全省，新媒体工作获团省委一类共建单位（皖北唯一地级市）。

图18 2016年9月，亳州市举办西式面点师决赛

【志愿服务】2016年，共青团亳州市委组织开展“春运暖冬”志愿服务、高考志愿服务、“学雷锋”月系列活动，组织120名青年志愿者参与药博会志愿服务。在全省创新推出“爱心护照”，发放护照1万个。启动青年志愿服务优秀典型评选活动，表彰优秀青年志愿者个人奖30个、组织奖30个、项目奖20个。举办“志愿你我行，情暖亳州城”志愿服务活动。

【人才选树】2016年，共青团亳州市委员会遴选“亳州市十大杰出青年”“亳州青年五四奖章”先进事迹报告团成员20名，组织开展宣讲23场次。开展青年文明号、青年岗位能手、安全生产示范岗评选活动，表彰“青年岗位能手”69名，“安全生产示范岗”21家，命名青年文明号集体66家。举办亳州市第六届职业技能大赛暨2016年度亳州市青年职工技能大赛，开展计算机程序设计员、摄影师、西式面点师工种决赛，316名选手参加比赛。

【维权行动】2016年，共青团亳州市委组织开展“平安亳州·社工护航”活动，结成50余对。联合市人社局、亳州学院，从“三支一扶”、公益性岗位中培训选聘社工81人。开展暑期自护教育、“彩虹人生青春自护”安全教育进校园讲座、青少年健康成长讲座等青少年自护教育系列活动，印发青少年自护手册共计1万册，宣传资料1000余份，结合普法日、禁毒日等节点开展法制宣传、禁毒宣传28场次，组织开展法治教育进课堂活动19次，利用共青亳州、网上共青团等新媒体开展法律宣传及自护教育9次。

【基层组织建设年活动】2016年，共青团亳州市委开展基层团组织大调研活动，新建、规范“两新”组织团组织178家。印发全市青少年事业“十三五”发展规划，举办全市学校团干部培训班、全市少先队辅导员培训班、全市市直机关、乡镇街道团干部培训班，累计培训团干部1530名，开展“两学一做”竞赛、给团干部上党课、参观廉政基地、户外素质拓展等活动。召开市青企协第三次会员大会，选举产生市青企协第三届理事会会长、副会长等，召开市青联三届二次全委会，增补委员31人，增设技能人才界别，增补教育、卫生、新闻出版等领域技能人才界别委员7人，定向增补一线劳动者委员13人，增补后占比为8.7%。召开共青团亳州市第四次代表大会，选举代表220名，其中各条战线的先进模范人物及先进集体代表132名，女性代表78名，少数民族代表12名。

【争先竞优活动】2016年，共青团亳州市委开展2016年度大学生村干部“兴皖富民”贴息资金申报工作，争取到皖北地区青年创业贷款财政贴息资金104.3万元，青年就业创业专项行动资金27万元，位居全省前列。

（吴阳）

妇女联合会

【概况】2016年，亳州市妇女联合会（以下简称“市妇联”）下辖谯城区、涡阳县、蒙城县、利辛县妇联和市经开区、亳芜园区管委会妇联。街道妇联10个，乡镇妇联80个；全市有社区妇联81个，农村妇代会1261个。统计在册市县区级机关事业单位妇女组织261个（其中，经济开发区13个），两新组织（新社会组织、新经济组织）中累计建立妇女组织186个。市、县区专职妇女干部29人，兼职妇女干部3人。

本年度，市妇联组织开展“示范妇女之家”创评工作，创评市级“示范妇女之家”80个、县级127个。实施“两新组织中妇女组织建设扩面计划”，新增106个妇女组织。推动妇联兼职副主席配备工作，全市乡镇妇联、社区妇联全部配备兼职副主席。推动县区按妇女人均1元标准全面落实妇女专项经费，其中涡阳80万元，蒙城50万元，利辛60万元，谯城70万元。市县区共举办项目培训班5期。

全年争取省、市、县区项目资金720.2万元，全部由基层妇联负责实施，用于支持13个“妇女之家”、48个“美丽家园行动”项目，及12个创业就业脱贫示范基地建设。

【巾帼建功行动】2016年，市妇联依托五马桃花节、端午节、中秋节举办3场“徽姑娘”绿色农产品展销会。联合市人才办、人社局举办全市第六届职业技能大赛——亳州市“徽姑娘”手工编织大赛。联合相关部门下发《关于加强新型职业女农民培育工作的通知》《关于加强妇女职业技能及创业培训工作的通知》，培训新型职业女农民1039名(占培训人员总数20%)，职业技能及创业培训女性6207名(占培训人员总数34%)。扶持省级“徽姑娘”农家乐1个、县区“徽姑娘”创业就业示范基地11个。开展“春风行动”组织专场招聘会31场次，为3.9万人提供免费服务，介绍女性成功就业5181人，跨地区组织妇女劳务输出200人，为1780名妇女提供就业创业技能培训，为328名妇女提供劳动权益维护或法律援助服务，联合农业、扶贫、畜牧等部门开展城乡妇女实用技术培训31期，培训女性2143人。落实妇女小额担保贷款贴息政策，为2201名城乡妇女提供小额担保贷款2.2亿元。推进全市党政机关企事业单位(岗组)创建市级巾帼文明岗37个。

【巾帼维权行动】2016年，市妇联开展“送法到身边”三个一活动。联合市中院为基层村居“送去一堂课”38场、“送去一场庭审”10场、“一个月的普法‘听书’”活动。组织志愿者开展10余次“徒步普法”宣传活动，为城乡群众赠送普法宣传资料。开展定点宣传咨询服务活动。各级妇联整合资源，联合相关部门，以反家庭暴力法为宣传主题，同步开展禁毒、防艾、帮教、反拐、防范邪教、扫黄打非等法律宣传咨询服务活动30场次，发放宣传资料3万余份，普法环保购物袋5000余个。利用政风行风热线平台，两轮广播上线宣传《中华人民共和国反家庭暴力法》。联系市中院，联合起草制定《亳州市婚姻家庭矛盾纠纷调解工作实施方案》，推动部分县区建立婚姻家庭纠纷调解委员会、健全调解队伍，为规范维护妇女儿童权益提供机制保障。妥善处理162件群众来访、来电、来信。

【巾帼关爱行动】2016年，市妇联结合妇女专项项目实施，帮助855名贫困妇女创业就业，对7个贫困村进行扶持。开展基层妇幼健康服务技能培训7期1300余人次。实施困难妇女儿童救助项目，争取48万元用于资助患有严重疾病妇女儿童。开展女性健康防癌公益行活动。规范实施农村妇女“两癌”免费筛查和“母亲健康快车”项目，为23名患者争取救助款23万元。争取省儿童基金会资金3万元救助30名艾滋孤儿、9万元“徽常有爱”关爱资金救助贫困大学生12名、贫困“最美家庭”6户。开展“春蕾计划10元捐”活动，资助290名女大学新生及女童。开展“精准捐赠衣物 温暖传递爱心”活动，募集3831件捐赠衣服和40床棉被。走访结对帮扶村12次、结对帮扶8户贫困户难，2位困老党员次、走访村小2次，慰问学生124名，赠送慰问款物合计5万余元。帮助53名孤儿实现家庭寄养。推动张店乡、芦庙镇组建留守妇女互助队伍，参与妇女800余人。联合爱心协会共同举办“爱在‘六一’，情暖藏区”大型公益捐赠活动，募集儿童衣物近8000件、书包文具上百套，援送藏区。协同统计局制定监测统计指标体系，召开成员单位联络员培训会，完成妇女儿童发展规划中期监测统计工作。做好市人大代表关于《提高民族素质从关爱女童抓起》建议办理和回复，参与督办市政协委员关于抓好农村基层教育工作提案落实。在全省率先开展“守护青春、孕育未来——关爱女性生殖健康(PAC)公益讲座”进高校活动；督促利辛县完成贯彻落实国家贫困地区儿童发展规划工作自查工作。争取省儿童友好家园项目落户魏武社区。推动成立亳州市心理咨询师协会、亳州市心理学会，联合开展“木兰讲堂·婚姻家庭及心理调适知识公益巡讲”讲座36场，服务群众万余人。

【巾帼文明行动】2016年，市妇联表彰各级“最美家庭”570户，“最美家庭成员”481名，录制“最美家庭”专题片，举办全市最美家庭颁奖典礼。开展“最美家庭最美家风”宣讲157场。联合开展“廉洁家庭”“长寿之家”家风家训征集活动，征集家训及家风故事242条(篇)。推动书香家庭建设，表彰书香家庭367户、阅读之星450名。下发“畅阅智慧经典尽展女性风采”倡议书，启动第五届“巾帼博学读经典”有奖征文活动，收集征文81篇。举办“我爱我家·同悦书香”诵读比赛。指导成立市家庭教育协会，组建家教知识志愿者宣讲队伍，

图 19　2016 年，亳州市举办乡村广场舞大赛

开展“木兰讲坛·家庭教育知识巡讲”70 场。评定市级“平安家庭”85 户，县区级 190 户，开展为 500 户平安家庭、最美家庭、五好文明家庭等优秀家庭上门“挂红灯、送祝福、促平安”活动。创评低碳家庭 170 户，五好文明家庭 100 户。评选表彰“好警嫂”“好军嫂”42 名。

【美丽家园行动】2016 年，市妇联将 109 万元省级项目资金用于实施 10 个省美丽家园行动项目，242 万元市级项目资金用于 31 个市级美丽家园行动项目。基层村居按照建设清洁家园、绿色家园、低碳家园、文明家园要求，建立巾帼保洁队、文艺队（广场健身队伍）、巾帼志愿者队伍等，开展活动，服务农村妇女发展，服务美丽乡村建设。组织赴宣城学习观摩，创评六星以上清洁户 4785 户。举办“‘建美丽家园·做美丽女性’乡村妇女广场舞展示大赛”、城市妇女广场舞大赛、“健康 999 魅力无限”广场舞大赛、“美丽乡村舞起来”农民广场舞展示及“舞动亳州·走进美丽乡村”活动等。承办市第二届全民健身运动会跳绳和广场健身操舞比赛。

【亳州市妇女第四次代表大会】2016 年 12 月 29 日至 30 日，亳州市妇女第四次代表大会召开，216 名妇女代表参会。会议审议通过戴爱霞代表亳州市妇联三届执行委员会所作《深入践行五大发展理念，为奋力走在皖北振兴前列贡献巾帼力量》工作报告。选举产生亳州市妇联第四届执行委员会委员 45 人，常委 15 人，戴爱霞当选市妇联主席，邢军当选市妇联副主席，孟丽君、曹洁当选市妇联兼职副主席。

（轶群）

亳州市科学技术协会

【概况】2016 年，亳州市科学技术协会（简称“市科协”）有 16 个市级学会，共有单位会员 183 个，个人会员 2053 名。批准成立亳州市心理学会、亳州职业技术学院科学技术协会和安徽古井贡酒股份有限公司科学技术协会。联合市教育局等 5 家单位命名黄志山等 57 名教师为亳州市优秀科技辅导员，命名亳州一中等 45 家单位为大赛优秀组织单位。

本年度，市科协获中国科协颁发“2016 全国科普日活动优秀组织单位”。谯城区华佗镇祥瑞养殖协会、利辛县城关镇振兴社区获全国先进单位、利辛县种子管理站潘刚获全国先进个人。市科协刘善斋、刘国英获全省优秀科技工作者称号。

【全市科技工作者维权普法讲座】2016 年 12 月 18 日，市科协联系安徽重信众合律师事务所和安徽亳乐律师事务所，在利辛县委党校举办全市科技工作者维权普法讲座。主任吴强和律师王慎龙分别通过剖析知识产权案例，阐述科技工作者维权的方法和途径，57 名科技工作者接受培训。

【青少年科技创新大赛】2016 年 3 月，市科协组织举办第六届亳州市青少年科技创新大赛。参赛作品共计 1008 项，其中，科幻画作品 410 幅、科技成果 375 项、创意作品 135 项、科技实践活动作品 53 项、科技辅导员作品 35 项。大赛评出科幻画作品一等奖 45 幅、二等奖 81 幅、三等奖 84 幅；青少年科技成果作品一等奖 16 项、二等奖 95 项、三等奖 102 项；

科技创意作品一等奖16项、二等奖30项、三等奖45项；科技实践活动作品一等奖10项、二等奖17项、三等奖13项；科技辅导员作品一等奖10项、二等奖13项、三等奖10项。组织参加安徽省青少年科技创新大赛，4幅画获科幻画三等奖；获青少年科技成果二、三等奖6项、8项；科技创意一、二等奖9项、4项；科技实践活动二、三等奖1项、4项；科技辅导员项目一、二、三等奖1项、1项、7项。亳州市获奖项为皖北第一位、全省第三位。组织参加全省机器人大赛，亳州市首次组成初中组2个队和小学组1个队分别参加“西觅亚FLL工程挑战赛——资源再生”竞赛，初中组1队获三等奖。从亳州一中、亳州一中南校、涡阳二中共遴选30名高中学生和3名教师，分别参加清华大学、东南大学、武汉理工大学科学营。亳州一中营队在清华大学分营科技活动中获3个团体一等奖。

【科普活动】2016年，市科协组织到涡阳县西阳镇参加全市“三下乡”启动仪式，设立科普咨询台，接受群众咨询，发放科普明白纸，向西阳镇政府捐赠2000册图书和10套挂图。开展科普大篷车进校园，在亳州一中展出，该校4000名师生参观。开展科普大篷车进利辛县张村中心学校，该中心校及所属学校600余名师生参观展出。开展科普进社区活动，组织市药膳养生协会和谯城区科协在谯城区牛市社区举办健康养生知识进社区活动，养生专家怀凯、王谡就夏季养生和食品营养及安全作科普讲座，约80名社区居民参加讲座。到谯城区马园社区举办科普进社区活动，现场开展科普知识有奖问答，“科普中国”和“科普安徽微”信扫码答题闯关领奖等，近百名居民答题获奖。联合九三学社亳州市委员会和市教育局，在三县一区乡镇中学举办8场“百名专家乡村学堂讲科普”活动，3100余名青少年学生参加活动。

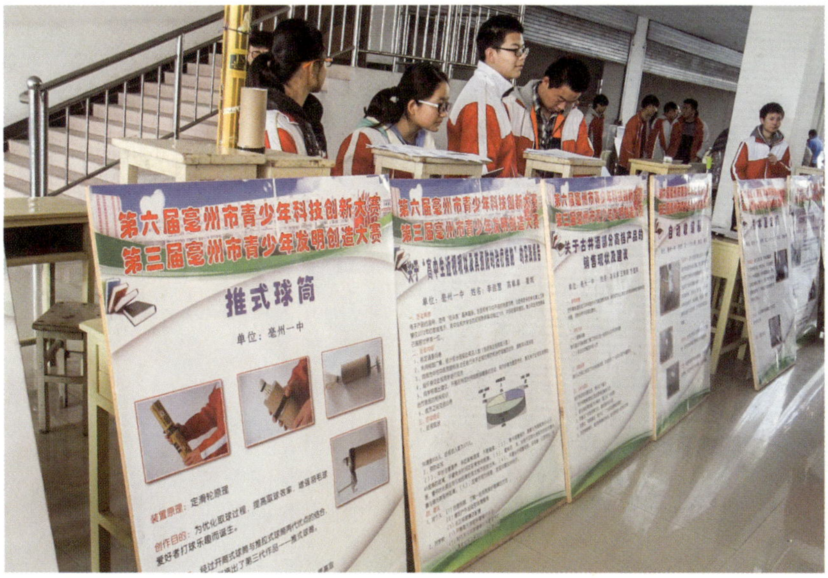

图20 青少年科技创新大赛

2016年9月19日，市科协在利辛县五一广场举行2016年“全国科普日活动启动仪式暨廉政文化进社区”科普活动。受省科协委托，市科协向利辛县城关镇振兴社区授予“全国科普示范社区”奖牌，向利辛县管理站潘刚授“全国科普惠农兴村带头人”奖牌，亳州市、利辛县两级科普大篷车车载科普展品现场展示。成员单位设置100个科普咨询服务台，咨询服务1000人次，发放科普宣传材料2万余份。

【亳州市心理学会】2016年7月，亳州市心理学会成立，会长王继锋。亳州市心理学会是由亳州市心理咨询师，心理学、医学、教育学等专业人士，心理健康教育、心理辅导工作者以及心理学爱好者自愿组成的专业性、公益性、非营利性社会团体。截至2016年年底，学会有会员210名。亳州市心理学会举办首届心理咨询师培训班，开展心理咨询师认证培训。开展系列公益活动：联合亳州市广播电视台、金瑞银泰百货公司，在沃尔玛一楼大厅举办广播台听众“爱在一起”公益团体心理游戏活动和现场个体咨询活动；应斯力泰集团董事长马锋先生邀请，王继锋为集团管理人员做《在团队中发现成就自我》心理辅导；学会会员在亳州市广播电视台新闻综合广播《校园大联盟》等栏目做心理嘉宾，向亳州市民传播心理健康知识，解决心理困惑；与市妇联联合举办“木兰讲堂·婚姻家庭及心理调适知识公益巡讲”活动。

（赵传玺）

亳州市文学艺术界联合会

【概况】亳州市文学艺术界联合会（简称市文联）是市委领导下的专业性人民群众团体，是全市各文艺家协会的联合组织。正处级单位，行政编制6名。下设亳州书画院，为全额事业单位，编制3人。2016年，有蒙城文联、谯城文联、利辛文联、涡阳文联、三星文联、古井文联、作家协会、书法家协会、摄影家协会、美术家协会、音乐舞蹈家协会、戏剧曲艺家协会、收藏家协会、影视家协会、民间文艺家协会等19个团体会员；各文艺家协会、学会共有会员5900人，其中国家级会员79人，省级会员1340人。

【市文联三届四次全委会】2016年3月10日，市文联三届四次全委会在市行政会务中心第四会议室召开，市文联三届委员会委员和县文联主要负责人参加会议。会议传达省文联六届二次全委会会议精神；作题为《扎根人民 创新发展 努力开创文联工作的新局面》的工作报告；会议按照《亳州市文学艺术界联合会章程》，增补李哲为市文联委员。

【市文联主要负责人调整】2016年12月1日，市文联召开机关全体人员、市书画院工作人员会议，市委组织部负责人宣布市委决定：张弘任市文联党组书记，提名为市文联主席人选；武子轩任市文联调研员，免去其市文联党组书记、主席职务。

【文艺家协会换届】市书法家协会：2016年12月23日，市书法家协会第四次会员代表大会召开，潘克军当选为亳州市书法家协会第四届理事会主席，梁景堂、任锋、王砚红、马震、邵玉祥、袁士松当选为副主席，梁景堂兼任秘书长。

市音乐舞蹈家协会：2016年12月23日，市音乐舞蹈家协会第四次代表大会召开，王军当选为亳州市音乐舞蹈家协会第四届理事会主席，张雷、赵清华、刘洪洲、江许胜、陈芳清、王玲莉、赵海涛当选为副主席，张雷兼任秘书长。

市收藏家协会：2016年12月24日，市收藏家协会召开第四次会员代表大会，任斌当选为亳州市收藏家协会第四届理事会主席，甘占民、杨井民、赵心贵、赵传鹏、锁景坤、吴永玉、姬长朋、叶春生当选为副主席，甘占民当选为秘书长。

市戏剧曲艺家协会：2016年12月26日，市戏剧曲艺家协会第四次代表大会召开，刘传师当选为亳州市戏剧曲艺家协会第四届理事会主席，宋保卫、胡继友、蒋秀娟、李云鹏、张志云、张守清、张丙军、苏英杰当选为副主席，苏英杰兼任秘书长。

市摄影家协会：2016年12月27日，市摄影家协会第四次代表大会召开，孟东晓当选为亳州市摄影家协会第四届理事会主席，李伟、张延林、胡卫国、邹立新、孙凯、王建当选为副主席，孙自强当选为秘书长。

市美术家协会：2016年12月29日，市美术家协会第四次会员代表大会召开，任明当选为亳州市美术家协会第四届理事会主席，陈家玉当选为常务副主席，赵平安、王丰来、吕用印、汤建民、崔建国当选为副主席，张弛当选为秘书长。

市民间文艺家协会：2016年12月30日，市民间文艺家协会召开第二次会员代表大会，李兴

图21 2016中国(亳州)首届安徽梆剧、曲艺汇演、精品剧目展演

田当选为亳州市民间文艺家协会第二届理事会主席。李传友、栾国民、仇高山、李文军、闵霞、马仁杰当选为副主席，马仁杰兼任秘书长。

市作家协会:2016年12月31日，市作家协会召开第四次会员代表大会，孙志保当选为亳州市作家协会第四届理事会主席，朱晖、杨小凡、杨永超、刘恒新、张超凡、韩劲夫、韦如辉、杨勇、李丹崖、段伟、马仁杰当选为副主席，朱晖当选为秘书长。

市影视家协会:2016年12月31日，市影视家协会召开第二次会员代表大会，张武之当选为亳州市影视家协会第二届理事会主席，杜振华当选为常务副主席，卢先社、李健、陈建涛、刘琳、屈广法、闫 岭、李飞、卞立海、刘勇当选为副主席，李运明当选为秘书长。

【孙志保被推荐为中国作家协会第九次代表大会代表】安徽省作家协会副主席、市文联兼职副主席、市作家协会主席孙志保被推荐为中国作家协会第九次代表大会代表，参加2016年11月30日至12月3日在北京召开的中国作家协会第九次代表大会。

【文艺活动】2016年，亳州市举办2016年春节音乐会和美术作品展;全市美术作品展;林琳艺术展;“劳动者之歌”书法美术摄影作品展;在上海朵云轩举办“问道”邵玉祥书法作品展;中国(亳州)首届安徽梆剧、曲艺会演、精品剧目展演;“迎国庆”书法美术摄影剪纸作品展;“养生亳州·长寿谯城”摄影大赛;“五禽戏”书画展;体育摄影作品展;“碧桂园·平侯府杯”古建筑摄影大赛;“古井贡酒年份原浆杯”魅力谯城摄影大赛;“我眼中的人民医院”摄影大赛。

【中华药都·美丽亳州“建安杯”全国摄影作品征集活动】2016年，中华药都·美丽亳州“建安杯”全国摄影作品征集活动由中国摄影报社、安徽省摄影家协会、中共亳州市委宣传部、亳州市文学艺术界联合会等单位联合主办。面向全国征稿，收到江苏、河南、上海及安徽省等9个省38个省辖市近300人投稿，应征稿件4120幅，评选出50幅(组)优秀作品。优秀作品先后在诠摄汇网站、《中国摄影报》《亳州晚报》专版刊发，并于11月份结集成册出版。

【文艺研讨培训】2016年，市文联组织举办文艺创作培训讲座4次。2月份在中原书画院举办绘画创作交流培训，6月24日举办文学创作培训，8月5日在博物馆举办书法知识讲座培训;11月底举办摄影知识培训。

【文艺交流】2016年，市文联组织举办4次研讨会，4月6日市委宣传部和文联、文旅局在宣传部召开文艺精品创作、研讨及调度会，5月27日市文联在区文化馆举办文艺创作研讨会，10月28日在谯城区文化馆举办剪纸创作研讨会，11月4日举办张兴华作品研讨会。

【文艺采风】2016年，市文联组织开展“我们的沃土我们的梦”文艺采风活动。组织艺术家到五马桃花园、双沟、十河大周村等地采风创作。组织邀请省摄影家协会和周边省市摄影家到亳采风创作;组织艺术家在药交会、体育运动会期间，以及到金寨等等地采风创作;组织60余名摄影家四批次到市人民医院进行采风创作。创作优秀文艺作品1000余件，李培华、闵霞、王炳华等人的13件作品在全省“我们的沃土我们的梦”采风创作活动中分别获银奖、铜奖和优秀奖，市文联获组织奖。

【文艺创作】2016年，亳州市文联引导艺术家着眼重大题材，深入挖掘、研讨，潜心创作。推出一批在全省有广泛影响力的精品佳作。孙志保完成安徽省精品创作项目长篇小说《黄花吟》，并被评为2015年安徽省中长篇小说精品扶持工程第一档;长篇小说《药商家族》获中国作协2016年作家定点深入生活专项立项。杨小凡创作的中篇小说《秋风紧》获贵阳市文联和《山花》杂志联手举办的首届“阳明杯·山花小说双年奖”。林琳的国画《民生工程惠万家》入选安徽省重大历史题材美术创作工程，青年画家车敏的《和风丽景》《丝路新景》、邴娅莉的《芭莎部落》、程少茹《灵语拂尘》入选全国美术家协会举办的作品展。在第二届安徽省剪纸艺术节暨全省民间工艺精品展获中有王炳华的剪纸《淮北风情》、张云凤的剪纸《庄子寓言》、闵霞的剪纸《富贵有“鱼”》等9

件作品分别获金、银、铜奖。王淳杰的摄影作品《有风的季节》入选中国第16届国际摄影展，潘学峰的摄影作品《天静宫的故事》、邓贺祥的摄影作品《幽谷溢霞》分获安徽第20届摄影艺术展铜奖。武奇等20余名选手在2016年安徽省首届唢呐大赛分获金、银、铜奖；丁延果的曲艺作品《和谐社会唱和谐》获安徽省第八届曲艺节“安徽曲艺牡丹奖”一等奖。

2016年4月1日，由市戏曲家协会以沈浩事迹为题材编创的大型舞台现代梆剧《印记》，参加中国豫剧优秀剧目北京展演月活动，在长安大戏院演出，多家媒体关注。

【“送欢乐、下基层”文艺活动】2016年，市文联组织开展“结对子种文化”“送文艺到基层”文艺惠民活动，组织艺术家到涡阳西阳镇义务送春联、在魏武广场举办京剧票友演唱会、到谯城区双沟进行民俗演出、到亳州学院举办剪纸展等30次活动，到涡阳义门、双沟等地送图书2000余册。（李兴田）

亳州市残疾人联合会

【概况】2016年，亳州市有县区残疾人联合会4个，乡镇（街道、林场）残疾人联合会90个。全市有残疾人36万余名，占总人口比例约5.67%，持证残疾人139950名，占总人口比例约2.2%。

图22　2016年，亳州市举办“关爱孤残儿童，让爱洒满人间”文艺演出活动

【残疾人救助补贴】2016年，亳州市有扶持残疾人创业就业基地8家，扶持残疾人个人创业就业950名，补贴资金190万元；对180名残疾人实施超比例安排残疾人企业补贴、补贴资金36万元，全年实施阳光大棚补贴103个，补贴资金51.5万元；为22名残疾人办理康复扶贫贴息贷款，发放贴息贷款7.5万元；贫困残疾大学生资助50名，资助金额8.9万元。

对1500名残疾人实施社保补贴，补贴资金56.9万元；完成残疾人危房改造663户、无障碍家庭改造210户；为残疾人验配助听器、装配假肢、赠送轮椅、盲人收音机等辅助器具2000余件。

【民生工程】2016年，亳州市残联牵头实施贫困残疾人救助与康复工程，完成47307名贫困残疾人生活救助，超省目标任务数404名，发放资金3249.84万元；完成7069名贫困精神残疾人药费补助，超任务数29名，发放资金706.9万元；完成992名贫困残疾儿童实施抢救性康复救助；完成440例白内障复明手术工作。

【残疾人信息管理】2016年，亳州市残疾人联合会开展全市残疾人基本服务状况和需求信息数据动态更新工作，完成143430名持证残疾人、1347个社区数据核实、注销、走访、需求调查、录入数据和上报，为中国残联制定惠及残疾人有关政策提供科学数据依据。

【就业服务】2016年，亳州市残疾人联合会协调开展残疾人电子商务、盲人按摩、皮雕艺术等主要内容10期残疾人职业技能培训，培训学员500余人；加大残疾人就业扶持力度，落实残疾人辅助性就业政策，新增安排残疾人就业150余人，福利企业安置残疾人近40人；实施残疾人就业扶持项目，推进残疾人个人创业、企业超比例安排残疾人就业、阳光大棚、阳光助残就业扶贫基地建设、企业为残疾人缴纳社会保险补贴等工作，全年投入项目资金669.85万元。

【宣传文体活动】2016年，亳州市残疾人联合会通过走访调研、开展慰问，评选先进、表彰模范，文艺会演，盲人按摩就业座谈，公益活动等形式开展第26次“全国助残日”系列活动；联合市人民医院在魏武广场开展以“关注儿童听力健康”为主题第17次全国“爱耳日”宣传教育活动；亳州市选手赵昕获“安徽省残疾人十大读书达人”荣誉称号。在2014－2015年安徽省残疾人事业好新闻评选活动中，亳州市获一等奖2个、二等奖2个、三等奖3个；亳州市在安徽省第四届特奥会中获4枚金牌，11枚银牌，16枚铜牌，亳州市代表队被授予体育道德风尚奖。

【普法维权】2016年，亳州市残疾人联合会加大普法宣传力度，开展学法、“六五”普法等宣传活动。市残联参加6次政风行风热线《说办就办》栏目在线直播，办理“12345”市长热线等有关残疾人救助、残疾人证办理等政策咨询130余件；市本级和所辖县、区设立“残疾人法律援助工作站”，办理维护残疾人合法权益案件两件。

【程凯到亳调研残疾人工作】 2016年4月26日，中国残联党组成员、副理事长程凯一行到亳州市，先后到市特教学校、安徽沪谯集团、市残疾人综合服务中心等地，对亳州市特殊教育开展、企业接纳残疾人就业、残疾人综合服务等工作进行调研，看望慰问贫困残疾人代表，对亳州市残疾人就业创业、脱贫攻坚等各项工作给予肯定。省残疾人联合会党组书记、理事长张纯和，市政府副市长崔唯航陪同调研。

（王国栋）

市红十字会

【概况】2016年，亳州市红十字会辖4个县（区）级红十字会，团体会员单位91个，个人会员554名，红十字志愿者416名。

本年度，红十字志愿者王德志获中华骨髓库五星级志愿者、省级优秀志愿者、省级崇义向善好青年、省“五四”奖章、市级道德模范称号，入围“中国好人榜”；志愿者孙启伟获“亳州好人”和省级“志愿服务优秀典型”等称号，入围“中国好人榜”。

【人道救助】2016年，市红十字会开展人道救助，规范运行天使救助项目。成功申报“小天使基金”和“天使阳光基金”资助，达113万元，帮助33名白血病、先天性心脏病患儿。启动“我家亳州·博爱”APP大病救助项目，探索“手机用户点击祝福、企业爱心捐赠、大病患者受助”公益捐助模式。

承担全市疾病应急救助基金经办管理工作，参与制定《疾病应急救助基金管理暂行办法》及配套表格，筹集疾病应急救助基金230万元，用于救助需要急救但身份不明或无力支付的患者。启动申报评审，救助患者18名，支出82万元。

【应急救护培训】2016年，市红十字会推进应急救护培训标准化管理，筹建“亳州市红十字应急救护培训中心”。推进应急救护“进机关、进企事业单位、进学校、进社区、进农村”活动，举办救护员培训班3期，培训108人次，普及性救护专题培训班50期，培训2780人次。

图23 2016年9月7日，红十字救护培训师向小学生们讲解红十字运动知识和常见意外伤害的应急处理

【全市首例造血干细胞捐献】2016年，市红十字会完成364例造血干细胞采样任务，提前并超额完成省红会分配的300例任务。6月29日，市政府办公室孙启伟完成亳州市首例公务员造血干细胞捐献，帮助深圳一名白血病患者重获新生。

【人体器官捐献】2016年，亳州市在全省首家建立人体器官、遗体、角膜捐献者网上纪念馆，开展网上缅怀纪念及捐献者家庭走访慰问活动。6月5日，市民孟先生突发车祸，抢救无效，家属决定捐献其1个肝脏、2个肾脏和2个眼角膜。在市红十字会见证下，器官捐献医务人员在亳州市人民医院为其实施捐献手术。（陈贝）

亳州市工商业联合会（亳州市总商会）

【概况】2016年，亳州市工商业联合会（亳州市总商会）（以下简称“市工商联”）有主席（会长）1人，副主席12人，其中，驻会副主席（副会长）2名，企业家副主席10名；市总商会副会长18人，其中，企业家副会长16名；执委141名，其中常委56名。机关编制6个，科室2个，科室负责人2名。市工商联联系和指导行业商会和协会有18个，团体会员商会15个，乡镇分会67个。

【行业商会（协会）党组织建设】2016年，亳州市花草茶行业协会、农资商会、商贸企业商会、钢材商会、汽车后市场商会、牡丹协会和服装商会，共7个商会成立党支部。

【商会（协会）建设】2016年，亳州市组建行业商会，成立亳州市锁业协会、亳州市花草茶行业协会，会员400余人；建设异地亳州商会，成立昆明亳州商会、马鞍山亳州商会、淮北亳州商会、温州亳州商会、海南亳州商会、芜湖市阜亳商会亳州分会、蚌埠市亳州商会亳州分会等异地商会。

【招商引资】2016年，亳州市工商联邀请芜湖市企业投资考察团、云南昆明市亳州商会、昆山市亳州商会、淮北亳州商会等考察团4批82人次到亳州考察；邀请全国民企500强参加“安徽省与全国知名民企推动长江经济带战略发展洽谈会”，为市领导和载体招商提供服务；6月，利用云南昆明商会成立之机，市政府、市政协领导及市经济开发区、亳芜现代产业园、谯城经济开发区在昆明开展招商活动；8月，邀请上海及周边异地亳州商会及知名企业家，在上海参加市政府举办“亳州老乡请你回家活动”。完成招商项目3个，项目总投资1.6亿元。

【市工商联“政企直通车·规下工商业”微信服务平台】2016年，市工商业联合会建设“政企直通车·规下工商业”微信服务平台，打通政府服务企业“最后一千米”。“政企直通车·规下工商业”平台以微信订阅号为载体，分两大主模块、4个子模块，集“问题上报、问题查询、办理结果和交流空间”于一体。企业只需关注“政企直通车·规下工商业”微信订阅号，就能实现以上功能。建立《亳州市“政企直通车”问题办理工作制度》《亳州市工商联“政企直通车·规下工商业”效能考核办法》，以企业上报问题为基础，突出问题办理和销号，以问题解决为目的，以加强工作考核为手段，明确问题转办、办理流程和时限，确保企业反映问题有渠道、办理问题有保障、问题办结有回复。截至年底，“政企直通车·规下工商业”平台共关注1447人，收集问题127件，转办127件，办结121件，办结率95.3%。

【民营企业“百企帮百村”活动】 2016年，市工商业联合会贯彻落实全省民营企业“千企帮千村”精准扶贫行动动员会议精神，联合市委统战部、市扶贫办等单位制定《亳州市民营企业“百企帮百村”精准扶贫行动实施方案》（亳统〔2016〕11号），对扶贫任务进行分解。4月29日，市委统战部、市工商业联合会、市扶贫办等组织召开亳州市民营企业“百企帮百村”精准扶贫行动启动大会。5月26日，芜湖市工商业联合会组织22家企业，到亳开展精准扶贫行动，召开芜湖市与亳州市民营企业“百企帮百村”精准扶贫村企对接会。7月中旬，市工商联组成调研组赴县区工商联了解各县区民营企业“百企帮百村”精准扶贫行动开展情况。

（冯刚）

军　事

"美丽亳州"系列图片——极限训练

亳州军分区

【概况】2016年，亳州军分区坚持以改革强军为引领，围绕省军区党委目标要求，紧贴新体制、新职能、新使命，突出重点抓工作，求实、务实、抓落实。

【思想政治建设】2016年，亳州军分区持续深化习近平主席系列重要讲话精神的学习贯彻，组织传达学习习主席“七一”重要讲话、十八届六中全会和中央军委改革工作会议上的重要讲话精神，使官兵职工认识上一致、思想上统一、政治上同心、行动上同步。组织“两学一做”学习教育，开展“坚决服从改革大局、忠实履行职能使命”教育，开展“新体制、新职能、新使命”和“双一”目标大讨论，教育引导官兵职工进一步理清职能使命。

【全民国防教育】2016年，亳州军分区以“传承红色基因、共建巩固国防”为主题，组织开展第16个全民国防教育日宣传教育系列活动；组织官兵职工参加烈士纪念日纪念活动，缅怀先烈、铭记历史，激发爱国热情。开展“国防教育宣讲进高校”活动，采取形势报告、流动展板、政策讲解等方式，解读征兵政策。配合宣传、教育部门，协调武警支队、消防支队开展“军营开放日”活动，重点组织院校教师、应征青年学生参观见学，帮助了解军营生活、接受教育熏陶。

【军事斗争动员准备】2016年，亳州军分区严格落实日常战备制度，强化战备值班检查督导，始终保持良好战备状态。注重抓好情报信息工作，与市应急办建立军地情报信息协作机制。后备力量编组进一步优化，蒙城县人武部代表军分区接受省军区民兵整组检查验收，综合成绩在省军区师单位排名第一。抓实战化训练落实。及时调整国动委及办事机构，组织国防动员潜力核查，更新完善潜力数据库。军民融合发展纳入亳州市经济社会发展“十三五”规划。

【安全管理】2016年，亳州军分区针对军队改革特殊时期和特殊要求，坚持依法从严管理，确保部队安全稳定。开展“学法规、正秩序、树形象”活动，强化机关作风养成；严密组织安全隐患大排查、安全稳定集中学习教育整顿、百日安全和涉密载体专项清查整治等活动，强化官兵职工安全意识。完善人、车、枪、弹、密等管控制度，落实安全形势分析、安全教育、安全检查、安全风险评估等制度，堵塞安全漏洞。

【正风肃纪】2016年，亳州军分区开展行业风气清理整治、执纪情况监督检查。采取党委会、纪委会、党支部会议、专题党小组和大会交流等形式，逐人逐单位梳理问题清单，建立整改台账，拿出措施办法。抓好组织“两学一做”学习教育、执纪情况监督检查和安全管理专项整顿，查纠存在问题，抓好整改。

【后勤服务保障】2016年，亳州军分区与省军区供应处对接，将军分区成立后的财务账目进行核对，逐笔查找和排除疑点。贯彻省军区通知精神，制订调整改革期间“部财区管”工作措施，从13个方面从严从紧从细加强财经制度和实物资产管理，针对上级曝光的各类违规违纪现象，向新规矩对表，依纪依规约束本级职能部门和下属单位。

【双拥共建】2016年，亳州军分区以巩固全国双拥模范城创建成果为目标，走访慰问驻军部队、军烈属，慰问作战部队营连主官和困难干部家庭。开设“亳州儿女建功军营荣誉榜”，对2015年在部队立功受奖的亳州籍官兵事迹在《亳州晚报》整版进行刊载，按标准落实奖励措施，强化军人的荣誉感自豪感，营造良好社会舆论导向。军分区机关与利辛县阚疃镇建立结对帮扶机制。持续开展结对助学活动，机关干部集中资助扶贫点10名贫困大学新生和10名贫困小学生。全区干部共与54名贫困学生结成帮扶对子，捐助11.1万余元。

【组织国防形势报告】2016年，亳州军分区以“药都讲坛”为平台，邀请著名军事专家、国防大学教授朱成虎少将为全市党政领导干部作国防形势报告。联系国家安全环境与几个热点问题，进行解读。

【迎接省军区国防动员业务竞赛

性考核强化训练】2016 年 10 月下旬至 11 月中旬，亳州军分区采取个人自训与集中强训相结合方式，围绕军事理论、基本技能、平时工作业务、应急应战业务、课题训练 5 项内容，组织本级机关进行为期近 1 个月的针对性强化训练。训练期间，军分区领导带头参训、亲自督训。司令部参谋郭飞参加省军区国防动员业务竞赛性考核取得综合成绩第一名和 2 个单项名次，单位综合成绩排名位居全省第四。

【学生军训】2016 年，亳州军分区与市教育部门沟通协调，加强军训巡查督导，确保安全顺利。全年组织学生军训 3.8 万余人，协调派遣帮训教官 440 余人次。

【非公有制经济组织武装机构和民兵组织清查审核】2016 年，亳州军分区组织全区官兵职工学习各级有关加强非公企业党管武装工作指示精神，组织“讲政治、严作风、强素质、抓落实”思想教育整顿。采取实地察看、座谈了解、考核抽问等方式，对 4 家非公企业及其武装机构进行军地联合考核。经报省军区批准，继续保留安徽济人药业有限公司、安徽广印堂中药股份有限公司、安徽双轮酒业有限公司武装部；撤建亳州联滔电子有限公司武装部。

【民兵整组】2016 年，亳州军分区分 4 个阶段 23 项主要工作，专题召开任务部署会、计划会审会、工作推进会，抓好落实。采取“三级同步、静态检查、拉动点验”方式，对全市民兵整组工作进行检查验收。其间，省军区卢信允参谋长带队，检查蒙城县人武部和所属 2 个基层武装部，拉动点验民兵应急连、1 支新型支援保障力量和 1 支作战保障力量，经省军区检查验收，市民兵整组位列全省第一位。

【征兵工作】2016 年，亳州军分区严格执行征兵命令，严把体检、政审、定兵等关口，规范征集程序。抓廉洁征兵，落实公开公示制度，强化监督监查，加强明察暗访，无违法违纪问题。亳州市政府出台《亳州市大学生应征入伍奖励补助办法》。完成征集任务。

【全面停止有偿服务活动】2016 年，亳州军分区依法稳妥推进全面停止有偿服务工作，坚决彻底关停、收回军事管理区租赁项目；规范向地方政府移交部分租赁项目《协议书》样本，得到省军区主要首长充分肯定，在省军区部队推广借鉴。全区 68 个可控托底项目（移交政府管理 47 个、关停收回 21 个）全部实现关停或移交地方政府管理。

【非军产房地产登记、领证工作】2016 年，亳州军分区在前期摸排基础上，组织指导人民武装部协调地方政府和相关部门，办理非军产房地产登记手续，领取土地证和房产证，建立健全房地产产权产籍档案。截至 12 月底，利辛县人武部所属 2 处非军产房地产领取不动产登记证。

（郭飞　刘洋　吴小平　朱青）

武警亳州市支队

【概况】2016 年，武警亳州市支队开展年度改革强军主题教育、“两学一做”“三个提倡、三个反对”和“以队为家、敬业奉献”等教育活动，主题教育做法被武警安徽省总队转发。

图 24　2016 年 7 月 16 日—8 月 20 日，参加安庆抗洪抢险。图为官兵在装填运送沙包

开展训管干部骨干集训，组织试点观摩，提升部队正规化水平。组织“条令法规学习周”“迎峰会、整军容、严纪律、保安全”作风纪律教育整顿和“百日安全竞赛”等活动，落实车辆、枪弹管理和保密工作制度。加强特勤排建设，完成春运执勤，春节、两会、G20峰会等敏感期城市联勤武装巡逻，蒙城聋哑人特大团伙盗窃涉黑案件庭审押解，“药博会”安保，党代会安保等74起重大临时勤务。

开展庆祝建党95周年和纪念红军长征胜利80周年系列活动，举办“迎新年”联欢会和“军嫂进军营、小家连大家”联谊会。开展“坚定强军信念，书写青春篇章”主题团日活动。

2016年，武警亳州支队被武警部队表彰为“连续16年安全无事故单位”“纪念红军长征胜利80周年知识竞赛先进单位”；黄杉被武警部队表彰为“最美新兵”；蒙城县中队被安徽省委、省政府表彰为“抗洪抢险先进单位”。另获武警安徽省总队表彰的集体奖和个人奖项总计十余项。

【特勤排“魔鬼周”极限训练】2016年，武警亳州市支队特勤排每季度安排不少于7天的“魔鬼周”极限训练，坚持从难、从严、从实战需要出发，把特勤排官兵锻造成过硬的特战尖兵和反恐利剑。极限训练围绕“四个突出”（极限体能、战斗技能、战法手段、意志作风），采取多种情况诱导、多种场景转换、多课目穿插进行，包括10千米武装奔袭、手步枪对集团目标射击、长途奔袭30千米、夜间武装奔袭、攀登、综合障碍、人力推卡车、野外搜索、恶劣环境就餐、极限综合体能、抢占坡顶、按方位角行进等十余个超强度训练课目。每天训练时间不少于18个小时，其中夜间训练不少于6个小时，采取逐课目排名竞赛方法开展长途行军、武装奔袭、野外搜索捕歼、快速精度射击、夜间武装奔袭等课目训练，特战队员身负30余千克武器装备，进行超常人智能、体能、技能和心能训练。在省武警总队组织的特勤分队比武中，支队特勤排取得特战分队团体第八名，特战干部骨干第五名的成绩。

【“卫士-16”演习】2016年5月24—28日，武警亳州市支队开展为期5天的首长机关带实兵演习训练。演练以处置大规模群体性事件为背景，突出“体系化、实案化、精确化”战备工作要求，重点锤炼部队应对突发紧急情况处置能力。在总队导演部统一导调下，结合演习任务，按照“真打实备、投身实战”要求，先后组织业务培训、战法研究、室内推演、实兵对抗和反思总结。演习过程中，设置复杂困难条件，设想紧急情况，从分析判断情况、确定处置意图、制定处置方案、定下处置决心、拟制处置计划、实施情况处置六个方面进行逐项推演。遵循从难从严标准，按照全员、全装、全要素，模拟真实处置群体性突发事件场景，政治工作“三战”战法，根据演习进程超前谋划、逐步跟进，后勤工作围绕演习任务实施伴随保障、精确保障，演习达到预期效果。

【参加安庆市抗洪抢险】根据省武警总队命令，2016年7月16日至8月20日，支队官兵奔赴安庆市望江县担负抗洪抢险任务，先后在望江县太慈镇六零圩和凉泉乡三段圩驻守抗洪。转战武昌湖和泊湖水域，持续奋战36天，累计装填沙袋20117个、搬运土石2083立方米，加固堤坝3850余米，完成抗洪抢险任务。蒙城县中队被省委、省政府表彰为“抗洪抢险先进单位”，4名官兵立抗洪抢险三等功，21名官兵受到嘉奖。

【新兵野营拉练】2016年12月19—21日，亳州支队组织首长机关带新兵野营拉练。按照“锻炼部队、提高素质、磨砺意志、培养作风”要求，首长机关率先垂范，模范带头，与新兵共同参加训练。新训官兵按照“真、难、严、实”标准，依据行军路线和任务，开展封控警戒、紧急集合、急行军、隐蔽和捕歼战斗等课目的训练。文艺宣传分队利用车载音响、野战音箱等宣传器材，组织拉歌比赛、政治鼓动、战地文艺表演、重温誓词和火线入团等活动，鼓舞官兵信心和士气。后勤“一队五组”现地开展营地设置、搭设帐篷、武器保障、伙食供应和卫生服务等工作。

【军嫂进军营暨“十佳军嫂”评选】2016年12月25日，武警亳州市支队组织开展“军嫂进军营，小家连大家”活动。活动分为座谈交流、参观营区、合影留念和观看文艺演出四个环节。期间，支队与亳州市妇女联合会、亳州市拥军协会举办“2016年度军嫂联谊会暨‘十佳好军嫂’表彰会”，袁丽、沈孟丹、刘雪荣、白明娟、张海娟、时楠、赵丕红、赵雯、孙小冉、王稳10位军嫂受到表彰。

（马奔）

人民防空

【概况】2016年，亳州市加强人民防空工程建设质量监督管理及人民防空工程平时使用管理，确保人民防空工程使用安全。严格依法行政，规范审批程序。市人民防空办（地震局）被国家人民防空办、省国动委、省人民防空办、省地震局通报表彰8次，其中1人获全国人民防空先进个人，3人获全省人民防空、防震减灾工作先进个人，单位4次被省国防动员委员会、省人民防空办公室、省地震局通报表彰。蒙城县人民防空办公室、谯城区人民防空办公室分别获省人民防空办公室通报表彰各2次。

【指挥通信】2016年，亳州市对人民防空指挥部成员进行调整；修订完善《亳州市人民防空方案》；组织完成“9·18”防空防灾警报试鸣；对市区警报器进行更新改造，全市主城区警报覆盖率达98%以上；完成人防无人机项目和人防指挥小平台项目建设；组织“皖盾亳州-2016B”人防地震应急综合演练；派员参加全省人防跨省机动综合训练。

【应急救援】2016年，亳州市人民防空专业队伍共计664人。组建40人的市直人民防空地震志愿者队伍。将民间组织无线电志愿者大队、天狼救援队、阳光救援队纳入应急救援志愿者队伍。组织指导市幼师、一中校园、一中南校国际部、风华中学、特教学校及市烟草公司开展地震应急疏散演练。制定《2016年度亳州市地震重点危险区抗震救灾应对工作方案》，为地震应急救援提供组织保障。

【监测预报】2016年，亳州市进一步加强地震监测系统建设，对利辛地震台进行改造，增上测震手段；建设亳州市前兆数据互联互通项目，形成亳州市区域前兆台网；组建亳州市区域测震台网，实现亳州市地震监测站汇集河南省周口、商丘地震台及安徽省蒙城、利辛、淮北、阜阳、蚌埠、淮南地震台的实时波形数据；勘选国家地震烈度速报和预警工程亳州地区台站；对群测群防工作进行动态管理；制定亳州市震情会商改革技术指导方案；完成中国地震局第四检查组震情监视跟踪专项检查工作。

【行政执法】2016年，市人防办公室编制人防地震部门公共服务清单、责任清单、权力清单、行政权力中介服务清单，以及市人民防空行政处罚裁量权基准制度和市地震局防震防灾行政处罚裁量权基准制度。行政审批项目全面实行网上办事大厅审批办理。配合省人防办开展“双随机一公开”行政执法检查工作一次。开展人防地震建设执法检查活动。组织人员参加省行政执法培训讲座。

【科普宣传】2016年，亳州市在“5·12”防灾减灾日、“9·18”防空警报试鸣日等不同时段，开展人民防空和防震减灾科普宣传活动。采取通过《亳州晚报》和市电视媒体进行宣传报道、在魏武广场开设咨询台发放科普资料、向市普通高校和初级中学发放科普读本及邀请省地震局专家现场作讲座等多种方式进行宣传。发放宣传资料近2万余册，接受咨询300人次。

（陆军）

图25　2016年10月31日，市烟草公司组织地震应急疏散演练

图 26　冬季野营拉练

法　治

"美丽亳州"系列图片——亳州市博物馆

政法委及综治工作

【概况】2016年，亳州市政法部门围绕维护社会大局稳定、促进社会公平正义、保障人民安居乐业，坚持问题导向、目标导向、服务导向、务实导向，建立问题清单、责任清单、任务清单，防控风险、服务发展，破解难题、补齐短板，深化司法体制改革、加强政法队伍建设，履职尽责。全市社会大局持续稳定，无重特大群体性事件、重特大公共安全事故和暴力恐怖事件。

【维护社会稳定】2016年，亳州市健全完善社会稳定风险防控机制，落实维稳信访工作“分管领导+主管部门+属地”三位一体责任制，出台市、县两级重大不稳定问题清单制度、社会稳定风险点清单制度和分级防控机制等六项维稳工作制度。推进社会稳定风险评估工作，制定《亳州市重大决策社会稳定风险评估责任追究暂行办法》，实施社会稳定风险评估110件。全市92个乡镇（街道）全部完成应急队伍建设和应急预案编制工作，1341个村（社区）依托综治维稳信访工作站组建应急队伍。

【平安亳州建设】2016年，亳州市统筹推进社会治安防控体系建设。在城区实行“网格化动态巡防”勤务模式，强化环市、环县两级防控圈建设。市县两级总投资23亿元，构建覆盖全市城乡每一条街道、每一个乡镇、每一个村（社区）的立体化数字化治安防控体系。制定出台《亳州市社会治安重点地区认定标准和管理办法》，开展打假“利剑”“扫黄打非”、缉枪治爆等治安专项行动。制定下发《关于加强基层群防群治工作的实施意见》，招聘治安辅助力量8221人，占实有人口的万分之16.25，基层网格管理员3508人，登记在册平安志愿者28863名，形成群防群治合力。市政府拨专款400万元，成立市见义勇为基金会。开展“两无创建”活动，制定下发《关于开展“无命案乡镇”“无刑事案件村”创建活动的通知》。

【推进依法治市】2016年，亳州市成立市委全面推进依法治市领导小组和党内法规制度建设、科学立法、依法行政、公正司法、全民守法5个专项小组，制定《2016年市委全面推进依法治市工作要点》《2016年市委全面推进依法治市工作检查考评实施细则》及评分表。工作做法被省委《法治工作简报》第7期刊发。

【加强社会治理基础建设】2016年，亳州市加强矛盾纠纷排查化解，下发《关于建立健全矛盾纠纷多元化机制的意见》和《工作考评办法》，初步建立市矛盾纠纷多元化解机制。开展综治维稳信访工作中心（站）规范化建设年活动，制定出台《关于基层综治维稳信访工作平台规范化建设的实施意见》，实现基层综治工作平台实体化、实战化、实效化，打造基层综治维稳信访工作中心（站）升级版。县区财政按照每年每个乡镇（街道）10万元、每个村（社区）1万元标准，将工作中心（站）工作经费纳入财政预算。强化重点行业领域管控。开展寄递物流渠道清理整治，市政府专项补贴384万元，落实“实名登记、开箱验视和X光安检”三个100%制度。推进精神障碍患者服务管理工作，三级以上患者全部纳入“四位一体”包保管控。

【司法体制改革】2016年，亳州市推进以审判为中心的诉讼制度改革，深化公安执法规范化建设，完善检察权运行机制改革，改革审判委员会工作机制，全面贯彻证据裁判、疑罪从无、罪刑法定等规则，落实犯罪嫌疑人讯问同步录音录像制度。开展法官、检察官员额制改革，全市产生首批274名入额法官及165名入额检察官。深化户籍制度改革。制定出台户籍制度改革实施意见，一元化户口登记全面开启，全市城镇人口增长14.7万人。推行居住证制度，全市办理居住证75258张。推行社区矫正制度改革，建立社区矫正工作联席会议制度，实行社区矫正分级管理。全市设立社区矫正教育基地17个，社区服务基地32个，就业基地7个。开展律师工作改革，制定出台《关于保障律师执业权利实施办法》等4个规范性文件，加强和规范律师陪访、代理申诉参与涉法涉诉信访事项化解以及参与矛盾纠纷化解工作。

【政法队伍建设】2016年，亳州市政法系统组织“两学一做”征文活动和“践行社会主义核心价值观——身边警身边事”演讲比赛。坚持正规化专业化职业化方向，坚持能力型培养，组织各类业务培训11次，培训科级以上干部500余人次。在中国政法大学组织为期一周的“全市政法领导干部综合能力提升专题培训班”，在浙江绍兴组织一期县区党委政府分管负责人和乡镇街道党委政府主要负责人参加的“社会治安综合治理专题培训班”。发掘基层政法干警的先进典型事迹，开展典型宣传活动。市检察院系统开展“我身边最美检察官”系列宣传活动，挖掘报道蒙城县检察院副检察长刘永红的先进事迹；市法院系统深入开展向平民法官何允芝学习活动；市公安系统开展向全国优秀人民警察张诗军学习活动。强化作风效能建设，坚持以监督提效能，制定《市委政法委明察暗访工作制度（试行）》，每季度开展一次全市执法司法大检查活动，发挥执法监督检查的纠错功能和导向作用。

（蒋灿）

法治政府建设

【概况】2016年，市法制办围绕市委市政府中心工作，确定依法行政重点任务；组织行政执法监督检查，监督行政执法部门依法行政；组织对市政府重大事项、重大决策和规范性文件进行合法性审查；依法化解社会矛盾纠纷；对行政执法人员进行清理和依法培训等，推进依法行政，建设法治政府，为全市经济社会发展创造良好法治环境。

本年度，市法制办被亳州市委、市政府评为2011－2015年全市法治宣传教育先进集体。

【确定依法行政重点任务】2016年9月21日，《亳州市人民政府办公室关于印发〈亳州市人民政府2016年依法行政和法治政府建设重点工作安排〉的通知》印发，确定2016年依法行政和法治政府建设7大项28小项重点工作及各项重点工作牵头单位。

【依法行政考核】2016年11月30日，《亳州市人民政府办公室关于印发2016年度依法行政考核方案的通知》印发，采取自查、复核、日常考核相结合方式对各县、区政府，市政府各部门、各直属机构，中央、省驻亳单位进行考核，对县区政府考核结果纳入市政府目标管理绩效考核体系，对市直有关单位考核结果纳入市直机关效能考核。

【合法性审查】2016年，市法制办审查市政府重大决策86件，市委市政府规范性文件146件。经市政府第147次常务会议审议通过，2016年7月23日，《亳州市人民政府关于印发〈亳州市人民政府重大事项合法性审查程序规定〉的通知》（亳政〔2016〕37号）印发，明确重大事项合法性审查的范围、程序及审查结果运用，重大事项未经合法性审查，或者经审查不合法的，不得提交会议讨论或者制发文件。市法制办负责市政府重大事项合法性审查工作，审查市政府重大事项408件。即日，《亳州市人民政府办公室关于印发〈亳州市推进重大事项合法性审查机制全覆盖工作方案〉的通知》（亳政办秘〔2016〕143号）印发，市政府各部门、各县区政府及其部门均建立重大事项合法性审查制度，重大事项合法性审查机制全覆盖。

【重大行政执法决定法制审核制度实施】2016年11月19日，《亳州市人民政府办公室关于印发亳州市重大行政执法决定法制审核规定的通知》印发。重大行政执法决定包括：涉及重大国家利益和公共利益的；案件情况复杂或者社会影响较大的；需经听证程序作出决定的；法律、法规、规章规定应当进行法制审核的。重大行政执法决定作出前须经法制审核，未经法制审核或者审核未通过的，不得作出决定。

【全市行政执法人员清理】2016年8月，市法制办印发《关于转发〈安徽省人民政府法制办公室关于开展全省行政执法人员清理工作的通知〉的通知》，对全市行政区域内依法具有行政执法权各级行政机关，法律、法规授权以及或者根据依照法律、法规、规章规定受委托行使行政执法权机关或组织中，已经取得《安徽省行政执法证》或者国务院部委统一颁发执法证件行政执法人员进行清理。全市现行政执法人员共10683名，持证人员9832名，注销执法证549件。

【案卷评查及“回头看”】2016年

3月，市法制办会同相关单位对全市物价、林业、交通运输、住房城乡建设系统2015年度按照一般程序实施的行政处罚案件进行评查。9月，《关于开展行政执法案卷“回头看”活动的通知》（亳府法〔2016〕263号）印发，对全市文旅、水务、地税系统2015年度办结行政处罚案卷（仅指按照一般程序办理的案件）进行“回头看”。

【制定关于加强和改进行政应诉工作的实施意见】2016年12月27日，《亳州市人民政府办公室关于印发亳州市加强和改进行政应诉工作的实施意见的通知》印发，在“充分认识行政应诉工作的重要意义”“明确行政应诉工作分工”“依法全面履行行政应诉工作职责”“完善行政机关负责人出庭应诉制度”“强化行政应诉工作保障”“加强行政应诉工作监督管理”六个方面提出具体要求。

【依法化解社会矛盾纠纷】行政复议。2016年，市法制办受理市本级行政复议案件65件，办结60件，其中维持11件、驳回14件、撤销并责令重做1件、撤销2件、确认违法并责令重做1件、责令履行2件、确认违法9件、终止6件、不予受理10件、变更1件、告知3件，其余5件在依法办理中。

行政应诉。经市政府第167次常务会议审议通过，2016年12月27日，《亳州市人民政府办公室关于印发亳州市加强和改进行政应诉工作的实施意见的通知》（亳政办秘〔2016〕276号）印发。2016年，市法制办办理市政府行政应诉案件57件，其中一审24件，二审32件，最高院1件。

仲裁工作。2016年，受理民商事仲裁案件276件，上缴市财政仲裁费收入170余万元。

【依法行政培训】2016年，举办全市依法行政和法治政府建设专题培训班，邀请中央党校傅思明教授，省高院行政审判庭副庭长张志强、省政府法制办行政复议处副处长刘一青作专题讲座。市直单位分管依法行政工作负责人和法制机构负责人，各县区分管依法行政工作负责人，市委、市政府法律顾问等100余人参加培训。（蔡威）

公安工作

【概况】2016年，亳州市公安机关针对影响社会治安“黄赌毒”“盗抢骗”“黑拐枪”等突出问题，保持严打高压态势，对命案、黑恶势力犯罪等社会影响大、群众关注高恶性案件，集中优势警力和侦查资源，快侦快破，消除影响，安定人心。破案数、抓嫌数、刑拘数、提请逮捕数、移送起诉数同比分别上升9.5%、22.7%、15.9%、32.4%、23.6%，其中侵财案件破案数同比上升17.2%。立各类刑事案件11771起，同比下降16.2%；侵财案件立案7958起，同比下降19.7%；命案发案30起（破29起），破命案积案11起，全省领先；发现受理治安案件20523起，同比下降28.7%；打掉黑恶势力团伙30个；抓获各类逃犯1841人。全市无影响政治稳定的重大事件、危害公共安全暴力恐怖案件和个人极端事件、规模性群体性事件和重大网络安全事件发生。

【社会防控】2016年，亳州市建设街面巡逻防控网。城区实行特巡警、交警、派出所民警、武警多警联动“网格化动态巡防”勤务模式；主城区划分为一级武装巡防网格4个、二级社会面巡防网格11个、三级社区巡防网格27个。建设城乡社区防控网。推进城乡警务室规范化建设，城区警务室与社区建设同规划、同建设，在治安相对复杂、任务较重中心村建设警务室，在行政村依托综治维稳信访工作站建设警务联系点，全市124个警务室按照1名民警、1至2名辅警标准配备警力。探索实践农村社会管理“一村一警”警务新机制，全市行政村全部配备驻村、包村民警，全部建立警务联系点，了解社情民意。全市排查化解矛盾纠纷12753起。加强对肇事肇祸精神病人管控力度，推动建立精神障碍患者摸排筛查救治救助和服务管理工作机制，录入全国重性精神病人管理系统2659人。建设内部单位和行业场所防控网。确立市级重点单位61家，县（区）级重点单位309家，建立保卫机构370个，保卫人员1458人。强化阵地控制，旅馆业治安管理信息系统安装联网率100%，抓获网上逃犯815名。全市歌舞娱乐场所、废旧金属收购业、典当业，社会治安信息采集平台系统覆盖率100%。联合邮政管理局加强对寄递业安全检查，启动印章业治安管理信息平台，强化散装汽油储存销售治安管理工作，加强对医疗机构安全防范指导，强化校园及周边治安环境治理。

【科技强警】2016年，亳州市建设视频技术防控网。推进视频数据平台建设，全市建成近7000个视频监控探头，比上年增加24%，其中6000余个探头已与省、市视频监控联网共享平台联网对接。深化视频巡查，规划构建市、县、所三级视频巡查新格局，持续完善视频巡查与情报研判、勤务调度、网格化巡防、应急处突等工作对接机制。2016年，通过视频巡查协助处置案(事)件1588起。建成平安亳州机房等重点项目。推进智慧城市建设，提供数据29种7333万余条。推进无线Wi-Fi管控系统、智能终端数据采集系统、网络TZ系统、移动警务系统二期、互联网态势感知系统和通报预警平台建设。改革创新刑事科学技术工作机制，推进现场分级分类勘查工作机制，强化现场勘查工作，提高发现提取痕迹物证能力，刑事案件现场勘查率108.6%，十二类案件现场基站信息采集率73.45%。建立健全刑事技术信息研判工作机制，推进刑事技术信息综合应用。建设DNA数据库，建库12420人份，受理案件724起、检材2045份，通过现场物证认定嫌疑人159名、串并案件36起，比中案件129起。通过指纹信息比中案件809起。全市通过标准化信息采集室采集违法犯罪人员信息10740条。法医、理化、文检、痕检等在侦查破案中均发挥巨大作用。

【公安改革】2016年，亳州市充实市公安局深化公安改革领导小组，建立日常办事机构，设立维护国家安全和稳定、社会治安治理、公安行政管理、执法权力运行、警务实战化和公安管理体制6个改革课题组，确定10个调研课题，明确30项改革任务。深化警务公开，建立“两随机一公开”工作机制，推进简政放权、放管结合、优化服务，创新公安行政管理方式，规范公安行政执法行为；向社会公布公共服务清单110项、中介服务清单33项。推进“情指一体化”运作，出台《亳州市公安机关“情指一体化”工作规则(试行)》，重大警情研判与指挥调度一体化运行。健全完善重大警情应急响应机制、重大突发警情紧急布控勤务机制、重大警情指挥调度机制，就近派警、多警种联动、可视化指挥。深化110提速提效，全市110接处警平台接警114.5万起，有效接警24万起。加强情报平台建设和内外部数据整合工作，将政府48家单位10.9亿条数据接入情报库开展深度应用。立足建立“全警联动、优势互补、信息共享、合成作战”现代化侦查破案大格局，成立合成作战室，建立市局合成作战平台，一旦发生重大案件，技侦、网侦、刑侦手段同步上案，破获一批重大案件。推进户籍制度改革，推动出台《关于解决无户口人员登记户口问题实施的意见》，各县区均出台户籍制度改革细化方案。全市城镇人口约增长14.7万人。开展流动人口和出租房屋清查整治专项行动，全面落实“以证管人、以房管人、以业管人”流动人口管理模式，全市登记在册流动人口95141人，出租房屋27781处。探索实践农村社会管理“一村一警”警务新机制，全市行政村全部配备驻村(包村)民警，建立警务联系点。进村1.6万人次，普法宣传3460余次，入户走访群众2.4万户，反馈有效信息280条，参与调处各类矛盾纠纷590起，将9起可能引发群体性事件化解在萌芽状态。优化行政管理。深化网上办事，市、县两级公安机关入网209项，其中预约办理117项，在线办理92项，受理办结40.57万件，群众满意率99%以上。全面落实居民身份证异地受理挂失申报和丢失招领制度。优化出入境管理，受理、审批各类因私出入境证件申请12.6万人次，同比增长21%；开展“三非”案件专项清理整治行动，优化境外人员管理服务。推进“交通安全综合服务管理平台”及“交管12123”手机APP建设应用，开展互联网自主约考，21.5万人注册。

（杨志华）

【消防安全管理】2016年，亳州市公安消防支队参与安徽省公安消防总队组织的跨区域地震、水域救援暨危化品处置等拉动演练及亳州市人民政府组织的“皖盾亳州-2016B”人防地震应急综合演练；开展消防安全重点单位情况“六熟悉”712次、灭火实战演练364次，提升部队协同配合和专业处置水平；制定《十项便民利民工作措施》、消防行政执法“七公开”和“服务承诺制、首问负责制、限时办结制”等三项制度，对规模大、周期长的大型工程项目开辟“绿色通道”，全程服务督办。

本年度，蒙城县公安消防大队被安徽省公安厅纪律检查委员会表彰为“全省公安现役部队廉政文化示范单位”、被安徽省公安消防总队党委评为先进基层党组织；亳州市公安消防支队、涡阳县公安消防大队和利辛县公安消防大队被评为亳州市第七届“文明单位”；亳州市经济开发区公安消防大队、蒙城县公安消防大队和利辛县公安消防大队被评为亳州市“青年文明号”；徐恩永被公安部政治部表彰“公安现役部队优秀党务工作者”；崔战伟、王潭、杨国荣等3人被安徽省公安消防总队荣记个人三等功；张良斌被评为亳州市“十大杰出青年”。

【火灾防控】2016年，亳州市公安消防支队开展两会、冬春火灾防控和夏季消防安全检查等7个专项检查和重大节日、重要活动消防安保工作。亳州市人民政府与各县区人民政府及18个行业部门签订《2016年消防工作责任书》，落实联合执法机制。全市611家消防安全重点单位完善“户籍化”管理信息，落实单位主体责任和“四个能力”建设。检查单位6657家，发现火灾隐患和消防违法行为8768处，督促整改8803处，下发《责令改正通知书》1932份；查封80家，责令“三停”66家，行政拘留25人；13处省市级挂牌督办的重大火灾隐患全部提前整改销案；审核工程178个、验收167个、备案77个；指导公安派出所检查单位48011家，发现并督改火灾隐患74208处，下发《责令改正通知书》31470份，行政拘留16人，警告164人，罚款45.67万元。

【灭火救援】2016年，亳州市公安消防支队完成“G20”杭州峰会、纪念抗战胜利70周年、国际(亳州)中医药博览会暨第32届全国(亳州)中药材交易会等多项执勤保卫任务；成功处置“3·24”谯城区国购名城小区居民住宅火灾、“8.11”DMF(N,N-二甲基甲酰胺)槽车翻车泄漏事故、“9·26”谯城区105国道双沟段汽油槽罐车侧翻事故等多起灭火救援行动。共接处警3652次(含增援)，出动消防车4963辆次、消防官兵28189人次，抢救被困人员567人，疏散人员1189人，抢救财产价值1亿余元。

【装备建设】2016年，亳州市公安消防支队购置重型水罐消防车、举高喷射消防车、城市主战消防车、普通水罐消防车等14辆消防车及一批灭火救援器材装备；蒙城县公安消防大队配备1辆8吨水罐泡沫消防车、2台消防机器人及一批灭火抢险救援器材装备；涡阳县公安消防大队配备2辆水罐消防车和1辆城市主战消防车。“高、精、尖”消防装备投入使用，灭火救援实战能力和水平提升。

【基础建设】2016年，亳州市公安消防支队完成培训基地暨涡北特勤合建站、战勤保障大队暨亳芜产业园消防站、利辛县滨河新区消防站的工程建设；芍花路消防站、和平西路消防站开工建设。新建消防站均按照《城市消防站建设标准》(JB152-2011)设计施工。

【消防宣传教育】2016年，亳州市公安消防支队围绕“消除火灾隐患、共建平安社区”“119”消防宣传月主题活动，开展参观一次消防站、开展一次家庭火灾隐患排查、完成一次消防家庭作业、开展一次逃生自救演练等“四个一”校园消防宣传教育培训活动，通过“小手拉大手”，实现“教育一个学生，带动一个家庭，推向全社会”的工作目标，增强消防宣传工作的渗透力，提高全社会消防安全素质。在新学期军训之际，亳州学院、亳州市第一中学、亳州市风华中学等13所学校开展“消防宣传进军训”活动，受训师生2.3万人。通过教育培训使师生掌握初起火灾扑救、火场逃生和自救方法，消防安全素质和防灾避险自防自救能力提升。

【DMF槽罐车泄漏事故处置】2016年8月11日23时许，亳州市涡阳县307省道陈大镇路口西边，一辆载有化学原料DMF(N,N-二甲基甲酰胺)槽车(苏AB4315)发生侧翻泄漏，1人被困。亳州市公安消防支队调集涡阳县公安消防大队3辆消防车、18名消防官兵，特勤中队2辆消防车，12名官兵到场处置。救出被困者，疏散周边群众100余人。8月12日10时处置完毕。

9月26日1时许，亳州市谯城区双沟镇105国道超限站南，一辆满载汽油槽罐车(鲁RD2918)与一辆小轿车(皖S77909)相撞，汽油槽罐车侧翻在路边，轿车起火。亳州市公安消防支队调集责任区中队工业园消防中队1辆抢险救援车、2辆水罐消防车、17名官兵；中队特勤消防中队1辆抢险救援车、1辆泡沫水罐消防车、12名官兵，谯城消防中队1辆重型水罐消防车、5名官兵到场处置。采取现场警戒、疏散群众、现场检测、稀释排险、导罐吊离等有效措施，26日13时30分处置完毕，事故未造成人员伤亡。

(张乾)

检察工作

【概况】2016年，亳州市检察机关按照市三届人大四次会议决议要求，履行法律职责，推进司法规范化建设，打造“忠诚检察、服务检察、规范检察”。

本年度，市检察院获效能考核优秀等次，谯城区院获“全省先进基层检察院”，谯城、涡阳、利辛、蒙城检察院获“全国检察宣传先进单位”奖，蒙城县检察院办案工作区获“全省首届示范办案工作区”奖；干警何昆获“全国检察机关案件管理业务能手”称号，袁秀获“全省公诉标兵”称号，王文文、王云娇获“全省优秀公诉人”称号，魏海玉获“全省检察机关案件管理业务标兵”称号，刘攀获“全省民事行政检察业务能手”称号，张鹏飞获“全省侦查监督业务能手”称号；在全省“抓特色、创品牌、育典型”活动中，谯城区院、利辛县院分别获“全省示范典型”和“全省示范品牌”荣誉。

【职务犯罪查办预防】2016年，亳州市检察院保持反腐高压态势。立案侦查贪污贿赂犯罪97人，其中科级干部18人，处级干部1人，厅局级干部1人，大案87件。查处渎职侵权犯罪28人，侦查终结涉案资金9052.72万元。推进职务犯罪预防工作，开展警示教育活动193余场次，开展服务和保障换届选举专项预防、扶贫领域警示教育、预防文化建设工作，打造出亳州检察预防工作“样板”。陈新永撰写的《关于土地征迁领域职务犯罪的情况分析》，被市领导签批，给予高度评价。

【刑事诉讼、刑事执行、民事行政诉讼监督】2016年，亳州市检察院加强刑事诉讼、刑事执行、民事行政诉讼监督工作。刑事诉讼立案监督70件，其中监督立案50件，撤案20件；纠正漏捕19人，纠正漏罪12起，向省院提请抗诉10件，向同级法院提出抗诉29件。对刑事执行和监管活动中违法行为，发纠正违法通知书107件，监督纠正执行不当1人。受理民事行政案件138件，向省院提请抗诉12件，向同级法院提出抗诉3件，发出再审检察建议6件，监督民事行政诉讼活动违法情形9件。督促行政机关依法履职，发出检察建议14件。

【推进司法体制改革】2016年，亳州市检察院主动适应以审判为中心的诉讼改革，构建新型诉侦、诉审、诉辩关系，严把证据审查标准，坚持疑罪从无原则和证据裁判规则。探索轻刑快办机制，实现案件繁简分流，提升办案效率，交通肇事、危险驾驶等轻微刑事案件审查期限，由法律规定的30天缩短至10天。逐步完善诉访分流、终结退出机制，建立律师参与接访和代理涉法涉诉信访案件等制度。改革检察官员额制，经个人申报、资格审查、考试考核、党组推荐、省遴选委员会决定，165名员额内检察官全部选任到位。

【接受外部监督】2016年，亳州市检察院向市人大专题报告规范司法行为专项整治工作，建立联系人大代表、政协委员、人民监督员工作机制，开展经常性联络走访活动，走访联系人大代表、政协委员等300余次。建立亳州检察微信、微博公众号、短信平台，及时发布检察工作动态；开展检察开放日、举报宣传周等活动，邀请人大代表、政协委员现场监督。发布检务公开信息416条，公开司法办案程序性信息5305条，公开生效法律文书2567份。

【规范司法行为】2016年，亳州市检察院修订完善评查标准体系，建立案件质量评查常态化机制，每季度组织一次评查活动，评查卷宗1200余册。在全省“三级联动评查”中，个案不规范比率案均1.64处；在全省规范司法行为相关规定执行情况专项检查中，个案不规范比率案均0.1处。在全省检察机关中，不规范比率最低。

【服务亳州经济社会发展】2016年，亳州市检察院制定《亳州市人民检察院关于依法保障服务扶贫开发工作的指导性意见》《亳州市市检察机关依法服务〈亳州市十三五经济社会发展规划纲要〉的指导性意见》。参与市场经济秩序整顿，依法办理非法吸收公众存款、集资诈骗、非法经营等破坏市场经济秩序犯罪36人，推动“两法衔接”平台建设，依法监督行政机关移送犯罪线索43件。参与食品安全专项整治工作，批准逮捕生产销售假药、有毒有害食品等犯罪嫌疑人3人，提起公诉29人。

【保障社会和谐稳定】2016年，市检察机关批准或决定逮捕1676人，提起公诉3656人。打击危害公共安全、严重暴力、多发性侵财犯罪，批准逮捕1026人，提起公诉2401人。对无社会危险性的不批准逮捕547人，决定不起诉114人，对不需要继续羁押的153名犯罪嫌疑人建议变更强制措施。加强检调对接工作，依法促成刑事、民事和解36件。落实国家司法救助政策，体现司法人文关怀，对7名刑事被害人及其近亲属发放救助金79.4万元。

【“首届检律辩论大赛”】2016年 11月24日，亳州市人民检察院、亳州市司法局、亳州市检察官协会、亳州市律师协会共同举办“首届检律辩论大赛”。市检察院、涡阳县检察院、蒙城县检察院获“优胜队”奖项，检察干警张珂、丁亮、蒋程光获“优秀辩手”奖。谯城区检察院获“最佳组织单位”奖。

【惠农扶贫领域职务犯罪预防暨严肃换届纪律专项活动】2016年2月，为服务保障基层组织换届工作工作，市检察院联系市委组织部，组织全市10名检察机关讲解员组成讲解团，分赴全市各个乡镇、街道办，开展职务犯罪预防教育工作。市检察院根据涡阳县危房改造贪污窝案，自编、自导、自制警示教育片《黑网》。活动被市电视台、《亳州晚报》报道，省检察院给予好评。

【建立派驻检察室、巡回检察室】2016年，经市检察院申请，市委研究决定，省人民检察院批准，在经济开发区、亳芜产业园区设立派驻检察室(正科级单位，室主任高配副处级)，在经济开发区、亳芜产业园区之外的城市规划区设立巡回检察室。10月26日，派驻检察室、巡回检察室挂牌成立。办公地点分别设在经济开发区管委会和重点工程局，首任派驻检察室主任邵利明，首任巡回检察室主任高毅。

（陈新永）

图27　2016年10月26日，派驻、巡回检察室揭牌仪式

法院工作

【概况】2016年，亳州市中级人民法院发挥审判职能，服务全市工作大局，制定出台《关于充分发挥审判职能为亳州“奋力走在皖北振兴的前列”提供司法保障的意见》。受理各类案件4736件，

结案4454件，结案标的额51.64亿元，同比分别上升27.41%、30.08%和79.49%。本年度，全市法院上网裁判文书42784篇，中级人民法院裁判文书上网6186篇，上网率均居全省第一。市中级人民法院被评为全国老年法律维权工作先进集体、全省法院司法宣传先进集体。8个集体、29名个人受到省部级以上表扬。

【刑事案件审判】2016年，亳州市中级人民法院受理刑事案件614件，结案586件。依法妥善审理蒙城聋哑人盗窃集团案、淮北政协原主席阚相华受贿案等一批重大案件。准确适用刑法修正案（九）及相关司法解释，抓好职务犯罪案件审理，严格职务犯罪案件的法律适用。坚持宽严相济刑事政策，对具有从宽情节的被告人依法适用缓刑、管制等非监禁刑。

【民商事案件审判】2016年，亳州市中级人民法院受理民商事案件2820件，结案2669件。审结金融借款、民间借贷等案件601件。妥善处理与民生密切相关的矛盾纠纷，审结人身损害、财产权属、劳动争议等案件546件。发挥商事审判对市场行为的规范、引导和调节作用，审结买卖合同、租赁合同等纠纷案件369件。加大知识产权保护力度，审结知识产权案件165件。与古井集团举办知识产权专题座谈会，签订结对共建协议。成立处理“僵尸企业”工作领导小组，运用法治手段化解产能过剩，助力经济转型升级。

【行政案件审判】2016年，亳州市中级人民法院受理行政案件237件，结案224件。落实新行政诉讼法，促进依法行政，审结的一审案件中，行政机关败诉或被变更行政行为的占21%。助推市美丽乡村建设，破解新农村建设中违建难题，在深入调研基础上提出《关于依法规范农村违法建筑拆除工作的司法建议》。分别向市委常委会、市人大常委会汇报行政审判工作情况。

【执行案件审判】2016年，亳州市中级人民法院受理执行案件618件，结案530件。贯彻落实最高法院、省高院“用两到三年时间基本解决执行难”工作部署，深化执行指挥中心建设，加大“总对总”“点对点”网络查控系统的应用力度，提高财产查询的效率和效果。市中级人民法院利用执行查控系统查询案件2352件，累计发布失信被执行人890人。

【淮北政协原主席阚相华受贿案】阚相华在担任淮北市烈山区区长、烈山区委书记、濉溪县委书记、淮北市政协主席期间，利用职务上的便利和本人职权或地位形成的便利条件，在人事安排、工程建设、资金拨付等事项上，为黄某某、王某某等人谋取利益，收受黄某某、王某某等22人财物共计折合人民币405.2万元。2016年11月22日，亳州市中级人民法院以受贿罪判处阚相华有期徒刑10年，并处罚金人民币100万元，对阚相华违法所得予以追缴。

【全洪伟等操纵28名聋哑人盗窃案】该案系公安部挂牌督办案件。公诉机关指控，2000年前后，全洪伟、王华岭密谋成立盗窃团伙，后以找工作为由，骗取其他聋哑人加入，通过殴打、威胁等方式迫使参与盗窃，形成盗窃集团。法院经审理认定，该盗窃集

图28　2016年8月25日，蒙城县聋哑人案件开庭宣判

团实施盗窃93起,涉案财物价值130余万元,另实施强奸、抢劫、非法拘禁等其他犯罪。2016年,亳州市中级人民法院为未聘请辩护人的被告人全部给予指定辩护,启动非法证据排除程序,排除部分非法证据,庭审持续24天,让被告人充分行使辩护权。

【矛盾纠纷多元化解机制建立】2016年8月2日,全市矛盾纠纷多元化解工作会议在市行政会议中心召开。矛盾纠纷多元化解机制,是引导社会力量参与矛盾纠纷化解,满足人民群众多元司法需求。市中级人民法院构建具有亳州法院特色的多元化解信息化工作平台、综治考核机制和经费保障机制,与公安、劳动保障、卫生行政等128家单位建立诉前联调机制,聘请特邀调解组织128个、特邀调解员2099名,成功调解案件617件,《人民法院报》专题报道。

【首批员额法官】2016年10月,按照省高院统一部署,全市法院通过"考试+考核"方式,遴选出首批273名员额法官。推进人员分类管理和法官队伍的正规化、专业化、职业化建设。

【律师代理申诉制度】2016年,市中级人民法院探索律师代理申诉路径,联合市司法局共同构建律师化解和代理申诉信访案件工作平台,推进申诉信访工作法治化。律师接访当事人121人次,释明劝息77人次;代理申诉案件18件,实现当事人息诉罢访11件。 (张广军)

司法行政工作

【概况】2016年,亳州市司法局围绕省厅重点工作和市委市政府中心工作,抓重点、创特色、做实事、强党建。市司法局被司法部评为"全国法治宣传工作先进集体""全国法律援助工作先进集体",1个司法所被司法部命名为"全国模范司法所",1名司法所长和3名人民调解员被授予"全国模范司法所长"和"全国模范人民调解员"称号。

【法治宣传教育】2016年,亳州市"七五"普法全面启动,出台"七五"普法规划,召开全市法治宣传工作会议,分别成立市、县区"七五"普法讲师团,调整组建普法志愿者队伍。创新发布机关单位"谁执法谁普法责任清单",纳入机关单位效能考核,实现法治宣传考核指标全覆盖。

开展"江淮普法行""12·4"国家宪法日暨全国法制宣传日、法治政府建设专题讲座、亳州市首届"十大法治人物"及"十大法治事件"评选。组织旁听庭审450场次,旁听群众3万余人次。组织徒步普法46次,每月一个宣传专题,行程约1800千米,走访基层单位、村庄320余处,解答法律咨询2.9万余人次,发放普法宣传资料12.7万份。

在"我家亳州"植入集法治宣传、法律学习、法律考试于一体的亳州手机"E普法"APP平台。编印《书香亳州家庭普法》特色系列读本。创新开展"互联网+法律志愿宣讲服务"活动,每月组织1次志愿者赴县区或机关、学校、社区、乡镇等进行法律宣讲活动。投资100多万元建成市级法治教育基地。

开展"法律宣讲+法治文艺演出进基层"活动、法治宣传内容融入"拉魂腔"非物质文化遗产行动,创新众多群众喜闻乐见的戏曲作品。参加第二届"法润江淮 共筑美好安徽"法治漫画故事微视频征集大赛、参与省法制新闻协会举办的2011－2015年安徽省法治好新闻作品评选活动。围绕"弘扬宪法精神,推动创新、协调、绿色、开放、共享发展"主题,组织实施法治文化建设示范点评创等系列活动。

【法律服务】2016年,市司法局命名25家星级法律服务机构。全年办理法律援助案件7159件,同比增长32.3%,出台《完善法律援助制度实施意见》《法律援助经费管理使用办法》,案件结构、经费支出、质量监管全部达标。

围绕"强化党建、保障权利、规范行为、提升队伍、发挥作用"5条路径推进律师工作,出台17个有关法律服务文件。建立"14+1"联席会议制度,14个市直部门和市律师协会半年召开一次联席会议,每季度召开一次法官、检察官、警察和律师座谈会。成立10个专项法律服务团,开展法律服务公益活动。开展优秀论文评选,举办首届律师检察官辩论赛。

完成16项公证便民惠民主题实践活动任务,落实定期抽查、季度质量巡查制度。联合法院、卫生、公安等部门开展司法鉴定工作执法检查,改善执业环境,规范执业行为。司法考试实现微信、报纸、互联网宣传全覆盖。首次使用考务安全系统,全市647人报名缴费,95人通过国家司法考试A证、B证、C证分数线。制定人民监督员教育培训学习、履职程序、工作补贴、年度考核4个制度性文件,编印工作手册,实现工作常态化。

【人民调解和基层基础建设】2016年,亳州市开展矛盾纠纷排查化解等各专项活动,全市人民调解组织调处矛盾纠纷4.96万件,调解成功率99%。市司法局与市中院联合出台《关于加强诉调对接工作的实施意见》,在中院诉讼服务中心设立人民调解委员,制定下发《亳州市人民调解工作经费管理暂行办法》,明确人民调解委员会补贴标准和调解案件补助标准。开展司法所建设规范提升年活动,建成63个标识规范化司法所,10个省级示范司法所、17个市级示范司法所。

【公证事务】2016年,亳州市有注册执业公证员19人,其中1人具有法律职业资格,2人持有行政执法证。办理公证事项件19861件,与上年度同比增加37.9%。公证机构收费7997480元,与上年度同比增加37.9%。为金融机构办理赋予强制执行效力公证7000余件,为非公企业担任公证法律顾问20余家,组建公证法律服务团3个。办理法律援助12件。

加强公正队伍建设。开展公证员、公证机构考核,按照考核程序,评定考核结果,公证员考核优秀等次数量,严格控制在本公证机构执业公证员人数的30%以内。组织公证人员参加业务培训,开展案卷评查、季度巡查活动。开展公证质量整改月活动,对2015年全省公证质量检查反馈的问题讨论整改,督促到位,整改情况报告及时上报。开展季度公证质量检查活动,督查公证质量整改效果。全市的所有执业公证员参与检查。

开展全市公证便民惠民服务年主题活动。优化公证办证程序,主动公开服务流程,开通服务咨询热线、互联网站、微信、微博,为群众提供全程在线咨询服务;开启网上办事大厅公证业务预约服务;利用行风热线直播室,解答群众有关公证问题。全市公证机构全部设立公共服务法律实体窗口。完成市县公证处公证综合管理信息系统升级改造,网络平台一期工程顺利完工,交付使用。运用综合管理信息系统监控业务、沟通信息,缩短申请受理时限。

亳州公证处公证员王启发参加"安徽公证 特别记忆"新媒体创作评选,获优秀奖。

【律师事务】2016年,亳州市司法局调整充实10个专项法律服务团,联合市直有关部门出台13个律师服务介入文件,建立法律服务项目清单,推出精准服务。提出"制定一个文件,建立三个制度"的律师改革任务,纳入市委2016年深化改革工作要点。即联合市财政局出台《亳州市律师参与公益法律服务补助办法》,建立公检法司及相关市政府职能部门的"14+1"联席会议制度、公检法司四部门季度联席会议制度、全市律所主任和律协常务理事季度联席会议制度。

建立信访值班律师队伍,陪访律师队伍和应急(拆迁、房产类)服务队伍,在市县区信访局和法院诉讼服务中心、检务大厅、公安信访接待场所设立法律援助工作站,日常有律师值班,领导接访时有"一对一"的陪访律师,群体性应急信访事件有专业的法律服务团。2016全市律师参与值班接访工作727人次,参与群体性事件化解21件次,化解涉法涉诉信访纠纷252件,引导信访进入诉讼程序77 件,提供法律援助126件。化解"学府家园"案件、"中央名园"案件和300名煤矿工人维权等群体性事件。

开展8项公益活动,在百名律师进百企"法律体检"活动中,189名律师走进1600余家大中小企业,规范企业行为。在服务美好乡村建设中,与市美好办联合发文,明确5项任务(法律服务、法律讲堂、依法治村、矛盾化解和法律援助)4项工作制度(定期服务、工作台帐、信息反馈和考核奖惩制度),为37个省级乡镇政府驻地建成区、5个省级乡镇政府所在地行政村中心村、31个省级美丽乡村中心村明确结对律师事务所,配备律师。全市律师共办理各类法律援助案件4820件,人均办理15件以上,居全省前列。每个律师事务所联系2—3个社区，在社区公示律师联系方式，每月进社区开展活动不少于2次。全市县级以上党委、政府及其组成部门全部聘请有律师参与的法律顾问，为党委依法决策，政府依法行政提出法律意见和建议263条，参与重大项目谈判101次，代理复议、诉讼356件。

引进北京京师律师事务所在亳州市设立分所，发挥引领作用。开展每月一讲、论文征集、律师检察官辩论赛等活动，每月举行一次专题讲座，邀请北京、山东等地的执业律师举办8期培训，受训人数900余人次。开展优秀论文征集评选活动，征集到论文70篇，委托亳州学院进行评选，评出优秀论文11篇，在省级以上刊物发表论文5篇。举办全省首次律师检察官辩论赛。推进律师专业化分工，每个专业建立不少于10人的律师人才库。建立典型案例筛选发布、以案释法媒体传播、以案释法宣传讲解、以案释法整理编辑、以案释法新媒体宣传和以案释法律师宣讲等六项律师以案释法制度，组织律师在公益活动中开展以案释法，征集50余篇典型案例编入《亳州市书香村居——法律进家庭读本（二）》。在《亳州晚报》宣传6个专版，设立"晚报律师团"。在电台、电视台的行风热线、法治第一线、药都时空、走进农家等栏目设律师访谈专题。在"我家亳州APP"开设找律师、找律所板块，建立亳州律师网站。

【社区矫正与安置帮教】2016年，市司法局出台《关于进一步加强社区矫正工作的实施意见》，制定下发《亳州市关于开展社区矫正中心建设达标考核的通知》，规范社区矫正工作。对在册服刑人员实施手机定位和电子腕带二位一体管理手段，日常监管身份证刷证率99%、手机定位成功率91.2%。主要监管指标均达到省厅要求，在全省居前列。

联合市委统战部实施黄丝带帮教"双十双百"行动，宣传慰问进乡村10次，进社矫中心5次、进监3次。举办10场服刑人员刑释人员就业推介会，开展10场专家巡回演讲，走访168名（户）特殊人群（家庭），组织240名志愿者队伍开展1860人次志愿者服务。确保重点人员必接必送，协调安置重点人员。全市刑满释放人员衔接1750人，全市安置基地30个，重点帮教对象23人，安置1698人，其中落实责任田92.47公顷，获得社会救助34人，获得就业服务70人。

▲亳州市黄丝带帮教行动"双十双百"活动旨在落实省厅与省民盟开展的"黄丝带帮教行动十百千万项目实施"活动，具体内容是：举办十场服刑人员刑释人员就业推介会，开展十场专家巡回演讲，挂牌建设部分黄丝带帮教基地，走访百名（户）特殊人群（家庭），组织百名志愿者队伍开展千人次志愿者服务。

【信息化建设与应用】2016年，亳州市建立社区矫正指挥中心，将信息化建设融入全市智慧城市建设。市司法局数据中心迁至市级云计算中心，与市级数据中心建立动态数据交换。建立基础数据双月清洗制度，每周通报内、外网网站更新及信息报送数量、质量制度，推进信息化应用。

（高坤）

发展　改革

“美丽亳州”系列图片——印象江南

发 展

【概况】2016年是“十三五”开局之年，全市上下贯彻落实党的十八大和十八届三中、四中、五中、六中全会精神，围绕“奋力走在皖北振兴前列”目标，推进供给侧结构性改革，加快创新发展，扩大开放，统筹城乡建设，改善民生，经济保持平稳较快增长，发展质量稳步提升。

本年度，市发展和改革委员会获2015－2016年度全国价格认证机构先进单位、2013－2015年度全省推进重点项目建设先进集体、全省发展改革委系统“六五”普法工作先进单位、节能工作省先进工作单位、石油天然气管道保护工作先进单位、2015年度“绩效考核优秀单位”“书香机关”称号。在省政府2015年度亿元以上重点项目投资计划实施情况考核中居前八位。

【规划编制】2016年，《亳州市社会信用体系建设规划纲要》《亳州市“十三五”规划纲要》《亳州市“十三五”服务业发展规划》《亳州市“十三五”现代职业教育发展规划》《“十三五”综合交通规划》印发实施。编制《“十三五”能源发展规划》《亳州市新型城镇化规划》；《亳州市基本公共服务均等化规划》经市政府常务会议审议通过，近期印发实施；完成《亳州高铁南站站房规划方案》方案；完成亳沪现代服务业产业园专题研究、亳州高铁新区发展专题研究。

【项目谋划】2016年，亳州市强化项目督查调度。建立《政策研究及项目谋划联席会议制度》，印发《2016年各专业项目组重点调度推进项目计划》，实行项目包保全覆盖，开展专项调度和调转促项目建设“百日会战”活动。23位市领导共包保重点项目215个，开展督查调度调研308次，协调解决问题1965个；市直9个专业项目推进组共负责调度推进重点项目213个，开展调度449次，协调解决问题896个；建立亳州市重点项目信息管理系统，实现项目计划申报、月度进展报送、问题事项办理、项目库建设等网络化管理功能；开发建设项目前期、在建项目等5个“政企直通车”微信服务平台，办理企业反映问题1602个，满意度95%以上；谋划项目1353个，总投资3570亿元；实施建设重点项目399个，完成投资604.1亿元，占年度投资计划的113.3%，高于上年同期5.2个百分点，其中开工项目201个，同比增加43个，新开工亿元以上项目127个，同比增加35个。投资61亿元的利辛板集电厂、60亿元的万达全业态城市综合体、10.7亿元的司尔特肥业、10亿元的“大南药大健康双产业基地”、6亿元的亿丰亳达环保包装材料、投资5.5亿元的涡阳创酷智能手机终端设备及零部件生产等一批重点项目建成投产；投资80亿元的神农谷中药电商物流城、20亿元的九洲方圆制药、20亿元的外经钻石广场、10亿元的信利新能源100兆瓦光伏电站、5.3亿元的唯康国际（亳州）养生养老产业园、投资4.5亿元的康美中药提取及配方颗粒等一批项目加快建设；商合杭高铁亳州段、建安路涡河隧道、市文化公园、亳州新发地农产品批发市场及冷链物流、民顺堂药业、涡阳光机电聚集区、上海电气蒙城秸秆发电、安徽亳州宝璋医院等亿元项目开工建设。

图29 2016年，商合杭高铁亳州段建设中，图为已完成墩身

【高铁建设】商合杭铁路在亳州市境内线路里程全长约67千米，途径市谯城区和市经开区11个乡镇办事处，39个行政村，红线内征地面积约180.4公顷，需拆迁房屋约37.2万平方米。市境内设3个客运站点，分别为亳州南站、芦庙站、古城集站。市境包括3个标段：其中中铁21局负责施工芦庙镇到涡河南岸段，全长约22千米，中铁电化局负责施工涡河南岸到赵桥乡段，全长约23千米，中铁十八局负责施工赵桥乡到龙扬镇段，全长约22千米。市境内有两个较大节点工程，分别是跨涡河亳州特大桥和古城特大桥，分别要跨越京九铁路。截至2016年年底，市交付全部红线内永久用地，完成房屋拆迁工作。商合杭铁路亳州段三个标段投资均完成合同额50%以上，位列全线21个标段的一、二、三名。

▲商合杭铁路正线全长795千米，设计时速为350千米／小时，项目总投资约960亿元。该线路在安徽段全长约638千米、新建约519千米。2015年完成拆迁工作，2016年开始建设，工程5年，预计2020年开始通车。

【机场项目进展】亳州机场项目在前期筹备工作基础上，2016年1月中旬，按照专家审查意见补充完善后的机场选址报告报经中国民航工程咨询公司完成专家复核，2月初将选址报告修改稿上报国家民航局批复。同时，按照国家民航局要求委托北京空军设计局再次完成新增王桐楼场址对军航影响情况分析。5月，国家民航局批复标里刘竹场址作为亳州机场场址。

11月，北京空军设计局完成亳州机场项目预可行性研究报告编制工作。

【固定资产投资】2016年，亳州市完成投资875亿元，增长14%，增幅居全省第四位。其中，工业投资329.1亿元，增长4.6%；房地产投资231.4亿元，增长12.8%。民间投资563.5亿元、增长15%，高于全市平均增速1个百分点，占比由上年同期的63.9%提高到64.4%。

【投资项目在线审批】自国家开始投资项目在线审批监管平台建设起至2016年年底，亳州市梳理市级审批事项40余项，指导县区、经开区、亳芜产业园区发改部门梳理事项87项。按要求编制各事项办事指南。各事项按要求上线，平台正常运行。市发展和改革委员会衔接在线审批监管平台与亳州市网上办事大厅进行数据对接，以期实现平台办理。

【资金争取】2016年，市发展和改革委员会及时了解国家政策，与上级业务部门衔接，指导项目单位加快推进项目前期工作，确保项目按时上报。落实中央预算内投资和省配套项目73个，落实上级资金7.83亿元，其中中央预算内资金6.73亿元，省配套资金1.10亿元。

【扶贫工作】2016年，亳州市、县易地扶贫搬迁工作领导小组成立，组建利辛县项目建设主体和资金承接平台，定期开展项目建设督查工作。完成投资5855万元，涉及利辛县7个乡镇、19个安置点、637户2010人的搬迁安置任务；利辛县作为承担亳州市易地扶贫搬迁工作任务的唯一县。截至12月13日，19个安置点全部开工，完成10个安置点、360户的房屋主体工程建设，完成投资4948万元。利辛县易地扶贫搬迁计划12月底前全面完成主体建设任务，春节前完成搬迁入住。

2016年，亳州市光伏扶贫电站建设任务为5800户（3千瓦／户)，120个村（60千瓦／村)，总规模为24.6兆瓦。其中：涡阳县700户、34个村，规模为4.14兆瓦；蒙城县600户、10个村，规模为2.4兆瓦；利辛县4000户、30个村，规模为13.8兆瓦；谯城区500户、46个村，规模为4.26兆瓦。

市政府出台《亳州市人民政府关于进一步加大光伏扶贫电站建设补贴的通知》（亳政秘〔2016〕5号)，给予户用光伏扶贫电站每千瓦时用电0.25元补贴，连续补贴6年。给予全市所有贫困村每村4万元的光伏扶贫电站建设补贴，补贴资金由市财政直接保障。

根据省能源局要求，上半年指导协助利辛县编制《利辛县2016年光伏扶贫实施方案》，通过省能源局评审，上报国家能源局，争取64.77兆瓦建设指标。10月底起，指导三县一区分别编制《2016年第二批光伏扶贫实施方案》，上报国家能源局争取指标。

按照项目建设程序要求，完成县区光伏扶贫项目备案，与市扶贫办一起配合省能源局，委托第三方认证机构北京鉴衡中心对光伏扶贫电站质量进行检查认证，使项目建设更加规范。

对县区光伏扶贫项目进行调度并开展现场督查，2016年4月中旬起先后下发10期《项目督查通报》，督促项目建设进度。2015年项目，谯城区、利辛县项目完工并网；涡阳县即将并网；蒙城县等待外线建设。2016年项目，利辛县并网发电；谯城、蒙城铺设太阳能电池板；涡阳县施工建设。

【社会信用体系建设】2016年，亳州市成立社会信用体系建设上联席会议办公室，牵头单位设在亳州市发展改革委员会、亳州市信息局和亳州市人民银行3家单位，共44家联席会议成员单位。构建公共信用信息共享系统：建成市级公共信用信息共享系统（平台）并上线运行，信用信息共享平台录入数据及管理地址为:59.203.96.42 / credit-web / 实现与省公共信用信息共享服务平台的对接，推送2019017条数据；建成市级社会信用体系建设"信用亳州"门户网站，网址为:credit.bozhou.gov.cn并与"信用安徽"网站联通且共享信用信息，推送数据402382条双公示数据，信用亳州开设红黑榜、双公示、曝光台等专栏，并以滚动文字的方式显示各单位推送数据量。2016年11月15日印发《亳州市市级公共信用信息目录》（亳信用办〔2016〕10号），亳州市实现37家市直部门信息归集19家信息归集，实现涡阳县、蒙城县、利辛县和谯城区信息归集，1871142条数据。实施信用联合奖惩，出台市级《亳州市社会法人失信行为联合惩戒实施细则（试行）》制度，以市级行业主管部门名义出台行业诚信典型"红名单"和严重失信主体"黑名单"制度15家，向省公共信用信息共享平台推送14家单位、23类4852条红黑名单数据。报送奖惩典型案例。向省发展改革委员会报送18个案例，其中守信激励案例9个，失信惩戒案例9个。推进区域信用建设综合示范和重点领域和行业试点示范，培育信用服务市场。截至2016年年底，成立4家有实际业务的信用服务机构。

【"调转促"工作】2016年，亳州市研究出台"调转促"行动计划系列文件，印发实施《"调转促"领导小组议事规则》《"调转促"领导小组办公室工作职责》《专项推进组工作规则》《"调转促"项目调度等工作制度》和《亳州市2016年"调转促"重点工作任务分工》，加强督查调度，开展"调转促"推进月活动。加强日常联络协调，实行工作进展情况月报制度，编印《"调转促"工作简报》18期。建设战略性新兴产业集聚发展工程等7个工程项目库，入库项目215个，总投资1837亿元。组织亳州电视台、亳州晚报社开设"调转促在行动"宣传专栏，在《安徽日报》围绕亳州现代中药基地推出整版报道，配合省电视台进行系列专题采访报道，在全社会营造"调转促"舆论氛围。市发展改革委牵头推进战略性新兴产业发展工程、园区转型升级工程、县域经济振兴工程、服务业加快发展工程、强化项目带动五项工程。

【战略性新兴产业】2016年，亳州市制定战略性新兴产业集聚发展考核办法，建立战略性新兴产业月调度和产业运行分析通报机制，加强调度和督查力度，全市战略性新兴产业规模以上企业159家，实现产值296.6亿元，同比增长17.3%，总量和增幅分别位居全省第十位、第八位，战略性新兴产业产值占规模工业比重27%，同比提高0.9个百分点。

战略性新兴产业集聚发展工程任务包括：制定战略性新兴产业集聚发展考核办法；做强现代中药和现代农机装备制造产业、培育新一代信息技术产业、发展新能源产业、重点发展节能环保产业；加强工作推进情况督查调度，推进省级现代中药集聚发展基地建设，战略性新兴产业规模以上工业总产值270亿元；组织申报省第二批战略性新兴产业集聚发展基地。

【园区转型升级工程】2016年，开发区产城一体化建设进程加快，基础设施建设投资53.5亿元，同比增长36.4%；新建标准厂房40万平方米。探索开发区低效闲置土地退出机制，清理处置土地40宗、面积220.07公顷，推进土地节约集约利用。推进现代生态农业产业化发展，谯城区获批为“全国首批农村产业融合发展试点示范区”。

园区转型升级工程任务包括：开展2015年园区转型升级考核，制定2016年园区转型升级工程考核办法；支持谯城经济开发区升格为国家级经济技术开发区；申报省级特色园区，制定亳州市特色园区认定办法；推进亳芜合作共建园区建设，鼓励各县区与发达地区推进园区合作共建；园区生产总值达到230亿元，经营收入突破1030亿元，完成财政收入30亿元。

【县域经济振兴工程】2016年，亳州市各县区推进项目建设。涡阳县组织开展项目建设“百日会战”。利辛县开展项目建设“冬季会战”“项目建设调度月”“项目建设推进年”活动。谯城区开展“项目建设攻坚年”活动，促进已签约项目落地、开工建设。蒙城县创新“产业招商中心＋招商组＋招商分局(小分队)”招商模式，投资33亿元的东方红锂离子电池项目签约。涡阳县与合肥高新区签订合作共建园区协议。利辛县实施招商引资一票否决。谯城区两批、26个新项目集中开工建设。创源电力项目、国奥药业项目、泰乐康项目、尚佳包材项目、麦淇生物、普润药业、云祥汽贸、鸿荣车辆检测、艺博汽修、药王大道中石油加油站10个项目集中开工；总投资超过10亿元的亿元的华馨香料、汇川中药饮片、万联食品、远景国兴汽车销售等16个项目集体开工，项目涉及中医药制造、汽车贸易、包装印刷、配套服务等。

蒙城县延伸汽车及农机装备制造、食品及农产品加工、建材及智能家居三大主导产业产业链，加快推进现代农机装备制造产业集聚发展基地项目建设。涡阳县设立1亿元规模产业发展扶持基金，重点培育现代中药、食品加工业。利辛县设立1.8亿元规模产业发展扶持资金，发展农畜产品和食品生产加工、专用汽车及零部件、服饰纱网、生物医药、绿色照明和太阳能光伏等产业。谯城区依托省现代中药产业集聚发展基地，做大做强现代中药产业，加快发展农副产品精深加工产业。

坚持规划引领、建管并重，强化城乡基础设施建设，完善公共配套服务，加强生态环境保护，加快城乡一体化发展。涡阳县新开工9条城市道路，育英河水系治理、智慧城市指挥中心等一批基础设施和社会事业项目，征迁8个村庄、征地166.67公顷，明确“九城同创”目标、任务、责任、时间“四个清单”，农村清洁工程和“三线三边”治理实现常态化。蒙城县实施“五水共治”行动计划，提升城市功能，清单式、网格化推进“九城同创”，编制集镇建成区整治规划，加快美丽乡村和美丽集镇建设，持续提升绿化、亮化、美化工作。利辛县，推进城建十大工程，实施旧城改造“六小、五化、四序、三拆、两改、一整合”，制定新型城镇化试点方案，编制县城2016－2030总体规划，投资20亿元打造12个重点集镇和20多个省市级美丽乡村试点。谯城区推动北部新城和谯城经开区建设、老城区改造协调发展，编制9个乡镇政府驻地建成区整治建设规划，启动8个省级中心村建设，实现“九城同创”城市网格化管理责任全覆盖，启动实施“地净路畅水活天蓝林拥城”工程，“三线三边”环境整治投入资金1亿元。

蒙城县在全市率先开展“税融通”业务，设立小微企业续贷过桥资金，推进“新三板”上市，开展“532”贷款保证保险试点。涡阳县推进政府融资项目30个，抓农村土地综合整治和土地增减挂。谯城区政府融资平台谋划融资项目23个、实际到位资金22.5亿元，推进广印堂中药、药都农商行等主板上市，“新三板”挂牌企业3家，土地储备89.2公顷。

县域经济振兴工程任务包括：实施新型城镇化推进工程，发展特色产业，探索“多规合一”发展模式；加强三县县城建设，推动新城区、老城区、工业区联动发展；完善网络基础设施建设，推进“三网融合”；加大项目谋划和推进力度，完善项目库；优化三次产业结构，着力提高县域经济总量和发展水平。

【服务业加快发展工程】2016年，亳州市建立全市服务业联席会议长效机制，印发《关于亳州市规上服务业企业、省重点服务业企业(单位)培育一次性奖励的意见》等文件，利辛淝畔绿洲休闲农业观光文化旅游园项目获批省级现代服务业集聚区。

服务业加快发展工程任务包括：启动实施服务业主导产业培

育计划，培育现代服务业龙头企业，培育具有影响力的服务业品牌；深化谯城区省级服务业综合改革试点；促进服务业集中集聚发展，力争成功申报1－2家省级现代服务业集聚区；实施精准招商，推进中国物流（亳州）综合物流园、皖新传媒皖北物流分拨中心等项目建设。

【强化项目带动】2016年，亳州市建立《政策研究及项目谋划联席会议制度》，印发《2016年各专业项目组重点调度推进项目计划》，实行项目包保全覆盖，开展专项调度和调转促项目建设“百日会战”活动。23位市领导共包保重点项目215个，开展督查调度调研308次，协调解决问题1965个。市直9个专业项目推进组共负责调度推进重点项目213个，开展调度449次，协调解决问题896个。建立亳州市重点项目信息管理系统，实现项目计划申报、月度进展报送、问题事项办理、项目库建设等网络化管理功能。开发建设项目前期、在建项目等5个“政企直通车”微信服务平台，累计办理企业反映问题1602个，满意度95%以上。

【园区建设】2016年，亳州市推进基础设施建设，市经济开发区道西片区和道东1号地块征迁全部完成，交付净地2066.67公顷；亳芜现代产业园区新建、改建道路14.6千米，水电管网等基础设施不断完善；市食品产业园签约项目18个、总投资20.7亿元。5个省级开发园区和亳芜现代产业园区占地面积179平方千米，建成标准化厂房40万平方米。6个省级开发区实现工业总产值562.5亿元，固定资产投资426.6亿元，税收35.5亿元，财政收入37.6亿元，谯城经济开发区申报国家级经济开发区，被国家商务部纳入准国家级开发区管理，进入培育期阶段。

【现代中药产业集聚发展基地】2016年，亳州市现代中药产业集聚发展基地实现产值279.5亿元，同比增长18.8%；实现税收7.88亿元，同比增长40.2%。基地新纳入省统计监测企业18家、总数136家，其中产值亿元以上企业83家，源和堂、广印堂、济人、同仁堂药业产值突破10亿元。九方制药研制出国家一类新药牡荆素，填补全省制药领域的空白。基地重点项目由94个增加到140个，投资87.3亿元。开发区产城一体化建设进程加快，基础设施建设投资53.5亿元，同比增长36.4%。制定《亳州市全面推进大众创新万众创业贯彻意见》等扶持政策，支持创新创业的规范化、常态化、经常化。

【推进改革工作】2016年，市发展和改革委员会贯彻落实《亳州市2016年全面深化改革工作要点》，推进深化工作进展，承担改革任务9项，完成7项，另2项，因省里实施意见未出台，尚未启动。开展电力用户与发电企业直接交易试点。亳州市列入试点企业7家，超年度目标5家，落实电力指标6.855亿千瓦时；制定运用大数据加强对市场主体服务和监管实施方案；推进行业协会商会与行政机关脱钩；推进新能源示范城市创建。全市备案太阳能光伏发电850兆瓦，并网近280兆瓦；制定社会法人失信行为联合惩戒实施细则；贯彻实施亳州市国家新型城镇化试点总体方案，推进“三权落实、五有并轨”。取消城乡分割“农业户口”和“非农业户口”，全面实现“一元化”户口登记模式；制定进一步加强社会信用体系建设的实施意见。创新政府配置资源方式、事业单位和国有企业公务用车制度。申报国家级、省级改革试点。其中，国家级改革试点包括新型城镇化试点和新能源示范城市创建。省级改革试点包括电力直接交易试点和省级服务业综合改革试点。（茹曼君）

改 革

【概况】根据中央和省委全面深化改革部署，2016年，市委常委会研究出台《亳州市2016年全面深化改革工作要点》（2016年4月21日，亳办发〔2016〕5号），谋划实施164项改革，其中6项待上级相关政策性文件出台后实施，其他全部完成年度目标任务。中央和省委重大改革决策部署得到落实，行政审批制度改革、网上办事大厅、“政企直通车”微信服务平台、创业就业体制机制建设、改革成果评估等改革探索走在全省乃至全国前列。

【经济行政领域改革】2016年，亳州市推进经济行政领域改革。供给侧结构性改革方面，制定《亳州市推进供给侧结构性改革实施方案》（9月10日，亳发〔2016〕10号）和《关于补短板增强经济社会发展动力的实施意见》（9月2日，亳政〔2016〕43号）、《关于降成本减轻实体经济企业负担的实施意见》（11月7日，亳政〔2016〕54号）、《关于去杠杆防风险促进经济社会稳定健康发展的实施意见》（9月2日，亳政〔2016〕44号）、《关于去库存促进房地产市场稳定发展的实施意见》（8月11日，亳政秘〔2016〕194号）“1+4”系列政策文件。推进调转促行动计划，加大资金支持力度，产业引导基金实际到位资金1.6亿元，周转贷款金额38.38亿元，扶持企业897家。落实减免税政策，小微企业税收优惠面达到100%。全面推开营改增试点，试点企业1.6万户，国税、地税业务办理互联互通，在全省率先实现“一窗办两税”。国企国资改革方面，出台《关于深化国资国企改革的实施办法》（12月8日，国资管〔2016〕36号）和《亳州市市属企业资产损失责任追究暂行办法》（11月8日，国资管〔2016〕37号）。深化金融改革，推进“532”小额贷款保证保险试点工作，市县两级政府投入风险保证金2530万元，发放275笔1.49亿元；制定《亳州市中小企业转贷引导资金管理暂行办法》（4月7日，亳政办秘〔2016〕64号），扶持企业1134家，周转贷款金额55.64亿元；改造升级“我要贷款”手机APP，发放贷款5313笔43.46亿元；全面推广“税融通”业务，发放贷款16.04亿元。转变政府职能方面，打造“政企直通车”微信服务平台，制定《亳州市“政企直通车”问题办理工作制度》（4月1日，亳政办秘〔2016〕59号）和效能考核评分标准，平台关注人数6204人，收集问题1602件，办结1493件、办结率96%，企业满意度98%以上。清理规范行政审批中介服务，印发《关于开展建立全方位公共服务清单全口径中介服务清单的通知》（6月7日，亳政秘〔2016〕146号），形成亳州市市级公共服务清单和中介服务清单目录。印发《亳州市整合建立统一的公共资源交易平台实施方案》（5月9日，亳政办秘〔2016〕87号），建成市县一体化公共资源交易平台，制定全市统一公共资源交易目录。持续推进简政放权，取消国务院决定取消的职业资格许可和认定事项108项，取消省政府决定取消的市县两级实施的权责事项73项。深化农村综合改革。出台《加快构建新型农业社会化服务体系的实施意见》（11月29日，亳政办秘〔2016〕241号）。探索建立农村产权交易市场，各县区均设立农村产权交易中心，各乡镇成立农村产权交易服务站。开展农村集体资产股份制改革试点，谯城区古井镇吕楼村、涡阳县城东办事处马寨村、蒙城县许疃镇陶庙社区、利辛县王人镇曹店村试点工作全面完成。推进农村信用体系建设试点，制定《亳州市中小微企业和农村信用体系建设规划（2016－2018）》（3月22日，亳银征信〔2016〕1号）和《关于开展中小微企业信用体系建设的实施意见》（11月25日，亳银征信〔2016〕3号）、《关于开展农村信用体系建设的实施意见》（11月17日，亳信用办〔2016〕13号）。推进新型城镇化建设。《亳州市新型城镇化规划》《亳州市中心城区空间特色研究规划》《亳州市城市总体规划评估项目》经专家论证研究通过。

【民主法治领域改革】2016年，亳州市推进民主法治领域改革。完善民主政治制度，贯彻落实《中国共产党地方委员会工作条例》，配套出台《关于进一步规范各级党委重大事项决策行为的意见》《关于健全市委及其常委会重大决策咨询机制的若干意见》（12月5日，亳办发〔2016〕15号）等11项制度性文件。做好履行地方立法权工作，成立市人大常委会法制工作委员会，制定《亳州市人民代表大会及其常务委员会立法程序规定》。加强协商民主建设，制定《关于加强人民政协协商民主建设的实施意见》（6月21日，亳办发〔2016〕1号）和《关于建立市政协专门委员会与市政府有关部门对口联系协商制度的通知》（亳政办〔2016〕7号）。推进依法行政。执行规范性文件合法性审查制度，制定《亳州市人民政府重大事项合法性审查程序规定》（11月19日，亳政办〔2016〕23号）、《亳州市推进重大事项合法性审查机制全覆盖工作方案》（7月23日，亳政办秘〔2016〕143号）。全面落实政府法律顾问制度，市本级和各县区政府均建立法律顾问制度并聘请政府法律顾问。落实司法体制改革。制定《亳州市中级人民法院司法体制改革试点工作实施办法》（9月30日，亳中法〔2016〕136号）。市中院、市检察院分别制定司法改革过渡期《法官遴选实施细则》和《遴选检察官实施办法》，完成首批274名法官和165名检察官的入额工作。建设法治社会。深化律师制度改革，制定《律师承担公益性法律服务经费补助办法》（8月30日，财公〔2016〕318号）。完善法律援助制度，制定《关于完善法律援助制度的实施意见》（9月27日，亳办发〔2016〕9号）、《亳州市城乡困难群体法律援助民生工程实施办法》（3月28日，亳司通〔2016〕13号）、《亳州市法律援助经费管理使用办法》（3月28日，亳司通〔2016〕14号）。

【文化体制领域改革】2016年，亳州市推进文化体制领域改革。落实党委意识形态责任制，制定《党委（党组）意识形态工作责任制实施细则》（3月1日，亳办〔2016〕12号）和《党委（党组）意识形态工作责任制考核办法（试行）》（3月1日，亳办〔2016〕13号）。培育和践行社会主义核心价值观。印发《培育和践行社会主义核心价值观实践养成行动方案》（3月18日，亳宣通〔2016〕19号）。评选命名“学雷锋活动示范点”13个、“岗位学雷锋标兵”14人。加强对道德模范和身边好人的礼遇和帮扶，累计发放奖励资金577.5万元，开展道德模范和身边好人基层巡展巡演巡讲活动20场。全市11人当选“中国好人”，24人入选“安徽好人”及提名奖，评出“亳州好人”56名。健全坚持正确舆论导向体制机制。印发《关于建立亳州市网上舆论引导工作机制的意见》（5月27日，亳办〔2016〕32号）和《新闻发布和网上舆论引导工作绩效考评办法》（4月22日，亳宣通〔2016〕35号），编发《涉亳互联网舆情专报》51期，《涉亳互联网信息专报》97期。构建现代公共文化服务体系。制定《亳州市文化改革“十三五”发展规划纲要》《关于加快旅游业发展促进旅游投资与消费的实施意见》《亳州市关于促进文化消费的意见》。建设融媒体平台，药都时空微信号入围“全国电视生活服务微信公众号最具影响力TOP10”。

【社会事业领域改革】2016年，亳州市推进社会事业领域改革。完善创业就业体制机制，设立市创业办公室，开展“请您回家、助您创业”活动；制定《亳州市创业扶持专项资金使用管理暂行办法》（6月17日，亳政办秘〔2016〕114号），从2016年起市财政每年出资1500万元设立市创业扶持专项资金。出台《亳州市人民政府关于全面治理拖欠农民工工资问题的实施意见》（10月21日，亳政办〔2016〕16号），治理拖欠农民工工资成效突出，市劳动保障监察支队获评2014～2016年度“全国人力资源和社会保障系统优质服务窗口”称号。深化社会保障改革。设立市人力资源和社会保障局机关事业单位养老科，在全省率先设立此类办事机构。完成乡镇机关事业单位乡镇工作补贴审批，建立地区附加津贴制度。出台《城镇居民大病保险实施办法》（4月12日，民生办〔2016〕13号），在全市范围内统一政策、统一实施。推进公立医院综合改革，实行县区医管会领导下的院长负责制，建立并实施综合绩效、专项绩效、管理绩效“三位一体”绩效考核体系；建立9个县域医共体，41个医联体；初步建立分级诊疗制度。全面推行医师多点执业，累计办理17人次多点执业申请。出台《关于实施全面两孩政策改革完善计划生育服务管理的实施意见》（11月25日，亳发〔2016〕16号），启动网上办证工作。深化教育改革。出台《关于中小学（幼儿园）教师无校籍管理改革的实施意见》（2月3日，亳政秘〔2016〕34号），全市交流中小学教师2672人。成立亳州市现代职业教育改革与发展领导小组，出台《亳州市“十三五”现代职业教育发展规划》（9月13日，亳政秘〔2016〕225号）和《亳州市中等职业学校管理水平提升行动计划实施方案（2016－2019年）》（4月27日，教职成〔2016〕91号）。

【社会治理领域改革】2016年，亳州市推进社会治理领域改革。改进社会治理方式，印发《关于建立矛盾纠纷多元化解机制的意见》（6月15日，亳办发〔2016〕8号）和《亳州市建立健全矛盾纠纷多元化解机制工作考评办法》（7月18日，亳综治委〔2016〕6号），出台《关于健全综治工作实绩考核档案和晋职晋级评先受奖征求综治部门意见的通知》(11月15日,亳综治委〔2016〕8号)。深化户籍制度改革。制定《亳州市异地派出所办理居民身份证业务工作方案(试行)》(4月26日,亳公治安〔2016〕150号),启用全国居民身份证异地受理、挂失申报和丢失招领系统。落实《居住证暂行条例》,制发居住证8.9万张。出台《关于解决无户口人员登记户口问题的实施意见》(10月31日,亳政办〔2016〕19号),为0.93万名无户口人员办理户口登记。全市三县一区均已配套出台户籍制度改革实施意见,全年城镇人口增长约15万人。健全公共安全体系。出台《亳州市社会治安形势定期分析研判工作制度》(12月15日,亳综治委〔2016〕12号)。在主城区增设视频数据点位5370个,实现三县县城和谯城区农村全覆盖。

【生态文明领域改革】2016年,亳州市推进生态文明领域改革。健全自然资源保护制度,制定《亳州市2016年度耕地占补平衡实施方案》(7月14日,亳土整治办〔2016〕38号)。推进工矿废弃地复垦利用试点,完成工矿废弃地复垦利用组卷266.67公顷,完成复垦411.87公顷。推进国有林场改革,涡阳县、蒙城县、谯城区均编制《国有林场改革实施方案》。健全生态环境保护制度,出台《亳州市环境监管网格体系建设实施方案》(12月31日,亳政办秘〔2015〕192号),划分市、县(区)、乡镇(街道)、行政村(社区)四级环境监管网格,明确各级网格职责。制定《亳州市环境违法行为有奖举报办法》(7月21日,亳环〔2016〕172号),对环境违法行为实行有奖举报。

【纪律检查领域改革】2016年,亳州市推进纪律检查领域改革。强化对权力运行的制约和监督,制定《亳州市党风廉政建设主体责任和监督责任追究实施办法(试行)》(6月3日,亳办发〔2016〕7号),实施"一案双查"22起,追究责任33人。制定《市管党员干部问题线索处置谈话函询工作暂行办法》(11月30日,亳纪发〔2016〕25号),强化日常管理监督。完善反腐败体制机制。制定《关于对来信来访举报干部问题线索全面核查的实施办法》(8月4日,亳纪办〔2016〕45号)、《亳州市纪委监察局领导班子成员约访制度》(6月3日,亳纪办〔2016〕35号),约访信访人10名。健全作风建设常态化制度。印发《亳州市落实党风廉政建设"两个责任"清单制度》(7月7日,亳办〔2016〕39号),开展落实中央八项规定情况监督检查182次,查处违反中央八项规定精神问题99起,给予党政纪处分109人。制定《中央巡视安徽"回头看"反馈意见及省委巡视亳州市未整改到位问题的整改实施方案》(6月24日,亳办〔2016〕43号),办理省委巡视组交办问题线索227件。

【党的建设领域改革】2016年,亳州市全面推进从严治党。出台《关于学习贯彻党的十八届六中全会精神开创全面从严治党新局面的实施意见》(12月9日,亳发〔2016〕19号)和《关于贯彻〈推进领导干部能上能下若干规定(试行)〉实施细则》(12月26日,亳办发〔2016〕19号)。全面建立市县乡村四级干部日常巡察制度,巡察56个市管领导班子、56个乡镇、325个村、940名县乡干部、1718名村干部。建设基层党组织。全面修订、规范村级工作各项制度,健全"四议两公开"等工作机制,初步实现村级工作规范化建设乡镇全覆盖。调整农村基层党组织设置,建立村级党委67个。推进非公党建。制定《2016年度非公企业、社会组织党建工作要点》(4月6日,亳非公党〔2016〕1号)。独立法人非公企业党组织组建率99.9%,单独组建率较上年提高13.5%。　(文星)

图 30　华灯初上映南湖

经济监督管理

“美丽亳州”系列图片——老街素妆

物价管理

【概况】2016年，亳州市建立动态调整市直行政事业性收费清单。累计减轻企业负担4000万元。

取消或暂停收费项目21项，包括：组织机构代码证书收费、房屋登记费、矿产资源补偿费、土地登记费、船舶港务费、反光号牌费、证照费、考试费、登记证书费、注册建筑师执业资格考试费、质量专业技术人员职业资格考试费、注册资产评估师执业资格考试费、企业法律顾问执业资格考试费、注册税务师执业资格考试费、国际商务师执业资格考试费、外销员从业资格考试费、注册咨询工程师（投资）执业资格考试考务费、土地登记代理人员职业资格考试考务费、物业管理师资格考试费、助理广告师和广告师职业水平考试收费、房地产经纪人考试费。

新增收费项目7项，包括：不动产登记费、卫生检测费、一级注册消防工程师资格考试费、一级、二级注册建筑师考试费、注册土木工程师（道路工程）执业资格考试费、安徽省图书资料专业技术资格考试费、安徽省档案专业技术资格考试费。

调整收费项目25项，包括：防空地下室易地建设费、排污费、药品注册费、医疗器械注册费、产品质量监督检验费、计量收费、房屋转让手续费、白蚁防治费、城市道路占用、挖掘修复费、船员考试费、委托性卫生防疫服务费、计算机软件专业考试费、专业技术人员职称外语等级考试、经济专业技术资格考试费、执业药师、执业中药师资格考试费、监理工程师、造价工程师执业资格考试费、投资建设项目管理师职业水平考试费、助理社会工作师和社会工作师职业水平考试费、管理咨询师职业水平考试费、招标师职业水平考试费、注册建造师执业资格考试收费、注册测绘师职业资格考试收费、注册计量师资格考试收费、翻译专业资格考试考务费、通信专业技术人员职业水平考试费、审计专业技术人员资格考试费。

调整基金项目4项，包括：水利建设基金、教育费附加、地方教育附加、残疾人就业保障金。

征收标准降为零的基金项目1项，即育林基金。

调整后亳州市城区各类水价标准

表1　　单位：元/立方米

项目说明	基本水价	污水处理费	水资源费	到户价格
居民生活用水（阶梯式水价）第一级	1.30	0.95	0.30	2.55
居民生活用水（阶梯式水价）第二级	2.00	0.95	0.30	3.25
居民生活用水（阶梯式水价）第三级	4.50	0.95	0.30	5.75
居民生活用水（未实行阶梯式水价）	1.30	0.95	0.30	2.55
非居民生活用水（行政事业用水、工商业用水）	1.80	1.40	0.30	3.50
特种行业用水	6.00	1.60	0.30	7.90

【市数字物价信息系统建设】“亳州智慧物价”是亳州市在全省率先建设的以价格信息系统为应用效果的数字信息和管理平台，该平台是智慧城市的重要组成部分，建成并投入运行；推动重点领域价格改革。加强企业调研，比照周边地市收费标准调整和制定情况，主动研讨现行污水处理收费、交通运输价格相关政策，印发《关于调整亳州市城区污水处理费标准的通知》（亳发改价费〔2016〕754号）等文件。

（茹曼君）

审计工作

【概况】2016年，亳州市本级审计机关完成审计项目195个。其中投资审计项目172个，查出违规资金9600万元、损失浪费金额191万元、管理不规范金额235296.9万元。核减政府投资额13511万元。促进整改落实有关问题资金1633万元。提交审计报告和信息197篇，提出审计建议150条，促进被审计单位制定整改措施55项，向纪检监察机关和有关部门移送案件线索15起。

本年度，市审计局被市委、市政府评为“六五”普法先进单位。

【财政审计】2016年，市审计局实施对市本级2015年度预算执行和其他财政财务收支审计，揭示预算不完整、预算资金管理薄弱、税收征管不严等问题。按照省审计厅统一安排，市本级实施全市耕地占用税、土地使用税、土地增值税征管情况专项资金调查，促进补缴税金1600余万元。对市粮食局、市规划局、市司法局等10部门2015年度公务支出和公款消费情况进行专项审计调查，该项审计共向主管部门下达移送处理通知书5件，追缴税收及土地出让金1703万元、追回财政专项资金325万元，6个单位及相关责任人受到责任追究。向市检察院移送问题线索2起，向市纪检监察机关移送问题线索3起。

图31 2016年11月11日，审计宣传

【经济责任审计】2016年，亳州市本级审计县处级领导干部人30名，查出违规资金6700万元，损失浪费金额25000万元。起草《亳州市关于推进领导干部经济责任审计监督全覆盖的工作方案》《亳州市领导干部经济责任告知办法(试行)》。指导完成25名乡镇主要负责人和473名村级组织主要负责人经济责任审计。

【民生审计】2016年，按照省审计厅统一部署，亳州市本级先后实施稳增长、促改革、调结构、惠民生、防风险政策措施落实情况跟踪审计，对淮南市2015年度保障性安居工程跟踪审计，对2015年至2016年6月亳州市基本医疗保险基金审计。其中，2015年度淮南市保障性安居工程跟踪审计追回资金289万元，检察机关立案查处2起，纪检监察机关立案查处4起，纪律处分84人。

市本级计划并实施全市高标准基本农田建设项目财务竣工决算审计，核减工程结算价款500余万元。实施对谯城区承担市本级22个征地拆迁项目资金结算审计，移送亳州市纪律检查委员会6起，移送公安局1起，移送国土局1起。

【投资审计】2016年，市本级审计投资项目172个，核减政府投资额13511万元。审减率7%。实施南部新区公园水系治理建设等5个重大工程跟踪审计项目，提出建议25条。

【制度建设】2016年，由亳州市审计局起草，以市政府办公室名和市委办公室名义印发《亳州市关于推进领导干部经济责任审计监督全覆盖的工作方案》(亳办发〔2016〕17号)；以亳州市政府办公室名义出台《亳州市审计机关审计结果公开实施细则》(亳政办秘〔2016〕193号)；与市委组织部联合印发《亳州市领导干部经济责任告知办法(试行)》(亳组〔2016〕41号)；修订并完善《亳州市审计局“三重一大”事项决策制度实施办法》《亳州市审计局财务公开制度》《亳州市审计局接待经费管理制度》等12项内控管理制度，制定《亳州市机关效能建设日常考评实施细则责任分解表》。

【审计创新】2016年，市审计局重点关注专项资金及民生工程等社会热点，优选财政审计、专项资金、经济责任等五大类、14项、59个项目列入2016年审计项目计划，依托AO和OA两大平台，依托单位计算机审计中心计算机能手，推进审计项目实施和审计信息化建设，审计时间缩短，审计效率提高。审计局推动市委市政府出台《亳州市关于推进领导干部经济责任审计监督全覆盖的工作方案》《亳州市领导干部经济责任告知办法》，将领导干部经济责任延伸到村级负责人，强推5年内全部轮审1遍，为新任职领导干部打履新“预防针”。探索领导干部自然资源资产审计，结合领导干部经济责任审计开展自然资源资产离任审计项目4个，提出审计意见建议8条。组织全市审计人员参加在江西财经大学举办的审计理念创新培训。亳州市审计局申报的审计科研课题——《大数据分析在审计中的应用》获省科研所立项。

【审计宣传】2016年11月11日，市审计局以“树立审计新理念·服务亳州新发展”为主题，在市魏武广场举办审计法宣传活动，当场解答广大市民提出的审计问题，接受相关咨询70余人次，发放《审计法知识问答》等宣传彩页200余张。

（代鹏山　郭建国）

工商行政管理

【概况】2016年，亳州市以工商登记注册便利化为主线，推进各项措施落实。巩固“先照后证”、注册资本认缴登记制等改革措施。实现企业“五证合一”和个体工商户“两证整合”。放宽企业住所登记条件，实施简易注销登记程序。企业注册登记实现全程电子化。新增个体工商户36164户，同比增长42.5%；新增私营企业12278家，同比增长60%。实有私营企业41887户、个体工商户210149户、农民专业合作社13214户。与2015年同期相比，市场主体总数增长23%。

本年度，亳州市工商局被评为全省工商系统目标管理考核良好单位、2011－2015年全省工商和市场监管部门法治宣传教育工作成绩优异单位、“元旦、春节打假专项行动先进单位”“企业登记工作成绩突出窗口单位”、商标专用权质押贷款工作成绩突出单位。亳州市被命名为“安徽省无传销城市”。

【放宽企业住所登记条件】2016年4月6日，亳州市政府印发《亳州市人民政府关于放宽市场主体住所（经营场所）登记条件的通知》，主要内容为：实行“一照多址”，一张营业执照可以记载同一行政辖区内多个企业住所；设立无污染、无安全隐患、不影响居民正常生活经营活动的市场主体，允许住宅作为经营场所使用；实行“一址多照”，同一地址可以登记为多家企业住所。

【实施简易注销】2016年9月，省工商局批复同意在亳州市开展企业简易注销改革试点。9月30日，市政府印发《亳州市企业简易注销登记管理办法（试行）》，针对未开业企业、无债权债务企业，实施简易注销登记程序。新政策从三方面进行简化，创新二项机制，明确十类不适用简易注销的情形。简化程序。不再要求申请简易注销程序的企业办理清算组成员备案。简化申请材料。不再要求申请简易注销程序的企业向登记机关提交清算报告及清税证明。简化公告方式。由原先的企业登报公告45天改为通过企业信用信息公示系统或其他有效方式公告企业申请简易注销的信息，公告期限为7个工作日。引入信用承诺制。企业未开业及无债权债务等情况的由全体投资人信用承诺并依法承担相关责任，明确规定四类承诺内容，规定提交材料规范及办理流程。实行异议撤销制。在简易注销公告期内，利害关系人可向登记机关书面提出异议。登记机关收到异议后终止简易注销程序，企业不得再次申请简易注销登记。全市办理简易注销17件。

【“五证合一、一照一码”】在2015年“三证合一、一照一码”改革的基础上，2016年9月1日起，再整合社会保险登记证、统计登记证，实现“五证合一、一照一码”。“五证合一”全面实行“一套材料、一表登记、一窗受理”的工作模式，企业设立从法定的25个工作日缩短到5个工作日内，减少企业创立时的各种制度性成本。把统计登记证纳入“五证合一”，完善企业主体基础数据，提高统计数据的精准度和公信力。“一照一码”即统一社会信用代码推广应用，在降低交易风险、避免后续监管出现真空方面发挥作用。9月1日，市工商局副局长铁安为亳州元化中医院有限公司颁发全市首张“五证合一、一照一码”营业执照。全市发放“五证合一”营业执照5400份，“三证合一”前存量换照率56%，网上受理率100%。

【“两证整合”】自2016年11月1日起，亳州市全面实施个体工商户“两证整合”，比全国统一时间提前一个月。申请人办理个体工商户注册登记时只需填写“一张表”，向“一个窗口”提交“一套材料”即可。“两证整合”后，在工商部门取得加载统一社会信用代码营业执照即具有税务登记功能，个体工商户无须再次进行税务登记，不再领取税务登记证。“两证整合”实行2个月，全市新增个体工商户8353户。

【注册登记全程电子化】2016年，亳州市企业注册登记实现“网上受理、网上审核、网上发照、网上归档”全程电子化，创业者在网上办事大厅一次性上传所需的全部材料，后台就会按规定程序完成审核发照工作。可以根据申请人申请，采取邮寄或自取的方式发放营业执照。全市企业注册登记全程电子化工作走在全国全省前列，7月份，国家工商总局调研组专程到亳调研指导全程电子化工作，对市工商局工作予以肯定。

【“双告知”协调会】“双告知”工作即登记注册时向市场主体告知工商登记后置审批事项，登记注册后向审批部门告知市场主体登记注册信息。2016年，亳州市在工商行政管理门户网站和网上办事大厅公布国务院和省政府文件，提供电子式“工商登记前后置审批目录”材料，供申请人、审批部门下载和查阅。印发《关于加快推进“双告知”工作的通知》，明确告知的主体、内容、方式。建立亳州市“双告知”协同监管平台。11月10日，亳州市召开“双告知”工作推进会议，解读《国务院关于“先照后证”改革后加强事中事后监管的意见》《安徽省人民政府关于“先照后证”改革后加强事中事后监管的实施意见》，明晰“谁审批、谁监管，谁主管、谁监管”原则，厘清部门监管职责。讲解“亳州市协同监管平台系统”企业信息认领操作流程及登录方式、账号管理、输入查询、后续修改等具体事项。32家后置审批部门负责人参加会议。

【商事制度改革新闻发布会】2016年8月9日，亳州市商事制度改革工作新闻发布会在市工商局五楼会议室举行。《安徽日报》《安徽法制》《安徽经济报》《市场星报》《中安在线》《安徽科技报》《江淮时报》《工商导报》《安徽商报》《亳州晚报》、亳州广播电视台、亳州新闻网、亳州视听网、亳州新报等新闻媒体，市工商局领导班子、各科室负责人参加新闻发布会。会议由市委外宣办柴永刚主持。亳州市工商局新闻发言人赵建超对商事制度改革全程电子化工作进行主体发布，市工商局局长刘颖、副局长铁安对新闻媒体的提问进行回答。商事制度改革工作启动后，亳州市工商局深化改革举措，先后推行注册资本认缴登记制、先照后证、“五证合一，一照一码”、放宽住所登记条件、注册登记全程电子化、“双告知”全程智能推送等措施，推进工商注册制度便利化，进一步降低市场准入门槛，简化手续和环节，激发市场活力，推动大众创业。

【“双随机，一公开”监管】2016年，亳州市工商行政管理工作中加强事中事后监管，推进“双随机”工作，制订“双随机”抽查事项清单和抽查工作细则，建立“双随机”抽查市场主体数据库和抽查执法人员库。开展“投资咨询非融资性担保企业公

图32　2016年8月9日，亳州市商事制度改革新闻发布会举行

示信息定向抽查”“安全生产和去产能重点行业企业公示信息定向抽查”“个体工商户和农民专业合作社年报信息不定向抽查”“企业年报公示信息不定向抽查”工作，出动执法人员2568人次，抽查企业947户、个体工商户5018户、农民专业合作社158户。完善经营异常名录制度，23239户企业被列入经营异常名录，348户企业在受到惩戒后改正，申请移出异常名录。

【助企融资】2016年，亳州市办理动产抵押243件、股权质押244件、商标专用权质押24件，合计助企融资51亿元。11家企业公示为国家级“守合同重信用企业”，组织130家企业申报省级守重企业，160家企业被公示为市级守重企业。与市金融办联合开展“守合同重信用”企业信用增信贷款工作，全市139家“守合同重信用”企业受益。

【商标战略实施】2016年，亳州市申请注册商标4968件，有效注册商标总数14721件，商标总量位居全省第五位。培育5家企业申报中国驰名商标，分别为:“广印堂”“恒盛”“骄阳”“正宇”“华佗及图”商标，“广印堂”商标已获得国家工商总局商标局批准。新增安徽省著名商标28件。新认定亳州市知名商标49件。帮扶“涡阳大豆”“蒙城澈(音)汤”“蒙城油酥烧饼”“蒙城县立仓镇迎春草”“利辛香椿”等申报地理标志商标，工商总局商标局已下发受理通知书。全市有中国驰名商标8件，安徽省著名商标147件，市知名商标233件，省级商标品牌基地3个。

8件中国驰名商标:安徽古井贡酒股份有限公司“古井贡”商标;安徽高炉酒厂“高炉家”商标;安徽古井贡酒股份有限公司“古井及图”商标;安徽济人药业有限公司“药信”商标;亳州市芍花堂药业有限公司“芍花及图”商标;安徽金口酒业有限公司“金坛子及图”商标;利辛县富亚纱网有限公司“富亚及图”商标;安徽广印堂中药股份有限公司“广印堂及图”商标。

【白酒企业专项整治】2016年，亳州市制定印发《亳州市白酒企业专项整治工作方案》，启动亳州白酒市场打假工作，重点检查白酒生产企业有无生产经销侵权古井集团商标专用权、仿冒古井贡酒“年份原浆”“古井贡”“古井”“淡雅”系列白酒的名称、包装装潢等行为。根据企业诉求，组织执法人员到河南、山东、河北、江苏协调当地工商(质检)部门打假维权，到周口、许昌、太康、郸城、郑州帮助开拓白酒市场。对32家白酒企业进行执法检查，查扣侵犯他人注册商标专用权和仿冒白酒约2.78万瓶。

【“两节”打假】2016年，亳州市开展元旦、春节打假专项整治行动。对城区批发市场、街道和集贸市场、商场超市、城乡接合部、农村地区、校园周边进行检查，查处经营不合格商品行为，假冒仿冒、傍名牌、商标侵权行为、虚假宣传、虚假标示等欺骗性销售行为，不正当有奖销售行为，虚假违法广告等行为为“两节”打假行动的重点，对发现的案件线索快查、快办、快审，从重、从快进行处罚。推行市、县(局)对重大、新型、疑难案件两级督办指导制度，减轻基层执法压力，保证案件查办实施。全市工商系统共立案查处销售假冒伪劣商品案件763件，查扣商标侵权及仿冒白酒57116瓶、青岛啤酒1028罐，查扣假冒“飘柔”“潘婷”“海飞丝”“沙宣”“清扬”“力士”洗发露和“舒肤佳”沐浴露2495瓶，假冒“舒肤佳”香皂1397块、“汰渍”洗衣粉306袋、佳洁士牙膏684支，假冒“长城”牌卓立润滑油、多效防冻液2746千克，以及饮料、棉衣、电器等多种商品，涉案金额241.87万元。

【“无传销城市”创建】2016年，亳州市结合“平安亳州”活动，推进“无传销城市”创建工作。谯城区、经济开发区36个社区和280个行政村全部完成创建工作，创建达标率100%。推行县(区)局包所、所报街道，街道包社区(村)工作模式，强化“两所一委一区”的基层摸排和打传作用，组织人员开展对传销违法行为摸牌调查，发现传销行为及时进行打击，宣传发动群众检举揭发传销违法案件线索，围堵遏制传销违法行为发生。查办传销违法案件1件，刑事拘留2人，捣毁传销窝点4个，教育遣散传销人员14人，印发宣传材料12.4万份，发布警示提示31次，群发打击传销公益短信6.1万条。5月26日，省工商局、省公安厅、省文明委、省综治办联合下发通报，认定亳州市为“2015年度安徽省无传销城市”。

【查处公用企业经营突出问题】2016年，亳州市对公用企业摸排调查，搜集整理供电、供水、供气、公共交通等60家企业信息，通过电视、互联网、报刊大力宣传整治公用企业限制竞争和垄断行为工作重点，接受群众投诉举报。立案查处公用企业不正当竞争案件3件，为消费者挽回经济损失58万元。

【网络商品交易市场监管】2016年，亳州市清理无效网络连接450户，通过其他网络平台搜索增加网络116户，完善网络经营主体信息523户，全市有网络经营主体的1264户(不计算网络商品交易平台经营者)，2户交易平台，即药通网、药博网。配合省工商局做好全国网络交易平台监管服务系统上线运行准备工作。对省局分配的全国网络交易平台监管服务系统第一阶段14885条网店核查数据，及时研究处置，区别不同情况与掌握的市场主体信用信息、平台提供的数据信息等进行关联比对。开展网络巡查1469户次，网上检查1358个网站、网店，完成指导电商企业亮标17户，亮照97户。办结网络消费者投诉案件56件，完成省局交办的案件1件，立案查处案件18件。

【广告市场监管】2016年，亳州市发布广告监测通报12期，指导和督促大众媒体落实《大众传播媒介广告发布审查规定》。监测各类广告22.25万次，违法率为零。国家工商总局广告监管平台监测88144条次，违法广告零条次。

【商品质量监测】2016年，亳州市监测烟花爆竹、皮鞋、儿童用品、消防器材、汽车配件、眼镜、建筑材料等计1454组，监测农资商品1203组，成品油309组，合计2966组。对不合格商品，交相关办案机构依法查处。

【消费者投诉处理】2016年，亳州市及时处理消费者投诉举报咨询，受理2602件，其中投诉举报225件、咨询2377件，办结率100%。办理消费维权案件165件，为消费者挽回经济损失96万元。开展重点领域消费维权和重点商品专项整治，查处不合格商品案件136件。

【12315规范化建设】2016年，亳州市推进12315“五进”工作，在市区汽车4S店、保险企业、金融银行、电信企业、商场超市、燃气电力等处新设30个12315消费维权服务站，全市消费维权服务站数量达136个。要求消费维权服务站达到“八个一”标准，即：有一个固定场所、一块标识标志牌、一名专兼职工作人员、一块宣传栏、一部固定电话、一台计算机、一本受理和处理消费者投诉登记簿、一套受理和处理消费者投诉的工作制度。 （王晓宏）

统计管理

【概况】2016年，市统计局编发《亳州市2015年国民经济和社会发展统计公报》《2015年亳州市1%人口抽样调查主要数据公报》，编印《亳州统计年鉴(2016)》《亳州经济普查年鉴(2013)》《辉煌十二五》，发布反映全市国民经济和社会发展情况的统计数据。起草《亳州市人民政府关于2015年工作目标任务完成情况的报告》《亳州市人民政府关于表扬2015年度县区政府目标管理绩效考核先进单位的通报》《亳州市人民政府关于2016年目标管理绩效考核工作的通知》。召开全市季度经济形势分析会议，分析当前经济形势、研判未来趋势、指出存在问题、提出解决办法。开展统计开放日系列活动，制作统计知识展板。以“12·4”全国法制宣传日、“12·8”《中华人民共和国统计法》颁布纪念日等为载体，组织有奖问答，运用报纸、电视、短信、微信等平台，组织系列统计法制宣传活动。开展全市统计法制宣传教育业务培训，培训120余人次。

本年度，市统计局司红艳获第三届全国统计系统优秀师资三等奖。

【统计信息服务】2016年，市统计局撰写统计分析38篇，统计快报52篇，统计专报4篇，统计公报3篇，送阅材料4篇，获市委、市政府主要领导批示2次，其中《关于推动亳州市农业服务业发展的几点建议》《2016年上半年GDP增速下滑的原因分析》获杜延安市长批示。撰写统计信息355条。对县区企业开展统计执法检查，检查83家，对其中36家问题单位进行责令整改、警告、罚款等惩罚。组织全市群众满意度调查、中央“八项”规定、安徽省委、省政府“三十条”要求及市委、市政府“三十条”任务贯彻落实情况调查、2015年度全市民生工程群众满意度调查、2016年度全市创建国家园林城市群众满意度调查、全市全面深化改革成果评估的群众满意度调查、新设立法人单位抽样调查、全市城区公交车客流量及乘客满意度调查等7项，撰写统计调研报告3篇。

【2015年全市经济运行情况新闻发布会】2016年1月22日，市统计局举行2015年全市经济运行情况新闻发布会，向新闻媒体通报《2015年国民经济保持平稳较快发展》。2015年，全市国内生产总值实现942.6亿元，同比增长9.1%，增速居全省第八位，皖北第三位，发展速度自建市以来首次赶超全省平均水平，高于全省0.4个百分点。GDP总量是2010年的1.8倍，“十二五”期间年均增长11.1%。发布会就新闻媒体关心的GDP核算方法问题、规模以上工业发展较快支撑因素等问题进行现场回答。《安徽日报》《安徽法制报》《安徽经济报》《市场星报》《安徽科技报》《江淮时报》《工商导报》《安徽商报》等市外主要新闻媒体驻亳州记者站以及亳州晚报社、亳州电视台、亳州广播电视台、中国亳州网、亳州视听网等本地新闻媒体记者参加新闻发布会。

图33 2016年12月8日，亳州市开展农业普查宣传活动

【筹备第三次全国农业普查】2016年，亳州市制订《关于做好亳州市第三次全国农业普查的通知》（亳政秘〔2015〕164号），成立全市农业普查领导小组和领导小组办公室，落实农业普查经费，建立农业普查专题网站。开展县区农业普查试点并组织全市农业普查物资招投标。组织开展全市农业普查业务培训，培训普查指导员和普查员1.2万余人次，与市委宣传部联合印发《亳州市第三次全国农业普查宣传工作方案》，赴县区开展清查摸底，召开全市摸底业务会议。

【全市季度经济形势分析会】2016年3月18日、6月16日、9月14日、12月16日分别召开全市一季度、上半年、前三季度、全年经济形势分析会。会上，市统计局通报全市经济运行情况，参会各部门围绕自身专业领域发展中存在问题及对策建议进行发言讨论，就加强部门协调、推动企业入库、严格数据审核等形成共识。（石东领）

统计调查

【概况】2016年，国家统计局亳州调查队完成全市贫困户基本情况抽样核查、亳州农村低保户状况调查、全市城区出租车载客率调查监测、公众对城市环境保护满意率调查等各项调查任务，撰写调查报告，为市委、市政府决策提供依据。

【城乡住户一体化调查】2016年，国家统计局亳州调查队召开住户调查辅调员培训会议5次，县区业务人员培训2次。2016全年共计访202户，市辖区全部调查点走访2遍以上，三县调查点走访一半以上，通过现场调查及时发现记账中存在问题，并予以修正。建立8种必备台账，及时进行登记，确保台账健全规范；新建账本审查台账、辅调员资料送审台账、调查员管理台账等6种台账。开展两次县区数据质量检查，梳理出“6类23项负面清单”，整理《住户调查基础工作反馈意见》分别予以反馈，要求其限期整改，对整改情况进行“回头看”。印发《国家统计局亳州调查队关于印发〈亳州市县区城乡居民收入评审办法〉的通知》（亳调字〔2016〕15号），亳州市常住居民人均可支配收入15514元，同比增长9.2%，分别居全省第14位和第六位。城镇常住居民人均可支配收入25053元，同比增长8.4%，分别居全省第15位和第七位。农村常住居民人均可支配收入10576元，同比增长8.6%，分别位居全省第13位和第五位。

【居民消费者价格调查】2016年，国家统计局亳州调查队严格遵守台账制度，在完成总队统一下发台账外，制作服装折扣台账、备选规格品台账、查询台账等。强化数据采集过程质量控制，严格数据复核工作。

据调查统计，2016年12月份，亳州居民消费价格总水平同比上涨1.6%。食品价格上涨1.7%，非食品价格上涨1.6%；消费品价格上涨1.3%，服务价格上涨2.3%。1－12月平均，亳州居民消费价格总水平比上年同期上涨1.6%。

【工业生产者价格调查】2016年，国家统计局亳州调查队对联网直报数据采取“即报即审”和“直审直验”，每月28日前完成对全部调查企业网报数据审核验收，上报率、直验率、验收率均100%。亳州队每月报表汇总后要对环比涨跌超过5%规格品逐条查询企业，做出价格数据超界说明并上报总队。全市126家调查企业报表全部由企业自己填报，无县区统计局代报情况发生。

图34 2016年8月15日，工作人员在农贸市场采集商品价格

据调查统计，2016年12月份，亳州市工业生产者出厂价格环比上涨0.4%，同比上涨2.6%。工业生产者购进价格环比上涨1.5%，同比上涨4.0%。1－12月平均，工业生产者出厂价格同比上涨0.6%，工业生产者购进价格同比下降1.1%。

【调查分析信息】2016年，国家统计局亳州调查队撰写工作信息152条，经济信息226条，其中被国家统计局内网采用6条（含中国信息报采编），被总队内网采用87条；经济信息总队内网采用64条。撰写调查分析63篇，其中被总队采用32篇。撰写专题分析18篇次，包括《亳州劳动密集型企业用工情况调查》《小微企业融资情况调研》《亳州菜价居高不下原因分析》《黄金铺位缘何招租忙》《亳州互联网＋农业发展情况调研》等，向市统计局、民政局、粮食局等提供信息服务40次，报送市政办信息59条。印发《调查信息专报》19期，《亳州调查》38期。与市统计局联合出刊《亳州统计月报》，每月一期，及时发布月度调查数据。

（修丽莎）

安全生产监督管理

【概况】2016年，亳州市发生各类生产安全事故303起，死亡133人、伤272人，直接经济损失89.2万元。按可比口径统计分别同比下降0.7%、33.3%、9.9%和26.5%。全市安全生产总体形势平稳向好，较大事故起数、死亡人数等控制指标均未突破省控制指标。

【安全生产执法检查】2016年，亳州市突出日常安全检查和执法检查。开展重要时段、重要节点的安全检查以及汛期、高温强冷天气安全生产专项大检查。突出“四不两直”和“两随机一公开”检查方式。发现问题，通过责令整改、现场交办、挂牌督办等方式加以解决。紧抓隐患排查整改。市政府建立健全安全生产分管市长单月调度、双月市长和分管市长共同调度工作机制，制定下发安全生产约谈制度及警示通报制度。开展隐患排查治理专项行动。排查一般隐患17721处，整改17556处，整改率99.1%。分四批对137处重大安全隐患进行挂牌督办，全部整改结束。治理涡阳县涡北煤矿塌陷区、谯城区万福大市场等一大批重大安全隐患。

【安全生产标准化创建】2016年，亳州市依法审查危险化学品生产、经营单位行政许可事项100余件次，受理办结行政许可事项46件，凡违法违规事项一律不予受理。落实安全生产“三同时”规定。对全市40余个新建、改建、扩建工矿商贸建设项目安全设施“三同时”情况进行检查。100余个建设项目的安全条件会前征求安监部门意见。开展安全生产标准化创建。25家企业完成三级标准化达标。

【安全生产专项整治】2016年，亳州市开展危险化学品和烟花爆竹专项整治。依法注销亳州海日农化等3家化工企业安全生产许可证，并监督落实停产措施。查出非法经营烟花爆竹346起，没收或销毁烟花爆竹16460件。开展工贸行业涉氨制冷和粉尘防爆专项整治。检查粉尘涉爆企业68家，下达执法文书52份，责令限期整改15家，停产停业整改3家。检查涉氨制冷企业44家，发现隐患170条，下达执法文书28份，限期整改企业22家，停产停业整改企业4家，取缔关闭企业3家。开展道路交通、建筑施工、有限空间作业、粉尘防爆等专项整治。打击、纠正治理一批违法违规行为，全市安全生产形势基本稳定。

【安全生产宣传教育活动】2016年，安全生产月活动期间，亳州市开展警示教育周、主题宣传咨询日、应急救援演练周、安全月走基层等一系列活动。制作燃气使用安全、电梯安全、有限空间作业等专题节目在电视台等媒体播放宣传安全知识和安全技能。举办安全生产培训，全市2000余名各级党员干部及规模以上企业负责人、分管负责人和安全管理人员参加培训。

（朱怀锋）

质量技术监督

【概况】亳州市质量技术监督局主管全市质量、标准化、计量、特种设备、工业产品生产许可证、认证认可等工作，并行使行政执法职能。2016年，市质量技术监督局辖1个开发区局，3个直属事业单位：市计量检查测试所、市产品质量检验所、稽查支队；局机关内设12个部门。

【质量管理】2016年，亳州市组织开展质量品牌升级工作，举办“质量品牌升级江淮行——走进亳州”活动，在全市营造“政府重视质量、企业提升质量、部门监管质量、社会关心质量”氛围。实施名牌战略，培育一批拥有自主知识产权、核心技术和具有市场竞争力知名品牌，新增安徽名牌7个，分别是安徽骄阳软门有限责任公司、安徽正宇面粉有限公司、安徽翰联纺织有限公司、蒙城县育田机械有限公司、安徽金辉肥业有限公司、安徽天赢电气成套设备制造有限公司、安徽京威纺织服饰有限公司。对每个安徽名牌奖励10万元。全市安徽名牌累计达48个。组织开展市政府质量奖评选工作，新增3家亳州政府质量企业（安徽广印堂中药股份有限公司、利辛县富亚纱网有限公司、安徽协和成药业饮片有限公司），对每家企业奖励20万元。

【标准化计量】2016年，《亳州市人民政府关于全面推进标准化体系建设工作的实施意见》（亳政〔2016〕55号）出台，申请发布省地方标准2个，创建省级标准化示范项目“标准化良好行为”企业AAAA级2家、AAA级1家。市质量技术监督局组织有关单位申报25项省地方标准，其中

《基酒中挥发性酚类化合物的测定》《槐米及其提取物中总黄酮含量的测定方法分光光度比色法》等5个地方标准获立项。由利辛县部分纱门龙头企业参与起草制订《磁性丝网软纱门》行业标准，7月由工信部公示。安徽古井贡酒股份有限公司、安徽双轮酒业股份有限责任公司、亳州市酒厂有限公司3家企业申报开展省级标准化示范项目创建工作。获"首届安徽省标准化知识竞赛"团体三等奖。开展"5·20"世界计量日和"10·14"世界标准日暨"三进"消费者安全教育活动徒步普法行等普法活动，发放计量宣传资料3000余份，免费检定计量器具80多台次。检定各类强制检定计量器具55549台件。其中包括衡器1328台、压力表1980块、加油机210台(枪)、加气机57台(枪)、心电监护仪460台、心电图机78台、血压计320台、燃气表34342块、出租车计价器1050台。

图35 2016年，亳州市组织对起重机械进行安全检查

【特种设备安全监察】2016年，市质量技术监督局与省局、县区市场监管局签订《特种设备使用单位安全责任承诺书》。明确企业责任和义务，推动安全生产主体责任落实。在开展安全生产大检查的同时，对电梯、大型游乐设施监管全覆盖，锅炉等特种设备及承装危化品的压力容器使用单位进行现场检查582家；举办特种设备作业人员培训班8期，培训特种设备作业人员400人次。

【消费品质量监督】2016年，亳州市围绕儿童用品、家用电器、纺织服装、电线电缆、食品相关产品等10类重点产品开展质量提升行动。对建材、农资产品、食品相关产品等重点产品开展专项监督检查和抽查。开展产品质量监督抽查工作。对76家企业监督检查并全部建档，建档率100%。对212家企业进行监督抽查，抽查产品508批次，合格467批次，产品合格率91.92%。与2015年基本持平，抽查产品包括化肥、水泥、预拌商品混凝土、建设用砂、砖、食品相关产品、纺织服装等。全市定量包装商品抽查300批次，完成率100%。

【"质量品牌升级江淮行——走进亳州"活动】2016年11月23日，"安徽省质量品牌升级江淮行一走进亳州暨亳州市第二届政府质量奖颁奖"活动在古井产业园举行。省质监局局长朱琳、副局长梅德林，省农委副巡视员程泉乐，市政府副市长赫璞峰，市政协副主席张国芳出席仪式。阜阳、蚌埠、淮北、淮南、宿州等市有关领导，亳州市质量工作领导小组成员单位负责人、各县市区政府分管领导和市场监管局局长、分管局长、各企业代表等400余人参加启动仪式。赫璞峰为获得亳州市第二届政府质量奖企业颁奖；梅德林、程泉乐为"安徽省质量品牌升级工程教育基地"揭牌；古井集团董事长梁金辉代表全市企业向社会发出《推进质量品牌升级工程倡议书》；古井集团、广印堂、富亚纱网、协和成等23家企业进行质量承诺宣誓。

【国家中药材质检中心建设】2016年，经省科技厅批准，亳州国家中药材质检中心参与的安徽省自然科学基金项目《基于药物分析组合技术研究凤丹药材的道地性》获安徽省科技研究成果。主体工程完工，第二批大型仪器到货，室内装饰及设施安装预计基本完工，签订办公设备采购合同，完成第三批仪器设备采购招标，上报实验室管理系统软件招标。聘用各类人员18人，其中正高级职称2人，高级3人，中级4人；硕士研究生学历6人。完成科技立项9项，其中省部级4项（一项已通过结题验收），地市级5项。发表学术论文23篇，出版专著一部。主持参与制定地方标准7个，发明专利13项。

（杨昆涛）

食品药品监督管理

【概况】亳州市食品药品监督管理局是正处级市政府工作部门，2014年2月25日，监管职能重新调整，整合后的食品药品监督管理局，内设10个机构、2个派出机构（均为正科），2个直属事业单位，行政编制63名。主要承担食品、药品、医疗器械、化妆品的行政许可及生产、经营、使用等环节的监管，市食品安全委员会办公室相关职责，指导各县、区食品、药品、医疗器械、化妆品有关方面的监督管理工作，组织查处食品、药品、医疗器械、化妆品研制、生产、经营、使用方面的违法行为等职能。

2016年，亳州市食品药品监督管理局二级机构——市食品药品检验中心被市创建青年文明号活动组委会授予“青年文明号标兵”称号。

【药品整治】2016年，亳州市药品生产环节实现药品生产企业飞行检查全覆盖，对2015年年底获证的136家企业全部飞检。共检查出严重缺陷18项，主要缺陷125项，一般缺陷1145项，行政处罚17件。对存在风险隐患的22家企业法人、质量负责人、生产负责人进行约谈。药品流通环节完成为期5个月的药品批发企业专项整治行动，飞检批发企业16家、药品零售连锁公司5家，责令整改8家，重点督促整改4家，移交稽查立案查处4家，收回GSP证书2家。联合公安、卫计委等部门，开展打击非法制售和使用注射用透明质酸钠行为专项检查。在中药材专业市场开展药包材、中药材展厅、打击硫黄过度熏蒸、徐长卿等中药材专项整治检查，采取暗访暗察方式开展4次中药材市场突击检查专项行动。检查中药材经营摊位28364家次，中药材固定经营门店4552家次。确保每月固定门店检查覆盖率100%。

▲飞行检查：即事先不通知被检查企业而对其实施快速的现场检查。

图36　2016年9月1日，亳州市组织中药材专业市场突击检查，图为现场抽样

【食品监管】2016年，亳州市食品生产环节飞检食品生产企业76家，日常监督检查食品生产加工企业850家次，其中责令整改197家次，依法立案查处35家次。食品流通环节抽查食品经营企业152家，按照重点区域、重点品种组织开展专项整治、专项检查和执法检查工作8项，全市监督检查食品经营户33100户次，其中责令整改937户次，依法立案查处420件；监督抽检食品420批次，合格412批次，合格率98%以上。食品消费环节抽查餐饮单位153家，监督检查餐饮单位4160家次（校园周边餐饮单位386件），检查单位食堂1578家次（其中学校食堂695家次），立案36件。

【行政审批】2016年，亳州市食品生产许可审批时限由原来的2个月，压缩为27个工作日；药品生产许可从审证阶段便主动介入，现场帮扶。共受理办件3779件，办结3779件，按期办结率100%。新增SC生产许可380家，药品 GMP 生产许可 20 家。

【案件查办】2016 年，亳州市共立案查处"四品一械"一般程序案件 1112 件，移交涉刑食品药品案件 27 件。接收各类协查 491 件，转办 233 件；案件移送 121 件，转办 101 件；上级交办 44 件，转办 5 件；接投诉举报中心共受理转办投诉举报线索 950 件；办理市长热线 131 件。（张健）

公共资源交易管理

【概况】2016 年，亳州市通过市公共资源交易平台完成公共资源交易项目 828 个，预算金额 243.47 亿元，节约（增值）19.48 亿元。其中，完成建设工程项目 252 个，预算金额 55.31 亿元，中标金额 46.45 亿元，节资率 16.01%；完成政府采购项目 415 个，预算金额 123.96 亿元，中标金额 122.69 亿元，节资率 1.02%，其中亳州市国开行三期棚改项目采用单一来源谈判招标，控制价 118.55 亿元，中标金额 118.50 亿元，节资率 0.04%，其他项目预算金额 5.41 亿元，中标金额 4.19 亿元，节资率 29.07%；完成产权交易项目 19 个，起拍金额 1120.55 万元，成交金额 1160.63 万元，溢价率为 48.20%；完成国土交易项目 142 宗，起拍金额 64.09 亿元，成交金额 73.39 亿元，溢价率 14.53%。建设工程招标项目 275 个，成功招标 252 个项目，招标成功率 91.6%；政府采购项目 503 个，成功招标 435 个项目，招标成功率 86.5%。

【市县一体化公共资源交易平台建设】2016 年，亳州市按照《安徽省人民政府办公厅关于印发整合建立统一的公共资源交易平台实施方案的通知》和《安徽省发展改革委关于开展省级市县一体化公共资源交易平台建设试点工作的通知》等文件要求，推进市县一体化公共资源交易平台建设工作。经亳州市政府常务会议研究通过并先后印发《亳州市整合建立统一的公共资源交易平台实施方案》《亳州市 2016 年公共资源交易目录》等文件。市县一体化电子交易平台 6 月底搭建完成，实现与省监管平台数据交换。

【全流程电子招投标实施】2016 年，亳州市建立完善电子招标投标制度，规范电子招标投标流程，加大对交易平台建设投入，用科技手段规范招投标工作，实现交易、服务、监管和监察电子化、一体化。累计编制 17 个电子招标文件文本。4 月始，全面推行全流程电子招标投标。亳州市、县均实现全流程电子招投标。

【制度建设】2016 年，《亳州市公共资源交易市场不良行为记录和公示管理办法（试行）》《亳州市公共资源交易市场不良行为认定标准（试行）》《公共资源交易项目标前公示办法》《公共资源交易项目会审及论证办法》《亳州市市级公共资源交易评审专家抽取管理办法（试行）》等制度制定，按照规定加强受理审查及项目监督工作，对重点工程建设招标项目，与招标人及时对接，主动配合。

【打击围标、串标行为】2016 年，亳州市严查投诉案件，维护公共资源交易市场秩序。亳州市政府常务会议研究通过《亳州市建设工程项目标后监督管理办法（试行）》，对打击挂靠、借用资质、转包、违法分包等违法行为意义重大，形成标后监管合力。处理 24 家违法违规企业，限制 3 家企业一定期限在亳州市投标资格，累计不予退还投标保证金 711.5 万元。（赵艺标）

住房公积金管理

【概况】2016 年，亳州市办理提取住房公积金业务 11053 笔，使用资金 16.57 亿元，同比增长 38.01%，年初预算 138.13%，占当年归集额 22.64 亿元的 73.19%。全市累计个人提取额达 59.88 亿元。从住房公积金提取使用的结构情况来看：购、建自住住房提取 7.04 亿元；偿还住房贷款本息提取 6.6 亿元；离退休提取 2.42 亿元；户口迁出本地，或出境定居提取 0.02 亿元；丧失劳动能力，并与单位终止关系提取 0.09 亿元；租房提取 0.04 亿元；其他原因提取 0.36 亿元。市住房公积金使用率 97.91%，缓解职工购房和还贷压力，发挥住房公积金的保障作用，维护职工合法权益。

2016年，全市实现住房公积金归集额22.64亿元，同比增长12.99%，完成年度调整计划的137.23%，其中，市中心当年归集额9.04亿元，同比增长12.15%，完成年初预算的145.85%；涡阳县管理部当年归集额5.1亿元，同比增长的31.06%，完成年初预算的139.72%；蒙城县管理部当年归集额4.44亿元，同比增长3.96%，完成年初预算的121.75%；利辛县管理部当年归集额4.06亿元，同比增长6.45%，完成年初预算的135.22%。

【网上办理公积金事项】2016年，亳州市开通涵盖公积金开户缴存、提取、贷款、转移合并、信息查询等共计30个网上办事项，打造“一站式”网上办事平台，真正做到“24小时全天候”办理公积金业务，实现为民服务全程代理。截至12月底，受理公积金线上申请22000余份，累计使用资金6.2亿元。政府服务管理信息化水平提升，传统的业务办理方式转变，彻底改革办事服务中的“门难进、脸难看、事难办”问题。

【公积金信息公开】2016年，亳州市住房公积金管理中心采取网上公开、咨询回复、留言回复、公告栏、邮寄账单、媒体公开、“12329”服务热线等多种公开方式，公积金各项信息公开透明。通过市住房公积金管理中心网站公布各类信息445条。

（周峰）

人力资源管理

【概况】2016年，亳州市城镇新增就业3.78万人，完成126%；转移农村富余劳动力10.74万人，完成149.13%；城镇登记失业率2.92%，控制在省考核目标4.5%之内。亳州市培养技师251人，完成125%；高级工培训2156人，完成119%；职业技能鉴定3.4万人，完成136%。全面落实机关事业单位基本工资调整，规范津贴补贴和绩效工资。完成374名公务员招录、2次市直单位遴选、4次事业单位招聘，做好3家单位记功奖励审批。推进机关事业单位养老保险改革，修订完善亳州市被征地农民养老保障办法，开展全民参保登记计划和同舟计划。健全农民工工资防欠治欠长效机制，实现仲裁网上办公，在全省率先开展苏鲁豫皖四省七市劳动保障监察联动协作。

【就业促进工作】2016年，亳州市以促进困难人员实现稳定就业、帮助提升生活水平为目标，强化公益性岗位管理，开发2504个岗位；以提高离校未就业毕业生的就业能力、促进尽快实现就业为目标，开发就业见习岗位，组织971名未就业高校毕业生参加就业见习；以满足城乡劳动者多样化培训需求和企业岗位用工需求为目标，开展就业技能培训，完成1.77万人。对全市14.7万贫困劳动者开展摸底调查，在劳动年龄段有就业能力和愿望的录入扶贫系统，逐人建档立卡。出台《关于推进居家就业促进脱贫工作的实施意见》《亳州市社区“零就业家庭”动态清零办法》，在2017年实现就业困难人员一次脱贫到位。把高校毕业生摆在就业的首位，发放高校毕业生求职补贴17.76万元共222人，基层特定岗位补录190人，开发高校毕业生基层特定岗位728个，离校未就业高校毕业生就业服务5871人。鼓励农民工返乡进城就业，出台《关于促进农民工进城就业的若干意见（试行）》，从公租房、常住户口登记、子女入学、社会保障、岗位补贴等多方面提供优惠政策。举办招聘会81场，进场招聘企业3000余家，提供就业岗位近10万个，进场求职数8万多人。

【人事人才工作】2016年，亳州市完成2016年公务员招录、“三支一扶”大学生招募和各类专业技术人员职业资格考试81项，组织考试近100场次，考生达6.35万人次。全省率先实现面试评分管理系统和异地面试考官全覆盖，强化考试安全意识，做到考务管理“零差错”，保密措施“零疏漏”，考风考纪“零投诉”，考生服务“零距离”，考试安全“零事故”。完成2015年机关事业单位工作人员年度考核工作；开展公务员“四类培训”和专业技术人员继续教育工作。引进副高职称以上专业技术人才36人，引进博士22人、硕士51人。亳州现代农业综合开发中药材示范区被认定为国家级专家服务（亳州）基地，成为全国首批20家专家服务基地之一，是全省唯一一家国家级专家服务基地。引进国外智力三批19人次。亳州一中南校成为安徽省首家剑桥大学国际高中课程的教学和国际考试中心。5月30日，刘莉到亳州调研，对亳州市人才高地建设给予高度评价。

【社会保障】2016年，亳州市城镇基本养老保险参保21万人。完成103%。失业保险参保15.42万人，完成101%。城镇职工医疗保险参保22.59万人，完成105%；城镇居民参保56.42万人，完成101%。工伤保险参保20.94万人，完成102%。生育保险参保16.76万人，完成103%。完成社会保险基金征缴收入16.8亿元，总支出18.76亿元。城乡居民养老保险参保230.73万人，完成111%，基金收入2.77亿元，支出6.98亿元。社保卡持卡440.66万人，完成任务101%。将“两定”机构经营品种的“进、销、存”全部纳入监控系统，信息化管账、网络化管店、标准化管库。实现医保违规行为发生率、住院总费用增长率、次均费用增长率、基金支出增长率及统筹报销比例等指标“四降一升”。实施养老保险费率惠企政策和企业接受高校毕业生就业养老保险优惠政策。优化养老金领取资格网上视频认证服务，首创微信平台生存认证，实现“一个ID，一经登录，全程服务”。把社区、银行、居民一起，全面推广城乡居民养老保险优质服务示范点建设。

【劳动关系处理】2016年，亳州市推进仲裁机构实体化建设，实施集体合同制度攻坚计划。受理劳动人事争议仲裁案件338件，结案率95.8%。案外调解153件，近半数劳动人事争议，通过调解化解在基层。指导古井集团开展第二批国有企业劳动争议预防调解示范工作，在华佗国药等非公企业建立劳动争议协商机制。开展劳动保障书面审查和各项专项执法检查活动。向公安机关移交涉嫌拒不支付劳动报酬案件47件。劳动用工备案单位1918家，备案11.2万人。签订劳动合同10.9万份，劳动合同签订率97%，“两网化”覆盖率100%。劳动监察举报投诉结案率95%。主动监察各类用人单位779家，涉及劳动者8.48万人。出台《关于构建和谐劳动关系的实施意见》，实行领导干部开门接访，受理信访案件21件。行政权力清单实行动态管理，203项行政权力清单、56项公共服务清单及服务指南和1项中介服务清单全部公示。及时处理涉访涉诉，军转干部服务管理有序，农民工工资治理进入法治化轨道。

（卢健　李冰）

图 37　北京同仁堂旗舰店

中药产业

“美丽亳州”系列图片——康美中药城

亳州市现代中药产业发展

【概况】亳州市是闻名遐迩的“中华药都”，有千家药企、十万药商、百万药农、百万亩药材，形成药材种植、饮片加工、成药制造、物流贸易、保健医疗、科教研发等完整的现代中药产业体系。

近年来，市委、市政府提出实施“养生亳州”行动计划，建设生态宜居、文明和谐的健康养生城市；省政府要求把亳州建设成为国内外知名的“世界中医药之都”。

2016年，亳州市完善中药产业链条，集聚效应彰显，发展活力迸发。

【中药农业】2016年，全市中药材种植面积75333.33公顷，规范化种植21240公顷，通过良好农业规范认证的9333.33公顷，2个产品通过地理标志产品认证。

【中药商贸】2016年，中药材专业市场内交易额约243亿元；药业行业实现进出口额2.14亿美元，同比增长18.8%，占全市进出口总额的41.2%，拉动全市外贸进出口增长6.8个百分点。

【中药工业】2016年，通过GMP认证的药业企业150家，其中制剂生产企业19家，饮片生产企业131家。全市医药制造业实现产值281.3亿元，同比增长21.2%；实现工业增加值72.5亿元，占比26.6%，贡献率28%，居各行业首位。

【中药科研】2016年，亳州市拥有中药类院士工作站3个，博士后工作站5个，国家级工程研究中心2个，省级企业技术中心和省级工程技术研究中心49个，高新技术企业38家（其中2016年认定14家），CNAS认证中药检测中心1家，国家级中药材检测中心主体工程完工。有药品批准文号180余个，国家（省）级重点新产品9个，高新技术产品17个。基地药业企业驰名商标3件，著名商标25件，知名商标20件，地理标志产品2项。牵头或参与制定国家或行业标准5项，完成省地方标准制修订工作10项。

【基地建设】亳州市现代中药产业集聚发展基地是省政府批准的全省14个战略性新兴产业集聚发展基地之一。2016年，亳州市贯彻落实《安徽省人民政府关于加快建设战略性新兴产业集聚发展基地的意见》（皖政〔2015〕48号）精神，坚持以提升产业核心竞争力和项目建设为重点，扩大总量，优化结构，创新驱动，加快推进现代中药产业集聚发展基地建设，中药产业企业集群已具规模，中药产业集聚效应初步显现，各项指标均超额完成。

2016年，亳州市现代中药产业集聚发展基地纳入省统计监测企业159家，完成工业总产值288.1亿元，同比增长（绝对增速）26.19%，比2015年提高10.23个百分点，完成责任目标（2016年产值267亿元）的107.9%。产值亿元以上药业企业83家，10亿元以上药业企业4家。药业行业实现进出口额2.14亿美元，同比增长18.8%，占全市进出口总额的41.2%。

基地企业实现税收7.88亿元，同比增长（绝对增速）40.18%，相对2015年增速提高1.18个百分点，完成责任目标（2016年税收目标为7亿元）的112.6%。其中，国家税收实现5.56亿元，地方税收实现2.32亿元。

基地重点投资项目140个，项目合计总投资605.4亿元，固定资产投资87.3亿元，同比增加18.9%，完成责任目标（2016年投资目标为86亿元）的101.5%。

【中医药产业发展八项重大突破】2016年，亳州市中医药产业发展取得8项重大突破。药品技术转让、研发和培育工作取得突破。出台《关于促进药品技术转让、研发和培育的扶持政策的通知》，设立首批10亿元的药品技术转让和研发专项基金，鼓励、支持企业药品技术转让（即批准文号转让），促进药业产业结构转型升级。568个药品批文待转，省局认定并受理品种147个。

中药配方颗粒生产基地建设取得突破。2016年，亳州市中药配方颗粒生产基地获省食品药品监管局批准，市政府出台《亳州市中药配方颗粒生产基地建设推进工作方案》；九方制药、九州方圆药业、沈阳红药（亳州）集团等12家企业申报并开展中药配方颗粒临床试点研究工作，省局受理并验收待批。

技改及中药生产自动化水平取得突破。基地持续加大技术改造力度，67家药业生产企业增加口服饮片生产线，中药饮片向深加工方向发展；太安堂（亳州）药业、康美药业等建立数字化提取生产线，中药自动化生产能力提高。

企业重组、并购和上市挂牌取得突破。出台《关于市外知名企业并购本市药业企业有关事项》，5家药业企业完成重组，31家药业企业正在洽谈购买品种或合作生产；新增5家药业企业在“新三板”挂牌交易；省股权交易中心的“现代中医药及健康产业亳州专板”成功开板，首批成功挂牌82家企业。

新药研发创新能力取得突破。安徽九方制药有限公司研发的国家一类新药牡荆素获临床批件，填补安徽省没有中药一类新药的空白；北京皇岛（亳州）公司研制出海藻多糖植物空心胶囊，填补安徽省此类产品生产空白；东方帝维生物制品股份有限公司羊口疮病毒AH—GY13株灭活疫苗的研发项目和永刚饮片有限公司的亳州地产大宗药材及饮片商品规格等级研究项目，获2016年度省科技重大专项立项，获省财政资金支持390万元，基地新药在研品种13个。

中药大品种、大品牌培育取得突破。新增安徽九方制药有限公司的葛酮通络胶囊、华佗国药股份有限公司的救心丸2个品种进入国家医保目录；安徽济人药业有限公司的疏风解毒胶囊单品种销售额突破5亿元。

图38 2016年中国亳州药市开市

招商引资取得重大突破。跟踪中药产业前100强企业，开展上门招商、精准招商，一批知名药企及产业链关键配套企业项目签约落地。

中药材种子种苗繁育工作取得突破。安徽航科航天育种特色产业研究院组织亳州市中药材种植企业开展中药材航天育种工作；安徽农科院与谯城区联合成立“亳州中药材研究所”。

【发展思路】2016年，亳州市围绕现代中药产业集聚发展基地目标，坚持以招商引资和项目建设为重点，扩大总量，优化结构，实施“369”现代中药产业发展提升计划。确保到2020年，实现“双千亿元”现代中药产业发展目标，为建设“世界中医药之都”奠定坚实的产业基础。 （刘伟亚）

2016年国际（亳州）中医药博览会暨第32届全国（亳州）中药材交易会

【概况】2016年国际（亳州）中医药博览会暨第32届全国（亳州）中药材交易会（以下简称“2016年药博会”）于2016年9月9日至10日在亳州市举办。安徽省人民政府、中国国际贸易促进委员会、中国中药协会主办，亳州市人民政府、中国国际贸易促进委员会安徽省委员会、中国北京同仁堂（集团）有限责任公司、康美药业股份有限公司、珍宝岛药业股份有限公司和太安堂集团有限公司共同承办。大会以“弘扬中医药文化，促进中医药造福人类”为宗旨，以“中医药，让人类更健康”为主题，按照创新、协调、绿色、开放、共享的发展理念，安排“经贸、文化、学术”三大板块8项活动。分别是华佗诞辰1889周年祭祀、2016年亳州药博会开幕式暨华佗中医药文化展演、2016年国际（亳州）中医药产品展暨酒类产品展、2016年国际（亳州）药材药品交易洽谈会签约仪式、2016年中国（亳州）投资环境说明会暨项目签约仪式、2016年全国现代中医药发展高端论坛、第八届华佗五禽戏养生健身节、古井集团开酿及全国企业文化示范基地揭牌系列活动。

【会展成果】本届药博会，中医药产品展暨酒类产品展有533家企业参展，80%是省外企业，展出面积4.5万平方米。中医药产品展暨酒类产品展参展企业382家，展出面积2.7万平方米；医药器械展151家，展出面积1.8万平方米。折合国际标准展位1276个。展位规模、参展产品种类均较往年大幅增加，是2015年的3倍。

【论坛成果】2016年的全国现代中医药发展高端论坛，分为2016年全国现代中医药发展暨全国知名中医院院长高端论坛、中药产业流通与质量安全信息化高峰论坛、“互联网+养生花草茶”论坛3个论坛，论坛采取市场化的运作模式，3个论坛同步进行，共同彰显专业化特点。在2016年全国现代中医药发展暨全国知名中医院院长高端论坛上，包括国际宇航科学院院士、北京理工大学生命学院院长邓玉林、国医大师徐经世等嘉宾作演讲，探讨中医药产业发展方向。在中药产业流通与质量安全信息化高峰论坛上，来自全国各地的专家围绕着如何保障中药饮片的质量安全这个主题，从中药饮片质量控制、中药饮片信息化建设等方面进行研讨，为亳州市药业产业健康发展提供参考。“互联网+养生花草茶”论坛上，包括南京医科大学副校长李建清等多位国内行业精英人士、风云人物、学院专家以及互联网与电子商务领域精英，围绕花草茶品牌建设及产业发展等课题，献言献策。

【经贸成果】2016年中国（亳州）投资环境说明会暨项目签约仪式邀请全国20余个省、市、自治区，以及香港地区的163家企业，其中上市公司、全国百强企业53家，超过上年26家的一倍，再次刷新药博会到亳上市公司、全国百强企业的纪录。签约48个合作项目，总投资345.2亿元，同比增长118.8%。

2016年国际（亳州）药材药品交易洽谈会签约仪式吸引自包括港澳台在内的全国25个省级行政区及韩国、英国、印度等国家的知名药企、保健品企业、连锁药店、中医院、医药公司、代理商进行广泛交流，贸易洽谈，达成多项贸易协议。现场签订贸易协议34个，签约金额28.6亿元，同比增长15%。

【文化成果】2016年年药博会开幕式举行华佗中医药文化展演，内容以非遗展示、情景表演、五禽戏、二夹弦等形式，展现华佗中医药文化的丰富内容。华佗诞辰1889周年祭祀活动遵照古法，庄严肃穆，突出华佗学术及其“悬壶济世、大爱无疆”精神的传承性。中药切制技艺展示，显示独具亳州地方特色的中药切制技艺，展示亳州深厚的中药文化底蕴。五禽戏是华佗留下的一项世界级文化瑰宝。在第八届华佗五禽戏养生健身节上，举行健身气功五禽戏比赛，五禽戏健身养生讲座、教学、书画展以及校园五禽戏研讨会，推动华佗五禽戏走向世界。

【会展进一步市场化】2016年药博会中医药展暨酒类产品展集中优势资源，首次引进专业会展公司承办，实施市场化运作，向“由政府主导转变为市场运作”靠拢。探索会展市场化运作模式，让企业参与承办或单独举办有关活动。政府放手让企业运作，仅对企业提供必要的帮助协调监督和补台。2016年国际（亳州）中医药展暨酒类产品展等分项活动由北京创意行通科技股份有限公司等参与。此举为药博会市场化运作积累丰富经验。

【国际化方面实现新突破】2016年药博会，来自越南、马来西亚、蒙古、泰国、尼泊尔、印度尼西亚、墨西哥及巴拿马8个亚太经合组织国家的23名商协会及政府机构的经贸官员参加。药博会的国际交流合作更广泛，国际影响更深远。药博会平台，得到更多国际专业人士的认可和参与。

（刘伟亚）

农业

“美丽亳州”系列图片——田园风光

农　业

【概况】2016年，亳州市规模以上农产品加工产值首次迈上700亿元台阶，达到707.5亿元，增幅居全省第一位；一产增加值206亿元，增幅居全省第四位，居皖北首位；农村常住居民人均可支配收入首次突破万元，达到10576元，增幅居全省第五位。粮食总产473.9万吨，同比减少2.27%。小麦单产505.5千克，高出全省平均水平130千克，小麦单产连续5年超千斤。

建设高标准粮食绿色增产模式攻关示范片（示范村、示范家庭农场）45个，培育以粮食加工企业为龙头，家庭农场为基础，合作社为纽带的专用品牌粮食产业化联合体42家。专用品牌粮食生产面积发展到10.59万公顷，涉及粮食订单收购主体24家、新型农业经营主体890家。全市建设市级以上绿色标准化养殖示范场56家、渔业绿色健康养殖场4家。新建绿色果蔬标准园20个，蔬菜面积13.2万公顷，其中设施蔬菜4.53万公顷，蔬菜面积、总产连续多年稳居全省第二位。

实施“绿色亳农”品牌培育计划，新认定无公害农产品产地、绿色食品原料基地33个，新增“三品一标”农产品62个，“三品一标”认证产品达到 388个。“广印堂”牌商标被评为中国驰名商标，新增涉农省著名商标20件、国家地理标志农产品2件。涉农加工企业驰名商标达到7个、著名商标达到119个。

2016年，全市新增市级以上示范社82家，新增市级家庭农场78家，家庭农场发展到3871家，农民合作社发展到12063家。发展土地托管、土地流转等多种形式适度规模经营，农业适度规模经营面积达到26.44万公顷。

【谯城区、涡阳县被评为安徽省农产品质量安全县】2016年9月19日，《安徽省农业委员会关于公布首批安徽省农产品质量安全县的通知》（皖农质〔2016〕144号）文件印发，确定亳州市谯城区、涡阳县为首批安徽省农产品质量安全县，有效期3年。

谯城区、涡阳县成功创建首批安徽省农产品质量安全县提升了全市农产品质量安全水平，发挥引领带动作用，推进全市农业农村经济绿色发展、转型发展和可持续发展。

【农村土地承包经营权确权登记颁证试点】按照省委、省政府统一部署，2014年亳州市在综改试点县涡阳县启动农村土地承包经营权确权登记颁证整县首批试点。2015年，蒙城县、利辛县、谯城区全部启动整县试点。2016年，三县一区试点工作全面完成。全市86个乡镇、1252个村开展试点，开展确权并完成测绘农户106.9万户，应确权面积56.37万公顷。首批试点涡阳县颁发证书24.95万户，占已测绘农户总数的100%。新增试点的蒙城县、利辛县、谯城区共完成承包地测绘面积42.14万公顷，占应确权面积的99.97%，发放证书81.83万户，占已测绘农户数的99.85%。

【亳州市农村工作会议】2016年3月1日，亳州市农村工作会议在市行政会务中心召开。副市长马露主持会议，市委副书记杜延安参加会议并讲话。会议传达市委书记和市委副书记、市长就做好“三农”工作所作批示。会

图39　2016年5月26日，全省春季农业生产调研座谈会在亳州市召开

议回顾2015年农业农村工作，部署2016年工作任务，提出：“十三五”期间，农业农村工作要以脱贫攻坚为统领，牢固树立五大发展理念，围绕“一条主线”，突出“两个重点”，加快构建“三大体系”，努力实现“四个全面提升”▲。会议表彰2015年全市农业农村工作先进单位。

▲“一条主线”，就是提质增效转方式、稳粮增收可持续；“两个重点”，就是推动农民较快增收，农村更加美丽；“三大体系”，就是加快构建现代农业产业体系、生产体系和经营体系；“四个全面提升”，就是到2020年，实现农业主导产业生产能力全面提升、现代生态农业产业化水平全面提升、现代农业技术装备水平全面提升、农民幸福指数全面提升。

【秸秆综合利用】据农业部门统计，2016年亳州市主要农作物（小麦、玉米、大豆）产生秸秆量597.9万吨左右，可收集秸秆量约551.7万吨。综合利用秸秆488.9万吨，综合利用率达88.6%。其中，农业领域综合利用量422.9万吨，约占可收集秸秆量的76.7%（其中秸秆机械化还田378.9万吨，约占可收集秸秆量的68.7%；高温堆肥及其他方式还田3万吨，约占可收集秸秆量的0.5%；饲料34.6万吨，约占可收集秸秆量的6.3%；基料6.4万吨，约占可收集秸秆量的1.2%）。工业领域综合利用量53.3万吨，约占可收集秸秆量的9.7%（其中秸秆发电51.8万吨，约占可收集秸秆量的9.4%；造纸、板材等2.5万吨，约占可收集秸秆量的0.5%）。能源化综合利用量12.7万吨，约占可收集秸秆量的2.3%（其中固化成型燃料8.5万吨，约占可收集秸秆量的1.5%；秸秆气化及秸秆沼气0.5万吨，约占可收集秸秆量的0.1%；民用燃料3.7万吨，约占可收集秸秆量的0.7%）。（牛艳艳）

种植业

【概况】2016年，亳州市开展农技推广工作，科学推进农业现代化快速发展，提升农业综合生产能力、促进农业持续增效和农民持续增收。粮食总产473.9万吨，同比减少2.27%。小麦单产505.5千克，高出全省平均水平130千克，小麦单产连续5年超千斤。

【专用品牌粮食生产】2016年，亳州市贯彻国家和省关于“调、转、促”和供给侧结构性改革战略部署，以“品种优先、品质保证、品牌引领”为抓手，发展绿色生产、专用品牌粮食生产，打造一批实行标准化生产、规模化经营、专业化服务的专用粮小麦种植基地和知名粮食产品品牌。在前期试点基础上，建立优质强筋小麦、黑小麦、鲜食玉米等绿色专用品牌粮食订单生产基地10.59万公顷。建立专用品牌粮食农业专业化联合体42家，涉及农民专业合作社、家庭农场、种粮大户等农业新型经营主体890个，种业企业、面粉加工企业等订单收购主体29个。打造“老师傅”牌富硒黑小麦粉、石磨营养粉、养生挂面、麦片等系列深加工产品；生产“慎德”牌红芋粉丝、红芋丁、红芋粉皮；开发出“瑞福祥”牌谷朊粉、高级面包粉、高档饺子粉等30余个产品。订单基地农民总增收3亿元以上、参与的新型农业服务主体和农业企业创收一倍以上，实现企业、农场和农民三方共赢，推动专用品牌粮食建设与农业转型升级。

【中药材标准化提升工程】2016年，亳州市实施中药材绿色增效模式攻关行动，打造涡河中药材种植优势产业带，推进中药产业持续健康发展。中药材种植面积达7.57万公顷，新增良好农业规范认证面积0.35万公顷，标准化种植面积1.5万公顷，中药材标准化种植水平提升。

【粮食绿色增产攻关示范创建】2016年，亳州市实施省粮食绿色增产模式攻关示范活动，共建设45个粮食绿色增产模式攻关示范片（村、家庭农场），其中，省级粮食绿色增产模式攻关示范片（村、家庭农场）21个。各绿色增产示范片（示范村、示范家庭农场）全部落实“五有”（有明显的示范标志、有完整的技术方案、有行政和技术负责人、有配套扶持措施、有示范观摩活动计划）和“五统一”（统一技术规程、统一供种、统一机播、统一配方施肥、统一防治病虫草害）措施，推广“三推”（推广高产高效多抗新品种、推广规模化标准化机械化的栽培技术、推进耕地质量建设）和“三节”（节肥、节药、节水）技术，普及平衡施肥技术，使用低毒、高效、低残留农药以及各类新型植保机械，采取黏虫板、杀虫灯、性诱剂等绿色防控技术。据测产统计，各绿色增产示范片（村、家庭农场）内小麦、玉米平均单产全部达7800千克/公顷以上。购置黏虫板、杀虫灯和性诱剂等绿色防控农资，实现小麦、玉米绿色增产创建示范片（村、家庭农场）统防统治和绿色防控全覆盖，辐射带动主要粮食作物病虫害统防统治面积40%，绿色防控面积30%，减轻病虫危害，促进粮食绿色增产增效。

【测土配方施肥项目】2016年，亳州市围绕现代生态农业产业化建设任务，推广测土配方施肥技术应用面积87.34万公顷，配方肥施用面积50.66万公顷，化肥利用率36%左右。认定配方肥企业27个，建立供肥网点910个，标准化配方肥服务网点7个；建设“万、千、百”示范片1605个，示范面积2.23万公顷；采集土样2709个，化验29328项次；采集植株样品406个，化验1218项次；落实“3414”肥效试验10个，化肥减量试验7项，微量元素肥效试验2项，种肥同播试验1项，控缓释肥应用示范1项，商品有机肥试验示范4项，修正配方10个，发放配方卡120万张；建立村级信息公示栏1118个，印发明白纸、培训材料等各类宣传材料53万份，召开现场观摩24次；为5000名种植大户、专业合作社、科技示范户等提供个性化服务。

（王敬才）

畜牧业

【概况】2016年，亳州市畜牧系统组织实施“畜牧业升级工程”，发展绿色低碳循环畜牧业，加强重大动物疫病防控，畜牧业健康发展。

【畜牧生产】2016年，亳州市生猪存栏157.9万头，出栏305.5万头；肉牛存栏12.5万头，出栏13万头；山羊存栏134.1万只，出栏214.3万只；家禽存栏1402万只，出栏2631万只，肉类产量32.7万吨、禽蛋产量7.2万吨，牛奶产量1.9万吨。

【标准化规模养殖示范场创建】2016年，亳州市开展畜禽标准化养殖示范场创建，创建部级畜禽标准化示范场1家、省级2家，新创市级畜牧绿色低碳健康养殖示范场56家。全市各类规模养殖场、大户发展到2.33万家，规模养殖比重达到82%。

【动物疫病防治】2016年，亳州市以高致病禽流感、猪蓝耳病、口蹄疫、猪瘟、小反刍兽疫集中强制免疫为重点，落实动物疫病防控措施。全市春季共免疫猪瘟、猪口蹄疫、猪高致病性蓝耳病163.85万头（次），牛口蹄疫12.23万头（次）、羊口蹄疫132.8万只（次），羊小反刍兽疫118.6万只，高致病禽流感1203.5万羽（次），秋季共免疫猪瘟、猪口蹄疫、猪高致病性蓝耳病171.45万头（次），牛口蹄疫12.21万头（次）、羊口蹄疫129.7万只（次），小反刍兽疫111.4万只，高致病禽流感1319万羽（次），应免畜禽免疫密度达到100%。春季共采集57个监测点的2742份血清，抗体合格率91.39%；秋季共采集59个监测点的3068份血清，抗体合格率94.81%。

【禁养区搬迁】2016年，亳州市各县区制定畜禽禁养区划定方案和禁养区养殖场关闭搬迁实施方案，摸排全市禁养区养殖场185家，2016年关闭或搬迁58家，完成总任务的31.4%。

（张永）

水产业

【概况】2016年，亳州市兑现渔业燃油补助等国家惠民政策，发展规模养殖，鼓励发展低碳循环流水养殖，扩大名特优养殖，引导发展健康生态养殖，全市水产养殖面积13624公顷，水产品总产量54053吨。

【渔业生产】2016年，亳州市组织实施池塘倍增计划工程，以增加渔民收入，建设生态渔业为中心，推广渔业新品种、新技术，转变渔业生产方式，重点推广以乌鳢、泥鳅、秋浦花鳜、青虾、河蟹等为主导品种，以池塘循环流水养殖技术、池塘健康养殖技术、稻田养虾等为主导技术的渔业绿色健康养殖模式。鼓励沿河渔民发展网箱养殖。鼓励外地客商到亳进行大水面河蟹养殖。在西淝河利辛段、茨河蒙城段等主干河道养殖河蟹面积3333.33公顷。

【渔政监督】2016年，亳州市全面实施禁渔制度，市、县渔业主管部门于2016年3月1日至8月31日对涡河、小洪河、西淝河、茨淮新河等10处约0.61万公顷水面实施禁渔，禁渔期间取缔有害渔具10处，查处违法捕捞渔船3艘，查获电、炸、毒鱼案件1起，没收电捕器1台，取缔迷魂阵等违法渔具1处，震慑渔事违法行为，保护全市渔业资源和渔业生态环境。（秦文学）

特种养殖业

【概况】2016年，亳州市推进农业供给侧结构性改革，发展特种养殖业，不断满足市场多样化、多层次消费需求。

【蝗虫养殖】蝗虫药食两用，食用营养价值高。皖北平原地区有民间食用蝗虫的习惯。涡阳县秀芹养殖合作社理事长尹秀芹开展蝗虫养殖深加工，其自创蝗虫深加工技术获国家专利。截至2016年年底，合作社流转土地53.67公顷，建设蝗虫养殖大棚6.67公顷，开发的"冬娜"牌系列蝗虫食品深受消费者欢迎，带动当地农民增收。中央电视台军事农业频道《每日农经》栏目、中央电视台财经频道《经济半小时》栏目对其事迹进行报道。

【水产特种养殖】亳州市池塘养虾、池塘养泥鳅、河道养螃蟹等上规模名特优水产养殖表现出良好发展态势。重点推广以乌鳢、泥鳅、秋浦花鳜、青虾、河蟹等为主导品种，以池塘循环流水养殖技术、池塘健康养殖技术、稻田养虾等为主导技术的渔业绿色健康养殖模式。在西淝河利辛段、茨河蒙城段等主干河道养殖河蟹面积达3333.33公顷。2016年，部分特种养殖产量分别为：青鱼970吨，泥鳅1259吨，黄鳝278吨，乌鳢732吨，虾741吨，河蟹889吨。（赵海涛）

图40　涡阳县秀芹养殖专业合作社养殖的蝗虫

农业产业化

【概述】2016年，亳州市组织实施农业产业化转型升级和食品工业发展行动计划，培育龙头企业，加快食品产业园建设。市级以上农业产业化龙头企业组织达到513家，其中国家级龙头企业4家，省级50家，市级459家。新增市级龙头企业47家。全市规模以上农产品加工产值707.5亿元，增速13.9%，位居全省第一位。加工产值超10亿元龙头企业9家。

【食品工业发展行动计划】2016年，亳州市落实市政府食品工业发展实施方案，实施2016年食品工业发展行动计划，牵头负责食品及农产品加工产业发展推进工作。启动市食品产业园规划建设，组织开展食品及农产品加工业重大项目谋划和招商引资工作，2016年市食品产业园签约入驻项目18个，总投资金额为19.4亿元。

【"一村一品"】2016年，亳州市围绕优质粮食、中药材、蔬果、畜牧养殖等主导产业优势，培育"特色产业＋农民专业合作社＋龙头企业"发展模式，促进"一村一品"向专业化、规模化、标准化和产业化发展，为美好乡村建设提供经济基础和产业支撑。2016年新增省级"一村一品"专业示范村3个。全市共有国家级“一村一品”专业示范村4个，省级32个。

【休闲农业】2016年，亳州市依托农业、自然和文化资源，结合美好乡村建设，发展休闲农业。谯城区十河镇大周生态旅游村、涡阳县桃花岛生态休闲农庄评为省级“休闲农业与乡村旅游示范点”。3家水产养殖基地评为“安徽省休闲渔业示范基地”。全市有“休闲农业与乡村旅游示范点”国家级1个，省级6个，省级“休闲农业与乡村旅游示范县”2个。谯城区芍花景观被评为“中国美丽田园”。

【农产品市场开拓】2016年，亳州市组织龙头企业参加“2016中国安徽名优农产品暨农业产业化交易会”“第十四届中国(昆明)国际农产品交易会”“ 中国安徽名优农产品暨农业产业化(上海)交易会” 、第十七届中国(上海)国际食品饮料展览会、淮北食品工业博览会、洛阳名优农产品博览会、江苏国际农业洽谈会等交易会，开拓农产品市场，共有118家企业、22家合作社、900余种产品参展。筹办首届亳州名优农产品暨吉祥年货展，近300家企业2000余种产品参加展销。（田军）

林　业

【概况】2016年，亳州市编制出台《亳州市2016年美国白蛾防控方案》；承办全国杜仲产业发展规划专家研讨会；召开全市国有林场定性和编制问题协调会；出版发行《绿色记忆》古树名木一书；在浙江大学举办生态文明建设和现代林业发展培训班。蒙城县率先开展飞机施药防治第一代美国白蛾工作，飞防作业面积约3333.33公顷。省千万亩森林增长工程核查组对全市千万亩森林增长工程实施情况进行全面核查验收；国家林业局批准蒙城北淝河湿地公园开展国家湿地公园试点工作；市安徽钜源农林科技开发有限公司、虞海园林绿化工程有限公司被国家林业局列入国家“服务精准扶贫国家林下经济绿色产业示范基地”。

图41　2016年6月4日，飞机施药防治美国白蛾

本年度，在第七届安徽省花卉博览会上，亳州市获展馆设计制作创意奖金奖等39个奖项；省林业厅对2015年度中央财政森林抚育补贴项目进行核查，利辛县位列全省第三名；市森林公安局在全省“2015年度十佳典型刑事案例评选活动”中获第二名。市森林公安局“4·20”非法收购、出售珍贵、濒危野生动植物制品案专案组被国家森林公安局授予集体二等功；2015年度千万亩森林增长工程建设综合得分99.21分，并列全省第八位；利辛县获“全国绿化模范县”称号，市林业局营林资源管理科科长臧艳丽获“全国绿化奖章”；谯城区十九里镇等8个乡镇获“2015年度安徽省森林城镇”称号；涡阳县丹城镇常庄村等28个村获“2015年度安徽省森林村庄”称号；谯城区“三官核桃林场生态园”“世外桃源”“彩曲梨园”获全省第三批“森林旅游人家”。

【林地建设】2016年，亳州市完成人工造林9720.33公顷，任务完成率104.15%。其中，长防林1754.4公顷，中央补贴造林1668.93公顷，林苗两用林面积1668.52公顷，用材林2830.47公顷。果树827.67公顷，其中薄壳山核桃255.33公顷。三线三边绿化提升线路绿化197.1千米，新建林带465.2千米。建设森林长廊示范段171.9千米，新建完善农田林网53733.33公顷。创建森林城市1个、森林城镇8个、森林村庄28个，义务植树963万株。截至2016年年底，全市林地面积16.12万公顷，活立木总蓄积量1296.79万立方米。

【主要经济林产品、花卉生产】2016年，亳州市各类经济林产品总量4.86万吨。从产品类别看，水果产量4.33万吨；干果产量853吨；油用牡丹籽木本油料产量3600吨。

全市花卉种植面积1327公顷，切花切叶2.8万支；盆栽植物41.17万盆；观赏苗木84.24万株。具有一定规模的花卉市场52个，花卉企业423个，花卉从业人员3616人，花农1233户；日光温室面积2.39万平方米。

【林业产业】2016年，全市林业总产值为51.8亿元，比2015年46.98亿元增长10.26%。第一产业产值21.84亿元，第二产业产值27.23亿元，第三产业产值2.73亿元，产业结构优化。

【森林工业】2016年，亳州市商品材总产量80.14万立方米，直接用原木16.99万立方米，加工用材63.15万立方米，木片、木粒加工产品2万立方米，人造板总产量为80.48万立方米，在全部人造板产量中，胶合板42.11万立方米，纤维板33.57万立方米，实木地板产量400.68万平方米。

【林业资金投入】2016年，亳州市实际到位各类林业建设资金20858万元。按来源分，中央投资4917万元。全部林业投资完成额中林业固定资产建设项目完成投资720万元。按建设内容分，用于生态建设与保护方面的投资18430万元，林业支撑与保障投资1328万元，林业产业发展1100万元。

【森林保护】2016年，亳州市加强林权管理，各县区成立林权管理服务中心，建立林权管理服务信息平台。开展林地年度变更和森林资源"一张图"建设。依法开展打击破坏森林资源"净网行动""蓝天行动""清网行动"和打击破坏森林野生动物资源违法犯罪专项行动，立案查处刑事案件22起，林业行政案件81起，市森林公安局"4·20"专案组被国家林业局森林公安局记集体二等功。全市主要林业有害生物发生面积20166.67公顷，防治面积19860公顷，防治率98.5%。实施飞防作业面积55533.33公顷，无公害防治面积19066.67公顷，无公害防治率94.5%。

（陈静）

水　利

【概况】2016年，亳州市超额超序时进度完成小型水利工程改造提升年度目标任务，建成小泵站1535千瓦，小水闸95座，中小灌区0.12万公顷，塘坝1375个，河沟730条，机电井新建修复15446眼；末级渠系改造2.79万公顷，全市完成建设资金4.8亿元，完成率117%。全市节水灌溉面积6.35万公顷，农田有效灌溉面积45.66万公顷。实施62处农村饮水安全工程工程，投资6935万元，解决13.87万农村居民饮水不安全问题。

图42　2016年，亳菊路钢坝闸建成

本年度，在全省农田水利基本建设“江淮杯”竞赛评比中，亳州市获一等奖1个，二等奖1个，三等奖1个，亳州市农田水利建设指挥部获优秀组织奖。在民生工程省级绩效考评中，农村饮水安全巩固提升工程绩效评价99分，位于全省第二名。小型水利工程改造绩效评价为99分，居全省第五名。

【小型水利工程管理体制改革】 2016年，亳州市推进小型水利工程管理体制改革。针对不同类型工程特点，采取引导发展政府购买服务、农民用水协会、水利专业合作社等多种形式服务实体，全市87个有小型水利工程管理体制改革任务的乡镇，全部完成改革任务。累计成立管护组织581个，落实管护经费3694万元，管护工程个数9.86万个，覆盖面积41.2万公顷，颁发“两证一书”20余万份。

【水利重点工程】2016年，按照省水利厅下达的建设计划，西淝河等沿淮洼地应急工程涉及亳州市西淝河、北淝河，工程投资13352万元，6月底提前完成建设任务。中小河流治理工程，涡阳县五道沟、武家河等6个项目下达投资12918万元，全面完成建设任务并验收，实际投资15010万元，超额完成目标任务。淮干一般堤防除险加固工程，投资2800万元，超额完成年度任务。完成蒙城县芮集闸除险加固工程并通过验收，开工建设陈桥闸、油河闸、洺河闸，涉及投资4529万元。完成贾集闸、十河闸、高阁闸工程初设审批。

【城区“水活”工程】2016年，根据市委、市政府提出的“地净、路畅、水活、天蓝、林拥城”目标要求，按照“统一规划、分期实施”部署，打造亳州城区“水活”工程，项目总投资10453.78万元。截至2016年年底，全面完成“一涵四闸”项目、凤尾沟二期工程、宋汤河五期河道工程年度任务，贯通涡河、宋汤河、凤尾沟、龙凤新河、赵王河、张河等水系，初步实现城区涡河以南、铁道以西“水活”目标，改善城市水生态环境和水质，发挥排涝、蓄水和调节作用。

【水资源管理】2016年，市水务局编制《亳州市中心城区水资源利用规划》《亳州市城市防洪规划》。督促39家用水企业按要求进行水资源论证；为53家企业办理取水许可或取水许可延续手续。全市水资源费征收1200万元，同比增长22%。结合“3·22”世界水日、“江淮普法行”等活动，开展节约利用水资源宣传，出台《亳州市2016年节水宣传工作方案》；在市电视台连续4个月播放节水公益广告和10期节水专题栏目。印制发放宣传册4000余份，制作8类5000余个塑料宣传标识牌，张贴到机关、学校、医院、宾馆等公共用水处；年内创建节水型企业、节水型单位等节水载体7个。继续实施重点用水户监控点建设，完成25家重点用水大户取用水在线监控设施建设任务。推进自备井整治工作，分类整治或封闭深水自备井72眼。

【引江济淮亳州段工程】2016年，亳州市推进引江济淮亳州段主体工程前期工作，与引江公司签订供水协议，完成移民拆迁准备工作。12月13日，可研报告通过国家发改委审批；初步设计同步推进，已通过水利部水规总院技术讨论。亳州市配套工程委托主体工程设计单位（中水淮河公司）进行规划编制工作。

【防汛抗旱】2016年3月，亳州市防汛抗旱指挥工作领导小组办公室在县、区自查基础上，重点对在建水利工程、重要涵闸、险工险段及中小河流安全度汛准备情况进行督查，并下发问题整改通知书，明确责任单位和责任人，5月中旬前逐一整改到位。明确各成员单位职责，落实各重点工程、重点部位行政负责人、技术负责人、抢险队伍及抢险物资等。修订完善《亳州市城市防洪规划》《亳州市防汛抗旱应急预案》。各县区以涡河、西淝河、北淝河、茨河等骨干河道及沿河低洼地为重点，加强河道堤防巡查监测，根据水位和降雨情况，增加巡查力量，加大巡查频次等。强化物资保障和队伍培训演练，加强预警会商和应急管理。2016年全年气候运行平稳，无较大旱情汛情。

【水生态文明建设】2016年，蒙城县完成城区水系整治工程、梦蝶湖公园及鲲鹏湖公园建设、省道203线、省道307线整治工程。利辛县实施城区水系沟通示范工程，打造“八纵六横”14条沟河交错水网格局；建设西淝河湿地公园示范工程；阜蒙新河水环境修复示范工程作为江河湖库水系连通工程向水利部申报，待水利部批准后即可实施。推进河长制，完成河道管理范围确权划界。明确主要骨干河道河长，落实管护责任，促进河湖管理工作制度化、规范化。蒙城县作为全国河湖管护体制机制创新试点县，依法对涡河、茨淮新河两条河道管理范围进行确权，对北淝河、芡河、阜蒙新河3条河道管理范围与保护范围进行划定，投资110万元采购并埋设河道管护界桩及管护宣传牌。“三线三边”投资9316万元，综合整治河道15条，治理乱倾倒各类垃圾1.15万吨，治理私搭乱建75处，治理乱建码头6处。

（王胜杰）

图43　2016年5月19日，亳州市举办收割机跨区作业启动仪式

农业机械化

【概况】2016年，亳州市农业机械总动力985.49万千瓦，比上年增长13.68%。其中，拥有大中型拖拉机33238台，增长34.33%；联合收割机36051台，增长28.62%；玉米联合收割机达8718台，增长28.45%；小型拖拉机保有量14.26万台，与上年减少11%；秸秆粉碎还田机13892台；秸秆捡拾打捆机2525台。农作物耕种收综合机械化水平89.66%。小麦生产实现全程机械化，玉米机收水平95%。全市各类农机作业服务组织1529个，农机户总数47.38万个，农机从业人员56.7万人。农机专业合作社729家，其中国家级示范社7家，省级示范社46家，发展社员8633人，作业服务面积284.31千公顷，农业机械化经营服务总收入62.95亿元。

全市新注册登记农业机械18152台，其中拖拉机8732台，较上年增长240%；联合收割机9420台，增长203%。年度检验农业机械16850台，其中拖拉机7580台、联合收割机9270台。新办农机驾驶证7553人，其中拖拉机驾驶证6885人，较上年增长127%；联合收割机驾驶证2448人，较上年增长166%。拖拉机的上牌率、检验率、持证率平均分别达81%、75%、82%，联合收割机上牌率、检验率、持证率平均分别达83%、76%、85%。全市16265台农业机械参加保险，其中拖拉机8727台，联合收割机6538台，保费共610万元，其中财政补贴保费134.12万元。

全市无较大以上农机事故；发生一般农机安全事故19起，死亡0人、受伤人数9人、直接经济损失45.36万元。全年新创建市级“平安农机”示范乡镇10个，示范合作社8个，累计创建国家级“平安农机”示范县3个、示范乡镇49个、示范村443个、示范户4742户　。

【购机财政补贴】2016年，亳州市落实中央、亳州市及县区各级财政补贴资金15.0883亿元。其中，中央财政1.93亿元、亳州市财政9.5083亿元、县区财政3.65亿元，受益农户6652户。新增各类财政补贴机械27196台，其中，66千瓦以上拖拉机8459台，销售额10.05亿元；小麦收割机7426台，销售额9.53亿元；玉米收割机1336台，销售额1.95亿元；其他机具9975台，销售额2.86亿元。涡阳县补贴机具4390台，蒙城县补贴机具10398台，利辛县补贴机具5820台，谯城区补贴机具6588台。

2016年，亳州市出台《亳州市人民政府办公室关于亳州市

2016年地方财政农机购置补贴实施意见》，对1月1日至5月10日购买农业生产重点机具实施叠加补贴，在中央财政补贴基础上，市、县（区）财政按机具价格再各补贴15%，每台机具累计叠加补贴30%。叠加补贴机具范围是已获得部级或省级有效农机推广鉴定证书的66千瓦以上拖拉机、小麦联合收割机、三行以上玉米联合收割机、1.7米以上秸秆打捆机、五铧犁、秸秆粉碎还田机、旋耕施肥播种镇压一体机、大型免耕播种机（行距30厘米以上）、自走式饮料青储机和部分蔬菜生产机械（大棚王、多功能微耕机、开沟机和大蒜播种、收获机械、植保机械）。全市需市本级财政叠加补贴资金3.65亿元；财政支付农机贷款利息0.1839亿元；中央财政资金缺口需市级承担资金4.76亿；2015年敞开补贴缺口市级承担资金0.9144亿元，全市总计需市级财政补贴资金9.5083亿元。

【蒙城县获全国"首批基本实现主要农作物生产全程机械化示范县"】2016年，蒙城县坚持把农业机械化作为助推农业现代化主要抓手，加大投入，推动农业机械化发展。截至2016年年底，全县农机总动力282.4万千瓦，农业机械拥有量20.8万台（套），小麦播种机械化水平、收获水平分别达99%、80%；夏玉米板茬播种机械化水平、收获水平分别达99%、80%；小麦、玉米田间管理植保机械化水平达85%；小麦、玉米秸秆处理机械化水平达95%，主要农作物综合机械化水平达87%。2016年，被确定为全国首批28个示范县之一，安徽省唯一示范县。

【农机修理工大赛】2016年8月，亳州市农机管理局、亳州市人力资源和社会保障局、亳州市总工会联合发布《关于举办2016年亳州市技能大赛——"中联重科杯"农机职业技能（农机修理工）竞赛的通知》，参赛人员是从事一线农业生产农机机械维修人员（农机合作社、农机维修网点人员），年龄55周岁以下，"三县一区"4支代表队24名选手参加比赛。竞赛内容以"农机修理工"国家职业技能标准（四级）为标准，由理论知识考试和操作技能考核组成，成绩采用百分制，理论知识考试占总成绩30%，操作技能考核占总成绩70%。比赛设立一、二、三等奖及优秀奖。涡阳县代表队获集体一等奖，市总工会授予"亳州市工人先锋号"称号，谯城区贵勤农机专业合作社司华军获得个人一等奖，市人社局授予"全市技术能手"称号。

【"变型拖拉机"专项整治行动】2016年，亳州市农机管理局、亳州市公安局交通警察支队联合下发《关于印发〈亳州市拖拉机变形运输机道路交通安全专项整治行动方案〉的通知》，专项整治行动时间为2016年8月至12月，分排查摸底阶段、集中整治阶段、总结提高阶段。在排查摸底阶段，统计出全市"变型拖拉机"保有量14139台；正常年检1582台；2年以上逾期未检11584台，其中已公告作废3994台；集中整治阶段，各县区农机、公安交通管理部门建立联合执法机制，集中开展联合执法活动，重点查处"变形拖拉机"无牌、套牌、逾期未年检、拼装改装和未投保交通强制保险等违法行为；重点查处"变型拖拉机"驾驶人无证驾驶、酒后驾驶、违法载人和违章逾期未处理等违法行为。行动期间，全市检查"变拖"2860台次，纠正处理违法违章行为741台次，行政拘留驾驶人11人次，收缴违章罚款10.3万元。11月3日，亳州市农机局召开《全市变型拖拉机道路交通安全专项整治工作联席会议》，总结交流工作进展情况，分析农机道路交通安全形势，通报有关信息，安排部署下阶段工作。

【谯城区贵勤农机专业合作社创建成为"全国农机合作社"示范社】2016年，谯城区贵勤农机专业合作社开展"全国农机合作社"创建工作。合作社社员460人，拥有各类大型农机具730台套。其中大型拖拉机164台，联合收获机236台，烘干机1台，精少量播种机80台，自走或机引式喷雾机4台，旋耕机155台，玉米收割机40台，液压翻转梨20台，深松机30台，固定总资产6000余万元。在创建中，合作社主要开展以下服务：创办粮食产业化联合体。合作社与其他7家农机专业合作社、12家种植专业合作社、21家家庭农场、12家种粮大户协商，2015年9月28日成立"中谯粮食产业化联合体"，为农机农艺相结合，推动农业现代化发展探索一条新路；建立小麦种子繁育基地。合作社与合肥市丰乐种业公司合作，建立小麦种子繁育基地，解决谯城区小麦品种多、乱、杂问题；回报社会。2015年为当地“五保户”、低保户、军烈属提供免费作业服务24公顷。2016年7月，合作社创建申报材料经安徽省农机局核实通过，10月，被农业部正式确定为“全国农机合作社示范社”，是亳州市创建成功的第七家“全国农机合作示范社”。

（陈战志）

农副产品管理

【概况】2016年，亳州市瓜菜播种总面积132066.67公顷，比上年增加733.33公顷。瓜蔬总产量达481.4万吨，较上年增长1.1%；瓜菜总产值72.69亿元，比上年增长7.2%；瓜菜种植面积和总产位居全省第二位。设施瓜菜发展到46220公顷，占瓜菜种植总面积35%，比上年增加6220公顷。新建国家级、省级蔬菜标准园7个，新增无公害果蔬28个，全市抽检蔬菜样品36073万个，合格率99.93%；市级以上蔬菜农残定量分析抽样360个，合格率98.9%。

全市水果栽植面积6133.33公顷，比上年增加666.67公顷；水果总产量14.9万吨；产值8.34亿元。市新增无公害水果产地3个，认定面积40公顷，无公害（水果）产地达16个，面积1666.67公顷， 无公害水果品认证总数14个，绿色食品1个。

开展农产品质量安全专项整治，新创建国家、省级蔬菜标准园7个，新认定无公害农产品产地、绿色食品原料基地33个，新增“三品一标”农产品62个。市级农产品质量安全检测中心项目，主体工程验收合格。谯城区、涡阳县成功创建省级农产品质量安全县，涡阳县、利辛县分别创建国家级、省级第二批农产品质量安全县。

【蔬菜产业】2016年，亳州市蔬菜种植面积比2015年增加733.33公顷，设施蔬菜种植面积增加6220公顷，达46220公顷，设施蔬菜种植面积播种由2015年30.5%提高到35%。品种结构变化凸显，苔干、山药、韭菜、冬瓜、大葱等稳步发展；西甜瓜面积稳中有升，种植面积14000公顷。全市新增水果栽培面积800公顷，全市引进果树新品种20余个，引进推广葡萄避雨栽培技术、水果套袋栽培技术等10余项，全市成立果树专业合作社117余家。果蔬播种面积占全市经济作物播种面积一半以上，居全省第二位。

种植效益。100米长日光温室收入7万～9万元，与2015年相比增长20%；阳光棚种植韭菜亩收入1.5万元，蒜苗、西葫芦、白菜、萝卜，价格上扬，大棚种植亩收入2万元左右，露地蔬菜亩收入5000元左右。蔬菜种植规模基地面积占蔬菜播种面积的60%以上。

蔬菜标准化。亳州市建成国家级蔬菜标准园16个，省级蔬菜标准园19个，市级蔬菜标准园29个；无公害、绿色食品、有机蔬菜认证总数231个，无公害蔬果产地59个，认定面积80666.67公顷，绿色食品蔬菜原料监控基地15个，面积12000公顷。

例行监测。省级例行监测蔬菜样品合格率100%；速测蔬菜样品36073个，合格率99.9%；定量检测蔬菜样品267个，合格率98.9%。辖区内未发生重大农产品质量安全事故。

【农产品质量安全】2016年，亳州市开展农产品质量安全专项整治，出动执法人员18285人次，检查生产经营企业10212家次，查处问题60起，涉案金额40.59万元，取缔无证照企业1家，查办案件10起，办结7起，涉案金额1.39万元。媒体宣传210次，印发宣传资料13万份，指导培训85场次，指导培训6555人次。

2016年，市农委及各县区农委均明确农产品质量安全监管机构，市级监管机构1个，县区监管机构4个，乡镇监管站75个，依托民生工程建设农产品质量安全速测实验室87个，建立健全乡镇农产品质量安全“四员”队伍，配齐乡镇监管员、检测员、村级协管员和企业内检员。

2016年，亳州市举办无公害农产品（种植业、养殖业）内检员培训班2期，举办全市绿色食品认证企业内部质量管理人员培训班1期，举办全市果树栽培技术与营销策略培训班1期，新增公害农产品内检员160人、绿色食品内检员110人。

【“互联网+”现代农业】2016年，亳州市制定“互联网+”现代农业行动实施方案，明确主要目标和重点任务。农副产品管理办公室结合全市实际，制定亳州市智慧农业综合服务平台建设方案，已招标结束。运用大数据、物联网、云计算等先进信息技术，建立以亳州市农委为核心、县级农业主管部门为支点，乡镇为节点，生产基地、龙头企业、农民专业合作社等企业为站点的三级四层农业信息服务体系。该平台以物联网应用、监管追溯、信息服务、大数据应用为重点，以推动现代信息技术在亳州农业生产、农业经营、农业管理、农业服务各环节和农村经济社会各领域深度融合应用为主线，构建亳州智慧农业综合服务平台，为全市现代农业发展提供综合信息服务，包括农业物联网系统、农产品质量安全监管系统、农业信息服务系统、大数据综合应用4个应用系统和多个管理子系统。建设由超窄边液晶大屏幕、矩阵、LED屏、电脑、功放等硬件设备为主要内容市级农业应急指挥中心；在全市选择93个乡镇建设应用管理点，构筑全新亳州农业信息服务体系。

【农产品质量安全检验检测中心建设】亳州市农产品质量安全检验检测中心是2013年国家发改委、农业部批准建设的农产品质量安全检验检测体系项目。项目总投资1000万元，其中中央投资667万元，地方配套333万元。2016年，亳州市增建农业投入品（种子、农药、肥料、兽药、饲料等）检测室、耕地质量监测化验室、农业有害生物预警室、兽医实验室、农业科技培训和农业信息服务中心等，将该项目建成为现代农业技术、信息等综合服务平台。该项目位于市委党校西侧，占地0.67公顷，规划建筑总面积9384平方米，主体工程总投资2646万元，仪器设备2100万元，列为市政府“十项重点工程”之一。项目主体工程竣工验收，申请竣工审计。

农产品质量安全检验检测中心安装超高效液相色谱串联质谱仪，液相色谱仪、气相色谱串联质谱仪、气相色谱仪、原子吸收分光光度计、原子荧光分光光度计、凯氏定氮仪等仪器，可以开展农产品农药残留、兽药残留、重金属及有毒有害物质等检测分析。农业投入品检测室、耕地质量监测化验室、农业有害生物预警室、兽医实验室仪器设备在招标采购。（王森）

工　业

"美丽亳州"系列图片——五得利面粉生产车间

工业经济

【概况】2016年，亳州市规模以上工业实现增加值272亿元，同比增长10%，增速与阜阳并列居全省第二位。全市新增规模工业企业191家，规模工业企业总数931家，较2015年年底净增138家，产值超亿元企业218家。全市规模以上工业企业实现利润61.1亿元，同比增长22.9%，居全省第六位；全市工业产品产销率98.3%，比全省平均产销率高0.78个百分点，居全省第三位；亏损企业亏损额比上年同期减少53.3%。2016年，全市规模工业31个行业中，有24个行业产值保持增长势头。其中，医药制造业实现产值281.3亿元，同比增长20.5%；农副食品加工业实现产值178.4亿元，同比增长7.1%；酒、饮料和精制茶制造业实现产值110.3亿元，同比增长13.6%；汽车制造业实现产值47.0亿元，同比增长35.9%；煤炭开采业实现产值59.7亿元，同比增长18.5%。

全市完成工业投资329.1亿元，同比增长4.6%。重点调度的202个工业项目完成投资179亿元。其中，续建项目106个，总投资426.8亿元，全年完成投资127亿元；新开工项目96个，总投资191.9亿元，全年完成投资52亿元。

全市新增个体工商户40340户，全市个体工商户总数21万户；全市新增私营企业14212家，全市私营企业总数46193家。

全市新增省“专精特新”中小企业21家，新增省级企业技术中心10家，新增省级新产品13个，均超历史最高水平。全市有省“专精特新”中小企业49家，省级新产品18个，省级企业技术中心26家，省工业设计中心3家。

【工业经济调度】2016年，亳州市加强工业经济监测调度。建立“月调研、月分析、季督查、季调度”工作制度。每月由市经信委与市统计局、市国税局、市地税局、市供电公司联合召开工业经济形势分析会，季度由市政府分管领导组织召开工业经济调度会，及时掌握情况、分析问题，把握发展大势，确保各项任务目标实现。强化企业培育。坚持抓大与扶小相结合、抓即期与抓预期相统一，围绕企业发展需要和年度工业发展“四百计划”，班子成员每月带队赴县区开展拟进规模企业专项调度，加大对全市115户“小巨人”企业和500家小微企业的培育力度，对拟进规模企业进行重点帮扶，按照时间节点，每月组织开展规模以上工业企业申报工作。组织开展全市工业投资项目建设百日会战，围绕工业项目新建、续建、竣工、投产、达产、储备等关键环节，加大100个亿元以上工业项目、100个工业技改项目、92个省政府重点调度工业项目，实施“四督四保”，提高开工率、竣工率、投产率、达产率和转化率，确保完成全年工业投资目标任务。争取国家和省市财政资金支持。全市获批国家专项建设基金项目1个，到位专项资金3100万元；获批省财政资金项目19个，到位专项资金1390万元。完成市级工业发展专项资金项目申报，全年安排市工业发展专项资金项目157个，支持资金1886万元。加强资金项目的监督管理和绩效评价工作，对获得2015年度省财政资金支持的19家企业，组织开展项目绩效的自评和第三方机构现场评价，提高财政资金使用效率和效益。

【创新服务企业方式】2016年，亳州市抓好“政企直通车·规上工业”微信平台服务。把解决企业存在的困难和问题作为工作的重中之重，按照“找、交、销、查、考”工作要求，落实《亳州市“政企直通车”问题办理工作制度》，真正做到企业反映问题“件件有着落，事事有回音”。全市“政企直通车·规上企业”微信平台搜集办理企业反映问题1245件，转办1200件，涉及企业自身经营管理的45件问题未予转办，办结1152件，办结率96%，回复率100%，企业满意率90%。建立干部责任分包制度。市经济和信息化委员会班子成员带科室分包产业、联系县区。全市经信系统82名干部分包全市927家规模企业，指导生产经营，协调解决问题，谋划建设项目，加强安全生产。加强产销合作对接，帮助企业扩大产品销量。2016年，组织企业参加市内外产销对接会8次，签订购销合同总金额3.6亿元。开展企业家培训。制订全年企业家千人培训计划，组织5期市内培训，2期市外培训，累计培训企业负责人1300余人次。推进供给侧结构性改革，减轻企业税费负担，降低企业交易、人工、财务、用能用地、物流成本，减轻企业负担4.1亿元。

【推进供给侧结构性改革】2016年，亳州市开展“僵尸企业”的摸底排查，协助企业做好调查和填报工作。对化解过剩产能的重点行业，坚持每月进行监测调度，督促企业按照国家核定的产能组织生产。关闭煤炭生产企业1家，去煤炭产能150万吨，实现矿井关闭，职工安置，企业转型。制定《亳州市人民政府关于降成本减轻实体经济企业负担的实施意见》，鼓励和支持企业实施“机器换人”，降低人工成本，加大工业机器人应用的宣传。组织开展工业机器人应用产需对接，指导和帮助购买工业机器人的企业申报省财政补助和市财政工业发展专项资金。改造提升传统产业，强化监测调度，研究解决传统产业企业存在的困难和问题。围绕提升产业层次，强化项目建设，编制2016年度工业和技术改造投资导向计划；围绕增强创新能力，引导企业重视科技创新、强化科技投入、申报创新成果，提升产品科技含量和附加值，促进传统产业的转型升级健康发展。2016年，全市传统产业累计实现总产值933.6亿元，同比增长14.5%。　（申晶晶）

安徽古井集团有限责任公司

【概况】2016年，安徽古井集团有限责任公司（简称“古井集团”）以“做真人，酿美酒，善其身，济天下”为核心价值观，执行“5＋5方略”，以主业白酒为核心，重点建设四大平台。拥有正式员工1万余名。实现营业收入76.07亿元，同比增长12.3%；利润总额11.04亿元，同比增长11.5%；上缴税收22.91亿元，同比增长14.2%；集团总资产164.68亿元。古井贡品牌价值492.59亿元，稳居安徽省酒企第一名，中国白酒前五位。古井集团进入中国制造业500强。

古井集团子公司安徽瑞景商旅（集团）有限责任公司旗下品牌城市之家、君莱酒店124家；安徽古井房地产集团有限责任公司上善名郡项目去化率96%，当年开工、当年开盘、当年基本售罄。安徽瑞福祥食品有限公司小麦水解多肽、小麦蛋白胨研发工作填补国内空白，纯小麦拉丝蛋白研发与示范线建设打破国外同行对中国市场垄断。亳州瑞能热电有限责任公司管损由原计划9.3%下降至6%。建成热网管道2250米。大中原酒谷文化旅游开发有限公司建成古井素质拓展基地项目。开发旅游产品古井贡酒“乐喝”酒。2016年特约播出中央电视台春节联欢晚会。

本年度，古井集团被评为“全国企业文化示范基地”。古井贡酒股份公司获第二届中国酒业“仪狄奖”企业腾飞奖。黄鹤楼酒获“2015湖北酒业年度十佳明星产品”。汇信金融集团获“安徽互联网金融最具影响力品牌奖”。

▲四大平台：以白酒主业为核心“制造业平台”，重点企业是安徽古井贡酒股份有限公司（简称“古井贡酒股份公司”）、武汉天龙黄鹤楼酒业有限公司（简称“黄鹤楼酒业公司”）。以地产、商旅、农产品深加工为主“实业平台”，重点企业包括：安徽瑞景商旅（集团）有限责任公司（简称“商旅集团”）、安徽古井房地产集团有限责任公司（简称“古井房地产集团”）、安徽瑞福祥食品有限公司（简称“瑞福祥公司”）、亳州瑞能热电有限责任公司（简称“瑞能热电公司”）。以金融集团为主“金融平台”，重点企业是安徽汇信金融投资集团有限责任公司（简称“汇信金融集团”）。以酒文化、酒生态、酒产业、酒旅游为核心“文旅平台”，重点企业是大中原酒谷文化旅游开发有限公司（简称“大中原公司”）

▲“5+5方略”：第一个“5”指：古井战略5.0，主要包括前端引流、中端体验和末端结算；第二个“5”指运营五星级，即：思想五星级、管理五星级、执行五星级、安全五星级、服务五星级。

【“古井战略5.0”】2015年，古井集团提出“古井战略5.0”，即以白酒主业为核心、以终端用户为中心，打造前端引流、中端体验、末端结算运营模式。2016年，前端引流，“呼叫中心+CRM会员系统”完成基础建设。中端体验，六大体验中心完工投运；城市之家、君莱酒店拓展24家；线上渠道销售额突破1.5亿元，与苏宁云商达成战略合作。末端结算，“准ERP营运网系统”持续进行迭代和优化提升。

【控股湖北武汉天龙黄鹤楼酒业有限公司】2016年2月29日，古井贡酒股份公司发布公告："根据发展战略需要，近期与武汉天龙黄鹤楼酒业有限公司进行接洽，就收购黄鹤楼酒业股权事项达成初步意向。"4月25日，古井贡酒股份公司董事会通过收购议案。4月27日，古井贡酒股份公司与武汉天龙投资集团有限公司、自然人阎泓冶三方就古井贡酒股份公司出资8.16亿元收购黄鹤楼51%股权签署股权转让协议。黄鹤楼酒是湖北省唯一中国名酒，获1984年、1989年两届全国白酒评比金奖，产品具有"绵柔醇厚，优雅净爽，余香回味悠长"的独特风格，是湖北省经济名片之一。黄鹤楼酒业拥有武汉、咸宁、随州三大基地，其中咸宁基地是集现代化、生态型、高科技为一体新型酿酒基地，被誉为"中国最美酒庄"。古井贡酒股份公司和黄鹤楼酒业公司战略合作开启古井集团"双品牌双百亿"的战略方向，即：古井贡酒和黄鹤楼酒分别实现百亿目标。

【古井集团成为"全国企业文化示范基地"】2016年9月8日，中国企业联合会、中国企业家协会在亳州举办2016年全国企业文化示范基地现场会，授予古井集团"全国企业文化示范基地"称号。这是中国企业联合会自2005年开展全国企业文化示范基地创建活动之后授予的第48家基地，是安徽省首家全国企业文化示范基地。

古井集团企业文化建设是以"中华第一贡"为旗帜，以"贡"字为核心，以"忠诚、贡献、共享"为特征，是以使命——"贡献美酒，乐享生活"、愿景——"做中国最受欢迎、最受尊重的白酒企业"、价值观——"做真人，酿美酒，善其身，济天下"为主要内容的古井"贡献文化"。"贡献文化"与亳州文化一脉相承，是对社会主义核心价值观的践行，是古井人对未来的崇高追求。其中，古井集团核心价值观"做真人，酿美酒，善其身，济天下"："做真人"，是古井人立身之本；"酿美酒"，是从业之道；"善其身"，是基本操守；"济天下"，是崇高追求。

古井集团企业文化建有完善机制：以古井集团董事长为主导，分管副总裁负责，企业文化传播管理中心（以下称"文化管理中心"）具体执行。文化管理中心下设文化推广部、新闻传播部、信息研究部、媒体关系部4个部门，有16名专职人员。

【安徽古井酒店发展股份有限公司在新三板上市】2016年1月28日，全国中小企业股份转让系统（新三板）向安徽古井酒店发展股份有限公司发《关于同意安徽古井酒店发展股份有限公司在全国中小企业股份转让系统挂牌的函》，核定股票简称"古井酒店"，股票代码836004。古井酒店前身成立于2000年，旗下有城市之家、君莱两个酒店品牌，涉足经济型和中端商旅酒店领域，采取有限服务型酒店"直营+加盟"发展模式。其中城市之家品牌是安徽省著名商标，品牌指数排名位居全国行业前10位，在安徽省市场占有率位居区域品牌第一位。截至2016年年底，城市之家、君莱酒店有124家。

【全民"读'亳'有奖"推广活动】亳州的"亳"字是中国最古老汉字之一，为亳州所独有，"亳"字也是中央电视台新闻报道100个一读就错汉字之一，曾被高德地图导航读错。2016年（猴年）春节，安徽古井贡酒股份有限公司特约播出中央电视台春晚，中央电视台播出第一个带拼音安徽亳（bó）州字样注释落版广告。古井贡酒股份公司在古井贡酒·年份原浆微信上同步推出"读'亳'（bó）有奖"全国大型互动活动，在年份原浆古5、献礼箱贴、盒贴包装上均标注"读'亳'有奖"活动参与信息。28万人次才参与"读'亳'有奖"。之后，古井推出首款以"亳"字命名的产品——37℃亳菊酒。古井集团将对家乡亳州公益宣传融入企业品牌宣传，起到宣传亳州古城和古井贡酒的双重作用，得到新华网、人民网、凤凰网等媒体和社会人士肯定和好评。

（吴伟　郑冬梅）

建安投资控股集团有限公司

【概况】建安投资控股集团有限公司（简称建安集团），负责筹集城市建设发展资金，承担土地开发经营和国有资产保值增值。产业涉足金融、类金融、文化旅游、土地一级开发、房地产开发、交通投资、公用事业等领域。有

13个部室，控股企业83家。在安徽省企业(企业家)联合会发布的2016年安徽省百强企业名单中，建安投资控股集团有限公司以72.86亿元营收综合排名第51位，服务业类位居18名。截至2016年年底，集团总资产1121.32亿元，居全省城投公司排名第二位；实现经营性收入15.7亿元；上缴经营性税费1.3亿元。

【项目建设】2016年，建安文化广场项目中“五位一体”全部封顶，在进行墙体砌筑和装饰工程；“互联网佳”项目一期移交使用，二期项目完工；4个车站改建项目，完成汽车北站地块、汽车南站地块及中心汽车站地块非保留建筑拆除招标工作；体育公园项目完成项目前期手续办理及总承包单位招标，在进行项目工程规划许可办理。市体育馆项目完成主体工程施工及监理招标信息发布工作及代建协议签订工作；现代国际物流中心、亳州市机动车驾驶员考试中心、创客空间等项目有序推进。

旗下亳州宜居投资有限公司15亿元企业债券获国家发改委核准批复。旗下安诚金融控股集团有限公司在人民网“品牌安徽行”成果发布会上，获“100个享誉全国的安徽品牌”称号。旗下安徽安行天下驾驶培训股份有限公司(股票名称：安行天下，股票代码：839596)挂牌“新三板”。旗下交投公司以3000万元价格取得2016-118#地块，用于亳州北公交客运枢纽站建设项目。旗下建投地产取得2016-125#宗地、2016-122#地块，再扩城南新版图。

【融资工作】截至2016年年底，建安集团完成各类融资审批金额约397.03亿元，累计落实资金约287.62亿元。其中，直接融资80亿元，间接融资约207.62亿元。在直接融资方面，2016年第一期中期票据成功发行；第四期企业债成功获批；第一期短期融资券及超短期融资券成功注册。建安集团在发改委企业债、银行间债务融资工具及交易所公司债券三大发行渠道均打通。建安集团与浦发银行蚌埠分行签订战略合作协议、与安徽省投资集团签署合伙协议；一次性成功注册70亿元银行间债务融资工具，创安徽省平台公司纪录。

【安诚金融合肥分公司成立】2016年2月27日，安徽安诚金融控股集团有限公司合肥分公司在合肥市财富广场C座13楼举行揭牌仪式，标志着公司成立。公司经营范围为股权投资、债权投资、项目投资、资产运营、资产管理、企业并购重组、投资管理及咨询。业务涵盖融资担保、小额贷款、典当借款、融资租赁、股权投资、资产管理、互联网金融(P2P)等，围绕客户需求，提供全方位一站式金融服务。

【承办皖北经济金融高端论坛】2016年3月23日，皖北经济金融高端论坛在亳州举办。亳州市人民政府金融工作办公室牵头主办，建安集团旗下安诚金融控股集团有限公司承办。亳州市直各单位、金融机构及亳州市中小企业家代表等200余人参加本次论坛。论坛特邀诺亚(中国)控股有限公司首席研究官金海年和国元证券资深讲师余海滨，分别作题为“宏观经济趋势与全球投资策略”“中小企业融资实务介绍”专题讲座。

【市公交充电站建成】2016年4月15日，亳州市公交充电站投运仪式在亳州客运南站举行，投运仪式由建安集团主办，亳州公交公司、青岛特来电新能源有限公

图44　2016年4月15日，公司助力步入“绿色公交时代”

司协办。截至投运当天，建安集团投资约600万元，完成客运南站、客运西站充电桩40套建设任务，可为160辆新能源公交车提供快速充电服务，提升绿色交通运行能力。

【社会化车辆租赁市场开业】2016年6月2日，安天汽贸社会化租赁车辆展厅开业。展厅位于市区魏武大道，对外租赁轿车、越野车、大中小型客车、商务用车等多种车型，可满足不同人群的出行需求，展厅的运营标志着建安集团旗下安天汽车贸易服务有限公司正式经营社会化车辆租赁业务。

【25亿元四期企业债簿记建档】2016年9月2日，25亿元建安集团四期企业债完成簿记建档工作。该债券品种一发行规模16亿元，由中合中小企业融资担保股份有限公司全额担保，债项等级为AAA级；品种二发行规模9亿元，无担保，债项等级为AA级。品种一簿记建档最终利率为3.50%/年（低于同期银行贷款基准利率140Bp），品种二簿记建档最终利率为3.85%/年（低于同期银行贷款基准利率105Bp），债券累计申购总额96.5亿元。其中，债券品种一认购49.4亿元，达到发行额度3.0875倍；债券品种二认购47.1亿元，达到发行额度5.233倍。

【“16宜居01”发行】2016年9月27日，建安集团子公司亳州宜居投资有限公司成功发行15亿元非公开公司债（简称“16宜居01”），主承销商为中信建投证券和中山证券，债券代码：145014，债券期限5年，票面利率为4.13%，创下近期非公开发行公司债新低，同时创下安徽省近两年非公开发行公司债利率新低，全场倍数高达2.18倍。

【尚汤温泉试营业】2016年11月17日，建安集团全资投资亳州市首个温泉旅游项目——尚汤温泉对外试营业。尚汤温泉位于城市西北角涡河与洪河相汇处，紧邻郑店子公园，距宿登高速出口8分钟车程，一环路贯通南部新区、高铁站等城市功能区。集锶温泉理疗价值和中医药养生文化于一体。尚汤温泉有室外温泉泡池43个、室内温泉泡池6个，其中包括树屋3座、温泉汤院9座，泡池结合亳州养生中药资源，设有花草美容区、中药养生区、森林浴、天体温泉、石板浴、儿童嬉水区等项目。配套有1200个更衣柜，可容纳300余人的休息大厅、自助餐、SPA、鱼疗、健身等项目，设计日最大接待量1000人。映月楼可提供茶艺、简餐、宴会服务。

【福寿陵园动建】2016年12月30日，亳州福寿殡葬服务有限公司福寿陵园项目举行开工仪式，标志着该项目一期工程正式进入施工建设阶段。福寿陵园项目位于亳州市谯城区十河镇南2.5千米，原三里湖窑场处，总占地面积约23.4公顷，分三期建设。一期工程建设投资1.95亿元，占地面积约8.87公顷。项目建设以园林化、生态化、艺术化为主体风格，产品供应覆盖传统墓、艺术墓、壁葬、树葬、花葬、节地环保葬等多种形式，辅以专业化殡仪服务。（李金）

国网安徽省电力公司亳州供电公司

【概况】2016年，亳州地区全社会用电量57.08亿千瓦时，同比增长12.89%。其中一产用电0.7亿千瓦时，同比增长39.41%；二产用电24.18亿千瓦时，同比增长4.79%（工业电量22.41亿千瓦时，同比增长4.41%）；三产用电11.27亿千瓦时，同比增长23.28%。城乡居民生活用电20.93亿千瓦时，同比增长17.31%。

【电网建设】2016年，亳州市供电专项规划、中心城区配电网专项规划、3个省级园区供电设施布局专项规划通过市规划委员会审核。三县电网专项规划完成编制并通过县规划委员会审核。完成亳州市目标网架、典型村镇配电网、电网发展诊断分析和农网升级规划制定，与亳州一区三县政府分别签署《关于共同推进小城镇（中心村）电网改造升级和机井通电工程合作协议》。

配合完成500千伏利辛板集电厂送出工程，确保电厂按期并网发电。建成投运220千伏夏湖，110千伏杜仲、双沟、三官、凤凰城、张河、桐花、范集扩等8项输变电工程，开工建设500千伏伯阳，220千伏华佗和110千伏太清以及青疃、江集牵引站外部供电等5项输变电工程。

【优质服务】2016年，国网亳州供电公司利用政府“网上办事大厅”平台，拓展网上业务受理服务。推行“一证受理加预约”工作模式，全面落实居民客户免填单业务和“1+1”服务要求，所有低压业务采取“预领表”模式，实现了勘查、装表“一岗制”。对高压客户开展个性化服务，为客户“量身定做”供电方案，制订“单项服务计划”。完善客户经理绩效考核评价，强化服务投诉管控，开展客户经理培训、竞赛、调考等工作。逐月组织客户满意度提升培训班，强化基层人员业务技能和服务意识。

拓展缴费渠道，提供方便、快捷、全天候的多元化缴费服务。公司有自助终端、银行代收代扣、手机客户端缴费、网上缴费、充值卡缴费等13种缴费方式。

【服务市政重点工程建设】2016年，国网亳州供电公司做好商合杭高铁沿线、建安路隧道、汤王大道改造等杆线迁移工作。实行专属客户经理制，及时响应客户用电需求，解决万达广场、修正药业等一批重点招商项目用电问题。开辟“绿色通道”，跟进亳州学院附属中学等民生工程工作进度，全程提供用电咨询、业务办理等“一站式”服务。完成蒋门楼、市医院等老旧小区改造任务，惠及300余户用户。完成古泉路还原小区、药都大道棚户区6000余户还原到户、送电到户工作。与政府相关部门对接，做好政府视频监控平台和智能交通设施的电力配套工作。落实“便民、为民、惠民”服务举措，加快“四表合一”工作进度。

【服务社会】2016年，亳州市根据村级光伏电站建设布局和规模，与农网改造升级工程结合，开展光伏扶贫项目接网工程建设及并网工作，确保光伏扶贫项目能够并得上，送得出。开展“全国安全生产月”“世界环境日”“江淮普法行”等宣传活动，提高全社会安全用电、节约用电意识。完成春节、国庆等重大节日，迎峰度冬、度夏等特殊时段，“两会”、中高考、“药博会”等60余项重大事件的供电保障任务。

（孙龙涛）

图 45　古井贡酒灌装生产线

交通　邮政

“美丽亳州”系列图片——亳州北高速入口

交 通

【概况】2016年，亳州市完成交通建设投资48.68亿元，比上年同期增长14.2%。新改建国省干线公路194.5千米，S202线涡阳段路面改善工程竣工，S307全线贯通，全市国省干线公路路况达历史最好水平，受到省交通运输厅通报表扬。公路治超工作受到省交通运输厅奖励及市政府通报表扬；全省交通运输系统执法评议考核获第六名。建安隧道建设填补市交通建设空白，是全省内河第一个隧道。超额完成农村道路畅通工程任务，新改建农村公路3655千米。亳州智能公交处于全省领先地位，全年运输量1881万人次，同比增长25.4%。济祁高速公路亳州境内全线通车，亳州“井”字形高速公路网建成。完成客运量5257万人、旅客周转量41.8亿人千米，公路货运量2.6亿吨，货物周转量744.4亿吨千米，综合运输量同比增长3.9%，居全省第一位。

【场站设施建设】2016年，建投驾校、亳州师专、文化公园、公交首末站完工；市区新增纯电动公交车130台、充电桩160个；优化公交线路5条、新增1条。完成4个客运站土地收储和资产移交工作；20处科技治超卡点开工建设；完成省道307亳州、省道308利辛、省道202涡阳、国道105谯城4个超限检测站信息设备升级改造工作。亳州北公交客运枢纽站开工建设。

【重点项目推进】2016年，市交通运输局配合市发改委谋划和推进亳州市“十三五”综合交通发展规划和亳州机场、商合杭高铁建设工作，推进亳涡蒙高速、市域内快速环线、S236颜张路、机场快速通道及光明路立交等项目前期工作；推进涡河高等级航道改造项目前期工作，完成全市48道渡口撤渡及渡改桥可行性研究工作；完成G344谯城段、S339利辛段、S338利辛段改建项目、G329利辛至太和段路面改善项目初步设计；推进S236城父至张村段、G344涡阳段项目建设，为争取项目补助资金和项目实施奠定基础。

【交通项目融资】2016年，市政府与省交控集团签订S307亳州段一级公路PPP项目合同，总投资57.2亿元；与中建集团、安徽建通投资有限公司等企业洽谈，争取亳涡蒙高速、G344等项目采取PPP融资方式实施建设。协调农发行，以补充抵押贷款方式，协助县区申请建设资金近20亿元；协助利辛县申请世界银行贷款2000万美元用于农村公路建设。加大对农村道路畅通工程补助力度，市财政安排补助资金2.3亿元，居皖北六市之首。

【交通行业监管】2016年，公路治超精检货车115.22万辆，查处5016辆，卸载4.9万吨，查处非法改装货车168辆，75吨以上205辆，逮捕4人，行政拘留9人。精检车辆数、查处超限运输车辆数均位居全省前列，受到市政府通报表扬。清理非交通标志1676块、摊点707处、堆积物18606平方米，制止违章建筑物64起，拆除违章建筑物36间，治理非法经营砂石料厂43处（次），治理骑路逢集137处（次），开展安全评价17次，办理行政许可10件。

【交通安全保障】2016年，市交通运输局联合有关单位开展“道路运输平安年”“水上交通安全知识进校园活动”和危险货物运输安全专项整治等专题活动，组织开展“安全五小工程”建设，加强重点领域安全生产监管工作；开展“渡船遇险应急救援”“客运站反恐”“道路阻断抢险”“道路水毁抢险”应急演练，加强交通运输应急处置能力；对8道渡口进行标准化升级改造，提升渡运安全基础；市政府督办8处、市道路交通安全工作联席会议挂牌督办15处公路安全隐患整改到位。检查出安全隐患1442处，已整改1438处，整改率99.7%，落实隐患整改资金734.6万元。

【交通文明创建】2016年，市民可通过网上办事大厅办理公交IC卡业务；开展出租车文明城市创建工作，查处不符合文明城市创建要求的出租车197辆次；出租车“党员示范车队”“雷锋车队”参加高考、中考“爱心送考”活动，免费接送考生3618人次。亳州客运汽车南站、市公路局直属分局被推荐为省级文明单位，利辛分局获省部级安徽省工人先锋号称号。

图 46 2016 年 8 月 26 日，建安隧道开工

【隧道建设】2016 年，亳州市建设建安隧道、汤王大道涡河隧道。建安隧道工程起于市区建安路与白果树街交口南侧，沿建安路向北，下穿人民路、涡河南路、涡河，终于建安路与汤陵路交口南侧，路线全长 1280 米，其中暗埋段长 660 米，敞开段长 360 米，地平顺接段长 260 米。主隧道宽 27.9 米，双向四车道加非机动车道，设计时速 50 千米／小时，敞开段和地平顺接段宽 42 米～50 米，双向车道加非机动车道、辅道和人行道，项目总投资约 4.6 亿元。建安隧道是皖北地区第一条内河隧道，2016 年 8 月 26 日开工建设，年内完成河中段水下围堰施工。

汤王大道涡河隧道工程起点位于汤王大道与和平路交叉口，下穿涡河、郑店子湿地公园、小洪河，终点位于汤王大道与古泉路交叉口，路线全长 1345.285 米，其中，隧道长度 1241 米（暗埋段长 882 米，共板敞开段长 359 米），地面顺接段长 104.285 米。道路等级为城市 Ⅰ 级主干道，道路红线宽度 60 米，双向六车道，设计时速 60 千米／小时。主要建设内容包括隧道工程、道路工程、管道工程、绿化工程、交通工程、综合管理中心等工程，工程总概算投资约 6.27 亿元。2016 年 12 月 30 日开工建设。

（王玉侠）

公 路

【概况】2016 年，济祁高速利淮段建成通车，涡阳、蒙城、利辛两小时可通达合肥。S307 一级公路蒙城东段、涡阳绕城全线贯通，西阳田桥改线段开工建设。绕城快速西线工程全线开放交通。建安隧道完成河中段水下围堰施工，汤王隧道开工建设。G105 线亳州北改建工程 4.46 千米，已完成路基工程和 300 米沥青路面施工，完成桥梁下部结构工程。S202 线涡阳段路面改善工程 59 千米完工。G105 线一级公路改建工程（古井产业园至泗许高速入口段）、G237 蒙城县路面改善工程开工建设。农村道路畅通工程完工 3655 千米，完工率 119%，危桥改造完成 3 座。

【G105 线一级公路改建工程（古井产业园至泗许高速入口段）工程】G105 线一级公路改建工程（古井产业园至泗许高速入口段）工程路线全长 5.8 千米，路线自北向南，沿线经多条通往村镇道路与现有 105 国道及规划西一环形成平面交叉。现有 105 国道为二级公路，由原来 16 米加宽为 36 米，改建加宽后为双向八车道一级公路，采用右幅新路加宽，左幅老路加铺沥青混凝土路面，主要施工内容包括路基、路面、管网排水、涵洞等，工程总投资 1.1 亿元，2016 年 12 月 30 日开工建设，工期为期一年。

【济祁高速公路亳州段】济祁高速经亳州境内有永城至利辛和利辛至淮南段两部分，总投资 62.9 亿元，建设里程 91.2 千米，其中永城至利辛段总投资为 47.9 亿元，建设里程 70.5 千米，利辛至淮南段总投资 15 亿元，建设里程 20.7 千米。

济南至祁门高速公路永城至利辛安徽段项目起点位于濉溪县岳集西，接正在营运的泗许高速，经淮北市濉溪县、亳州市涡阳县、蒙城县、利辛县，终点在利辛县望疃镇，与界阜蚌高速连接。全线设置 2 处服务区、2 处养护工区、互通立交 4 处、匝道收费站 2 处，设涡河特大桥一座、跨省道和铁路分离立交桥六座。全线采用双向四车道高速公路技术标准，全封闭、全立交，设计速度120千米/小时，路基宽度27米。该项目2013年9月10日开工，2015年年底建成通车。

祁高速利淮段项目起于利辛县望疃镇东，北连济祁高速永利段，向南经过蒙城，过风台，终于史集村附近，与合淮阜高速公路衔接。全线设置特大桥、大桥20座，中小桥67座；服务区、互通、养护工区、收费站各2处，枢纽1处。全线采用双向四车道高速公路标准，设计速度120千米/小时，路基宽度27米。该项目2014年4月26日开工，2016年底建成通车。

济祁高速亳州段通车后，涡阳县从此告别无高速公路历史，亳州市三县一区境内都有高速公路。亳州“井”字形高速路网结构形成，涡阳、蒙城、利辛三县至合肥可全部通过高速公路，不再绕行，行车时间缩短1小时左右，形成鲁豫皖赣闽省际交通大通道，亳州对外交通连接效率提升。

（王玉侠）

航　运

【概况】2016年，亳州市海事港航系统完成水上安全监管、渡运提升工程、行业管理等工作任务。完成港口吞吐量1327万吨，占年计划1300万吨102%；完成市级非税收入1480万元；完成代征船检费449万元，同比增加10%。本年度，局机关被评为市第七届文明单位，局政务中心李笑笑被《中国水运报》作为“安徽最美水运人”报道。

【重点项目建设】2016年，亳州市完成涡河高等级航道改造项目前期工作。省港投成立涡河航道大寺闸至入淮口段整治工程项目办公室；省交勘院完成航道整治工程可研及勘察设计编制初稿；蒙城县政府完成水利枢纽资产评估并报经省水利厅同意；涡阳县政府在开展涡阳水利枢纽下移前期工作。

完成全市48道渡口撤渡及渡改桥可行性研究。向市财政申请“渡改桥可行性研究咨询”费用50万元，设计单位形成报批稿报经市发改委批准，经论证，亳州辖区在“十三五”期间，渡改桥8座，撤并渡口29道，完成11道渡口提升工作。

完成8道重点渡口安全提升工程。争取市级财政640万元，对辖区渡口基础设施进行全面升级改造，改建渡口码头，整修渡口道路，规范统一渡口标志牌，建设候船亭，完善渡口安全防护设施，按规定配备渡船救生、消防、声号设备。全面配齐客渡船救生、消防、声号设备，保障监控运行率100%。对辖区渡船进行逐船登记造册，全面配齐客渡船救生、消防、声号设备。协调市电信公司保障技术层面问题，协调电力部门保障正常供电，保障监控运行率100%。

【水上安全监管】2016年，亳州市开展全面水上交通安全大检查。重点对G20峰会安保工作、“最低安全配员”“平安交通”“平安船舶”专项行动开展情况、渡口提升工程开展情况进行检查。强化渡口安全监管，要求辖区渡船一律不准搭载汽车、货车过渡。加强水运企业动态安全资质核查，对辖区5家水运企业进行约谈，督促企业落实安全生产主体责任。强化通航秩序管理。特别是针对涡河蒙城段船舶滞留问题，划分进港待泊、过闸排号、过闸待泊3个控制区，同步控制、同步放行，实现待闸船舶有序通行。推进港口码头治理。按照“控制增量、消化存量”思路，与县区政府、水务部门联系，寻求“属地管理、联合执法”方式解决违建问题。加强水上交通安全知识宣传。深入企业、校园、渡口开展安全知识宣讲，发放各类宣传册1万余份。做好汛期安全保障工作。完善应急预案，与气象、水务、船闸等部门建立水情信息共享机制。做好涉水工程通航安全评审工作。完成亳州市西一环供水管道穿越涡河工程、夏湖－茨淮220千伏线路跨越茨淮新河工程、利辛文州光伏跨越茨淮新河工程、亳州市人民大桥临时便桥拆除工程、商合杭涡河特大桥工程、亳州市建安隧道工程通航安全评估报告审查工作。

【渡运提升工程】2016年，亳州市推进渡口布局优化。撤销客流量少的渡口，整合布局不合理渡口。改造提升渡口基础设施。对辖区渡口基础设施进行升级改造，改建渡口码头，整修渡口道路，规范统一渡口标志牌，建设候船亭，完善渡口安全防护设施，按规定配备渡船救生、消防、声号设备。落实渡口基础设施建管养职责。明确基础设施建设、管理、养护主体，落实建设、管理、养护责任，建立稳定的渡运基础设施建设、管理、养护财政资金投入渠道，形成渡运基础设施管理养护长效机制。

【行业管理】2016年，亳州市做好内河船型标准化工作，“十二五”期间内河船型标准化船舶拆改补贴资金。累计发放1864万元。做好“十三五”期间船型标准化政策延续工作，受理申请并核准拆改船舶28艘，拆改完工船舶22艘，发放补贴资金402万元。组织开展2016年水运企业核查和液货危险品运输企业资质专项核查工作，全市参加年度核查的水运企业16家，通过核查15家。核查船舶1651艘，906270总吨，1619418.85载重吨，分别比上年增长8.05%、22.76%、26.28%。运力结构进一步优化，普通货船运力增长较快，液货危险品运力下降。船检质量提升，组织外出船检6期，营运船舶检验1675艘。政务中心服务窗口共办理网上行政审批7167件，办结率和服务对象满意率100%。为船员融资贷款2.8亿元，为2335名船员进行信息采集。

【依法行政】2016年，市海事局梳理制定权力清单406项，公共服务清单25项，收费清单4项，中介服务清单和公共服务清单制度体系基本建立。坚持“谁审批谁负责、谁办理谁负责”责任机制，严格执法过错责任追究制，初步建立执法评议制度。鼓励基层开展执法实践活动，开展行政处罚百余起，树立海事部门权威，锻炼海事执法人员实际执法能力，增强海事执法人员执法信心。

【队伍建设】2016年，市海事局选拔正科级干部一名，副科级干部2名，交流调整科级干部7名。开展专项整治工作。在滥发津贴补贴专项整治中，清退资金22.5万余元；开展行业协会和学会不规范问题专项整治，注销市航海学会；针对基层党组织长期不换届进行专项整治，选举产生局第一届机关党的总支部委员会。

（孙立生）

邮　政

【概况】2016年，亳州市邮政、快递企业（含总部直营分支机构）64家，较2015年增加5家，涵盖EMS、顺丰、圆通、申通、中通、韵达等22个品牌；邮政局所和快递服务网点合计340处，较2015年增加60处；全行业从业人员3500人，较2015年增加500人。全市邮政行业业务总量完成8.13亿元，同比增长50.5%，全省排名第七位；邮政行业业务收入累计完成6.44亿元，同比增长37.42%，全省排名第七位。快递服务企业业务量累计完成2729.64万件，同比增长94.29%，全省排名第七位；快递业务收入累计完成2.84亿元，同比增长93.83%，全省排名第六位，快递业务量在皖北地区排名第三位。邮政普遍服务满意度全年得分85.51分。快递服务有效申诉率为每百万件快件7.58，比上年下降4.06。消费者对邮政管理部门申诉处理工作满意率99.4%。组织127名行业从业人员参加快递业务员职业技能鉴定考试。本年度，市邮政管理局被评为“2015年度市直机关效能建设良好单位”，亳州圆通曹玉根家庭被评为亳州“平安家庭”，亳州顺丰4名快递员灭火救人、涡阳顺丰快递员拾金不昧等事迹被多家媒体报道。

【行业服务建设】2016年，亳州市电商快件占快递业务总量的70%，通过快递发出电商快件近1900万件，根据统计口径测算，带动市电子商务出口收入28.5亿元。推动快递服务网点在乡镇全覆盖基础上向村级延伸，全市快递服务场所数量达322处。“快递+特色农产品”工程试点启动，重点是“快递+花茶”和“快递+水果”两个项目。其中，“快递+花茶”项目申报国家局“快递服务现代农业示范基地”，全年发送花茶类快件780万件，带动花茶销售额4.6亿元。7月份，亳州市顺丰快递公司与谯城区五马镇的种桃大户试点合作，农户通过顺丰电商平台销售水果近5000千克，实现销售收入3.8万元。

【行业与安全生产监管】2016年，亳州市邮政管理局对全市130处邮政普遍服务场所实现全部检查，累计出动检查人员470人次，确保全年邮政普遍服务网点检查率100%，下发整改通知书

5份，开展行政约谈5次，实施行政处罚1起，处罚金额2.1万元。全程参与4月份亳州市“扫黄打非”集中行动。组织召开快递市场清理整顿工作贯彻落实部署会议，联合市综治、工商、公安、国家安全等部门召开快递市场清理整顿行动，累计关停非法快递网点14处。按照国家局和省局要求开展快递业务经营许可现场核查，全年接到国家局和省局委托核查10起，经核查，符合快递业务经营许可7起。落实省委和省政府办公厅《关于进一步规范党政机关公文传递管理的通知》要求，市委办公室、市政府办公室联合印发《关于进一步规范党政机关公文传递管理的通知》（亳办〔2016〕34号），明确对国家机关公文认定标准，在营业网点醒目位置张贴“国家机关公文不予收寄”标识。

全市配置安检机48台，实现主要品牌快递企业处理场所全覆盖。市政府拨付384万元专项资金用于支持寄递企业配备安检设备。联合市安监局开展寄递渠道危险化学品安全专项整治；联合市烟草专卖局组成检查组，开展打击寄递渠道涉烟违法行为专项行动。检查寄递企业57家，查获假冒卷烟8.62万支，非法流通卷烟1.24万支。协助做好行业禁毒、寄递渠道反恐、打击侵权假冒等专项工作。部署全市强降雨天气、台风防范应对和高温天气期间安全生产工作。组织开展保存期满快递面单集中销毁工作，现场销毁快递寄递详情单765万份。与各企业负责人签订《2016年安全生产和服务保障工作责任书》。完成重大活动安全保障工作，唐山世界园艺博览会、亚欧博览会和文博会（文化产业博览交易会）、G20杭州峰会、党的十八届六中全会、世界互联网大会、省市党代会、市药博会及“双十一”业务旺季期间，联合公安、国安等部门开展寄递渠道安全检查，推动三项安全制度措施落实，确保寄递渠道平稳运行，全市未发生一起重大寄递安全事故。

【市邮政业发展“十三五”规划发布】2016年，《亳州市邮政业发展“十三五”规划》完成发布。规划到2020年，全市邮政行业业务总量达20亿元，其中快递业务量0.65亿件；行业业务收入14亿元，其中快递业务收入7亿元。快递支撑网络零售交易额突破100亿元。行业累计新增就业岗位3000个。其中，提高邮政服务水平、推进快递转型升级、衔接综合交通体系、强化寄递安全监管、促进行业绿色发展是“十三五”期间亳州市邮政业发展五项主要任务。提出强化组织保障，完善实施推进机制；优化发展环境，加大政策扶持力度；加强市场监管，建设市场诚信体；加快人才培养，实施“人才强邮”战略四项保障措施。

【谯城邮政管理局揭牌成立】2016年12月28日，亳州市谯城邮政管理局和谯城邮政业发展中心揭牌成立，主要职责是，贯彻执行国家邮政法律法规、方针政策和邮政服务标准；研究提出本地区邮政发展规划和发展战略；根据授权，监督管理本地区邮政市场以及邮政普遍服务和机要通信等特殊服务实施；负责行业安全生产监管、统计等工作；保障邮政通信与信息安全；承办上级邮政管理部门及地方人民政府交办其他事项。由谯城区编办核定人员编制5人，其管辖范围为谯城区、亳州经济开发区、亳芜现代产业园区。

【市邮政业安全监控中心平台建成】2016年，亳州市邮政业安全监控中心平台建成。该平台是国家邮政局组织寄递渠道安全监管“绿盾”工程建设项目组成部分，是亳州市邮政管理局安全监控中心场所。本项目建设为亳州市邮政管理局开展网上巡查、监控值守和应急指挥提供基础物理环境。截至2016年年底，接入邮政、快递企业40家，覆盖全市三县一区快递企业和总部直营分支机构，企业分拣、分拨中心现场情况实现PC端和手持移动终端实时视频监控。制作“监控中心记录表”和相关内部管理制度，每天安排工作人员负责安全监控中心平台查看和记录工作。

【快递营业场所“标准化建设年”活动】2016年，亳州市邮政管理局组织开展快递营业场所“标准化建设年”活动。印发《亳州市快递行业营业场所建设标准（试行）》，将亳州圆通等8家企业作为首批营业场所标准化建设试点企业。截至2016年年底，全市建成标准化营业场所31处，符合行业标准电动三轮车640辆。快递服务环境改善。 （张艺）

商　　贸

“美丽亳州”系列图片——亳州药市

商务经济

【概况】2016年，亳州市商务经济持续较快发展。社会消费品零售总额实现492.1亿元，同比增长12.8%，增幅居全省第三位、皖北第二位。进出口总额完成5.2亿美元，同比增长3.7%，增幅居全省第五位、皖北第二位。其中，出口额实现4.61亿美元、同比增长2.6%，增幅居全省第四位、皖北第二位，进口额实现5841万美元、同比增长13.6%，增幅居全省第七位、皖北第二位。外商直接投资实现7.23亿美元，同比增长10.1%，增幅居全省第二位、皖北第二位。

【内贸流通】2016年，亳州市新增限额以上企业162家、总数达727家，限额以上企业社会消费品零售额实现184.5亿元，同比增长17%，占全市社会消费品零售总额的37.4%，较上年提高0.2个百分点。建成“政企直通车·限上商业”微信群5个和“政企直通车·限上商业”平台公众号，共1606人关注微信平台，实现限上商贸企业全覆盖。截至2016年年底，通过微信群和公众号收集问题107件，办结102件，期限内在办理5件。中药材流通追溯体系试点项目建设初步通过商务部验收。商贸项目和商业网点建设推进，商贸物流及服务业项目推进组共计调度30个项目，完成投资额70亿元，7个计划新开工项目全部开工，万达广场正式开业。全市完成新建或改造乡镇商贸中心4个、中心村连锁直营店37个、城区菜市场7个、小区菜场（菜店）18个。市青年创客空间、市筑梦社区、蒙城电子商务孵化园建成并投入运营，分别入驻电商企业70家、55家、58家；谯城区与阿里巴巴合作建设“村淘”服务网点、蒙城县建成电子商务孵化园、涡阳县建设农村电商“淘实惠”村级服务站、利辛县建成“邮乐购”农村电商服务中心，全市新建农村电子商务服务网点231个。

【对外贸易】2016年，亳州市培育新增外贸实绩企业30家，实现进出口额1.04亿美元，占全市进出口总额的20%，拉动全市进出口增长20.8个百分点。进出口产业结构进一步优化，全市药业行业实现进出口额2.14亿美元，同比增长18.8%，占全市进出口总额的41.2%；纺织服装、鞋帽箱包产品实现进出口额1.01亿美元，同比下降5%，占全市进出口总额的19.5%；农副产品加工行业实现进出口额5348万美元，同比下降24.5%，占全市进出口总额的10.3%；机械电子行业实现进出口额4213万美元，同比增长13.4%，占全市进出口总额的8.1%。开拓国内外市场，先后组织102家企业参加华交会、广交会等展会；举办2016年国际（亳州）药材药品交易洽谈会签约仪式，来自国内外近200家企业参加贸易洽谈和签约，现场签订贸易协议34个，签约金额28.6亿元。

【利用外商直接投资】2016年，亳州市新批外商投资企业4家，其中合同外资8587万美元。20个外资项目中有17个是工业类项目，利用外商直接投资5.63亿美元，占全市利用外商直接投资的77.9%；服务业项目3个，利用外商直接投资1.6亿美元，占全市利用外商直接投资的22.1%。市商务局牵头筹备和参加2016年徽商大会，并组织相关活动，共54个重点项目现场签约，签约金额420.9亿元，占全省总签约金额的16.9%。

【对外经济合作】2016年，亳州市支持企业“走出去”，与省国际经济合作商会和省内外经企业合作，为市企业搭建外经服务平台，举办外经企业对接交流会，利用市资源产业优势，推动企业开展外经业务。培育安徽天润建筑工程集团获得对外承包工程资格等5家外经主体，完成境外投资41万美元。

【行业监管】2016年，亳州市开展打击侵犯知识产权和制售假冒伪劣商品工作，重点推进两法衔接、打击互联网领域侵权假冒行为、农村和城乡接合部假冒伪劣专项整治等工作，“双打”工作年度考核得分为满分。组织开展商务领域安全生产大检查，开展打击非法加油站点专项整治行动，全市共摸排非法加油站点193家，取缔非法加油站点101家。抓好市场运行监测。全市共有市场监测企业39家，监测品种共16个大类，50个品种，实行周报制和重点节假日日报制，

上报各类市场监测信息150余篇。（杨甜子）

贸易促进

【概况】2016年，亳州市贸易促进会围绕“贸易投资促进、商事法律服务”主线，落实“服务、创新、发展、担当”总体要求，加强“一库一网”建设，强化政策、信息、会展、法律服务，推进各项工作。

【贸易投资促进】2016年，亳州市贸易促进会打造政策信息服务平台，建立亳州贸促工作QQ群和短信发布平台，全年发布贸促信息2000余条次。组织2016年药博会；组织企业参加境内外知名展会，组织企业参加2016年第十届中国（青海）国际清真食品及用品展览会、第五届中国—亚欧博览会、2016年第四届阿拉伯贸易周等知名境内外展会，亳州市贸易促进会被授予2016年阿布扎比中国贸易周“优秀组织奖”。组织参加对外经贸交流，组织参加西班牙投资推介会、中白工业园招商推介会、第十一届中国—南亚商务论坛、安徽企业走出去报告会、2016年中国国际创新论坛等活动；组织古井集团、利辛京威纺织、安徽贺林中药等企业到东欧、非洲开展经贸交流活动；对接台湾贸易中心南京代表处、澳大利亚徽商总会及相关企业负责人一行到亳州考察，加强经贸合作。

【商事法律服务】2016年，亳州市贸易促进会加强商事法律服务调研调度，多次赴企业开展调研，了解企业在办理原产地证书、参加境内外展会、产品进出口等方面遇到的问题和困难，并协调解决。组织参加业务培训，联合市商务局举办外贸政策业务综合培训会，宣传讲解原产地证相关业务；组织参加全省贸促系统法律工作会议、业务研讨会，并派人专程到省贸促会进行商事法律服务学习。加强与国检部门合作，12月1日，市贸促会与安徽出入境检验检疫局亳州办事处共同签《关于加强原产地签证工作服务地方外向型经济发展合作备忘录》，就原产地签证相关工作、国际经贸活动服务、涉外商事法律服务等方面加强合作，共同促进外向型经济持续健康发展。（杨甜子）

粮食流通与管理

【概况】2016年，亳州市粮食收购目标130万吨。实际收购142万吨，地方国有粮食企业收购64万吨，超额完成年度粮食收购目标建议数。

【信息化建设】2016年，亳州市完成粮食信息化一、二期建设目标任务。实现“一卡通”收储结算系统，安装173个库点，超额完成年初计划115个任务。

【储备粮建设】2016年，亳州市轮换市级储备粮6000吨；建立正常轮换机制；管理制度健全，责任落实，保管期内数量真实、质量良好、储存安全。

【“放心粮油”和“主食厨房”工程建设】2016年，亳州市认定“放心粮油”配送中心1个，示范店20个。审批挂牌2家“放心粮油”配送中心、44家示范店。认定“主食厨房”加工配送中心一个，直营店（经销点）18个。推进粮食产业化经营，开展“放心粮油”和“主食厨房”两项工程建设。认定挂牌“主食厨房”配送中心2家、直营店18家。

【企业改革与效益】2016年，亳州市提高国有粮食企业发展质量和效益，推进“一县一企”改革和土地变性确权，探索混合所有制改革路径和“粮行”等新型粮食经营业态，培育竞争力强的区域性粮食企业集团。贯彻落实粮食安全省长责任制的各项支持政策，妥善解决历史遗留问题，加强粮食收购资金监管，防止挤占挪用，确保资金安全。全市63家地方国有粮食购销企业整合为9家。利辛县、谯城区《国有粮食企业土地变性确权方案》经县、区政府常务会议审议通过。

【监督检查】2016年，亳州市开展“政策性粮食执行情况检查”“入库粮食质量抽查”“收购现场安全核查”“库存粮食安全巡查”四项检查活动22次，出动人员340人次，受理各类举报35起，下发整改通知17件，查处案件12起，其中行政处罚和纪律处分4起、罚款8起，维护粮食收购市场秩序。开展政策性粮食收购回头看活动，检验社会对夏粮收购满意度。未出现坑农害农、弄虚作假等违规违纪行为。开展监督检查示范单位创建活动。推荐利辛县粮食局为监督检查示范单位并通过省粮食局现场验收。

（魏涧瑢）

供销合作

【概况】2016年，亳州市供销合作社联合社，有涡阳、蒙城、利辛、谯城三县一区供销社，全系统职工13586人，其中在岗职工9607人，离退休职工3692人。

截至2016年12月31日，全系统实现商品销售收入总额73.23亿元，同比增长15.7%，其中连锁销售额17.2亿元。实现利润7065万元，同比增长15.3 %。资产总额28.5亿元，所有者权益107330万元，社会贡献总额52267万元。新建和改造农家店的岗位责任目标是120家，完成160家；在利辛县、涡阳县试点发展农村合作金融服务2家，完成3家；新建为农服务中心8家，完成9家；领办创办农民专业合作社120家，完成146家；兴办农村社区综合服务社（中心）20家，完成27家；新建新型基层社15家，完成16家；成立县级农民合作经济组织联合会4家，完成6家。全部超额完成全年岗位责任目标。

【推动综合改革】2016年，亳州市供销社深入县区供销社、重点社有企业等开展调研，并组织人员赴全国综合改革试点省山东省、河北省，以及宿州、蚌埠、阜阳等市学习考察供销社综合改革情况，形成《中共亳州市委、亳州市人民政府关于深化供销合作社综合改革的实施意见》（征求意见稿）；分别2次向县区党委政府和市委组织部、市编办、市财政局、市地税局、市国土局等27家单位征求意见和建议。通过市法制办合法性审查和市政府第162次常务会议后，2016年12月8日，市委常委会研究通过《中共亳州市委、亳州市人民政府关于深化供销合作社综合改革的实施意见》，并于2016年12月14日签发。

【打造亳州电商名片】2016年10月，市社有资产经营管理有限责任公司与好品快购（北京）科技股份有限公司、市电子商务协会三方合作，共同出资成立安徽好品快购电子商务有限公司，合作开展安徽地区业务。

安徽好品快购电子商务有限公司致力于为全省城乡各级商场、超市提供各种日用消费品，总投资额3180万元。谯城区、蒙城县、利辛县的运营配送服务中心建成并投入使用，市综合运营服务中心正在建设，涡阳县运营配送服务中心正在筹备建设。阜阳市临泉县、太和县、阜南县和颍东区、颍泉区、颍州区6个县区已建成运营配送服务中心并投入使用。安徽好品快购电子商务有限公司已经与1862家商超便利店签订加盟协议。到12月底，公司成立2个多月，销售额111344万元。

蒙城县电商孵化园由蒙城县社属企业——新网电子商务公司牵头运营。该园区自年初筹备运营起，入驻该园区电商企业53家，其中物流企业6家，网商企业47家，销售5.6亿元，其中代运营销售3.5亿元。培育电子商务专业人才300余人。安徽新合作米客网络科技有限公司是市社属企业，强化服务功能，创新经营体制，以新网工程建设为抓手，改善农村物流环境。公司投资增加办公室500平方米，仓库1000平方米，体验店500平方米，增加城区配送车辆20余辆。实现日化、农副产品统一采购、统一配送。公司年营业收入比上年增长16%。市委书记汪一光要求市社把“1号店亳州特色馆”“淘宝特色中国亳州馆”和蒙城电商孵化园宣传好、运营好、规划好，打造成亳州市电子商务的一张名片。

【推进基层组织建设】市供销合作社多措并举，推进“三社一会”等基层组织快速发展，构建体系健全、服务功能完备的基层社会化服务体系。

推进基层社改造是市委市政府和省社对供销社综合改革提出的要求。市供销社根据要求，积极探索基层组织改造的有效途径。亳州市供销系统按照开放办社原则，新建、改造一批基层社。利辛县新建利辛县宇坤蔬菜种植供销社、利辛县幸福种植供销社等基层社；利辛县社对大李集供销社等3家基层社进行改造，使基层社焕发活力。蒙城县新建皖鑫、得利基层社。涡阳县供销社完成新建新型基层社任务和对全县基层供销社的调查摸底工作。

各基层社依托优势资源和特色产业，联合各方力量，创办种植、养殖、加工等各类合作社。谯城区广泛吸纳中药材种植大户等新型经营主体入社，蒙城县依托蔬菜种植特色，领办一批蔬菜种植合作社。

把农村社区服务中心建设纳入2016年市政府对县区政府考核指标。以超市为基础，利用社会资源创办农村社区服务中心，搭建社会公共服务向农村延伸的平台，实施“综合服务社提质扩面工程”。利辛县中疃供销社农资配送中心，开展农资销售，服务百姓农业生产。

【社会化服务】2016年，市社直属公司——安徽田牛农资连锁公司实施播种、施肥、打药、浇水、收割等为主要内容的土地托管业务，提供大田作物统一供种、统一供肥、统一收割、订单销售一条龙服务。投资1000余万元成立田牛农机专业合作社，购置轮式拖拉机13辆，自走式谷物收割机20台，自走式玉米收获机10台，固定道深松免耕施肥播种一体机6台。安徽田牛公司托管土地7333.33公顷。蒙城县金桥农业发展有限公司、涡阳县农家福种植专业合作社和利辛县中疃供销社、马店供销社开展土地托管工作，共托管土地5000公顷。安徽田牛农资连锁公司、涡阳农家福等21家农民种植专业合作社开展土地托管业务，土地托管、半托管13333.33公顷。

田牛农资连锁公司成立亳州田牛飞防大队。购置植保无人机30余台，拥有专业操作人员20余名。该大队在亳州市谯城区实施飞防作业3666.67公顷，植保无人机作业高效、环保、节约成本、喷洒均匀，防治效果好。

【扩大“新网工程”网络覆盖面】2016年，市供销社以推进产权多元化和股份制改造为主要内容，通过改造经营网络，盘活社有资产，搭建服务“三农”平台，加强系统内联合，加大开放办社力度，扩大“新网工程”网络覆盖面，提升供销社在农村现代流通中的主导作用。

烟草专卖

【概况】2016年，亳州烟草上缴税金5.54亿元，同比增加1700万元，增幅3.17%。2016年起，取消亳州烟叶种植销售计划。

【卷烟营销】2016年，市烟草专卖局(公司)依托信息化平台，推进网上订货、网上配货、网上结算“三网业务”融合，加强终端建设，促进客户服务升级。在克服烟叶销售收入大幅下降的前提下，确保经济运行基本平稳。2016年，全市销售卷烟116125箱。

【烟草专卖管理】2016年，全市累计查处各类涉烟案件1660起；累计查获各类违规卷烟657.8万支；查获案值5万元以上案件9起，刑拘26人，逮捕20人，判刑12人。

【队伍建设】2016年，市烟草专卖局(公司)开展各类教育培训257场次，参训人员6800余人次；37人通过物流技能鉴定考试，通过率位居全省前列。

（程强）

盐业管理

【概况】2016年，亳州市食盐销售计划6400吨，实际完成6450吨，完成年计划的100.78%；销售收入4200万元，实际完成4350万元，完成年计划的103.57%；上缴税金190万元，实际上缴208万元，完成年计划的109.47%。

【盐政管理】2016年，亳州市以维护食盐市场安全为中心，强化盐政管理，规范盐政执法行为。查处各类涉盐违法案件98件；查获各类违法涉盐产品5.13吨；罚没款11.06万元。

【盐业宣传活动】2016年，亳州市利用“3·15”消费者权益日“5·15”碘盐宣传日等活动进行普食碘盐宣传教育，利用宣传媒体进行宣传普食碘盐的意义和重要性，宣传食用碘盐健康的益处，宣传有关食盐市场监管规定，提高经营者安全责任意识和消费者自我保护意识，增强人民群众自觉抵制私盐、劣质盐的观念，营造“人人关心、支持、参与维护食盐安全”社会氛围。

【专项治理活动】严格按照工作方案要求，强化措施、狠抓落实，研究探索盐业市场状态，利用有利时机加强市场监管，确保盐业市场安全稳定。2016年盐业市场检查2415户，出动人次360次，出动车次476次，行程25000千米。（马长明）

图47 2016年9月，国外友人参加2016年国际（亳州）中医药博览会暨第32届全国（亳州）中药材交易会

信息业

“美丽亳州”系列图片——利辛县西淝河国家级湿地公园一角

无线电

【概况】2016年，亳州市无线电管理处科学管理无线电频率台站，完成基础性监测和专项监测，打击非法设台，保障重要节日、重大活动和各类考试期间无线电安全，完成无线电频率占用费征收和年度基站抽检任务，推进无线电管理宣传工作。

▲“三管理、三服务、一突出”管资源、管台站、管秩序，服务经济社会发展、服务国防建设、服务党政机关，突出做好重点无线电安全保障工作。

【重点频段频谱使用评估专项活动】2016年，亳州市无线电管理处赴西气东输利辛分输站实地查看卫星地球站设备，核实技术参数。督促三家运营商及时报送基站数据，录入全省一体化平台。利用亳州中心站和涡阳小型站连续采集72小时公众移动通信频段相关数据，利用移动监测车采集三县一区85%以上建成区道路的公众移动通信频段频谱数据和基站数据，将数据上报省经信委无线电管理处。为下一步频谱资源管理科学化、精细化提供基础性数据。

【打击非法设台】2016年，亳州市无线电管理处与市“扫黄打非”办、市公安局、市县文化旅游局等部门通力合作，发挥技术优势，对全市境内非法无线电信号和非法无线电台（站）监测查处。查处7起非法电视台，3起“黑广播”，1起非法中继台。此外，协助市公安局破获一起“响一声”电话诈骗案件，成功抓获犯罪嫌疑人1人，捣毁3处犯罪窝点。

【重点保护航空、铁路、公众移动通信安全】2016年，亳州市无线电管理处，与阜阳、淮北、宿州、滁州等五市联动，抽调人员参加“大篷车”进民航活动，对皖北地区进行全覆盖电磁环境监测和“黑广播”信号摸排，遏制“黑广播”泛滥势头，净化电磁环境，保障民航无线电通信安全。9月，利用移动监测车和手持频谱仪沿途经亳州市境内航路开展保护性监测。快速解决京九铁路通信系统受干扰事件，保障铁路通信用频安全。协调解决通信运营商与市公安局无线电设备干扰事件3次。

图48 2016年11月26日，保障国家公务员考试无线电安全现场

【无线电应急通信演练活动】2016年5月5日，亳州市无线电管理处组织无线电应急通信演练活动。演练现场模拟因自然灾害造成局部地区通信中断，业余无线电爱好者应急通信分队携带通信设备进入“灾区”，快速启用应急通信设备，迅速恢复与外界通信，并利用短波电台与全国业余无线电爱好者进行通联。

【重要节日、重大活动和各类考试期间无线电安全工作】2016年，亳州市无线电管理处在重大节日和活动期间，对重点频段进行保护性监测，确保各类活动期间的无线电用频安全。完成包括全国普通高校招生考试和全省公务员考试在内各类考试的无线电安全保障30次，出动无线电监测和压制车辆60余台次，出动技术人员200余人次，压制6个作弊信号，查获1套作弊设备，保障各类考试期间无线电安全。

（孔祥荣）

电　信

【概况】2016年，中国电信亳州

分公司平稳运营，实现光纤和4G网络全面深度覆盖，全面建设“智慧乡镇”，完成经营收入5.2亿元，收入同比增长10.1%。全年基础服务达到AA级或AAA级水平，连续四个季度获得中国电信安徽公司服务平稳运营奖。互联网服务量占比64.5%，比上年提升25%。

本年度，在中国电信集团公司第十届“创优杯”营销职业技能大赛上，叶辰获个人金奖，叶辰、张晴晴、王松代表中国电信安徽公司获团队三等奖。

【光纤和4G网络全面深度覆盖】2016年，亳州市光纤网络实现100%行政村覆盖、99%自然村覆盖。全年铺设光缆22000千米，新增FTTH（光纤到户）端口30.5万个，出口带宽扩容至420G。4G网络建设方面，完成基站建设620处，室分站点114处，城市区域4G网络实现深度覆盖，覆盖率99.8%。农村区域4G网络实现全面覆盖，覆盖率94.6%。全面实现风景区、高速、国道、省道等区域4G网络覆盖。

【“智慧乡镇”建设】2016年3月开始建设“智慧乡镇”，助力提升乡镇党建管理水平、建设美丽乡村。从经济基础、区位因素等维度选择两个乡镇作为标杆，融入党建监控、村级考勤、视频会议等信息化应用，解决乡镇政府在考勤、沟通、管理难题，并在其他乡镇复制推广。全年建成“智慧乡镇”61个。

（汪振国）

移　动

【概况】2016年，中国移动通信集团安徽有限公司亳州分公司收入增长率排名全省第三；行业收入份额排名全省第二。客户整体满意度84.86%，宽带满意度84.1%，居全省第一；网络满意度84.02%，全省第一。被中央文明委评定“全国文明单位”，获“2016年全国用户满意标杆企业”称号，获“2016年度中国移动优质通信工程奖”三等奖，“中国移动二星级企业文化示范单位省部级”“中国移动劳动模范省部级”“全国工人先锋号”等称号。网络部夏晨臣、李晓东获“中国移动2016年应急技能大比武全国总决赛个人精英奖”。

【市场经营】2016年，中国移动通信集团安徽有限公司亳州分公司开展4G、流量、宽带营销，以福分机、裸机直降、集团购机更优惠和闭馆营销等举措回馈客户。开展流量满就送、套餐升档送、全民流量大派送活动，推广流量至尊卡。手机上网客户普及率77.2%，全省第一。持续开展宽带提速，加快农村地区宽带建设，助力“美好乡村建设”，50兆及以上客户占比排名全省第三。

【网络建设】2016年，中国移动通信集团安徽有限公司亳州分公司完成4G四期工程建设，4G基站总数4000余个。开展“弱覆盖攻坚”专项整治活动，完成315处弱覆盖站点开通，实现城区、乡镇街道基本全覆盖，美好乡村、新农村等人口密集农村区域覆盖。解决信号弱覆盖区域594处，提升农村广度覆盖和连续覆盖。开展“VoLTE百日大会战”“优畅4G”“数据促运维”“传输大会战”等专项活动。

（李晓波）

图49　2016年2月1日，维护人员在雪天抢修通信光缆

联 通

【概况】2016 年，中国联合网络通信有限公司亳州市分公司增强网络支撑和服务维系能力，强化基础管理和队伍建设。被中国通信企业协会评为“通信行业用户满意企业”，运维部“精品集客 QC”小组被评为“2016 年通信行业优秀质量管理小组”，2 名员工获“五一劳动奖章”，1 名员工被授予“亳州市劳动模范”。

【经营举措】2016 年，亳州联通聚焦重点区域与业务，打造经营增长极，聚焦 4G 网络建设，实现网络覆盖能力和质量双提升。创新服务机制，提升用户感知，开展“营业窗口感知提升”工作，针对服务质量整体情况分析通报，促进服务短板问题及时改进。推进精细化服务维系工作，提高维系效率。通过开展全渠道推进合约续约、单卡捆绑、换机、换网等系列工作，工作提质、提效。

【网络建设】2016 年，亳州市 4G 基站增加至 1455 个，实现市县城区、主要交通干线及普铁、重点行政村全覆盖，行政村 4G 覆盖率 77.4%。实现全市宽带全光网络，完成全网站点 FE 改造，实现数据业务全 IP 化。（孙瑞雪）

城乡建设与管理

“美丽亳州”系列图片——龙凤新河新气象

城乡规划

【概况】2016年，亳州市城乡规划局编制地块图则104个，出具规划设计条件通知书69个，初审规划设计方案98个，复核建筑单体施工图48批次，召开局业务会27次、专家评审会36次、规划委员会建设工程项目审批会37次、规划委员会办公室业务联席会4次。研究通过中心城区西南片区单元整合规划、北部新城单元整合规划、老城区及道东片区单元整合规划、高铁站片区综合规划、亳州市中心城区空间特色研究规划、亳州市中心城区近期建设规划（2016－2020年），启动市全域空间统筹规划，完成框架编制。亳州市城市总体规划（2010－2030年）实施评估报告经专家评审研究通过。全市2016年52个省级示范村规划设计方案全部完成专家评审，并提请县区规委会研究通过。委托安徽城建院开展亳州市村庄建设发展现状调研及风貌特色研究，完成规划成果编制。2016年度9个市级美丽集镇示范镇总体规划、建设规划全部通过专家评审。做好日照分析、项目方案审查等第三方服务工作。日照分析报告书核实中介服务机构项目及方案审查第三方核实单位库项目通过公开招标方式共确定四家服务单位，并实施。市政公园夜景亮化方案通过市规委会研究。完成道西片区22条道路的定位放线工作。展览馆布展设计方案经市规委会审议通过，完成布展装饰施工。

【规划项目“一张图”】2016年，亳州市委托测绘公司对144平方千米建设用地范围内所有建设项目、道路红线、基础设施等进行数字化定位，形成规划项目“一张图”，及时更新完善，为规划管理、招商引资、领导决策等提供直观、准确的城乡规划信息。同时，结合专项规划编制，推进单元全覆盖，开展规划管理“一张图”的深化整合，明确标志各专项规划布局的教育、医疗、卫生、消防等基础设施和公共服务设施的布点位置、用地规模等内容，为城市长远建设及配套功能提升做好保障。

【完善规划管理】2016年，《亳州市控制详细规划编制通则》制定，对技术管理规定进行优化和细化，规范规划审批流程和申报资料等内容，为建设项目规划设计、管理和实施的精细化提供法律支撑。以《亳州市控制性详细规划通则》为标准，整合27+X专项规划，组织编制43个管理单元整合规划，对中小学、菜市场、公厕等老百姓高度关注的热点焦点难点的公共设施进行科学、合理布局。

建立完善方案审查、红线图测绘、竣工核实等一系列第三方服务技术服务库，初步形成一批稳定技术支撑队伍。落实《中心城区工业项目规划建设审批五项促进机制》，加强衔接，加快项目选址、方案审批、规划许可等工作，在依法合规原则下，尽可能压缩规划审批时限，发挥好网上办事大厅作用，提升审批效率。

【推进“四个点问题”解决】2016年，市城乡规划局围绕市委“四个点问题”清单，解决各类问题。落实办理市人大议案、政协提案19件，组织政风行风热线上线三轮，解决群众关切问题20余个；办理市长热线182个；落实政企直通车办理，协调解决企业困难10个；跟踪管理项目34个，竣工核实39件，行政复议4件；落实《沟通——政务零距离》反映问题19件。做好网上办事大厅工作，发放《建设项目选址意见书》112件（其中市直78件，谯城区24件，亳芜产业园区10件），拟用地面积7934266.6平方米（合793.43公顷）；“建设用地规划许可证”216件（其中市直125件，谯城区41件，市经开区15件，亳芜产业园区35件），拟用地面积11353666.6平方米（合1135.37公顷）；“建设工程规划许可证”209件（其中市直112件，谯城区34件，市经开区46件，亳芜产业园区17件）。建筑规模46.28万平方米，市政道路总长度约48416米。审批办件315件，网上办理率100%，满意度100%。

（刘俊）

住房和城乡建设

【概况】2016年，亳州市住房和城乡建设委员会作为“政务零距离”《沟通》栏目第二轮第一期上线单位，组织参加市纪委、市监察局主办的政风行风面对面活动，获得上线良好单位成绩。及时解决群众反映的各类问题。截至12月底，共受理市长热线转办单2980件（市直排名第二），满意率99.5%，受理政风行风热线转办单164件、人民网留言11条、政企直通车帖子15条，按时回复率100%；办理人大议案和建议18件、政协提案66件，全部办结；受理信访件12件，办结12件，满意率100%。

【市区重点项目建设】2016年，市政府投资项目155个，建成重点项目68个、完成投资21.6亿元。龙凤家园小区、药都大道棚户区改造、丁家坑棚户区改造等安置还原小区项目建成投入使用；50条新建道路全部进场施工，其中桐乡路、望州路、汤王大道、魏武大道等18条道路主路面已经完工；凤尾沟一期、宋汤河三期、市政公园二期、丁家坑坑塘治理4个水系景观治理工程全面建成；消防应急救援指挥中心、国家中药材质量监督检验中心、残疾人服务中心、农产品检测中心、气象科普公园完成代建任务并移交给建设单位。

【基础设施建设】2016年，亳州市具备106项水质检测能力的水质检测中心建成投入使用，西一环过涡河供水管网拉管工程、2.6万吨/日应急加压泵站工程建成通水，城区范围内日供水能力由8万吨提高到12.5万吨；污水管网清淤疏通29.73千米，清淤泵站8座，宋汤河28处39个排污口的截污治理工程、涡北污水处理厂进水管网改造工程、涡河污水截流管道改造、利辛路临时排水、丁家坑污水截流、长江东路断头路修复等工程全面完成，人民桥桥南污水泵站建成投入运行；市生活垃圾焚烧发电工程、市污泥处理厂日处理污泥200吨工程建成投入运营；采用合同能源管理方式对城市道路照明进行节能改造，全面完成城区范围内所有主次干道路灯设施修复工作，建成区亮灯率达98%，对市政公园、曹操公园、汤王陵公园等实施夜景亮化提升，更换、安装景观灯734盏，同时对公园照明时段进行优化调整，为市民晚间游览创造便利条件；落实燃气行业“属地管理”“一岗双责”制度，确保安全运营；专项招标维修沥青路面22620平方米、混凝土路面17850平方米、人行道13650平方米、路侧石9120米，完成城区4处主要道路积水点改造；实施希夷大道等城区16条主次干道部分路段弱电下地工程；“海绵城市”“地下综合管廊”、黑臭水体整治等前期工作在进行。

【城区绿化】2016年，亳州市城区新增绿化面积315.2万平方米，超额完成年度目标任务。重点实施宋汤河治理五期、凤尾沟景观带二期、涡河景观带西段、东风沟景观带、新建沟景观带、北部新城沿河景观带等一批景观绿化工程，建成南扩一路、建安路等十余条新建道路绿化，持续推进漳河景观带二期、植物园等重点绿化工程建设，开工建设陵西湖景观带、文化公园、体育公园等绿化工程。

【住房改造】2016年，省下达亳州市棚户区改造开工建设任务为24376套，年度内开工24536套；省下达亳州市农村危房改造任务6200户，年度内提前完成任务；省政府下达亳州市6个15.75万平方米老旧小区改造任务，年度内全部完成。

【建筑市场管理】2016年，亳州市组织开展工程安全、质量监督执法检查、工程质量标准化和施工标准化创建、工程质量治理两年行动等工作，创建市级安全质量标准化工地（小区）39个；举办4期建筑施工安全专题培训、4期特殊工种人员培训班、3期建筑施工安全生产“三类人员”培训班，累计培训农民工13916人；开展6次安全大检查、4次专项治理活动、4次暗访，共下发31份执法意见书、199份停工整改通知单、整改通知单393份（含县区），给予8家施工企业、1家监理企业不良记录一次，6家施工企业、9家监理企业通报批评。

对全市28家有资质的预拌商品混凝土企业进行集中整治，整改合格22家，其余5家停产、1家搬迁；无资质的在拆除中。会同市经信委，组织举办全市建材产品对接会。扶持本地建筑业发展，本地建筑施工企业共有224家，较上年增加37家。开展建筑施工扬尘防治。全年累计检查1665个项目（其中市级督查376次/项），下发执法建议书79份、整改通知书640份、停工整改通知书303份，对53个施工项目的施工、监理单位和项目经理、项目总监在检查中因施工扬尘污染防治措施落实不到位等问题进行通报批评，对12个项目的施工和监理公司记不良行为一次，对38个项目扬尘防治措施未落实进行处罚，处罚金69.6万元。

制定《亳州市建设领域清理拖欠农民工工资工作应急预案》，成立拖欠农民工工资应急领导小组。对政府投资的城建项目全部建立农民工专户，推行建筑施工企业劳资专管员制度，确保工资按月直接发放到农民工手中。对有拖欠行为2家施工企业记严重不良行为记录一次，清出市建筑市场，3年内不得进入；对5家施工企业分别记严重不良行为记录一次，时间一年；对因拖欠工程款导致施工企业拖欠工人工资的3家开发企业予以通报批评；对7名多次拖欠农民工工资造成集体上访的班组长和包工头记入黑名单，清出市建筑市场。

（李翠飞）

城市管理

【概况】2016年，市城市管理行政执法局围绕“九城同创”“智慧城市”“三线三边”“六项行动”等活动开展城市管理。本年度，市城市管理行政执法局与市住建委分开，黄卫国任市城市管理行政执法局局长；《亳州市违法建设查处条例（草案）》评审会召开；经开区城管执法局获省城市管理协会文明执法“先进单位”称号。

【市容管理和拆违控违】2016年，市城市管理行政执法局以拆违促征迁立案467卷，拆除违法建设2.5万平方米，拆迁面积1.3万平方米。修编《亳州市中心城区广告设置专项规划》，拆除市规划区内各类非法设置广告9087处，面积12.2万平方米。对240座电话亭拆除整治。取缔店外经营5.7万余件，取缔占道经营1.6万余处，收缴门店站牌9000余块，清理占道杂物2.6万余处，暂扣各类占道经营车辆4000余辆。排查清理环境卫生死角积存垃圾500余吨，道路洒水7万余吨，查处违规焚烧垃圾行为28起。新建2个二级中转站，改造34座垃圾中转站，免费开放55座公厕。在魏岗镇投资100万元，新建占地8.658万平方米建筑垃圾消纳场，卞铺生活垃圾填埋场年处理垃圾20万吨，处理渗滤液10.89万吨，其中外运处理5.89万吨。“呼死你”系统录入非法电话2835个号码，其中正在呼叫号码1230个，致函三家运营商停机处理号码530个，其中电信公司号码218个，移动公司215个，联通公司97个。

【“55888”道路洁净管理】2016年，市城市管理行政执法局召开专题会议54次，开展环卫作业人员安全教育活动14次。在经开区推进“55888”道路管理工作标准，聘请第三方质检抽查考核测评点3.5万个，道路灰尘检测合格率，机动车道96.02%；非机动车道92.58%，路面零星垃圾97.41%。建立局长上路、队长上路、队员步行巡查的管控机制，处罚4家保洁公司共94万余元。4月，向全市推介先进经验。

▲“55888”道路管理工作标准：道路地面灰尘每平方米不多于5克；路面垃圾停留时间不超

图50 2016年1月25日，《亳州市违法建设查处条例（草案）》评审会召开

过5分钟;10平方米绿化带内零星垃圾不多于8个;机械化作业不少于8小时/天;人工保洁两班各8小时工作制。

【"六项行动"】2016年,亳州市按照《城市管理网格化责任制管理暂行办法》和《城市管理工作考评暂行办法》对三县一区实施城市管理考评工作。共组织人大代表、政协委员、效能监督员、行风评议员实施城市管理考评活动6次,参与考评人员42人次,确定各县区考评样本点738个。发考评情况通报18期,通报各类问题8970个,督促整改问题3650个,消除管理盲点35处,推广各县区经验做法8项。县区新建、新增环卫设施5741件,其中公厕25座,垃圾中转站17座,果皮箱5700个,粉刷墙体面积3万余平方米,拆除城市各类违法搭建9.5万平方米,清理城市牛皮癣10万余处,临时规范设置摊点群45处,治理城区内坑塘河沟27处,全市城市道路机械化清扫率平均提升17%。

▲"六项行动"包括:规划提升行动、整洁行动、畅通行动、拆违行动、绿化提升行动和出口整治行动。

【"五车"系统整合】2016年,市城市管理行政执法局把全市洒水车、清扫车、垃圾运输车、渣土车、混凝土搅拌等"五车"纳入数字城管系统进行智能化专项监管。将两区198辆环卫车,265辆渣土运输车,102辆混凝土搅拌车,共505辆"五车"数据全部接入五车监管平台系统。对全市15家建筑渣土运输企业排查摸底,组织对在册356台渣土运输车辆进行年审,查处违法运输渣土车辆639台次,处罚53.44万元。

【"数字城管"】2016年,数字城管指挥中心共受理城市管理案件286319件,其中,公众举报455件,立案272774件,处置270194件,按期处置242506件,自行处置10163件,结案270096件,结案率为96.63%。11月25日,数字城管系统项目经国家住房和城乡建设部专家组评审通过验收。完善城市管理同步指挥平台,把老城区、小街巷、老旧小区全部纳入数字城管系统。组织技术单位对新修道路及小街巷进行勘查,对权属单位进行调研。在规划区现有80平方千米范围内373981个城市部件数据的基础上,对亳州市区新增区域、变化道路、小区及小街小巷等进行事部件数据、实景影像数据普查与建库,按照新的国家标准对现有数据进行数据更新和管理网格重新划分,对全市城区120平方范围内的496920个城市部件和六大类87小类城市事件的数据录入建库和精确确权工作。与全市规划区内新建的6000个摄像头进行对接,并纳入指挥中心视频采集系统,指挥中心设5个采集区,增加10名视频监控座席员,视频监控每月上报案件12000条左右。

(王纪福)

房地产开发与管理

【概况】2016年,亳州市实现房地产开发累计投资231亿元,同比增长12.8%。其中,住宅实现开发投资140亿元,同比增长21%;商品房施工面积1789.1万平方米,同比增长11.6%;新开工面积354.99万平方米,同比增长13.4%;全市商品房销售总面积559.58万平方米,同比增长56.96%;其中住宅销售面积448.09万平方米,同比增长64.24%;非住宅销售面积111.49万平方米,同比增长33.23%。

【房地产执法】2016年,市房地产管理局坚持每月对市区在建房地产项目开展全面巡查通报工作机制,加大对房地产开发项目事前预防和事中监督力度,依法纠正和查处违法违规行为,截至12月底,对市区41家房地产开发企业47个项目进行12轮巡查,健全在建房地产项目监管档案56卷,通报巡查结果12次,下发限期责令整改通知书31份,督促相关违规企业按期整改;10月,对44家房地产中介机构经营行为进行专项整治,同时在市房产局门户网站及时发布购房温馨提示,引导群众理性消费,进一步净化房地产市场,保持房地产市场稳定。

【房产交易】2016年,市房地产管理局完成各类房产交易业务32332件,其中交易确认6085件,

图51 2016年12月4日，亳州市房产局开展普法宣传

商品房合同备案23852件，存量房合同备案1312件，撤销商品房合同备案590件，房票191件，租赁备案89件，存量房资金监管43件，测绘170件。

【行政审批】2016年，全市各房地产管理部门通过推行政务公开，缩短办事时限，调整和减少业务审批环节等措施和制度，优化服务，提升窗口工作能力和水平。2016年，市本级批准预售面积147.92万平方米，核发预售许可证322个。

【房屋征收】2016年，市中心城区完成房屋征收面积203.25万平方米，其中国有土地上房屋25.86万平方米(其中实行货币化补偿18.99万平方米)，货币化率73.4%，集体土地上房屋177.39万平方米(其中实行货币化补偿97.3万平方米)，货币化率54.85%，综合货币化率57.2%；3月，《关于亳州市城市规划区范围内房屋征收货币化购房补贴的实施意见》下发，对购买新建商品房的被征收户，给予原房屋评估价10%补贴；9月，市房产局创新推出《亳州市流动房产超市》汇编，搭建商品房去库存平台；加大中心城区房屋拆除施工安全和扬尘治理工作巡查力度，全年开展巡查6次，发通报6次，确保房屋征迁工作顺利实施。

【物业管理】2016年，市房产局宣传贯彻新修订的《安徽省物业管理条例》，扩大社会知晓度；定期开展物业暗访巡查和通报，转变物业管理企业理念，深化小区自治意识，提高业主委员会管理能力；市区住宅小区业主委员会累计成立55家，完成率85%以上；开展“十个一”创建活动；探索“互联网+物业”服务新模式，实现物业管理费网上缴纳；依托“互联网+”实现市区住宅小区专项维修资金网上查询；参加全省优秀(示范)物业评选活动，全市3家住宅物业和2家非住宅物业被评为全省优秀(示范)物业管理项目。

【优化服务】2016年，市房产局将商品房合同备案查询、房屋交易确认、房屋租赁备案等业务统一集中到窗口办理，减少工作流程和时限，把“房产交易确认”由原来三审制调整为二审制，可在一天内为申请人办结；优化商品房预售审批流程，自4月始，压缩审批时限，优化审批流程，将原来四级审批调整为三级，建立项目预售电子数据库档案，将预售期限调整为自核发预售许可证开始至预售方案约定房屋交付日期为止，如开发企业项目无变化，无须再申请预售延期，避免企业多次重复提供资料。

【房产信息化建设】2016年，市房产局创建房屋交易与产权管理信息平台，结合实际编制《亳州市房屋交易与产权管理信息系统建设方案》，采用市、县一体化房屋交易管理模式，将商品房、二手房交易信息和不动产登记信息数据实时交换，实现房屋交易电子信息与亳州市网上办事大厅和“我家亳州”APP有效对接，确保房屋交易安全。

（董勇勇）

国土资源管理

【概况】2016年，亳州市报批各类建设用地3100公顷，其中市本级报批1193.33公顷；启动75580公顷高标准农田项目建设，覆盖全市所有贫困村；开展土地复垦整治，新增耕地2133.33公顷；全市出让建设用地1420公顷，收取土地出让金183.15亿元，其中市本级650.4公顷，收取土地出让金68.79亿元。

【建设用地工作】2016年，亳州市按照“确保重点、有保有压”原则，统筹指标分配，科学制定用地计划，优化用地结构，全年全市报批建设用地166个批次、面积3099.87公顷，其中市本级报批52个批次、面积1194.53公顷，保障全市各类开发园区、重点工程、招商引资项目及民生工程等用地需求。

【土地综合整治】2016年，亳州市启动75580公顷高标准农田建设项目，覆盖全市所有贫困村，完成增减挂钩项目组卷31个批次、面积1000.07公顷，完成项目区拆迁复垦718.67公顷；完成工矿废弃地复垦利用组卷500公顷，完成复垦500公顷。

【土地市场建设】2016年，亳州市加强土地市场建设，更新城区土地定级与基准地价并公布实施，在杭州举办土地招商推介会。全市全年出让建设用地329宗，面积1418.63公顷，收取土地出让金183.15亿元（用于融资63宗，面积329.28公顷，金额89.12亿元）；其中市本级出让115宗，面积650.46公顷，收取土地出让金68.79亿元（用于融资13宗，面积108.39公顷，金额22.99亿元）。

【不动产统一登记】2016年，亳州市本级在2015年完成不动产登记机构职责整合基础上，相继完成办公场所改造、人员划转、流程再造及信息平台建设等工作。3月31日，市国土局举行市不动产登记中心挂牌仪式，并颁发全市第一本不动产登记证书。截至年底，市本级共颁发不动产登记证书17345本，不动产登记证明18988份。截至10月20日，涡阳、利辛、蒙城、谯城均开展不动产登记业务。三县一区共颁发不动产登记证书6575本，不动产登记证明12058份。

【规范国土管理】2016年，亳州市抓好土地出让收支和耕地保护审计发现问题整改及南京督察局例行督察遗留问题整改工作。列出任务清单，排出时间表，逐项落实整改责任，抓好整改落实。截至年底，审计发现的304个问题，已整改292个，整改率96.1%；例行督察遗留177个问题，已整改141个，整改率79.7%。加大违法违规用地案件查处整改工作力度，针对土地卫片执法检查中发现158宗、16公顷违法用地，全市国土系统坚持既查事又查人原则，从严查处整改，消除违法状态。全市违法用地比例降为1.63%，通过省厅检查验收。

【维护农民权益】2016年，亳州市执行征地补偿标准和青苗附着物补偿标准，规范征地程序，维护被征地农民合法权益。加大采煤塌陷区村庄搬迁综合治理力度，统筹搞好新村规划，加快推进村庄搬迁应急工程建设，共搬迁285户1020人，拆迁房屋面积8.79万平方米。做好涉土信访事项办理工作，全年受理各类信访案件229件，接待群众来访92批次/149人次，均及时进行办结和答复，未发生越级访和群体性上访事件。加大地质灾害防治工作力度，组织人员对地质灾害隐患进行调查排查，编制年度地质灾害防治方案，举行地质灾害室内应急演练，严格落实值班、巡查和搬迁避让等制度，全市未发生一例由地质灾害造成的人员伤亡事故。（张启业）

美丽乡村建设

【概况】2016年度，亳州市申报建设省级乡镇政府驻地建成区37个、乡镇政府驻地所在行政村中心村5个，以及利辛县整县推进省级中心村47个，市县自主建设中心村43个。同时全面开展自然村环境整治工作。2015年度省级中心村已全部建成；2016年度省级中心村、乡镇政府驻地建成区和市县级自主建设中心村项目建设全部完成。全市农村清洁工程共清理农村生活垃圾22万吨，清理河道4800千米。

【乡村规划编制】2016年，亳州市完成省级中心村、建成区建设规划的编制和审核工作。规划以“美丽田园为形、产业支撑为基、乡愁村韵为魂、厚重文化为蕴”作为美丽乡村建设目标，在房型、绿化、文化、产业发展等方面注重挖掘特色、彰显地域风貌，广泛征求民意，做到一村一规划，避免千村一面，群众满意率 100%。

【建设项目编制】2016 年，亳州市针对每个中心村、每个建成区，根据实际编制项目建设清单，明确建设资金、建设时限、责任主体，超前谋划项目招投标。每个建设点上都张榜公布所有建设内容，实行挂图作战，扩大监督，保证进度。2016 年度省级中心村编制建设项目 710 个，乡镇政府驻地建成区编制建设项目 440 个。

【资金投入】2016 年度，亳州市市级美丽乡村财政专项投入 6615 万元，各县区均在 6000 万元以上，市县两级每年均按 5% 速度递增；同时整合涉农资金。利用国家政策性贷款支持农村环境改善机遇，申请农发行政策性贷款用于美丽乡村建设，全市共申报 34 亿元，已落实 28.5 亿元。

（文星）

环境保护

【概况】2016 年，亳州市市区环境空气质量总监测天数为 365 天，空气质量优良天数比例为 71.3%。完成省政府下达水环境质量目标，水环境质量逐步改善。全年超额完成省政府下达年度 4 项主要污染物减排目标任务。其中，黄标车淘汰工作提前完成任务，居全省前三。推行重点污染源在线监控设备第三方运营，在全省率先实现第三方运维费全额财政保障，纳入第三方运营设备运行稳定，有效传输率常年稳定在 98% 左右，居全省前三。企业自行监测信息公布率、监督性监测信息公布率 100%。重点建设项目环境影响评价和“三同时”执行率均达 100%。国家统计局亳州调查队反馈函数据显示，亳州市公众对环境宣传教育成效满意率为 73.85%。综合评定亳州公众对城市环境保护满意率为 69.68%，较 2015 年度提高 5.24 个百分点，为地级亳州市成立后最好水平。

【超额完成污染减排任务】2016 年，亳州市计划 39 个工业和生活水污染物减排项目，82 个规模化畜禽养殖场和养殖小区工程治理减排项目，16 个大气污染物减排项目，计划淘汰黄标车、老旧车 7230 辆。截至年底，除 7 个新建城镇污水处理项目未按要求开工外，其余项目均已建成并发挥减排效益。经测算，2016 年，全市四项污染物削减量分别为化学需氧量 3796 吨、氨氮 522 吨、二氧化硫 837 吨、氮氧化物 499 吨，分别比 2015 年下降 4.7%、6.3%、2%、2% 以上，超额完成省政府下达任务。

【大气污染防治】2016 年，亳州市对建成区 50 座以上大中型餐饮服务单位进行专项整治，全市完成 311 家餐饮油烟整治工作，其中市区安装油烟净化器饭店 194 家；淘汰燃煤锅炉 87 台、整治港口码头扬尘 23 个、治理工业烟粉尘 17 个、治理物料堆场扬尘 20 个、改造加油站油气回收 5 家、整治混凝土搅拌站扬尘 28 家、整治建筑工地扬尘 117 家。全市淘汰黄标车 9000 余辆，超额完成省政府下达年度任务，居全省前三。PM_{10} 和 $PM_{2.5}$ 年平均浓度比上年分别下降 4.6%、4.2%。

【水污染防治】2016 年，亳州市完成全年水环境质量考核目标。涡河亳州十八里（入境）、涡河义门大桥（境内）、涡河岳坊大桥（境内）三个断面水质较前两年同期明显改善，化学需氧量逐年递减，其他指标基本持平。涡河龙亢断面（出境）、涡河义门大桥（境内）、涡河岳坊大桥（境内）水质类别为 III 类、V 类、V 类，达到省目标要求。西淝河马店孜断面水质近三年基本持平，水质类别为Ⅳ类。

编制完成《亳州市涡河（义门大桥、岳坊大桥）、西淝河水体达标方案》。对全市 53 条河流实行“三级河长制”，明确责任人和责任单位，细化工作任务，落实责任分工。全市 35 条（处）黑臭水体整治任务纳入市政府同县区政府、相关部门年度目标责任书，明确完成时限。全市启动黑臭水体整治 11 条（处），其中市直 8 条（处），县区 3 条（处）。完成涡河、西淝河、茨淮新河、芡河及引江济淮沿线两岸护坡外 500 米内畜禽养殖禁养区划定工作，摸排调查禁养区内养殖场 185 家，搬迁或关闭 60 家（蒙城 9 家，利辛 28 家，谯城区 11 家，涡阳12家）。完成全市10个省级地下水质量考核点环境调查工作，包括监测点位相对位置、周围环境等内容。编制完成《亳州市“十三五”环境保护规划》《亳州市“十三五”水污染防治专项规划》。

【土壤污染防治】2016年，亳州市环保局组织编制《亳州市土壤污染防治工作方案》，完成初稿并报市政府待批。对土壤污染防治重点区域组织筛查，确定8个地块为重点筛查区域。完成全市土壤污染138重点行业企业空间位置遥感核实工作，为土壤污染详查奠定基础。

【项目审批】2016年，亳州市环保局审批报告书（表）168个，其中报告表125个，报告书22个，登记表21个，否定项目5个，改变方案项目13个。全市完成新建、改建及扩建项目环保设施竣工验收163个，其中市本级52个。配合省厅完成杉杉服饰项目、江淮安驰15万辆微车等项目环保验收。

【环境执法】2016年，亳州市启动污染源日常监管“双随机”工作，构建亳州市污染源日常监管随机抽查工作系统平台，完成污染源监管动态数据库录入。全市录入517家污染源（市本级106家，县区局411家），其中重点污染源109家，特殊污染源24家，一般污染源384家。对全市83家市控以上企业进行全面检查。办理环境信访件2509件，查处率100%，满意率98.8%。对全市集中式饮用水水源保护区开展2次专项检查，采取自查与抽查相结合方式对全市6个县级及以上集中式饮用水源地和251个乡镇集中式饮用水源地进行检查，确保饮用水水源地安全。落实新环保法配套办法相关规定，处理违反新环保法配套办法案例28起，其中查封扣押9件，停产限产12件，行政拘留1件，环境污染犯罪移送6件。全市作出行政行为161起，其中行政罚款130起241万元。牵头划分“市、县（区）、乡镇（街道、场）、行政村（社区）”四级环境监管网格（其中1级网格1个，2级网格6个，3级网格95个，4级网格1126个，特殊网格11个）；市政府与各县区签订《网格化环境监管目标责任书》，明确网格化监管任务、目标和要求；分县区组织开展网格监管人员业务培训；2月始，每月对全市各级环境监管网格运行情况通报一次，并于12月开展专项督查。全年征收排污费2761.8992万元。

【秸秆禁烧】按照市委、市政府提出“空间覆盖无空白、职责落实无盲区、监督管理无缝隙”要求，2016年，午季市政府成立4个督导组、44个督查组，共240余人；秋季成立50个市督查组、共200人赴县区开展督导督查工作，对全市所有乡镇、行政村实现全覆盖式督查。全市仅出现2个卫星监测火点（谯城区古井镇和蒙城县立仓镇各1个），取得建市后秸秆禁烧工作最好成绩。

【危险废物防治】2016年，亳州市纳入危险废物管理单位14家、医疗废物处置单位1家、医疗机构151家和汽车维修店1家，5月完成上述单位2015年度危险废物产废审核和2016年度网上危险废物产废申报工作；11月完成全市危险废物规范化管理检查工作；全年完成85次省内危险废物转移处置审批工作；督促中联重机、亳州永康、安驰汽车三家产废企业危险废物管理问题整改。

图52 2016年6月3日，亳州市开展环保宣传活动

【环境监测】2016年，亳州市加强对饮用水源地水质监测，对涡北水厂和三水厂两个饮用水源地，每月开展一次23项分析，其中6月开展39项全分析，全年上报数据584个；全年获得有效空气自动监测数据158000多个，有效率99%以上，编发空气质量周报53期，月报12期。对13个国控、省控河流监测断面每月进行一次26项监测；市、县环境监测共同对市控断面每季度进行一次常规五项监测，7月进行一次26项全分析；各县区每季度对县控断面进行一次常规五项监测。全年出具监督性监测数据5300余个；出具健康调查监测数据400余个；完成106个区域噪声和21条交通干线噪声监测工作，出具噪声监测数据约1081个；上报农村环境质量监测数据400余个；开展酸雨监测67次，上报监测数据1474多个。

【环保信息化建设】2016年，亳州市机动车综合监管平台建设与应用全省领先，实现与省厅无缝对接，运行稳定。智慧环保谋划与信息化能力保障项目建设持续推进。完成空气环境质量手机APP发布系统、信息化安全防护与保障、水质自动站第三方运行与维护、市县两级视频会议系统、综合监管应用平台、市控以上重点污染源以租代建等5个项目招标采购；市级以上重点污染源视频监控以租代建项目建设顺利。（贾靖）

文化旅游　新闻传媒

“美丽亳州”系列图片——利辛县白鹭洲水利公园

文化旅游

【概况】2016年，亳州市旅游总收入131.87亿元，同比增长20.22%；国内旅游收入130.36亿元，旅游外汇收入2284.84万美元。旅游总人次达1780万人次，同比增长18%；接待国内旅游者1775.75万人，接待入境旅游者4.1562万人。新增国家级AAAA级景区2处，国家级AAA级景区2处。新增星级酒店2家，新增旅行社4家。

【文化基础建设】2016年，亳州市图书馆内部功能区全部对外免费开放，市文化馆主体建筑工程建设完成，市博物馆新馆、亳州大剧院前期工作完成。13个省级农民文化乐园全面建成。利辛贫困县16个新建省级农民文化乐园有序推进，其他县区同步开展农民文化乐园建设工作。完成4个乡镇（街道、社区）综合文化服务中心、11个农民文化乐园、省级乡镇综合文化服务中心试点等建设任务。

【文化惠民活动】2016年，亳州市举办“迎新年、唱大戏”“书情画意”书画作品展、林琳中国画展等文化活动，开展荷香满亳州——2016年暑期青春季系列文化活动、“文化惠民——天天演”城市广场公益文艺演出和全市群星奖评选、全市广场舞大赛、大型戏剧《印记》全市巡演等活动。全年公共文化场馆免费开放拨付资金845万元，农村文化建设专项补助拨付资金1536万元，全市送戏下乡演出2542场，体育活动开展8747场。实施政府采购“送戏下乡”“送戏进敬老院”活动，全市共完成2852场演出活动。

【文化遗产传承】2016年，亳州市推进可移动文物普查工作，完成城市紫线规划初稿，开展县区重点文物遗址考古勘探工作。公布市级第五批非物质文化遗产代表性项目名录，完成省级第五批非遗项目申报工作。在西安举办曹操宗族墓群汉字砖拓片展，组织开展华佗五禽戏走进台湾交流活动。

图53　2016年12月14日，2017年亳州文化旅游年动员电视电话会议召开

【旅游招商引资】2016年，全市旅游项目库入库项目82个，其中5亿元以上项目42个，累计完成旅游投资66亿元。启动建设投资139.6亿元的北关历史街区精品线路改造提升工程和投资20亿元的古井中华酒谷项目，投资4.5亿元的林拥城项目和投资5亿元的郑店子温泉旅游度假区项目基本建成。完成北关历史街区改造规划、曹操八角台遗址公园和观音山汉墓保护工程等项目建设，谋划建设亳州市民俗非遗博物馆。运兵道出口改扩建、花戏楼二期扩容提升、薛阁塔文物本体修缮、道德中宫修缮扩容、南京巷钱庄扩容、江宁会馆修缮等项目完工。康美华佗国际中药城、皖北红色旅游基地、万达文化旅游综合体等文化旅游项目和竹海湾生态度假村、十河大周芍花基地、五马桃花园、印象江南、润耕天下农场、观堂桑葚基地、药都四季花海等精品乡村旅游项目建成运营。

【旅游品牌创建】2016年，亳州市开展国家中医药健康旅游示范区（基地、项目）创建工作。成立中医药健康旅游发展工作协调领导小组，以市委、市政府名义印发《亳州市创建国家中医药健康旅游示范区（基地、项目）工作方案》，亳州作为全省两个示范区候选城市之一被省局报送至国家局参加全国评选。华佗故里中医药健康旅游基地等3个全国中医药健康旅游示范基地和亳州华佗五禽戏推广项目等8个示范项目经省局批准并转报国家局。南京巷钱庄、曹操地下运兵道成功创建AAAA级旅游景区。古井君莱酒店、高炉家·徽酒集团H9宾馆成功创建3星级旅游饭店。印象江南生态园、蒙城博物馆景区通过省旅游局AAAA级旅游景区景观质量评定；康美华佗国际中药城、高炉徽酒文化产业园成功创建国家AAA级旅游景区，谯城区观堂镇等2个优秀旅游乡镇、利辛县诸王村等8个旅游示范村创建、蒙城县龙盘山庄等10家四星级以上农家乐创建完成。全市拥有3星级以上农家乐36家，省级优秀旅游乡镇22家，旅游示范村14家，旅行社36家，省级以上休闲农业与乡村旅游示范县、示范点7家。

【乡村旅游发展】2016年，亳州市编制全市重点旅游乡镇、村和重点扶贫村建设规划，从资金、项目和基础设施建设方面扶给予支持。发展生态旅游。投资4.5亿元的林拥城项目和投资5亿元的郑店子温泉旅游度假区项目基本建成。占地8666.67公顷、投资10亿元的亳药花海休闲观光大世界项目区六条路网、五条水系景观带、2个游客接待中心。晨光村桑葚基地、大周润耕天下农场、西淝河湿地公园等乡村旅游示范项目建成开放。举办芍花养生文化旅游节、五马桃花节、生态旅游节、淝畔绿洲音乐帐篷节、“杏”福采摘节等乡村旅游节庆活动。建成十河大周芍花基地、十八里芍花园、五马桃花园、世外桃源自驾游营地、印象江南、淝畔绿洲、淝水湾、润耕天下农场、观堂晨光村桑葚基地、圈椅村瓜果采摘基地、涡阳莓香湾等精品乡村旅游项目，推出“一路花香”和“快乐采摘”等7条乡村旅游线路。培养29名国家级乡村旅游致富带头人。全年全市乡村旅游总人数突破350万人次，利辛县获评为“全国十佳生态休闲旅游城市”和2016年国家美丽乡村建设和扶持村级集体经济发展试点县，谯城区获评为“最美中国生态（自然）旅游胜地和美丽乡村旅游胜地”和“2016中国十佳最美乡村旅游目的地”。2016年全市3186人次贫困人口通过开办农家乐、开展农业采摘、参与旅游劳动、从事旅游服务、生产旅游商品等方式实现脱贫。

【旅游市场营销】2016年，亳州市举办上海、九华山亳州旅游推介会；开展“桃花朵朵开”微信随手拍、新区美景随手拍、微信摇一摇赢奖品等系列微信宣传活动；制作亳州手绘旅游地图和特色旅游纪念品。“我家亳州”乐游版块上线，实现720度全景展示、分场景语音导游、在线销售门票、新貌游在线报名等功能。组织开展全市药膳养生大赛和“百佳十强”旅游商品评选活动，做好药博会展演等文化活动。推出亳州旅游新形象宣传片、《亳州美食之旅》旅游系列片，开展文化旅游线上线下多角度营销活动。塑造芍花养生文化旅游节、华佗祭祀大典、五马桃花节等特色旅游节庆品牌，开展“亳州新貌游”和“亳州乡村生态游”活动，推出皖北历史文化精品旅游线路、道家文化旅游线路、曹魏文化旅游线路、中医药健康养生旅游线路。

【旅游环境优化】2016年，亳州市完善旅游交通服务，完成交通主干线与A级景区、水利风景区、重点乡村旅游区“最后一千米”通达工程。在高速公路、城区主干道和乡村旅游线路制作安装139块旅游标识牌和8块形象宣传牌，新建旅游停车场18个，新增停车位1600个。推进“厕所革命”，新建、改扩建旅游厕所31座。启动自驾车营地和城市绿道建设，林拥城、涡河景观带、宋汤河绿道和凤尾沟绿道4条总长度达60千米的城市休憩带建设实施，十河大周世外桃源自驾游营地等一批旅游服务基地运营。

【文化市场监管】2016年，亳州市成立网络文化市场巡查工作组，建立“月巡查、月通报”和“红黑榜”制度，开展网络文化市场日常巡查、执法及应急处置等工作。突出抓好网吧市场综合管理，开展“暑期风暴”网吧市场专项治理活动，强化演出市场和娱乐市场监管，开展“扫黄打非”工作，抓好广电市场综合治理和旅游市场秩序规范。亳州市查办的“亳州市谯城区雨梦网吧”违规接纳未成年人一案，被国家文化部文化市场司评定为“全国文化市场重大案件”。全年全市共出动执法人员24334人次，检查经营单位11360家次，立案调查162家次，行政处罚162家次。

（张立辉）

新闻出版

【概况】2016年，市新闻出版局完成两会、中共十八届六中全会等重大主题的宣传报道。全市广播电视播出机构在中央电视台发稿共56条。全民阅读活动中两个家庭获“全国书香之家”称号。全市农家书屋更新图书12万余册、报纸期刊6400册。农村公益电影放映17911场。“三网融合”加快，亳州广播电视台节目信号通过IPTV、OTTTV和有线数字电视进一步扩大覆盖，全年新增用户6.2万户，同比增长25.31%。广播“村村通”工程全市覆盖率100%。举办2016年亳州市广播电视新技术培训班，邀请国内广播电视技术专家到亳州授课，培训市、县技术分管负责人和技术骨干66人。组织开展广播电视技术能手竞赛，选拔推荐11名选手参加2016年全省广播电视技术能手竞赛，7名选手获“全省技术能手”称号。

【精品申报创优】2016年，市新闻出版局组织开展2015－2016年度广播电视公益广告扶持项目申报工作，申报广播类优秀作品6件，电视类优秀作品5件，优秀传播机构1家，禁毒和税收类优秀作品10件。亳州市广播电视台《倡导全民阅读　共建书香家园》获省级广播电视公益广告扶持项目二类电视作品。举办市广播电视新闻奖、文艺奖、播音主持奖和论文论著奖评选工作，41件作品获省级奖项。组织开展广播电视节目技术作品评选工作，市文化旅游局获全省2016年“金鹿奖”优秀组织奖和“金帆奖”优秀组织奖，全市9个作品获“金鹿奖”，9个作品获“金帆奖”。

【全民阅读推广】2016年，市文化旅游局组织开展绿色印刷宣传周活动、“4·23”世界读书日活动，2016年国家及省级“书香之家”推荐工作。李哲、杨光两个家庭获全国“书香之家”称号。参加安徽省中华经典诵读电视大奖赛，亳州市获全省大赛三等奖。组织开展图书惠民活动。开展“2016十佳书香社区”“2016十佳书香之乡(镇、街道)”“2016十佳阅读推广活动”等评选工作，涡阳县城关街道向阳社区获全省“2016十佳书香社区”称号，谯城区花戏楼街道获全省“2016十佳书香之乡(镇、街道)”称号。书香村居建设获全省“2016十佳阅读推广活动”。

【农家书屋管理】2016年，市文化旅游局为1294个农家书屋更新图书12.94万册，更新报纸、期刊6400册，实际采购资金211.481万元。开展农家书屋服务提升活动。组织开展“我的书屋，我的梦”读书征文活动，推荐小学组、中学组40余篇优秀作品。3篇征文获2015年度全国“我的书屋，我的梦”优秀作品奖。7家农家书屋获2015年度省级“示范农家书屋”称号。

【公益电影放映】2016年，亳州市放映农村公益电影17911场。组织开展送电影进乡村、千场爱国主义教育影片展映和庆祝建党95周年红色电影展映等系列公益活动。组织全市首届农村公益电影放映员技能大赛。全市125个放映队推荐8名优秀选手参加市赛，决出2名选手参加省赛。亳州市选手涡阳选手李智、谯城选手张燕峰取得全省第八名和第12名的好成绩，获“安徽省广播影视行业优秀电影放映员”称号和“全省农村电影放映员技能大赛优秀选手”称号。

（武永振）

广播电视

【概况】2016年，亳州市广播电视台坚持正确舆论导向，推进由传统媒体向融媒体转型、由单一广告经营向多元产业发展转型。本年度，亳州市广播电视台招录18名编辑记者、摄像等岗位人员；选拔4名选手充实主持人队伍；开展电视栏目主编竞聘工作，完成年度拔尖人才选拔。

在第二十六届中国新闻奖评选中，亳州市广播电视台选送的电视专题作品《会武功的洋媳妇》获国际传播类电视专题三等奖，是全省获此奖项的唯一广电媒体。药都时空微信公众号获2016全国电视生活服务微信公众号最具影响力TOP10。2016年，亳州市广播电视台共获得各类省级奖项50余项。

【新闻宣传】2016年，亳州市广播电视台对市、省、全国两会，药市开市，药博会和市第四次党代会等重大活动进行全方位、多维度报道。中国共产党亳州市第四次代表大会期间，《药都新闻联播》栏目推出专题报道，《亳州新闻联播》栏目策划推出主题报道“干出‘今’彩”，亳州视听网、掌上亳州新闻客户端对开幕式进行现场直播。药都时空微信公众号推出党代会系列报道，总点击量20万人次。

先后策划推出“新春走基层”“辉煌十二五·民生篇”“调转促在行动”“民生工程进行时”“贯彻落实习近平总书记视察安徽重要讲话精神”“深入开展两学一做学习教育”“奋力走在皖北振兴前列”等主题宣传报道，平均每月两个主题策划，从经济、文化、社会等各个角度反映全市取得的成绩和变化。

开设“践行核心价值观”“身边好人”“凡人善举”等专栏，形成固定板块，报道好人典型，传递正能量，把社会主义核心价值观传播到每个人的心中。《亳州新闻联播》《药都新闻联播》推出特别报道“追记基层干部的楷模刘亚”，分三篇报道原涡阳县高公镇党委副书记刘亚一心为民、勇于担当、清正廉洁的先进事迹，并配发评论。

2016年，《沟通——政务零距离》栏目暗访曝光相关问题共162件，其中150件得到反馈解决，办结率92.5%。《政风行风热线》播出221期，共受理各类有效热线电话1687件，场内答复221件，场外按时办结1433件。总办结率97.7%以上，群众满意率81.2%。《药都时空》先后就“建筑工地扬尘治理”“户外广告整治”等热点问题开展监督报道，引起有关部门重视，推进问题解决。

广播累计在中央台发稿13篇，省台发稿291篇（《全省新闻联播》129篇，其他新闻栏目162篇），在全省排名继续保持第四位。电视在央视发稿20条，在《安徽新闻联播》发稿513条。

【媒体融合】2016年，亳州市广播电视台推进传统媒体向融媒体转型。药都时空微信公众号稳居全省微信影响力排行榜（媒体类）前三位，进入全国排行榜前10位。掌上亳州APP内容充实，全媒体新闻矩阵扩大，频道、频率建设不断推进，传统媒体和新媒体相互借力，融合力度加强，多元传播矩阵初步成型。

初步搭建多媒体采编平台，实现新闻信息一次采集、多种生成、多元传播。截至2016年年底，掌上亳州APP、药都时空微信公众号、掌上亳州微信公众号和亳州广播电视台官方微博，总粉丝数为364025人，新媒体成为亳州市广播电视台掌控舆论话语权的重要宣传阵地。

【经营创收】2016年，亳州市广播电视台推进由单一广告经营向多元产业发展转型。通过实施“媒体＋活动＋营销”“节目＋产业链”，探索“广电＋”经营新模式。“走进农家肥”市场占有率提高，各类活动场次创历年之最。产业经营收入占总收入比重超过15%。

亳州市广播电视台利用广告剩余存量与商家合作，举办“红木家具展”，拓展产业。走进农家肥全面推向市场，全年销售有机肥、复合肥3100多吨。视点公司与万达国旅亳州公司签订合作协议，推出“主播带你游”活动，推出5期，共有400余人参与，为亳州市广播电视台涉足旅游产业做出有益尝试。

重要活动有2016年春节团拜会、最美家庭颁奖晚会、全市“三严三实”演讲比赛、庆祝建党95周年革命传统歌曲歌咏比赛暨“全市十大最美劳动者”授奖活动、第二届主持人大赛、出彩亳州人评选活动、2016年年药博会开幕式文艺演出、2017年文化旅游年周边城市台旅游推介会及合肥旅游推介会等活动。举办亳州市2016年大型春季车展活动、万达年货节、神农谷少儿才艺大赛、金芍花药膳大赛等活动。广播节目中心举办第七届车博会。电视节目中心举办主持人进社区、农民春晚等活动。五一期间，亳州市广播电视台承办的第二届十河大周生态旅游节和第三届芍花节，策划包括主题演出、母亲节专场演出等系列活动，5月1日至10日，外地游客不低于5万人次，市本地游客参与量不低于30万人次。

【基础设施建设】2016年，亳州市广播电视台成立广电中心项目建设领导小组，推进广电中心建设；投入资金103万余元用于技术设备更新、维护。为电视节目中心、总编室和广告经营中心更换安装五台单机高清非编工作站，邀请发射设备厂家技术人员对发射机进行全面检修与维护，确保播出、发射设备安全运行；抢抓“三网融合”机遇，扩大有效覆盖。将3个电视频道的信号接入电信IPTV网和移动OTT网，加上有线数字网用户，2016年亳州市新增用户189000余户。

【公益活动】2016年，亳州市广播电视台组织书香村居宣讲活动，走进三县一区开展12场演出；开展送戏进敬老院系列活动20场；主持人进社区走进特教学校，呼吁社会关注特殊群体；药都时空、交通音乐广播“爱心送考”活动；资助贫困大学生冬日暖阳等活动，彰显媒体社会责任。

电视月均播出公益广告620分钟左右，广播月均播出公益广告960条左右。先后策划制作二十四节气系列公益宣传片，制作“庆祝中国共产党建党95周年”“奋力走在皖北振兴前列”“十大不文明行为”等各类公益宣传片165部。（夏丽丽）

亳州晚报社

【概况】2016年，亳州晚报社围绕市委、市政府工作大局，坚持正确的舆论导向，坚持团结、稳定、鼓劲、正面宣传为主的方针，掌握舆论引导的主动权，在重大问题、敏感问题和热点问题上把好关、把好度、不出事。围绕“奋力走在皖北振兴前列”，主题进行重点策划、重点报道、重点宣传。

【服务中心】2016年，《亳州晚报》每周增加三期要闻版。在一版封面化基础上，将市委、市政府重要会议、决策、部署、措施，以及各地各部门改革发展新举措和新成就，重要民生新闻稿件放在一版头条位置，突出头版头条引领作用。

《亳州晚报》开设“政务简报”栏，对一些一般性政务活动报道简讯处理，压缩篇幅；以栏目策划为引领，推出“辉煌十二五 奋进新亳州”“激荡新梦想 奋战新开局”“‘五水共治’进行时”“请你回家 助你创业”“脱贫攻坚在行动”“奋力走在振兴皖北前列大讨论”等多个主题系列策划报道。

亳州晚报社推出《调转促激发新动能》栏目，刊发《走出调转促的“蒙城路径”》《在特色产业上做足“利辛味道”》等八篇整版报道，通过典型案例展现全市各地“调转促”亮点、成效和“走在前列干在实处”的生动实践。“脱贫攻坚在行动”专栏获得省委宣传部“新闻阅评”高度评价。

《亳州晚报》在要闻版面开设“药都时评”专栏，增强党报言论舆论引导作用。《幸福与获得一个都不能少》《我们需要好人榜样来温暖这个世界》《整治不文明行为要全民参与》《可持续植树造绿 要植入新理念》等多篇评论，传递正能量。

【突出基层】2016年，《亳州晚报》策划从“新春走基层——记者乡村体验日记”“走近新农人”“大学生村干部日记”专栏和《发放扶贫羊，点燃生活新希望》《一篇没有标点符号的感谢信》《趣味运动会 农民乐翻天 》等现场短新闻大赛，“现场”版面刊发基层现场新闻，点滴小事中反映大主题。

《亳州晚报》将“热线”版面排序前置，纯服务性的“备忘”版由一周增加到两期，突出报道内容的服务性、服务信息的时效性。

《亳州晚报》在着重向社会传递本土化新闻信息同时，利用本土深厚的历史文化特色优势，做区域文化的发掘与传播者。改版设置“花戏楼”周刊下设“名城”“民间”“笔记”“往昔”四大板块。其中“名城”侧重于对亳州老街、名村、古镇、风景、古迹、文物等厚重历史文化元素的呈现；“民间”内容定位为亳州民间手艺、传统、风物、民情、家族、乡贤、传说等；“笔记”板块侧重于反映亳州历史人文以及自然风情的文学作品；“往昔”主要为亳州历史人物、事件、典故等。深入亳州的人文底蕴和百姓生活，使读者在轻松愉快中经历一次读书旅程，让亳州城市的悠悠古韵浸润、充实心灵。

【打造新媒体产品】2016年，亳州市打造“亳州晚报”微信公众号、“亳州发布”政务微博、微信公众号、“亳州头条”新闻客户端等新媒体产品。“亳州晚报”微信公众号是《亳州晚报》的官方微信，通过权威机构调查，在全省纸媒官方微信的周排名，《亳州晚报》稳居全省前四名。《亳州晚报》官方微信在全省地级市纸媒综合排行中，始终位居首位。“亳州发布”政务微博、微信公众号由亳州市互联网信息办公室主管、亳州晚报社承办，是亳州市开辟主流舆论场新阵地，粉丝量为5万多人。在新华网推出的安徽政务微博指数榜的周榜、月榜上，亳州发布政务微博始终位居全省第一方阵。在新浪网、人民网举办的2015年度“安徽十大党政新闻发布微博”活动中，亳州发布政务微博的政务影响力位居全省党政新闻发布微博第四名（地市级第三名）。亳州发布政务微信2015年6月上线运营，据在新华网舆情信息分析中心提供的数据显示，亳州发布政务微信平均月排名居全省地级市政务微信影响力榜单保持前六名，最高单周排名曾达到第二名。在全省各地市政务微信中保持第一方阵。“亳州头条”新闻客户端强调对突发新闻和社会热点的捕捉，突出“快”字，24小时及时更新，成为网民了解亳州新闻的“第一平台”。

【筑牢网络主阵地】2016年，中国亳州网整合《亳州晚报》的新闻资源，发挥网络传播优势，突出新闻网站特色，筑牢网络主阵地，提升网络舆论引导力。围绕市委市政府中心工作及重大事件制作《十三五绘就亳州崛起蓝图》《亳州打响“扶贫攻坚战”》《讲看齐 见行动》等网络宣传专题，为亳州奋力走在皖北振兴前列营造舆论氛围；以宣扬社会主义核心价值观的“奔跑吧·亳州”大型户外真人秀活动，得到广大本地年轻人推崇，市委宣传部为此专门发表扬信；组织“定格身边感动 传递向上力量 正能量随手拍”摄影活动、“做亳州好网民”网络互动活动、“第二届药都百姓心中好法官”评选活动、“亳州市第四届十大福星、十大孝星”评选活动、“亳州市十大最美中学生”评选活动、《粽香情浓端午节》文化专题等，倡导正能量。

【新媒体矩阵建设】2016年，亳州晚报社在做好新闻宣传同时，不断抢占新媒体平台制高点，推进传统媒体和新媒体融合，完成新媒体矩阵建设任务。在“亳州头条”APP中增加求职招聘、书香亳州、亳州黄页、团购秒杀、房产信息等服务功能，完善“亳州头条”APP的功能性。“亳州头条”增强APP的便民性、服务性。书香亳州栏目可以支持在线阅读，方便用户利用碎片时间进行在线读书，促进书香亳州的建设。团购秒杀的上线，提升“亳州头条”APP的电子商务功能，组织系列牛奶团购、鲜花团购等活动。

【报刊经营】2016年，亳州晚报社采取双轨制，实行广告代理制；发展经营队伍，一部分成熟区块实行目标管理；坚持市场化运作，截至11月份，经营总收入1820万，整体经营较上年同期基本持平，利润比上年同期增加30%。全年晚报发行量3.4万余份；新报发行量约2万份。 （詹秀秀）

图 54　文化惠民天天演

财政　税收

“美丽亳州”系列图片——蒙城县万佛塔公园

财政工作

【概况】2016年，亳州市财政总收入完成147.3亿元，同比增收17.2亿元，增长13.2%，完成预算的102.6%，其中，地方财政收入完成87亿元，增长7%；中央收入完成59.6亿元，比上年增加12.1亿元，增长25.5%。

市本级财政总收入完成44.1亿元，比上年增加3.6亿元，增长8.8%，其中，地方财政收入完成19.9亿元，比上年增加2.2亿元，增长12.7%；中央收入完成23.5亿元，比上年增加1.9亿元，增长8.6%。

【收入征管】2016年，全市财政收入总量居全省第12位，收入增幅居全省第一位，高于全省平均水平3.8个百分点。收入质量稳步提高。全市税收收入完成126.8亿元，同比增长15.6%，税收收入占全市财政收入86%，同比提高1.8个百分点，高于全省平均水平6个百分点，占比居全省第二位。谯城区、蒙城县、涡阳县、利辛县分别完成31.2亿元、24.3亿元、18.1亿元、17.2亿元，同比分别增长12.3%、12%、8.1%、12.2%。预算执行呈现收入增速较高、质量提升、入库均衡、县区增长平稳特点。

【财政支出管理】2016年，亳州市政府下发《关于推进财政资金统筹使用实施意见》，加强资金统筹，保障重点支出。扩大支出规模。全市财政支出预计完成279.3亿元，同比增支3.9亿元，增长1.4%。持续增加民生支出。全市民生支出242.8亿元，比上年增加10.1亿元，增长4.4%，占财政总支出86.9%，同比提高2.4个百分点。其中，教育、科技、社会保障和就业、文化体育与传媒支出分别增长9.6%、10%、6.5%、10.8%。重点项目建设资金及时保障。市本级统筹调度资金55亿元支持重点项目、征迁安置、棚户区改造、货币化安置、户外广告治理和医院、学校建设。落实厉行节约规定，加强“三公”经费管理，全市“三公”支出同比下降24%。加强绩效管理。加强项目支出管理。对教育、社保、农业等19个项目进行绩效评价，涉及财政资金20亿元。

【服务经济发展】2016年，亳州市落实减免税、结构性减税和普遍性降费政策，全市为企业和纳税人减免税收21.1亿元。促进经济转型升级。支持“调转促”行动计划，市本级整合10个产业发展资金1.2亿元，统筹用于“调转促”振兴工程。拨付3000万元产业引导基金，支持企业转型升级。设立1500万元创业资金，支持“亳州老乡，请您回家”和青年学子创业。加强担保体系建设。推进“4321”政银担合作，安排市融资担保公司风险补偿金500万元，用于比例再担保。全市各级财政安排5649万元注资政策性融资担保公司，壮大担保机构规模。安排2220万元支持企业直接融资及企业挂牌上市。

【实施民生工程】2016年，亳州市投入125.8亿元实施32项民生工程，同比增长16.9%。牵头协调，坚持“每月一调度、一排名、一通报、一封信”工作机制，32项民生工程全部完成年度目标任务。

义务教育经费保障方面。全市拨付义保资金52219.1万元，占应拨付资金101.7%，校舍维修改造572195万平方米，完成率100%。发放中职国家助学金1326.6万元，高中国家助学金3334.4万元，中职免学费6158.9万元。农村文化建设专项补助资金1525.2万元，投资完成率100%。

创业就业方面。完成就业技能培训17489人，完成率116.6%，支出资金1538万元；完成新型农民培训4600人，完成率100%，支出资金845万元。开发公益性岗位2486个，完成率113%。

社会保障方面。新型农村合作医疗参合540.5万人，参合率106.4%，补偿1255.1万人次，累计支出279242万元。城镇居民基本医疗保险参保166198人，累计支出4512.8万元。城乡居民大病保险补偿42086人次，补偿金额13845.4万元 。城乡居民基本养老保险参保缴费232.4万人，支出资金76235.3万元。城乡医疗救助463497人次，资助资金10742万元。社会办养老机构新增床位1000张、社区办养老服务设施20所；发放高龄津贴1731.6万元，惠及103390人。农村居民最低生活累计保障1436552人次，发放低保金

29704.3万元。保障五保供养对象30003人，累计发放10662万元。

城乡公共服务方面。棚户区改造建设任务24376套，开工24536套，开工率100.7%；基本建成任务17963套，完成24150套，完成率134.6%；整治改造老旧小区15.75万平方米，完工率100%，完成投资314.9万元。新建农村道路畅通工程3629千米，改造农村危房6200户，完成农村饮水安全工程项目62个。

【落实惠农政策】2016年，亳州市安排扶贫专项资金2.56亿元，其中市本级安排1.03亿元。加大财政支农投入，拨付1.7亿元支持农业政策性保险，拨付3亿元用于秸秆综合利用，拨付13.2亿元补贴农民购置农机，拨付3.3亿元支持美丽乡村、美丽集镇建设。筹集3.4亿元实施农村公益事业“一事一议”财政奖补项目1157个。落实惠农补贴政策，全市通过“一卡通”累计打卡发放惠农补贴25项，资金共计29.6亿元，较上年增加11.7亿元，增长65.2%，惠及农户546万人，人均受益541元，较上年增加152元。

【财政重点改革】2016年，亳州市实施营改增改革。5月1日，全市四类试点纳税人均顺利开出增值税发票。落实各项营改增试点过渡期优惠政策，所有行业税负只减不增。盘活财政存量资金。市本级将各部门结转结余资金10.4亿元统一收回总预算统筹安排使用。清缴农村信用社改制不良贷款3.73亿元。推进预算信息公开。市县区所有预算部门均按时公开预决算信息和“三公”经费信息。加强政府债务管理。出台《亳州市政府债务风险评估和预警暂行办法》，把县区政府债务管理纳入市对县区政府目标考核，将政府债务纳入全口径预算。推进PPP项目。谋划PPP项目26个。实施政府购买服务。实施政府购买服务项目202项，预算资金6.4亿元。

【依法理财】2016年，亳州市落实《中华人民共和国预算法》，规范预算编制、管理和执行，硬化预算约束力。推进财政平台一体化建设，将全部财政支出业务、全部预算单位纳入集中支付电子化管理。落实审计整改意见，完善财政管理制度36个。开展巡视整改工作，牵头开展“小金库”专项整治、规范津补贴专项整治及“回头看”。下发《关于进一步规范社会团体财政票据使用管理的通知》《关于严格规范全市机关事业单位津贴补贴管理的通知》《关于全面构建“小金库”防治长效机制的意见》，建立健全长效机制。印发《亳州市财政资金管理实施办法》，健全资金安全使用运行机制。加强市属企业资产管理。制定《亳州市市属企业重大决策事项审批报告管理办法》《亳州市市属企业资产损失责任追究暂行办法》，防止国有资产流失，促进国有资本保值增值。 （邓昊）

国家税收

【概况】2016年，市国税局全年组织税收收入73.42亿元，同比增长36.6%，增收19.69亿元。增幅居全省第一位，高出全省平均增幅17.9个百分点，高出皖北六市平均增幅17.6个百分点；总量居全省第九位，较上年提升1个位次。市国税局被亳州市政府记集体二等功，被评为2015年度市直机关效能建设优秀单位。党建工作受到中直工委、省直工委和市直工委高度评价，机关“职工书屋”获安徽省“百佳机关书屋”称号，市国税局及所属三县一区国税局均获第十一届安徽省文明单位推荐公示单位。2016年全国纳税人满意度调查位居全省第六位，比上年提升4个位次，受到省局通报表扬。蒙城县国税局获全省节约型示范机构和亳州市先进集体、书香机关、“三八红旗集体”称号及法治宣传教育先进集体，利辛县国税局获全省青年文明号集体、全省国税系统纳税服务示范单位；全系统8人次获省国税局表彰、10人次获市委市政府相关部门表彰。

【纳税服务】2016年，市国税系统开展“便民办税春风行动”，推行落实办税双向预约、延时服务、限时办结及“二维码”一次性告知等制度。推进自助办税终端建设，建成全省首个24小时自助办税服务厅并在各县区推广。推广应用网上办税平台，网上申报率85%。组织4期纳税人大学堂，为纳税人开展税收业务培训。与金融机构合作，推进“税银互动”。探索“互联网＋税务”，推广微信缴纳车购税，开通“亳州税务”微信公众号。推进实名办税信息采集，截至12月底，采集信息近1.3万户，完成率58.81%。

【税收优惠】2016年，市国税系统全面落实各项税收政策，及时兑现小微企业所得税、固定资产加速折旧等优惠政策，落实国家有关降成本、去产能、减库存税收优惠政策。加强所得税、国际税收管理，落实出口退税审批制度，建立税务行政审批清单制，优化简化办税流程。累计办理各种政策性减免税13.17亿元，较上年多办理4.61亿元，增长53.8%；办理出口退免税27564万元，同比增长0.6%。

【“营改增”工作】2016年3月，亳州市推开“营改增”试点启动。4月，完成全市1.6万余户建筑、房地产、金融、生活服务四大行业试点纳税人信息交接、简并征期、增值税发票升级版推行以及办税服务设施完善升级等前期工作；5月，试点企业顺利开出增值税发票，之后，全市各办税服务厅办税系统运行顺畅；6月，首个征期完成纳税申报高峰与政策咨询高峰、购票开票高峰“三峰叠加”任务；开展税收分析，形成“营改增”税负分析报告；做好“营改增”税收管理服务。截至12月底，全市“营改增”四大行业增值税入库10.4亿元，同比减收1.81亿元，减税幅度14.9%，实现“营改增”后税负降低目标。在亳州市“改革成果评估试点社会公众满意度调查”中，“营改增”知晓率、满意度均位居前列。

【国地税合作】2016年，《国地税合作工作规范》确定年度37项基本合作事项全部落实，作为首批互派挂职交流试点单位之一，市国税局与市地税局各交流一名市局班子成员，7月1日到岗挂职。国、地税合作建立办税服务厅6个，设立办税窗口27个，推行“一人一机双系统”即“一窗通办”国、地税业务，有效防范“营改增”后随征税款流失。“一窗通办”正式运行，至年底，办理业务498户次，入库税款378万元。国、地税联合在网上办税服务、联合共建咨询热线、联合开展跨区域税收协作等取得进展。建设和维护金税三期，税收管理系统运行平稳。

【“规范税收执法巩固年”活动】2016年，市国税系统开展“规范税收执法巩固年”活动。强化交通运输业、涉农企业风险防控，开展交通运输业和涉农一般纳税人专项整治。与市公安局、市地税局联合开展打击虚开发票和出口骗税专项行动，检查54户企业，虚开金额2.29亿元，移送公安机关46户，行政拘留10人，批捕7人，网上追逃2人。加强税务稽查、纳税评估，共检查户数113户，查补入库税款560.93万元。开展反避税和非居民税收风险应对，加强千户集团税收风险管理，防范“营改增”后增值税风险。全系统有31名税务人员因违反工作纪律受到行政处分和组织处理等责任追究，其中7人被给予行政记过或警告处分，24人被通报批评。

（杨宇航）

图55　2016年12月22日，亳州市国税、地税合作联席会议

地方税收

【概况】2016年，亳州市累计入库各项收入81.67亿元，同比增收0.94亿元，增长1.2%。其中，入库地方税57.45亿元，按可比口径增收9.2亿元，增长19.5%；入库基金费24.22亿元，同比增收2.7亿元，增长12.6%。围绕落实省、市"4105"行动计划，运用土地使用税困难性减免、降低社会保险费率、支持下岗再就业、对小微企业免征政府性基金等政策措施，帮助纳税人减负提效。为企业、个人减免地方税费8亿元。实施《纳税服务规范2.3版》，推出免填单、预填单、"容缺办理"登记等举措。

开通"亳州地税"微博、"亳州税务"微信公众号，定期向纳税人推送涉税资讯、政策辅导60余期300余条，受众达2万余人次。新增"网上办事大厅"涉税办理项目21个。

本年度，市地税局被市政府授予"集体二等功"，获"全省法治宣传教育先进集体""全省学习型党组织示范单位""全市优秀基层党组织""全市书香机关"等称号，14个基层分局被评为市级"第七届文明单位"。

【推进税收改革】2016年，亳州市推开"营改增"试点工作。分析测算"营改增"地方税收入和地方经济影响，按时间节点开展信息移交，分两次向国税部门移交纳税人信息24868户。通过报纸、网站、微信公共号等途径，与国税部门宣传"营改增"政策。对全市32个地税机关办税窗口的工作人员进行"营改增"系统培训和操作培训。5月1日，市地税局办税服务厅成功开出全市首张代征增值税票和首张代开发票。

2016年，全市地税、国税部门多次召开联席会议，推进国地税合作。双方联合下发合作事项清单，细化责任分解；加强督查督办，加快任务推进。《国地税合作工作规范（3.0版）》确定合作事项基本落实到位。其中，国地税办税服务厅合作共建、合作征收税款等项目实施走在全省前列。双方拟定在市区联合建设3个标识规范、功能齐全、流程简便、服务高效的国税地税联合办税服务厅。12月底，建成1个联合办税服务厅并投入使用。

与财政、国土部门密切配合，对全市矿产资源储量及开采情况开展调研，对企业加强政策宣传，测算出企业税费综合负担率，提出合理税率建议，为资源税从价计征改革做准备。

图56　2016年5月1日，亳州市"营改增"试点推开，纳税人拿到第一张二手房交易增值税发票

【"金税三期"工程上线】2016年，按照税务总局推广工作计划和进度要求，亳州市作为全国第三批推广上线单位，应在2016年1月单轨上线运行。1月8日，"金税三期工程"在亳州正式上线运行。上线期间，采集5万余条基础数据，清洗30多万条异常数据，举办30余场次5000余人次纳税人培训，顺利通过压力测试，应急演练、双轨试点运行等环节。

【自助办税终端（优化版）上线】2016年，亳州市地税局承担"自助办税服务系统（优化版）"项目建设任务。9月，新系统开

图 57　市地税局成功开发上线“自助办税终端（优化版）”。图为 2016 年 11 月 9 日，省地税局人员到亳州调研设备运行情况

发成功并在全市上线运行 18 台设备。在功能方面，新系统实现灵活就业人员社保费申报缴纳、年所得 12 万元以上个人所得税申报缴纳、企业（个体）纳税人税费缴纳、车船税申报缴纳、涉税文书打印、信息公告等六大功能，处于国内领先水平。在服务方面，新系统实现四个突破：即全流程服务。新系统将申报、缴纳、开票、查询、打印完税证明等办税全过程集于一体，将自助办税终端延伸为综合办税窗口，纳税人只需一张身份证，就能享受“一站式”“一条龙”自助服务。全天候服务。纳税人可以全天候 24 小时自助办理涉税事项。系统还集成防破坏报警功能。全市通办服务。新系统支持全市通办，纳税人登录全市任意一台自助办税终端，都可自行办理业务。大数据分析。系统自动记录每台终端业务操作使用频度和耗费时长，提供统计分析，为后续开展功能优化、终端配置提供参考信息。

【推行“税融通”助力企业发展】2016 年，市地税局开展“银税互动”活动，帮助小微企业凭借良好纳税信用获得无抵押贷款，降低融资成本。市地税局先后与 10 家金融机构签订“银税互动”项目合作框架协议，同步开展纳税信用等级评定工作，评出 A 级纳税人 202 户，B 级纳税人 2950 户，C 级纳税人 556 户，D 级纳税 64 户。将纳税信用等级评定信息通过互联网公布，供相关金融机构查询，对通过“银税互动”业务申请贷款企业，及时传递纳税人相关涉税信息，解决银企间信息不对称问题，提高贷款效率。2016 年，亳州各商业银行根据纳税信用评价信息，为市内 1658 户企业做出预授信，发放信用贷款 16.04 亿元，当期和累计融资额均位于全省前列。

（高婕）

金融　保险

“美丽亳州”系列图片——小车旱船闹新春

金融工作

【概况】2016年，亳州市有16家银行业金融机构、33家保险业金融机构、7家证券业营业部；经审批类金融机构54家，其中20家小额贷款公司、12家融资担保公司、20家典当行、2家融资租赁公司；1家上市公司、12家“新三板”挂牌企业、114家区域性股权交易中心挂牌企业。2016年，新增2家保险公司、1家小额贷款公司、3家典当行，新增2家企业报备、7家企业“新三板”挂牌、86家企业区域性股权交易中心挂牌（85家省股权交易中心挂牌），在省股权交易中心设立“现代中医药及健康产业亳州专版”。

【信贷投放】2016年，亳州市金融业增加值40.01亿元，同比增长21.9%，占GDP比重3.83%，较2015年年末增长0.73个百分点；全市银行业金融机构各项存款余额1591.09亿元，较年初增加330.2亿元，增长26.19%，增幅居全省第二位；各项贷款余额1037.52亿元，较年初增加253.22亿元，增长32.29%，增幅居全省第一位；存贷比65.21%，新增存贷比76.69%，全省排名第四位；全部金融机构不良贷款率1.59%；新增各类表外业务144.1亿元。全市20家小额贷款公司注册资本总计19.41亿元，贷款余额20.53亿元，较年初增长6亿元，累计发放5773笔，共计42.28亿元。全市12家融资性担保公司注册资本共计25.31亿元，在保余额97.7亿元，其中融资担保余额85.96亿元、非融资担保余额11.74亿元，全市放大倍数3.96倍，代偿额6.21亿元。

【金融改革创新】2016年，亳州市推进“我要贷款”平台。优化平台内部流程，加强宣传力度，升级平台手机APP。2016年，平台新增注册用户11007户，发放贷款5313笔、金额43.46亿元。推开“税融通”业务。将“税融通”业务作为重要指标纳入金融机构年度考核、市级政府性资金存放商业银行考核。年内累计发放税融通贷款16.04亿元，全省排名第二位，余额13.62亿元，全省排名第三位。续贷过桥业务发展迅速。省市县共同配套设立3.65亿元财政过桥资金；创新成立亳州市创智金融服务有限公司，主营过桥业务，注册资金8000万元。截至2016年年末，扶持企业1134家，周转额55.64亿元。持续推进小额贷款保证保险工作。新增小额贷款保证保险风险保证金1330万元。三县一区设立保证金2530万元。2016年，发放小额贷款保证保险贷款275笔，金额1.49亿元。开展政银担合作，修订“4321”新型政银担业务考核办法，实现政策性担保公司和银行合作全覆盖。2016年年末服务897户企业，业务余额32.3亿元，较年初增加19.64亿元。

【直接融资】2016年，《亳州市鼓励企业在安徽省股权托管交易中心现代中医药及健康产业板挂牌奖励办法》（亳政办秘〔2016〕80号）、《亳州市鼓励企业上市挂牌及直接融资奖励暂行办法》（亳政秘〔2016〕173号）、《亳州市天使投资基金管理办法（试行）》（亳政秘〔2016〕278号）出台。设立5支城市建设基金，规模105亿元；实现直接融资184.67亿元，省下达目标任务完成率在全省第一。

【金融环境整治】2016年，亳州市开展集中打击非法集资和民间非法投融资行为专项行动；开展不良贷款追缴工作，在《亳州晚报》公开曝光有欠款的公职人员731人，给予党纪政纪处理；开展互联网金融风险专项整治摸底排查，联合人行、银监等部门通过专项行动，重点针对P2P网络借贷、股权众筹、通过互联网开展资产管理及跨界从事金融业务风险等进行分类摸排清查，共排查企业551家，对发现的一起利用互联网违规开展股权众筹行为进行处理，抓获公司实际控制人，约谈1起涉嫌超范围经营P2P网络借贷业务企业负责人。对涉嫌非法集资行为，立足打早、打小，全年立案12起，侦破9起，采取强制措施28人，涉案金额3亿余元，受害群众770人，冻结资金1170万元，查封房产5套，查扣汽车3辆。推进兴邦、万物春等重点案件。

（刘宇）

中国人民银行亳州市中心支行

【概况】截至2016年年底，亳州

图 58　2016 年 6 月 21 日，“诚信文化教育示范基地”揭牌仪式

市金融机构人民币各项存款余额 1589.89 亿元，同比增长 26.17%，增速较年初提高 7.38 个百分点。各项存款增速居全省第二位，高出全省平均水平 7.69 个百分点，较阜阳市（22.27%）高 3.9 个百分点，较宿州市（17.42%）高 8.75 个百分点。新增存款 329.79 亿元，较上年同期增加 130.49 亿元，其中一季度新增存款 215.08 亿元，占比为 84.84%。金融机构人民币各项贷款余额 1036.51 亿元，同比增长 32.37%，增速较年初提高 10.36 个百分点。各项贷款增速居全省第一位，高出全省平均水平 13.96 个百分点，较阜阳市（32.26%）高 0.11 个百分点，较宿州市（21.14%）高 11.23 个百分点。新增贷款 253.5 亿元，较上年同期增加 112.23 亿元。

【支持“三农”、小微企业】2016 年，全年累计发放再贷款 9.02 亿元，同比增长 4.8 倍，其中扶贫再贷款 8.48 亿元；发放再贴现资金 1.97 亿元，同比增长 71.3%，新增再贴现中涉农企业票据和小微企业票据占比分别达 75.13% 和 78.68%。2016 年 12 月末，亳州市涉农贷款余额为 681.04 亿元，同比增长 38.19%，高于各项贷款增速 5.82 个百分点；小微企业贷款余额 231.13 亿元，同比增长 66.96%，高于各项贷款增速 34.59 个百分点。

【金融精准扶贫】2016 年，中国人民银行亳州市中心支行牵头制订《亳州市精准扶贫金融服务工作实施方案》，编制《全市金融扶贫工作手册》，建立专项统计制度和考核办法，定期召开联席会议，开展“金融精准扶贫对接”活动，精准识别贫困地区金融需求，定制帮扶措施。运用扶贫再贷款，申请扶贫再贷款额度 5.5 亿元，向利辛农商行发放安徽省首笔扶贫再贷款，全年累计发放扶贫再贷款 8.48 亿元，年末余额 5.22 亿元，发放额和余额分别居安徽省第一位和第二位。金融机构实际使用扶贫再贷款资金发放各项涉农贷款 2.66 亿元，其中发放建档立卡贫困户小额扶贫贴息贷款 687 笔、金额 2815 万元，对带动贫困户就业发展典型企业和农业经营主体发放贷款 45 笔、金额 2.2 亿元，带动 1700 余户贫困户就业创业、发展生产。

【推进农村承包土地经营权抵押贷款试点】2016 年 3 月，亳州市政府成立以市委常委、市政府常务副市长刘辉为组长的试点工作指导小组，指导涡阳县相应成立试点工作小组。涡阳县完成农村土地确权登记颁证，依托县公共资源交易平台建设农村产权交易系统，发挥乡镇、村级土地流转服务中心（站）作用，实现土地流转信息发布、登记备案和合同管理；制定《涡阳县农村土地经营权抵押登记管理办法》《风险补偿基金使用管理暂行办法》等制度。3 月 29 日，涡阳农村商业银行发放涡阳县首笔农村承包土地经营权抵押贷款 5 万元。截至 2016 年年底，共有涡阳农村商业银行、农业银行涡阳县支行、邮储银行涡阳县支行、徽商银行涡阳县支行和涡阳湖商村镇银行等 5 家机构实现试点落地，累计发放贷款 3148 笔 1.56 亿元，笔数、金额均居安徽省各试点县区第一位。《安徽日报农村版》《安徽新闻联播》等媒体先后报道涡阳县试点措施和成效。

【亳州市市场利率定价自律机制成立】2016 年 1 月 20 日，中国人民银行亳州市中心支行牵头成立亳州市市场利率定价自律机制，亳州市16家银行业金融机构为自律机制成员，选举药都农村商业银行为亳州市市场利率定价自律机制第一届主任委员。亳州市市场利率定价自律机制发挥引导市场利率下行，调动金融机构自律能动作用。亳州市银行业金融机构存款利率各档次各期限水平由过去最高执行基准利率1.4倍下降为最高执行基准利率1.3倍。加强窗口指导，引导金融机构落实降成本任务，实体经济融资成本持续下降。11月，全市银行机构新发放贷款加权平均利率为7.35%，同比下降0.05个百分点。

【联合征信系统建设】2016年，亳州市联合征信系统一期采集小额贷款公司、融资性担保机构、典当机构等48家机构信息，生成22张监管业务报表，实现对企业和个人信用风险预警，帮助信贷机构防范和化解信用风险，辅助监管部门提高非现场监管实效。启动联合征信系统二期建设，制定《联合征信系统（二期）建设方案》，组织实施。8月11日，完成系统开发招标工作，确定系统开发单位。9月21日，举行亳州市联合征信系统二期启动仪式。11月，完成联合征信系统一期数据与亳州市大数据中心对接工作。12月，在科大讯飞和上海斯睿德合作下，完成信息数据对接，进入系统测试阶段，实现联合征信系统与市大数据中心信息共享。

【农村信用体系建设】2016年，中国人民银行亳州市中心支行牵头制定《关于开展农村信用体系建设的实施意见》，明确工作目标、主要任务、实施步骤。组织考察先进地区信用户、信用村、信用乡镇建设做法。指导和规范涉农金融机构农户信息采集，截至2016年年末，金融机构建立农户信用档案102.37万户，农户信用采集覆盖率83.9%。牵头印发《亳州市社会信用体系建设联席会议办公室关于开展信用户、信用村、信用乡（镇）评比工作的通知》，联合市发展改革委、信息局组织开展全市农村信用户、信用村、信用乡（镇）评比工作，组织评选出12个信用乡（镇）、24个信用村。

【惠农金融服务室行政村全覆盖】2016年，中国人民银行亳州市中心支行制定《惠农金融服务室建设村级全覆盖工作实施方案》。成立惠农金融服务室推进工作小组，加强组织协调和督促检查，定期调度，及时解决问题。明确惠农金融服务室建设实行主办银行负责制，明确建设责任。建立激励考核机制。根据前期调研和试点经验，明确惠农金融服务室建设三种模式，即升级银行卡助农取款点、改造离行式自助终端以及依托村委会和卫生室建设惠农金融服务室。2016年10月末，实现惠农金融服务室行政村全覆盖。规范惠农金融服务室发展，统一惠农金融服务室门头设计、银行卡助农取款点铜牌标识、登记簿印制、宣传公告栏内容，防范相关风险。

【金融统计“数据质量年”活动】2016年，中国人民银行亳州市中心支行组织开展金融统计知识宣传月活动。金融机构设置滚动电子屏129幅，修订并完善统计有关内控制度12项，开展培训16家次，培训人次约600人。组织业务人员梳理金融统计法律法规、金融统计制度，编制《当前主要金融统计法规和制度汇编》。联合亳州市总工会举办金融统计知识竞赛。强化金融机构数据的日常核查，将统计管理制度执行情况及统计质量情况作为日常核查的重要内容。

【金融稳定工作】2016年，中国人民银行亳州市中心支行推进存款保险工作，组织开展年度辖区地方法人投保机构正式评级和差别费率核定，完成辖区投保机构保费收缴，发挥存保制度在区域金融风险监测、早期纠正和处置中作用。加大对银行业金融机构风险监测，针对存在风险及时预警，发出风险提示。组织开展法人银行流动性风险压力测试。修订《银行业金融机构重大流动性风险处置应急预案》《突发金融事件处置应急预案》。

【金融监督管理】强化“两管理两综合”，为6家新设银行机构办理加入金融综合管理与服务体系业务，对个别机构未经批准而开业行为进行约见谈话；落实重大事项报告制度，完成年度综合评价工作，依法对2家机构开展综合执法检查。加强支付结算管理，联合公安部门成立亳州市反诈骗中心，打击电信网络新型违法犯罪工作全面铺开，督促银行机构落实账户实名制和个人银行账户分类管理制度，对辖区备案支付机构商户真实性开展核查。强化反洗钱监管，通过工作成果展示、微电影征集、文艺会演等特色形式，开展《中华人民共和国反洗钱法》颁布十周年主题宣传活动；利用监管走访、现场指导等方式加强监管，依法对3家金融机构进行现场检查，对2家机构及其相关责任人给予行政处罚。围绕“控流出、扩流入”，强化对辖区涉外企业出口少收汇、不收汇行为监管，通过跨部门联合监管，对4家出口异常企业采取措施。

【普惠金融发展】2016年，中国人民银行亳州市中心支行推进支付系统业务拓展，成功接入电子商业汇票系统。推进金融IC卡推广应用，在安徽省率先实现在图书馆领域使用，金融IC卡电子现金使用率提升，居安徽省前列。加强货币发行管理，加大残损币回收力度，流通中人民币整洁度提高；探索建立公交行业硬币自循环机制，协调相关单位开展硬币兑换1400余次。优化国库管理与服务，成功上线运行集中支付电子化系统，实现国库集中支付无纸化；开展“送国债服务下乡”，组织开展“国债服务之星”评比活动，县乡销售增长迅速，占比率位列全省第一。推进社会信用体系建设，加大宣传力度，组织开展“诚信　征信”微电影大赛、“诚信知识进校园”系列活动，创建9个诚信文化示范教育基地。做好金融消费权益保护工作，38起投诉及时办结。（孙肃）

中国银行业监督管理委员会亳州监管分局

【概况】2016年，中国银行业监督管理委员会亳州监管分局贯彻落实国家宏观调控政策，引领银行业金融机构加大实体经济支持力度，推动银行业改革创新，防控重点领域风险，促进银行业与地方经济协调发展。

【银行业运营】截至2016年12月，亳州市银行业资产、负债总额分别达1954亿元和1887亿元，比年初分别增长27.63%和27.66%。存贷款余额突破千亿大关，各项存贷款余额分别达1591亿元和1037亿元，比年初分别增长26.19%和32.29%，增幅分居全省第二、第一位。不良贷款余额16.51亿元，不良贷款率1.59%，比年初下降0.2个百分点。全市银行业累计实现利润24.22亿元，同比增长21.65%；法人银行机构资产利润率、资本利润率分别为1.25%和17.73%，一级资本充足率、资本充足率分别为11.04%、12.99%，各项指标均符合监管规定。

【支持薄弱环节】2016年，中国银行业监督管理委员会亳州监管分局改善农村金融服务。土地承包经营权抵押试点取得进展，累计发放“金土地”贷款3584笔、共计15111.5万元，在全省银行机构中名列首位，有效盘活农村资源。全市涉农贷款余额682.67亿元，增幅为38.62%，高于各项贷款同比增幅6.41个百分点。

探索开展“政商联手、农农合作”金融扶贫模式，指导利辛农商银行构建起“互助社”“产业链”“小额信贷”“助学脱贫”“光伏电站”五大金融扶贫模式。至12月底，亳州银行业扶贫贷款累计投放40.78亿元。多种途径提升贫困地区金融服务可获得性和便捷度，全年新增12家网点、国家级贫困县利辛县实现基础金融服务村村通。

督促各行单列小微信贷专项计划，保障小微信贷稳步增长，提前超额完成小微信贷投放目标。实施“四单管理”，对未完成目标的机构进行现场督察和约谈督办，促进小微企业金融服务整体均衡推进。推广税融通、政银担、续贷等业务，小微企业融资渠道拓展。至12月末，亳州市小微企业贷款余额484.53亿元，同比增速为57.03%，高于各项贷款平均增速24.82个百分点，位居全省第一位；贷款客户数为6.8万户，同比增加1.9万户；申贷获得率98.69%，同比上升0.46个百分点，位居全省第二位；不良贷款率为1.05%，低于全省平均水平0.94个百分点，小微企业贷款质量位居全省第一位。

【法人机构质量建设】2016年，中国银行业监督管理委员会亳州监管分局鼓励法人机构改革创新。涡阳农商行在全省率先开办“金土地”贷款业务，指导药都农商行规整53家单位、560类、11亿条数据，融合互联网、大数据、普惠金融、极简金融等多种创新元素，推出“金农易贷”支持全民双创，惠及客户7.1万户，授信金额达45.74亿元。药都农商行主板上市工作有序推进，方案已向证监会备案。利辛农商行实现监管评级达标升级目标。

【风险管控】2016年，中国银行业监督管理委员会亳州监管分局加强重点领域风险管控，针对产能过剩行业及重点行业进行分类监测，组织开展地方政府债务及房地产等重点领域风险排查。加强大额贷款风险管控，建立大额贷款逐笔监测台账，监测银担合作形成有效隔离。加强存量不良化解，通过核销、清收、诉讼、证券化等多种模式累计处置不良贷款8294.74万元。至12月末，全市不良贷款余额16.51亿元，占比1.59%，不良贷款率较年初下降0.2个百分点，信贷资产质量位居全省第二位，不良率低于全省平均水平0.04个百分点。（鞠铮芳）

中国农业发展银行亳州市分行

【概况】2016年，中国农业发展银行亳州市分行围绕服务“三农”需求促发展、提质量、增效益、防风险。年终考核在全省系统内名列第一名，辖内支行均进入全省前十名。

【业绩经营】2016年，中国农业发展银行亳州市分行累计实现账面盈余4.2亿元，扣除所得税后实现人均净利润290.42万元，资产利润率为2.48%，成本收入比7.24%。年末各项存款余额106.5亿元，较年初增加72亿元。保持贷款“零不良”。

【信贷支农】2016年，中国农业发展银行亳州市分行全年累计投入各类支农资金104亿元，同比增加71亿元，增幅215%，其中，贷款发放96亿元，基金投资8亿元；年末贷款余额188亿元，较年初净增78亿元，增幅达71%。

服务脱贫攻坚。在市分行率先成立“扶贫业务部”，利辛县支行加挂“扶贫金融事业部”牌子，根据区域和客户特点，因地制宜，科学施策，创新思路，对扶贫项目贷款开辟“绿色通道”。突出支持重点，围绕基础设施扶贫，加大对公路交通、棚户区改造、人居环境建设等重点领域信贷投入力度。2016年，向国家级贫困县——利辛县投放贷款9.55亿元，向3个省定贫困县区投放贷款54.35亿元。

服务国家粮食安全。提供优质金融服务，加快办贷速度，企业申请最低收购价贷款即到即办；足额安排信贷计划，精心调度资金头寸，确保“钱等粮”；利用银企直联系统，优化资金拨付。累计发放各类收购贷款32.12亿元，支持收购小麦14亿千克，确保农民粮出手、钱到手。

服务城乡一体化。2016年，支持水利、农村公路、棚户区改造、整体城镇化、美丽集镇、土地整治、土地流转等一批政策支撑力强、支农效果好、社会关注度高的农业农村基础设施项目。累计申报项目32个，贷款金额198亿元，获批项目17个，金额108亿元。全年累计投放中长期贷款63.9亿元，支持市涡河城区段综合治理工程等23个项目建设；做好基金项目申报工作。累计实现基金投资8.1亿元，支持一批“补短板、惠民生”项目。（王　涛）

图59　支持夏粮收购

中国工商银行亳州分行

【概况】2016年，中国工商银行亳州分行下辖涡阳、蒙城、利辛3个县支行和城区10个二级支行，拥有18个营业网点，49个自助银行，8个智能银行网点，在全辖区布设128台自助ATM设备，从业人员396人。

2016年，中国工商银行亳州分行获全省系统内二级分行综合绩效考评第二名，获2016年度全省优胜分行荣誉；在总行2016年度境内二级分行经营绩效考评中获第55名，获境内二级分行综合排名进步前30强；被人民银行亳州中心支行评为2016年度综合评价A类行，在市政府效能考核中获全市金融系统优秀单位。代表安徽省分行参加中国工商银行总行“十大企业文化先进集体”评选；城建支行被评为安徽省分行青年文明号，新华路支行被省行推荐为总行级青年文明号，新区支行荣被评为亳州市青年文明号。

【业务经营】2016年，中国工商银行亳州分行本外币各项贷款累计投放30.28亿元，其中公司贷款累计投放18亿元，个人贷款累计投放10.66亿元，小微企业贷款累计投放1.63亿元。运用“我要贷款”平台，解决客户融资难问题，累计投放个人和小企业贷款共计4.46亿元；通过“税融通”业务发放贷款7220万元。本外币全部存款全年增加12.84亿元，其中储蓄存款增加9.75亿元，公司存款增加2.32亿元，机构存款增加1.64亿元，实现中间业务收入7936万元。全年累计清收转化不良资产3168万元。加强违约贷款管理，至年末违约贷款余额1488万元。不良贷款和违约贷款并处于全省最低水平，实现拨备覆盖率335.86%。

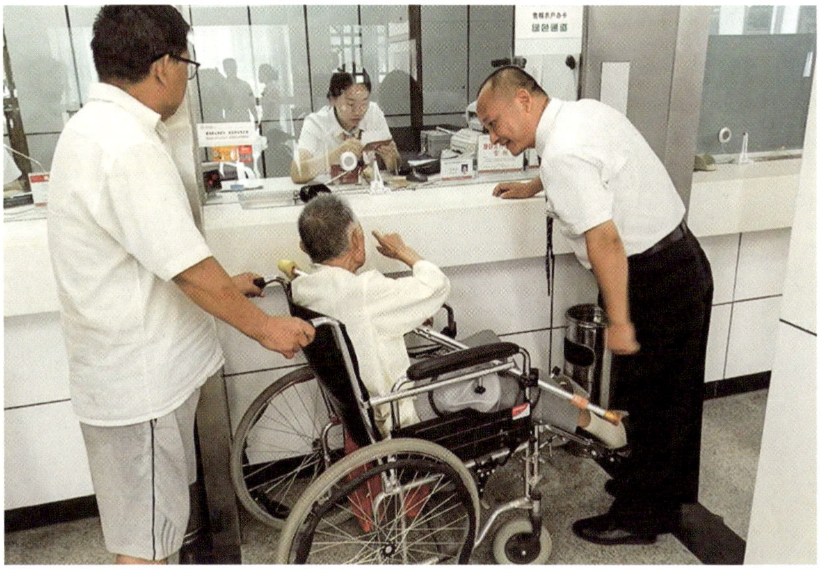

图60 2016年8月17日，工作人员为行动不便客户开通特别通道

【经营管理】2016年，中国工商银行亳州分行参与省行个贷和小微授信审批体制优化，开展“服务面貌专项整治活动”。制定实施《亳州分行专业资格管理办法》。2016年年末，全行员工持证率较2015年增加5.32个百分点；其中专业类持证率增加11.51个百分点，客服类人员持证率增加7.11个百分点，提升人力资本。开展网点亮化、大堂管理、服务规范整治，聘请专业培训公司开展网点服务和竞争力提升专项培训，利辛支行网点达标率71%，居全省第一，被总行授予五星网点。

【互联网金融市场拓展】2016年，中国工商银行亳州分行实现融E行客户24.33万户，融E联客户13.77万户，新签约融E购商户3户，非金融商品交易84.98万元；推广二维码支付，新增商户1599户。新建并投入使用亳州学院自助银行，改建理财便利店一家，投产智能银行10家。加强柔性团队建设，组建互联网金融团队、财富团队、远程维护团队、代发工资业务团队、收单团队等柔性团队。

（陈述）

中国农业银行股份有限公司亳州分行

【概况】2016年，中国农业银行股份有限公司亳州分行（以下简称“农行亳州分行”）履行国有商业银行金融服务职责，履行“服务三农”社会责任，支持优质客户和重点项目，提升服务三农

图 61　2016 年 3 月 26 日，农行亳州分行开展“小积分 · 大梦想”公益宣传

水平。

截至 2016 年年末，全行各项存款余额 178 亿元，较年初净增 17.45 亿元；各项贷款余额 62.1 亿元，较年初净增 17.4 亿元，贷款增幅达 38.9%，贷款增量在四大行中占比超过 50%，位居四行第一位，其中涉农贷款增量 11 亿元，占全部新增贷款的 78%，涉农贷款增速 41%。

农行亳州分行在“亳州市金融扶贫成功经验案例展评”活动中，获二等奖。

【助力地方基础设施建设】2016 年，农行亳州分行紧紧把握政策导向，紧盯水利交通、文化旅游、教育医疗、棚户区改造、城市基础设施建设等重点领域，全力支持全市重大项目建设。大力支持棚改项目，2015 年起，先后审批利辛县城镇化建设综合开发有限公司棚户区改造项目贷款 2.5 亿元、蒙城县新农村建设综合开发有限公司棚户区改造项目贷款 3 亿元、亳州宜居综合开发有限公司棚户区改造项目贷款 3 亿元。截至 2016 年年末，3 个项目已投放贷款 7.77 亿元；积极支持电力项目，先后审批国投新集电力利辛有限公司利辛板集电厂项目贷款 25 亿元、国能蒙城生物发电项目贷款 1.85 亿元。截至 2016 年年末，两个项目已投放贷款 9.34 亿元；积极支持城市基础设施项目，审批并发放中铁置业亳州投资发展有限公司土地收储项目贷款 5 亿元，蒙城县自来水厂三水厂建设 1.6 亿元项目贷款、涡阳县南部新区西片区新型城镇化二期项目 2.8 亿元项目贷款、谯城县乡道路改造工程 2.7 亿元项目贷款、利辛中小河流水系治理项目贷款 3 亿元、谯城区华佗广场二期棚户区改造项目 2.5 亿元都已经获批并正在实施中；上报建安集团 10 亿元短期融资券项目、中铁置业三期、四期安置房项目 5 亿元、亳州道东一号新型城镇化项目 13 亿元、利辛道路桥梁改造项目 1 亿元、涡阳县向阳大道改造项目 2.2 亿元、蒙城污水处理厂 PPP 项目 1.82 亿元等。继续跟进旧城改造项目贷款、水系治理项目贷款、旅游项目贷款、高标准农田建设项目贷款、道路交通设施、地下管廊等城市基础设施建设等项目贷款，为全市基础设施建设提供支持。

【助推小微企业发展】2016 年，农行亳州分行创新融资担保方式，推出“税融通”“金担通”“专利权质押”等新型抵押担保方式。截至 2016 年年末，共发放“税融通”贷款 15 户，金额 7395 万元；“4231”比例再担保业务累计增加 8300 万元；依托核心专利权质押方式，为华佗国药股份有限公司发放专利权质押贷款 2000 万元；借助市政府建立的“我要贷款”平台，支持小微企业发展，全年通过“我要贷款”平台新增客户 333 户，新发放贷款 4.59 亿元，其中小微企业贷款增速 96.6%，高于全行各项贷款增速 57.6 个百分点；中贷获得率 100%，高于上年 15.3 个百分点，小微企业全年增加 39 户。

【服务“三农”】2016 年，农行亳州分行创新推出面向广大新型农业经营主体的“农担通”（劝耕贷）、“融资风险补偿基金贷款”“保证保险贷款”“惠农安居贷款”“美好乡村建设贷款”等产品。全年累计投放“金担通”贷款 23 户，金额 6360 万元；涡阳、蒙城、利辛全年发放“农担通”（劝耕贷）贷款 22 户，金额 1090 万元；累计为家庭农场（种养殖专业大户）发放贷款 115 户，金额4872万元；与人寿财险公司合作发放保证保险贷款36户，金额824万元。谯城区农行依托区政府设立的融资风险补偿基金，累计为49户家庭农场、种养殖大户发放贷款2110万元。

【金融扶贫】2016年，农行亳州分行成立金融扶贫工作领导小组，制定《中国农业银行亳州分行金融支持精准扶贫工作实施方案》，坚持产业扶贫、项目扶贫、农户扶贫、定点帮扶、普惠金融五位一体，为亳州市整体脱贫提供全方位金融支持。截至年末，通过家庭农场直接辐射带动建档立卡贫困户289户脱贫，通过支持安徽济人药业有限公司、安徽颐生堂中药饮片有限公司直接带动建档立卡贫困户36人脱贫。

【个人信贷业务】2016年，农行亳州分行推进资料简化、利率优惠、还款灵活、费用减免的“农民安家贷”业务。截至2016年年末，共发放个人住房按揭贷款3186笔，金额10.7亿元，同比增加4.3亿元，其中农民安家贷2190笔，金额7.3亿元，解决广大城乡居民的住房消费需求。发展汽车分期业务，满足居民的购车消费需求。全年累计办理信用卡分期业务金额13865万元。同时，发展存单质押贷款、保单质押贷款、个人理财产品质押贷款、房抵贷－消费和个人薪资保障贷款等个人消费贷款品种。

【服务渠道建设】2016年，农行亳州分行推进转型发展，加大网点建设资金投入力度，截至2016年年底，累计投入网点建设资金6546万元，全辖34个符合建设立项条件的网点均完成标准化改造。优化网点布局，提升金融服务能力，在县域城区增设全功能自助银行5个，把符合条件的分理处等5个网点升格为二级支行。通过网点布局规划调整，将金融服务送到农村乡镇。在大杨镇新设立自助银行网点，在蒙城板桥镇新迁一个营业网点。推进“金穗惠农通”工程建设，加大机具布放力度，将141个惠农通服务点向惠农金融服务室进行升级。截至年底，共布放惠农通电子机具2075个，惠农通服务点895个，覆盖全辖77个乡镇607个行政村，服务点月均交易6笔，偏远地区农民足不出村便能享受到农行提供的金融服务。

（任峰）

中国银行亳州分行

【概况】2016年，中国银行亳州分行主要业务提速发展，经营管理、风险防控等工作扎实推进，成效显著。绩效考核在安徽省分行系统内排名第三；在外汇管理局亳州中心支局举办的全市金融机构2016年外汇业务考核中，该行连续三年被评为A类行；被评为第七届市级文明单位。

【业务经营】2016年，中国银行亳州分行本外币存款（含信用卡存款，不含理财）余额140.95亿元，较上年年末新增14.35亿元，其中人民币公司存款余额占有率四行排名第一，时点新增计划完成率、日均新增在中国银行安徽省分行系统内排名第三，日均新增计划完成率、全口径余额份额在中国银行安徽省分行系统内排名第一；本外币各项贷款余额81.49亿元，较年初新增4.25亿元，其中个人贷款（含银行卡）余额及新增占有率高居四行第一位；不良贷款率0.3036%，公司和中小企业两个条线无不良发生，不良资产余额在中国银行安徽省分行系统内排名最低，不良率系统内排名第三。

【经营管理】2016年，中国银行亳州分行创新信贷产品，助力亳州中药企业发展。推出“中药健康贷”信贷产品，通过新型“银政担”业务合作模式，批量化营销优质中小企业客户。自8月份获省行批准后，落地5户，贷款金额2700万元。同时，“中药健康贷”获得省分行创新大赛二等奖。

加大对个人住房贷款支持力度，恒大城、建投地产、万达广场、碧桂园等进行营销，了解客户需求，建立高层互访联络机制，建立重点楼盘项目跟踪机制，提高个贷审批投放各环节效率，要求全辖个贷所有环节人员必须第一时间处理业务，提高审批速度。公司贷款方面，抓好重大招商引资项目、已储备项目、重点客户贷款投放工作。

中国银行亳州分行离行式自助银行17家，较上年新增2家，改造智能化银行5家，新增4家。

【风险内控】2016年，中国银行

亳州分行开展“坚守合规底线、防范案件风险”案防主题教育活动，全员签订依法合规承诺书，掌握和了解基层机构和基层人员的情况，及早发现、及时消除风险隐患；加强员工行为管控、案件风险排查力度；开展“两个加强、两个遏制”回头看自查工作，要求各部门、县支行、营业机构业务骨干根据回头看自查方案及业务项目细化方案，开展自查及下查工作。（康婷）

中国建设银行股份有限公司亳州市分行

【概况】2016年，中国建设银行股份有限公司亳州市分行KPI考核位列全省第四、全年综合考评全省第七，较2014年年底均提升7个位次。实现账面利润2.96亿元，增加0.64亿元，增幅近27.59%，系统内贡献度提升0.46个百分点。实现经济增加值总量1.67亿元，位居系统第四名，人均经济增加值55.5万元，位居系统第三名，全年累计人均绩效收入位居全省第三名。

一般性存款日均余额达109.85亿元。日均存款较2014年底增加34.5亿元，市场份额提升2.11个百分点，日均新增系统排名提升七个位次，连续两年保持同业第二。贷款余额92.5亿元，连续两年保持同业第一。当年新增贷款11.1亿元，位居系统第五名。个人贷款余额稳居四行第一，市场占比32.5%。

【经营渠道建设】2016年，中国建设银行股份有限公司亳州市分行移动金融交易量占比62.63%，位居系统第五名，较年初提升值20.61%；智慧柜员机点日均业务量77.3笔，位居系统第一名，渠道迁移率位居系统第三名。二季度后，分行智慧柜员机点均业务量始终稳居系统第一位次；结合城区网点个人业务发展三年规划，对城区一处低产网点实施迁址，在全国最大药材市场康美大市场新设立网点一处，升格亳州学院原布局点为自助银行，在光明路中段新设自助银行一处。

图62　2016年8月30日，建行亳州万达广场支行开业

【战略转型】2016年，中国建设银行股份有限公司亳州市分行拓展投资银行、国际业务、同业业务、信用卡和电子银行等五项重点业务。成功上线古井集团专属资金结算网络系统、建安集团虚拟现金池产品系统。亳州师专、亳州职业技术学院“银校通”项目及亳州市人民医院“银医通”项目成功上线。债券承销额计划完成率系统第一；同业业务成功破零。信用卡分期业务、分期交易额等多项指标系统领先。

在省分行“因您而精彩”的大舞台上，亳州分行获集体奖和个人奖项，共计61项。

（胡亚楠）

交通银行亳州分行

【概况】2016年，交通银行亳州分行有营业部、康美支行、天润支行（普惠型网点）3家营业网点，光明西路、希夷大道和古井剧院3家离行自助区，在编员工45人。

【业务经营】截至2016年年底，交通银行亳州分行人民币各项存款余额19.86亿元，较上年增加8.54亿元，增幅为75.44%；人民币各项存款日均余额15.26亿元，较上年增加5.34亿元，增幅为54.16%。资产规模24.55亿元，

图 63　2016 年 9 月 8 日，交通银行天润支行开业

较上年增加 12.21 亿元；人民币各项贷款余额 16.38 亿元，较上年增加 7.85 亿元。

【经营管理】截至 2016 年年底，交通银行亳州分行零售客群方面，私人银行客户较年初净增 4 户；达标沃德（高端）客户较年初新增 57 户；中端客户较年初新增 778 户。贷记卡分行渠道新增活卡 1422 张；网络渠道新增活卡 5929 张；手机银行动户较年初净增 6307 户。在“启航计划”专项劳动竞赛中，取得狭义存款和财管 AUM 双达标。全年准入新楼盘 5 户，个贷新增发放 753 笔，合计金额 2.52 亿元，较年初净增 2.15 亿元。

对公客户方面，全行对公新开户 105 户，对公有效户新增 10 户，对公表内授信户新增 13 户。推进小微企业和商圈业务发展，分行小微企业贷款客户 9 户，贷款余额净增 6110 万元，增幅 159.07%；商圈客户 32 户，贷款余额净增 2323 万元，增幅 112%。

同业客户方面，深挖老客户潜在价值，同业理财规模稳中有升，截至 2016 年年末，同业理财日均 2.81 亿元，较上年新增 0.89 亿元。

各类表内外资产业务（贷款、保理、贴现、保函）存续期管理正常，贷款均能按计划期还款，五级分类为正常类，无不良贷款。

【服务渠道建设】2016 年，交通银行亳州分行提升人工网点、电子银行、客户经理协同服务能力，构建线上线下全方位服务体系，推动网点服务渠道由人工柜台向电子渠道转移，网点服务方式由被动服务向主动营销转变。9 月，天润支行（普惠型网点）开业。

【消费者权益保护活动】2016 年，交通银行亳州分行开展“普及金融知识万里行”“金融知识进万家”“普及金融知识宣传月”、反假币宣传及 2016 年度消保服务专项等系列活动 10 次。

徽商银行亳州分行

【概况】2016 年，徽商银行亳州分行立足服务“市政、市企、市民”市场定位，坚持“与市场同行，与客户共赢”经营理念，工作取得新进展。全市有 10 家物理网点，16 处自助银行，员工 182 人。

【经营情况】截至 2016 年年底，徽商银行亳州分行资产总额 88.27 亿元，较年初增加 18.86 亿元，增幅 27.17%。各项存款余额 85.8 亿元，较年初增加 19.16 亿元，增幅 28.75%；各项贷款余额 43.06 亿元，较年初增加 9.45 亿元，增幅 28.12%；贷款不良率 1.23%；实现营业总收入 1.55 亿元。

【内控管理】2016 年，徽商银行亳州分行根据银监会《商业银行内部控制指引》《银行业金融机构案件风险排查管理办法》及总行年度合规管理工作指导意见，制定分行年度案件风险排查工作方案，开展年度案件风险排查工作。按照年初制定的各项检查计划按时开展检查，促使合规管理工作有序推进；对检查发现问题及时问责，引导员工增强遵章守纪、合规经营的自觉性；严格落实安保案防责任制，层层传导管控压力，认真开展员工异常行为排查，有效防范操作风险、道德风险交叉感染，防止内外部风险相互传导。以内外部检查反馈问题为抓手，抓整改结果落实，以检查促整改。

【金融创新】2016年，徽商银行亳州分行在做好各项传统业务的基础上，逐步拓展新兴业务。通过设立城镇化基金、推进PPP业务落地、推动棚户区改造项目实施、有序推进政府购买服务项目储备等项目积极探索与政府合作的新模式，支持地方经济发展。其中“谯城区产城一体PPP创新示范项目”被列入亳州市2017年政府工作报告。作为市本级PPP项目推进的唯一一家金融机构，在项目梳理及咨询公司、社会资本引荐上得到市委市政府的高度认可。

【网点建设】2016年，徽商银行亳州分行新设一家营业网点，截至年底，亳州地区有10家营业网点，3家离行式自助银行。同时徽商银行亳州谯城万达支行经银监局批准，相关事宜在推进中。网点布局的完善，将有效扩大、延伸服务半径和范围，为更好地服务市政、市企、市民提供平台支持。

【企业文化】2016年，徽商银行亳州分行秉承诚信为核心的徽商精神，坚持总行“建设一家好银行”发展道路不动摇，服务市民生活、服务城市企业、服务市政建设，立足于“创一流品质，建百年徽银”愿景，始终遵循“与市场同行，与客户共赢”经营理念，把“成就客户梦想，创造股东价值，促进员工发展，承担公民责任”作为光荣历史使命。“贾道儒行，以人为本”是徽商银行对金融服务独特而深刻的理解，作为安徽骨干大型金融企业，徽商银行牢固树立现代银行经营管理理念，为社会各界和广大客户提供亲和、高效、专业服务。

（孙冬冬）

中国邮政储蓄银行亳州市分行

【概况】2016年，中国邮政储蓄银行亳州市分行全年实现收入和利润规模增长，个人金融业务、贷款业务增长，不良资产维持“双低”水平，风控能力提高，践行普惠金融理念，主动履行社会责任，品牌影响力提升。

本年度，邮储银行亳州市分行获“金融机构支持地方经发展先进单位奖一等奖”、第七届亳州市文明单位；在省分行跨年度劳动竞赛中，个人金融业务获多项一等奖，信贷业务获三农金融业务发展一等奖；市分行营业部获总行全国优秀支行；站前路支行获全国小企业特色支行建设管理优秀单位；利辛县支行和蒙城县支行进入全省20强县支行。

【个人金融】2016年，邮储银行亳州市分行个人存款新增8.45亿元，全年信用卡发卡14314张，代理保险销量1.15亿元，理财产品销量21.42亿元，代理基金销量6407万元，国债销量980万元。

【零售信贷】2016年，邮储银行亳州市分行结合亳州地方经济结构和产业布局特点，探索经济新常态下信贷业务发展新思路、新举措、新动能，拓展业务领域，加大对地方重点行业和重点领域信贷支持力度，谋划项目储备。2016年，信贷规模增速达41.86%，超地方同业平均水平。

【新金融产品】2016年，邮储银行亳州市分行按照国家及地方产业布局，优化结构，调研市场，针对不同客户群体，推出“强抵押”“弱担保”“纯信用”全产

图64 2016年11月2日，邮储银行工作人员送电影下乡

品序列，尝试新金融产品，相继推出托管业务、福费廷业务、经营性物业贷款、小企业医院贷、小企业快捷贷、税融通等特色产品，满足客户多样化金融需求。

【风控管理】2016年，邮储银行亳州市分行根据各类风险点，采取措施，创新风控手段防范和化解影响发展风险隐患。2016年全行不良贷款率0.29%，全年持续保持资产质量在全省同业中的领先优势地位；反洗钱工作被中国人民银行亳州市中心支行评定为A档；超额完成省分行不良贷款清收和呆账核销计划。

【信贷服务三农】2016年，邮储银行亳州市分行用信贷"输血"三农发展。支持农村种植户、养殖户、农产品流通经营户、农药化肥经销户、副食百货零售户、小型机加工户和农村小企业户等融资需求和县域经济发展；推广农机贷等支农惠农新业务。至2016年年底，涉农贷款余额47.26亿元，比年初增加9.25亿元，增幅达24.34%。累计投放家庭农场(专业大户)贷款1357笔，金额30088.2万元。

【助力"小微"企业】2016年，邮储银行亳州市分行落实国家关于金融支持小微企业发展要求，从创新金融产品、升级服务模式、搭建服务平台等维度，助推小微企业成长。2016年年底，邮储银行亳州市分行小微企业贷款累计发放金额37.44亿元，累计发放户数5289户，余额19.31亿元，缓解小微企业经营资金短缺困难。

【金融扶贫】2016年，邮储银行亳州市分行响应国家政策，开展金融扶贫工作。至2016年年底，邮储银行亳州市分行累计发放再就业贴息贷款629笔，金额6084万元，带动就业人数万余人；发放扶贫类贷款7578万元，其中创业担保贷款5891万元，带动贫困户就业新型农业经营主体贷款1687万元。

（蒋冲）

亳州药都农村商业银行

【概况】2016年，亳州药都农村商业银行强化支农支小支微定位，抓好业务发展和普惠金融，获全球1000强银行称号；获第六届中国"农信银杯"全国农村金融十佳绩效管理银行、省联社"三好银行"、市希望工程活动领导小组"爱心单位""全区共青团工作先进单位"等称号；获市希望工程活动领导小组"杰出贡献奖"；"农商乐"担保(联保)贷款被中国银行业协会授予"服务三农十佳金融产品"。

【业务经营】截至2016年年末，药都农商银行实现负债规模379.08亿元，其中各项存款余额245.58亿元，较年初增长57.61亿元，存量及增量均居省农金系统第三位、市级商业银行第一位和第二位；资产规模403.81亿元，入围全国200强银行；其中各项贷款余额197.87亿元，较年初增长56.37亿元，存量及增量分别居省农金系统第三位和第一位、市级商业银行第一位和第二位。1－12月，药都农商银行累计发行同业存单27期、金额58.4亿元，个人理财产品133期、金额22.24亿元，机构理财产品202期、金额378.19亿元。药都农商银行2016年实现各项收入20.88亿元，实现综合利润7.48亿元，居省农金系统第二位；累计

图65 全员培训

上缴税收2.85亿元，位居谯城区第一位，市级企业仅次于古井集团。

【支持实体经济发展】2016年，亳州药都农村商业银行支农支小支微步伐，践行农业供给侧改革，加大对“农家乐”“农商乐”等“农”字信贷产品及小微企业的投放力度，至年末，涉农贷款余额168.28亿元，占贷款总额85.05%，小微企业贷款余额175.79亿元，占贷款总额88.84%。着力推进快贷产品“金农易贷”的宣传、营销，凭借“速度快、额度高、利率低、超便捷”特点，迅速占领市场，得到政府、媒体、同行、公众等社会各界好评，自7月14日上线至年末的171天内，共办理易贷卡98887张，共有申请户数128383户、有效申请次数191048次；完成授信71162户，累计授信金额45.76亿元、人均授信金额6.4万元，实现派生存款9.4亿元。

【普惠金融】2016年，亳州药都农村商业银行加强与市、区两级社保、财政部门合作，发放创业担保贷款，年末余额77923万元；向人行争取扶贫专项资金1.5亿元，与区扶贫办合作发放扶贫贷款6917万元；发放小额扶贫贷款1148万元、助学贷款余额1958万元。手机银行累计签约38.66万户、短信提醒53.13万个，均超额完成年度计划，布放POS机具3364台，设立自助网点139个，电子银行交易笔数突破2030万笔，交易替代率达72.62%；积极搭建完善线上支付渠道，实现网上办事大厅、公积金在线提取、“我家亳州”APP公益事业缴费等智能支付，累计交易笔数达68.49万笔、金额7.15亿元。

国元农业保险股份有限公司亳州中心支公司

【概况】国元农业保险股份有限公司亳州中心支公司成立于2009年2月，是承办亳州市政府二项“民生工程”（政策性农业保险和新农合大病保险）任务的保险公司。公司围绕“三农”发展，着力解决“三农”问题，防范化解农业风险。截至2016年年底，有市级公司1家、县级支公司4家（三县一区）、乡镇营销服务部1家；正式员工145人，其中70%以上人员从事农业保险。2016年，公司获“安徽省工人先锋号”称号，是安徽省保险业中唯一一家获此殊荣的保险机构。

【经营业绩】2016年，国元农业保险股份有限公司亳州中心支公司实现总保费收入3.7亿元，保费规模在当地产险公司中排名第三，在公司系统内全省排名第二。政策性种植业保险稳中有升。全年共承保午、秋二季作物面积812666.67公顷，较2015年增加12666.67公顷，保险覆盖面达91%以上（统计局种植面积数据）。种植业补充保险实现应保尽保。共承保88户，6920公顷，提高保障额度2761万元。

【农业保险】国元农业保险股份有限公司亳州中心支公司协同地方政府推进政策性农业保险，连续多年在省政府对亳州市政策性农业保险年度“民生工程”考核中位列第一方阵；创新开展“保险+期货”试点，是全省二家试点地市之一；政策性农业保险承保险种全覆盖，同时开展地方特色农产品保险。

【资金融通】2016年，国元农业保险股份有限公司亳州中心支公司帮助300多家新型农业经营主体解决2.3亿元的贷款，有效缓解融资难、融资贵的问题。抽调专人常年在市政府“我要贷款

图66　租用无人机为贫困村喷洒农药

网上平台”客服值班,通过“我要贷款”平台解决贷款1亿多元,也是全市唯一一家参与该网上平台的保险公司。

【金融扶贫】2016年,国元农业保险股份有限公司亳州中心支公司采用无人机喷洒农药,对利辛县胜利村(扶贫村)653.33公顷在地小麦赤霉病实施预防,减少因灾损失;通过政银保企+贫困户“带资入企”和“产业扶贫”等方式帮助贫困户脱贫;“532贷款保证保险”产品和“无人机喷洒农药”服务二项扶贫举措。2017年2月,被中国保险行业协会评为全国典型扶贫案例,入选“保险扶贫产品先锋榜”和“保险扶贫服务先锋榜”,是安徽省保险行业中唯一一家上榜的保险公司。

【宣传活动】2016年,国元农业保险股份有限公司亳州中心支公司组织开展《反洗钱法》颁布实施十周年主题宣传月活动,国元保险亳州中支自制微电影《消失的汽车》,拓展反洗钱宣传渠道,向社会公众普及反洗钱知识;开展“诚信保险、自主消费”为主题的消费者权益保护日宣传活动;全国保险公众宣传日期间,结合“保险,一切更简单”的主题,普及保险知识、宣传保险功能;参与亳州市人民广播电台举办的“政风行风热线”活动,通过“政风行风热线”平台,为群众答疑解难。 (宋词)

中国人民财产保险股份有限公司亳州市分公司

【概况】2016年,中国人民财产保险股份有限公司亳州市分公司实现保费收入64005万元,同比增长30.6%;业务规模在全省系统名列第七,较2015年上升一位;上缴地方税收3389万元,同比增长30.64%;代收车船税3029万元,同比增长11.28%;业务规模和对地方贡献度在亳州产险行业内居首位。

【创新服务】2016年,中国人民财产保险股份有限公司亳州市分公司秉承“人民保险,服务人民”宗旨,首次开办粮食作物补充型保险,提高农户应对自然风险能力;开办诉讼财产保险责任保险,降低当事人诉讼门槛及成本,提升法院诉讼保全时效;承办利辛新农合大病保险项目(2016年增加贫困人口兜底项目),在报补量翻一番情况下,利用一站式结报平台和信息自助平台提高服务效率,提升服务品质。公司在各县区设立三农保险服务站点,更好地服务农村居民。

(李浩)

中国人寿保险股份有限公司亳州分公司

【概况】2016年,中国人寿保险股份有限公司亳州分公司全年共实现保费9.66亿元,其中新单保费4.16亿元,同比增长30.2%;期交新单2.11亿元,同比增长49.34%;标准保费1.04亿元,同比增长17.07%;短险保费397.92万元,同比增长10.87%。2016年全市总保费市场份额达28.53%,较2015年提升6个百分点。

【全市人寿保险工作会议】2月15日,中国人寿保险股份有限公司亳州分公司召开2016年全市工作会议。市公司总经理徐雷作题为《强化对标管理,狠抓争先进位,推进价值成长,努力实现全面均衡绿色发展的新跨越》工作报告。全面回顾亳州分公司2015年取得的成绩,分析当前行业发展形势,对2016年重点工作进行部署。会议邀请合肥长丰支公司张永华经理进行专题分享;个险第二支公司、利辛支公司理财中心、团险销售部和涡阳支公司客服部进行经验交流;会议对2015年度全市先进集体和个人进行表彰;徐总与各展业单位主要负责人签订年度经营目标责任状、党风廉政建设责任书,并和市公司部门负责人签订党风廉政建设责任书。

【服务质量监督员聘任暨交流座谈会】3月14日,市公司召开2016年“3·15”行风监督员座谈会,会议邀请社会各界监督员参加。 会上,分公司客户服务部就全市系统近年来客户服务工作和保险消费者权益保护工作汇报。自2013年亳州分公司处理案件以及赔款金额详细说明。

三年合计赔款件数2万多件,赔款金额合计1亿多元。并对工作中遇到的问题进行解释。各位监督员结合自身工作经验和行业特点,就中国人寿如何改善服务质量、加强企业软实力建设、实现精准保险服务、发挥社会责任和担当等问题进行交流和讨论。

【退转军人慰问暨交流活动】8月1日,根据公司统一部署,市公司本部及各支公司分别慰问退转军人,给他们送去慰问信和慰问金。召开全市系统退转军人代表座谈会。市公司机关及城区各支公司在岗及离退休退伍转业军人参加座谈会。会上,与会退转军人们畅谈交流,一致表示,退伍不褪色,将尽自己所能为亳州国寿的发展发挥光和热。

【全市系统"冲击AAA"动员大会】中国人寿保险股份有限公司系统内部对各级公司在业务发展、队伍建设、客户服务、风险管控等方面进行综合评定等级,从高到低分别是AAA、AA、A、BBB、BB、B。AAA是最高等级。9月29日,亳州分公司召开全市系统"冲击AAA"动员大会,会议指出,实现2016年"AAA"公司不仅是亳州分公司的荣誉,更关系每位员工的切身利益,关系到亳州公司的未来发展,全市系统管理干部和广大员工要把这项工作当成当前以及今后一段时期工作重中之重, 全市系统迅速行动,进行再动员、再部署,调动销售管理干部和销售队伍积极性,形成全市上下"确保AAA"浓厚氛围。 (宋嘉豪)

中国人寿财产保险股份有限公司亳州中心支公司

【概况】中国人寿财险亳州市中心支公司下辖蒙城、利辛、涡阳支公司,谯城支公司筹建中。公司设部门11个,员工160人。2016年,中国人寿财险亳州市中心支公司开展"食品安全责任险宣传""7·8"保险公众宣传日、"星光守护进校园""健康低碳行""扶贫工作进万家"等活动。参加全市反洗钱工作会议,防范,化解洗钱风险。本年度,中国人寿财险亳州市中心支公司获反洗钱"A级"单位称号;获市直绩效考评良好单位;赵春峰获市直单位民主考评"优秀科长"称号。

【经营业绩】2016年,中国人寿财险亳州市中心支公司实现保费收入2.3亿元,承担各类财产风险责任326.54亿元,上缴利税2600余万元,处理各类赔案17754件。位于亳州保险市场16家保险机构第三位。销售网络遍布城乡、线上线下,服务覆盖各个领域。

【食品安全责任险宣传活动】2016年6月27日,中国人寿财险亳州中心支公司在网点开展食品安全生产责任险宣传活动,通过零距离接触,现场解答等方式,向广大客户开展食品安全责任险宣传,理赔咨询,现场促销,走访周边饭店,宣传保险责任、意义等内容。帮助消费者获得救济,减少司法成本,帮助企业分散食品生产风险,强化自身责任意识。

【"7·8"保险公众宣传日活动】2016年7月8日,是第四个全国保险公众宣传日,在亳州市行业协会组织下,围绕"@保险,一切更简单"主题,中国人寿财险亳州市中心支公司开展"健康低碳行,保险简单生活"徒步活动,从市行业协会出发,至市政南湖公园,行程共6千米。紧密结合全民健身活动与保险生活,展示保险业健康形象。

【反洗钱宣传月活动】2016年10月,中国人寿财险亳州中心支公司开展以"预防洗钱活动、打击洗钱犯罪、维护金融秩序"为主题的反洗钱宣传月系列活动。在晨会上组织学习《反洗钱法》、恐怖融资危害与反恐怖融资知识、反洗钱典型案例,观看人民银行下发的反洗钱动漫宣传片;在营业大厅LED电子屏持续滚动播出宣传语,张贴宣传海报,发放宣传折页;在亳州魏武广场设立现场咨询服务台,分发宣传资料,讲解反洗钱知识,介绍反洗钱危害;与反洗钱工作有关的部门组成四个方阵,组织反洗钱知识竞赛。同年4月,在中国人民银行亳州分行召开的全市反洗钱工作会议上,中国人寿财险亳州中心支公司第二次获反洗钱"A级"单位称号。

【"星光守护"进校园活动】2016年10月14日,中国人寿财险亳州市中心支公司在亳州市估衣小学组织开展“星光守护”进校园活动。结合交管部门推广的“被看见，才安全”的理念，为在校学生免费发放“星光守护”3M反光标贴，详细介绍反光贴的使用方法及用处，宣传道路交通风险防范等安全常识，增强学生们安全出行的意识。

【组织“扶贫日”募捐活动】10月17日，在第三个扶贫日到来前夕，中国人寿财险亳州市中心支公司通过微信、RTX等形式多方面宣传扶贫信息，并组织开展募捐活动。在活动开展前对扶贫日的相关情况以及国家设立“扶贫日”的重要意义做简单讲解，共计筹得款项6000余元。

（高闪闪）

中国平安财产保险股份有限公司亳州中心支公司

【概况】2016年，中国平安财产保险股份有限公司亳州中心支公司实现保费收入16839万元，全年实现理赔赔款支出6069.71万元，上缴税收1771.69 万元。

【业务范围】2016年，中国平安财产保险股份有限公司亳州中心支公司经营业务范围涵盖车险、财产险、工程险、货运险、责任险及意外健康险等法定产险业务及国际再保险业务，开发推出电话营销专用车险、环境污染责任险、理财宝家庭投资型保险、境外旅行意外伤害保险、甲型H7N9流感保险等符合市场需求的新险种，经营险种达200余个。

【理赔服务】2016年，中国平安财产保险不断创新车险理赔技术手段，提高理赔的网络化与自动化程度。针对客户需求适时推出服务新举措：“快、易、免”服务全面升级，省心调节服务得到落实。快：简单快赔服务——先赔付，再修车，后期提供发票，对于所有车物案件，在合作维修厂维修均可以享受该快赔服务。易：上门代收索赔资料——万元以下，纯车损案件，由平安上门收取索赔资料，足不出户，轻易理赔；免：是指免费提供一周内、100千米以内道路救援服务，免费送油、送水、接电；省心调解服务：人伤案件平安提供贴心在线服务、省心调解服务，在合作的交警部门设立调解点，专业人员介入人伤提前调解，让客户安心理赔。

（陈绘绘 ）

中国太平洋人寿保险股份有限公司亳州分公司

【概况】中国太平洋人寿保险股份有限公司亳州中心支公司，下辖市区本部、涡阳支公司、蒙城支公司、利辛支公司。2016年，公司拥有46名员工和2426名营销员。公司坚持“诚信立业，合规经营”诚信准则，抓合规和基础管理，持续学习和不断创新，推动转型升级，加快发展步伐，为客户提供全方位保险保障服务。

【经营业绩】2016年，中国太平洋人寿保险股份有限公司亳州中心支公司全面推进以客户需求为导向的战略转型，继续坚持“聚焦营销渠道，聚焦期缴业务”的发展策略，应对行业调整期的挑战，实现业务平稳健康发展，实现保费收入32676.43万元，同比增长35.18%，保费规模当地市场占比9.60%，当地市场排名第三位。上缴税金（含代扣代缴）596.39万元，理赔接报案782件，理赔给付（含死伤给付）556.33万元。

【发展策略】2016年，中国太平洋人寿保险股份有限公司亳州中心支公司把握新机遇，实现新跨越，秉承推动和实现可持续的价值增长的经营理念，稳步推进各项转型举措。在业务发展方面，打通渠道壁垒，整合渠道资源，优化业务流程，以产能提升为突破，以队伍建设为抓手，着力提升人均产能与网均产能；在资源配置方面，围绕投入产出比的持续改善，加强统筹管理，提高资源效用，发挥考核机制的牵引作用；在内部控制方面，坚持合规经营，持续优化风险内控体系，从源头上防范和遏制各种经营风险，坚决治理销售误导，切实保护消费者利益；在人力资源方面，加强绩效文化建设，强化专业化人才队伍的培养，完善绩效管理，健全后备人才库。

【产品和服务】2016年，中国太平洋人寿保险股份有限公司亳州中心支公司以客户需求为导向，致力于提供全生命周期的专业关注与整体解决方案。公司通过持续的产品创新和服务创新，满足客户多方面的需求，在售险种200余个，覆盖人寿保险、年金保险、健康保险、意外伤害保险等多个领域。公司在产品策略方面，优先发展保障型、长期储蓄型产品，并通过数据分析与客户洞见开发客制化产品；构建具有市场优势的产品体系，推出“人生四季，有保障，真幸福”的产品品牌主张。

公司关注客户需求，改善客户界面，提升客户体验，全心全意为客户提供“在你身边”的优质服务。在客户策略方面，致力于完善客户服务体系，创造以“坐享服务、智能导航、便捷透明”为核心要素的全新客户体验；履行保险责任，切实保障保险消费者的合法权益，强化诚信建设，实施承保、理赔透明化举措，不断完善“95500”全国客户服务电话体验和高端客户增值服务；在营运体系建设方面，公司探索和实践基于新技术应用的模式创新和流程再造，将智能移动终端、3G无线网络、第三方实时支付、保险智能引擎、微信平台等有效结合，在行业内打造并推出“神行太保”智能移动保险生态系统，推动销售和服务模式转型升级。公司以指标改善为着力点强化服务评价工作，打造随时随地全方位、线上线下立体化的良好客户界面，实现客户端、销售端、理赔端的多领域覆盖，让客户体验新技术应用带来的便利，同时梳理优化理赔流程，提升理赔服务时效，加强理赔调查力度，在有效管控风险的基础上，提高理赔获赔率。通过总公司“95500”电话服务平台回访调查客户服务满意度，全年理赔服务满意度平均达到95%。

【宣传活动】2016年，中国太平洋人寿保险股份有限公司亳州中心支公司开展“诚信保险、自主消费”为主题的“3·15”消费者权益保护日宣传活动；开展寻找“最美服务大使”活动，依托“太平洋寿险”官微平台，以新技术应用为契机，在一线营销员中开展“最美服务大使”评比活动，激励营销人员通过提高服务水平，提升客户满意度，带动提升“太平洋寿险”官微绑定率和电子信函订阅率；全国保险公众宣传日期间，结合“@保险，一切更简单”的主题，普及保险知识、宣传保险功能，推动全体公众认识保险、支持保险、参与保险；参与市纪委监察局与亳州市人民广播电台联合举办的“政风行风热线”活动，通过“政风行风热线”平台缩短公司和客户的距离；组织开展《反洗钱法》颁布实施十周年主题宣传月活动。

【服务地方经济社会发展】2016年，中国太平洋人寿保险股份有限公司亳州中心支公司参与社会保障体系建设。通过创新养老保险产品服务、发展多样化健康保险服务等方式，逐步成为个人和家庭商业保障计划、企业发起的养老健康保障计划的重要提供者之一、社会保险市场化运作的参与者之一。公司参与社会风险管理，与政府有关部门合作，拓展责任保险服务领域，提升社会保障水平。 开展慰问走访，发展计划生育保险，在建立计划生育利益导向新机制、完善计划生育家庭和工作人员社会保障机制等方面发挥作用，与市卫计委联合开展计划生育特别扶住家庭（失独家庭）综合保险。

（晏玉娣）

教育　科技

“美丽亳州”系列图片——国学进校园

教　育

【概况】截至2016年年底，亳州市共有各级各类学校2136所。其中，高等教育学校3所，中职学校29所，普通高中26所，普通初中265所，小学1122所，特教学校4所，幼儿园687所；在校生1078213人，其中普通高等教育11219人，成人高等教育10729人，中职学生73355人，普通高中79808人，普通初中203652人，小学496914人，特教学校2113人，幼儿园200423人；教职工62605人，其中专任教师55681人，其他教职工6924人。

2016年，亳州市中小学（幼儿园）教师无校籍管理改革工作被教育部列为全国20个乡村教师队伍建设优秀工作案例之一；“全面改薄”工作成效在中央电视台大篇幅展示；谯城区创建义务教育发展基本均衡县（区）通过国家级验收。在全省教育系统六项重点工作评比表彰中，亳州获安徽省学前教育先进单位、义务教育工作先进单位、中小学教师队伍建设先进单位、规范办学行为先进单位、基础教育信息化工作先进单位、基础教育重点项目建设先进单位等六项荣誉，是全省获得2016年基础教育工作先进单位称号最多的地市。

▲全面改薄：即全面改善贫困地区义务教育薄弱学校基本办学条件。

【学前教育】2016年，全市共有各类幼儿园687所，较2015年增加130所。公办园247所，民办园440所，其中普惠性民办园179所。在园幼儿200423人，较2015年增加3852人。学前教育教职工10921人，其中专任教师7903人。学前教育校园占地面积1941573平方米，校舍建筑面积791238平方米，各类图书848539册。

亳州市全面完成《亳州市第二期学前教育三年提升计划（2014－2016）》。新建、改扩建公办幼儿园39所，学前三年毛入园率90.35%。规范管理看护点，制定亳州市民办幼儿看护点整改年度工作任务表，明确提出到2020年各县区民办幼儿看护点要减少一半以上，保留的看护点均要达到A类标准。

【义务教育】2016年，全市有小学1122所，较2015年减少32所；在校生496914人，较2015年增加17038人；小学学龄人口入学率99.99%。教职工26252人，其中专任教师25502人；专任教师中本科及以上学历11166人，专科学历13726人；拥有中级职称10548人，中高及以上职称369人。校园占地面积11573441平方米，校舍建筑面积2899682平方米，拥有各类图书8622574册，各类计算机43880台，固定资产总值291548万元。

全市共有初中265所，较2015年增加8所。在校生203652人，较2015年增加11757人；初中学龄人口入学率99.97%。教职工15541人，其中专任教师13384人；专任教师中本科及以上学历11166人，专科学历2218人；拥有中级职称5440人，中高及以上职称1992人。校园占地面积7951285平方米，校舍建筑面积2612836平方米，拥有各类图书5837800册，各类计算机25359台，固定资产总值296415万元。

本年度，亳州市实施千所村小提升工程，完成200所提升项目任务，办好农民家门口学校，让农村孩子就近接受优质教育。实施薄弱学校改造工程，完成投资4.6亿元，新建校舍22万平方米、运动场地7.5万平方米，购置图书97万册、计算机教学仪器及其他设备4.3万台（件套）、寄宿生学生课桌凳4.5万单人套、生活设施1.99万台（件套）。实施中心城区中小学布点规划，在中心城区新建中小学7所，改扩建中小学2所，扩充学位2.6万个。规范义务教育招生行为，明确责任，划定违规招生六条“红线”，执行“划片、就近、免试”入学政策，确保招生公平公正。加强义务教育质量监控，对全市义务教育学校进行质量监测2次，注重监测结果分析和运用。

【普通高中教育】2016年，全市有普通高中26所，较上年增加4所。在校生79808人，较上年增加961人；全市初中毕业学生升入高中阶段比例97.18%。教职工5415人，其中专任教师4766人；专任教师中本科及以上学历4721人，专科学历45人；拥有中级职称1498人，中高及以上职称1500人。校园占地面积2118976平方米，校舍建筑面积1261802平方米，拥有各类图书

1349567册，各类计算机9489台，固定资产总值174276万元。

本年度，亳州市改革高中教育教学成果评比表彰机制。把普通高中分为A类省级示范高中、B类省级示范高中、市级示范高中、非示范高中四类进行评比表彰，注重过程性评价和激励引导，营造互学互动氛围。组织第四次、第五次示范高中校园行活动，增强争先进位意识。

【职业教育】2016年，全市有中等职业学校29所，其中普通中专6所，成人中专8所，职业高中15所。在校学生73355人，较2015年增加1266人；全市高中阶段毛入学率93.04%。教职工3356人，其中专任教师3152人；专任教师中本科及以上学历3152人，拥有中级职称1432人，副高及以上职称615人。校园占地面积2475853平方米，校舍建筑面积1577732平方米，拥有各类图书2457481册，各类计算机14336台，固定资产总值146338万元。

本年度，亳州市落实全省职业教育工作会议精神，研究制定《亳州市“十三五”现代职业教育发展规划》，明确全市职业教育发展方向。开工建设亳州幼师和亳州中药科技学校二期工程。开展职业教育质量提升系列活动，增强职业学校质量意识，提升职业学校管理规范化和精细化水平。健全技能大赛制度，举办市级职业院校技能大赛。参加省级和国家级技能大赛，共获69个奖项，创历史最好成绩。改革职业教育办学模式，在亳州中药科技学校推进现代学徒制试点，全省现代学徒制试点经验交流会在亳州召开。加强职业教育市级统筹，扩大学分制试点，加强校企合作，支持中高职联合办学，资源共享。

【特殊教育】2016年，全市有特教学校4所，特殊教育学生2113人，其中在校生1276人，随班就读837人。有教职工157人，其中专任教师145人；专任教师中本科及以上学历98人，专科学历40人；拥有中级职称37人，中高及以上职称30人。校园占地面积47388平方米，校舍建筑面积23081平方米，拥有各类图书19270册。

本年度，亳州市实施《特殊教育提升计划（2014－2016年）》，谋划亳州特教学校新校区建设，完成选址和规划设计。联合亳州广播电视台举办第26次全国助残日活动，组队参加2016年安徽省特奥会，获四金、四银、八铜。亳州特教学校增设职业高中部，帮助九年义务教育完成后愿意继续学习的孩子学习更多知识和技能，增强其社会适应能力。

【高等教育】2016年，亳州师专更名为亳州学院，升本工作获全国院校设置评审委员会高票通过，结束亳州无本科院校历史；亳州职业技术学院与安徽中医药大学共建本科教育培养基地，优化专业设置，实施自主招生。两所全日制高校有在校生11219人，教职工823人，其中专任教师744人。亳州电大实施开放教育，扩大成人教育招生范围，全年招生4468人，各级各类在校学员达10729人，其中校本部学员4184人；教职工140人，其中专任教师85人。亳州电大连续6年获全省电大系统“办学先进单位”称号。

【教育民生工程】2016年，亳州市实施教育民生工程，推进教育精准扶贫。发放各类资助资金3.002亿元，资助学生11.2万人次。深化义务教育保障机制工作，拨付义保资金7.36亿元，占应拨付资金的102.36%。出台《中共亳州市委　亳州市人民政府关于教育精准扶贫的实施意见》，全面免除义务教育阶段建档立卡家庭学生作业本费及教辅材料费110万元，惠及12183名贫困学生。制定教育扶贫帮扶清单，把扶贫工作纳入教育工作目标责任管理，开展“万名教师访万家”活动。

【师资队伍建设】2016年，亳州市加强校长队伍建设，提高依法治校能力。出台《加强义务教育阶段校长队伍建设的意见》，为全市义务教育阶段校长队伍建设提供保障。实施百名优秀校长培养计划，通过研修培训、挂职锻炼、职业规划、实践提升、跟踪考核等活动培养本土教育专家。加强教师队伍建设，提升教育教学质量。实施百名学科带头人走基层计划，搭建城乡教研互动新平台。推进教师无校籍管理，激发队伍活力。全市共交流中小学教师2488人、校长184人，交流人数占应交流人数的10%以上，优化师资配置。实施教师资格定期注册制度，春秋两季注册合格教师3.93万名。加强师德师风建设，执行教育部教师行为10条禁令，出台中小学教师行为“三要、十不准”，师资培训时举行教师誓词宣誓活动，要求全市中小学教师争做“四有”好老师。补充新任教师 2113人，认定各类教师资格3307人，培训教师6.1万人次。

【素质教育】2016年，亳州市对义务教育阶段国学经典教育丛书进行修订，每个年级独立成册，实现各学段全覆盖；开展以“传承国学　亲近母语”为主要内容的国学经典知识竞赛，促进学用结合。推进书香校园建设，组织以“致力捐书助读　共建书香校园”主题的图书捐赠活动，开展书香校园特色学校创建活动。搭建活动平台，举办第八届亲子读书征文活动、第八届素质教育开放周活动、第二届传承国学亲近母语读书活动、全市校园足球联赛、全市学生田径运动会，组织中小学优秀学生、先进班集体、优秀德育工作者、千名传承中华美德少年等评选活动。

【教育信息化建设】2016年，亳州市教育系统推进信息技术应用监测平台建设，基本实现信息技术应用监测全覆盖。组织千堂微课展示、教育信息化六项作品评比、第六届全市中小学教师多媒体教学大赛等活动。举办全市多媒体信息技术及微课制作技术骨干教师培训班，培训中小学电教、教研骨干教师155人。推进在线课堂工作，2016年申报第三批在线课堂建设教学点学校52所，全市在线课堂教学点学校增至176所，各县区基本实现教学点全覆盖，提升薄弱学校现代化水平。实施《亳州市基础教育信息化中长期发展规划（2014－2020年）》，加强信息技术装备建设，学校多媒体覆盖率、宽带接入率、校园网建有率、网络畅通率均达100%；校均出口宽带达34.7兆，其中小学、初中校均出口宽带为33兆，高中校均出口宽带为145兆。城区、县镇及中心校师机比达0.87∶1；其他学校师机比达1.29∶1；小学生机比达9.31∶1；初中生机比达8.1∶1；高中生机比达8.41∶1。

【教育科研】2016年，《亳州市教育局关于加强教研工作的若干意见》出台，加强市、县区、学区、学校四级教研网络建设和教研队伍建设。启动教育教学质量提升工程，完善教学质量检测工作机制，20万人次学生接受检测。对涡阳一中、蒙城一中、利辛一中、亳州二中开展市、县区两级联动教学视导活动，督促学校改进管理。组织第二批翻转课堂实验校申报工作，8所学校被省教科院批准为省级实验校。评选出市级教研成果2889篇，省级课题结题8个，市级课题立项125个、结题15个，组织18个科次优质课评选活动。开展“一师一优课、一课一名师”活动，全市教师共晒课23774节，推荐2540节参与省级评选。开展微课评选活动，上传微课1946节，数量全省第一。开展教学论文评比活动，组织全市13科次参与省级评选，获省级一等奖8个，其中中学数学、通用技术各2个，中学语文、政治、小学品德、学前教育各1个。在省优质课评比中获省级一等奖11人次，其中高中数学、英语、政治、美术、通用技术各1人，初中数学、美术各1人，小学数学、体育各1人，特殊教育2人。

【“全面改薄”】2016年，亳州市教育局建立每季度调度工作机制，跟踪督查督办。在全省薄弱学校改造现场推进会上，亳州市作典型发言，介绍全市改造薄弱学校做法。《人民日报》、中央电视台对亳州市“全面改薄”工作予以关注报道。截至2016年年底，全市包括“全面改薄”在内校舍建设类项目投入资金8.8亿元，为926所薄弱学校实施1775个项目，完工面积占五年规划的102.8%，完成校舍576687平方米、运动场1856445平方米，校舍和运动场地共完成2433132平方米，完工面积占五年规划的102.8%。全市“全面改薄”设备购置类投入资金3.9亿元，为1011所学校共购置生活设施44158台件套、图书1246772册、数字资源3721GB、课桌凳20220单人套、计算机教学仪器及其他设备223498台（件套），完成配置占五年规划的85.9%，资金使用量居全省第四位。

【语言文字工作】2016年，亳州市教育局指导涡阳、利辛、蒙城三县开展三类城市语言文字达标创建工作，下发《亳州市三类城市语言文字达标创建评估方案》。开展推普周、语言文字示范校创建、普通话培训与测试活动。完善亳州市教师进修学校普通话测试站功能，全年共举行46批次普通话水平测试，实测4153人。建成亳州幼师普通话测试中心，方便在校生接受普通话测试。

【学校体育】2016年，亳州市加强学校体育工作，开齐开足体育课程，确保大课间活动，实施学生阳光体育每天锻炼一小时活动。开展学生体质健康标准测试，完成测试数据上报工作任务，做到测试全覆盖。对学校体育工作进行评估，完成《学校体育工作年度报告》。举办全市第四届学生田径运动会、亳州市青少年校园足球联赛、师生健美操比赛，组队参加亳州市第二届运动会等多项比赛，提高竞技水平。推进“体育、艺术2＋1”项目示范校创建活动。在初中毕业学生升学考试中，将体育学科分值提高到50分，纳入总分计算。

【平安校园建设】2016年，亳州市教育系统完善校园安全管理机制，落实学校安全工作责任制和责任追究制。加强学校食品卫生和校车安全管理，开展防灾减灾宣传教育和应急演练、“安全文明校园”创建等活动。联合公安部门组织开展中小学危险化学药品及易制毒化学品安全管理工作督查。加强防溺水、校园安全教育。

加强校园安全管理队伍建设，做到机构健全。成立学校安全工作领导小组，推行“一校两表”“两长负责”制度。加强基础设施建设，物防技、防与人防相结合，安保人员配备率100%，其中，配备专职保安839人，兼职保安2007人。配备安保器材4399套、共15918件。学校视频监控系统配备率100%，一键式报警装置配备率和视频监控系统与公安部门联网率均达50%以上。校园及周边设置警务室达60%以上。市及各县区均建立校车安全管理联席会议制度，各项措施和流程齐全。

加强校园安全专项检查工作，及时排除安全隐患。联合各有关部门开展校园内安全隐患联合检查，其中联合公安、交通部门督查2次，联合食药监、卫计委督查2次，联合市政府督查室督查1次。学校法治安全教育形成长效机制，组织开展中小学生安全教育月、法律进校园、安全教育和普法教育论文征文评选、安全生产月宣传、食品安全宣传周、消防安全宣传活动等活动5148场次。开展应急演练4316场次，全市共有 984870人次参与演练。

【规范办学行为】2016年，亳州市落实规范办学行为工作责任，层层签订承诺书。转发安徽省教育厅《关于开展全省治理中小学校和在职中小学教师有偿补课专项行动实施方案》，成立亳州市治理中小学校和在职中小学教师有偿补课专项行动工作领导小组，制定《亳州市教育局关于开展全市治理中小学校和在职中小学教师有偿补课专项行动实施方案》。与各县区教育局和市直各学校签订规范办学行为承诺书。各县区教育局、各学校贯彻落实省教育厅《关于进一步加强学校管理规范办学行为的意见》《安徽省中小学办学行为规范》，逐学期逐人分别签订规范办学行为承诺书。

规范考试招生行为，确保考试安全。全年共组织16次考试和1次中招录取，其中国家考试9次，服务考生十余万人，实现阳光招考工作目标，做到零失误。下发《亳州市教育局关于进一步做好2016年义务教育阶段学校招生入学工作的通知》，划定违规招生六条红线，与各县区教育局签订招生入学工作责任书，建立完善违规惩戒机制，严格落实“划片、就近、免试”入学政策。规范高中阶段招生行为，要求高中学校严格按照招生计划和招生政策开展招生工作。

规范教学行为，维护学生利益。严格执行国家和省教育主管部门颁布的课程标准，开齐课程、开足课时，合理安排教学进度，各学校不得随意增加或压缩各年级所学科目和课时。执行省、市教育及物价等部门文件规定，禁止乱收费行为。控制教辅材料选用范围和数量，落实教辅材料使用管理要求，严禁任何单位或个人在市教育局教辅材料评议公示的目录之外向学校、学生推荐征订教辅资料。

治理教育“三乱”，坚持跟踪问效。开展治理中小学校和在职中小学教师有偿补课专项行动，从严专项治理暑假寒假期间教师和学校有偿补课，总结近年来教育“三乱”行为典型案例，进行警示教育。对各县区治理中小学校和在职中小学教师有偿补课专项行动情况进行督查，并及时下发通报，针对各地学校存在问题提出整改建议，要求限期整改，并跟踪问效。

【政务公开】2016年，亳州市教育局制定信息发布标准，落实政府信息公开目录规范，实现同类信息基本要素与内容标准化。出台《亳州市教育局2016年政务公开政务服务工作要点》。全年发布政务公开信息605条。

推进重点领域信息公开。在市政务公开网一级子栏目“公共服务与民生”中设置二级子栏目1个——教育信息，并设置三级子栏目6个——招生信息、财务信息、“全面改薄”信息、教育督导信息、中小学信息、考试与录取。发布信息173条。其中，发布招生信息 61条，内容涉及招生政策（含所属学校招生政策、义务教育招生入学政策、特殊类型招生政策）、招生计划、考生资格（申请加分照顾考生资格、特殊类型考试招生入选考生资格等）、录取程序、录取结果、咨询及申诉渠道、重大违规事件及处理结果；发布财务信息30条，内容涉及所属学校年度预算情况、决算情况、“三公”经费、专项资金管理和使用情况；公布“全面改薄”信息12条，内容涉及“全面改薄”政策文件、会议部署、工作进展等；发布教育督导信息17条，内容涉及教育督导报告、县域义务教育均衡发展督导评估情况、规范办学行为情况通报等；公开中小学信息8条，内容涉及指导本地中小学信息公开工作政策文件、工作落实情况、监督检查情况等；发布考试与录取信息45条，内容涉及各类考试、录取等。

【基层党建】2016年，亳州市教育局组织局党组中心组学习13次，领导干部带头上党课12次，举行党务干部培训活动3次，市直教育系统参观廉政基地进行警示教育10批次，受教育党员干部近千人次。召开机关党员干部述职会2次，专题民主生活会1次，专题讨论会12次。做好党员发展工作，接收正式党员9人，接收预备党员4人。组织申报9个党建研究课题和2个微型党课，推进基层党建研究工作。

【信访办理】2016年，亳州市教育局受理网上全国信访信息系统市教育局承办信访事项1件，县区信访事项1件，分别将办理结果当面送达本人。调查办理省教育厅移交市教育局3件教育部转来的中央第八巡视组批示督办事项，并将办理结果报送省教育厅。参加全市通过法定途径分类处理信访投诉诉求工作推进会，按照市信访工作联席会议要求，起草、制定《亳州市教育局通过法定途径分类处理信访诉求清单》报送市信访局。对2015年教育工作类人民网网友留言进行归纳梳理，提出整改措施，下发《亳州市教育局关于全市2015年教育工作类人民网网友留言情况的通报》。联合谯城区教育局对3件亳州发布办公室网友意见转办单反映有关问题进行调查。

坚持领导干部接待群众来访制度。印发《亳州市教育局关于印发2016年领导干部接访时间安排表的通知》，每周安排1名领导班子成员和2名科室负责人接待群众来访，畅通诉求渠道，及时为群众排忧解难。对省教育厅、市委、市政府督查室批办、转办各种投诉举报信件，落实办理责任制，坚持做到“事事有调查，件件有回音”。做好“行风热线”“市民论坛”等投诉受理工作。以“行风热线”“市民论坛”等为载体，向社会公布投诉受理电话，及时解决相关问题。做好信访工作登记归档，确保信访工作严肃认真，有据可查。

加大督办力度，注重调查处理。发挥“月通报”“季度通报”指导、督促和警示作用，对投诉较多、问题突出的县区和学校进行重点检查和督办，要求县区教育局通报批评，限期整改，并对相关单位和人员严肃处理。

（张秀礼）

亳州学院

【概况】亳州学院是全日制普通公办本科院校。始于1909年创办的蒙城师资讲习所，1952年设置蒙城师范学校，2002年3月经教育部批准，独立升格为亳州师范高等专科学校。2016年3月，经教育部批准，亳州师范高等专科学校独立升格为亳州学院。2016年5月，亳州学院正式挂牌成立。

图 67　亳州学院举行 2016 年师范生技能竞赛

学院占地面积 61.67 公顷，建筑面积 25.3 万平方米。图书馆有纸质藏书 70 多万册，中外文期刊 839 种，电子图书约 62 万册，中外文数据库 23 个。学院以“善学善教，育己育人”为校训，坚持“地方性、应用型、特色化”办学定位，以教育学类、中药学类、食品科学与工程类、旅游管理类等专业为特色，构建基础学科与应用学科交叉融合，教育学、工学、经济学、管理学、文学、艺术学多学科协调发展的学科专业体系。

2016 年，亳州学院大学生参加安徽省第七届高等学校师范生教学技能竞赛，获得特等奖 1 项、一等奖 7 项和二等奖 3 项，学院获普通组集体一等奖和优秀组织奖；亳州学院学生参加“昆山花桥杯”第十一届安徽省大学生职业规划设计大赛暨大学生创业大赛，获“职业规划之星”金奖一枚、“创客之星”银奖和铜奖各一枚，学院获本届大赛“最佳组织奖”。亳州学院大学生获 2016 年“第八届全国大学生广告艺术大赛”安徽赛区一等奖，2016 年“安徽省职业技能大赛”物流赛项二等奖、“嵌入式技术与应用开发”赛项二等奖、2016 年“欧倍尔杯”安徽省首届普通高等学校大学生化学竞赛二等奖、安徽省首届大学生食品创新大赛二等奖等奖项。

【学科专业建设】2016 年，亳州学院围绕区域经济社会发展需要，初步形成以教育学科为办学基础，逐步形成以中药学类、食品科学与工程类、旅游管理类、教育学类专业为特色，基础学科与应用学科交叉融合，教育学、工学、管理学、医学、文学、艺术学多学科协调发展的学科专业体系。学院设有 9 个教学系部，开设 3 个本专业、34 个专科专业，涉及工学、人文学科、社会学科、管理学等 4 个一级学科。学院成功申报制药工程、生物工程、经济与金融、汉语言文学、电子信息工程、运动康复 6 个本科新专业。拥有省级特色专业 10 个，省级教学团队 6 个，开展专业综合改革试点，获批教育部高等职业教育创新发展行动计划（2015－2018 年）立项 6 项。

【师资队伍建设】2016 年，亳州学院引进高层次人才 3 人；引进急缺专业硕士研究生 20 人。专任教师总数达到 357 人，其中具有副高级职称以上教师 124 人（其中正高职称 31 人），研究生学历教师 160 人（其中博士 15 人）；25 人进修学习、3 名教师赴国内外访问、13 名教师挂职锻炼，87 名教师（其中高级 10 人、中级 55 人、初级 27 人）获得“双师型”教师资格。

【教学与科研】2016 年，亳州学院出台《亳州学院学生社会责任教育、创新创业教育、实践教育学分认定实施细则》，将大学生社会责任教育、创新创业教育和实践教育列入 2016 版专业人才培养方案，完成 362.35 万元的校内实践教学基地建设任务，拓展十多个校外实践基地，完善学生实践教学条件。学院以省、校级教学质量工程项目建设为抓手，推动教学改革进度和力度。

构建应用型人才培养体系，投资近 1 亿元建设制药、酿酒、中药苗组培、电子与信息、设计与传媒、物流、会计、旅游、教师教育等实验实训中心，有实验、实训室 200 个，支撑学院各个专业实践教学需要。

坚持教学与科研互动，突出科学研究的地方性、应用型，鼓励学生参与科研课题；与企业共建科研平台，资源共享，成立中药复方产品、工艺品设计与开发等5个市级创新创业领军人才科研团队。推动与企业、行业、区域协同育人、协同创新，形成产学研用相结合，人才培养、科学研究和社会服务相促进机制。

2016年，学院获批6项省级教育创新发展行动计划项目、28项省级教学质量与教学改革工程项目；获批安徽省哲学社会科学一般项目1项，青年项目3项；获批安徽省教育厅人文社会科学重大项目1项，重点项目13项；6位教师获得高校优秀青年人才支持计划。2016年，亳州学院教师共发表论文221篇，著作18部，获得授权的发明专利和实用新型55项。亳州学院大讲堂邀请国内外专家来校讲学和进行学术交流20余场次。

【招生就业】2016年，亳州学院招生计划2201人（原计划2200人），其中本科计划400人，普通专科计划1500人，五年制定向乡村教师培养计划301人（原计划300人）；总录取2180人，其中本科400人，普通专科1479人，五年制定向乡村教师培养计划301人（利辛县两考生重分）；实际报到1950人，其中本科381人，普通专科1270人，五年制定向乡村教师培养计划299人。2016年总报到率89.4%，同比高出1个百分点。学院就业率为97.71%，毕业生总数2532人，专升本50人。

【创业教育】2016年11月，亳州学院设立创业学院，出台《亳州学院创新创业教育实施方案》，扶植创新创业教育。设置创业园，共建孵化基地。大学生创业园入驻项目12个。与亳州筑梦社区开展合作，定期开展创业模拟实训。大学生创新创业项目12项，比上年增加2项；大学生职业技能竞赛省级以上获奖87项，比上年增加5项；11人次参加创业指导师师资培训，取得资格证书。承办由安徽省科技厅、亳州市政府主办的“江淮双创汇—走进亳州”创业大赛决赛。市委书记汪一光为2000多名师生上关于就业的党课，鼓励大学生们走好就业第一步。

【校企合作】2016年，亳州学院开展校地、校企、校政、校校合作，搭建产学研合作平台，开展协同创新，推进产教学研一体化，促进工学结合、产教融合，打造融实习实训、就业于一体合作平台。设置生物技术及应用（古井班）、精细化学品生产技术（古井班）、药物分析技术（华佗国药班）、生物制药技术（华佗国药班）、药物制剂技术（华佗国药班），实行订单式培养。设立“生物工程研究所”“旅游文化研究所”“中医药文化研究所”等8个研究所，推动校企合作、产教融合。与泰国博仁大学、韩国汉拿大学、韩国又松大学、台湾元培医事科技大学、台湾敏慧医护管理专科学校等建立友好合作院校关系，开展合作办学。与北京京师国际教育集团、上海昌硕集团、广东安东物流等30多家“北上广”“长三角”“珠三角”企业合作，开展实质性的订单式人才培养；与古井集团、华佗国药、广印堂药业等知名企业合作建立71个校外实习实训就业基地。与新加坡金日教育产业集团合作，每年选拔优秀毕业生赴新加坡就业。

【校园文化建设】2016年，亳州学院秉持“善学善教，育己育人”校训，坚持“质量立校，人才强校，特色兴校，依法治校”办学理念，弘扬“追求真理，崇尚学术，立德树人，爱国奉献”校园精神。成立“亳文化研究中心”“亳州市五禽戏研究基地”“亳州二夹弦研究中心”开展亳文化研究，推动亳文化“进校园，进教材，进课堂”，开设“亳文化大讲堂”，传承弘扬优秀地域文化，发挥文化育人的教育功能。编著《亳文化概论》《亳文化十讲》等通俗理论和学术专著10余部。召开“亳文化研究”论坛、座谈会，开展“亳文化”学术交流。建设“亳文化馆”，展示、宣传地域传统文化，建立文化传承教育基地。

（周玉）

亳州职业技术学院

【概况】亳州职业技术学院占地37.33公顷，总建筑面积23.2万平方米，是一所以医药类专业为龙头，电子、信息、管理、建筑类等专业为支撑的综合类职业院校。开设有药学院、医护系、管理学系、电子与电气工程系、信息工程系、建筑工程系、基础教学部和成人教育部等六系两部

39 个专业，常年招生专业 30 个。建有央财支持专业建设项目 2 项，央财支持实训基地建设项目 2 项，国家级实训基地 2 个，省级实训示范中心 8 个。

2016 年，各类在校生 7500 人，其中中医药特色和大健康产业链相关专业学生数占全院学生总数的 70%。学院教职工 341 人，其中教授、主任中药师等正高级职称 6 人，副教授、副研究员、副主任医师等副高级职称 82 人，享受市政府津贴教授 3 名；省级教学名师 2 人，省级专业带头人 2 人，省级教坛新秀 6 人，市级专业技术拔尖人才 1 人，市级学术和技术带头人 9 人，硕士学位及以上教师 158 人。

学院是安徽省分类招生改革试点院校、安徽省高职院校 A 联盟成员单位、安徽省市属高校联盟首届轮值主席单位、淮海经济区高职院校协作会理事单位、安徽省中药天然药专业委员会会长单位、安徽省就业先进单位、安徽省绿化工作模范单位、安徽省红十字先进模范校、安徽省 A 级大学生创业孵化基地、安徽省级文明单位。

【专业与课程建设】2016 年，针灸推拿、药品服务与管理、高速铁路客运乘务、医疗器械维护与管理 4 个专业获教育部批准备案招生，其中针灸推拿专业为卫生和教育部门联合审批的医药卫生类专业，填补亳州市临床医学专业空白。打造特色专业和骨干专业，申报获批国家高等职业教育创新发展行动计划（2015 — 2018 年）骨干专业项目 5 个，省

图 68 中国工程院院士、3D 打印技术之父、本院特聘教授卢秉恒先生为全院师生作学术报告

级质量工程专业综合教改试点专业项目 1 项，在建省级特色专业和教改试点专业共 11 项。立项院级精品资源共享课程建设项目 10 项，省级精品资源共享课 1 门，国家级精品在线开放课程 1 门。在建省级精品资源共享课 6 门，MOOC2 门，主编参编各类教材 20 余部。

【教学科研】2016 年，在全国各类职业技能竞赛中，亳州职业技术学院组队参加的市场营销技能大赛获国家级二等奖 1 项，中药传统技能大赛获国家级三等奖 2 项。在省级各类竞赛中，获一等奖 1 项、二等奖 5 项、三等奖 11 项。2016 年立项省级科研课题 14 项，其中人文社科重点项目 4 项、自然科学重点项目 9 项、自然科学重大项目 1 项。立项院级人文社会科学项目 8 项，自然科学项目 7 项；获批 2016 年省社科联规划课题 3 项，2016 年亳州市社科联规划课题 1 项；获批市委宣传部专项资助课题 1 项。学院教师全年发表论文 209 篇，同比增长 51%。发表于北大中文核心期刊目录的期刊 9 篇，较上年增加 4 篇。获批实用新型专利、软件著作权等十余项；教师出版专著 2 部。

【校企合作与实训基地建设】2016 年，亳州职业技术学院与华佗中医院合作开办“华佗班”，与安徽古井集团、安徽外经集团、安徽新华发行集团、稻香楼宾馆、北京同仁堂、安徽济人药业、江苏扬子江药业集团、修正药业、珍宝岛药业、康美药业和天源迪科信息技术公司等市内外 36 家大中型企业签订校企合作协议，建立校企合作关系；申报获批校企共建的生产性实训基地建设项目 2 个，校企共建现代学徒制学院 1 个，技能大师工作室 1 个；申报省级创客实验室 3 个，在建 2 个；申报省级校企实践教育基地 1 个，在建 2 个；在建省级示范实

习实训中心4个。

【学生管理】2016年，亳州职业技术学院普通大专、五年高职和专升本累计报到新生2214人。实行早操、早课和晚自习考勤制度，引导学生“自我教育、自我管理、自我服务”。国家奖学金、励志奖学金、助学金共发放金额464.25万元；校奖学金、退役士兵学费资助、困难学生补助、勤工助学和困难学生家庭走访等资助金额138万元，资助体系共惠及学生5570多人次，计602.25万元。

【就业创业】亳州职业技术学院2016届毕业生1900人，就业率达98.11%，其中，在亳州就业的学生占30%以上。成功申请亳州市网络创业培训机构，与市人社局、财政局联合开展创业模拟实训、网络创业培训、创业意识培训等10期，共培训创业学员2200人。

【干部师资队伍建设】2016年，亳州职业技术学院对12名中层正职干部进行轮岗交流，提拔任用正科级干部4人、副科级干部6人，调整干部2人，聘任干部1人。出台《亳州职业技术学院高层次人才引进办法》，引进高层次人才3人，选调博士、主任中药师2人；公开招聘硕士研究生20人、专职会计3人。外聘特聘教授50人，其中有卢秉恒院士、张军教授、吴先良教授、耿金岭教授等12名国内知名院士和学者、教授；成功申报教授2人、副高职称18人，评审中级人才10人；两次认定双师型教师108名；派出教师、辅导员等80人参加国内访学、“国培省培”骨干教师、双师素质教师、企业顶岗等专题培训；评选院级骨干教师5人、教学名师2人、专业带头人9人等；完成校内8名科室人员的遴选工作，解决27名在编教师财政供给问题，为31名教职员工转正定级，申报省级教学团队2个，在建省级教学团队3个，推荐省级教学名师1人，省级教坛新秀1人。

【社会服务】2016年，亳州职业技术学院与市经委、农委、计生委、住建委、体育局、文旅局、商务局、民政局、人社局等十多个市直机关建立合作关系，市体育局出资200万元改造学院篮球场、添置健身设施。联合市总工会申报全国总工会企业职工培训基地。申报全国红十字会健康教育培训基地。承接亳州供电公司、区经委、永刚饮片厂、金色华联超市等单位员工技能提升培训2期，计357人。开展体育局、自来水公司、市2016年度省级建设工程质量检测见证员取样员、谯城区职业农民电商人才等各类短期培训班6期，培训663人。开展国家职业技能鉴定2309人。

【中医中药文化传承】2016年5月9日，举行2016年全国中药特色技术传承人才培训班（安徽基地）二期开班典礼，来自全国各地32位专家参加。10月28日至30日，与安徽省中医药科学院、安徽省药学会中药天然药专业委员会联合主办2016年全国（亳州）中药天然药学术研讨会，国内外10名知名中医药专家、教授做学术报告，会议编辑《2016年全国（亳州）中药天然药学术研讨会论文集》。12月17日，中国中医药报社理事会、院长在线主办，学院承办全国中医院院长大讲堂。全国各地中医药专家、中医院院长300人参会，研讨现代化药房建设、药品质量监管等问题。

【党组织建设】2016年7月，亳州职业技术学院召开党员大会，选举产生新一届党委班子和纪委班子，张俊民当选为党委书记，方成武、张磊当选为副书记，张磊当选为纪委书记。成立离退休党支部和医护系教工、学生党支部，发展预备党员77人。出台《关于切实加强党的建设工作的实施意见》《关于加强党委自身建设的决定》《关于坚持和完善党委领导下的院长负责制的实施细则》，修订完善《党委会议议事规则》和《院长办公会议议事规则》。（张珺）

亳州幼儿师范学校

【概况】亳州幼儿师范学校占地面积22.87公顷，校舍建筑面积8.3万余平方米，在编教职工166人，其中特级教师2人，高级讲师55人，“双师型”教师48人，研究生及在读研究生52人，市教坛新星8人，市骨干教师7人，市学科带头人5人，受国家、省、市级表彰优秀教师52人。学校分五年制学前教育大专和三年制学前教育中专两个办学层次，在校生3976人，班级79个，培养淮北师范大学继续教育函授生1410人。

亳州幼儿师范学校以创建国家示范校和升专发展目标，确立“敏知敏行、致真致美”为校训；按照“品格素养、文化素养、艺术素养”育人理念，实施“走出去、请进来”人才培养模式；开展“三大文化节”和“四项赛事”，即体育文化节、艺术文化节、生活文化节和师生技能大赛、教师说课大赛、教师书画大赛、学生学科竞赛，提高师生专业水平和综合素养；开展“周末大舞台”“校园形象大使”“校园歌手比赛”“边弹边唱”“诗歌朗诵大赛”“讲故事比赛”等活动，展示精神风貌。

2016年，团中央学校部、全国学联秘书处、中国青年报社联合授予2012级5班学生田娟全国“最美中职生”称号。在安徽省中职学校技能大赛中，亳州幼儿师范学校11名学生参赛，全部获奖：赵怡馨获民族文化传承与创新项目一等奖，张茹茹和彭一雪、唐一鸣分别荣获幼儿园活动设计和国际标准舞项目二等奖，8名选手获省级三等奖。赵怡馨、唐一鸣获免试进入职对口本科院校学习机会。在全国中职学校“创新杯”教师信息化教学大赛中，赵露露、周蓓蓓老师分别获学前教育组和德育组美育专业一等奖，魏淑霞老师获二等奖，陈飞老师获三等奖。周蓓蓓老师在颁奖典礼上，进行精品课展示。程序老师获得“优秀指导奖”，被聘为学前教育组国家级评委。

图69　2016年5月16日，亳州幼儿师范学校校园文化艺术节开幕式表演

【校训确立】经过两年多探讨和发掘，2016年5月，亳州幼儿师范学校决定将“敏知敏行，致真致美”作为校训。“敏知敏行”，敏知：源自明代大思想家王阳明先生“敏于知，健于行，知行合一”思想。意指敏锐获取真知，思维敏捷、灵敏乐学。敏行：出自《论语·里仁》：“君子欲讷于言而敏于行”，意指行为敏捷、积极进取。“敏知敏行”把知行有机地融合在一起，有深厚文化底蕴，表达亳州幼师人精进勤勉，开拓创新精神。“致真致美”源自《大学》中“格物致知”。致，获得之意，引申为追求，致真致美即努力追求真实、诚信、善良、美丽人生。体现做人以真、待人以善、示人以美幼儿教育本质；表达亳州幼师办学理念、办学宗旨和价值追求。

【基础设施建设】2016年，学校建成藏书20万册智能化管理图书馆，建立一个省级普通话测试站。12月，新校区二期工程开工，总投资5391万元，建筑面积达2.16万平方米，包括一幢教学楼、一幢宿舍楼、一个风雨操场；加上一期8.3万平方米，学校总建筑面积达10.5万平方米，可满足5000人学习生活需求。

【名园长培养工程】为提高人才培养质量，2016年，亳州幼儿师范学校启动“名园长培养工程”，选拔2%的毕业生（共计14位）到北京空后蓝天幼儿园等一级一类幼儿园，挂职园长助理，学习先进幼儿园教育和管理方法。

【教学改革试点】2016年7月，亳州幼儿师范学校启动课堂教学改革。艺术部（音乐、美术、舞蹈）先行先试，邀请中央音乐学院、北京舞蹈学院等知名专家进行高端培训。组织音乐、美术、舞蹈组全部教师到杭州师范大学、中国美术学院、苏州和徐州幼儿师范高等专科学校，学习先进教学理念、教学方法和管理模式，探索如何把艺术课程更好地服务于学前教育事业。

【创新实习模式】2016年，亳州幼儿师范学校调整毕业生实习模式，由过去单一皖北实习转变为赴京挂职实习，赴江苏、浙江等教育发达地区实习和自主实习，以开阔学生眼界，丰富实习内容。9月，与市教育局经开区分局签署学前教育发展战略合作协议，通过举办研讨会、双方互动讲座、听课等活动，实现理论与实践相结合。

【特色文化活动】2016年，亳州幼儿师范学校举办首届“艺术文化节”。首届“艺术文化节”受到新华网、凤凰网、腾讯网、教育网以及亳州晚报社、广播电视台等多家媒体跟踪报道。“生活文化节”培养学生良好生活学习习惯，提高自我管理能力，每位学子倍感集体大家庭温暖，开展“周末大舞台”“校园形象大使”“声乐演奏会”等活动，帮助学生培养多种兴趣爱好，提高学生艺术素养。《光明日报》报道“中华经典诗朗诵”活动，光明网报道“名师书画展”活动。

【学子风采展示】2016年11月，国家一级演员李幼斌到亳州幼儿师范学校，与学生同台演出央视剧《初一和十五》。在亳州市药博会开幕式上，舞蹈队表演《芍花之恋》《回家》《华佗颂》3个节目；在亳州市第二届运动会开幕式三大篇章中，表演《武乡溯源》《芍花绽放》两大篇章；在亳州市第四届学生运动会开幕式上，表演铜管乐、《盛世欢歌，情系热土》《继往开来，扬帆远行》3个节目，参与人数高达800人。

组织参加市芍花节、市文化旅游年、主持人进社区、走进书香村居、职业教育活动周等20余次演出活动。

【毕业生就业】2016年1月，亳州幼儿师范学校召开毕业生供需洽谈会，来自北京、上海、南京、合肥等地306家用人单位，为868名毕业生提供就业岗位近2300个。在“首届赴京挂职培训优秀毕业生专场招聘会”上，14名毕业生收到116家用人单位邀请。5人在北京就业，其中2人在北京空后蓝天幼儿园任职。

（洪雷）

亳州市第一中学

【概况】2016年，亳州市第一中学坚持贯彻党的教育方针，围绕“高质量、现代化、有特色”办学目标，加强师资队伍建设，引进竞争激励机制，规范办学行为，深化课程改革，全面实施素质教育。2016年，与安徽农业大学、安徽中医大学签约，建立亳州市第一中学优质生源基地。被评为全市首批市级“依法治校示范学校”、首批“优秀青少年法治教育示范基地”、省第二批“学雷锋示范点”“全市教育信息宣传先进单位”。获市体育场馆社会开放工作优秀等次，入选第十一届省文明单位候选单位。2016年高考，陈雅慧、戴鸿飞同学分别以625分和687分获亳州市高考文、理科状元，分别被人民大学、清华大学录取；一本达线816人，一本达线率、本科达线率均在全市领先；人文班、奥赛班、珍珠班一本达线率100%。获全市教育教学成果考评“特殊贡献奖”“教育教学优秀成果一等奖”。

【科学管理】2016年，亳州市第一中学从学校、处室、年级组、备课组、班级5个层面上分别加强领导，各职能部门分工明确，提高工作效率和管理效益。坚持人性化管理，将教师发展与学生发展、学校发展相联系。通过实行聘任制，调动年级主任、班主任、任课教师工作热情和积极性，优化学校管理，盘活学校人才资源。坚持依法治校，实行校务公开。通过教职工会议、校报、宣传橱窗、校务公开栏、网站、家长委员会等多种途径，向教师、家长和社会公开学校学期工作计划、收费项目、收费标准、评优评先、师生获奖等内容，增加学校管理透明度。

【课堂教学】2016年，亳州市第一中学组织开展集体备课活动。以年级学科组为单位每周进行两次集体备课活动。示范课、公开课及听评课活动，加强交流，相互借鉴，帮助教师提高专业化素养。实行“推门听课”制度，下半年累计上报听课1102节次。定期教学检查及反馈，评选优秀教学设计，规范撰写程序并鼓励个性创新，强调课堂小结时效性与课后反思的经验型积累。鼓励提倡教师合理利用现代化教育技术手段，创设直观、新鲜教学情境，精讲精练，提高课堂教学效率。

【师生培训】2016年，亳州市第一中学组织高三教师、相关学科骨干教师、班主任到衡水中学、含山中学、淮北一中、合肥八中等校学习，组织教师参加省级学术研讨会。聘请省内外高考命题专家、学科研究专家到校讲学。邀请校外专家到校给科技创新营同学们讲解航模不同构造和飞行原理与技巧；由三力教育集团承办“鱼跃龙门”冲刺高考训练营开营，对高三年级400名同学进行“跳龙门”体验式拓展训练。谢启平校长为高三学生开展硬笔书法讲座，教科所王继峰主任为3个年级学生作考前心理疏导讲座，田春光老师为新生做相关培训和引导，孙中原老师分期为摄影社同学培训摄影技术。

【素质教育】2016年，亳州市第一中学坚持每天两跑操，上好每周两节体育课，增强学生身体素质。新开展团课培训，业余党校培训。成立校园广播站、青年志愿者协会、摄影社、绘音社、航模社、羽毛球、篮球、足球爱好者协会等社团19个，锻炼学生交往能力，组织能力，发展特长。王晓萌、邓英杰等五位中学生被评为亳州市2016年“传承中华美德少年”。校青年志愿者服务市第四届学生田径运动会、“12·4”宪法日暨全国法制宣传日教育活动。规范每周一升旗仪式，做到学期有计划，周周有主题。发挥校园广播站、黑板报、宣传橱窗等阵地宣传作用，对学生进行“五爱”教育。以重大节日，重要人物和重要纪念日为契机，结合学校传统活动，开展体育、文化和科普活动，培养学生个性特长，推进校园文化建设。从《中学生守则》《中学生日常行为规范》入手，抓基础文明行为养成教育。开展学生日常行为规范评比工作，做到日查、周评、月评。组织行规检查小组，不定期下班检查，并督促整改。加强校内文明监督岗作用，改变和规范部分学生不良行为，培养学生讲文明，守纪律良好习惯。对学生进行爱国教育、感恩教育、品德教育、拼搏精神教育等主题教育活动。以“四节”（读书节、科技节、体育节、艺术节）活动为抓手，开展课外活动和素质教育活动。11月，开展“亳州市第一中学素质教育开放周活动”，学生家长、社区居民走进学校课堂，参与师生互动，共助学生成长。在亳州市第四届学生田径运动会上收获10金12银8铜，13人次打破市运动会纪录，获得男子团体、女子团体及团体总分三项第一名，并获“特殊贡献奖”“体育道德风尚奖”。

【文化立校】2016年，亳州市第一中学启动校园文化建设活动，打造优美典雅、厚重古朴校园文化硬件环境，以雅致优美、催人奋进氛围感染人、教育人。进行楼层文化建设，在主教学楼和求真楼楼道、卫生间、办公室等场所设立励志文明宣传标语，培养学生勤学向上、重德尚美精神品质。《耕耘》报开设专栏，解读国学经典，引导学生学习经典继承优良传统。校园文明环境创建从公德教育入手，培养学生卫生意识。完善并严格执行检查与考核制度。进行班级卫生检查、仪容仪表检查，寝室卫生检查。

【平安校园创建】2016年，亳州市第一中学创建平安校园，进行“七防”教育。以抓好食品卫生、交通安全和防火教育为切入点，定期开展自查、整改活动。通过法治专题讲座和报告，观看法治教育片，举办专题班会，开辟法治教育专栏（板报）等活动，增强学生遵纪守法和自我保护意识。把普法教育和遵规守纪教育结合起来，组织师生学习《学生伤害事故处理办法》《未成年人保护法》《预防未成年人犯罪法》等，建立和完善学校各项规章制度，增强学生法纪观念，养成遵纪守法行为习惯。调动社会各界参与，发挥整合优势，加强家校沟通。成立高一、高二家长协会，建立学生成长档案。班主任通过校讯通、电话、约谈等方式，做到与每位学生家长均有联系，重视做好与后进生家长经常性联系。对周边环境综合治理，营造良好社会育人环境。发挥校外辅导点、学校家长委员会、德育基地作用，开展综合实践活动。

【教科研究】2016年，亳州市第一中学将学校“科研中心”更名为“教科所”，成立命题研究中心，倡导教师加强理论学习。组织骨干教师自主命题审核，组织高一、高二、期中期末考试，建立试题库，组织《亳州市第一中学精品同步课时练》编写工作。树立“三年一盘棋、全校一盘棋”意识，瞄准“四点”即知识点、考点、核心考点和学生的弱点，抓“规范”，向“错误”要分数，转变观念和方法。及时捕捉高考信息，追踪课改命题动态，自主编拟适合本校实际学情原创性训练测验试题，使复习备考取得实效。密切关注学生思想、心理及学习动态，构建以班主任为主体，各课任教师划片包干的个别辅导关爱机制，抓两头、促中间，促使临界生学习及心理良性转化。蒋明老师在第五届“中语杯”中青年教师课堂教学观摩研讨会上获一等奖，王宇青老师在安徽省心理健康教育学科优质课大赛中获一等奖。陈平老师获“中国梦·全国优秀教育教学论文评选大赛”教学设计一等奖，“中华圣陶杯”全国作文大赛指导一等奖。

【科技创新】在2016年亳州市第六届青少年科技创新大赛暨第三届亳州市青少年发明创造大赛中，亳州市第一中学师生参赛作品共43项，获奖35项，其中一等奖7项；二等奖18项；三等奖10项，获奖率81%，各参赛队之首。在省科技创新大赛中，获省一等奖2项，省二等奖2项，省三等奖2项。2016年青少年高校科学营全国开营式暨北京营开营活动中，谷良光带领10名同学获得博弈论数学挑战赛一等奖；7月，在2016年WRO世界青少年机器人奥林匹克竞赛华东区选拔赛（苏州西交利物浦大学）中，周秀奇、吴信响带领的两支队伍均获中学创意组一等奖。

【学科大赛】2016年，高三（19）班学生王玥获第30届全国化学奥林匹克竞赛省一等奖，郭凤娟、王博怀、席家乐、刘方晴4位同学获2016年全国高中数学竞赛（安徽赛区）省二等奖，孙睿雪同学获2016年第23届“中华圣陶杯”作文大赛一等奖，闫世林同学获第19届“中语杯”作文大赛一等奖，高三年级近百名学生在“中语杯”作文大赛中获奖，全校近三百名学子在2016年“希望杯”作文大赛中获奖。

图70　航模飞行培训

【心理辅导】2016年，亳州市第一中学心理辅导中心暨亳州市心理辅导中心建成，建筑面积近500平方米，硬软件设施达全省一流水平。亳州市心理辅导中心在此挂牌。亳州市第一中学创造个别心理辅导、心理辅导专题报告会、心理班会、心理专栏、校本课程心理健康课、班级心理委员制等多种服务方式，学校心理健康教育三级工作体系建立。

【高三工作】2016年，亳州市第一中学把毕业班工作作为全校工作重中之重，纳入常规教学检查范围，及时全面了解掌握该年级教学、复习、备考实际动态，并适时指导调控。规范高三年级备课活动及教师课堂教学行为。从各轮复习的时间及内容进度，集体与单独教学设计撰写，单元卷、综合卷及模拟卷合理搭配使用，到周考科目周期性安排及月考试卷讲析重难点确定，年级办均作统一规定与明确要求。月考成绩分析会细化，各学科备课组长为中心发言人，对该科本次月考检测目的、试卷特点、学生得分情况、存在问题等，从考试测量学角度，做出全面细致分析说明，并提出下次月考预期目标。先后召开高三全体教师会、高三学生表彰会、高三学生家长会等，对教师提目标、给任务、振精神；对学生树信心、立壮志、鼓干劲；对家长做沟通、提要求、达共识；为高三教学备考过程适时注入精神能量，提供方法指导。　　（高洪生）

亳州工业学校

【概况】亳州工业学校成立于1958年，是一所市属公办国家级重点普通中专学校，与亳州市旅游学校实行一校两牌。占地面积8.4公顷，建有教学楼、实训楼、学生公寓、食堂、标准运动场；开设有工业机器人、汽车制造与检修、航空服务、会计、数控、电子商务、服装设计与工艺等18个专业，在校生3000多人。教职工130余人，其中高级教师占46%，双师型教师占75%。建有汽车制造与检修、机械加工技术、会计、计算机应用、服装设计与工艺5个校内实训基地30个实训室，设备总资产价值约3000万元。与中联重机(亳州)有限公司、芜湖奇瑞汽车有限公司、合肥海尔集团、安徽百裕制衣有限公司、中德诺浩有限公司等20多家企业实行校企合作，与大众、长城、荣威、江淮、福特等品牌汽车4S店联合办学共建校外实训基地，基本上实现“一专业一基地”“一专业一企业”实训教学目标。数控专业、计算机应用专业、会计专业、汽修专业被列为省级重点建设专业。

亳州工业学校先后获得“安徽省德育工作先进单位”“亳州市文明单位”“亳州市花园式学校”“亳州市安全文明校园”“亳州市职业教育先进单位”“安徽省农民工培训基地”“亳州市诚信文化教育示范基地”“亳州市创业培训基地”等称号。

亳州工业学校2016年毕业生就业率100%，对口就业率94.1%；汽车制造与检修、会计电算化、服装设计与工艺入选省级示范专业建设项目；会计电算化、汽车制造与检修、电子商务入选省级实训基地建设项目；举办首届“百裕杯”服装设计与模特大赛、首届国学经典诵读大赛；成立校园礼仪队、国旗队、护校队、合唱队；与中国民航管理干部学院、东方职业技术学院开展校校合作；与合肥海尔、合肥美的、武汉弗莱茵、慧众聚成、中德诺浩、中联重机等公司签订订单式联合培养协议；申报并获批市级创业培训基地，培训各类人员300余人，技能鉴定400余人；举办第二届职业教育活动周，展示职业教育成果。

【师资力量建设】2016年，亳州工业学校开展常规听评课活动28节次、参加听课人数300多人次；开展汽修、会计、计算机等教师培训6次，参训教师60余人次；参加市级技能大赛100余人次，获一、二、三等奖76项，省级二、三等奖3项；开展中青年教师说课大赛；组织学校全体教师开展信息化教学ppt大赛；组织学生技能大赛。邀请企业技师进校园授课；开展教师校本培训工作。以赛促教学、以训促教改、以学促提升。

【教学改革】2016年，亳州工业学校组织专业教师重新修订专业教学计划，确定专业教学理实课程1∶2的比例，注重提高学生的实践能力。组织教师开展业务培训，提升业务素质；开展中青年教师教学基本功大赛；改革教学方法，实施项目教学、场景教学；加强校企合作，工学结合，建立校企联合培养人才的办学模式，构建现代学徒制教学模式。学校在汽车专业首次与长城、奇瑞、荣威三家4S店进行合作，对二年级学生进行为期2周的跟岗实

图71　数控专业学生实习

习，校企双方共同考核，以学生实习质量倒逼教学改革，以教学改革倒逼教师提升自身素质。

【“四级技能大赛”网络】2016年，亳州工业学校构建“国家、省、市、校”四级技能大赛网络，通过校级大赛逐层选拔优秀师生参加各级技能大赛。组织各学科技能大赛，承担市级技能大赛部分赛项工作；第十三届文明风采大赛校级作品评选和报送工作。技能大赛初赛参赛率80%，校级复赛有100余人获奖。在技能大赛中获得省级二等奖2项，三等奖1项，市级一、二、三等奖76项。

【校企合作】2016年，亳州工业学校与合肥海尔、武汉慧众聚成、奇瑞集团、中德诺浩公司、安徽铭威4S店等多家企业建立校企合作关系，设立“订单班、冠名班”，校企双方在“招生招就一体化”上达成协议，2016年秋季招生工作实行“招生招就一体化”新模式，实现“入校即入企”“上学即上岗”。与中国民航干部管理学院、东方职业技术学院签订联合办学协议，设立亳州校区，实行联合招生、合作培养，拓展学校办学空间和办学层次。

制定毕业生就业跟踪服务制度，拓展学生就业渠道，及时了解毕业生就业情况和用人单位用人需求，并以此调整学校教学、就业等方面工作，实现专业与产业对接，课程与岗位标准对接，教学过程与生产过程对接。

【校园文化建设】2016年，亳州工业学校开展教职工羽毛球、象棋赛，参加市总工会组织的徒步大赛等活动；开展首届服装设计与模特大赛、国学经典诵读大赛、开展学雷锋活动、践行文明公约演讲比赛、五禽戏进校园活动等，展示新时代、新职校生精神风貌，让学生在快乐中成长成才。

【宣传工作】2016年，亳州工业学校成立新闻宣传领导小组，由分管校长主抓，校办具体落实；成立新闻宣传团队，完善相关组织和制度；开展3次校级通讯员培训活动，严明新闻报道纪律；实行奖惩有度工作制度，挖掘校内新闻素材，宣传校园正能量。截至12月14日，学校网站共计发布240余条、亳州市教育局网站96条、安徽省教育网62余条。《亳州晚报》《亳州晚报新报》《新安晚报》《安徽经济报》、亳州电视台等媒体多次报道学校办学特色和成果。（孙结红）

亳州中药科技学校

【概况】亳州中药科技学校是一所公办医药卫生类普通中专学校，国家级重点中等职业学校，国家中等职业教育改革发展示范学校，国家首批现代学徒制试点学校，获“第四届黄炎培职业教育优秀学校”称号。学校与亳州技师学院、亳州市卫生学校实行一校三牌。

学校占地20公顷，建筑面积134300平方米，其中二期工程38600平方米，施工建设中；开设中药类、医护类、机电类、现代信息技术类和艺术类五大类、18个专业，在校生近万人。

2016年，学校被确定为安徽省示范特色中职学校创建学校，中药、中药制药和护理专业为省级示范专业，中药、中药制药和护理专业三实训基地为省级示范实训基地，承担4个省级名师工作坊，护理、数控加工技术和呼叫中心客户信息服务3个省级技能大赛赛点等建设任务。

【专业培训】2016年，亳州中药科技学校开展大专学生创业模拟实训、创业意识培训、SYB创业培训、网络创业培训，市建委建筑类特殊工种培训，残疾人就业能力培训共5071人次；与市安监局合作培训特殊工65人次，与谯城区中小企业服务中心合作培训药企职工396人次；职业技能鉴定3700人次。

【实习实训教学基地建设】2016年，按照中药专业技能型人才培养要求，以职业能力培养为主线，以落实“一专业一基地一实体”为重点，学校建立培养学生知识、能力、素质三位一体实习实训教学基地。投入约170万元建设十河镇大周村中药材种植基地20公顷，完成种植白芍3.33公顷，牡丹2.67公顷，红花、白芷、香草籽、夏枯草各0.67公顷。

【安徽省现代学徒制试点联盟成立】2016年，学校是安徽省唯一一所全国现代学徒制首批试点中等职业学校，探索职教改革

图72　2016年10月16日，亳州中药科技学校在全国中医药职业教育技能大赛“华御杯”针灸推拿技能大赛上获奖

新模式，与企业合作，联合兄弟学校成立安徽省中等职业学校教育联盟。承办全省现代学徒制联盟成立大会暨经验交流会。全省42家中职院校加入联盟，亳州中药科技学校成为轮值盟主。

【职业技能比赛获奖】2016年3月21日，第十二届全国中等职业学校“文明风采”竞赛活动省级复赛获奖名单揭晓，亳州中药科技学校报送88件作品有61件获省级奖励，其中一等奖9个，二等奖28个，三等奖24个，获奖量居全省172所参赛中职学校之首。夏军会等12名老师获“优秀指导教师”奖，学校获“优秀组织奖”。3月5日至6日，在安徽省职业院校技能大赛中，学校参赛选手获2个个人一等奖、1个团体二等奖、2个个人二等奖、1个团体三等奖和8个个人三等奖。10月，学校参加全国中医药职业教育技能大赛“华御杯”针灸推拿技能大赛，2015级王明化、徐德两位同学在针灸操作技术项目中分别获个人一等奖，燕桃桃同学在画经点穴及个人全能项目中分别获三等奖，学校代表队获传统功法集体二等奖和团体三等奖，宋晓静、张振付获优秀指导教师奖。

【举办职业成果展】2016年5月，在亳州市职业成果展上，学校中药传统工艺、中医理疗康复、现代机械技术、手工艺术和校企合作成果通过图片、展板、现场体验、成果展示、五禽戏表演等多种形式展演。刮痧、温经拔罐、保健按摩和养生足疗等中医护理，以及身穿仿古药童服装学生制作的“驱蚊香囊”获好评。

【3D打印专业被授予全国示范专业】2016年，学校在做强做实中药类骨干专业同时，围绕中国智造与创新教育主题，设置3D打印、物联网、客户信息服务等新兴专业，培养紧缺型技能人才。11月27日，2016年长风论坛——中国智造与创新教育暨3D打印教育联盟成立仪式在江苏盐城举行。会上，亳州中药科技学校3D打印专业被工业和信息化部授予全国示范专业，该校被推选为联盟副理事长单位。亳州中药科技学校是安徽省唯一入选学校。　（万琼）

安徽广播电视大学亳州分校

【概况】安徽广播电视大学亳州分校（简称亳州电大）是亳州市唯一一所以现代信息技术为主要手段，面向全市开展现代远程教育的综合性、开放型公办成人高等学校，辖涡阳、蒙城、利辛3个县级电大。学校编制21个，实有教职工49人，聘用28人，其中，本科以上学历36人，硕士3人，高级职称6人，中级职称17人。有特色数字图书馆、VOD点播系统、网络答疑系统、短信发布平台等，卫星电视与计算机网络、电信网络结合，实现远程教学数字化、多媒体、交互性，为本地区经济社会发展培养高素质应用型高等专门人才。学校有本科专业15个、专科专业20个，中职专业8个。

2016年，亳州电大连续第六年获全省电大办学先进单位，获市2015年度效能建设良好单位、2015年度安徽省继续教育协会工作先进单位、2015年度国家开放大学招生工作优秀集体。

【学历教育】2016年，亳州电大根据需求调整专业设置和招生计划，培育新招生增长点。完善工作机制、激励机制，实行学员奖励机制，实行专升本有优惠、老带新有奖励学费减免制度。利用电视、报纸、网站、手机短信等媒体，探索微信招生，现场招生，做到招生宣传全覆盖。本年度全市电大招生4484人。各级各类在校生达到10729人，其中校本部4187人，居全省前列。

【非学历教育】2016年，亳州电大开展全市各类非学历教育培训项目。举办全市初中校长素质提升培训、全市骨干幼儿园教师培训、全市心理健康教育兼职教师培训、亳州市养老服务人员培训、亳州市教育局财务人员培训、亳州市骨干幼儿园园长培训、经开区幼儿园教师集中培训、人社局精准扶贫培训、亳州旅游学校中职生法制安全教育专题培训等各类培训17期，2550人次。举办创业意识培训12期，965人次；创业培训21期，1005人次。其中，SYB（创办你的企业）培训8期，370人次；模拟实训9期，510人次；IYB(改善你的企业)培训，2期，70人次；网络创业2期，55人次。

【提升服务水平】2016年，亳州电大完善校园网功能，增加在线学习、报名考试等栏目，方便学员网上学习、查询和办事。制定网上教学任务，及时更新网上信息，充实网上学习资源，提升网站实用性，确保学员通过电大网站及时获取知识和信息。承担教育考试、公务员考试、事业单位招聘考试及各级各类社会考试共计17类，22次，共计3万人次。承担社会性无纸化考试，职称计算机考试，会计从业考试，卫生职称等上机考试152场次，10472人次。

【教学质量管理】2016年，亳州电大规范管理教学常规，按照专业实施教学计划，制订面授课表，落实面授教师，开展教学。组织实践环节教学、教学检查和素质教育。2016年，45名学员获中央和省电大奖学金，84名学员成功申请学士学位。开展德育工作，无涉及学生的刑事、治安等案件发生。开展国学经典教育，安排4位老师对《弟子规》不同章节进行研究、备课、教学。丰富教学方式。开展践行《弟子规》活动，要求学生坚持每天早晨诵读《弟子规》20分钟。教科研实行科研奖励办法，根据国家、省、市等不同级别进行奖励。开展效能示范岗创建活动，加强年轻教师培养。鼓励年轻教师参加继续教育、在职硕士进修，把国培、省培等培训向年轻教师倾斜。2016年，一名教师获全省电大教学管理创新奖。（孙能顺）

亳州市特殊教育学校

【概况】2016年，亳州市特殊教育学校有23个教学班，学生385人；教职工81人，其中本科学历59人，专科学历15人，中师学历1人；中学高级教师20人，安徽省特级教师2人，全国特教园丁奖3人。学校增设职业高中部。在政府公开网上发布信息529条。

本年度，亳州市特殊教育学校被评为亳州市文明创建单位、政府公开网首页示范单位；在效能考核中获良好等次。在安徽省第四届特殊奥林匹克运动会中，共获4金8银8铜20枚奖牌。培智部学生张桃桃、夏米克、赵海洋、杨洋各获一枚金牌。在亳州市特教教师课堂教学大赛中获一等奖1名，二等奖2名。在亳州市教科研成果评选中，亳州市特殊教育学校所选送论文、课件、课例等作品7人次获一等奖，9人次获二等奖，14人次获三等奖。在皖北片教科研成果展示评比中，1人获一等奖，2人获二等奖；在全国特殊教育征文活动中亳州市特殊教育学校教师赵庆春、周凤荣获一等奖，王翠玲获二等奖，马晓枫获三等奖。

【师资队伍建设】2016年6月29日至7月5日，亳州市特殊教育学校在南京特院举行全体教师培训，提升教师专业水平。组织教师参加公需知识及信息技术应用能力提升网络培训。全年组织教师录课17节，组织学校青年教师进行公开课32人次，评出一等奖2名，二等奖5名，三等奖8名。

【新校区建设】2016年，亳州市特殊教育学校完善采购、保管、维护、使用等财产管理制度，初步完成学校固定资产清查工作；完成聋生部智慧课堂项目采购工作，购价约50万元，包括9套智慧教室中央控制系统以及若干辅助设备；采购培智部心理健康康复器材，帮助智障及孤独症学生提高心理素质，健全人格，增强承受挫折与适应环境能力。完善学校硬件设施配置。成立校教研信息中心，完成云资源数字图书室、人人通平台建设工作。完成学校新校区施工招标前工作。

【手语翻译服务】2016年，亳州市特殊教育学校为亳州市残疾人联合会、法律援助中心、公检法等单位提供手语翻译69人次，为市中级人民法院审理特大盗窃团伙在蒙城开庭提供翻译一个月，并帮助各大银行进行员工手语培训。

【"助残日"活动】2016年5月13日，"关爱孤残儿童，让爱洒满人间"主题文艺演出活动在亳州特教学校举行，该活动由亳州市教育局和亳州市残疾人联合会主办、亳州市特殊教育学校和亳州电视台承办。表演内容有开场舞、《古诗诵读》《三字经》诵读、舞台情景剧、配乐诗朗诵等。演出结束后，社会爱心人士为特校学生捐款捐物，希望通过具体爱心传递帮助更多特殊儿童少年，让孩子们有更多机会接受教育，学习知识，掌握技能。

（薛蔚然）

科　技

【概况】亳州市科技局为市政府组成部门，有内设机构4个，分别为办公室（科技外事科）、高新技术发展及产业化科、农村与社会发展科、科技成果与技术市场科。市科技局下属2个正科级事业单位，即亳州市知识产权局（专利局）和亳州市生产力促进中心。

【科技体制改革】2016年，《亳州市创新驱动发展工程实施方案》出台，推动全市创新驱动发展工程。修订完善《亳州市专利资助和奖励资金管理暂行办法》，提高资助标准，扩大奖励范围，激发全市民众创新创积极性。制定出台《亳州市众创空间备案实施细则》，推进众创空间建设。市科技局协调建安集团成立天使基金；建安集团与省投资集团共同成立中安晨星投资管理有限公司，成立资金规模为1亿元的亳州中安天使投资基金。市县科技系统公共服务清单和中介服务清单正式公布实施，形成以权力清单、责任清单、公共服务清单、中介服务清单为框架的清单制度体系，深化科技体制改革，优化资金投向，加强资金监管，营造公开、透明、高效的科技项目资金管理机制。建立市科技报告制度，组织济人药业、广印堂药业等5家科技项目填报科技报告，实现全程可查的项目评审、立项、过程管理和结题验收、绩效评价，提高财政资金使用效益。

【高新技术产业】2016年，亳州市培育高新技术企业99家，其中成熟期企业47家、成长期30家、初创期22家。新认定高新技术企业24家，全市高新技术企业数动态发展到45家，同比增长50%，增速居全省首位。高新技术产业实现产值363.9亿元，同比增长21.9%，增速位居全省第六位；高新技术产业增加值89.4亿元，比上年增长15.8%，增速位居全省第八位。落实高新技术企业优惠政策，2015年高新技术企业税收优惠2127.46万元；落实企业研发费用税前加计扣除政策，2015年度11个企业53个项目，研发投入7753.6万元，享受所得税优惠969.20万元；组织企业申报研发、检测设备补助项目，获资金支持574.1万元。联合市财政局推荐32家企业申报研发、检测设备补助项目，获省补助经费313万元，市县（区）配套261.1万元。帮助企业组织凝练科技项目、修改完善申报材料，重点围绕现代中药、食品加工等重点产业推荐11个项目申报省重大专项，获批立项5项，获省、市、县（区）三级财政资金支持1260万元；开展中央引导地方科技创新示范项目，遴选推荐8个项目，获批资金40万元，实施省一般性转移支付项目，推荐永刚饮片厂、宏信药业等6家企业申报项目，获批经费367万元；引导和鼓励企业、研发机构加大创新投入，落实科技研发费用"后补助"激励政策。全年全市研究与发展（R&D）经费支出达4.10亿元，同比增长18.8%，规模以上企业研发投入占95%以上。

【知识产权工作】2016年，亳州市发明专利申请量为1405件，增幅55.6%，居全省第五位；发明专利授权量为165件，有效发明专利548件，每万人口发明专利拥有量为1.09件。发放2016年度专利资助资金资助98.7万元，指导亿人安、浩翔等4家企业开展知识产权贯标工作；安徽济人药业有限公司被认定为首批省

图 73　2016 年 10 月 14 日，亳州市举办创新创业大赛

知识产权示范培育企业。开展专利执法维权专项行动，探索建立电子商务领域的知识产权保护机制，维护电子商务领域专利市场秩序；知识产权质押融资实现新突破，华佗国药使用自己的核心发明专利“一种治疗心血管的药物及其制备方法”和亳州农行签订质押贷款合同，贷款 3500 万；执法维权工作，市县共联合执法 8 次，检查专利商品千余件，检查全市生产企业 10 家，受理专利侵权纠纷案件 62 件，查处假冒专利行为 41 起，结案率 100%，指标完成率 300%，位居全省首位。

【农村科技工作】2016 年，亳州市组织 15 个项目申报科技扶贫项目备案，拨付三县一区科技扶贫经费 266 万元；将“三区”科技人才选派与科技扶贫相结合，组织“三区”人才选派工作，选派 57 人，受培 8 人；选派人员累计服务乡镇 59 个，服务企业、合作社 24 个，帮扶贫困户 212 个。累计引进、推广新技术 98 个，建立示范基地 40 个，培养本地技术骨干 212 人，帮扶贫困户增收 137 万元；开展组织“三下乡”活动，发放各类科普宣传单 2000 份、科普图书 500 本；申报两个科技特派员工作站绩效，获 20 万元工作经费。

【创新平台建设】2016 年，安徽东方新新生物技术有限公司被确定为安徽省 2016 年度高层次科技人才团队扶持对象，实现全市高层次科技人才团队“零”的突破；新增“安徽省中药饮片自动化生产工程技术研究中心”“安徽省新型纤维色纺工程技术研究中心”和“安徽省黑小麦食品加工工程技术研究中心”等 3 家省级工程技术研究中心；组织专家对“安徽省固态发酵工程技术研究中心”等 4 家省级工程技术研究中心进行结题验收；亳州“互联网 +”创业示范园区（筑梦社区）和亳州青年众创空间获批省级众创空间；建设阜阳师范学院（亳州）技术转移中心和安徽科技学院（亳州）技术转移中心；组织推荐安徽古井贡酒股份有限公司固态发酵工程实验室申报安徽省重点实验室。举办上海科技管理干部学院亳州市科技管理专题研修班 2 期，94 人参加培训，受益企业 38 家。举办“江淮双创汇·走进亳州”专场活动；李锦斌书记赴筑梦社区调研，对互联网 + 创业园模式肯定，并进行推广；组织安徽东方新新生物技术有限公司、安徽东方帝维生物制品股份有限公司两个院士工作站申请市政府事后奖补资金 100 万元。

（郭学彬）

气　象

【概况】2016 年，亳州市气象局获安徽省气象局综合考评特别优秀达标单位、安徽省气象部门创新工作奖、安徽省气象现代化评比第四名、第九届气象行业职业技能竞赛优秀组织奖。在安徽省第九届气象行业职业技能竞赛中，亳州市气象局获优秀组织奖，2 人分别获“技术保障”第二名和“天气预报与服务”第二名。全市气象系统全部被亳州市推荐为第十一届省级文明单位。蒙城县局获第二批安徽省“百佳机关书屋”称号。

【年度气候情况】2016 年，亳州市属较差气候年景。全市年平均气温 15.9℃，较常年偏高 0.7℃，为 1966 年有完整气象记录以来第四高，冬、春、夏、秋四季连续偏高;年平均降水量924.7毫米,较常年同期(867.1毫米)偏多1成左右,降水分布不均,冬季、夏季偏少,出现较重夏秋旱;春季、秋季偏多,其中秋季偏多近一倍,居历史同期多雨年第二位;年日照时数1855.9小时,较常年偏少185小时。

2016年,亳州市午季多阴雨天气,不利于夏收夏种。5月26日至6月8日全市多阴雨天气,平均雨日10天,累积雨量97毫米,较常年偏多1.8倍,阴雨天气不利于小麦成熟收晒,同时土壤过湿,影响夏种。

夏末秋初旱情明显,影响作物正常灌浆。7月22日至9月25日,全市多晴少雨。7月23至31日,最高气温普遍维持在35～37℃,亳州市部分地区旱情显现;8月中旬后全市气象干旱迅速发展,至9月25日大部分地区达中旱,局部重旱以上,影响玉米、大豆正常灌浆。

秋季出现罕见连阴雨,影响农业生产。秋季全市平均降水量324毫米,较常年同期偏多近一倍,9月25日至10月31日,全市平均降水量290毫米,较常年同期异常偏多2.5倍,为1966年以来历史同期最多;平均降水日数(日雨量≥0.1毫米)为22天,较常年同期偏多14天;平均日照时数61小时,较常年同期偏少7成,为1966年有完整气象记录以来同期最少。长期阴雨寡照不利于秋收作物晾晒,不利于在地作物光合作用,对冬小麦生长和设施农业有不利影响,部分农田出现渍害。

年初秋末遭遇强寒潮,积雪初日为2010年以来最早。年内1月22至25日、2月12至14日、3月7至8日和11月21至23日出现四次寒潮天气过程,其中以1月22至25日和11月21至23日的寒潮强度较强。1月下旬遭遇1998年以来罕见严寒。1月22至25日的寒潮天气过程平均气温下降8℃左右,极端最低气温普遍达-11℃～-13℃,为1998年1月20日以来最低。11月下旬出现历史同期最强寒潮过程。11月21至23日的强寒潮天气过程48小时平均气温降幅达13.2℃。22至23日全市均出现降雪,积雪初日为2010年以来最早,雪深4厘米～8厘米。大风、雨雪、强降温、道路积雪和结冰对设施农业、供电、供水和交通出行造成不利影响。

【气象预报预警】2016年,亳州24小时晴雨预报质量88.2%,位列全省第五,最低气温预报质量88.9%,位列全省第四,最高气温预报质量82.9%,位列全省第七;全年发布雾霾、雷电、大风、寒潮、暴雨等各类预警信号91次,准确率99%,预警时效平均提前2.85小时,其中强对流天气平均预警时效提前到52分钟。

【气象检测网络】截至2016年年底,全市建多要素自动站96套、20套单雨量站、17套城市雨量站、11套高速公路交通气象站、20套农田小气候仪、10套大气电场仪、6套自动土壤墒情监测站、4个双套运行的国家新型自动站、4个卫星数据接收站、2个车载移动气象站、1部713天气雷达。多要素自动气象站乡镇和街道办事处覆盖率100%。全市气象探测数据可用性为99.98%,自动站数据传输及时率99.8%。

【气象防灾减灾】2016年,全市发展1455名气象信息员,实现气象信息员镇(街道)、村(社区)全覆盖。结合"美丽乡村"建设,在全市建成8个气象防灾减灾标准化乡镇和8个示范村。与市民政局联合建成4个气象防灾减灾标准化示范社区。涡阳县西阳镇被认定为国家级第四批标准化气象灾害防御乡镇。制定《亳州市气象为农"直通式"服务方案》,全年发布农业气象服务产品108期,建立气象为农服务用户信息库,对13000余个新型农业经营主体开展点对点"直通式"气象服务。

开展全省人工影响天气工作标准化县创建工作,全市新建6个固定标准化作业点。组织开展全市人影作业点安全等级评定工作,取消19个不达标流动作业点。

2016年,市气象局研发履行乡镇政府公共气象服务清单的市、县(区)5个灾害防御管理平台,为全市252名美丽乡村信息员和乡镇信息员配备气象服务手持终端。信息员通过手持终端接收和传播预报预警信息和服务产品,为农户提供生产指导,以图文形式收集上报气象灾情,开展灾害防御知识宣传。

【气象社会管理】2016年,《亳州市气候资源开发利用和保护情况调研报告》被市政府作为41

项重点课题调研报告向全市印发。市县气象局权责清单、公共服务清单和中介服务清单全部纳入政府清单目录。市、县气象局行政许可和便民服务事项全部纳入网上办事大厅，全年共办理400余件，无超时办件和投诉办件。防雷安全纳入市政府重大安全隐患挂牌督办平台管理，全年利用督办平台完成7项防雷隐患的整治工作。

制定落实《亳州市防雷减灾体制改革实施方案》，初步完成工作职责交接和人员岗位调整。

【气象科普】2016年，市、县气象局开展普宣传主题讲座8次、科普宣传“五进”活动9次、广场宣传21次，发放各类科普资料5.5万余份。通过电视节目播出气象科普知识11期。联合市科协、教育局开展中学生气象科普作品创作大赛。全市在省级以上媒体发表气象科普宣传稿件41篇。

【气象重点工程建设】亳州市科普公园占地面积约12.07公顷，以漳河为脉，分两区一带建设。北区“气象科普中心区”建设气象防灾减灾中心、多普勒雷达塔楼；南区为综合气象探测中心区，主要建设气象观测站，农业气象试验园、气象观测值班用房等。一带为沿漳河景观绿化休闲带。气象防灾减灾中心、多普勒雷达塔楼等各项配套工程2016年年底通过验收；气象科普公园景观绿化和步道基本完成。

亳州市防灾减灾科普馆融合气象、科技、地震、人防、消防等5个防灾减灾主题元素进行设计，启动建设。

【亳州机场气象站正式运行】亳州民航机场气象观测站位于谯城区立德镇，占地面积3000余平方米，2016年12月31日全面建成，观测业务正式运行。机场气象站建有双套新型自动气象站，配备风廓线雷达、闪电定位仪、云高仪、降水现象仪等自动监测设备。自动观测项目有能见度、视程障碍和降水天气现象、气压、气温、湿度、风向、风速、降水量、草温、浅层地温、深层地温等11个项目，24小时连续观测。

（马魁侠）

图74　亳州民航机场气象站

卫生　体育

“美丽亳州”系列图片——亳州体育场

医疗卫生和计划生育

【概况】2016年，亳州市共有卫生机构1625个，其中医院60个、卫生院92个，社区卫生服务中心（站）101个，妇幼保健院（所、站）5个，疾病预防控制中心5个。卫生技术人员15690人，其中执业（助理）医师5555人，注册护士6394人。医院、卫生院实有床位数1.7万张，编制床位数1.2万张。全年诊疗2030.1万人次。村卫生室1268个，乡村医生和卫生员5596人，各村均有医疗点。

【医药卫生体制改革】2016年，亳州市印发深化医药卫生体制综合改革试点重点工作任务和督查方案，调整医改工作领导小组，将药占比等关键指标纳入全市卫生工作考评。谯城区、利辛县实现新农合和城镇居民医保“两保合一”，谯城区、涡阳县开展商业保险公司承办城乡基本医保试点。改革医保支付方式，完善医保付费总额控制，实行“临床路径+按病种付费”制度改革，控制医疗费用不合理增长，市人民医院按病种付费执行率49.04%，县级医院58.88%，均超额完成40%的目标任务。推行药品耗材集中采购，参加皖北片医疗机构高值耗材带量采购，降低耗材虚高价格。加强药品监控监测，每月统计分析重点监控药品使用情况，采取通报、约谈、处方点评等方式，督促医疗机构合理用药。规范药品流通秩序，全面推行“两票制”，打击药品购销中的违法违纪行为。全市县级以上医疗机构药占比、耗材占比分别为32.10%、8.79%，同比降低5.99%、0.75%。加强医疗服务综合监管，每季度开展一次二级以上公立医院考评。加强县域医共体、城市医联体建设，推动优质医疗资源下沉，全市10家二级及以上公立医院均开展分级诊疗工作，共建立医共体9个、城市医联体41个，群众基层首诊、双向转诊率提升。2016年年底，各县区区域就诊率均在85%以上，其中谯城区县域内就诊率91.08%，患者外转势头得到有效控制。全市10家二级以上公立医院门诊、住院次均费用比2015年下降1.49%、1.94%，门诊、住院药品次均费用比2015年下降9.16%、17.79%。全市临床路径实施比例51.3%，在2016年前三季度全省药事质控督导和临床路径检查中，亳州市位居全省第一，并在全省卫生计生工作推进会上作经验介绍。

图75 2016年5月31日，亳州市举行”拒吸第一支烟 做不吸烟新一代“签名仪式

【卫生计生民生工程】2016年，亳州市实施12大项45小项基本公共卫生服务，城乡居民健康档案电子建档人数达424万人，规范化电子建档率99.2%；适龄儿童22剂次免疫规划疫苗接种率95%，建卡率98.9%；孕产妇、儿童保健任务完成率分别为118.3%、136%；65岁以上老年人、高血压患者和Ⅱ型糖尿病患者规范管理率分别达84.5%、80.3%和88.3%；登记在册的重性精神疾病患者规范管理率92.8%；传染病疫情、突发公共卫生事件信息报告率100%；65岁以上老年人和儿童中医药健康管理服务覆盖率分别为57.8%和99%；报告发现的结核病患者管理率100%。全市新农合参合540.5万人，参合率106.4%，补偿1255.1万人次，住院实际补偿比66.8%，次均住院费用4779元，住院率10.75%，补偿基金支出27.9亿，

当年基金支出率95.67%，累计基金支出率94.26%，基金整体运行平稳。县区均由商业保险公司承办新农合大病保险，共补偿42086人次13845.39万元，超额完成省要求补偿进度。全市完成免费婚前健康检查14万人，完成率116.4%，婚检率98.11%，疾病检出率13.8%；完成农村孕产妇分娩补助6.64万人，任务完成率129.9%。全市确认计划生育特别扶助对象775人，发放扶助金300.6万元，4月8日前全部打卡发放到位，提前5个月完成全年目标任务。亳州市5项卫生计生民生工程全部进入全省第一方阵。

【计划生育服务管理】2016年，亳州市委、市政府下发《关于实施全面两孩政策改革完善计划生育服务管理的实施意见》（亳〔2016〕16号），召开新闻发布会，实施两孩政策。对依法生育两个以内子女的实行生育登记，优化办事流程，简化办理手续，全面推进网上办事，做好便民服务。探索实施生育保健服务证、预防接种卡、保健手册等多证合一制度，开展生育对象优生优育教育和孕前、产前、产后技术服务。以政策内待孕对象为重点，强化对高龄孕产妇的健康指导与服务。落实包保责任制，把符合生育政策的对象纳入管理服务范围，对政策内怀孕妇女进行全程孕情监测和跟踪随访服务，对符合生育政策的对象实行滚动式管理，随发生、随审核、随登记，逐月记录孕情监测结果，直到生育。全市办理计生各类证件73260件。其中生殖保健服务证62872件，生育证2245件，独生子女光荣证3238件，流动人口婚育证明4905件。开展关爱女孩行动，集中开展“两非”专项整治，查处一批“两非”大要案，全市立案42件，7人被判处有期徒刑，28人被吊销助理医师资格证，3家医疗机构执业许可证被吊销。全市出生人口政策符合率90.04%，同比增高5.63个百分点；出生人口性别比110.86，同比下降2.06个比值；自然增长率8.62‰，同比降低0.16个千分点，完成市下达的控制在9.5‰以内的目标。

【社会办医】2016年，根据《亳州市中心城区医疗机构设置规划（2015－2030年）》，为社会办医留足建设发展用地。依据市政府出台的《社会办医财政补助方案和社会力量办学财政补助方案》，及时足额兑现财政补助政策。市卫生计生委下发《关于加大社会办医工作力度的通知》，将年度目标任务分解到县区和二级机构，提出明确要求。每月对各县区、市直医疗卫生计生单位任务完成情况进行调度，推进工作落实。2016年全市批准设置且开工建设二级及以上医院10家，即利辛中心医院、利辛同济综合医院、利辛福寿康综合医院、蒙城众和中医骨伤医院、蒙城新诚医院、蒙城脑康医院、涡阳瑞金妇产医院、涡阳阳光医院、涡阳妇女儿童医院、亳州爱尔眼科医院。建成投入使用3家，即亳州兴华医院、蒙城妇女儿童医院、蒙城中西医结合医院。批准设置但尚未开工建设的1家，即安徽亳州宝璋医院。正在申请设置7家，即亳州济民肿瘤医院、亳州兴华医院新院、亳州骨科医院、广州香雪制药集团医院、亳州市立医院、亳州康复医院、蒙城眼科专科医院。

【医疗质量服务】2016年，亳州市完成“十三五”卫生计生事业发展规划、中医药健康服务发展规划（2016－2020年）和“十三五”中医药事业发展规划（2016－2020）等编制工作，亳州市区域卫生规划（2016－2020）编制，已上报省卫生计生委论证。市医院新院二期工程、谯城区人民医院项目全部完工，投入使用。华佗中医院新院主体工程完工。市精神病医院于2016年5月底投入使用。抓质控督导和医院创建，每季度对公立医院和民营医院督查考评、排名通报一次，对存在的问题列出清单，限期整改。开展“十佳医生和十佳护士”评选表彰活动和各项技能竞赛。2016年，3家一级民营医院成功创建二级医院、3家乡镇卫生院成功创建二级综合医院。印发《亳州市中医药健康服务发展规划（2016－2020年）》（亳政办秘〔2016〕118号）、《亳州市创建全国基层中医药工作先进单位实施方案的通知》（亳政办秘〔2016〕183号）。制定《亳州市“十三五”中医药事业发展规划（2016－2020）》（亳卫〔2016〕136号）。与安徽省中医药大学联合举办中医适宜技术培训班，对亳州市40名基层中医人员进行2个月的中医理论和技术培训。全市92个乡镇卫生院、13

个社区卫生服务中心全部设置中医科，配备中医药人才和基本设备，开展中医药服务。

【健康脱贫工程】2016年，亳州市开展因病致贫、返贫情况调查，建立健康脱贫对象患病信息数据库。制定《亳州市健康脱贫工程实施方案》（亳政秘〔2016〕268号），全面落实“两免两降五提高一兜底”政策，建立“一站式”结算机制和健康脱贫“月点评、季通报”统计上报制度，制发《健康脱贫医疗服务证》。2016年10月26日到2017年1月3日，通过“一站式结算”系统为126729人次贫困人口支付基本医疗、大病保险、医疗救助、政府兜底等综合医保费用6123万元。因病致贫、返贫贫困户分别减少16342户29285人。对当年取得全科医师证并与乡村医疗机构签订3年以上服务协议的医生一次性奖励5000元，在全省属首创。市卫生计生委为涡阳县武举村和蒙城县张圩村配备办公电脑和打印机，给予武举村6万元、张圩村5万元用于村级基础设施建设，协调有关部门实施农村道路畅通工程、电网改造工程、安全饮水工程和高标准农田建设，市人民医院为两村村卫生室增添设备，硬化道路等。帮助两个贫困村谋划产业脱贫项目，其中投资23万元为张圩村流转土地近4.67公顷种植黄桃，拨付武举村37户藏红花项目个人需支付资金1.85万元。

【“智慧医疗”项目建设】2016年，亳州市建设“智慧医疗”项目。按照国家人口健康信息化“4631-2工程”规划和安徽省《市级人口健康信息平台建设指南》要求，亳州市制定“智慧医疗”工程建设方案，整个项目分三期进行建设。2月19日召开专家评审会，确定上海京颐股份公司为承建单位，签订协议，明确建设内容和时限，公司承诺信息化软件、数据中心硬件及五年运行维护全部免费。京颐公司进驻亳州市工程师95人。截至2016年12月底，一期工程基本完成，建成全市卫生专网、市级数据中心、全员人口数据库、电子病历数据库，搭建市级信息平台，全市10家二级医院全部与市平台实现数据对接，77个乡镇卫生院和887个村卫生室全部替换京颐云HIS系统，实现市、县、乡、村四级卫生信息互联互通，初步实现与省平台对接。

（李路）

体 育

【概况】2016年，亳州市抓住全民健身上升为国家战略的历史机遇，坚持以提高市民健康素质为目标，推进群众体育蓬勃发展，政府主导、部门协同、全社会参与的大群体格局初步形成。亳州市被国家体育总局授予“国家健身气功五禽戏传承地”称号，校园五禽戏课题顺利结题。被省列为全国健身气功改革试点市，获“全省群众体育工作先进单位”和“安徽省体育竞赛优秀赛区”等称号。

【群众体育】2016年，亳州市规划建设一批市级公共体育设施项目。投资3.6亿元，建设占地8.2公顷集主馆、训练馆、全民健身中心、游泳池等于一体的市体育馆。投资1.6亿元，建设占地13.8公顷的市体育公园，室内游泳池、5人制足球场、篮球场、网球场、门球场、健身步道等配套齐全。投资3000万元，建成10个室外标准游泳池。利用中心城区公共绿地空闲地、街头巷尾闲置地以及小区内外边角地，建设公共体育场地、安装健身器材，不断满足市民公共健身需求，全年完成三期建设任务，建设篮球场、羽毛球场、乒乓球等170片场地，在小区内外安装326套健身器材，建成52千米健身步道、自行车骑行道。截至年底，全部完成“万千百”农村行动计划任务，建成3个县级全民健身广场、14个乡镇级全民健身广场、实现村级农体工程全覆盖。完成“511”城市行动计划建设任务，建成17个社区体育俱乐部、81个全民健身苑、854个晨晚练点，配套城市公共体育设施。制定《亳州市全民健身工程管理办法》，建立一巡查、两报告工作机制，市、区共同委派人员，定期对城乡器材进行巡查，发现问题及时整改；以受赠单位为主体，发现器材损坏后及时报告，鼓励活跃在晨晚练点的社会体育指导员和市民，发现问题及时报告，统一安排及时维修更换。共收到报告96件，更换维修器材400余件。中心城区机关企事业单位和学校等所有公用体育设施全部免费对外开放，市行政中心大院率先对外开放，建

图 76　2016 年 9 月 24 日，亳州市第二届运动会开幕

设和配备相关体育器材，提高体育设施使用效率，确保市民休闲有去处、健身有场地。

坚持以“全民健身、健康亳州”为主题，组织开展全民健身主题活动。2016 年市级开展综合性群体活动 60 余项次，县级体育部门组织的大型群体活动 90 余项次，参加活动的群众 30 万人次以上。组织举办一系列体育竞赛、体育交流、展示活动 300 余次，活动人数超过 12 万人次。举办亳州市第三届传统武术大会和第八届华佗五禽戏养生健身节。同时组队参加全省第四届全民健身运动会，共组织 350 名运动员参加 26 个大项 110 个小项的比赛，获一等奖 22 个，二等奖 36 个，三等奖 67 个。

健全社会体育组织。按照《亳州市体育协会管理办法》，对全市各体育社团进行清理，对一些不主动作为的僵尸协会进行改选或清撤。整合现有结构，确保体育社团在服务内容上不缺位，不错位。以政府购买社会服务等形式加大对优秀体育社团的扶持力度。截至 2016 年年底亳州市本级有体育社会组织 67 个，其中协会 31 个，俱乐部 36 个，2016 年新增社会体育组织 20 个。社会体育指导员队伍 8071 人，比上年新增 1698 人。户外运动协会、羽毛球、乒乓球、风筝等协会开展赛事和免费公益培训活动 20 余次，根据各社团实绩发奖励经费 30 万元。完成 2500 人的国民体质监测任务。

推广普及五禽戏。举行 2016 年健身气功五禽戏“五进”系列比赛。举办健身气功社会体育指导员提高班和校园五禽戏老师提高班，完成校园五禽戏习炼人数达 7 万人的工作任务。

【青少年体育】亳州市第二届运动会于 2016 年 9 月 24 日在亳州职业技术学院体育场开幕。由亳州市人民政府主办，首次由各县、区人民政府，市体育局、市教育局、市总工会、团市委、市妇联联合承办，设青少年组、成年组两部分，参赛人数 2000 余人。强化青少年体育单项训练基地建设，涡阳一中、华佗武校、华东武校等 26 所学校和单位成为亳州市青少年体育单项训练基地。年底，下发训练经费 30 万元。上半年全市注册运动员 442 人，组织全市青少年运动员 540 余名运动员参加骨龄检测。承办 2016 年省武术套路锦标赛。参加 2016 年安徽省青少年锦标赛。组织参加手球、套路、散打、跆拳道等 14 个项目比赛，共获 25 枚金牌、14 枚银牌、22 枚铜牌，武术套路、武术散打、拳击团体总分均进入全省前三强，年底下发运动员和教练员奖励经费 16.46 万元。亳州八中和利辛中学被评定为安徽省传统项目学校，华佗武校青少年俱乐部被授予省级青少年体育俱乐部，完成 2016 年度市级 5 所体育传统项目学校和 6 家市级青少年体育俱乐部的评审相关工作。联合市教育局共同举办亳州市第四届学生运动会和 2016 年度亳州市校园足球联赛。

【体育产业管理】2016 年，亳州市通过举办业务骨干培训班，召开全市经营性游泳场所安全管理工作会议，下发安全管理工作各类文件，做好游泳救生员的培训鉴定等各种手段，引导宣传，确保经营性游泳场所安全管理工作有序。抓好体育彩票销售管理，截至 12 月，全市体育彩票销售量达 2.92335661 亿元，超额完成省下达的体育彩票销售任务（2.23601 亿元）。　（李新）

年份原浆”
杯首届中国（亳州）国际健身气功博
l Health Qigong
of GUJING GONG · NIANFEN YUANJIANG(SELECTION)
暨第
五禽戏养生
身节
The 5th
Nourishing Life
Festival

图 77　华佗五禽戏

民政　宗教

“美丽亳州”系列图片——秋日天静宫

民政工作

【概况】2016年，亳州市切实保障和改善民生，巩固军政军民团结，推进军民融合深度发展，拥军优属、拥政爱民成绩显著，亳州市首次获“全国双拥模范城”称号。在2016年全省民政工作综合评估中，亳州市被省民政厅评定为优秀等次，获通报表彰。

【低保工作】2016年，亳州市出台《亳州市社保兜底脱贫工程实施办法》《关于做好农村低保与扶贫开发有效衔接的通知》。城市低保标准提高到人均480元/月，农村低保、五保分散供养财政补助标准提高到人均3150元/年，在皖北地区率先实现农村低保、农村五保分散供养、扶贫标准的“三线合一”。开展低保专项清理整顿及兜底脱贫情况排查，全年累计退出低保对象11.68万人，新增低保对象1.01万人。加强低保信息化建设，全省第二个建立救助申请家庭经济状况核对平台，对居民户籍、车辆、房产等信息进行实时比对。低保申请通过网上办理，建立低保网上公示制度。

【救助工作】医疗救助方面，2016年，亳州市对重点救助对象年度救助限额内，住院自负费用医疗救助比例不低于70%。出台《完善医疗救助制度全面开展重特大疾病医疗救助工作实施方案》，将全市扶贫建档立卡贫困户纳入重特大疾病医疗救助范围，累计救助重特大疾病群众3.13万人次，支出2824.7万元。增强医疗救助时效性，“一站式”救助比例达94.7%。临时救助方面，筹集临时救助资金1827.6万元，累计救助5166户次，支出1505万元，户均救助2913.3元。救灾救济方面，全年下拨冬春生活救助资金1260万元，发放救济粮23.65万千克、救济款1135万元、棉衣被1.28万床(件)，9.7万名受灾群众基本生活得到有效保障。流浪救助方面，加强生活无着人员救助工作。开展滞留流浪乞讨人员DNA信息比对，及时发布寻亲公告，帮助更多流浪乞讨人员找到家庭，全年救助3700人次。

【养老服务】2016年，亳州市制定《亳州市中心城区养老服务设施布点专项规划》。建成社区养老服务设施20所；新增1000张社会办养老床位；发放社会办养老机构补贴901.2万元。建成居家养老服务中心，开通12349居家养老服务热线。市精神病人福利中心、市养老服务中心工程完成主体工程建设。

【护理补贴】2016年，亳州市对生活半自理的特困供养人员按每人每月不低于200元、完全不能自理的不低于300元的标准发放护理补贴，发放321万元，保障1898人。对一级、二级且需要长期照护的重度残疾人，每人每月给予60元护理补贴，发放2728.1万元，补贴4万名重度残疾人。

【儿童福利】2016年，亳州市把孤儿和父母因重大困难无法履行抚养和监护责任的事实无人抚养儿童，纳入孤儿保障范围。机构集中养育孤儿基本生活费标准达到1300元、散居孤儿达到900元、每人每月增加300元，位居全省前列。对18岁以上有学习意愿的孤儿免费进行驾驶培训。开展孤儿回归家庭工作，办理收养和家庭寄养48名，涉外送养3名。开通服务孤儿微信平台。加大农村留守儿童排查力度，排查留守儿童14.37万人。

【社会组织管理】2016年，亳州市累计登记社会组织1547个，同比增长15%。社会组织年检率86%。加强社区社会组织建设，累计成立24家枢纽型社会组织联合会。开展行业协会学会不规范问题专项清理整治，共注销协会学会1家，撤销5家；完成涉及24家市直单位、52家协会学会，累计179人次在市民政局的辞职备案，领导干部在协会、学会兼职清退完成率100%。

【基层政权管理】2016年，亳州市开展社区减负，制定社区印章使用范围清单。印发《关于进一步加强农村社区建设试点工作的实施意见》《加强城乡社区协商工作实施方案》，选择162个村、社区开展城乡社区协商试点，初步构建多元共治的社区治理新格局。

【区划地名】2016年，亳州市地名普查工作完成。谯城区城父镇，涡阳县曹市镇、义门镇，蒙城县小涧镇被评为千年古镇。

【社会工作】2016年，亳州市加快社工人才队伍建设，对通过中级社工师的补助1200元、通过助理的补助800元，2016年通过46人，合计发放4.32万元。目前持证社工师129人，登记成立民办社工机构8家。

【福彩发行】2016年，亳州市完成福彩销售2.98亿元。福彩工作获得全省组织管理、发展质量、综合管理三个一等奖、销售总量二等奖。

【优抚安置】2016年，《亳州市重点优抚对象享受普惠加优待实施细则》出台，全年发放各类抚恤补助3.89万人次，发放资金16924.77万元。建立优待金自然增长机制，义务兵家庭优待金标准全部超过上年度本县区全体居民人均消费性支出的70%，优待4733户，发放优待金4103.6万元。实行优抚对象定期疗养活动，优抚孤老对象集中供养率提高到78.7%。推进退役士兵安置改革。接收2015年退役士兵2316人，发放自主就业补助资金4519.8万元，待安置期间生活费31.2万元，自谋职业金556.36万元。做好退役士兵职业技能培训，培训退役士兵1749人，推荐就业1433人。

（谢文星）

民族宗教

【概况】亳州市是全省民族宗教工作大市，常住少数民族人口(回族)6.9万余人，五大宗教俱全。2016年度，亳州市全面贯彻宗教工作基本方针，依法管理基层民族宗教事务，民族领域繁荣发展、宗教领域和谐稳定。

本年度，亳州市2处民族宗教工作基层单位获省级“民族团结进步创建示范单位”、3处宗教活动场所获省级“和谐寺观教堂”表彰；城里清真寺获批“全国民族团结进步宣传教育示范基地”，涡阳县天静宫住持李福道长获全国“和谐寺观教堂”创建先进个人称号。

【民族村(社区)精准化扶持工作】2016年，亳州市争取省级少数民族发展资金207万元，统筹落实市级少数民族发展资金200万元，合计落实建设项目38个。对省明确的7个建档立卡民族贫困村和3个省民族宗教领导小组确定的贫困村，每村帮扶10万至40万元。明确19个市直单位对口帮扶20个民族村，市直单位帮扶民族村办实事40余件，投入资金300多万元，民族村基础设施不断完善。

【民族团结进步工作】2016年元旦、春节期间，亳州市开展少数民族困难群众和宗教界上层人士慰问工作和民族政策宣传“三下乡”等系列活动；召开全市民族宗教工作会议，现场发放民族团结宣传教育资料1000余册。开展民族团结进步“六进”(进机关、进乡村、进学校、进企业、进社区、进宗教活动场所)活动。开展民族团结进步申报评比工作，谯城区城里清真寺被命名为“国家级民族团结进步示范基地”。7月7日，市委书记、市人大常委会主任汪一光率四大班子负责人赴城区重点清真寺开展开斋节慰问。开展民族团结进步宣传月活动，开展“建设伟大祖国、建设美丽家乡”主题教育和践行社会主义核心价值观活动。会同市电视台拍摄四集民族团结进步宣传纪录片，在亳州电视台黄金栏目、网络媒体等进行连续播放，中央统战部在网站上宣传亳州做法，展示亳州民族团结创建成果。

【市佛教协会建设】2016年12月16日，完成市佛教协会组建工作。市佛教协会办公地点暂设在城区白衣律院。经选举，白衣律院负责人释能喜任亳州市佛教协会第一任会长。

【“和谐寺观教堂”创建】截至2016年12月底，全市364处宗教活动场所“和谐寺观教堂”创建达标场所为357处，达标率98.1%。

【民族宗教工作“四支队伍”培训】按照《亳州市民族宗教工作“四支队伍”2012－2017培训规划》，2016年6月、8月、11月、12月，市民委(宗教局)组织召开系列专题培训。通过三轮集中培训，将全市重点宗教活动场所教职人员、民族上层人士、县区宗教工作干部、乡镇分管干部全部培训一遍，累计培训人员400人次。

【民族宗教领域安全稳定和规范管理】2016年元旦、春节期间，亳州市开展宗教活动场所安全工作大检查；做好基督教新年庆典、佛教腊八节期间等重大宗教群体活动安全稳定工作；启动民族宗教领域规范创建工作；开展“宗教政策法规学习月”活动。开展基督教传道员认定备案工作，认定备案传道员108名。2016年，亳州市民族宗教领域和谐稳定。（蒋运涛）

图78　万亩亳菊香如雪

园区建设

“美丽亳州”系列图片——道路保洁机械化作业

亳州经济开发区

【概况】2016年，亳州经济开发区实现地区生产总值54亿元，增长14.9%；工业总产值81.7亿元，增长36.2%；商贸服务业营业收入367亿元，增长22.3%；规模工业增加值17.4亿元，增长16.7%；固定资产投资159.9亿元，增长19%。其中，工业投资42.7亿元，增长10.5%；财政收入10.5亿元，增长59.4%；进出口9205万美元，增长25.1%。

【土地征收】2016年，亳州经济开发区全年整村征收村庄25个、征收土地853.33公顷、拆除房屋82.32万平方米，交付净地2066.67公顷。完成京九铁路以西和京九铁路以东“1号地块”村庄征迁和清表工作。其中，京九铁路以西征收村庄6个，征收土地313.6公顷，拆除房屋20万平方米，清除药材135.73公顷，清理坟茔4824座，清理杂树19297棵、果树418.13公顷，平整土地440公顷，处理历史遗留问题26项；京九铁路以东“1号地块”征收村庄15个，征收土地414.6公顷，拆除房屋40万平方米，清理果树270.27公顷，清理坟茔1486座，解决历史遗留问题。亳芜大道和“林拥城”项目，征收村庄4个，征收土地64.6公顷，拆除房屋4.7万平方米，清理坟茔120座。商杭高铁项目，征收土地35.8公顷，拆除房屋16.39万平方米，施工“零障碍”。通过微信服务平台收集问题127条，解决107条；市委办、市政办联合下发通报，对亳州经济开发区党工委、管委会进行表扬。

【项目建设】2016年，亳州经济开发区全年签约项目91个，总投资约240亿元，其中工业项目68个，亿元以上工业项目27个。列入省亿元以上重点项目50个，完成投资82.3亿元；新开工项目36个；新增投试产项目21个。51家逾期未完工工业企业，复工续建41家，续建面积76万平方米。“新三板”挂牌企业2家、“现代中药及健康产业亳州专版”挂牌企业29家；授权企业专利116个，新增高新技术企业5家，新增GMP认证企业12家，培育省著名商标企业5家。

【社会事业】2016年，亳州经济开发区完成12期2575名失地农民就业培训；新增被征地农民养老保险参保3414人，累计参保31231人，发放养老金1738万元；完成城乡居民养老保险参保续保30282人，发放养老金859.75万元；完成新农合参合71258人，收缴参合金694.57万元；发放各类民生保障资金922万元，救助3.39万人次；发放计生资金2891人次148.5万元；排查信访隐患252个，化解224个，并建立长效机制；追回5800余名农民工被拖欠工资8900余万元，并建立长效机制。菊花园幼儿园、世纪花园幼儿园、亳州学院附属学校、风华中学、黉学中学投入使用。教育管理体制理顺，划转学校7所、学生6355人、教师403人，辖区学校33所，师生2.6万余人。

【市容管理】2016年，亳州经济开发区按照道路保洁“55888”标准（道路地面灰尘每平方米不多于5克；路面垃圾停留时间不超过5分钟；10平方米绿化带内零星垃圾不多于8个；机械化作业不少于8小时／天；人工保洁两班倒各8小时工作制），抽查环卫考核测评点3.5万余个，工作经验在全市推介。推进“113”控违拆违机制（第一时间获取违建信息、一小时内拆除违法建筑、第三方参与考评），拆除违法建设270处，依法立案467卷，违建“零新增”。数字城管处理问题2.5万余个，按时结案率100%；市容市貌日常巡查，纠正各类违法违章行为2.5万余起；整治扬尘治理不规范工地33家，处罚违规运输渣土车辆345起，绿化裸露地表近2万平方米；实行门头店招网上申办，审批676个。全市“三线三边”12次考评10次得分第一，农村清洁工程8次考评6次得分第一。

【龙凤家园安置小区选房】龙凤家园安置小区建设启动于2012年，用地面积9万平方米，建筑面积27.9万平方米，为2009－2011年拆迁户提供安置还原房2024套。经过前期现场查验、货币回购、模拟分房等准备工作，2016年5月16日至25日，龙凤家园安置小区1006户安置还原户现场选房，选房涉及12个自然村，分12个批次分房1554套、18万平方米，车位1006个。

【建设环境保障办公室成立】2016年3月28日，经市机构编制委员会批复，亳州经济开发区建设环境保障办公室成立，为亳州经济开发区管理委员会内设机构，正科级建制，设主任1名，副主任1名。所需编制从亳州经济开发区管理委员会事业编制总额中调剂解决。主要负责督查推进征地拆迁，做好跟踪落实；协调市直和区属各部门，解决建设环境问题；保障重点工作建设环境，促进项目建设顺利推进。截至2016年年底，建设环境保障办公室任务清单达105项，实现魏武大道、建安路、亳芜大道等68条道路，中国物流园、民生药业、新发地等25项重点招商项目和植物园、林拥城、体育馆等12项公共项目开工“零障碍”。

【亳州经济开发区服务大厅组建】2016年9月28日，亳州经济开发区服务大厅投入使用，大厅设一层，面积196平方米，有亳州经济开发区投资促进局、规划建设局、财政局、人力资源和社会保障局、社会事业局、工商分局、食品药品监督管理分局、消防大队8个窗口部门集中办公。截至2016年年底，累计为企业、群众办理各类事项近7000件。

【紫苑路菜市场运营】2016年，紫苑路菜市场运营。该市场位于希夷大道与紫苑路交叉口西侧，占地面积0.8公顷，上下两层建筑面积共4860平方米，设置摊位(铺面)165个，分蔬菜区、卤味区、豆制品区、生鲜肉区、家禽区、面点区、餐饮区等分区，提供就业岗位300余个。2016年5月8日，紫苑路菜市场摊位(铺面)公开招租抽号在亳州广播电视台演播厅举行，在亳州市金铎公证处公证人员、亳州经济开发区管理委员会工作人员、70余名报名承租者代表参与下，从1230余名报名承租者中产生165名摊位(铺面)经营者。9月20日，市场正式对外运营，由亳州经济开发区紫苑路菜市场管理办公室负责市场日常管理工作。

【亳州学院附属学校小学部投入使用】2016年5月18日，亳州学院附属学校小学部开工建设。亳州学院附属学校是亳州经济开发区2016年重点建设的九年制公办学校，位于希夷大道和养生大道交叉口，占地面积6.67公顷，规划建筑面积5.24万平方米，计划投资1.7亿元。9月5日，学校小学部投入使用，设教学班37个(含初中一年级8个教学班)，招收学生1668人，遴选教

图79 2016年，紫苑路菜市场运营

图80 2016年，亳州学院附属学校小学部投入使用

职工116人，其中市级特级教师4人，学科带头人3人，骨干教师18人，教坛新星29人。

（李祥）

亳州芜湖现代产业园区

【概况】亳州芜湖现代产业园区是2012年1月经安徽省政府批准设立的省级开发区，实行财税独立、封闭管理运营体制。园区内设党政办公室、招商局、财政局、规划建设局、企业发展促进局、劳动保障局共一办五局，在劳动保障局挂“安全生产监督管理局”牌子。2016年，管委会共有在编干部36人，其中亳州22人，芜湖14人。包括：县处级干部5人，其中亳州3人、芜湖2人；科级干部27人，其中亳州15人、芜湖12人；一般干部4人，均为亳州人。

根据省委、省政府（皖办发〔2012〕9号）文件精神，由省担保集团、芜湖市建投、亳州市建安集团各出资10亿元，注册成立亳州芜湖投资开发有限责任公司。公司成立于2011年11月，注册资本金56亿元，其中省担保集团出资20亿元，芜湖建投公司及建安集团分别出资18亿元。投资公司下设综合部、财务部、投资部、融资部、资产管理部五个部门，共有职工11人，其中公司高管2人，员工9人。因工作需要，出资成立亳州芜湖建设开发有限公司，代为管理工程方面事宜。

亳州芜湖现代产业园区规划面积34平方千米，起步区8平方千米。以食品医药、节能环保、装备制造为主导产业，同时发展现代服务业。园区有25家“五上企业”，其中规模以上工业企业8家，分别是中联重机、鑫大宅门业、天马生物科技、汇鹏针织、御素堂、鑫泰药业、海创新型材料、北和电力；限额以上商业企业3家，分别是亚威、亚辰、亚夏景程汽车销售公司。

2016年，亳州芜湖现代产业园区新获批规模以上工业企业7家，新投产企业10家，开工27个项目。完成固定资产投资26.3亿元，其中工业项目固定资产投资12.5亿元。完成全部财政收入1.95亿元，同比增长34.4%，其中地方财政收入1.61亿元，增长33.2%；新签约项目38个，协议总投资169.8亿元；实际利用内资61.64亿元，同比增长33.87%；利用外资461万美元，同比增长14.79%。在2016年列入全市比对的10项主要经济指标中，园区利用外商直接投资、房地产投资共2项指标增速居第一位。全部财政收入、地方财政收入、财政支出、规模增加值等4项指标增速居第二位。

安徽润明光电科技有限公司、安徽伊法拉电力科技有限公司、安徽天马生物科技有限公司等3家企业认定为“高新技术企业”，填补园区无高新企业的空白。

2016年5月27日，张洁任亳州芜湖现代产业园区党工委书记、管委会副主任（主持工作）；亳芜现代产业园区总工会成立；亳芜还原小区一期工程通过评审。

【基础设施建设】2016年，亳州芜湖现代产业园区起步区三横六纵26千米主干支次路网全部建成，完成10千伏强电下地、道路绿化、弱电管网建设。亳芜大道（G105－汤王大道）及新建的四条支路绿化工程完成竣工验收。汤王大道以东、铁路以西主干路网正在加快推进建设。西绕城、南绕城道路及铁路下穿工程开工建设。10万平方米标准化厂房和综合孵化楼建成并投入使用，23.7万平方米人才公寓、5万平方米邻里中心建成启用。张河整治一期工程竣工验收，二期工程在施工。110千伏变电站投入运营，35千伏专线竣工。完成五纵四横共10条道路的招投标工作。

【亳芜还原小区工程项目】亳州芜湖现代产业园区还原小区工程位于南扩一路以北、魏武大道以西、纬一路以南，共2个出入口，主入口位于道源路方向（西侧），次入口位于纬一路方向（北侧）。项目总占地面积约13.53公顷，总建筑面积约51.6万平方米（其中住宅面积374335.51平方米、地下室及人防109315.75平方米、商业21038.43平方米、社区中心4175.95平方米、幼儿园3809.70平方米）。该项目整体规划已审批，建设项目内容包括15栋34层高层住宅，配套设施有沿街商业、幼儿园、物业、社区服务中心、配电房、垃圾中转站等，小区规划总居住户数3744户（在建一期为1340户），容积率为2.97，建筑密度19.84%，绿地率为36.5%，总投资约16亿元。

本工程目前在建为一期工程，施工内容为5栋34层高层住宅（1#住宅、2#住宅、4#住宅、6#住宅、7#住宅）及地下车库，附属工程有燃气调压站、门卫、配电房。一期工程总建筑面积约17万平方米，住宅有1340户，施工单位为正太集团有限公司，施工合同价约为3.54亿元，工期为720天，开工日期为2015年8月16日。

【招商引资】2016年，亳州芜湖现代产业园区引进10亿元以上项目3个，分别是名特优食品产业园、民生医疗产业园和汉盛物流园；5亿～10亿元项目3个，分别是中联新型建材项目、长白山中药饮片及配方颗料项目和中联物流园区项目；1亿～5亿元项目22个，总投资123.3亿元；商服业项目4个，总投资46.5亿元。1亿元以下项目6个，分别是酵母生产项目、邻里中心运营项目、电力设备生产项目、中药健康食品生产线项目、2个食品加工生产项目等。

【项目建设】2016年，亳州芜湖现代产业园区纳入省市重点调度推进项目共40个，其中续建项目14个，计划新开工项目13个，重点推进前期项目12个，计划外开工项目1个；实际开工27个，开工率100%。

【财政金融】2016年，亳州芜湖现代产业园区细化部门预算编制，严格执行支出审批制度、印鉴分开保管制度、银行对账制度、岗位与人员配备等制度，在园区实施“营改增”，筹划在园区成立纳税服务办公室。加大小微企业续贷过桥扶持力度，累计为48户企业争取资金2.1亿元，加强药都银行、金地担保、亳芜园区管委会三方战略合作，帮助园区企业获得银行贷款5000余万元。帮助安徽万花草生物科技有限公司、亳州市万花草保健品有限公司、安徽辉伟中药饮片有限公司在现代中医药及健康产业亳州专板挂牌，帮助天马（安徽）中药饮片科技有限公司成功在“成长版”挂牌。对所有基础设施建设项目进行全面审计，制定《园区土方工程及清表验收和审核规范》（亳芜管〔2016〕12号），提高国有资产使用效益。聘请中审事务所对亳芜投资公司、管委会及建发公司开展内部审计工作，配合市审计局完成对市委常委、亳州芜湖现代产业园区原党工委书记、原管委会主任金春龙的经济责任审计工作。

【科技创新】2016年1－11月，亳州芜湖现代产业园区发明专利申请量61件，增幅500%，授权专利量5件，增幅400%，电子申请率94.8%，均名列全市前列。

【“问题项目”清理】2016年，亳州芜湖现代产业园区针对问题项目展开督促开工和清退工作，1个项目动工，2个项目通过重新招商正在进行并购重组，1个项目重新投入建设。同时，清退6个僵尸项目，收回项目用地约93.33公顷。

【举办活动】2016年，亳州芜湖现代产业园区参加亳州市“第二届中国中药材物流大会”；召开亳州芜湖建设开发有限公司工会成立暨第一届职工代表大会；举办“安康杯”知识竞赛；举办天源迪科服务中心与市各高校招聘交流会；在中联重机亳州有限公司召开“安全生产标准化创建、安全文化进企业”现场会；召开“金秋十月送温暖”专题活动现场会。

【交往交流】2016年，科大国创软件股份有限公司董事长董永东到园区调研；市委常委、亳州芜湖现代产业园区领导班子前往进出口银行安徽省分行拜访；接待国家电力投资集团公司安徽分公司牛贵宇一行；北京深港投资管理有限公司与亳芜现代产业园区管委会签约总投资25亿元的健康产业园项目；宿马现代产业园区党工委委员、管委会副主任张珂一行到亳芜现代产业园区考察。（张增民）

图 81 “龙凤家园”安置小区投入使用

县　区

“美丽亳州”系列图片——蒙城县梦蝶湖公园

图 82　2016 年 6 月 26 日，谯城经济开发区举行 16 家项目集中开工仪式

谯城区

【概况】谯城区辖 22 个乡镇、3 个街道办事处，辖区面积 2262.89 平方千米，人口 166.5 万人。2016 年，实现地区生产总值 367.6 亿元，增长 9%；完成规模工业增加值 123.4 亿元，增长 9.1%；完成固定资产投资 374.5 亿元，增长 13.2%；实现社会消费品零售总额 178.3 亿元，增长 12.7%；完成财政收入 31.2 亿元，增长 12.3%；实现外贸进出口总额 2 亿美元，增长 3.1%。城镇常住居民人均可支配收入 27209 元，增长 8.6%；农村常住居民人均可支配收入 11754 元，增长 8.9%。

本年度，谯城区被评为“最美中国生态（自然）旅游胜地和美丽乡村旅游胜地”“全省休闲农业与乡村旅游示范县（区）”。

【工业经济】2016 年，谯城区实施“调转促”行动计划。新增规模工业企业 45 家。全区超千万美元进出口企业 7 家。新增进出口实绩企业 5 家。实际利用外资 1.96 亿美元，增长 10%。推进现代中药产业集聚发展基地建设，新增现代中药规模以上工业企业 9 家。现代中药工业总产值 206 亿元，增长 17.7%。优化提升传统产业，新增规模以上食品工业企业 6 家。实现规模以上农产品加工产值 138 亿元，增长 5.3%。增强民营经济活力，民营经济增加值达 222 亿元，占全区地区生产总值比重 61.5%。实施创新驱动，新增国家知识产权优势企业 1 家、高新技术企业 8 家、民营科技企业 7 家。申请专利 1176 件。“广印堂”被评为“中国驰名商标”。

【项目建设】2016 年，谯城区新签约项目 71 个，合同总投资 243.9 亿元。到位区外资金 308.7 亿元。投资 58 亿元的长白山制药亳州产业园等 35 个亿元以上项目成功签约。66 个列入省重点调度项目完成投资 65 亿元。76 个列入市重点调度项目完成投资 120 亿元。永刚中药提取等 36 个项目开工建设。九洲方圆制药等 25 个项目竣工或投产。实施北部新城“产城一体化”国家级 PPP 示范项目，总投资 17.6 亿元。

【金融服务】2016 年，谯城区直接融资 91.6 亿元。通过助保金、小额贷款保证保险、税融通等发放贷款 6.9 亿元。新增新三板挂牌企业 2 家。10 家小额贷款公司发放贷款 7.5 亿元，6 家融资担保公司担保贷款 25.2 亿元。

【现代农业】2016 年，谯城区投入 3000 余万元，对现代农业发展进行奖补。中药材规范化种植 14666.67 公顷，设施蔬菜 23333.33 公顷。新增国家级、省级设施蔬菜标准园 3 个。新增土地流转面积 9000 公顷、农业专业合作社 670 家、家庭农场 80 家。谯城区被批准为全国首批农村产业融合发展试点示范区、首批省级农产品质量安全示范县。投入 7549 万元，实施小型农田水利重点县项目五马镇工程和小洪河闸项目。建设高标准基本农田 19666.67 公顷，完成增减挂钩储备库地块 214 个 800 公顷，新增耕地 1133.33 公顷。获省政府批地 251.97 公顷，供地 153.49 公顷。新增国家级、省级农机专业合作社示范社 4 家。发放农机购置补贴 1.36 亿元，其中区级补贴 9680 万元。主要农作物耕种收综合机械化率约 90%。

【现代服务业】2016 年，谯城区创建天运物流园等 3 个省级现代服务业集聚区。新增限上商贸流通企业35家。推进奥迪汽车品牌4S店等13个重点商贸项目建设。乡镇农家店实现全覆盖。“药通网”被批准为全国首批中药材电子商务示范平台。农村淘宝正式运营。药都农商行资产规模突破380亿元。举办芍花节、桃花节、采摘节等乡村旅游节庆活动。观音寺文化旅游生态园建设有序推进。

图83 2016年4月21日，谯城区召开电子商务培训暨农村淘宝项目启动会

【城乡建设】2016年，谯城区完成北部新城控制性详细规划、谯城经济开发区总体规划和控制性详细规划。65个城建项目完成投资50亿元。新华北路、木兰路等46个项目全部完成征迁任务。张良路等36条道路建成通车。建安路、大有街等9个棚户区改造项目有序实施。全区征迁面积160万平方米。征收货币化率75%以上。改造老城区小街巷35条、公厕57座。古泉路还原小区、华佗广场一期等安置房全部还原入住。北部新城建设加快。药王大道等8条道路竣工通车，通车里程13.2千米；陵西湖治理及涡河北岸景观绿化全面启动。全面完成城市规划区户外广告设施整治和电话亭、报刊亭取缔工作。投入1400万元，实施希夷大道及市博物馆周边立面改造。推进农村清洁工程、“三线三边”环境整治工程。完成十八里镇等12个乡镇总体规划和控制性详细规划。推进古井、大杨、城父等3个“美丽集镇”建设，赵桥乡赵桥中心村等11个美丽乡村中心村全部开工建设。国省干线升级改造、乡村公路畅通工程、农村公路“五小”工程等完成投资9.8亿元。优化生态环境。秸秆禁烧实现卫星监测零火点。全面淘汰城区燃煤锅炉。淘汰黄标车1005辆。完成20家规模养殖场污染治理任务。启动十河镇等9个乡镇污水处理厂建设。实施东风沟等黑臭水体治理。投入2600万元，建设十八里镇污水管网。完成人工造林1333.23公顷，建设绿色长廊20千米，新建和完善农田林网17333.33公顷。古井镇生态农场40兆瓦光伏电站并网发电。20兆瓦晶科电力农光互补项目主体工程竣工。

【民生工程】2016年，谯城区投入20.5亿元，完成32项民生工程年度目标任务。改造城市棚户区住房9685套、农村危房1500户。改造老旧小区2个。新增城镇就业10527人。城乡居民养老保险参保86.2万人。新解决12.76万农村居民饮水安全问题。

【脱贫攻坚】2016年，谯城区全面推进精准扶贫12大工程、20项重点工作。硬化贫困村道路252.5千米，实施贫困村饮水安全工程，实现贫困村高标准基本农田建设项目全覆盖。集中建设11.37兆瓦光伏农业扶贫项目。实现脱贫16400人。

【社会事业】2016年，谯城区城乡义务教育均衡发展通过省级验收。改扩建、新建公办幼儿园、小学12所。招聘中小学教师150人。高考本科达线率居全市前列。推进家庭医生签约服务。完善分级诊疗机制，深化城乡居民医保管理制度改革。市精神病医院投入使用。启动华佗中医院三甲中医院创建工作。开展“书香谯城”建设。发展文化体育事业，开展公益电影放映、“送戏进万村”巡回演出，完善体育基础设施建设。整治安全生产隐患。强化食品药品质量安全监管。启动“七五”普法。加强人民防空、抗震救灾、气象防灾等应急场所建设。古井镇赵楼社区获“全国综合减灾示范社区”称号。

【北部新城一期工程建设】亳州市北部新城一期工程是亳州市与中铁置业集团共同合作的一级土地开发项目。项目合作区分为南北两片区域，北片区位于亳州市中轴线（希夷大道）的北部，位于北一环及以南、西一环及以东、子建路及以西、临涡北路及以北区域。南片区与亳州老城区毗邻，和平路及以南、西一环及以东、汤王大道及以西、文帝路及以北区域。合作区域规划总面积558.8公顷，总投资39.56亿元，项目建设期约5年，合作期6～8年。

北部新城一期工程定位为文化旅游宜业、宜居为主的综合功能区。目标是打造高品质的绿色生态城区，建设宜居城市的生活示范区，打造国家绿色生态成区、智慧城市、海绵城市的最佳试点区。规划结构是两轴、一带、两心、八区、多节点。两轴：即中央十字轴，陵西湖文化休闲轴，涡河路商业风情轴。一带：涡河城市景观带。两心：即两个区级中心，涡河路商业休闲中心，新华北路商业中心。八区：即陵西湖生态文化区、涡河商业风情街区、六个居住社区。

截至2016年年底，北部新城一期工程累计完成投资30.65亿元，实现营业收入37.83亿元，供应土地83公顷。项目合作区共有19条市政道路，总长约29.21千米，其中，竣工9条，竣工里程约15千米；在建4条，合计5.4千米，未开工6条，合计8.81千米。安置房共60万平方米，分五期建设，其中1～2期约30万平方米，已还原2206户，入住率90%以上，3～5期约30万平方米，主体结构完成。北部新城水系景观包括陵西湖公园和临涡北路南侧水系景观，总面积93.9万平方米。临涡北路南侧水系景观6.2万平方米完成；陵西湖公园87.7万平方米完成清淤工程。

2016年，北部新城一、二期安置房（桃花源小区）获中国中铁股份公司优质工程“中国中铁杯”奖；西一环路（文帝路—北一环路）获安徽省“黄山杯”奖，先后获中国中铁工程项目企业文化建设示范点、道德示范讲堂，安徽省“安康杯”优胜单位、2015年度安徽省城镇园林绿化精品示范工程等荣誉。

（罗永伟　颜庭义）

涡阳县

【概况】涡阳地处皖豫交界、亳州市中心位置，清同治三年（公元1864）以雉河集为县设治，循北魏古郡名，定县涡阳，是老子故里、苔干之乡。辖区面积2143.93平方千米。辖20个镇、4个街道办事处、1个林场、1个省级经开区。截至2016年年底，人口164.45万人。2016年，涡阳县实现生产总值（GDP）247.4亿元，按可比价计算，比上年增长8.9%；规模以上工业增加值69.4亿元，增长10.1%；社会消费品零售总额112.6亿元，增长12.7%；进出口总额11021万美元，增长7.4%；完成财政收入18.1亿元，增长8.1%；金融机构各项存款余额（人民币口径）304.3亿元，增长23.8；城镇居民人均可支配收入22316元，增长8.1%，农村居民人均可支配收入9899元，同比增长8.6%；三次产业比例由上年的19.7∶42.6∶37.7变化为18.8∶42.1∶39.0。

【工业】2016年，涡阳县抓好传统产业升级和新兴产业培育，加快经开区建设，推进光机电、现代中药和绿色食品、绿色装配式建筑、循环经济科技产业园四大战新产业集聚区，发展动能加快蓄积。全年完成工业投资72.8亿元，增长20%，新增规模工业企业67家。经开区承载能力增强，新入园企业35家，其中投资亿元以上企业21家，经开区规模工业产值、财政收入分别增长47.3%和82.9%。三鑫光电、创酷通讯、百禾堂药业、修正健康饮品、新诚达服饰等项目投产，亚宸光电、国隆玻璃等项目基本建成。投资16亿元、拥有39万平方米厂房的鸿路装配式建筑生产基地加快建设。

【农业】2016年，涡阳县粮食总产达136万吨，实现十四连丰，肉蛋奶产量持续增长；农村常住居民人均可支配收入9899元，增长8.6%，增幅继续高于城镇居民。新增流转土地6600公顷，蔬菜、中药材种植面积不断扩大，油牡丹、山核桃、树莓等经果林初具规模；实现农产品加工产值143亿元，增长20.7%，增幅居皖北22个县第二位；全年新增各类农机具4390台（套），培育农机专业合作社213家，农业机械化率90%以上。实现秸秆禁烧“零火点”。

【服务业】2016年，涡阳县新增限上商贸企业30家，实现限上消费品零售额36.4亿元，增长17.8%。红星美凯龙、中农批电商物流园、综合性游乐场、莓香湾生态庄园等项目加快建设。高炉家·徽酒集团景区被评定为AAA级景区，义门镇被评为全省第二批“千年古镇”。房地产市场健康快速发展，完成投资、销售面积分别增长22.3%和68.9%。碧桂园龙城、凤凰假日酒店，绿城兰园、青牛广场城市商业综合体等项目相继开工建设。

【城乡建设】2016年，涡阳县推进征迁安置、路网水系、绿化景观、公益配套等项目建设，优化城市空间布局，完善城市功能。全年完成整村征迁28个，征迁面积达140多万平方米，德铭、华都等5个安置小区基本建成，德顺、七里朱等7个安置小区加快建设。育英路、育英河等“六路一河”建成使用，“五纵八横两水系”骨干路网水网基本形成。“五馆三中心”、智慧城市指挥中心、城市出入口景观提升等项目进展顺利，“城市家居”工程有序实施。

坚持规划先行，完成《涡阳县村庄布点规划（2016－2030）》修编和31个省市县级美丽乡村示范点、2个美丽集镇规划编制。2015年7个省级美丽乡村示范点通过省、市验收。开展“三治理两提升”“三线三边”环境整治，集镇交通秩序、经营秩序、卫生秩序和建筑秩序好转，高炉、西阳两个美丽集镇加快建设。

编制全县生态文明建设规划及水污染防治等3个专项规划，划定畜禽渔业养殖禁养区，建立三级“河长制”，生态保护机制更加完善。涡北污水处理厂、高炉污水处理厂、垃圾填埋场等一批环保基础工程建成使用。防治水污染、大气污染，治理黑臭水体，关闭砂石料场、拆除黏土窑厂、淘汰黄标车、清理搬迁规模化养殖场。完成植树造林2666.67公顷，建设森林长廊71.1千米。

押贷款试点工作位居全省首批试点县首位。不动产登记改革实施，供销社综合改革推进，国有林场改革和区划调整平稳。

【招商引资】2016年，涡阳县举办“徽商大会·涡阳招商专场”“涡阳·深圳（招商）老乡恳谈会”等对外交流推介活动，签约项目61个。其中，亿元以上项目41个、亿元以上工业项目26个。实际利用内资297.4亿元、利用外资1.54亿美元，分别增长15.1%和10%。完成招商引资固定资产投资128.9亿元，增长40.1%。

图84 2016年中国国际徽商大会 涡阳县招商推介暨项目签约大会

【综合改革】2016年，涡阳县加大“放管服”改革力度，促进经济社会各领域改革深化。推进“互联网＋政务服务”，网上办事大厅累计办结61万件。动态调整政府权力清单、责任清单、涉企收费清单，编制完成公共服务清单、中介服务清单。商事制度“五证合一”“一照一码”改革实施，“营改增”全面推开。“两权”抵

【扶贫攻坚】2016年，涡阳县实现农村低保、“五保”供养、扶贫标准“三线合一”，10个贫困村出列，1.78万贫困人口脱贫通过省级验收。出台产业、光伏、金融、健康、教育、政策兜底等一系列政策措施，加快贫困村基础设施建设和到户项目实施。建设贫困村道路235千米。投入财政补差780万元，完成贫困户危房改

造867户，保障贫困户住房需求。实施教育健康资助7833人，发放贫困户金融扶贫贷款7155.8万元，实施种植养殖产业扶贫项目3908户。通过政府购买服务方式，为贫困户劳动力提供就业岗位、引导外出务工近1万人。

【社会事业】2016年，涡阳县投入民生支出47.5亿元，占财政总支出的87.9%，完成32项民生工程年度任务。社会养老服务加快发展，城乡居民大病保险制度完善，临时救助工作常态化推进，五保集中供养能力达到72%。加大城乡教育基础设施建设，新五中、五小、四小和涡阳中学投入使用，农村学校“改薄”和“村小提升”工程加快实施。全面推行药品带量采购，实现公立医院药品零差率销售，群众就医负担减轻。发展文化事业，加强文化惠民工程和公共体育设施建设。（杨 健）

蒙城县

【概况】蒙城县辖17个乡镇(街道)、1个省级经济开发区，辖区面积2109.9平方千米。截至2016年年底，人口137.5万人。蒙城是庄子故里、中国楹联之乡、省级历史文化名城，也是国家园林县城、全国粮食生产先进县、全国绿化先进县、全国科普示范县、全省文明县、全省园林县城、全省教育强县。2016年，实现生产总值(GDP)240.3亿元，按可比价格计算，同比增长8.9%。三次产业的比重为21.1∶38.1∶40.8，与上年相比，二产比重下降0.5个百分点，一产比重下降1.0个百分点，三产比重上升1.5个百分点。按常住人口计算，人均生产总值21398元，同比增加1787元。

【工业经济】2016年，蒙城县全部工业实现增加值75.4亿元，同比增长9.7%。规模以上工业210家，累计实现增加值48.2亿元，同比增长10.1%。完成工业固定资产投资59.1亿元，同比下降2.9%。规模以上工业企业完成现价产值201.9亿元，同比增长11.7%。规模以上工业企业完成销售产值201.7亿元，同比增长12%；实现主营业务收入186.7亿元，同比增长10.2%；工业经济效益综合指数264.2%。全县规模工业企业中，产值达10亿元企业3家，5亿元企业5家，亿元企业35家(其中新增亿元企业1家)。全县新增各类企业2095户；个体户7812户。农民专业合作社931户，农民专业合作社增长2.5%；家庭农场344户。

【现代农业】2016年，蒙城县全年粮食面积244133.33公顷，同比增加2333.33公顷；油料面积5666.67公顷；棉花面积1933.33公顷；蔬菜、瓜果面积21666.67公顷，增加160公顷。全年粮食总产量130.5万吨，同比下降2.1%。全县营造成片造林2000公顷，创建森林城镇2个，森林村庄9个，完成省市下达蒙城县的千万亩森林增长和“三增”工作任务。实现农林牧渔业总产值97.33亿元，按可比价计算，同比增长3.6%；实现增加值53.4亿元，同比增长3.6%。全年农村用电量23075万千瓦时，同比增长10%；农用薄膜使用量2595吨，同比增长0.6%；农用柴油使用量20490吨；农药使用量1812吨，同比下降7.6%。

【第三产业】2016年，蒙城县社会消费品零售总额106.7亿元，同比增长12.9%。其中城镇实现

图85 2016年5月14日，安徽庄子研究会成立大会在蒙城县召开

社会消费品零售额78.3亿元，同比增长13.1%。全县有进出口企业21家，完成外贸进出口总额6557万美元，同比增长53.5%，新增进出口实绩企业7家。利用外资完成16034万美元，同比增长10.1%。出台《蒙城县促进电子商务发展扶持政策(试行)》，推进蒙城县电子商务孵化园项目建设。“农村淘宝”项目快速推进，打造“电商+物流”农村物流新模式，新建30个村级服务站，累计建设121个，实现线上交易额5272万元，其中下行4192万元，上行1080万元。全年接待入境旅游人数8877人次，其中外国人3685人次，旅游外汇收入511.11万美元。国内旅游人数379.25万人次，旅游收入29.51亿元。星级宾馆个数2个，星级宾馆客房总数395间，4处AAA级景区。

图86 2016年9月11日，蒙城县举办梦蝶诗会

【固定资产投资】2016年，蒙城县全年500万元以上投资项目和房地产项目累计完成固定资产投资187.8亿元，同比增长6.1%。从产业看：一产投资7.1亿元，同比增长88.3%；二产投资59.1亿元，同比下降2.9%；三产投资121.6亿元，同比增长8.2%。从主要行业看：制造业完成投资47.6亿元，同比下降13.1%；电力、燃气及水的生产及供应业完成投资11.5亿元，同比增长109.1%；交通运输、仓储、邮政业完成投资14.1亿元，同比增长2250%；房地产业完成投资58.1亿元，同比下降16.4%；水利、环境及公共管理业完成投资15亿元，同比下降37.5%。公共管理和社会保障业完成投资13.8亿元，同比增长10.5%。

【城乡建设】2016年，蒙城县共发放建设项目选址书14份，用地规划许可证 26份，建设工程规划许可证60份，共审批工程规划许可建筑面积 28.4万平方米。完成城市供水量1200万，新增和改造用户500余户。处理污水2100余万吨，消减COD3800余吨、氨氮400余吨。天然气开户3487多户，销气量1810万立方米，投资额3400万元，铺设中压管网20千米，低压管网19千米。园林绿化工程投资1.1亿元，完成绿化项目面积共计20万平方米。全县基本建成公共租赁住房1566套；基本建成棚户区改造住房1677套、新开工棚户区改造住房5814套(户)(含货币化安置1149户)，全面完成上级下达的工作任务。老旧小区改造已完成9000平方米。完成上级下达蒙城县农村危房改造任务1500户，结合精准扶贫，完成全县60个重点扶持贫困村贫困户建档立卡工作。

【扶贫开发】2016年，蒙城县通过第三方评估，完成脱贫16512人，出列村42个，分别完成省下达任务的108.6%和105%。实施产业脱贫工程，投入扶贫专项资金2600万元，按照不低于10%回报率参股分红，实现村集体经济年收入10万元以上，带动450户，1279人脱贫。结合“蒙城老乡请你回家”活动，招商198家企业落地蒙城，带动就业创业1.2万人，其中贫困人口近千人。采取“农超对接”“农店对接”“贷款支持”“带资入企”等模式，实现贫困村集体经济收入5万元，带动600户，1500人脱贫。开展农村实用技术培训75期6000人次，完成260人贫困村创业致富带头人培训，推广新技术13项；实现贫困劳动者就业729名。实施智力脱贫工程，完成4628

人学前、中小学、高中在校贫困学生补助，打卡发放资金375.74万元；资助贫困大学生206人；完成创业致富带头人培训260人。实施健康脱贫工程，完成签约服务贫困家庭7850户、18600人，为2350户瘫痪和精神疾病家庭发放护理补助235万元；贫困家庭医生签约服务签约18600人；代缴新农合21211户56748人。先后出台《社保兜底脱贫工程实施办法》《关于做好农村低保五保与扶贫开发有效衔接的通知》，实现低保线、“五保线”、扶贫线“三线合一”。

【民生工程】2016年，蒙城县民生口径支出44.3亿元，占财政总支出的86%。累计拨付资金27.2亿元，32项民生工程全面完成。城镇登记失业率降至3.91%，城乡居民医疗保险实现全覆盖，社会养老保险参保率达到86.1%。抓好脱贫攻坚，创新编制《扶贫手册》，出台教育、健康、就业、光伏、特色种养、社保兜底等系列扶贫政策，构建“1+20”扶贫政策体系。全年投入各级财政扶贫专项资金7245.5万元，发放产业扶贫贷款1.5亿元、小额信贷1023户3715万元、贫困户教育资助582.8万元，实施贫困户危房改造1144户、贫困村农村道路畅通工程927.2千米、电网改造47个自然村。城镇常住居民可支配收入、农村常住居民可支配收入分别达25055元、10849元。

【社会事业】2016年，蒙城县优先发展教育事业，初高中分离和无校籍管理改革全面实施，教学质量稳步提升，高考本科达线率57.1%、中考优秀率45.7%，均居全市第一。发展卫生计生事业，推进医药卫生体制综合改革，深化县域医共体结对帮扶改革，完善公共卫生和基本医疗服务体系，实现基本药物制度村居全覆盖。两孩政策全面落实，人口计生工作连续三年获得省政府表彰。被评为安徽省2014年度美丽乡村建设先进县；农村清洁工程和“三线三边”环境整治工作始终位居全市第一。

（王丽娜）

利辛县

【概况】利辛县位于安徽省西北部，1965年5月1日建县，辖区面积2004.5平方千米，其中耕地面积118666.67公顷。辖23个乡镇、361个村（居）委会。截至2016年年底，人口167.8万人。利辛县是中国丝网纱门之乡、国家瘦肉型猪和黄淮白山羊标准化生产基地、全国粮食生产先进县、全国“五保”供养工作先进县、全国信访系统先进集体、全国可再生能源建筑应用示范县、全国园林县城、全国“平安农机”示范县、全国绿化模范县、全国水生态文明城市建设试点县，是全省文明县城、全省农村基层组织建设先进县、全省县城规划管理创新试点县、全省美好乡村建设先进县、全省平安县、全省双拥模范县、安徽旅游品牌十大新兴旅游县城。

2016年，利辛县地区生产总值188亿元，较上年增长8.5%；固定资产投资134亿元，增长15%；财政收入17.2亿元，增长12%；规模工业增加值30亿元，增长11%；社会消费品零售总额94亿元，增长12%；进出口总额3560万美元；金融机构年末各项存款余额326亿元、贷款余额154亿元，分别比年初增加75亿元和41亿元；城镇常住居民人均可支配收入24635元，农村常住居民人均可支配收入9862元，分别增长8.5%和9.5%。利辛县被列为省级现代生态农业产业示范县、全省美丽乡村建设整县推进示范县。

【脱贫攻坚】利辛县是国家级贫困县。2016年，县委紧盯“人脱贫、村出列、县摘帽”目标，推动脱贫攻坚深入开展。推行精准识别“584”工作法：即抓住“看问算评核”五个环节，围绕“一人一册一单一方案，一卡一纸一证一照片”的“八个一”标准，建立已脱贫户、巩固期贫困户、重点帮扶贫困户、政策兜底贫困户“四个清单”。全年开展精准核查月、集中走访周和集中帮扶日活动，对全县6.5万户、13.68万贫困人口逐一建立四项清单，纳入县扶贫数据中心。针对人脱贫“一收入两不愁三保障”和村出列“一率一收入，一业一基服”标准，创新精准施策利辛模式。健康扶贫“三免两付一提一兜底”、教育扶贫“资补兜贴贷，扶智全覆盖”、光伏扶贫“多元投资、虚拟到户、集中建设、统一结算、折股量化、保底分红”、金融扶贫“贫困户+银行+X”、社保兜底“三线合一”、资产收益扶贫“政银农科企”等脱贫措施统筹推进。全面落实市委提出的“满足扶贫工作一切需要，火力全开、适当宽裕，分级负责、各方协同，工作到户、责任到人”要求，建立完善“县级统筹、乡镇负责、村（居）为主”工作机制，按照《亳州市全面落实脱贫攻坚责任制实施细则》，制定《利辛县脱贫攻坚责任追究办法》，落实工作责任。充实县乡村三级帮扶力量，编印《利辛县脱贫攻坚政策大全》《利辛县脱贫攻坚帮办流程》和菜单式《扶贫手册》，落实干部入户走访制度；启动“一中心两系统五平台”建设，实现网上扶贫帮办。82个村出列，18518户39523人脱贫。

“584”工作法　2016年，利辛县在精准脱贫工作中推进“584”工作法，即：抓住“看问算评核”五个环节（看：看房、看粮、看劳动力强不强、看有没有读书郎、看有没有病人卧在床、看有没有恶习沾染上；问：问土地、问收支、问子女、问务工、问意愿，问党员干部、左邻右舍、能人大户；算：各项收入是否达到3100元的标准；评：召开村民大会进行评议，并进行两公示一公告；核：核查收入及措施是否漏项）。

【园区建设】2016年，全县电子信息产业园落地项目4个，食品产业园新入驻项目13个，丝网服饰集中区新入驻项目14个。启动经开区污水处理工程和13万平方米标准化厂房建设。经开区入驻企业166家，规模以上工业企业73家，完成产值73.38亿元，同比增长21.7%。引进项目145个，合计利用县外资金259.17亿元，新签约亿元以上项目26个，协议投资69.25亿元。开展冬季会战、项目调度推进月活动，完成省、市重点项目投资62.7亿元和83.2亿元。20个计划新开工省市重点项目全部开工建设，开工率100%。2×1000兆瓦板集电厂、140兆瓦信利光伏电站并网发电，凯迪生物质电厂开工建设，强英鸭业、蓝岛环保、德青源等亿元以上项目推进。开展“政企直通车”建设，健全联系服务企业“找交销查考”工作机制。推进政银担“4321”风险共担机制，累计担保金额9.1亿元，解决融资难、融资贵问题；抓住贫困县区IPO绿色通道的政策，出台《利辛县引进县外企业上市挂牌奖励暂行办法》，提升企业利用资本市场融资水平；争取省政府批准建设用地增减挂钩指标117.33公顷，工矿废弃地复垦利用试点指标117.67公顷，新增建设用地计划指标299.73公顷，完成补充耕地任务476.32公顷，支撑和保障经济社会发展。

【工业经济】2016年，利辛县全年新增规模企业35家，规模工业总产值140亿元，增长21.7%；完成工业投资66.4亿元，增长3%。食品加工、丝网服饰、汽车改装及零部件加工、新型建材等五大产业，实现产值56.5亿元，占规模工业总产值的40.4%。新增私营企业1132户、个体工商户3844户；民营企业完成工业产值67.4亿元，增长14.2%。光伏发电、电子信息、生物医药等战略性新兴产业，实现产值10.5亿元，增长22%。新增限额以上商贸企业42家、出口实绩企业6家，电子商务公共服务中心建成使用，利辛涠畔绿洲文化旅游园被认定为省级服务业集聚区，占地20.53公顷的科普植物园初具规模，印象江南生态园被评为国家AAAA级旅游景区，西涠河生态庄园涠水湾被评为省四星级农家乐，永兴镇诸王社区、城北镇大管村被评为省级旅游示范村。

图87　2016年，利辛国投板集电厂运营

【现代农业】2016年，利辛县土地承包经营权确权登记颁证工作基本完成，流转托管土地53533.33公顷，六大现代农业产业示范园区入驻项目181个，培育市级以上龙头企业、农业专业合作社、家庭农场分别达到77家、84家、41家。完成小型水利改造提升、茨淮新河灌区配套等重点水利工程，开展高标准农田建设，获全省农田水利基本建设“江淮杯”一等奖。粮食总产突破130万吨，发展特色农业、设施农业1333.33公顷，蔬菜、中药材种植面积分别达23333.33公顷、6333.33公顷。

【城乡建设】2016年，利辛县结合美丽乡村整县推进，完成村庄布点规划修编，20个美丽集镇整治规划、22个乡镇政府驻地中心村建设规划、48个美丽乡村建设规划编制完成，启动20个乡镇总体规划修编工作。新建续建开源路、青年北路、淝河南路等27条城市道路，阜蒙河综合治理工程全面完工，浣玉溪改造等6条沟河治理、港口公园、市民健身公园等项目启动实施，完成棚户区改造任务1087户，新开工建设商住小区5个。启动省级重点中心村48个、市县级中心村44个，整治改造旧村庄示范点346个，实施危房改造1500户，完成农村道路畅通工程1281千米。抓好市容环境专项治理，拆除违建3.3万平方米。数字化城市综合管理指挥中心建成使用，初步实现科学化、信息化、网格化城市管理模式。实施“精品绿化示范工程”，新增绿化面积54万平方米，建设绿道16千米，完成阜蒙河、截阳沟、车辙沟水体治理，红丝沟、淝河南路绿化工程获“省园林绿化精品工程”称号。实施“千万亩森林增长”工程和增绿增彩增果工程，新增造林面积1400公顷。统筹推进“三线三边”环境治理、农村清洁工程，做好秸秆禁烧和综合利用工作，农村卫生状况改观。

图88　2016年，利辛县在茨淮新河南岸为175个村联建的32.76兆瓦集中式光伏扶贫电站

【县乡党委换届】2016年，利辛县乡镇党委换届期间，共调整干部181人，提拔重用111人，其中新进党委班子43人。通过换届，乡镇党委班子平均年龄39.56岁，比上届下降3.42岁，配备35岁以下干部51人，占24.64%，较上届提高12.35%；本科以上学历151人，大专学历54人，学历、专业结构优化；配备女干部38名，每个乡镇党政班子中均有1名女干部。县委换届期间，选举产生县委委员33名，候补委员6名，纪委委员15名；在县委九届一次会议上，市委提名的12名常委候选人全部当选；新当选11名常委，平均年龄45.45岁，女干部1名，年轻干部4人，具有乡镇工作经历5人，全部具有大学以上学历。在县纪委九届一次会议上，市委提名的8名常委候选人，全部当选。在县九次党代会上，新一届县委班子综合研判形势，立足利辛实际，提出“13485”工作思路，谋划未来五年发展蓝图。

【民生工程】2016年，利辛县投入29.39亿元，完成32项民生工程建设任务。新建社区养老服务机构2所，发放农村低保金9563万元，城镇低保金2385万元。完善就业创业政策，抓好重点人群就业工作，开展劳动就业培训4448人次，新增就业7600人。共拨付义务教育保障资金1.2亿元，完成50所村小提升工程，利辛七中投入使用，利辛四小、第三、第四、第六幼儿园基本建成。高考本科达线2843人，连续两年实现北大清华榜上有名。利辛中心医院主体工程完工，宝璋医院开工建设，胡集镇卫生院获国家级“群众最满意乡镇卫生院”称号；新农合受益补偿330万人次，支出补偿资金7.04亿元；县、乡、村妇幼保健计划生育机构职能整合完成，全面两孩政策实施。持运用法治思维和法治方式化解社会矛盾、维护群众利益，落实“三位一体”信访工作责任制，接待受理群众来访人次、集体上访人次分别下降17.7%、5.3%。

【民主法治】2016年，利辛县委支持人大常委会、政府、政协、人武部、法院、检察院和群团组织依法依章程独立负责、协调一致开展工作。县人大围绕全县中心工作，强化人大及其常委会监督职能，加强对“一府两院”工作监督，开展2次执法检查，调研视察21次。完善议案建议办理机制，加强代表履职平台建设，为发挥代表作用提供保障。支持政协依照章程履行职责，重大决策出台前充分征求政协意见和建议。推进政协工作制度化规范化建设，出台《关于加强人民政协协商民主建设的实施意见》。制定并实施年度重点民主协商计划，围绕精准扶贫、生态建设、美丽乡村建设开展专题民主协商3次。贯彻执行党的民族宗教政策，做好老干部、老龄等工作，发挥工会、共青团、妇联、科协、残联、文联、工商联等群团组织职能作用。坚持党管武装原则，推进军民融合。深化司法体制改革，全面落实法律顾问制度，县委聘请法律顾问2名，全县38个单位聘请法律顾问。

【党的建设】2016年，利辛县提拔重用科级领导干部189名。对40名违规长期借调人员进行清理，对11名县直单位和乡镇主要负责人进行经济责任审计，全县40名县处级干部、619名乡科级领导干部按照要求，报告个人有关事项。2016年培训各级干部1.6万余人次。落实各级党委(党组)抓基层党建主体责任，县、乡镇、村逐级建立基层党建工作“三个清单”，强化执行，县委列出6个突出问题、15项重点任务得到整改落实。36个软弱涣散村(社区)党组织全部转化，消除69个集体经济“空壳村”。12项专项整治全面完成。基层党建工作经费县财政预算安排1.5亿元。村两委正职干部基本报酬调整为1600元，增幅78%。拨付配套资金1140万元，完成62个村级活动场所建设项目，全县所有村级活动场所面积全部达标。村“两委”干部调整177人，培养村级后备干部1816名。

2016年，利辛县对落实主体责任不力的8个乡镇党委书记、6个县直单位主要负责人进行约谈。查处违反八项规定收受礼品礼金问题12个、违规发放津补贴问题2个，党政纪处理14人。开展扶贫资金专项巡查、侵害群众不正之风和腐败问题专项整治，查处违反规定问题782起，处理441人。纪检监察机关受理举报523件次，新立案634件，结案628件，给予党政纪处分622人，移送司法机关21人。（房付韬）

图 89　2016 年 12 月 19 日 12 时，济祁高速涡阳东出入口正式通车

标准建制镇

“美丽亳州”系列图片——收获

谯城区古井镇

【概况】古井镇位于亳州市谯城区西北部，是中国老八大名酒之一古井贡酒产地。全镇面积118平方千米，耕地面积6133公顷，辖13个村委会，160个自然村，集镇规划区20平方千米，建成区13平方千米，2016年，人口8.2万人，常住人口3.6万人。

【项目建设】2016年，古井镇建立重点项目调度例会制度，明确包保，落实责任，培育工业经济新增长点。引进投资额两千万元以上招商项目8个，改扩建项目14个，实际利用内资11亿元，完成固定资产投资6.23亿元，完成财税收入1.48亿元。

【建制镇示范试点】2016年，古井镇全面完善总体规划、产业发展规划和生态环境保护规划等“多规融合”规划体系。成立金地建投古井分公司；筹建古井财政分局、古井城管分局、古井环保分局、古井白酒协会、工业园区管委会。新修老镇区污水管网；以130万元对污水处理厂实行托管运营；对镇区内11座公厕实施水冲式改造；对古井农贸市场实施升级改造；对特色街区改造提升；对背街小巷实施硬化、美化；建设玉泉广场；小康路、人民路工程稳步推进。

【美丽集镇和美丽乡村建设】2016年，古井镇建立村镇建设联席会议制度，规范村镇建设秩序，遏制非法建设行为。审批居民建房550户，企业建房44家，制止和拆除两违建筑56户。提升、改造吕楼村、赵楼村两个美丽乡村的文化设施及沟河景观绿化带，完善配套服务设施。高楼美丽新村完成基础设施建设，通过省级验收。

【农村清洁工程】2016年，古井镇通过公开招投标，将全镇农村清洁工程承包给永昊保洁公司管理，清洁工程实现“户集中、村收集、镇转运、区处理”的运作模式。开展省级卫生镇创建工作，2016年12月通过验收并获“安徽省卫生镇”称号。

图90　2016年10月，亳州市谯城区古井镇，药菊采摘盛景

【精准扶贫】2016年，古井镇按照“一收入，两不愁，三保障”标准，做到应扶尽扶。对全镇812户1228人建档立卡。2016年356户416人脱贫，通过省级脱贫评估验收，贫困村门庄村出列。落实帮扶资金167.63万元，为扶贫对象户购置手机455部、为贫困户购买被子、棉大衣、棉鞋。按照每年1200元的标准对464户留守老人等困难群体实施“日托看管”重点帮扶。

【计划生育】2016年，古井镇查处两非案件2例，性别比下降至114，投入宣传教育经费16万元，宣传普及率95%，硬件设施投入26万元，兑现优惠政策资金61万元，奖励扶助年审率100%，孕前优生健康检查620例。

【社会治安综合治理和信访工作】2016年，古井镇投入25万元改造综治维稳信访工作中心，配齐办公设备。完善矛盾纠纷排查工作机制和各项工作制度，开展矛盾纠纷排查，全镇排查矛盾纠纷329起，调处化解326起，矛盾化解率99%。

【土地增减挂工作】2016年，古井镇土地增减挂钩项目入库66.67公顷，通过省国土资源厅验收面积29.2公顷。新组卷面积22.87公顷，小康路及人民路土地征收18.6公顷，发放补偿款990万元。

【农业】2016年，古井镇粮经比1.9∶1，小麦单产550千克。农机补贴427台，补贴金额2014万元。秸秆利用率97%，午秋秸秆禁烧零火点。农村土地确权颁证工作通过省级验收。

【社会事业】2016年，古井镇363户农村五保户，集中供养77户，分散供养286户，发放补助资金112万元；全镇435户农村低保户，发放低保资金191.6万元。发放医疗救助资金7.2万元、发放孤儿救助资金14万元、发放重度残疾人救助资金26.2万元、发放危房改造资金11万元。投资17.5万元改造古井敬老院。新农合筹资任务完成95%；新农保收缴完成81%；古井中心中学、中心小学通过2016年国家级教育均衡发展验收。投资1400万元实施通村工程33千米。许美昤民间艺术团创作的《包公赔情》，获安徽第八届曲艺节"安徽曲艺牡丹奖"表演一等奖。（怀会志）

图91 2016年，双沟镇万亩小辣椒丰收

谯城区双沟镇

【概况】谯城区双沟镇是谯城区重要的蔬菜、优质粮、中药材产地；是全国小城镇建设试点镇，全省综合改革试点镇和全省中心建制镇之一，是农业部批准的农产品加工示范区。曾获"全国文化先进镇""全国体育先进镇""安徽省民间文化艺术之乡""安徽省优秀旅游镇"等称号。有"亚洲最大的人工核桃种植基地"之美誉。双沟镇面积180平方千米，耕地面积11666.67公顷，辖18个行政村，人口9.5万人。2016年，全镇财政收入完成1824万元，同比增长14.9%，其中国税完成905万元，地税完成527万元；完成招商引资6亿元，落地项目9个，其中工业项目2个，投资1.7亿元，全部完成投资计划，正式投入生产；全镇金融服务网点优化，居民存款突破8亿元。

【农业】2016年，双沟镇抓小麦、玉米绿色高产创建活动，实施小麦高产创建1333.33公顷，玉米高产创建666.67公顷；全镇开展小麦、蔬菜、药材、果树等病虫害防治6666.67公顷（次）；实施千万亩森林增长工程，新栽果树、花卉、油用牡丹等超过666.67公顷。实施小型农田水利重点县双沟镇工程和千亿斤粮食增产项目，新打机井117眼，新建桥涵67座，疏浚沟河16.7千米。培训新型农民129人。做好农机购置补贴和新购置农机具的审核和登记工作，新购置玉米、小麦联合收割机346台，100马力以上大型拖拉机178台，免耕施肥播种机14台，遥控植保机2台，灭茬机10台，实施惠农补贴资金近800万元。在王庙等村实施大豆宽行、精量播种面积266.67公顷；实施土地深松项目，在吴寨等6个村深松面积3000公顷。

【产业结构调整】2016年，双沟镇中药材种植面积超过666.67公顷，其中吴寨村种植优质玫瑰53.33公顷，繁育白玉兰等苗木33.33公顷；刘庄村种植优质黄秋葵40公顷、何首乌13.33公顷，邹李、马庄种植藏红花13.33公顷，成为亳州市藏红花种植基地；闫庄、邹李等村规模化种植白术、菊花等药材200公顷。全镇蔬菜面积666.67公顷，任小庙村等村无公害蔬菜种植、大蒜种植、优质洋葱种植初具规模。全镇林果花卉面积600公顷，柴楼村繁育美国无絮黑杨20公顷，葡萄、草莓、名优苗木花卉200公顷，全镇畜禽饲养量近百万只(头)。

【医疗卫生计生】2016年，双沟镇卫生院和市人民医院建立"医共体"帮扶关系，总门诊量近10万人次。合作医疗补偿镇内就诊患者发出补偿款近900万元，镇外就诊患者发出补偿款1900万元，业务总收入约1600万元；妇幼保健免疫规划规范进行，家庭医生签约服务完成12335人次。进行婚育新风宣传，免费发放宣传品1800份，长期开展免费咨询活动；救助计生贫困母亲11户，双评工作满意度测评100%。全面落实优惠政策，发放民生工程奖扶资金120余万元；流动人口管理规范，流动人口建档率100%。在常州市钟楼区建立市级区域协作站点；高标准超额完成孕前检查任务，全镇完成孕前检查518对；计生宣传全区领先。完成社会抚养费征收任务195万元。

【社会保障与就业】2016年，双沟镇养老保险缴费人数3.5万人，缴费金额超过400万元；完成生存认证老人1万余人；补缴和完善养老保险个人信息31067人。全镇支持青年创业基金100万元，扶持创业项目31个，近5万名劳动力实现就近和外出务工。

【民政与民生】2016年，全镇共有低保户2616户3517人。清理脱贫、死亡人员2125户2592人，截至2016年年底，共有低保451户925人。"五保户"402人，其中在两个敬老院集中供养的有141人，分散供养的有261人，增加29名符合"五保"条件的老人。为402位"五保"老人办理意外伤害保险，为双沟镇敬老院改建有安全隐患的塑料吊顶等公共设施，进行电路改造，为每位"五保"老人安装有线电视，夏季购置过夏服装，共投资近30万元。全部及时足额兑现优抚对象的各种优待政策，为173位重点优抚对象及义务兵家属发放优待金127.84万元，为10位困难优抚对象发放"解三难"资金2万元，为31名60周岁以上退伍军人办理退伍补贴申报，免费为所有的重点优抚对象办理城镇医疗保险，纳入医疗救助平台。开展双拥创建活动，重点优抚对象群体稳定。帮助因病造成生活困难的群众99户，发放临时救助资金297600元帮助因灾造成生活困难的群众5户，发放临时救助资金8500元；帮助因入学造成生活困难的群众12户，发放临时救助资金10800元。为近200名新满80周岁老人办理高龄津贴网上认证；落实孤儿基本生活保障制度，做好全镇孤儿的摸底、救助工作，全镇41名孤儿生活稳定；接待来人来访1653人次，发放救灾款5万余元，社会化发放冬春荒等救灾资金12万元；加大流浪乞讨人员救助工作宣传，开展为流浪乞讨人员救助"送清凉""送食品"等救助活动，救助资金6815元；开展危房改造117户，社会化发放危改资金100多万元，立卷234卷，117户危房改造户全部录入全国危房改造系统，完成危房改造工作。

【基础建设】2016年，双沟镇按照"路路成网、村村相连、主干通村、支路入组"思路，修通断头路、新建联网路、拓宽瓶颈路、打通出村路、消灭空白路，结合精准扶贫、美丽乡村建设、贫困村出列、产业结构调整等因素，确定畅通工程硬化建设方案；实施建设项目40余个，计划建设里程近60千米，包括开工建设的区级枣集至双沟公路、赵桥至双沟循环公路；包括闫庄、任小庙、邹李、王阁4个贫困村的自然组硬化道路20余条；吴寨、三官、柴楼等5个撤并村道路硬化6个标段21条；道路即将完成，构建快捷乡村道路"互联网"。安装电网接线套管86处，更换裂纹电杆20余处，更换新式电表箱3000余个，10千伏线路下装设安全警示牌166处，清除危及线路安全运行的高低压树障40000余棵；对70余台区进行增容改造工作，新建110千伏变电站一座，新架设10千伏线路85千米，投入运行，全镇完成总供电量3848万千瓦时，新增低压用户1362户，三相动力用户128户，接表临时用电24户。全镇移动、电信、联通等通讯企业服务网点70多家，服务中小集团147家、用户78000多个，便民服务点普及到区域的所有小集镇和村组，网络优化、光纤入户工程全部实施。

【精准扶贫】2016年，双沟镇有贫困户2853户、贫困人口5693人；按照责任划分，签订脱贫责任状；落实精准识别，清理不合格“贫困户”493户676人，补充进入359户676人，做到贫困户应扶尽扶、帮扶举措应享尽享。扶持贫困户进行胡羊养殖，为300余户贫困户发放“扶贫羊”近千只；实施教育扶贫，让近百名贫困学生安心读书；合理构建低保政策兜底网，710多户1500人纳入低保政策兜底网，实施基础设施扶贫力度，在邹李等四个贫困村分两期硬化村级道路20余条，建设里程近20千米，改善群众出行条件。

【服务与管理】2016年，双沟镇建立全镇代办员网上办事大厅微信群。制定AB岗制度，确保各村无零办件，无超期办件。截至年底，网上办事大厅共申请17039件，办结17039件。对重点单位人员密集场所开展全覆盖检查，全年检查经营户1800户次，下发责令改正通知书45份，对辖区18家药店110户食品店进行每月一次全覆盖检查，对11家学校食堂、4家企业敬老院食堂进行现场指导，全部通过验收达标；依法办结经营劣药案件10件，不按规定要求经营食品案件18件，假冒古井贡酒案件1件；依法开展抽样送检工作，抽取食品样品6组，药品样品30组。抽取建材样品7组，抽取农资样品30组发展个体工商户670户，农民专业合作社12家，帮助三官核桃林场申请注册地理商标1件。全年拆除违法占地面积8060平方米。项目区20个地块67.73公顷，工矿废弃地14.89公顷，通过省厅验收合格；纳入储备项目区23个地块，面积约76.33公顷，已拆旧复垦，等待验收；完成林地复垦面积2.67公顷，实施复垦水工建筑用地面积20公顷顺利通过验收，规划180处，面积约406.67公顷；推进依法、依规用地，审批农村农民建房260户。依法取缔(关闭)1家煤矸石加工厂，1家碎石加工厂，1家化工生产厂，1家小型冶炼厂，4家企业。2家非法经营成品油的农村代售点，3家无证零售烟花爆竹代售点。排查各种安全隐患368期，立即整改327期，限期整改41期。发放宣传资料12500余份，宣传手册2300余份，咨询服务6次，开展安全生产大检查32次。

【清洁工程】2016年，双沟镇建立包保责任机制，落实行政村、自然村、街道三块责任包干机制，镇村实行网络化管理，落实230名环卫人员，投资115万元，建垃圾池686个，购买垃圾桶3690个，扩建中转站一个。境内交通主次干道沿线、河流沿线和街道沿线暴露垃圾基本清除，境内“牛皮癣”现象基本消失。

【群众文化】2016年，双沟镇举办首届农民传统文化艺术节；双沟剧团、红脸王剧团获“全省百佳”，举办戏剧惠民演出，农民广场舞在市区大赛争荣；推进书香村居工作在全区第一；全镇组建“国学经典、道德模范、廉洁文化、法制”宣讲队和“五老”“百姓宣讲”队60余个；全镇 59个读书带头人创办农民读书会42个，镇书香办、文化站为农民读书会赠书2000余册；开展“晒家风、亮家训”“挂中堂、送春联”“红色电影下乡”“五好文明户评选”等活动；书香村居工作在市区评比中，位列全区第四名，涡南片第一名。

【三官核桃】双沟镇三官村一带由于地质条件好，1960年国家决定在此投资建设亚洲最大的核桃林场，直属省林业厅。1962年共育林2466.67公顷，1963年省政府决定将其定名为“国营亳县核桃林场”，林场面积约4933.33公顷。1978－1987年，是核桃林场核桃产量形成的鼎盛时期，干果年均产量在150万千克左右，产品远销南斯拉夫、新加坡等东南亚国家。曾被称为“核桃王国”。2016年，双沟镇决心重新打响核桃品牌，建设“万亩核桃产业示范区”，叫响“亚洲最大人工核桃林场”地理标志品牌，让三官核桃品牌走向全国。截至2016年年底，栽植面积达万亩。

（申从珊　谷曙江）

涡阳县城关街道办事处

【概况】涡阳县城关街道办事处是全国重点建设小城镇，历史悠久，人文景观较多。境内有捻军会盟旧址、凤凰亭、华祖庙、英公祠、城隍庙、马玉坤帅府、马玉坤公馆、天主堂等省、市、县级重点文物保护单位多处，旅游资源

图92　三桥暮色

丰富，地理位置优越，水陆交通快捷，区位优势明显。辖区面积17.68平方千米。截至2016年年底，总人口13.6万人，党工委下设3个党总支，25个基层党组织，15个社区居委会，党员1270人。

【财税收入】截至2016年11月，涡阳县城关街道办事处财税收入1.4628亿元，超全年任务128.1%。

【重点项目建设】2016年，涡阳县城关街道办事处做好涡河三桥征迁安置工作。一期安置163户；二、三期征迁安置312户，拆迁面积3.3万平方米。处理苏果超市遗留问题，征迁安置3户。光机电集聚区、向阳和景观公园、西环路等项目征地12.67公顷。

【文明创建】2016年，涡阳县城关街道办事处加大老城区基础设施建设力度。改造旱厕57座；新安装路灯2406盏，实现路灯全覆盖；硬化街巷35条；修复和清理下水道45条；墙面提升80万平方米。

【信访积案化解】2016年，涡阳县城关街道办事处落实“三位一体”信访包保机制，坚持领导开门接访、带案下访，化解信访积案12起。依托综治维稳信访中心，对领导批转案件和本街道受理的信访案件，采取“一个中心统揽，一个窗口受理，一个领导体系，一个场所服务，一套机制运行，一个整体运作”模式，发挥联调、联处机制，化解低保办理、廉租房办理、违法建设、企业遗留问题、干部作风问题等。2016年，共受理并化解信访案件151起；被亳州市命名为无邪教创建示范乡镇；城关街道综治维稳信访工作中心被评为省级综治维稳信访工作中心建设示范点。

【民生工程】2016年，涡阳县城关街道办事处开展城市低保核查工作，各社区对低保人员上门走访，逐户核对，共清退违规低保145户，追缴违规吃低保金额32.44万元。开展保障房清查工作，与房产局配合逐户进行核查，保证保障房申请工作的公平、公开、公正。2016年，城乡居民养老保险缴费人数共计9604人，完成102.49%。城镇居民医疗保险工作缴费43139人，完成172.56%。

【计划生育】2016年，涡阳县城关街道办事处宣传全面二孩政策。清理核查，清理已婚育龄妇女漏档815人、新婚登记839对、孕情上报1209例、出生上报1473人、流动人口漏管402人、合同漏签98人、落实节育措施502例，办理各种证件1102件。

【网上办事】2016年，涡阳县城关街道办事处按照市、县信息局的要求，所有网上办事的业务，均能通过网上申报办理，截至年底，办理5968件。

【项目建设】2016年，涡阳县城关街道办事处城市建设、项目征迁、企业改制等一批遗留问题是困扰城关发展的重要制约因素，信访维稳压力大，办事处会同国土、规划、住建、纪检监察等有关部门，成立“一办八组”，加大工作推进力度，破解都市花园、天鹅湾、百合苑等“先上车后买票”“以地换房”项目的死结，完成涡河三桥的拆迁安置任务，顺河路征迁项目已完成土地丈量和坟墓搬迁，紫光社区、孙楼西阳路建设、苏果超市、站前路等一批遗留问题加快处理，砂轮厂、猪毛厂等企业改制涉及的信访问题稳步推进，一批涉及面广、维稳压力大的项目建设和信访遗留问题逐步消化和解决。

（涡阳县城关镇街道办事处党政办公室）

涡阳县高炉镇

【概况】高炉镇是千年古镇、皖北名镇、酿酒之乡，全国小城镇建设重点镇、安徽省优秀旅游乡镇。2016年行政区划调整后，单集林场所辖五个行政村合并至高炉镇。合并后高炉镇辖15个村（居）委会，区域面积120.7平方千米，耕地面积7400公顷，林地1066.67公顷，人口7.5万人。

【现代农业】2016年，高炉镇调整农业产业结构，发展现代农业。特色农产品如香菇、蔬菜、蛋鸡、蛋鸭、獭兔养殖、菊花种植规模均取得突破。全镇共有规模养殖场43家，各类专业合作社84家，其中省级示范社1家，市级示范社6家。大呼、代集两村实施高标准农田建设，修建大、中沟涵管桥200座，新打机井291眼，固定喷灌100座，修建水泥路16.57千米，完成植树造林1.4万株，开挖土方12万立方米，项目实施后实现旱能浇、涝能排。新购置大中型农业机械127台，喷灌机械386部。共有大型联合收割机412台，大中型拖拉机165台，配套机具420台套，总动力达到5.15万千瓦。

【工业园区】2016年，高炉镇帮扶企业抓升级，如一面粉、鸿伟印务、鑫聚缘管业等几家企业实施新的技改项目，提升市场竞争力。为本地的企业牵线搭桥引技术、引资金，利用本地白酒产业优势，开展和外地白酒企业合作。通过招商引资和全民创业，全镇有规模企业14家，其他企业36家。完善园区配套设施，高炉污水处理厂，日处理污水8千吨，工业废水的处理能力提高。

【集镇建设】2016年，高炉镇坚持规划先行原则，挖掘“涡河文化”和“酒文化”，突出特色，规划实施“1234”工程。“1”，是沿涡河、白洋河，打造沿河景观循环圈。“2”，是建设以“酒文化”为主题的中心公园和酒博物馆，丰富群众文化休闲生活。“3”，是打造“书香文化”“酒文化”“特色文化”三条特色街，提升集镇整体形象。“4”，是开展高炉酒厂争创“AAA级景区”、双轮宾馆争创“三星宾馆”、高炉镇争创“优秀旅游乡镇”和美丽集镇的“四创”活动。被评为安徽省优秀旅游乡镇。

【环境整治】2016年，高炉镇农村清洁工程推向市场化运作，提高农村清洁工作的效益、质量。农村清洁工程、三线三边整治工作改变以往的被动局面。对农村生活、生产垃圾进行集中清理，农村环境卫生得到整治，群众居住环境改善。农村清洁工程与三线三边整治工作，在市、县测评中取得较好成绩。

【社会事业】2016年，高炉镇实施农村道路畅通工程，修建道路51.258千米，加宽道路9.46千米；自来水到户工程建设，赵沃自来水厂约铺设自来水管道33.1千米，覆盖四零居委会、赵沃、杨楼、杨大、杨瓦房、陆杨等村，解决4837户2万余人安全饮水问题。累计发放“五保”生活补助103.35万元、农村低保救助金142.25万元、残疾人救助资金58.33万元。完成财政税收1358.5万元，地税539.7万元，国税584.1万元，社会抚养费234.7万元。教育、卫生、文化、

图93 涡阳高炉家和谐窖龄系列酒生产包装

体育、社会保障、安全生产、扶贫开发、综治维稳等工作均取得成绩。

（涡阳县高炉镇党政办公室）

涡阳县义门镇

【概况】义门是千年古镇，古时曾设“真源县衙”。1992年，义门镇被批准为副县级建制镇。2006年被确定为安徽省新农村建设示范镇。2016年8月，被命名为安徽省第二批千年古镇地名文化遗产。辖区面积86平方千米，城区面积4.6平方千米。全镇辖16个村委会，5个居委会，耕地5266.67公顷，8.9万人，其中城镇人口2.6万人，回族人口1.89万人。义门涡河大桥，桥南为2.3平方千米的食品、药品工业园区，桥北为2.3平方千米的商业贸易区。义门镇资源丰富，产品独特，是久负盛名的苔干原产地、重要的中药材种植加工基地，是周边乡镇农副产品交易集散地。

【农业发展】2016年，义门镇粮经种植比达6∶4，复种指数200%以上。每年春秋两季种植苔干面积达万亩，产品远销日本、韩国、东南亚等国家和中国香港、澳门地区，为义门镇第一大支柱产业。规模化种植各类中药材50余种，年种植面积近万亩，药材及相关产业成为义门镇第二大支柱产业。注重培育新型农业经营主体，发展多种模式经营，推进土地流转工作，引导发展果树、中药材、苔干套种生产模式。全镇流转土地近1333.33公顷，其中周营、刘营等6个村流转土地733.33公顷，用于发展果树、中药材、苔干套种；王小寨、武举等7个村流转土地200余公顷，发展苔干、大葱、果树等蔬菜果木种植；涡河以南、S307省道两侧流转土地233.33公顷。完成滕刘、赵屯、武举、王小寨4个村1333.33公顷高标准农田治理，完成李集、李元、袁楼、杨楼4个村200公顷农田水利综合治理，完成沟渠治理92千米，达到沟路井林网配套。

图94　义门镇贡菜苔干

【经济发展】2016年，义门镇实现地区生产总值58亿元，人均纯收入达9856元。好又多、华联连锁超市进驻义门，投资3000万元国家AAA级旅游景区——颐生园农家乐建成开放，万亩山核桃套种药材、苔干模式的生态旅游观光农业示范基地基本形成。拥有上市企业源和堂，省级龙头企业颐生堂及福顺食品、锦辉食品、绿佳食品、恒发食品、义门苔干公司等市级龙头企业，规模工业企业17家。义门苔干公司获首批使用“涡阳苔干”地理标志产品荣誉，源和堂中药饮片公司在“新三板”上市，中药材加工自动化生产线为国内首例，义门熏牛肉成为全国知名的地方特色食品，“清真羊肉汤”入选亳州市十大知名美食。义门工业园区现有规模工业企业11家，其中省级农业产业化龙头企业2家，市级农业产业化龙头企业6家。

【社会事业】2016年，义门镇综合文化站建成投入使用，20个村全部建成农家书屋，配套体育健身器材，实现广播村村通；申报批准省重点文物保护单位1处，市非物质文化遗产2项，县非物质文化遗产1项；完成义门清真寺改扩建一期工程以及赵屯玉皇庙修缮工程；举办慈孝文化研讨会、广场舞大赛、4次书画展，10次棒鼓舞巡演，12场乒乓球比赛。开展民族团结进步创建活动，投入70万元建设清真寺南书房，划拨2.67公顷土地修建回族墓地。

【集镇建设】2016年，义门镇做好总体规划，购置文明创建车辆6部以及多种环卫设施；安装各街道及307省道路灯，完成307省道穿集镇段两侧7米绿化带升级改造；完成集镇整体立面改造和两个牌坊、清真寺到真源北路、清真食品一条街建设，真源北路按照伊斯兰民族风情规划；真源南路路面改造、雨污水、供排水、燃气、弱电五网建设，绿化、美化、亮化三化同步以及清真寺改造进入施工阶段。开展创建“文明集市”活动，集中力量开展整治活动，集镇市场私搭乱建、店外经营，骑路逢集等现象得到遏制，集镇管理走向常态化，义门大桥节假期间车辆严重拥堵问题有效缓解。

（涡阳县义门镇党政办公室）

蒙城县城关镇

【概况】蒙城县城关镇是全县政治、经济、文化中心。面积13.7平方千米。截至2016年年底，人口10.08万人，辖15个社区，110个居民组。全镇有17个党总支，52个党支部，党员2146名。2016年，城关镇获“全国科普示范社区”“省级文化示范工作站”“省妇女之家示范社区”“亳州市计生工作优秀乡镇”“亳州市计生工作示范社区”“全县综合表彰先进乡镇”“尊师重教先进乡镇”“农村清洁工程一等奖”“项目谋划先进乡镇”“县计生先进单位”“政法、信访先进集体”“县安全生产先进单位”“县民生工程考核先进乡镇”“县消防工作先进乡镇”等称号。

图95 蒙城县城关镇新落成的小区

【经济发展】2016年，蒙城县城关镇14家规模企业完成产值3.12亿元，同比增幅9.5%；新增个体工商户2810户，完成全年任务的223%；培育中小微企业259家，完成全年任务的162%；个转企26家，完成全年任务的108%；申报规模工业企业1家；申报限额商贸餐饮企业22家。实现财政收入19748.936万元，完成目标任务的118.97%（其中，国税完成14596万元；地税完成5152.936万元），位居全县乡镇财政收入之首。

【项目建设】2016年，蒙城县城关镇招商引资2.5亿元，完成全年任务的125%。实现固定资产投资19.2亿；完成项目谋划12个，实现谋划规模8亿元，完成全年任务。

【城镇建设】2016年，蒙城县城关镇推进征地拆迁工作，开展土地房屋征收工作，完成西片区三阳路等6个项目建设用地，征收房屋751户、28.5万平方米，土地77.2公顷。依法进行“两违”管控，拆除各类违法建设2.13万平方米。实施老城区基础设施提升改造工程，全年完成道排工程211条，健身、停车广场38个，新建（改建）公厕6座，维修公厕19座，安装路灯300盏，加固引洪道280米，疏通下水道1.08万米。

【综治维稳】2016年，蒙城县城关镇加强综治信访维稳工作，完善信访领导带班制和“四位一体”办信访工作机制，开展矛盾纠纷排查50余次，办理上级交办转办各类信件1150件。落实安全生产“一岗双责”责任制，组织安全生产检查整治286次，消除一般隐患224处、消除较重大隐患47处，开展应急演练活动2次。

【民生工程】2016年，蒙城县城关镇推进城乡居民社会养老保险工作。参保居民11411人，收缴保费206.5万元，完成全年新增就业任务4800人。落实应保尽保、动态管理低保政策。全镇新纳入城乡低保48户81人，生活好转的272户369人予以取消；完成保障性住房分配任务600户。落实基本公共服务全覆盖、推进均等化服务，完成孕前优生健康检查608对，被评为市“城市人口和计划生育先进单位”。网上办事大厅办理群众各类服务事项共计16811件。

【社会事业】2016年，蒙城县城关镇投资527万元完成城区楼道出新37万平方米，制作各类展板、公益广告文化墙等5000多块。组织社区集中整治无物业小区，动用人力9000余人次，动用各类车辆2.3万余次，清理垃圾2000余吨。开设道德讲堂总堂12次，全年组织志愿者活动共计180余次，参与志愿者3300余人次。优化城区生态环境。通过2013－2016年“森林增长工程”县级验收，完成午、秋两季秸秆禁烧工作任务，实现“不点一把火、不冒一处烟”禁烧目标。

【扶贫攻坚】2016年，蒙城县城关镇对辖区望月、刘桥、河西三涉农社区贫困户（54户84人）实施精准扶贫，通过健康脱贫、政府兜底脱贫等精准帮扶措施，完成本年度脱贫24户、35人脱贫任务。（王笑云　王瑞翔）

蒙城县小涧镇

【概况】小涧镇位于蒙城县西北部，距县城13千米，面积117平方千米，耕地7333.33公顷，人口6.7万，辖3个居民委员会、11个村民委员会，共178个自然庄，272个村民小组。双锁山、灵山、尖山、黄柏山等山丘纵贯其中。被命名为安徽省千年古镇、全省优秀旅游乡镇、省级生态乡镇、亳州市第二届文明乡镇等称号。主产小麦、玉米、大豆、蔬菜、药材等。涡河流经本镇长达16千米，航运发达，水产丰富。主要特产有狼山黑陶、灵山秋黄瓜、沙滩水萝卜、尖山黑木耳等。2016年，经济生产总值完成4.1亿元，年均增长2.8%；粮食产量8万吨，年均增长2.6%；固定资产投资3亿元，年均增长1.9%；农民人均纯收入10560元，同比增长10%。红城、花园两个省级美丽乡村全面建成并投入使用。

【农业农村】2016年，蒙城县小涧镇加快农业产业结构调整。截至年底，全镇土地确权颁证全面完成，共实测土地面积8400公顷，涉及13513户。土地托管率达90%以上，通过县考核组验收。实施沟塘治理和高效农业治理片建设。实施大中沟清淤5700余米，新挖塘15个13万余立方米，疏浚田间排水沟30余条，计4.5千米。总投资1.2亿元的国家级土地治理项目一、二、三期工程和投资2600万元的小农水项目全部结束，北淝河及蒋湾沟治理工作有序推进。以双锁山、尖山、黄柏山绿化为重点，推进林业“三增”工程，创建省级生态乡镇。培育新型经营主体，新发展连片花卉苗木、蔬菜种植4家，药材连片种植2家，新批畜禽养殖场6家，强英鸭业、牧园养殖项目在落实项目用地；9个行政村实现农业产业发展新突破；实现村村有特色产业发展目标。

图96　小涧镇花园美丽乡村

【社会事业】2016年，蒙城县小涧镇推进精准扶贫，狼山、灵山、尖山3个贫困村全部实现出列，全镇305户731人实现脱贫，实施危房改造78户。借助“一事一议”财政奖补政策共申报实施项目16个，筹集资金500万元。新(改)建的小涧、西王集敬老院投入使用，共有床位200张，入住五保户146人。实施就业、再就业援助工程，为失业人员提供就业信息并协调各部门落实就业再就业优惠帮扶政策。计划生育全面落实“村为主”工作机制和计划生育利益导向制度，出生人口性别比平稳下降，早孕发现率、服务管理能力、综合治理水平、群众满意度提高。

【信访维稳】2016年，蒙城县小涧镇开展“和谐平安小涧”创建活动，推进治安巡防、纠纷调解、重点人员管控、安全生产4项重点工作。成立义务巡逻队开展治安巡逻，整治治安突出问题，全年累计巡防360余次，开展集中行动15次；落实矛盾纠纷排查制度，确保矛盾纠纷发现早、化解好，全年共排查矛盾纠纷113起，调处110起，调处成功率97%；接待和受理群众来信来访件90起，上级交办案件43起，成功结案率100%。开展食品药品、道路交通、消防安全、危险化学品等重点领域安全隐患排查和应急事故处置，制作宣传牌板3块，横幅35条，印发宣传材料5000余份，设置永久性、固定性警示标志70余个，开展安全生产联合执法检查大检查17次，排查出各类安全隐患35项，整改35项，安全隐患整改率100%，确保镇区无重大安全事故发生。

【文明创建】2016年，蒙城县小涧镇投入资金109多万元，为各村统一购置垃圾箱2360个、板车560辆和机动清运车辆18部，新建垃圾池、垃圾房434个，选聘保洁人员238人，年投入工资经费150余万元。出动清运车辆、机械1000余辆(次)，人员6000余人次，清运垃圾3000多方，落实“户投放、村收集、镇转运”工作机制，实现农村环境常态、长效保洁；开展秸秆禁烧工作，推广秸秆机械化粉碎还田技术，从源头上根治秸秆焚烧问题；坚持规划先行、建管并举方针，做好“两违”整治工作，拆除违章建筑1200平方米，拆除旱厕13个，撤掉活动板房13处，大小伸缩棚、四角遮阳棚110余个，清理落地广告70余个，动员流动商贩、小吃摊群56户进入农贸市场规范经营。

（李良阳）

利辛县城关镇

【概况】利辛县城关镇位于利辛县县城，是全县政治、经济、文化中心。305、308省道和南洛高速公路穿境而过；西淝河、阜蒙河、利阚河纵横交错；辖城东、城西、城南、城北、滨河5个办事处，共15个社区和20个村，面积122平方千米，耕地面积6266.67公顷，户籍人口16万余人，常住人口24万人。农村人均可支配收入9818元。城镇人均可支配收入24747元。2016年，城关镇财政税收突破亿元大关；完成房屋征收面积23万平方米，征收土地171.27公顷；实施31项民生工程；新增个体工商户891个，新增民营企业193家。

【基层党建】2016年，城关镇受理涉及党员干部来信来访56件，查处党员干部26人次，收缴违纪资金7万余元。通过综合考核调整6个落后村书记，选拔出3名优秀支部书记享受副科级待遇。整合项目资金新建振兴、和谐2个规范化社区服务中心，新建武杨楼、武寨、吕桥3个省级美丽新村服务中心及刘竹元、富康、邵渡口、苏庄、闫集、新河6个标准化村室。开展志愿者服务活动35场次。推行“两网三化一平台”新型服务模式，开展为民服务全程代理活动，共代办各类事项8万多件，办结率99.6%，其中网上办事大厅办理5067件。2016年，振兴社区被评为“全国科普示范社区”“全省先进基层党组织”；向阳社区被评为“全省社区党建工作示范点”；和谐社区建成为皖北最具规模最规范禁毒教育基地。

【农业农村】2016年，城关镇完成税收8203万元，其中地税4327万元，国税3164万元，契税593万元，非税119万元。新建、扩建蔬菜大棚面积44公顷。发展蔬菜种植面积333.33公顷，果树面积173.33公顷；新建、扩建规模养殖场2个；建小麦千亩示范点3个，百亩示范点21个；

实施董集村和吕桥村666.67公顷农田水利综合治理片工程建设，新打和修复机井35眼，确保董集来自水厂按时完工通水；推进“千亩万森林增长工程”，完成成片造林133.33公顷，新建和完善农田林网666.67公顷。创建森林村庄2个；开展政策性农业保险试点工作。全镇耕地参保率在80%以上，各类农民专业合作社组织66个。农民家庭农场36个，农民专业合作社和中粮大户合计流转农村土地面积1000公顷；保持“一村一品”示范村1个。省级示范种植合作社2个，新增绿色农产品认证5个，各级农业产业化龙头企业4个。

【脱贫攻坚】2016年，城关镇1115户2215人贫困人口通过省评估验收，4个贫困村全部达标出列。组织开展企业代表恳谈会、外出成功人士座谈会等，通过本地企业招、外出人士带、包保人员引等方式解决162个贫困户就业岗位，让他们依靠自身劳动实现脱贫327人。增设“五大员”就业岗位，落实产业发展脱贫思路，全镇落实“五大员”岗位76个，实现216人脱贫。落实良种繁育户、新品种试种户及家庭养殖户649户，实现脱贫1103人。借助书香村居宣讲、评选好儿子好儿媳、送戏下乡等活动，121对夫妇主动承担起赡养老人的义务，保证老人生活收入来源，实现脱贫108人。对应该享受光伏和兜底的低保、五保户家庭进行兜底和补贴，光伏发电补贴脱贫220人，低保、五保户兜底脱贫105人。

【征地拆迁】2016年，城关镇围绕城市建设“十大工程”任务及年初制定的51个征地拆迁项目，确保李启茂美术馆、凤凰变电所、人民北路、阜蒙河沿线改造提升、污水处理厂、四小四中、学府路、青年南路、开源路、市民健身公园等项目开工建设；保障金域蓝湾、英伦华帝、世纪阳光、润龙湾、宝璋医院等出让地块建设进度；建设南路、开源路西段、晴岚溪北段、车辙沟南段等城市基础设施项目进展顺利；党校片区、化工总厂片区、老一中片区及水务局片区4个棚户区改造项目有序推进。落实控违工作及耕地保护工作责任制，共拆除规划区内违建面积近5万平方米。落实耕地保护责任，强化镇村干部职责，制止乱占耕地违法建设42起，拆除面积1200平方米。

【美丽乡村建设】2016年，在董集新村通过省级美丽新村验收基础上，多方筹集资金1200万元启动武杨楼、武寨、吕桥3个省级中心村建设工作，全面掀起美丽乡村建设。结合畅通工程，新修新村公路56千米。流转173.33公顷土地用于发展产业，进一步壮大村集体经济。

【信访维稳】2016年，城关镇共接收市长热线756件，办结率100%；接待来信来访207件，处理终结率达95%以上，化解多年遗难信访6件。落实安置政策，协调财政房产等部门，在金水湾小区、金域华府、园景天下、龙庭首府等小区实物安置被拆迁居民812户，采取货币化安置拆迁居民1123户，发放临时过渡费1962万元，确保被拆迁户能分到房的有房住、暂不能分到房的有房租。为失地农民办理失地农民养老保险，全年办理失地农民养老保险2200余人次，确保农民失地收入不减少。

【安全生产】2016年，城关镇分别对教育、企业生产、防火防盗、施工安全等组织集中检查69次，针对每次的检查提出问题，有清单、有回音、有资料、整改及时，有效地杜绝重大安全生产事故发生。召开安全生产工作会议12次，消防知识普法及工作培训会3次，举行第十五个“安全生产月”宣传活动，发放安全生产小知识、消防安全、逃生等宣传单600余份，播放安全生产专题教育片，增强群众安全意识。12月份冬季防火宣传进小区，共计80块宣传牌；各村、社区张贴安全生产宣传画，共计36张，促进安全生产。全镇排查84项安全隐患全部整改。

【文明创建】2016年，城关镇逐步完善小区功能，新建小区停车场3个，新增停车位1200个，完成小街背巷硬化任务5万平方米，完成立面改造12万平方米、规范3千米门头广告及外立面亮化；实现小街背巷全天候保洁。加大市出入口整治工作，顺利通过“省文明县”验收。

“三线三边”评比连续4次位居全市第一名；实施“清水廊道工程”，在全县率先完成沿河23个砂石料场的清理和取缔工作。开展书香村居活动，利用道德讲堂、村村通广播等平台，本着道德模范带动人、法律知识警示人、国学经典教育人原则，开展学习活动。开展集中宣讲活动420场，送戏下乡活动42次。

【财政税收】2016年，城关镇全年税收任务数7233万元，其中地税任务4073万元，国税任务2900万元，非税任务260万元。至年底实际完成8203.7万元。其中，地税完成4920.6万元，国税完成3164万元，非税完成119.1万元。做好"一事一议"财政奖补项目工作，全年申报项目11个，完成9个。

【计生工作】2016年，城关镇计生服务门诊咨询达400人次，月随访达6000人次，查环查孕达15000人次，为广大育妇提供便利服务。全年全镇新增奖励扶助对象60人，对历年来二女结扎和新产二女户结扎户发放奖励4.44万元，发放独生子女保健费35万元，节育奖全覆盖奖励15万元。

【办事处工作】2016年，城南办事处辖8个村、3个社区。共征地66.67公顷。化肥厂改造260户，在加快实施。水利局棚户区改造协议全部签订完毕，拆除完毕。建成1个垃圾池，购置垃圾桶、垃圾车等清洁设备；聘请专人负责清倒垃圾，不定期对路面进行保洁；清理沟渠、塘坝的淤泥，消灭卫生死角。开展"零违建"社区创建活动，对发现的违建做到"第一时间发现、第一时间查处、第一时间拆除"，100%做好控违工作，实现社区、村违章建筑"零增长"。

城东办事处完成征地任务7.33公顷，拆除房屋面积8万平方米，履行"第一时间发现、第一时间报告、第一时间制止、第一时间拆除"的控违工作机制，拆除违章建筑11处共1200平方米。完成城区小街背巷硬化3.1千米，粉刷墙面8.5万平方米。新建公园2处，新增绿化地4万平方米。新修农村水泥道路18千米，实现庄庄通。吕桥新农村建设基本完成。

滨河办事处完成征地任务7.2公顷，完成刘竹园村刘卢庄整体拆迁面积67000平方米；刘本庄、刘竹园庄部分拆迁12000平方米。新建三个村室，分别是刘竹园村村室，占地400平方米；闫集村村室，占地220平方米；苏庄村村室，占地120平方米。拆除违规建筑950平方米。新建砂石公路6千米（刘竹园境内）、闫集村马桥村公路8千米。

城西办事处共有6个社区，年内完成征地20公顷，拆迁67000平方米。新建停车场1个。

城北办事处完成征地40公顷，拆迁面积30000余平方米。起坟700余座。全民健身公园内景观、绿化、铺装、土方及配套设施等，全部竣工。（刘晴晴）

利辛县阚疃镇

【概况】阚疃镇位于利辛县东南方向，距县城18千米，是皖西北地区通向省城合肥市的东南门户，308省道、224省道穿境而过，茨淮新河、西淝河贯穿东西。辖22个村(居)委会，256个自然庄，辖区面积116.79平方千米，总人口10.6万人，其中镇区面积5.5平方千米，人口3.8万人。2016年，阚疃镇完成财税收入2255万元，比2015年增长20.2%。全镇建立网上办事代办点23个。申请办理11791件，正常办结数11781件，办结率99.9%。

【农业农村】2016年，阚疃镇夏季小麦种植面积5856.8公顷，药材55公顷。秋种玉米3133.33公顷，大豆2123.47公顷，水稻666.67公顷。成片造林166公顷，完善农田林网1333.33公顷，建设绿色长廊40千米；秸秆禁烧全镇共投入资金581.86万元，挂横幅1300幅；配备48辆禁烧宣传车；全镇256个自然庄每天都有广播进行宣传。与22个村(居)委会签订责任书，村(居)委会和农户签订2.2万份承诺书，发放《致农民群众的一封信》2.2万份，张贴公告300张。实行包保责任制，全镇划分28个网格，每个网格都有1名县包点人员、1名镇包点人员和3名以上村干部包到村，全镇无一处火点。

【党建工作】2016年，阚疃镇发展党员24名，培养建党分子143名。办理案件14起，其中经济责任类案件1起，失职渎职类案件13起。处理党员干部13名，其中党内警告11名，严重党内警告1名，留党察看两年1名。处理办结信访案件6件，移交其他部门1件。确定镇西社区为"廉洁村居”示范点，制定实施方案，确定任务。完成2016年度村级组织负责人经济责任审计工作，协同阚疃财政所，完成对新张集乡4个村的账目进行审计，上报审计报告。开展办公用房、公务用车使用管理情况专项监督检查工作。

【民生工程】2016年，阚疃镇农村低保专项清理共取消1014户，2163人。对全镇422户分散五保家庭进行走访，其中有17人生活不能自理，为其申请每月300元失能五保护理补贴；49人房子属危房，纳入危房改造并全部改造完成入住。将符合“五保”条件人员纳入“五保”，新增“五保户”11人。残疾人精神病药费补助91人，每人1000元/年；贫困残疾人生活救助881人；新申请残疾人护理补贴900人；贫困白内障患者免费复明手术14人。县下拨阚疃镇31万元春荒款，经户申请，村评议，镇审核，县批准，共救灾960户2291人。年末，全镇有优抚对象214人，60岁退役士兵411人，对优抚对象中困难户春节进行慰问。发放高龄老人健康生活补助，首次实行从村代办点网上办事大厅申报。

【安全、计生工作】2016年上半年，阚疃镇共排查安全隐患31个，下达整治通知书31份，责令整改隐患31项，整改完成率100%；全年全镇共上报期内出生670人，一孩及政策内二孩出生孕情掌握率81.73%，期内出生综合手术到位率95%。社会抚育费完成136万元。

图97　镇西社区美丽乡村建设

【农村综合环境整治及基础建设】2016年，阚疃镇拆除集镇私搭乱建、店外店棚 282处，34656平方米。清理店外经营、占道经营、店外堆放、占道堆放49处；清理占道堆放砖瓦砂石等建筑材料18处；清理乱贴乱画“牛皮癣”小广告235处；清理乱设落地灯箱广告49处；设置围栏护栏600米；划设临时停车位400个。开展沟塘清淤整治1个，填平坑洼26处。招标采购苗木163万元，新栽苗木16410棵，绿化美化3万平方米。新栽片林30.87公顷，建设环镇林带3682米。新修道路6条3000米，修建排水管道6条3000米；新建改造村室、卫生室960平方米；新建改造群众健身广场1个，2000平方米；安装路灯50盏。

【美丽乡村建设】2016年，阚疃镇按照全县整县推进美丽乡村建设要求，重点打造美丽集镇、政府驻地中心村、大桥、张湾两个省级中心村，新河、新桥两个县级中心村共计6个美丽乡村建设示范点；集镇项目谋划的主要内容有道路改造提升、污水处理、桥涵配套、沟塘整治、文化站、广场、卫生院、停车场、农贸市场等基础设施和公共服务设施等23个项目，项目总投资2.08亿元。已完成白杨沟清淤整治及绿化提升、环镇林带及综合文化站改造提升项目。完成镇政府驻地公路中心村、大桥中心村及张湾八一新村项目的拆破拆旧拆旱厕及环境整治工作。

【扶贫工作】2016年，阚疃镇22个村（社区）均组建由村书记或村主任牵头的扶贫工作队。新河村、刘圩村、八里村、镇东社区4个贫困村出列，872户2291人脱贫。光伏电站虚拟到户390户，在建虚拟光伏电站1056座；协助县农商行阚疃支行累计发放贫困户扶贫贷款410万元，为90户贫困户发展产业等脱贫措施提供资金支持。易地扶贫搬迁共计241人，集中安置在大桥中心村、刘圩中心村、镇西中心村和张湾八一新村4个安置点，改善71户贫困家庭生产生活。

（王志良）

附　录

“美丽亳州”系列图片——中国白酒博物馆

2016年中国好人榜亳州人物

刘　亚（敬业奉献）

刘亚，男，1968年6月生。曾任涡阳县陈大镇党委书记、高公镇党委副书记（主持全面工作）。

刘亚在乡镇工作20多年。在基层，刘亚是带民致富、扶贫帮困的乡镇“父母官”。他在高公镇主持工作时，高公镇整体工作在一年内从全县倒数第一跃居全县前列。在家里，刘亚是孝子，母亲患重病时，他拿不出钱，用房产证抵押贷款为母亲看病。刘亚即将调离高公镇时，依然为高公镇的招商引资工作奔波。他说：“我在农村工作就要结束，但是我要站好最后一班岗”。但就是在调离的前一天（即将到涡阳县委组织部工作），刘亚因劳累过度突发心脏病不幸去世。

2016年4月，刘亚被评为敬业奉献类“亳州好人”“安徽好人”“中国好人”。获得“心动安徽·最美人物提名奖”。

林紫薇（敬业奉献）

林紫薇，女，1961年5月生，市人民医院老年病科主任。

在医生这个备受尊崇的岗位上，林紫薇已辛勤耕耘30年。她孜孜不倦地追求医学领域先进技术，虽然已经是一名经验丰富的高年资医师，但她仍然注重学习，注意提高，不断总结新经验。对待每一位病人，林紫薇医生都能做到认真检查、不厌其烦解说、仔细施诊。不管工作多忙她都坚持每天下班前详细查看每一位病人，掌握病人的病情变化。她时刻为病人着想，从检查到治疗，为患者精打细算，遇到外地患者，她主动跟相关科室沟通协调，尽量当天能做完检查，明确诊断，给予及时治疗。

林紫薇始终怀抱一颗“医者父母心”，不论富贵高低，尊重患者健康尊严，重视诊疗过程中相互疏通，关注患者心理需求，寻求患者全力配合，力争最好治疗效果。她把病人的康复当作自己最大的心愿。

2012年，林紫薇获安徽省首届“江淮名医”称号；2015年，被评为“安徽省十佳医生”；2016年2月，被评为“中国好人”。

朱景科（敬业奉献）

朱景科，男，1961年10月生，蒙城县篱笆镇姜刘村朱庄人，民办教师。

1988年，朱景科患上强直性脊柱炎，腰部逐渐弯曲，病痛日益加重，背部几乎与下半身成90度，但27年来他仍然坚持在教学第一线工作。他家离学校不足200米，因为步行困难，他来回都要骑自行车。朱景科凭着对教育的赤诚之心和强烈的责任感，克服病痛，在平凡的教学中始终保持着一种崇高的敬业精神、忘我的牺牲精神和无私的奉献精神。2014年，他的事迹被中央和省、市级媒体广为报道。

2016年，朱景科先后被评为敬业奉献类“安徽好人”“中国好人”。

何守民、刘素萍（见义勇为）

何守民，男，1967年1月生，汉族；妻子刘素平，1969年1月生，汉族，均为蒙城县篱笆镇郭集村李白王庄村民。

2015年10月24日下午4时许，何守民与妻子开着三轮车行驶到骆桥时，突然发现有人落水。何守民第一时间下到河里，此时一个小女孩下半身已没在水中。他急忙抓住小女孩的胳膊，转身交给前来帮忙的妻子。与此同时，他发现距离岸边3米开外的深水中，一位女子托着一个小孩，在水中浮沉。何守民再次深入水中，抓住大人和孩子用力托着向岸边靠。岸边台阶陡峭，何守民挣扎十多分钟，拼尽全力把两人送到岸边。

2016年1月，何守民、刘素平被评为见义勇为类“中国好人”。

程诚、郁凯（见义勇为）

程诚，男，1980年1月生，中国共产党党员，利辛县阚疃学区河南小学教师；郁凯，男，1979年10月生，利辛县自来水公司职工。

2016年9月12日晚，程诚和郁凯散步时，看到一超市门口一名蒙面男子手持长砍刀挟持一名女子。郁凯立即拨打110报警，程诚就近找来铁锨，准备随时与歹徒进行搏斗。利辛县公安局110指挥中心接到报警后，当即指令城关派出所火速前往处置、巡（特）警大队进行支援。与此同时，蒙面男子看到有人向他靠近，便放开女子，挥舞长砍刀向程诚、郁凯冲去。混战中，程诚用铁锨将嫌犯手中长砍刀打落在地。就在他俩准备将对方制服时，嫌犯突然掏出匕首刺向他俩。程诚瞬间倒在血泊中，郁凯的右手臂被匕首划伤血流不止。看到勇斗歹徒的程诚受伤，周围群众一拥而上将歹徒打倒在地，郁凯等人用身体死死压住嫌犯。此时，民警及时赶到，将嫌犯控制，并将程诚火速送至医院抢救。程诚被送至医院后，已经陷入休克状态。经检查，程诚右上腹锐器伤深达腹腔，肝脏破裂。经县医院专家全力救治，程诚脱离生命危险。

2016年9月，程诚、郁凯被评为见义勇为类“亳州好人”“安徽好人”，12月被评为“中国好人”。

徐　红（孝老爱亲）

徐红，女，1970年11月生，蒙城县供电公司职工。

2003年，徐红的丈夫张洪建查出患有慢性肾功能不全。徐红陪张洪建到全国各地寻医问诊，想尽一切办法鼓励丈夫树立生活下去的勇气与希望。丈夫病情恶化为尿毒症进行透析治疗时，徐红打听到郑州一家医院可以通过夫妻之间换肾治疗该病，她立即带着丈夫去郑州治疗，为丈夫捐肾。目前，夫妻二人身体恢复健康，重新回到工作岗位。

徐红割肾救夫的事迹万人传颂，被称为“好警嫂”。2016年，徐红先后被评为孝老爱亲类“安徽好人”“中国好人”。

王淑兰（孝老爱亲）

王淑兰，女，1930年1月出生，家住谯城区祖神庙街。

1949年，王淑兰与周继川结婚，从那时起，王淑兰就照顾患有精神病、未婚、生活不能自理的小叔子的生活起居。20世纪80年代，小儿子不幸患上风湿性脊柱炎，行动不便，从此，王淑兰又承担照顾儿子的重任。当周继川因病瘫痪在床之后，她独自承担起全家的重担。2000年，周继川去世，王淑兰独自照顾小儿子和小叔子，靠拾破烂生活。

王淑兰老人有五个孩子，除生病的小儿子、丢失的精神病二儿子（3年前走丢）外，大女儿、大儿子和智力缺陷的二女儿虽各有家庭，但生活都很困难，基本靠政府的低保、救助维持生活。体恤儿女的王淑兰坚持自己照顾周铁柱和周继光。2014年2月，小叔子突发脑溢血去世。目前，王淑兰老人年逾七旬，仍然坚持照顾着小儿子的生活。

2016年，王淑兰先后被评为“安徽好人”“中国好人”。

刘玉侠（孝老爱亲）

刘玉侠，女，1973年6月生，涡阳县单集林场晁湖村村民。

2005年5月，刘玉侠结婚后第九年，公公李长修突患脑血栓卧床不起。从此，刘玉侠除干好家务和庄稼活外，每天为公公刷牙、洗脸、洗脚、喂药、喂饭，甚至扶着他大小便；公公再罹患贲门癌，晚上需加餐，她就定好闹钟，夜里准时起床为公公做“营养餐”；公公胡须和头发长了，她买来理发用具，亲自给老人理发……11年过去了，由于过度劳累和严重睡眠不足，43岁的刘玉侠看上去要比实际年龄老许多。

2016年，刘玉侠先后被评为孝老爱亲类“亳州好人”“安徽好人”“中国好人”。

杨爱萍（孝老爱亲）

杨爱萍，女，1952年6月生，蒙城县乐土镇乔圩村村民。

杨爱萍的丈夫于20年前遭遇车祸不幸去世，她独自将两个幼儿抚养长大。2005年，大儿子乔蒙蒙被诊断出尿毒症。她借钱30万元为儿子治病，并捐肾救子，给了儿子第二次生命。2007年9月，乔蒙蒙劳动中被农药感染，尿毒症再次复发，迅速恶化，不久去世。儿子去世后，她靠着家里10余亩土地，替儿子还账20余万元，截至目前，还有近10万元欠账。老人家说：“我今年63岁了，如果身体允许，估计到73岁时就能全部还清。”杨爱萍的事迹经媒体报道后，社会各界爱心人士、爱心团体、爱心企业等纷纷伸出援助之手，为杨爱萍老人捐款。短短十多天里，先后募集捐款十余万元。接到爱心人士捐款后，杨爱萍老人在第一时间登门向曾经给予她家支持和帮助的家庭偿还欠下的借款。杨爱萍激动地说：“感谢爱心人士帮助我还清了债，今年终于可以过一个轻松的春节了！”

2016年11月，杨爱萍获“第五届亳州市道德模范”“中国好人”“心动安徽·最美人物提名奖”称号。

翟　颖（助人为乐）

翟颖，女，1957年7月生，中国共产党党员，家住谯城区城父镇。

翟颖是一名退休职工，自己省吃俭用，用多年积蓄在乡下创办一座专门收留农村“留守儿童”的“大院”。她坚持照看那些“留守儿童”做作业，经常邀请舞蹈、美术老师，教孩子们唱歌、跳舞、绘画。每学期，她至少带孩子们去市区参观游玩一次。她用自己为数不多的退休工资支撑着这个有80余名“留守儿童”组成的“家”。

2016年8月，翟颖被评为“中国好人”。

程　飞（诚实守信）

程飞，男，1971年1月生，涡阳县标里镇程大庄人，上海金鑫保安公司一名普通保安。

2015年8月份，程飞在值班时捡到一个绿色提包，他在捡包地点苦等几个小时不见人来寻包，打开提包一看，满满的全是现金，足有15万元。面对巨额现金，他只想着：“丢了这么多钱，失主一定很着急，很可能这钱就是人家的救命钱，要尽快找到失主，把钱还给人家。”于是立即和经理联系，一起找到失主，物归原主。在没有其他人在场的情况下，虽然家庭贫困，但是程飞丝毫没有占为己有的想法。

2016年，程飞先后被评为诚实守信类“亳州好人”“中国好人”。

（市文明办）

2016年安徽好人榜亳州人物

陆景虎（见义勇为）

陆景虎，男，1962年11月生，利辛县巩店镇巩沟村村民。

2015年9月12日晚11时左右，同村邻居孟艳发现2名盗贼偷自家电瓶车，她高喊："抓小偷！"陆景虎听到喊声后，立即起床向孟艳家跑去，到路口看见两个盗贼向村庄西地快速逃走。陆景虎只身一人，一边大喊"抓小偷！"一边向盗贼冲去。陆景虎不顾身单力薄，与歹徒奋力搏斗，不幸胸部、背部被猛扎数刀。赶来的村民看到浑身是血的陆景虎一手捂住胸部一手指着玉米地，指示村民到里面搜索，这时民警也已赶到。群众立即把遍体鳞伤的陆景虎送往镇医院，民警将歹徒抓获。住院期间，村民和社会人士带着慰问品看望陆景虎，都被他一一拒绝，他说："我只是做了一个村民应该做的事。"

2016年1月，陆景虎被评为见义勇为类"安徽好人。"

韩蔚峰（见义勇为）

韩蔚峰，男，1977年9月生，市交警支队直属一大队花戏楼中队民警。

2月14日下午2时15分许，市区大隅首附近一家饺子馆发生火灾，冒出浓烟。在附近执勤的韩蔚峰和另一位交警看到后，及时冲进火场救下4名被困群众。救援过程中，韩蔚峰清楚，起火位置是其中一家餐馆一楼的后厨，附近全是小餐馆，如不将明火扑灭，后果将不堪设想。韩蔚峰拿起灭火器再次冲进火海，后厨外的电线被点燃，火花四溅，情况十分凶险。协警担心他的安危，冲进去想将他拽出来，被他一把推开。耗尽七八个灭火器终于将明火扑灭。下午4时许，因吸入大量粉尘加上现场活动板房焚烧后难闻气味的刺激，韩蔚峰开始头晕呕吐，住进市人民医院南院急诊室。

韩蔚峰坚持长期做好事：火海搬出燃气罐、失火工棚背出老大爷、50元买一根葱帮助卖菜老人、跑步为脐带出血新生儿开道、为智障老人寻找家人、护送硬币卡喉儿童去医院急救……

2016年2月，韩蔚峰被评为见义勇为类"安徽好人提名奖"。

王家林（见义勇为）

王家林，男，1994年2月生，市消防支队中队执勤车驾驶员。

4月8日晚8时许，一辆从亳州驶往合肥的客车行驶在滁新高速颍上段时，司机突发心脏病休克，倒在驾驶座上。大巴车经过左右摇晃后横停在高速路上，20余名乘客胆战心惊。危急时刻，王家林挺身而出，迅速处置，及时化险为夷。

2016年6月，王家林被评为见义勇为类"安徽好人提名奖"。

沈宾宾、刘慧佳（见义勇为）

沈宾宾，男，1990年6月生；刘慧佳，男，1997年1月生，两人均为利辛县鑫天门业员工。

2015年12月8日，利辛县居民都凤唐老人骑电动车带着老伴、孙媳妇及未满周岁的曾孙去阚疃镇走亲戚，在回家的路上不幸连人带车掉进河里。驾车路过的沈宾宾、刘慧佳两位小伙看到后，立即跳下车施救，从冰冷刺骨的水中救出一家四口。

看到被救上岸的落水者连吓带冻瑟瑟发抖，两小伙不顾自己浑身湿透，立刻把他们带上所驾汽车打开空调取暖，并把他们送回家。离别时，都凤唐老汉和老伴拉住他俩不让走，想问出姓名，可对方笑着摇摇头说："人命关天，谁遇到都会这样做的。如果我们不出手相救，一辈子都会良心不安的。"都凤唐老人决定要找到恩人。根据小伙子开的车上印有"鑫天门业"字样的线索，老人最终找到位于阚疃镇的这家企业，找到救人小伙沈宾宾、刘慧佳。

12月23日，沈宾宾、刘慧佳领到阚疃镇政府发放的2000元奖金。俩小伙一合计，跑去买棉衣和饺子等物品，专程送到被救的那户人家里。

2016年8月，沈宾宾、刘慧佳被评为见义勇为类"安徽好人"。

陆青山（见义勇为）

陆青山，男，1975年12月生，利辛县中疃镇中疃村陆弯庄村民。

2015年7月12日上午10点左右，陆青山正在自家里看新闻，突然听到外面传来急促呼救声。他急忙跑到屋后沟边，发现水中有四五个人在上下浮沉，情况万分危急。陆青山来不及多想，立即脱掉衣服鞋子，跑到水里奋力游向孩子。陆青山左手抓住孩子胳膊后，右手用力去拉其他几个孩子，随即用尽全力朝岸边游去。河水比较深，陆青山本来水性就不好，他吃力地朝岸边游去，快到岸边时，由于用力太大脚被划破，他忍着疼痛坚持着，把救出的儿童交给岸边不会水性的爷爷，再返回抢救其他落水儿童。这时，听到呼救声赶来的其他村民也纷纷施救。最终4个孩子抢救成功，一个最小的女孩不幸溺水身亡。

"看见孩子落水，无论是谁都会挺身而出的，这是任何一个人都会做的事。"朴实无华的言语，映射着一位农民见义勇为的善举和美德。

2016年11月，陆青山被评为见义勇为类"安徽好人"。

抬车救人群体（见义勇为）

2016年11月18日中午12时许，市区友阳步行街东端发生一起交通事故，一名14岁女孩骑着自行车从北向南去，一辆小货车从南向北去，由于货车车速过快没有刹住车，将骑车女孩撞倒后又将女孩卷入车底。危急时刻，附近十余位居民和过路人立即跑过去合力将车抬起，不到一分钟时间，女孩被救出来。因为救援及时，女孩最终脱离死神魔爪。

事后，女孩的母亲刘萍听说闺女是被十多个好心人抬车救出的，非常想跟他们说一声谢谢。为了寻找这些好心人，市文明办在《亳州晚报》上刊登一则特殊的"寻人启事"——出手抬车的好心人，你们在哪里？经过十余天努力，11位好心人终于被找到，其中有律师，有老板，更多的是普通务工人员。他们的出手相助，挽救了一位少女的生命。随后，被救女孩父母袁青军、刘萍在市、区文明办工作人员陪同下，为好心人送去锦旗，并向他们表示衷心感谢。

参与抬车救人者名单：董献礼、平小会、位大战、周颖、周华山、周航、夏琰、李邵伟、邢飞标、张庆、王志军等11人。2016年11月，抬车救人群体获"安徽好人提名奖"。

魏香三（敬业奉献）

魏香三，男，蒙城县第八中学副校长、特级教师。

从事教育工作30年，用坚实的脚步踏出一串串闪光的足迹。课改之初，魏香三积极推广并实施"四环节教学模式"，打开教改的困局，不断对自己的教学实践进行理性反思，研究符合自己教学理念的理论，总结具有推广意义的教学策略，形成独具特色的教学流派。在2014年教育部"一师一优课"中，他的一节课，被评为教育部优课。魏香三申请成立的化学名师工作室已有十余篇论文发表在国家、省级刊物上，工作室连续三年被蒙城县授予"教科研工作先进集体"。

2016年7月，魏香三被评为

敬业奉献类“安徽好人”。

刘　化（敬业奉献）

刘化，男，1981年9月生，蒙城县篱笆镇人，部队某部政治部主任。

刘化一直严格要求自己，先后两次立三等功。2007年，我国组织第一批官兵赴苏丹达尔福尔地区维和，他主动请缨，在险恶环境面前始终坚守军人本色。面对组织召唤，他日夜备战，准备再次踏上曾战斗过的地方——非洲东北部南苏丹共和国。

2016年11月，刘化获敬业奉献“安徽好人提名奖”。

天狼救援队（助人为乐）

谯城区武装部民兵应急连天狼救援志愿服务队是一支民间志愿服务组织。其中，专业救援志愿者有33人，均为退伍军人；另有来自各行各业爱心志愿者，总人数400余人。救援队以“建立最为专业的公益救援队伍，推动民间力量紧急救援服务”为宗旨，应对突发事件、自然灾害和参与公益、关爱他人。救援队先后参与过深圳滑坡救援、市区夏季暴雨、爱心送考等重大自然灾害、公共安全事故的紧急救援和社会公益帮扶。

2016年7月，天狼救援队被评为助人为乐类“安徽好人”。

袁兴书、刘颖（助人为乐）

袁兴书，男，1981年10月生，中国共产党党员，谯城区大杨镇大王小学教师；刘颖，袁兴书之妻，1978年5月生，经营一早餐店。

袁兴书家庭条件不太好，妻子在市区开一间早餐店，主要经营油条、稀饭和菜饼。自2012年早餐店营业开始，每到周末，夫妻俩就会给光荣院的老人们送油条，被称为“油条夫妻”。五年来，袁兴书夫妇风雨无阻准时把爱心油条送到光荣院。袁兴书、刘颖夫妇经常利用节假日组织社会爱心人士带上礼物、文艺节目走进光荣院、乡镇敬老院等，与老人聊天、为老人表演节目、与老人共进午餐，给老人们送去欢乐和温暖。

2016年8月，袁兴书、刘颖夫妇获助人为乐类“安徽好人提名奖”。

怀卫国、李守建（诚实守信）

李守建，男，1975年12月生，中国共产党党员，亳州市出租车司机。怀卫国，男，1991年4月生，亳州人，中国共产党党员，武警天津总队第三支队八中队见习排长。

2013年8月25日下午3点多钟，怀卫国回亳州老家探亲，在市区魏武广场附近拦一辆出租车。在车子开出约500米后，怀卫国发现身边有一个红色手提袋，他连忙问司机是不是哪位乘客落在车上的，李守建说自己一直在忙没注意。为寻找失主联系方式，两人打开手提袋，放在上面的是一件皮夹克和一个手提包，下面是一摞摞的百元大钞，“当时脑子里第一反应就是抓紧时间联系这个失主，让他赶紧把这个钱拿回去，因为数目不小，他肯定着急。”根据手提包里失主的身份证和相关信息，他们很快就找到失主。面对30万元现金，怀卫国、李守建拾金不昧，将现金及时物归原主。

2016年9月，怀卫国、李守建被评为诚实守信类“安徽好人”。

李荣芳（孝老爱亲）

李荣芳，1954年8月生，蒙城县立仓镇张长营村前梁庄村民。28岁时，丈夫因病去世，留下一双子女和公公、婆婆。

丈夫离世后，家里3间老宅已成危房，另有数千元外债，但李荣芳最终决定留下来，替丈夫照顾两位老人及两个孩子。此后，李荣芳独自承担起8亩责任田的耕作，干完自家地里的活，到附近村子打零工。

两年后，婆婆突患脑梗塞导致半身不遂，她每天干完农活后无论多忙多累，她都要扶婆婆在院子里练习走路。在李荣芳精心照料下，婆婆的病好了。不久，公公因脑出血瘫痪在床。李荣芳既要干农活、操持家务、教育孩子，又要照顾瘫在床上的公公。三十多年来，她不离不弃精心赡养老人、抚养孩子，在当地传为佳话。

2016年9月，李荣芳获孝老爱亲类“安徽好人提名奖”。

刘士英（孝老爱亲）

刘士英，1947年12月生，利辛县巩店镇张寨村人。

20年前，刘士英的第一任丈夫患病去世。一年后，她改嫁到当时上有八旬老母，下有瘫痪儿子的张家。无微不至地关怀和照顾如今已97岁高龄的婆婆；任劳任怨地服侍如今已瘫痪在床45年的继子。同时，要喂牛、喂猪、耕种16亩责任田。刘士英20年如一日孝老爱亲，无怨无悔。

2016年10月，刘士英被评为孝老爱亲类“安徽好人”。

注：其余“安徽好人榜亳州人物”有：徐红（孝老爱亲）、刘亚（敬业奉献）、王淑兰（孝老爱亲）、朱景科（敬业奉献）、翟颖（助人为乐）、刘玉侠（孝老爱亲）、程诚、郁凯（见义勇为）已被评为中国好人，事迹详见“中国好人榜亳州人物”。

（市文明办）

“亳州市十大杰出青年”

（按姓氏笔画排序）

王　锋

男，1976 年 9 月生，中国共产党党员，本科学历，现任利辛农商银行党委书记、董事长。

王锋践行“支农扶企、反哺于农”经营理念，开办税融通、过桥贷、保险贷等企业贷款品种和“金土地”“农易贷”等支农惠农信贷产品，受到企业和农户广泛好评；他主动作为、积极履责，推动利辛农商银行创新金融扶贫“五大模式”；他带领利辛农商银行承办全县返乡企业家扶捐会，捐赠 90 万元帮建两座光伏电站；推动利辛农商银行成立“阳光助学基金”，每年出资 20 万元，帮扶一批品学兼优的寒门学子圆“求学梦”；多次慰问特困职工，帮助帮扶村解决资金和市场难题。获亳州市政府“支持小微企业发展”先进个人，利辛县政府“金融工作”先进个人，利辛县政府授予个人三等功一次。

王　雷

男，1976 年 6 月生，中国共产党党员，本科学历，现任谯城区人民法院民事审判二庭负责人。

2014 年 5 月，王雷成功主审在亳州市及周边地区社会影响较大的“赵鹏杰等 13 名被告人组织、领导、参加黑社会性质组织等案”；2014 年 7 月，依法再审审结“原审原告张学真诉原审被告王永民间借贷纠纷”再审案。在抓好庭务管理和案件管理的同时，带头办理案件，办案数量和质量位居全院前列，2014 年 8 至 12 月，其主审和担任审判长审结民事案件 254 件；2015 年，其担任审判长审结民事案件 781 件，其中主审民事案件 224 件。在其审结案件中无一错案件、无一超审限案件、无一涉诉信访和判后缠诉案件、无一抗诉再审案件。2014 年分别被安徽省高级人民法院、亳州市中级人民法院、谯城区人民政府记“个人三等功”各 1 次；2015 年 9 月获“全省办案能手”称号。

田企业

男，1991 年 1 月生，本科在读，现任国家体育总局举摔柔管理中心运动员。

2005 年，田企业考入安徽省体育运动职业技术学院，开始自由式摔跤业余练习。2006 年，田企业首次参加全国青少年自由式摔跤锦标赛，获得冠军。2008 年，田企业选调至古典式摔跤专业队；2013 年，选调至国家集训队训练；2014 年，在韩国仁川亚运会上战胜东道主选手，获得 60 千克级铜牌；在全国锦标赛上夺取 59 千克级金牌。2016 年 1 月，田企业出战古典跤欧洲系列赛法国站比赛，获得 59 千克级冠军。

刘　超

男，1981 年 5 月生，中国共产党党员，硕士学历，现任建安投资控股集团有限公司副总会计师。

2010年至今，刘超担任集团副总会计师，分管财务管理、资金管理与投融资管理工作。谋划建安集团第一、二、三、四期企业债项目，前三期（53亿元）完成发行工作，第四期（25亿元）在申报中；带领团队完成城市建设项目融资工作，截至2016年3月份融资357亿元。2010年，在《财经界》和《现代商业》上发表论文。2011年，入选安徽省第二批会计领军人才，同年获得高级会计师职称。2010年度，全市招商引资工作先进个人，2012年，被聘为中科大管理学院研究员。

孙千里

男，1982年6月生，中国共产党党员，大专学历，现任谯城区十河镇孙大村党总支书记。

孙千里先后在市公安局特警支队工作6年，魏武派出所工作3年，2012年3月任孙大村党总支书记。三年来，他不负重托，勤奋学习，扎根基层，团结带领村两委，把一个组织涣散、人心不稳、上访不断的重点整治村，变成交通顺畅、乡风文明、环境美好的先进村。2015年、2016年在市清洁工程抽查中，孙大村连续两年获满分。2015年10月，孙千里被谯城区委组织部推荐为最美村书记候选人。2007年，被评为亳州市公安局特警支队嘉奖个人。2015年，在十河镇秸秆禁烧工作中，获特殊贡献奖。

李丹崖

男，1982年12月生，本科学历，现任亳州市文化旅游发展有限责任公司战略发展部主管。

他曾参与三届药博会开幕式主题晚会和“君子颂”国学经典诵读展演活动的创作，撰写《念念药都情》《梦亳州》《芍花赋》《悯农谣》《伟哉君子》等脍炙人口的歌曲。致力于亳州市文化旅游项目谋划，参与北关历史街区保护利用项目、涡河综合开发利用项目、陈抟文化产业园项目、郑店子温泉度假村项目、谯望楼建安文学馆陈展项目、道德中宫大讲堂布展项目谋划工作，为亳州市文化旅游事业发展做出突出贡献。曾获得2013年度和2014年度安徽广播电视新闻奖文艺类一、二、三等奖各一次；2011年省网宣办授予“博文大展帖”安徽赛区二等奖。

张　明

男，1980年10月生，民建会员，本科学历，现任亳州一中政治教师。

2015年2月，张明作为亳州市首批专业技术人才到利辛县张村中学挂职扶贫。他吃住在校，提出建议99条、引进成果73项、开展培训22期、协调资金235.1万元，建成亳州市第一个农村中学国学书香园、中国第一家“四位一体”的道德品行银行。新华社、《人民日报》《安徽日报》等主流媒体记者走进张村中学进行报道。2016年2月被评为优秀挂职人才。获得市优秀教师、市优秀班主任等称号，数十篇论文获国家、省、市级奖项，完成国家、省级课题各一项。

张良斌

男，1982年9月生，中国共产党党员，大专学历，现任武警亳州市消防支队谯城中队中队长助理。

入伍17年来， 他参加灭火救援上千次，抢救被困群众数百人，先后四次代表支队参加总队大比武。2009年，在一次救火中，一名新兵不知危险，抱着水枪莽撞的进入屋内，张良斌不顾自身安危，冲进火海一把拉住他向外跑去，刚跑出去，屋内的液化气罐便发生爆炸；2011年，在扑救亳州市十九里镇药材仓库火灾中，他冒着房子倒塌的危险，多次深入火灾现场侦察，带领一队攻坚组与火魔鏖战。 2012年，在处置赵桥乡“7·21”房屋坍塌救援中，他第一时间随队到场展开施救，在随时都有可能倒塌的危房下顶着40摄氏度的高温奋战近7个小时；2014年，在“7·10”古井股份有限公司勾储中心爆炸燃烧事故中，他不惧高温和危险连续奋战8个小时。先后被总队评为“优秀党员”“优秀班长”，立个人三等功4次，2014年被省厅授予“优秀人民警察”称号，2015年被省消防总队评为“全省消防部队优秀士官”。

褚雅泉

女，1976年11月出生，中国共产党党员，大专学历，现任亳州祥平医院党支部书记、院长。

2010年，褚雅泉创办祥平妇幼医院，2012年，在医院内创办孕妇学校，医院现有病床110张，医护人员67人，年门诊量达五万人次。多年来她为群众减免医药费近20万元，收到患者锦旗50多面。她在2013年义务参与全镇手足口病防疫工作中，先后收治1名被遗弃的男婴和1名先天梅毒患儿，义务为千余名高血压、糖尿病、重型精神病人建立健康档案。她每年都拿出近5万元，捐助贫困大学生、计划生育特殊家庭、敬老院老人，同时积极给灾区捐款。2014年12月被评为“亳州好人”，2015年1月，被评为“感动药都人物”，2015年9月，被评为谯城区“首届好市民”。

潘　刚

男，1979年11月生，中国共产党党员，研究生学历，现任利辛县农业委员会高级农艺师。

在利辛县农委工作期间，潘刚废除30余万千克芽率低的麦种，为供种企业挽回近200万元的经济损失；帮扶利辛县纪康专业合作社从2011年10亩地的果园发展成10公顷的大果园。2013年，他参加辣椒系列品种选育与推广项目获得农业部全国农牧渔业丰收奖二等奖；2014年，他获得“全省优秀选派干部标兵”和“亳州市首届学术带头人”称号；2015年，获得亳州市第六届青年科技奖、“亳州市十大农村青年致富带头人”和“亳州市第五批专业技术拔尖人才”称号，被中国科协和财政部评为全国基层科普带头人；2016年，被安徽省科协和财政厅评为全省科普带头人。

（市文明办）

“亳州青年五四奖章”获得者

（按姓氏笔画排序）

凡有非

男，1981年11月生，中国共产党党员，硕士学历，副主任医师，任亳州市人民医院骨一科副主任。

2011年，他率先成立关节镜微创与运动损伤专科病房和亳州市关节镜微创与运动损伤诊疗中心，应用先进诊疗技术为亳州百姓服务，填补亳州市运动医学领域空白。在全省学术发言15次，全国骨科年会发言2次，在第36届世界骨科会议发言1次。2007年、2009年分别获安徽省急救大赛二等奖和三等奖；2013年，获“亳州市文明职工”“亳州市职业技术状元”称号，2015年，获“中国好医生提名”奖和“全市青年岗位能手”“亳州市首届科学与技术带头人”称号。

王丽娜

女，1988年3月生，中国共产党党员，本科学历，任亳州市第十二中学小学英语教师。

在教学中，王丽娜大胆探索新教学方法与教学手段，摸索总结出一套适合小学生识记单词的方法。她任教的学科学生成绩优异，所著论文在国家级、省级、市级杂志上发表获奖50余篇。2011年，获“亳州市教坛新星”“安徽省第四届农远工程应用新星”称号；2014年，获亳州市小学英语优质课大赛一等奖、安徽省第七届小学英语优质课大赛三等奖、教学设计大赛获国家级一等奖。

尹冬冬

男，1987年3月生，中国共产党党员，大专学历，任涡阳县爱心者协会会长。

尹冬冬从事公益多年，在涡阳率先成立第一个公益组织。个人志愿服务时长超过三千小时，个人献血量超过4000毫升。他组织的救助活动超过100场，直接或间接帮扶弱势群体超过5万人。2013年5月，尹冬冬被授予“安徽好青年”称号，2014年1月，被安徽省文明办授予“我最感动江淮志愿服务”优秀个人奖，获2014年度“市优秀十佳志愿者”称号，入选2014年度“安徽省十佳志愿服务典型”。个人事迹曾先后被中国文明网、人民网等媒体报道。

闫　宇

男，1982年11月生，中国共产党党员，经济学学士学位，在职研究生学历，任安徽省安车交通运输有限公司总经理。

闫宇长期扎根业务一线，先后组织创建亳州宜居物业管理有限公司、亳州建投驾驶员培训学校、安徽省安车交通运输有限公司等。宜居物业累计解决南部新区失地农民2000余人的就业问题。建投驾校以独有的规范化管理体系，开创一站式服务模式，成为亳州汽车运输行业整合领导者。公司先后被评为“安徽省机动车驾驶员培训行业AAA级质量信誉单位”“安徽省青年文明号”。2014 年，闫宇获“安徽省青年岗位能手”称号。

张美平

女，1976 年 10 月生，本科学历，现任利辛县人民法院江集人民法庭庭长。

自 1996 年参加工作后，张美平始终严格要求自己，及时高效审理每一件民事案件。2008 年之后，她参与审理案件 1600 余件，年均结案超过 200 件，调解撤诉率 78%，无一件矛盾激化。特别是担任庭长三年来，审结案件调解无反悔，判决无上诉、无再审。被省高院评为先进个人一次、被市中院记三等功一次、调解能手两次、庭审先进个人一次、十佳女法官一次。

张瑞勇

男，1987 年 6 月生，党员，本科学历，现任谯东镇辛集行政村党总支书记、村委会主任。

张瑞勇自到村之后，深入农户家中，为群众排忧解难；成立志愿组织，救助弱势群体；无私奉献，把爱送给留守儿童；完善基础设施建设，方便村民群众；多措并举，抓好农村清洁工程工作。他牵头成立的谯城区大学生村干部志愿者服务团被评为“2013 年 1 月份感动江淮志愿服务优秀集体典型”，他个人被评为“2013 年 10 月份感动江淮志愿服务优秀个人典型”，被农民朋友亲切地称为“留守儿童的编外好老师，农民致富的好帮手”。他先后被评为“安徽省优秀大学生村干部标兵”“安徽好人”“亳州市青年岗位能手”“亳州好人”“亳州市第四届道德模范提名奖”。2014 年 3 月，被推荐为“中国好人”候选人。

陈洪彬

男，1983 年 8 月生，中国共产党党员，研究生学历，现任亳州市公安局特警支队反恐防暴突击大队民警。

9 年来，陈洪彬先后执行重大安保任务上百起，参与处置各类案件 300 余起，亲自处置暴力事件 50 余起，抓获各类重大危险犯罪嫌疑人 40 余人。在打击“两抢一盗”多发性侵财犯罪专项行动中，创下一周内抓获现行犯罪嫌疑人 5 人的纪录。面对情绪失控持械的精神病人、无情火灾、危及群众生命的车祸……，他义无反顾、挺身而出，在平凡的工作中彰显公安特警的责任担当。先后获亳州市第二届“药都好警察”“优秀共产党员”“亳州好人”和第五届“感动蒙城人物”称号，记“个人嘉奖”一次，“个人三等功”一次。

孟 杉

男，1979 年 4 月生，中国共产党党员，专科学历，现任安徽孟氏药业总经理。

孟杉 1999 年出资设立亳州市德仁药业有限责任公司，经营中药材； 2009 年，建立安徽孟氏医药有限公司，公司位于亳州市十八里工业园区 B 区，注册资金 1000 万元，总占地面积 3 万余平方米。公司 2016 年销售额 2.7 亿元，完成税收 792.2 万元。公司先后获“市级龙头企业”“创业实践基地”“先进基层党组织”“爱心单位”称号，2014 年，孟杉获“市青年创业奖”。

贾训强

男，1977 年 9 月生，中国共产党党员，本科学历，现任蒙城县漆园办事处农业综合服务站站长。

多年来，贾训强一年会有半年多的时间在田边，指导农民开展病虫草害防治。他编印的农业技术资料简单明了，通俗易懂。先后被市农委、县委、县政府授予“先进个人”“农民满意的农技员”；2012 年，被安徽省人民政府授予“粮食生产三大行动先进个人”；2013 年 4 月，其参加研制的砂姜黑土有效锌肥演变及小麦锌肥示范推广项目，经安徽省科技厅审查符合省级科技成果标准； 2013 年，被农业部授予“全国农牧渔业丰收奖”三等奖。

倪 森

男，1984年4月生，中国共产党党员，大专学历，现任亳州市公安局刑警支队一大队民警。

倪森曾参与侦破“涡阳县盛龙龙被害案”“11·5”拐卖越南籍妇女案、“4·28”亳州特大传销案、“6·5”亳州特大贩毒案件、“1·27”谯城区系列砸车玻璃案等一系列重特大案件，抓获部督、省督挂牌网上逃犯、刑事犯罪嫌疑人100余名，为人民群众挽回经济损失近200余万元。其中公安部、省厅挂牌督办案件十余起先后三次受到市局嘉奖、二次被评为优秀公务员、一次立个人三等功。

（市文明办）

图98　希望的田野

2016 年获评安徽省“月评十佳”志愿者典型

个人典型

【翟　颖】翟颖，女，1957 年生，谯城区城父镇人，中国共产党党员。她是一名退休职工，却用一辈子积蓄在乡下创办专门收留农村“留守儿童”的“大院”。她经常邀请外面的舞蹈美术老师，教孩子们唱歌、跳舞、绘画，每学期至少带孩子们去市区参观游玩一次；她用退休工资支撑着这个有 80 多名“留守儿童”组成的“家”。

2016 年 6 月，翟颖被评为安徽省“月评十佳”志愿服务个人典型。

【孙启伟】孙启伟，男，1972 年 6 月生，涡阳县城关街道长青社区（西关街）人，市公务员。2012 年 5 月，孙启伟组织开展团员青年志愿者捐献造血干细胞集中采样活动，包括孙启伟在内共有 29 名公务员参与采样，2016 年 3 月，亳州市红十字会通知，他与深圳一名白血病患者 HLA 配型相合，经体检等系列准备，6 月 29 日，成功捐献造血干细胞，成为亳州市首例公务员造血干细胞捐献者。

2016 年 8 月，孙启伟被评为安徽省“月评十佳”志愿服务个人典型。

【武亚楠】武亚楠，女，1983 年 12 月生，蒙城特殊教育学校一名特教老师，熟悉中国手语。参加爱心公益活动 40 余次。

她用自己的爱在无声世界里传递着“天籁之音”，让一个个聋孩子茁壮成长；在启智世界里播撒着温暖与阳光，使一个个智力低下的重度残疾儿童有师爱陪伴，从此不再孤单；她热爱公益事业，用爱与微力量架起无声世界与有声世界的桥梁。

2016 年 10 月，武亚楠被评为安徽省“月评十佳”志愿服务个人典型。

【王存飞】王存飞，1977 年生，蒙城县小辛集乡李庙村人。2007 年，王存飞发起“太阳雨爱心助学”活动，资助 5 名贫困大学生；2008 年，汶川地震，捐出 1.6 万元给灾区群众；2009 年，捐款 1 万元给篱笆中心小学、县第四中学改善学生伙食；2010 年，为小涧镇敬老院安装价值 6000 余元的太阳能热水器；2011 年 7 月，他用 1.2 万元现金资助 6 名贫困大学生；为岳坊镇敬老院安装价值 2 万余元的太阳能热水器；捐资 10 万元为家乡百姓修路；2014 年，王存飞拿出一万元为楚村中学设立师生“美誉奖”，结对资助 3 名品学兼优的贫困学子，并捐资万余元开展爱心助教活动，对 30 名优秀教师和学生进行表彰。据不完全统计，近十年来王存飞捐款 36 万元，其中资助贫困生 38 人，金额达 10 万元。

2016 年 11 月，王存飞被评为安徽省“月评十佳”志愿服务个人典型。

集体典型

【亳州天狼救援志愿服务队】谯城区武装部民兵应急连天狼救援志愿服务队，是民间志愿服务组织，队员 400 余名，其中专业救援志愿者 33 名，均为退伍军人。该志愿服务队以“建立最为专业的公益救援队伍，推动民间力量紧急救援服务”为宗旨，应对突发事件、自然灾害和参与公益事业、关爱他人。志愿队先后参与深圳滑坡救援、市区夏季暴雨、爱心送考等重大自然灾害、公共安全事故紧急救援和社会公益帮扶。

2016年2月，亳州天狼救援志愿服务队被评为安徽省“月评十佳”志愿服务集体典型。

【亳州市爱心协会】亳州市爱心协会是亳州市第一个具有法人资格的民间社团组织，2014年5月30日成立，其前身是“亳州善行团”。会员500余名，其中注册志愿者人数400余人。协会以志愿服务、奉献爱心、扶危济困、惜老怜弱为宗旨，开展社会志愿服务。活动范围包括圆梦大学、中高考志愿服务、春运志愿服务、助残就业、救助贫困孤寡老人、关爱留守儿童、弘扬传统文化等，累计开展志愿服务260余场次，捐助钱物折款370余万元，救助生活困难群众760余次，直接影响人群约10万余人次，具有爱心协会特色的志愿服务品牌已成为具有亳州特色的志愿服务金字招牌。

2016年3月，亳州市爱心协会被评为安徽省“月评十佳”志愿服务集体典型。

【亳州市雷锋车队】亳州市交通音乐广播雷锋车队成立于2008年，由亳州市交通音乐广播、亳州市公安局交警支队以及亳州市交通局运管处共同管理，队员300余名。自成立之后，亳州市交通音乐广播雷锋车队开展9次“爱心送考”、15次到三县一区学校捐款捐物、十多次看望孤寡老人、留守儿童、8次参与交通安全宣传、6次义务植树和其他多项爱心公益活动，累计捐款捐物金额10余万元。

2016年4月，亳州市雷锋车队被评为安徽省“月评十佳”志愿服务集体典型。

【亳州大学生文明传播志愿团】亳州大学生文明传播志愿团于2015年6月10日成立。志愿团创新服务形式，首次在全国高校中提出“线上线下”传播文明、引领新形势的文明志愿传播服务。“线上”旨在开展网络文明传播活动，立足“传播文明，引领风尚”理念，号召志愿者利用微博、微信、QQ群等自媒体宣传社会主旋律、正能量相关内容；“线下”开展各类志愿服务活动，弘扬“奉献，友爱，互助，进步”志愿精神，对志愿服务的先进事例推送文明网等媒体进行报道，提高公众对志愿服务活动认可度与参与度，营造全社会参与志愿服务良好氛围。

2016年5月，亳州学院大学生文明传播志愿团被评为安徽省“月评十佳”志愿服务集体典型。

项目典型

【“冬日暖阳”关爱困难青少年志愿服务活动】2013年，亳州市团委联合市委组织部、市直机关工委开展“冬日暖阳”关爱困难青少年活动。关爱活动以全市建档立卡贫困家庭、“结对帮扶　共同创造美好生活”结对帮扶困难家庭青少年为重点，兼顾全市留守儿童、残疾青少年等困难群体，主要包括“情暖童心”“微爱圆梦”“爱心邮差”等爱心公益活动。至今已连续3年开展活动，旨在帮助全市困难青少年群体克服困难、健康成长。

2016年1月，该项目被评为安徽省“月评十佳”志愿服务项目典型。

（市文明办）

2016年度亳州市工会系统受省级及以上表彰的先进集体和先进个人

先进集体

表2

单位	荣誉称号	授予单位
安徽省东升食品有限公司机电车间	全国工人先锋号	中华全国总工会
亳州市总工会	安徽省劳动竞赛组织工作优秀单位	安徽省劳动竞赛委员会　安徽省总工会
利辛县江淮扬天汽车有限公司	安徽省劳动竞赛优胜单位	安徽省劳动竞赛委员会　安徽省总工会
建安投资控股集团有限公司	安徽省劳动竞赛优胜单位	安徽省劳动竞赛委员会　安徽省总工会
亳州新奥燃气有限公司	安徽省劳动竞赛优胜单位	安徽省劳动竞赛委员会　安徽省总工会
安徽易元堂中药饮片科技有限公司	安徽省劳动竞赛优胜单位	安徽省劳动竞赛委员会　安徽省总工会

先进个人

表3

燕全义	全国五一劳动奖章	中华全国总工会
陈晓亮	安康企业家	安徽省劳动竞赛委员会　安徽省总工会
梁万永	安徽省劳动竞赛先进个人	安徽省劳动竞赛委员会　安徽省总工会
王　平	安徽省劳动竞赛先进个人	安徽省劳动竞赛委员会　安徽省总工会

（市总工会）

2016年度亳州市妇联系统受省级及以上表彰的先进集体和先进个人

先进集体

表4

序号	受表彰单位	受表彰时间	受表彰称号
1	亳州市中级人民法院刑事审判二庭	2016.11	全国维护妇女儿童权益先进集体
2	亳州市中级人民法院诉讼服务中心	2016.1	安徽省三八红旗集体
3	亳州市妇女联合会城乡权益部	2016.11	安徽省维护妇女权益先进集体
4	蒙城县人民检察院	2016.11	安徽省维护妇女权益先进集体
5	亳州市公安局	2016.11	安徽省维护妇女权益先进集体
6	亳州市教育工会女工委员会	2016.11	安徽省维护妇女权益先进集体
7	亳州市妇女联合会	2016.8	2016年全省“我爱我家·同悦书香”主题演讲大赛优秀组织奖
8	亳州市妇女联合会	2016.11	2016年书香安徽阅读季·“书香家庭 亲子悦读”活动优秀组织奖
9	利辛县阚疃中学《在那东山顶上》	2016.10	第二届安徽省“我阳光 我快乐”乡村少年儿童才艺展示活动艺术表演声乐类二等奖
10	涡阳县陈大少年宫《战台风》	2016.10	第二届安徽省“我阳光 我快乐”乡村少年儿童才艺展示活动艺术表演器乐类一等奖
11	利辛张村中学《战台风》	2016.10	第二届安徽省“我阳光 我快乐”乡村少年儿童才艺展示活动艺术表演器乐类二等奖
12	涡阳城西中心学校《戴帕》	2016.10	第二届安徽省“我阳光 我快乐”乡村少年儿童才艺展示活动艺术表演舞蹈类二等奖
13	涡阳新兴少年宫《猫鼠之夜》	2016.10	第二届安徽省“我阳光 我快乐”乡村少年儿童才艺展示活动艺术表演舞蹈类二等奖
14	利辛中学《雨竹林》	2016.10	第二届安徽省“我阳光 我快乐”乡村少年儿童才艺展示活动艺术表演舞蹈类二等奖
15	谯城区城父中心中学《骄傲的公鸡》	2016.10	第二届安徽省“我阳光 我快乐”乡村少年儿童才艺展示活动艺术作品绘画类一等奖
16	经开区亳州学院实验小学《晨练》	2016.10	第二届安徽省“我阳光 我快乐”乡村少年儿童才艺展示活动艺术作品绘画类一等奖
17	利辛苏店小学《放学以后》	2016.10	第二届安徽省“我阳光 我快乐”乡村少年儿童才艺展示活动艺术作品绘画类三等奖
18	利辛苏店小学《和谐》	2016.10	第二届安徽省“我阳光 我快乐”乡村少年儿童才艺展示活动艺术作品手工作品类三等奖
19	利辛王市中学《读书》	2016.10	第二届安徽省“我阳光 我快乐”乡村少年儿童才艺展示活动艺术作品手工作品类二等奖

先进个人

续表 4

序号	受表彰个人	受表彰时间	受表彰称号
1	许翠洁（亳州市人民检察院侦查监督处处长）	2016.11	全国维护妇女儿童权益先进个人
2	葛红花家庭（蒙城）	2016.11	全国“最美家庭”
3	于秀娟家庭（利辛）	2016.11	全国“五好文明家庭”
4	张伟丽（涡阳县高炉镇爱民医院董事长）	2016.11	全国“三八红旗手”
5	王紫娟（亳州市文明办思想道德建设科科长）	2016.1	安徽省“三八红旗手”
6	杨文荣（涡阳县高炉镇普九学校董事长）	2016.1	安徽省“三八红旗手”
7	凡小雨（中国邮政储蓄银行利辛县支行贷后管理员）	2016.1	安徽省“三八红旗手”
8	韩敏（涡阳县人民医院工会主席、团委书记）	2016.1	安徽省“三八红旗手”
9	井梅（蒙城县地税局监察室主任）	2016.1	安徽省“三八红旗手”
10	黄蕾（谯城区妇联科员）	2016.1	安徽省“三八红旗手”
11	朱晓丽（利辛县公安局双桥派出所所长）	2016.1	安徽省“三八红旗手”
12	张海虹（亳州市人民检察院职务犯罪预防处处长）	2016.1	安徽省“三八红旗手”
13	杨海梅（亳州市法律援助中心科员）	2016.11	安徽省维护妇女权益先进个人
14	韩晓燕（亳州市看守所女子中队中队长）	2016.11	安徽省维护妇女权益先进个人
15	张鸿浙（亳州市救助管理站站长）	2016.11	安徽省维护妇女权益先进个人
16	江影（涡阳县妇女联合会副主席）	2016.11	安徽省维护儿童权益先进个人
17	邱亦洋家庭	2016.11	2016年书香安徽阅读季·“书香家庭 亲子悦读”活动优秀书香家庭
18	孙泽杨家庭	2016.11	2016年书香安徽阅读季·“书香家庭 亲子悦读”活动优秀书香家庭
19	魏庆扬家庭	2016.11	2016年书香安徽阅读季·“书香家庭 亲子悦读”活动优秀书香家庭
20	陈骏喆家庭	2016.11	2016年书香安徽阅读季·“书香家庭 亲子悦读”活动优秀书香家庭
21	戴衎家庭	2016.11	2016年书香安徽阅读季·“书香家庭 亲子悦读”活动优秀书香家庭
22	吴铭心家庭	2016.11	2016年书香安徽阅读季·“书香家庭 亲子悦读”活动优秀书香家庭
23	魏涛	2016.11	2016年书香安徽阅读季·“书香家庭 亲子悦读”活动优秀亲子读书心得二等奖
24	吴效伍	2016.11	2016年书香安徽阅读季·“书香家庭 亲子悦读”活动优秀亲子读书心得优秀奖
25	史维涛	2016.11	2016年书香安徽阅读季·“书香家庭 亲子悦读”活动优秀亲子读书心得优秀奖
26	黄鹂	2016.11	2016年书香安徽阅读季·“书香家庭 亲子悦读”活动优秀亲子读书心得优秀奖
27	邱涛	2016.11	2016年书香安徽阅读季·“书香家庭 亲子悦读”活动优秀亲子读书心得优秀奖
28	孙泽杨	2016.11	2016年书香安徽阅读季·“书香家庭 亲子悦读”活动优秀亲子读书心得优秀奖

（市妇女联合会）

亳州市国民经济和社会发展第十三个五年规划纲要

“十三五”时期（2016－2020年），是全面建成小康社会的决胜阶段，是全面深化改革的攻坚阶段，是奋力推进“活力亳州、美丽亳州、幸福亳州”现代化建设的关键阶段。亳州市国民经济和社会发展第十三个五年规划纲要，根据《中共亳州市委关于制定亳州市国民经济和社会发展第十三个五年规划的建议》编制，主要阐明“十三五”时期亳州市经济社会发展的指导思想、战略定位、主要目标、发展重点和政策取向，是未来五年全市经济社会发展的宏伟蓝图，是全市各级政府实施现代化治理的重要依据，是全市人民共同的行动纲领。

第一篇　坚持五大发展理念，如期全面建成小康社会

客观分析宏观形势和发展基础，亳州市如期全面建成小康社会既具有充分条件也面临艰巨任务，必须主动认识新常态、适应新常态、引领新常态，坚定信心、锐意进取、奋发有为，把改革红利、内需潜力和创新活力叠加起来，形成转型发展新动力，实现发展新目标。

第一章　现实基础

“十二五”以来，全市产业基础、交通区位、城乡面貌、要素条件等发生巨大改观，经济社会发展取得了重大成就，为“十三五”奠定了坚实基础。

综合实力跃上新台阶。2015年，经济总量达942.6亿元，连续迈上四个百亿元台阶，年均增长11.1%，人均生产总值跨越3000美元大关，年均增长10.2%；财政收入达130.1亿元，是“十一五”末的3.1倍，年均增长25.2%，提前两年完成“十二五”预期目标，地方财政收入占财政总收入的比重由“十一五”末的55%，提高到62.5%；社会消费品零售总额436.4亿元，年均增长14.4%；农业生产实现“十一连增”，全年粮食产量达48.5亿千克，连续三年荣获“全国产粮大市”称号，在全省率先成功创建小麦亩产“千斤市”和“吨粮市”。五年累计完成固定资产投资2721亿元，是“十一五”的3.7倍，工业投资年均增长22.6%。

产业发展进入新阶段。三次产业比重优化为20.7∶39.3∶40.0，二、三产业比重分别比2010年提升1.9和4.1个百分点。战略性新兴产业和高新技术产业增加值占规模以上工业的比重分别比2010年提高9.6个百分点和5.2个百分点。现代服务业增加值占服务业的比重比2010年提高4.9个百分点。通过GMP认证的药业企业达136家，医药制造业实现产值230亿元，比2010年翻一番以上。农产品加工业实现产值590亿元，是2010年的3倍。

内生发展增添新动力。市场主体总数达21.4万个，比2010年净增10.2万个。规模以上工业企业达793家，限额以上商贸企业达603家，分别比2010年净增545家、499家。全市开发区建成区面积达84平方千米，承载能力显著增强。古井集团营业收入达66亿元，发展势头良好。建安集团总资产达786亿元，经营能力不断提升。珍宝岛药业、万达集团等一批知名企业落户亳州，江淮安驰汽车、五得利面粉等项目建成投产，板集电厂、司尔特肥业等项目加快建设。307国道线一级公路完成改造，济祁高速永利段等建成投入使用，商合杭高铁亳州段开工建设，亳州机场、引江济淮入亳、涡河高等级航道改造等一批重大项目前期工作加快推进。

改革开放迈出新步伐。探

索建立“互联网+政务服务”新模式，建立市县乡村四级网上办理大厅，在全省率先完成政府机构改革、公布市县乡三级权力清单、责任清单、公共服务清单、行政收费清单，全面实现工商营业执照、组织机构代码证、税务登记证“三证合一”“一照一码”。国有资产管理体制创新成效显著，农信社改制全面完成，徽商银行、交通银行、湖商村镇银行等一批金融机构入驻亳州。实际利用外商直接投资是2010年的4倍，国际友好城市和友好交流城市发展到11个国家的13个城市。

城乡面貌呈现新变化。大力推进“九城同创”，着力打造宜居宜业宜游田园城市，主城区规划面积扩大到196平方千米，城镇化率年均增速居全省第一位；大力推进城市建设和管理创新，实施“地净、路畅、水活、天蓝、林拥城”工程，建成数字城管系统、城乡一体生活垃圾处理体系。建成省级美丽乡村重点示范村26个，美丽乡村建设走在皖北地区前列。大力实施农村清洁工程，持续推进“三线三边”环境治理、“三治三增三提升”行动，全市91个乡镇（街道）、1.4万个村庄人居环境明显改观。成功创建全省文明城市、实现市（县）省级双拥模范城全覆盖、成功列入国家智慧城市建设试点。

人民生活实现新改善。城镇居民人均可支配收入达到23120.5元，年均增长11.5%；农村居民人均可支配收入9738.2元，比2010年翻一番。城乡居民储蓄存款余额750亿元，年均增长19.1%，高于全省2.1个百分点。财政民生支出857.9亿元，占财政支出的83.5%，城乡低保标准稳步提高，新型农村合作医疗、新型农村社会养老保险提标扩面。新建廉租房25万平方米，棚户区改造189万平方米，改造农村危房38973户，建成农村敬老院166所，改建农村公路2129千米，建成农村饮水安全工程399处。投入专项扶贫资金6亿元，53万人成功脱贫。

社会事业取得新进步。文化教育卫生事业加快发展，市图书馆、档案馆等建成使用，亳州师专升本工作获得全国高校设置评审委员会高票通过，市人民医院成功创建“三级甲等医院”。环境保护和节能减排全面完成省下达目标任务。大力培育和践行社会主义核心价值观，全面推进“书香亳州”建设和国学经典“六进”活动，全社会文明程度不断提升。民主法治建设取得新进展，现代治理体系不断完善，社会大局和谐稳定。

第二章 机遇挑战

世界经济在深度调整中曲折复苏，新一轮科技革命和产业变革蓄势待发，孕育着新产业、新业态、新模式，为亳州市带来了新的发展空间。我国经济发展进入速度变化、结构优化、动力转换的新常态，经济长期向好基本面没有改变，发展前景依然广阔，发展保持中高速，为亳州市加快发展创造了良好的外部环境。国家实施“一带一路”战略，推进长江经济带建设，资本加速流动，产业加速转移，为亳州市拓展开放空间，承接产业转移，集聚发展资源带来了新机遇。国家实施中部崛起、创新驱动等发展战略，省实施“调转促”行动计划，有利于亳州市发展壮大新兴产业，改造提升传统产业。国家推进健康中国建设，为亳州市发挥中药产业优势，发展健康养生产业，打造中华药都、养生亳州带来新机遇。省大力支持皖北地区加快发展，建设“四化”协调发展先行区，实施淮河流域综合治理与振兴发展规划，为亳州市加快发展步伐、改变欠发达现状带来了新机遇。亳州市拥有“十二五”时期奠定的坚实基础、城镇化的广阔空间、“四化”融合的巨大动力、消费升级的庞大市场、优势明显的产业体系以及农业资源丰富、劳动力充足、土地空间巨大等比较优势，这些潜力和优势在“十三五”将持续释放，为加快发展提供持久动力。

同时，亳州市发展仍面临一些突出矛盾和问题，集中表现为发展不足、发展不快、发展不优。具体表现是：经济总量不大、结构不优，工业化水平低，推进供给侧结构性改革任重道远；人才短缺，创新能力不足，市场主体不强；城镇化水平低，中心城市辐射带动能力不强，基础设施建设滞后，交通、水利等设施瓶颈制约尤为突出；水资源严重匮乏，环境治理任务艰巨，资源环境约束趋紧；对外开放水平不高，承接国际国内产业转移难度加大；城乡居民收入低，贫困人口多，公共服务和社会保障水平不高，脱贫攻坚任务艰巨；政府职能需要进一步转变，发展环境需要进一步优化。

综合判断，“十三五”时期，是亳州市工业化、城镇化、信息化、农业现代化的加速阶段，是政策机遇多重叠加、集中释放的黄金阶段，是全面发力、跨越赶超的关键阶段，也是资源环境约束趋紧、社会治理任务加重的凸显阶段，机遇与挑战并存，机遇大于挑战，仍处于可以大有作为重要战略机遇期。

第三章　指导思想

高举中国特色社会主义伟大旗帜，全面贯彻党的十八大和十八届三中、四中、五中全会精神，以马克思列宁主义、毛泽东思想、邓小平理论、“三个代表”重要思想、科学发展观为指导，深入贯彻习近平总书记系列重要讲话精神，认真落实全面建成小康社会、全面深化改革、全面依法治国、全面从严治党战略布局，统筹推进经济建设、政治建设、文化建设、社会建设、生态文明建设，坚持创新发展、协调发展、绿色发展、开放发展、共享发展，坚持发展是第一要务，坚持稳中求进、优中求快的总基调，以提高发展质量和效益为中心，以加快调结构转方式促升级为主抓手，以增进人民福祉、促进人的全面发展为出发点和落脚点，加快形成引领经济发展新常态的体制机制和发展方式，加快推进“三个亳州”现代化建设，确保如期全面建成小康社会。

实现“十三五”发展目标，按照上述指导思想，必须牢固树立五大发展理念，实施六大发展战略。

五大发展理念：

——坚持创新发展。优化要素配置，着力培育现代中药等战略性新兴产业，加快发展现代农业和现代服务业，推动大众创业、万众创新，培育发展新动力。构建“一核一轴三极”城镇化和工业化发展格局，拓展发展新空间。深化科技体制改革，推动政府职能从研发管理向创新服务转变，强化企业创新主体地位和主导作用，促进三次产业融合发展，构建产业新体系。加快形成有利于创新发展的市场环境、产权制度、投融资体制、分配制度、人才培养引进使用机制，构建发展新体制。

——坚持协调发展。坚持“四化”协调发展，全面参与中原经济区建设，着力实施淮河流域综合治理与振兴规划，塑造要素有序自由流动、主体功能约束有效、基本公共服务均等、资源环境可承载的区域协调发展新格局。大力发展特色县域经济，加快培育中小城市和特色小城镇，促进农产品精深加工和农村服务业发展，推动城镇公共服务向农村延伸。弘扬传统历史文化，践行社会主义核心价值观，推动物质文明和精神文明协调发展。

——坚持绿色发展。促进人与自然和谐共生，构建科学合理的城市化格局、农业发展格局、生态安全格局。以水定产、以水定城，根据资源环境承载力调节城市规模。全面推进“九城同创”。支持绿色清洁生产，推进传统制造业绿色改造，推动建立绿色低碳循环发展产业体系，积极发展绿色金融，推动形成绿色发展方式和生活方式。坚持主体功能区导向，以县级行政区为单元，加强国土开发空间管控。加快发展可再生能源，建设清洁低碳、安全高效的现代能源体系，加强资源节约集约利用，开展能效、水效领跑者引领行动。

——坚持开放发展。加快推进亳州口岸和基础设施建设，构建和完善对外交通通道，开辟跨区域多式联运交通走廊，完善对外开放区域布局。加快对外贸易优化升级，完善对外贸易布局，创新外贸发展模式，发展外向型产业集群，建设优势产业出口基地。加强营销和售后服务网络建设，着力构建跨境电子商务平台，提高现代中药和优势农产品竞争力，扩大出口市场份额。

——坚持共享发展。坚持普惠性、保基本、均等化、可持续方向，按照人人参与、人人尽力、人人享有的要求，从解决人民最关心最直接最现实的利益问题入手，加强义务教育、就业服务、社会保障、基本医疗和公共卫生、公共文化、环境保护等基本公共服务，努力实现城乡全覆盖。实施扶贫攻坚工程，实现精准扶贫、精准脱贫。坚持就业优先战略，着力解决结构性就业矛盾。坚持居民收入增长和经济增长同步，规范初次分配，加大再分配调节力度。

六大发展战略：

——工业强市战略。坚持科学发展，坚定不移地以经济建设为中心，以项目建设为抓手，以科技创新为动力，大力推进调结构转方式促升级，壮大现代中药、酿酒及食品制造、汽车制造及现代农机装备制造，加快培育战略性新兴产业，做大做强工业经济，增强工业在经济发展中的牵引作用。

——创新驱动战略。深化重点领域和关键环节改革，不断增强发展活力和动力。以科技创新为核心，统筹推进制度创新，优化创新环境，培育创新机制，完善创新政策。坚持科教兴市、人才强市，培育领军型人才和产业工人队伍，促进新技术、新产业、新业态蓬勃发展。

——开放合作战略。把握“一带一路”和长江经济带建设战略机遇，发挥亳州地理区位、特色产业和历史文化底蕴等优势，加强交通互联，促进产业分工，畅通要素流动，扩大人文交流，在更大范围、更高层次上深化对外开放和区域合作，构建开放型经济新优势。

——区域品牌战略。大力实施“养生亳州”行动计划，推进现代中药产业集聚发展基地建设，弘扬中医药文化，延伸产业链条，做强“中华药都”品牌。大力挖掘老庄文化内涵，提高产业支撑能力，打响“天下道源”品牌。大力探索“互联网＋城市”模式，加快智慧城市试点创建，打造“智慧亳州”品牌。

——城乡统筹战略。坚持工业反哺农业、城市支持农村，健全城乡发展一体化体制机制，推进城乡要素平等交换、合理配置和基本公共服务均等化。深化户籍制度改革，推进以人为核心的新型城镇化。提高城市规划、建设、管理水平。促进城乡公共资源均衡配置，开展农村人居环境整治行动，建设美丽乡村。

——生态优先战略。以提高环境质量为核心，实行最严格的环境保护制度，形成政府、企业、公众共治的环境治理体系。推进污染物综合防治和环境治理，深入实施大气、水、土壤污染防治行动计划。坚持城乡环境治理并重，加大农业面源污染防治力度。实施采煤塌陷区综合治理工程，构建生态廊道和生物多样性保护网络。

第四章　发展定位

按照上述发展理念和发展战略，“十三五”期间坚持四个发展定位：

——打造现代中华药都。依托省级现代中药产业集聚发展基地建设，谋划建设国家级经济开发区和产业基地。发挥产业集聚度高、辐射范围广、龙头企业多的优势，打造国家级中医药生产研发中心。大力发展期货交易、电子商务，进一步巩固全国中药材交易市场地位，打造中国中药材物流配送中心和价格形成中心，建设全国现代中药总部经济区。

——打造健康养生亳州。牢牢把握健康中国建设机遇，依托中药材、地热等自然资源和五禽戏等非物质文化遗产资源，探索“互联网＋健康养老”模式，加快发展健康养老基础产业和新型业态，建成一批优势突出、特色鲜明的中医药养生保健机构，培育一批知名度高、吸引力强的健康养生服务品牌，建设一批技术领先、独具特色的专科诊疗机构，积极探索养老地产建设新模式，打造国内健康养生全产业链示范基地。

——打造文化旅游胜地。依托全国历史文化名城和优秀旅游城市品牌，充分挖掘中医药文化、老庄文化、曹魏文化、白酒文化等“亳文化”内涵，建立完整的“亳文化”遗产保护体系，开发保护历史文化街区和文物古迹，大力发展文化产业，用现代文明手段彰显特色、创新业态、丰富产品，做强“亳”字品牌，打造特质突出的“亳文化”旅游目的地。

——打造粮食能源基地。按照省主体功能区定位，加快完善农业基础设施，不断提高农业综合生产能力，建设全国农产品生产和供给安全保障基地；依托煤炭，延伸煤炭，加强电力建设，积极发展煤电一体化，建设新兴的千万千瓦电力能源保障基地。

第五章　主要目标

“十三五”时期，立足四个定位，实施六大战略，力争主要经济指标增速超过全省平均水平，经济综合实力和竞争力走在皖北前列，加快推进“三个亳州”现代化建设进程，确保如期全面建成小康社会。

——经济实力显著提升。经济保持中高速增长，力争2020年地区生产总值达到1600亿元，年均增长9%左右。固定资产投资年均增长12%左右。社会消费品零售总额年均增长10%左右。财政收入年均增速与地区生产总值同步。

——转型升级实现突破。产业发展迈向中高端，力争2020年工业化率达到40%以上，战略性新兴产业产值占规模工业总产值比重达到35%以上，高新技术产业增加值占规模以上工业增加值比重达到35%以上，现代中药产业冲刺“双千亿”目标，农业现代化水平明显提升，现代服务业引领作用显著增强，初步建立成长性较好、自主创新能力较强、竞争优势明显的现代产业体系。

——发展活力充分激发。重点领域和关键环节改革取得重大突破，大众创业、万众创新的氛围更加浓厚，开放合作水平大幅提升。力争2020年民营经济增加值占地区生产总值的比重达到70%以上，研究与实验发展经费占地区生产总值比重大幅提升，科技进步对经济增长的贡献能力显著提高。文化创造力和影响力明显增强，各项事业发展充满活力。

——城镇功能明显增强。新区提升、老城改造、保障性住房建设统筹推进，基础设施体系日趋完善，公共服务水平不断提高，立体交通网基本建成，数字化、精细化管理扎实推进，城市综合承载力和辐射带动力进一步提升。城市发展、美丽乡村建设卓有成效，力争常住人口城镇化率达到45%。智慧城市框架基本建成。涡河城区段沿岸生态文化景观带基本建成。

——民生保障更加有力。就业持续增加，人民生活更加富裕，常住居民人均可支配收入达到22000元，年均增长9%。社会保障实现全覆盖，保障水平持续提升，城镇登记失业率控制在4.2%以内。农村贫困人口全部脱贫。基本公共服务体系更加完善，均等化水平明显提高，力争每个家庭拥有1名签约医生，每个居民拥有1份电子健康档案和1张健康卡。

——生态环境持续优化。能源资源综合开发利用效率大幅提高，碳排放总量和强度得到有效控制，主要污染物达标排放，单位地区生产总值能耗降低、二氧化碳排放减少、主要污染物排放减少完成省下达指标。全社会绿色、低碳生产方式和生活方式进一步养成，“增绿增彩增果”行动、大气和水污染防治、土壤修复、防噪降噪等取得明显成效。成功创建国家园林城市、新能源示范城市，积极争创国家卫生城市、国家环保模范城市、海绵城市、森林城市等。力争2018年环境空气质量良好以上天数达到85%以上，2020年涡河出境水质达到Ⅳ类，主城区黑臭水体控制在10%以内。

——文明程度不断提高。社会主义核心价值观更加深入人心，爱国主义、集体主义、社会主义思想和亳州精神广泛弘扬，“书香亳州”建设和国学经典“六进”活动成效显著，社会信用体系、商标质量品牌建设全面推进，节俭养德、向上向善、诚信互助的社会风尚更加浓厚，人民群众思想道德素质、科学文化素质、健康素质明显提高，全社会法治意识不断增强，公共文化服务体系基本建成，地方文化影响力进一步提升。社会治理能力显著增强，民主法制更加健全，平安亳州建设扎实推进，社会更加和谐稳定。成功创建全国社会管理综合治理优秀城市、全国双拥模范城，力争创建全国文明城市、未成年人思想道德建设工作先进城市。

亳州市“十三五”期间经济社会发展主要目标一览表

表5

序号	指　标	2015年预计	2020年目标	年均增长(%)	指标属性
一、经济发展					
1	地区生产总值（亿元）	942.6	1600	9左右	预期性
2	全员劳动生产率（元/人）	26600	40000	7.1	预期性
3	财政收入（亿元）	130.1	200	与地区生产总值同步	预期性
4	固定资产投资（亿元）	767.3		12左右	预期性
5	社会消费品零售总额（亿元）	436.4	700	10	预期性
6	规模以上工业企业利润（亿元）	45.0	75.0	12.0	预期性

续表 5

序号	指　标		2015 年预计	2020 年目标	年均增长(%)	指标属性
7	服务业增加值占地区生产总值比重（%）		40.0	40.7	0.16	预期性
8	民营经济增加值占地区生产总值比重（%）		64.8	70 以上	1.04	预期性
9	城镇化率（%）	户籍人口	21	27	1.2	预期性
		常住人口	37	45	1.6	预期性
10	进出口总额（亿美元）		5.0	7.9	10	预期性
11	实际利用境外资金（亿美元）		6.57	10	10	预期性
二、创新驱动						
12	研究与试验发展经费投入强度（%）		0.36	0.75	16	预期性
13	战略性新兴产业增加值占地区生产总值比重（%）		6.8	7.5	0.14	预期性
14	每万人口发明专利拥有量（件）		0.8	2.3	23.5	预期性
15	互联网普及率	固定宽带家庭普及率（%）	26.56	42.1	3.29	预期性
		移动宽带用户普及率（%）	46.88	51.67	0.958	
三、民生福祉						
16	常住居民人均可支配收入（元）		14250	22000	9	预期性
17	劳动年龄人口平均受教育年限（年）		8.13	9.92		约束性
18	城镇新增就业人数（万人）		2.8	累计 14		预期性
19	农村贫困人口脱贫（万人）		8.9	40.1		约束性
20	基本养老保险参保率（%）		90	95 以上		预期性
21	城镇棚户区住房改造（万套）		2.058	累计 7.6259		约束性
22	人均预期寿命（岁）		75.42	78.5	0.62	预期性
23	每万人拥有公共汽车数（台）		6.6	8	0.28	预期性
24	人均体育场地面积（平方米）		0.75	1.08	0.066	预期性
25	志愿者注册人数占常住人口比重（%）		6.86	8	0.228	预期性
四、生态文明						
26	新增建设用地规模（万亩）		1.426	5.55	−0.22	约束性
27	万元工业增加值用水量下降（立方米）		59	省下达		约束性
28	单位 GDP 能耗降低（%）			省下达		约束性
29	非化石能源占一次能源消费比重（%）		2	5	0.6	约束性
30	单位 GDP 二氧化碳排放降低（%）			省下达		约束性
31	森林发展	森林覆盖率（%）	18.4	21	3 左右	约束性
		森林蓄积量（亿立方米）	0.09	0.11	4 左右	
32	绿化覆盖率（%）		22.37	36	2.73	预期性
33	城市建成区绿地率（%）		18.9	33	2.82	预期性
34	人均公园绿地面积（平方米）		5.21	9	11.55	预期性
35	空气质量	地级城市 $PM_{2.5}$ 或 PM_{10} 年均浓度值（ug/m^3）	86	73 以下	−3	约束性
		地级城市空气质量优良天数比率（%）	75	85	2	
36	地表水质量	好于 III 类水体比例（%）	10	25	3	约束性
		劣 V 类水比例（%）	14	0	−3	
37	主要污染物排放总量减少（%）	化学需氧量	0.2	5	−1	约束性
		氨氮	0.2	5	−1	约束性
		二氧化硫	1.4	0	0	约束性
		氮氧化物	6.9	0	0	约束性

第二篇 深化改革开放创新，着力增强内生发展动力

围绕使市场在资源配置中起决定性作用，加快推进政府供给侧改革，持续扩大开放，推动大众创业，万众创新，激发经济活力、社会活力、环境活力和文化活力，让一切劳动、知识、技术、管理、资本的活力竞相迸发，让一切创造社会财富的源泉充分涌流，为新一轮经济社会发展注入新动力。

第六章 深化重点领域改革

把经济体制改革作为深化改革的重点领域，推进行政体制改革，进一步理顺政府与市场的关系，激发发展活力。

行政体制改革。深化行政审批制度改革，做好已取消和下放管理层级行政审批项目的落实和衔接，全部取消非行政许可审批。以网上办事大厅建设为抓手，完善权力清单、责任清单、公共服务清单和行政收费清单；推进实施市场准入负面清单管理，实现政府法无授权不可为、法定职责必须为，市场主体法无禁止即可为。

农村综合改革。深化农村土地、集体资产确权、林权制度及小型水利工程管理体制改革。加快构建新型农业经营体系，推动农民专业合作社土地经营权规范流转，创新农业社会化服务机制。健全城乡发展一体化体制机制。

医药卫生体制改革。实施医疗、医保、医药“三医联动”，创新基本医保管理体制，推进基本医保扩面提标。深入推进城市公立医院改革，所有公立医疗机构实行药品、耗材网上集中采购。完善基层医疗机构运行机制，全面取消收支两条线管理，推进人事、收入分配等制度改革。提升中心卫生院服务能力，全面实施全科医生签约服务，加强乡村医生队伍建设和医联体建设，建成分级诊疗机制。

投融资改革。调整财政性资金投资方式，对竞争性领域产业存在市场失灵的特定环节，由直接支持项目改为更多采取股权投资等市场化方式支持。贯彻落实基础设施和公用事业特许经营办法，推进政府和社会资本合作（PPP）模式，激发社会投资活力，坚持“非禁即准”，全面放开投资领域，鼓励推动民营资本投资金融、教育、医疗、文化、保障性住房建设和铁路、电力等领域。贯彻落实政府投资条例、政府核准和备案投资项目管理条例，实现投资管理法治化。

金融改革。鼓励具备条件的民间资本依法发起设立中小型银行，支持民间资本参股村镇银行和类金融机构增资扩股。健全企业直接融资机制，推进企业上市和在“新三板”、省股权托管交易中心挂牌融资，激活多层次资本市场活力。推进普惠金融，壮大小微金融服务主体，延伸县域金融服务网点，推进农村土地经营权抵押贷款试点。推进新型政银担合作机制，扩大实施比例再担保，拓宽中小微企业融资渠道。

商事制度改革。深化落实注册资本登记制度改革，推进工商登记前置审批事项改为后置审批相关改革，推行全程电子化登记管理和电子营业执照，清理规范中介服务。简化企业注销流程，对个体工商户、未开业企业以及无债权债务企业试行简易注销程序。构建完善统一的企业信用信息公示系统，建立严重违法和失信企业名单制度，实施企业年度报告、即时信息公示、公示信息抽查和经营异常名录制度。加强市场主体事中事后监管，推广“双随机”抽查机制，规范监管行为。

国企国资改革。坚持市场化方向，坚持改革、改制、转型同步推进，完善现代企业制度和国有资产管理体制。鼓励上市国有控股公司将更多资产注入上市公司。支持国有资本与各类资本共同设立股权投资基金、产业投资基金，推动各种类型的政府和社会资本合作。鼓励国有企业对发展潜力大、成长性强的非国有企业进行股权投资。稳步推进股权激励和混合所有制企业职业经理人、业务骨干和核心技术人员持股。规范法人治理机构，规范董事会建设。以管资本为主加强国有资产监管，探索实施分类监管、分类定责、分类考核。加快推进并实现经营性国有资产集中统一监管。

壮大民营经济。实施民营经济提升工程，优化民营经济发展环境，推进“小巨人”企业培育行动计划，引导优质资源向民营企业集中。引导更多社会成员兴办经济实体，扩展众创空间，建立

市、县众创中心，支持创新工场等新型孵化器建设。设立中小企业发展资金，推进“千名干部联系服务千家企业”活动。加强企业家队伍建设，引导民营企业建立现代企业制度。

财税体制改革。建立全面、规范、公开、透明的预算制度，完善政府预算体系，实施跨年度预算平衡机制和中期财政规划管理，全面推进预算公开。落实政府购买服务管理办法，提高政府购买服务资金占公共服务项目资金的比例。在公共服务领域大力推广政府和社会资本合作模式，提高公共服务供给效率和质量。加强政府性债务管理，加快建立规范的政府举债融资机制。落实结构性减税等税收政策。

文化体制改革。弘扬主旋律，强化政策支持，激发文艺工作者积极性、主动性和创造性，创作更多体现亳州历史文化特色、反映亳州当代创新创造的精品力作。深度推进媒体融合发展，强化技术引领驱动，推动构建立体化、全媒体传播格局，把握正确舆论导向，提高传播能力。完善文化产业体系和文化市场体系。深化公益性文化事业单位劳动人事、收入分配和社会保障制度改革，研究制定公共文化服务指标体系和绩效考评办法，形成责任明确、行为规范、富有效率、服务优良的公共文化服务机制。推进文化综合执法。以建立现代企业制度为重点，推动文化企业公司制股份制改造，完善法人治理结构。深化国有文化单位产权制度改革，完善管人管事管资产管导向相结合的国有文化资产管理体制，确保国有资产保值增值。加强广播电视播出机构建设管理，规范县级频率频道设置，整合资源，提升运营能力。

第七章 扩大对外开放合作

实施更加积极主动的开放战略，坚持对内对外开放相互促进、引进来和走出去并重，促进要素有序自由流动、资源高效配置、市场深度融合，努力开创对外开放新局面。

实施对外开放提升工程。积极对接国家重大开放战略布局，加快融入“一带一路”战略和长江经济带建设。制定对外开放战略规划，加强对重点地区产业和企业发展走向的研究，提高合作成功率。畅通政府交流、企业合作、民间互动的渠道，增进与友好城市交流合作。积极适应供给侧结构性改革要求，培育壮大对外贸易经营主体，积极承接产业转移，引进一批外向型企业，扶持培育一批本地产品出口企业扩量、提质、增效，提高产品竞争力和市场占有率。支持现代中药、绿色食品等优势产品出口，发展外向型产业集群。扩大先进技术设备、关键零部件和重要资源性产品进口。支持有条件的企业“走出去”，开展境外经贸合作，充分利用国外资源，积极开拓国际市场。“十三五”期间，力争累计实现外贸进出口额33亿美元，年平均增长10%左右，到2020年，实现中药出口3亿美元。

实施招商引资提质工程。坚持引资与引智引技并重，坚持招大与不放小并重，坚持引强引新，大力实施驻点招商、小分队招商、精准招商、借会招商、以商招商、产业链招商，加强与外企、央企、省企、知名民企合作，“十三五”期间，力争利用市外内资年均增长15%左右，利用外商直接投资年平均增长10%左右。健全项目跟踪落实责任制，推动项目落地实施，提高项目资金到位率、开工率、竣工率、达产率。大力发展总部经济，积极引进研发、采购、物流、结算中心等产业链高端环节，引导外资投向战略性新兴产业、高新技术、现代服务业等领域。加强与东部沿海地区商会、协会、驻外机构的招商合作，积极开展驻会招商。营造更加宽松、更加开放、更加高效的投资环境，打造投资高地。

第八章 加强创新能力建设

以促进产业转型升级为目标，以培育壮大高新技术企业为支撑，以提升现代中药产业集聚发展基地创新能力为突破口，推广新型孵化模式，鼓励发展众创、众包、众扶、众筹空间，优化创新发展环境，全面提升科技创新对产业发展的支撑引领作用。

提升企业创新能力。培育高新技术企业，引导各类企业加大研发投入，促进科技成果转化，加强技术人才队伍建设。指导企业正确归集、分配、汇总和核算研究开发费用，争取各类“事后奖补”，申报各类科技创新扶持项目。完善专利资助政策，建立专利申请质量监管机制，促进专利产业化，形成一批拥有专利等自主知识产权和知名品牌、具备国际竞争优势的知识产权优势企业，实现产权强企目标。引导企

业加强与高等院校、科研机构开展产学研合作，鼓励企业购买新技术、新产品、新工艺，加大科技投入。强化企业在技术创新决策、投入、组织实施和成果转化中的主体地位，发挥市场对技术研发方向、路线选择、要素价格和创新要素配置的导向作用。力争2020年，全市高新技术企业达到100家，高新技术产业增加值占规上工业增加值比重达到35%；大型骨干中药企业研究与实验发展经费占销售收入比重提高到5%以上。

加强创新平台建设。支持骨干企业建立工程（技术）研究中心、重点（工程）试验室、企业技术中心，对新批准建设的国家级实验室，市、县（区）分别给予奖补。对在国家组织的运行评估中获优秀等次的国家级实验室，市、县（区）分别给予奖补。鼓励企业开展大型科学仪器设备资源共享共用，支持并补助中小企业利用外单位大型科学仪器设备开发新产品、新技术。支持高校、科研院所、检验检测机构、大企业的大型科学仪器设备对社会开放。支持各类科技创新（创业）孵化器（加速器）建设，提升创新创业服务能力。依托现有的科技企业孵化器、小微企业创业基地、大学生创业基地等创业载体，鼓励多元资本参与“众创空间”建设。推进国家级农业产业园申报、创建，探索与复旦大学、浙江大学、合肥工业大学、安徽农业大学、安徽中医药大学等高等院校及科研院所建立成果转化合作平台及机制。推动产学研合作，加大协同创新。建立以企业为主体、产学研相结合的技术创新体制，鼓励企业与大专院校、科研院所开展全方位的深度科技合作，共同承担科研项目、推进技术转移和成果转化。力争到2020年，实现县（区）科技孵化器全覆盖，孵化功能和服务效能新突破；全市规模以上工业企业研发机构覆盖率达到30%，各类省级创新平台超过70家，年发明专利授权量不低于260件。

加强创新人才培养。围绕产业需求，通过实施科技项目、共建科技创新平台、产学研合作等方式，加强人才培养。实施“科技小巨人”发展三年行动计划，引进、培养一批重点领域紧缺的工程技术人才和综合型管理人才。坚持培养与引进并重，鼓励企业以兼职、顾问、合作等方式柔性引进科技领军人才、高层次人才、海外技术人才。通过建立院士工作站、博士后工作站，引进高层次领军人才和创新团队。创新人才激励机制，探索实行技术入股、专利入股和股权分红激励试点。鼓励高等学校、科研院所和企业创新人才双向交流。到2020年，新建博士后科研工作站1～2家，新评省级技能大师工作室1～2个，新建公共职业训练基地3～4个，高技能人才培养基地2～3个，新增高技能人才1.2万人；培养中药领域高级职称人才250人、中级职称人才500人、技术员1500人，引进高级技术人才80～100人。

强化科技金融支持。推进科技经费管理改革，提高财政科技投入绩效。发挥财政资金杠杆作用和支持效应，引导带动企业、社会增加科技投入，形成多元化、多渠道、多层次的科技投入体系。引导银行业金融机构加快推广创新贷款、科技补贴贷款，为科研机构及其项目团队利用知识产权、股权、科研设备、科研用地融资提供多样化贷款产品。推进专利权质押贷款工作，推动专利保险试点，促进知识产权商用化、产业化，鼓励市县（区）财政对企业开展专利质押贷款业务给予奖补。创新科技保险产品，重点支持保险机构围绕科技成果转化和产业化开展服务和创新。支持知识产权评估、技术转移、专利代理、信用评级等科技金融中介服务组织发展，鼓励各类科技金融服务机构利用互联网、云计算、大数据等技术，建设科技成果转化和产业化投融资信息服务平台。

第三篇 树立主体功能理念，优化国土空间开发格局

实施主体功能区战略，引导人口分布、经济布局与资源环境承载能力相适应。

第九章 加快重点开发区域发展

选择工业化、城镇化水平相对较高，资源环境承载能力较强、发展潜力较大的地区，加快培育主导产业，打造辐射带动全市加快崛起的增长极，构建经济增长轴。到2020年，形成“一核一轴三极”的城镇化和工业化发展格局。

亳州核心区。充分发挥亳州主城区地理区位和资源禀赋优

势，进一步完善综合交通体系，强化皖西北区域性中心城市和综合交通枢纽地位，积极发展商贸物流业，注重现代物流园区和生产资料、生活消费品等专业市场建设，大力发展文化旅游、休闲度假、会展经济、总部经济和健康养老产业，打造全国中医药产业集聚地、全省重要的制造业基地、食品工业基地，成为全市经济社会发展的引领区。

涡河增长轴。依托亳州主城区，涡阳、利辛和蒙城三县县城，以及涡阳高炉镇、义门镇、蒙城乐土镇、利辛西潘楼镇等省重点开发城镇［《安徽省主体功能区规划》省重点开发城镇目录］，着力推动农副产品加工（谯城大杨镇、涡阳义门镇）、汽车配件（蒙城庄周办事处）、白酒酿造（涡阳高炉镇、谯城古井镇）、中药材及加工（谯城十八里镇和十九里镇）、丝网纱门（利辛城关镇）七个产业集群建设。"十三五"期间，加快形成沿涡河增长轴线，远期形成亳州—蚌埠城际铁路经济走廊。

三县增长极。依托产业基础，突出城市特质，提高园区承载能力，高标准建设涡阳、蒙城和利辛三县主城区，着力打造各具特色、错位发展的产业发展增长极。重点打造涡阳绿色食品加工、煤电煤化工产业集群，重点打造蒙城汽车及农机装备制造产业集群，重点打造利辛轻纺服饰产业集群。

第十章 加强农产品主产区建设

着力打造全国农产品生产和供给安全保障的重要区域，全国重要的中药材、小麦、玉米、大豆、蔬菜、肉牛、肉羊、生猪生产基地，全省重要的现代农业和美丽乡村建设示范区。根据各县区资源特点和市场条件，合理配置农业生产要素，引导优势农产品发展，培育特色农业产业带。谯城区以争创国家农业科技示范园区为目标，建设成为全国重要的中药材规范化种植、优质蔬菜生产和畜禽养殖基地；涡阳县重点提升国家级现代农业示范区建设水平，建设成为全国重要的专用品牌粮食、优质畜禽和优质蔬菜生产基地；蒙城县以争创国家级现代农业示范区为目标，建设成为全国重要的专用品牌粮食、优质畜禽养殖和蔬菜生产基地；利辛县以建设生态循环农业示范基地为重点，建设成为全国重要的专用品牌粮食、优质畜禽、优质蔬菜生产和生态休闲农业示范基地。坚持最严格的耕地保护制度，坚守耕地红线，全面划定永久性基本农田。到2020年，耕地保有量稳定在595711公顷，基本农田保护面积稳定在523685公顷。

第十一章 强化禁止开发区域的保护

严格保护依法设立的各级各类自然保护区域、文化自然遗产、风景名胜区、湿地、水源地保护区等。保护自然文化遗产和重点文物保护单位在艺术、历史、社会和科学等方面的特殊价值，最大限度维护遗产的真实性和完整性。科学规划、统一管理和严格保护风景名胜区，严格控制人工景观建设，减少人为包装。在严格保护下，适度进行旅游开发。加强湿地保护，维护湿地生态功能和生物多样性，禁止随意围（开）垦和填埋湿地，禁止擅自采沙、取土、引进外来物种、污染水源等活动。加强全市集中式饮用水水源地环境保护。

专栏1 禁止开发区域

自然文化遗产和全国重点文物保护单位：蒙城县尉迟寺遗址、万佛塔，谯城区曹氏家族墓群、亳州古地道、花戏楼、古井贡酒酿造遗址、南京巷钱庄。

国家湿地公园：涡阳县道源国家湿地公园。

水源保护地：茨淮新河饮用水源地、引淮济亳工程调剂河道、西淝河饮用水源地、引淮济亳工程清水廊道、阜蒙新河水源地、引淮济亳工程向蒙城输水河道、界洪河水源地、引淮济亳工程向涡阳输水河道。

第四篇 构建现代产业体系，促进三次产业融合发展

实施调结构转方式促升级"4105"行动计划，大力推进信息化引领下的新型工业化和农业现代化，充分发挥服务业引领作用，促进服务业与工业、农业融合发展，加快推动产业结构优化升级。

第十二章 增强新型工业支撑能力

坚持工业强市战略，大力实施战略性新兴产业集聚发展工程、质量品牌升级工程、传统产业改造提升工程，积极开展工程质量标准化建设，着力发展新兴产业。

现代中药产业。以打造“现代中华药都”为目标，推进省级现代中药产业集聚发展基地建设，加快形成药材种植、饮片加工、中药提取、成药制造、物流贸易、保健医疗、科教研发等完整的产业体系。

——推进药材种植新提升。巩固中药材种植规模，推动种植区域向三县扩展。积极实施中药材绿色增效模式攻关行动，建设中药材规范化种植基地，建立道地中药材脱毒组培中心，制定中药材种子种苗标准，推广道地中药材种植规范，提升种植技术推广服务水平。力争“十三五”末，全市中药材种植面积发展到120万亩，其中规范化种植面积达到20万亩。

——完善中药工业新体系。引导饮片加工企业向“专、精、特、新”发展，鼓励开发新型产品，培育饮片知名品牌。发展中药提取物，建设现代中药提取物生产基地。壮大中成药制造，引进研发中药新品种及配方颗粒，实施中成药大品种的二次开发。加快中药食品及保健品研发和生产，培育中药保健食品品牌，建立药膳制作与品尝基地。延伸中药工业产业链，开发中药日化产品、中药消毒杀菌剂、中兽药产品，加强药用辅料、包装耗材和加工设备等配套生产。发展家用医疗器械，推进家用医疗器械产业园建设。力争到2020年，中药工业总产值达到1000亿元，现代中药规模以上工业企达220家。

——争创中药服务业新优势。围绕打造全国性中药材交易首位品牌、国内最具权威的中药材价格指数发布平台、全市统一的药业诚信体系建设平台，加强现代中药物流体系建设，完善中药材流通行业规范，建立包装、仓储、养护、运输等行业标准。建设中药材商品交易中心，建设中药材电子商务平台，建立质量追溯体系，建成中药材中长期大宗交易中心、中药材价格形成中心，形成现货交易、价格形成、信息反馈、电子商务为一体的现代网络化市场。建立中药材质量追溯体系。扩大中药材出口，增加中医药国际市场销售。到2020年，中药材销售收入达到1000亿元。

——拓展中药文化发展新路径。建设中华中医药文化博览园，形成中药种植、科研、科普、商贸、旅游“五位一体”中药产业绿色、生态旅游区。开发中医药文化旅游示范区，建成以中药城为中心的中医药消费旅游区，以谯城区重点乡镇为中心的中医药休闲观光旅游示范区，以中药产业园区及重点工业企业为中心的中医药工业旅游示范基地，以华佗中医药博物馆为中心的中医药科普展示、历史文化体验区。培育中医药创意文化产业，建设华佗医学文化创意产业园、中医药养生文化产业园、老庄文化创意产业园。

专栏2　加工制造业重点项目

竣工项目：九洲方圆制药（20亿元）、江淮汽车零部件供应巢（20亿元）、涡阳三星化工（15亿元）、修正药业（13.6亿元）、司尔特肥业（10亿元）、天津中新药业（6亿元）、华佗国药新厂（3.2亿元）、井泉药业（3亿元）、源和堂药业（3亿元）。

开工项目：市及三县一区食品产业园区（30亿元）、蒙城北汽农业装备制造（25亿元）、江淮安驰小客扩建（10亿元）、北京同仁堂现代中药产业基地（10亿元）、五洲制药医药工业园（10亿元）、亿丰亳达环保包装材料生产（6亿元）、蒙城北方国建大口径管材生产（6亿元）、康美中药提取及配方颗粒生产（5亿元）、亳芜辉创中药产业园（5亿元）、白云山和记黄埔大南药大健康产业基地二期（5亿元）、海创新型建材二期（5亿元）。

酿酒及饮料加工业。依托悠久的白酒文化和产业基础，发挥农产品资源优势，努力创造良好的产业发展环境，做大做强酿酒及饮料加工业。到2020年，培育1个销售收入过百亿的全国白酒龙头企业，酒类及饮料加工业总产值达200亿元，基本建成全国具有较大影响力和知名度的白酒历史文化中心、白酒产业集聚中心、知名品牌运作中心和酿酒科技创新中心。

——优化发展格局。巩固古井集团和徽酒集团的龙头带动作用，引导具有发展潜力的中小白酒企业规范健康成长，鼓励支持有条件的企业技术改造升级和兼并联合，打造谯城区古井镇和涡阳县高炉镇两个特色产业聚集区，形成大、中、小型企业协调发展的产业格局。

——开发市场新品种。着力打造古井贡酒年份原浆等白酒产品，鼓励徽酒集团重点开发白酒新品种，加大中端白酒产品生产和研发。坚持以浓香型白酒生产及加工为主导，顺应健康饮酒、理性饮酒深入人心，个性化、功能化、优质化消费方向，加大产品研发和创新力度，开发满足不同消费者需求的特色产品，加快中药保健酒研制步伐，力争在产品的类别、口感、功能上实现新突破，形成淡雅浓香型白酒特色品牌。

——促进白酒和文化产业融合发展。坚持经济效益、环境效益与社会效益相结合，走低投入、高产出、可持续的发展道路。引导白酒产业聚集，完善配套产业，做长产业链条。推动传统酿造业与金融、商贸等现代服务业协调发展，提高酒类产业与旅游文化产业互动性和关联度。

——积极发展软饮料产业。依托亳州及周边地区较为丰富的谷物、大豆、蔬果、中药材等农副产品资源优势，大力发展含乳饮料、植物蛋白饮料、谷物饮料、蔬果饮料、中药保健饮料、碳酸饮料、果汁饮料等。

——加快发展配套服务业。加大对古井配套产业园及白酒产业集群专业镇支持力度，将产业链由生产制造环节延伸到原料基地建设、配套产业、现代服务业、工业旅游、文化旅游等环节，实现包装材料、包装印刷、玻璃制品等包装材料市内配套供应量50%以上，不断增强酒及饮料业的综合竞争能力。

食品制造产业。突出“安全、健康、生态、养生”理念，形成布局合理、技术先进、特色鲜明的食品产业体系。力争到2020年，全市食品工业产值达到600亿元。

——做强粮油加工业。加快发展主食食品加工，打造主食工业知名品牌。扩大休闲营养食品生产规模，带动休闲食品发展。发展玉米食品加工，提升大豆、芝麻、薯类等杂粮加工水平。开展粮油副产品综合利用。

——做大畜产品加工业。发展冷却肉、分割肉，加快屠宰加工企业HACCP管理体系认证。加快休闲肉制品开发，开发延伸精深加工产品。开发畜产加工副产物综合利用，开发各种生物制品。

——做优健康养生食品业。发展养生保健代用茶，形成生产企业集群。加快中药养生保健食品开发，提高中药材综合开发利用能力和水平。加强特色养生保健药膳产品开发推广，加快药膳食疗产品推广应用。加快传统食品工业化进程，弘扬亳州饮食文化，培育“中华老字号”“安徽老字号”品牌。

煤化工和新能源产业。积极发展煤电一体化、现代煤化工行业，着力提高煤炭就地转化率和清洁、高效开发利用水平，打造新型煤化工产业集群。利用先进技术促进产业升级，实现“煤炭－电力－乙二醇－下游深加工产品”等循环发展。建设涡阳涡北循环经济园区、茨淮新河光伏产业带，建成蒙城、利辛煤电一体化基地。力争“十三五”末，全市煤矿建设规模达到1350万吨/年，基本建成千万千瓦级新能源电力基地。

汽车农机及零部件产业。加快汽车产业升级，依托江淮安驰等龙头企业，主攻中高端微车领域，大力发展低排量微客、微货等车型，积极发展中高端专用车、纯电动车、增程式混合动力车、新能源汽车和插电式混合动力车及其关键零部件。加大汽车企业技术研发省级创新平台建设。打造辐射中原的现代农业机械制造基地，以北汽农机、中联重机为龙头，以推进主粮作物全过程生产机械制造为重点，引进知名企业，嫁接先进技术，整合要素资源。力争到2020年，实现汽车农机及零部件产业总产值350亿元。

电子信息及物联网产业。依托我省电子信息产业基础和谯城物联网产业园，加快承接发达地区产业转移，促进电子信息和物联网产业加快发展。

——实施“互联网+”行动计划。发展物联网技术和应用，促进互联网和经济社会融合发展。结合智慧城市建设，发挥中医药现代物流产业优势，打造物联网产业园，建设中医药物联网、电子商务、智慧城市物联网云服务中心。

——搭建物联网发展平台。引进物联网龙头企业及信息化研发机构，推进物联网技术、产品研发与应用，搭建物联网技术认证平台，为物联网发展提供人才储备。推动物联网与生态环境保护、智能农业、食品安全等行业融合发展与应用。

——打造电子信息产业链。以智能终端和信息家电产业发展为突破，大力发展汽车电子和新型元器件产业，鼓励支持重点企业从零配件转向整机生产，引进著名智能终端制造和家电制造企业，发展培育壮大智能终端和信息家电产业。到2020年，实现智能终端和信息家电产业产值25亿元，形成特色鲜明、企业规模聚集、品牌效应显著的皖北电子信息产业聚集地。

第十三章　夯实现代农业发展基础

大力实施农业现代化推进工程，以促进农民持续增收为核心，加快转变农业发展方式，构建现代农业产业体系、生产体系和经营体系。

提高农业综合生产能力。坚持统筹规划、区域分片治理，加大农村土地综合整治力度。加强高标准农田建设，完善基础设施，加强农业机械化建设，提升农机装备服务水平。着力提升涡阳国家级现代农业示范区和4个省级现代农业示范区建设水平，不断扩大示范创建范围，打造现代农业发展先行区。积极推进农艺农信融合、农机农信融合，运用农业物联网技术，推进农业生产、经营信息化。提高气象服务现代化水平，加快推进粮食增产气象保障服务工程建设。加强流转土地的用途管制，防止“非农化”和“非粮化”。力争到2020年，全市建设高标准农田不低于580万亩，有效灌溉面积占耕地面积85%以上，旱涝保收田面积占耕地面积65%以上，粮食总产达到50亿千克，农机总动力达到900万千瓦，主要农作物耕种收综合机械化水平达到90%以上，农业科技进步贡献率达到65%以上，农业综合生产能力和粮食安全保障能力显著增强。

推进农业产业绿色转型。大力开展粮食绿色增产增效示范行动，培育粮食生产主体，调整优化粮食生产结构，加快培育种业企业，推进育繁推一体化，落实“良种、良肥、良田、良品、良心”配套，集成推广关键技术，促进提质增效。加强畜禽良繁体系建设，大力开展畜牧业绿色低碳循环模式攻关，强化动物疫病防控，积极创建畜禽标准化养殖示范区、示范场，走以农养牧、以牧促农、农牧结合、循环发展的生态农业发展之路。实施蔬果绿色增长模式攻关行动，积极发展特色蔬菜、设施蔬菜、养生蔬菜和优质水果，加强蔬菜、水果标准园建设，建设一批高端品牌蔬菜、水果生产基地。力争2020年，全市肉蛋奶总产和水产品产量分别突破47万吨和6万吨；全市蔬菜面积200万亩以上，其中设施蔬菜达到90万亩；水果种植面积达10万亩。

发展农业生产新业态。创新土地流转和规模经营方式，引导土地经营权规范有序流转，发展多种形式适度规模经营，建立转移就业的扶持政策体系，支持新型农业经营主体开展农业生产全程托管。大力发展都市农业、休闲观光农业，推进国家级、省级休闲农业与乡村旅游示范县（点）创建，因地制宜建设美丽田园、美丽乡村。推进农业品牌建设，实施“绿色亳农”品牌培育计划，着力打造一批有影响力、有文化内涵的农业品牌。积极探索“互联网＋农业”的有效实现形式，促进农业生产经营向“以销定产”转变。力争到2020年，全市流转耕地占耕地总面积比重达到65%左右；农产品加工产值突破1000亿元；各类农产品电子商务销售额达到50亿元，阿里巴巴“亳州馆”入驻企业500家以上，农业“三品一标”认证产品总数突破500个。

构建农业经营新体系。巩固农户家庭经营主体地位，着力培育新型职业农民。加快发展专业大户、家庭农场、农民专业合作社、农业企业等新型农业经营主体，提高农业生产组织化程度、劳动生产率和土地产出率。促进产业、要素和利益连接，加快构建以龙头企业为核心、专业大户和家庭农场为基础、专业合作社为纽带，集生产、加工、服务和销售为一体的现代农业产业化联合体。构建覆盖全程、综合配套、便捷高效的多元化农业社会化服务体系。积极推动政府购买农业公益性服务，培育专业化、市场化服务组织，为生产经营主体提供全产业链、全生产要素服务。大力发展农村金融、保险服务业，深化供销合作社综合改革，全面开展农业社会化服务，增强供销合作社为农服务能力。到2020年，全市县级以上示范家庭农场达到500家，各类现代农业产业化联合体发展到120个。

提升农产品质量安全水平。健全农产品标准体系、质量安全检测体系、认证体系和执法监管体系。运用“物联网+农业”模式，建立农产品质量安全追溯系统。推行标准化生产，强化源头管控和生产过程控制，落实“农业用水总量控制，化肥、农药施用总量减少，地膜、秸秆、畜禽粪便基本资源化利用”。强化生猪定点屠宰环节监管，建立病死畜禽无害化处理体系。建立农产品产地准出和市场准入机制，实现农产品从田间到餐桌全程监管。大力发展无公害农产品、绿色食品、有机食品和地理标志农产品，力争“十三五”期间，新增“三品一标”认证产品200个，其中地理标志产品3个以上。

专栏3 农业重点项目

竣工项目：亳州市全国新增千亿斤粮食生产能力规划田间工程（14亿元）、昌盛日电40兆瓦光伏农业科技大棚（9亿元）、中央储备粮10万吨亳州直属库新建分库和市5万吨粮食储备库建设（1.5亿元）。

开工项目：实施涡阳国家级现代农业示范区和蒙城等4个省级现代农业示范区、三县一区458万亩高标准农田综合治理工程（57亿元）、利辛西淝河农耕文化产业园（20亿元）、利辛和蒙城强英亿羽樱谷鸭农业全产业链（12亿元）、亳州农业信息化建设（10亿元）、亳芜中帆农产品物流产业园（6亿元）、中央储备粮13万吨（两期）涡阳直属库新库建设（1亿元）。

第十四章 发挥第三产业引领作用

实施服务业加快发展工程，推动生产性服务业向专业化和价值链高端延伸、生活性服务业向精细和高品质转变，促进流通信息化、标准化、集约化。到2020年，力争服务业增加值突破650亿元，年均增长10%左右，服务业在三次产业中占比超过40%，现代服务业增加值占服务业增加值比重达到55%。

健康养老产业。以打造健康养生亳州为目标，实施“养生亳州”行动计划，完善健康养老产业链，大力发展中医药医疗保健服务、健康管理、健康养老、疗养康复、养生健身、健康保险。开展应对人口老龄化行动，传承孝道文化，弘扬敬老、养老、助老社会风尚，加快形成投资主体多元化、投资方式多样化的养老格局，支持社会力量兴办中医、西医、专科和特色康复医院，鼓励发展特色养老保健和中医养生机构。丰富养老业态，大力发展供养型、养护型、医护型养老服务机构，支持大型养老服务机构建设，大力推进养老服务社会化。加快健康养老产品开发，依托道源、药都、酒乡优势，开发中医诊疗设备、健身产品、中药保健食品养生产品。加强健康养老文化传承，建设中医药文化街区，建设华佗医药、针灸医学等中医药文化宣传教育基地，制定健康、养老、保健、旅游等服务技术规范和标准，开展中医学术思想、科研及技术合作交流，打造具有浓郁中医药特色的健康养老服务品牌。强化健康养老支撑体系建设，开办传统中医门诊、诊所，加强与市域外知名中医院合作，联合建设国药堂、名医堂和养生堂，鼓励国内知名中医来亳开办中医养生及中医坐堂诊所。

现代物流产业。培育发展第三方物流企业，积极引导一批国内AAAAA级物流企业来亳设立总部和区域总部。推动物流服务和电子商务融合发展，鼓励电商企业与第三方物流企业合作，建立快递补货和区域调拨系统，加快构建与电子认证、网络交易、在线支付协同运作的物流支撑体系。推进重点物流园区建设，依托交通枢纽、产业基地和商贸集散地，着力打造产业聚集区和快递专业类物流园区，积极发展多式联运、冷链物流、仓储物流、快递物流等现代物流，引导物流企业集聚发展。推进生产企业物流社会化、专业化，加快建立集采购、生产、销售、回收为一体的物流供应链，大力发展专业物流。支持第三方物流企业做大做强。推动大型流通企业和商品市场建设改造内部物流配送中心，提高物流作业机械化、自动化和信息化水平。“十三五”期间，谋划建设空港、高铁物流园等项目，加快推进一批重点物流园区建设。力争到2020年，全市A级以上物流企业总数达到50家以上。

电子商务产业。鼓励各地建立电子商务企业集聚区和电子商务孵化园，鼓励社会资本多形式新建或改造电子商务产业园。引导电商企业入驻园区，实现集聚发展。支持园区为入驻企业完善电子商务配套设施，提供信息服务、宣传推介、培训交流等服务。加强电子商务人才引进，积极发展涉农电子商务，鼓励有条件的农产品批发和零售市场进行网上分销，构建与实体市场互为支撑的电子商务平台，支持淘宝、京东、苏宁易购、村淘、淘实惠等电子商务企业开展电子商务进农村。依托“万村千乡”实体店建设农村电子商务网络体系，实现线上线下融合发展，加快推进农产品电子商务发展的物流配送体系建设，畅通“工业品下乡、农产品进城”的双向流通新渠道。到2020年，电子商务年交易额达100亿元。

现代金融产业。扩大直接融资规模，大力支持企业上市，着力打造资本市场的亳州板块。积极引进股份制银行、外资银行，完善金融服务组织体系，创新产品服务方式，完善金融基础设施，支持药都银行设立支行，培育发展村镇银行，推动网点建设，拓展业务范围，稳步开展农村合作金融服务，鼓励有条件的供销合作社与地方财政共同出资设立担保公司。引导小额贷款公司、融资担保机构、典当公司健康发展，稳步发展证券、保险、期货。打造金融集聚区，围绕中心城区高铁片区，吸引区域外各类金融机构在亳设立分支机构或办事处。营造金融发展良好环境，加强金融市场监管，深化政银企对接合作，健全人才集聚机制，完善政策扶持体系。力争"十三五"末，全市直接融资规模突破150亿元，新增上市企业3家，"新三板"挂牌企业50家以上，区域性股权交易中心挂牌企业50家以上。

科技信息服务业。推动信息化和工业化的深度融合，推进制造业网络化、智能化、服务化。建设重点实验室、产业技术研究院，在关键环节、核心技术、共性技术开发等方面开展科技攻关。吸引知名高校和科研院所在亳州设立技术转移机构，支持开展产学研用深度融合，促进科技成果和专利技术产业化。引导高校、科研院所向社会开放技术研发服务平台，为中小企业提供专业服务。引导社会资本投资，加快构建以科技企业孵化器、电商创业产业园、众创空间等为载体的创业孵化体系。完善科技成果转化激励机制，提高科研人员成果转化收益比例。到2020年，科技信息服务业产业规模达到5亿元；培育骨干科技服务机构5家，研发设计服务机构达到35家，建成孵化器（含众创空间）10家，引进专利代理机构2家。

传统商贸服务业。完善城市商业网点，引进高端商业，培育消费热点，发展新兴业态，打造核心商圈，着力构建以城市商业中心、次商业中心为龙头，社区商业及专业特色街为补充，社区便民便利商业网点为基础的城市商业体系。推动大型商贸流通企业营销网络向农村延伸，提升消费水平。培育消费热点，扩大汽车、家电、建材、通信产品等重点商品消费，引进知名品牌。培育和扩大服务性消费，加快发展社区便民服务。倡导绿色低碳、节能环保消费模式，鼓励各类流通企业扩大绿色环保型商品采购和销售。力争到2020年，全市实现社会消费品零售总额700亿元；培育年营业收入超5亿元的商贸企业3家、全国性专业市场2个、区域性专业市场5个。

专栏4　商贸物流及服务业重点项目

竣工项目：珍宝岛药业中药材电子交易中心及配套物流园（80亿元）、利辛莱弗广场（65亿元）、万达城市综合体（60亿元）、九州通中药物流园（23亿元）、亿都国际商贸城（22亿元）、亳州大唐国际城（22亿元）、蒙城红星美凯龙商业综合体（6亿元）、亳芜圆通速递物流园（5亿元）。

开工项目：利辛交通物流园（20亿元）、外经钻石广场（19亿元）、中国物流园亳州综合园区（13亿元）、涡阳（北京）中农批皖北农贸电商国际物流园（7亿元）、亳芜皖新物流园（6亿元）。

推前期项目：中国安成金融产业大厦（100亿元）、亳州高铁新区现代物流园区（20亿元）、亳州机场航空物流配套产业园（10亿元）。

第五篇　挖掘提炼人文资源，巩固历史文化名城地位

实施文明素质提升工程，充分挖掘历史人文资源，提升城市文化品位，着力发展新兴文化业态，打造区域文化品牌，促进历史人文资源优势转化为竞争优势。

第十五章　践行社会主义核心价值观

加强社会主义核心价值体系建设，弘扬民族精神、时代精神和亳州精神。开展文明创建进机关、进企业、进学校、进社区、进家庭活动，争创更多文明单位、文明社区、文明村镇。持续开展国学经典"六进"活动，扎实开展"书香亳州"建设。加强社会公德、职业道德、家庭美德、个人品德建设，弘扬孝道文化，营造良好社会风尚。建立健全社会诚信体系。倡导移风易俗，破除陈规陋习，反对封建迷信，抵制不文明行为和不良生活习俗。推进全国文明城市、未成年人思想道德先进市创建。发展繁荣哲学社会科学，推进学科体系、学术观点、科研方法创新，推进亳州新型智库建设。

第十六章　加强历史文化传承保护

加强历史文化的挖掘和研究，科学制定历史文化保护开发整体规划。盘活文物资源，打造谯城区城父镇、涡阳县曹市镇千年古镇等文物保护利用的新亮点。科学编制蒙城尉迟寺、古井窖池等一批文物遗址保护规划，实施重点保护。加强历史文化名城名镇、历史文化街区的整体保护，在新型城镇化和美丽乡村建设中融入传统文化元素，避免同质化建设。挖掘整理民间文化，完善非物质文化遗产保护传承机制，加强非遗名录体系建设，完成民俗非遗博物馆建设。深化老庄文化研究，做大做强老庄文化论坛。

建立健全历史文化遗产保护投入机制，加大对历史人文资源保护的资金投入。做好涡阳新兴镇、谯城芦庙镇、蒙城板桥镇等地的革命纪念馆的修缮保护、展陈提升工作，促进革命文物保护利用和红色旅游发展。认真做好国有可移动文物普查工作，加强文物安全保障。

第十七章　健全公共文化服务体系

坚持政府主导、社会参与、共建共享的原则，全面提升公共文化现代传播能力和服务保障能力，到2020年，基本建成覆盖城乡、便捷高效、保基本、促公平、具有亳州特色的现代公共文化服务体系。统筹城乡公共文化设施布局，制定与亳州经济社会发展水平相适应、具有亳州特色的基本公共文化服务实施标准，以“书香亳州”建设为重点，推动市级文化馆、图书馆、博物馆新馆、大剧院和县区级文化馆、图书馆、剧场建设。力争到2020年，市县区公共图书馆、文化馆100%达到一级馆评估标准。完善乡镇综合文化站（服务中心）、农民文化乐园、城市社区综合文化服务中心等服务网络，实现公共文化服务网络全面覆盖、互联互通。结合“智慧亳州”建设，推进公共文化服务数字化，完善公共场所网络接入和Wi-Fi服务，构建标准统一、互联互通的公共数字文化服务网络。以广播电视服务网络、农民阅读服务、数字文化服务、乡土人才培养、留守妇女儿童文化帮扶等为重点，集中实施一批文化扶贫项目。

完善旅游基础设施建设，重点推进城市旅游咨询中心和集散中心、连通景区道路和停车场建设，加快城市绿道、旅游厕所、旅游标识标牌、自驾车营地建设，大力发展旅游特色城镇、乡村，完善休闲农业与乡村旅游配套设施，大力推进乡村旅游扶贫等。广泛开展群众性文化活动，不断提高社区文化、村镇文化、企业文化、校园文化等建设水平。

第十八章　促进文化旅游产业发展

推动文化产业规模化、集约化、专业化发展，促进文化旅游与科技、体育、信息、物流、商贸、金融等产业融合发展。运用科技手段，在公共文化服务、文化旅游项目、舞台演艺等领域推广创新成果，丰富文化传播形式，发展新兴文化业态。完善与金融机构合作机制，扩大投融资通道。推进文化产业示范基地与民营院团建设。加强资金、政策引导，推动更多的企业入选国家、省文化产业示范基地、园区。鼓励支持社会资本发展文化产业，积极扶持民营艺术院团和民间文艺组织、文艺团体。加大政府购买文化服务的力度，开展文化消费惠民活动，催生文化消费新的增长点。

围绕国内知名文化旅游目的地和养生亳州建设目标，进一步扩大旅游产业规模，提升服务质量，增强旅游产业的创新能力和竞争活力，以中医药健康旅游、文化旅游、研学旅游、乡村旅游开发为重点，推动旅游业转型升级、跨越发展。全面实施“六个一”工程（即创建一条旅游休闲游憩带、一个AAAAA级旅游景区、一个省级旅游度假区、一台大型文化旅游主题节目、一个特色主题街区、一个省级研学旅行基地），加快推进亳州市游客集散中心、古城文化旅游区、涡河文化旅游产业带、乡村旅游综合提升项目等重点项目建设。到2020年，全市接待游客总人数和旅游业总收入比2015年年底翻一番，成为战略性支柱产业；A级旅游景区达到50家，争创国家AAAAA旅游景区1家；星级饭店达到30家。

专栏5　文化旅游重点项目

竣工项目：曹操宗族墓群遗址公园及观音山汉墓保护修缮、曹操八角台遗址等亳州古城旅游区保护与开发项目（100亿元）、亳州报业集团传媒大厦（10亿元）、城市规划展览馆项目（2亿元）。

开工项目：中华中医药文化博览

园（100亿元）、市博物馆新馆（4亿元）、市广电文体中心（3.5亿元）、商汤文化产业园项目（3.5亿元）、亳州大剧场（2.9亿元）、市科技馆（2.5亿元）、市体育文化公园（2亿元）、市文化公园（2亿元）、市美术馆（1亿元）、蒙城县图书馆和档案馆（1亿元）。

推前期项目：涡河两岸老子文化景城综合体（20亿元）、尉迟寺文化产业园（10亿元）、庄子文化产业园（10亿元）、陈抟文化产业园（10亿元）、华佗故居开发（10亿元）、天静宫遗址公园（10亿元）、陵西湖休闲度假公园及郑店子生态园（10亿元）。

第六篇　建设现代田园城市，统筹城乡协调发展

推进城乡发展一体化，构建以人为核心的新型城镇化体系，提升城市工作水平，实现规划建设管理水平不断提升，城乡人居生态环境良好，地净、路畅、水活、天蓝和林拥城的发展目标。

第十九章　加快推进新型城镇建设

尊重城市发展规律，统筹空间、规模、产业三大结构，统筹规划、建设、管理三大环节，统筹改革、科技、文化三大动力，统筹生产、生活、生态三大布局，统筹政府、社会、市民三大主体，实施新型城镇化推进工程。牢固树立“城镇在田园之上，田园在城镇之中”发展理念，持续开展“九城同创”；坚持以人为本的城镇化，强化生态环境保护，弘扬传承地域文化。按照“规划一张图、城乡全覆盖”要求，编制《亳州市全域空间统筹规划》，推进“多规合一”，构筑全域统筹发展的空间平台。加快推进绿色城市、智慧城市、森林城市、海绵城市建设。加强城市地下空间规划利用，加强城市地下管网的改造力度，推进城市地下综合管廊建设。加快民族聚居地区基础设施建设，改善生产生活条件，促进各民族共同繁荣发展。加强亳州中心城区建设，统筹推进南部新区建设、北部新城开发、老城区改造，着力打造区域中心城市。加强三县县城建设，推动新城区、老城区、工业区联动发展。完善城乡管理体系，全面提升城乡管理水平。健全财政转移支付同农业转移人口市民化挂钩机制，探索建立城镇建设用地增加规模同吸纳农业转移人口落户数量挂钩机制，增强要素保障能力。深化户籍制度改革，全面实施居住证制度，推进农业转移人口的市民化。探索推进政府购买公共服务的有效途径，促进基本公共服务均等化，加快实现基本公共服务常住人口全覆盖。维护进城落户农民土地承包经营权、宅基地使用权、集体收益分配权，加快推进劳有所得、住有所居、学有所教、病有所医、老有所养并轨。“十三五”期间，力争走出一条独具亳州特色的高质量、可持续、广包容的现代田园城市发展道路。到2020年，全市常住人口城镇化率达到45%左右。

专栏6　城市建设重点项目

竣工项目：市中心城区道西片区路网及管线工程（60亿元）、南部新区安置还原小区（50亿元）、老城区断头路和涡北新城路桥及管线工程（40亿元）、宋汤河等市中心城市水系治理及两水工程（20亿元）。

开工项目：道东片区路网及管线工程（20亿元）、建安路涡河隧道和汤王大道涡河隧道工程（10亿元）、亳芜大道下穿京九立交桥和北一环下穿京九立交桥工程（3亿元）、古泉路至济广高速出入口改造工程（2亿元）。

推前期项目：市中心城区地下综合管廊（100亿元）、三县城区地下综合管廊（100亿元）、市县区海绵城市建设工程（60亿元）。

第二十章　全面开展智慧城市建设

实施“互联网+”行动计划，全面提升经济社会信息化水平，拓展网络经济空间。实现“三网融合”，发展物联网，推广应用云计算、云存储等高端技术，形成宽带、融合、安全、泛在的信息网络。力争通过五年努力，基本建成智慧城市框架。

筑牢智慧城市基础。推进新一代移动通信网络、下一代互联网、物联网、广电网铺设。打造云计算中心，开展云服务。建成人口、法人、电子证照、地理空间等城市基础数据库，汇聚成容量大、类型多、存取速度快、应用价值高的城市大数据。统筹信息化项目管理和建设，整合信息化软硬件资源，提高项目建设水平和资金使用效率。

构建智慧城市服务平台。按照政府治理科学化和现代化要求，进一步提升网上办事大厅建设水平。加强“我家亳州”APP建设，汇聚全市公共服务资源，构建全方位、开放式、综合性的社会公共信息服务平台，为市民

提供更加便捷的信息服务。做好智慧城管运行管理工作，整合政府城市管理资源，建立长效运行机制，实现城市管理的科学化、精细化和高效化。

实施智慧城市特色工程。构建视频数据平台，实现全城视频监控覆盖。健全农产品产品质量安全追溯体系。打造智慧社区，提升小区管理现代化水平。创建智慧支付，为城乡居民提供方便、快捷、安全的支付服务。建设智慧交通，提高交通运输效率，保障交通安全，改善交通运输环境。发展智慧旅游，整合旅游资源，开发旅游产品，提升旅游体验和品牌形象。推进智慧教育，改革传统教育模式，促进教育现代化。建设智慧管网，加强地下管线建设与运营管理。建设智慧环保，实现环境管理精细化、动态化，全面提升环境保护水平。

专栏7　信息网络重点项目

宽带普及提速工程：亳州市至省级骨干网出口带宽扩容至400G，建成骨干网信息高速公路。

4G网络工程：到2020年，实现城市主城区深度覆盖、市域全覆盖。

三网融合工程：推进基础设施信息化、智能化，提高网络技术水平、覆盖能力和设备利用率。

城市光纤宽带网络：基本实现“百兆进户、千兆进楼”光纤网络接入能力全覆盖，加快推进“美丽乡村”光纤到户建设进度。

第二十一章　统筹推进美丽乡村建设

实施乡镇功能提升行动，以集镇、农民集中居住区为重点，完善水、电、路、气、热、消防及停车场等基础设施，增强发展承载能力。实施美丽乡村建设行动计划，促进城乡公共资源均衡配置，健全农村基础设施投入长效机制，把社会事业发展重点放在农村和接纳农业转移人口较多的城镇，推动公共服务向农村延伸。围绕建设“田园城市、美丽乡村”目标，发展中心村、保护特色村、整治空心村，科学引导农村居民点建设，保护和传承乡村地域文化，正确处理好美丽乡村和新型城镇化建设的关系。按照“发展特色镇（村）、培育中心村、整治自然村”要求，大力实施村镇建设、环境提升、土地整治、产业培育、创业就业、文明新风、社会服务、乡村和谐“八大工程”，重点推进垃圾污水处理、安全饮水、村庄道路、危房改造、绿化亮化、文体设施建设，全面改善农村人居环境。结合农业综合开发、农田水利、土地整治、生态清洁小流域建设，推进田、水、路、渠综合配套建设，改善农业生产条件。加强乡村气象灾害防御能力建设和气象科普宣传。“十三五”期间，建设美丽乡村示范镇40个以上，省级美丽乡村示范村300个。

第二十二章 引导园区产城融合发展

实施园区转型升级工程，把开发园区建设作为强化产业支撑的重要平台，促进产城融合发展，大力发展现代服务业，为集聚产业和吸纳人口创造条件。力争2020年，全市园区生产总值达400亿元，实现翻一番以上目标，产业集聚度、贡献率、外向度、创新能力和发展质量全面提升；谯城经济开发区和亳州经济开发区建设成为皖北地区综合实力较强、产业特色明显、发展效益较高、影响力较大的千亿元级国家经济开发区。

加强规划引导。将开发区发展融入所在市、县的整体发展规划，统筹考虑经济社会发展、城镇建设和土地利用、自然风貌和历史文化特点，合理确定产业区、商业区、居住区空间比例，彰显新城特色。提升开发区综合功能，完善金融、物流、信息等综合服务功能，合理规划建设学校、医院、文化等公共服务设施，加强开发区与城区基础设施对接，实现一体化布局和联动发展。坚持错位发展，聚焦重点产业，每个省级开发区明确1个首位产业和1～2个主导产业，逐步形成产业结构高端化、产业发展集聚化的现代产业体系。

强化项目支撑。密切关注国家政策导向，围绕国家“重大工程包”“三年滚动投资计划”等专题项目库建设，建设全市开发区转型升级项目库，谋划储备一批、开工建设一批、竣工投产一批，力争每年新入库项目不少于100个，总投资不少于500亿元。建立项目建设“四督四保”（即：督查推进新建项目，保证开工率；督查推进续建项目，保证竣工率；督查推进竣工项目，保证达产率；督查推进储备项目，保证转化率）。推进机制，切实提高项目开工率、竣工率、达产率和转化率。拓宽项目融资渠道。引导各类产业投资基金和创业投资基金等参与开发区建设。

坚持转型发展。推动开发区产业生态化、循环化改造，提高能源资源利用效率，强化环境安全监测监控体系建设，减少污染物排放，防控环境风险。严禁高耗能、高耗水、高排放等严重影响生态环境的项目进入，强化事中事后监管，强化对园区内建设项目在投资强度、亩均产出、税收贡献等指标体系监督考核。“十三五”期间，争创国家级、省级生态工业示范园区、循环化改造示范试点园区和低碳经济试点示范园区等绿色园区。所有新进市属省级开发区工业项目投资强度200万元／亩、亩均税收15万元以上；县属省级开发区工业项目投资强度150万元／亩、亩均税收10万元以上。

建设智慧园区。坚持信息基础设施和其他基础设施同步规划、同步建设，支持开发区培育和吸引信息技术重点领域领军企业，利用信息科技手段拓展传统产业链、提升增值水平，推进开发区产业发展智慧化、运行管理智慧化和公共服务智慧化。

提升质量效益。优化园区功能布局，由单一生产功能为主向生产、生活和生态三大功能统筹布局转变；从单一的生产型园区经济向综合型城市经济转型，实现产业发展、就业改善、人民幸福。促进土地节约集约利用，提高新增建设用地开发强度，使有限的土地资源产生更好的经济和社会效益。严格控制不符合产业政策、供地政策的项目用地，防止闲置浪费土地，依法收回关停淘汰企业用地和长期闲置土地。到2020年，全市开发园区建设用地单位面积地区生产总值产出水平提升25%，固定资产投资水平提高40%。

第七篇　完善公共基础设施，增强加快发展支撑能力

把握国家重大战略取向、投资导向，围绕发展定位和发展目标，实施城乡基础设施提升工程，加大交通体系、能源建设力度，实施“五水共治”工程，推动城际基础设施互联互通。

第二十三章　构筑综合交通体系

大力发展综合交通，提升城区交通畅通能力，实施农村道路畅通工程，发展城乡公共交通。“十三五”期间，重点实施“1358”（即：实现一个现代化综合交通运输体系，完成300亿元投资规模，航空建设实现零突破、铁路发展大提速、公路建设持续推进、航道等级进一步提升、场站建设和公交发展进一步加快五项任务，综合对外交通通道、强化交通基础网络建设、完善客运交通枢纽建设、协调发展现代化物流业、着力提升公共客运水平、推进发展低碳绿色交通、加快交通科技信息发展和加强交通安全应急保障八大工作重点）发展战略，完成固定资产投资300亿元，初步建成立体综合交通运输体系。

民用航空。开工建设亳州机场，积极谋划航空产业园，填补民用航空运输空白，提升区域综合交通枢纽地位。

铁路网络。加快推进铁路网络建设，全面完成商合杭客运专线建设任务，高标准建成高铁亳州南站、芦庙站、古城站；积极争取亳蚌城际铁路、京九客运专线和淮北至阜阳城际铁路开工建设，全面提升铁路综合运输能力和通达水平。

公路路网。升级改造国道105和国道311等项目，加快实施省道202、省道305、省道203、省道308等路面改善项目。全部县道达三级以上标准，部分县道升级为二级公路；乡、村道全部达到四级以上标准，构建“七纵四横八联”的干线公路网体系和“两纵两横”高速公路网（“七纵四横八联”干线公路网体系，七纵是105国道、307省道、236省道、224省道、202省道、237国道、253省道，四横是311国道、344国道、305省道、329国道，八连是442省道、443省道、336省道、404省道、338省道、444省道、255省道、339省道；“两纵两横”高速公路网，两纵是35国道、3w国道，两横是1516国道、36国道）。基本形成“干支相连、布局合理、结构优化、四通八达”的农村公路网络。

航道港口。新建亳州综合性港口，重点建设涡阳船闸和蒙城船闸，加快建设水陆联运物流中心。按四级标准全面推进涡河航道规划建设。结合引淮济亳工程，积极开展西淝河航道升级前期工作，加快提升全市水运运输能力。

民生交通。推进城区道路内循环，打通“断头路”，提升城区道路畅通能力。发展城市公交，初步形成以“干线公交为主体，出租车为补充”的城市公共交通

网络系统，力争“十三五”末公交分担率达到18%。推动城乡客运一体化，初步实现人口密集区、城市近郊区农村客运公交化。提高农村客运班车通达率，形成较为完善的农村客运网络，实现交通方式无缝对接。

专栏8 交通及电网重大项目

竣工项目：商合杭高铁亳州段（100亿元）、105国道亳州段一级公路改建工程（25亿元）、202省道亳州段一级路面改建工程（18亿元）、青阜铁路亳州段电气化改造（10亿元）、亳州高铁新区客运枢纽总站（10亿元）、利辛板集电厂500千伏送出工程及夏湖220千伏、双沟110千伏等输变电工程（7亿元）。

开工项目：311国道一级公路改建工程（20亿元）、S203蒙城段一级公路改建工程（20亿元）、涡阳500千伏伯阳输变电工程及华佗、武集、乐土、希夷等220千伏和110千伏输变电工程（20亿元）、亳州机场（10亿元）、亳州北客运公交枢纽站及三县客运枢纽站（10亿元）。

推前期项目：亳蚌城际铁路（200亿元）、徐阜城际铁路亳州段（170亿元）、宿阜高速公路亳州段（150亿元）、蒙淮合轨道交通（70亿元）、涡河航道整治工程亳州段（50亿元）、主城区至芦庙高铁站连接线和城区至古城高铁站连接线工程（35亿元）、亳州机场至高铁南站轨道交通（30亿元）、西淝河复航工程（12亿元）。

第二十四章 实施“五水共治”工程

牢牢把握“节水优先、空间均衡、系统治理、两手发力”的基本思路，结合智慧亳州项目建设，实现水资源管理和防汛抗旱信息化。探索河湖管护机制，创新小型水利工程管护体制，逐步建立健全管理规范、服务全面、运行高效的水利管理与服务体系。加大公共财政投入力度，多渠道筹集、整合社会资金投入水利建设，基本实现水务现代化。

“抓节水”工程。建设海绵城市，推行最严格的水资源管理制度，以水定城，以水定产，积极开展节水型企业、节水型单位、节水型小区建设，加强灌区续建配套及节水改造，加快中水回用步伐，促进节水型社会建设取得明显进展。万元工业增加值耗水量完成省下达任务，农业灌溉井灌区、河灌区的灌溉水利用系数分别达到0.8和0.6，非常规水利用率达到省下达指标。

“保供水”工程。加快推进引江济淮入亳工程建设进程，加强平原水库、采煤塌陷区综合利用、拦蓄水工程等建设，合理调配水资源，增加供水能力4.5亿立方米；实施引江济淮配水工程、地表水厂建设工程、老水厂改扩建工程及应急水源工程，加大自来水管网改造管护力度，提升供水保障能力。推进农村饮水安全工程提质增效，提高农村饮水水质合格率和供水保障率，实现农村自来水全覆盖。

“治污水”工程。加强污水处理基础设施建设，提升污水处理能力；积极推进“活水工程”等城乡水环境综合整治，加大黑臭水体治理力度，实现城乡河道水质明显提升。加强饮用水源地保护。积极推进污染企业退市入园。推进水生态示范县建设，大幅改善城乡水生态环境。

“防洪水”工程。实施亳州市城区、三县县城及重要集镇防洪工程、骨干河道堤防及病险水闸除险加固工程，提高防洪能力，地级城市、县城分别达到50年一遇、20年一遇防洪标准，干支流河道基本达到20年一遇防洪标准。

“排涝水”工程。推进城区水系综合治理；继续加强中小河流治理、大中型泵站更新改造等工程建设，进一步完善农田水利基础设施，全面提高城乡排涝能力。

专栏9 重大水利项目

开工项目：引江济淮入亳（50亿元）、市县区城市防洪工程（50亿元）、市中心城区水系治理（20亿元）、涡阳和蒙城2座500吨级涡河复线船闸移址重建工程（15亿元）、亳城新河等中小河流治理工程（15亿元）、蒙城北淝河综合治理工程（10亿元）、全市小型拦蓄水工程（10亿元）。

推前期项目：采煤塌陷区和洼地等9座小型水库工程（5亿元）。

第二十五章 夯实能源保障基础

扩大新能源建设规模，提升煤炭开发和综合利用水平，加快推进煤电一体化建设，合理规划全市能源建设布局及发展规模。

新能源综合利用示范工程。创新多种新能源综合利用方式，实施酿酒产业园新能源分布式综合利用示范工程、中药制药行业新能源利用示范项目和酿酒、农林废弃物能源化利用示范工程。加快地热资源开发利用。加大地热资源勘查开发利用力度，重点推广发展与建筑相结合的地源热泵技术，通过扶持引导，加快地热资源开发利用，改善居住和办公环境，提高建筑的舒适程度。到2020年，实现资源综合利用产业产值20亿元，新增地源热泵一体化建筑应用面积达到50万平方米。

生物质能绿色电力规模化生产工程。新建涡阳、蒙城、利辛、谯城4座生物质秸秆发电项目，续建蒙城和利辛、谯城生物质秸秆发电项目，规划建设市区、涡阳县和蒙城县3座垃圾发电厂项目。按每县区2座布局，建设6～8座生物质电厂。到2020年，生物质（秸秆）发电厂装机规模180兆瓦，年发电量达到12亿千瓦时；按市区1座、三县2座布局，建设3座垃圾发电厂，垃圾焚烧发电厂装机规模72兆瓦，年发电量6亿千瓦时，日处理垃圾3600吨，全市垃圾利用率100%。

太阳能光伏发电工程。大力发展茨淮新河光伏产业经济带。依托龙头企业和重点产业园区，扩大分布式太阳能光伏发电规模。实施光伏扶贫工程，实现太阳能分布式发电在农村的规模化利用。每县区布局2～3个20兆瓦以上太阳能光伏发电项目，壮大太阳能光伏并网发电产业。到2020年，光伏发电总装机容量达到600兆瓦，年发电量7亿千瓦时。

城乡电网建设工程。按照“分层分区”原则，进一步强化220千伏电网主网结构，优化110千伏及以下电网结构，对配网进行精细化管理，提高电网特别是配网的投资效益，稳步开展绿色电网、智能化电网工作。规划220千伏伯阳开关站升压至500千伏变电站，新增500千伏变电容量1000兆伏安；续建及规划新建220千伏变电站6座，扩建2座，新增220千伏变电容量2160兆伏安；规划续建和新建110千伏变电站27座，扩建2座，新增110千伏变电容量2000兆伏安。

天然气输送工程。进一步扩大天然气利用规模，依托“西气东输”管网，建成利亳支线复线，完善输配送系统，加强综合管理系统建设，提升天然气调峰和安全保障能力。力争到2020年，天然气在一次能源消费中的比重提高到6%以上。

专栏10　能源矿产重点项目

竣工项目：利辛县光伏产业带（150亿元）、板集电厂（61亿元）、板集矿井及选煤厂（60亿元）、信湖煤矿（36亿元）。

开工项目：中兴能源光伏发电（22亿元）、羚羊100兆瓦光伏发电（10亿元）、平圩100兆瓦光伏发电（10亿元）、旭通新能源100兆瓦光伏发电（10亿元）、蒙城十里井40兆瓦（4亿元）等。

推前期项目：华能（蒙城）2×100万千瓦超超临界火电（70亿元）、板集电厂二期（60亿元）、涡北低热值2×35万千瓦电厂（54亿元）、赵集煤矿（35.5亿元）。

第八篇　加强生态文明建设，推进资源节约集约利用

围绕提高资源产出率，兼顾当前利益与长远发展，把节约资源和节能减排作为保护生态环境的根本之策，淘汰落后产能，构建循环型产业体系，推动资源再生利用产业化。把大气、水体和土壤污染治理作为重中之重，积极实施生态修复工程，促进区域生态系统的维护和改善。

第二十六章　加强环境综合治理

实行最严格的环境保护制度，形成政府、企业、公众共治的环境治理体系。

大气污染防治。推进大气污染防治行动计划。严格实行环境空气质量和大气污染防治工作“双考核”制度，开展工业源、面源、移动源“三源”综合治理，强化大气污染区域联防联控联治。到2020年，基本消除重污染天气。

噪声污染防治。实施防噪降噪工程，加强噪声监测，加大对工业、生活、交通、社会、施工等噪声污染治理力度，营造宁静生活环境，确保城市区域声环境质量达到二类标准。

城乡环境整治。实施城乡环境综合整治行动计划，统筹推进农村饮水安全、改水改厕、垃圾处理，建立健全农村生活垃圾的收集、转运、处置体制机制，继续推进农村清洁工程和“三线三边”环境治理，推进垃圾处理减量化、无害化、资源化，努力实现“凡土必绿、凡地必净、凡水必清、凡村必洁”的目标。实施土壤污染防治行动计划。科学施用化肥和农药，着力控制农业面源污染。到2020年，成功创建国家环保模范城市，环境质量优良率达到85%，城市集中式饮用水水源水质达到或优于III类水的比例总体高于93%，农村健康饮

食水源水质达标率 100%。

第二十七章　开展资源综合利用

提高资源节约集约利用水平。实施抓节水工程，实行最严格的水资源管理制度，以水定产、以水定城。强化约束性指标管理，实行能源和水资源消耗、建设用地等总量和强度双控行动。推广节能减排新技术，发展光伏发电等可再生能源和清洁能源，优化能源结构，建设清洁低碳、安全高效的现代能源体系，推进国家新能源示范城市建设。建立循环型产业体系，推进开发区、大型企业循环化改造，提高资源产出率。发展生态循环农业。挖掘自然生态优势和历史文化资源，推动健康养生和文化旅游等绿色环保服务业加速发展。坚持最严格的节约用地制度，优化建设用地结构，推进城镇低效用地再开发和采煤塌陷区综合治理。规范开发园区供地，加强集约节约用地管理。建立有利于促进资源综合利用的长效机制，推动资源综合利用规模化、清洁化、专业化发展。加快矿产资源的综合开发利用，提高产业“三废”综合利用率，推进再生资源的回收利用。推进生活垃圾分类收集和回收，形成覆盖全社会的资源循环利用体系。

第二十八章　实施生态系统修复

实施采煤塌陷区综合治理，加快推进蒙城许疃煤矿、涡阳涡北煤矿等采煤塌陷区综合治理。在争取省级资金的同时，鼓励个人、集体、企业、单位投资集资，多渠道、多途径筹集采煤塌陷区综合治理资金，积极探索农业发展、市政建设、水产养殖、光伏发电、旅游观光等综合利用新模式。优化农村生态环境，以生态乡镇和生态村建设为载体，大力实施“村村绿”和绿色家园示范建设活动，推进村庄园林化、庭院花园化、道路林荫化建设，推进沿路、沿河环境综合整治，提高农村生态涵养功能。实施绿化美化工程，推进千万亩森林增长工程和增绿增彩增果工程，建设绿道、绿带、绿化组团，推广立体绿化。到 2020 年，新增造林 26 万亩，城市建成区成片裸露地面实现植被全覆盖，成功创建国家园林城市。

第二十九章　健全生态文明制度

严守资源环境生态红线，坚持源头严防、过程严管、后果严惩，完善生态文明制度建设。实施国土空间开发保护制度，健全产业、土地、环境等配套政策。健全生态保护补偿机制，全面实施生态环境损害赔偿和责任追究制度。健全环境信息公开制度，加强实时在线环境监控系统建设，严格环保执法。严格环境影响评价市场准入，强化源头管控。实行生态文明建设“一岗双责”制，完善生态文明绩效评价考核制度。严格生态文明责任追究，落实领导干部任期生态文明建设责任制，实行生态环境损害责任终身追究制度。

专栏 11　生态环境建设重点项目

建成项目：市县区污水处理等废水综合治理工程（40 亿元）、市生活垃圾焚烧发电厂及污泥处理厂及三县垃圾处理和秸秆回收等固体废弃物综合利用工程（25 亿元）、亳州植物园（6 亿元）。

开工项目：蒙城城市森林公园（30 亿元）、涡阳和蒙城采煤塌陷区综合利用工程（15 亿元）、市林拥城工程（5 亿元）。

推前期项目：涡阳道源国家级湿地公园（18 亿元）、利辛西淝河湿地公园（10 亿元）、蒙城北淝河湿地公园（10 亿元）。

第九篇　实施扶贫攻坚工程，着力提升共享发展水平

坚持把脱贫攻坚作为第一民生工程和全面建成小康社会的核心任务，充分发挥政治优势和制度优势，坚决打赢脱贫攻坚战。

第三十章　实施脱贫重点工程

实施产业脱贫工程。制定贫困村特色种养业发展规划，实施贫困村“一村一品”产业推进行动。统筹使用涉农资金，重点支持贫困村、贫困户因地制宜发展特色种养业和传统手工业，每个贫困村至少发展一项特色种养业，每个有劳动能力的贫困户至少能从事一项特色种养业，贫困县建成特色支柱。支持农民合作社和其他经营主体带动贫困户增收，鼓励农业产业化龙头企业在贫困村建立原料基地，发展订单生产产业体系。鼓励和支持无劳动力、无资源、无稳定收入来源的贫困户，以及集体经济薄弱、资源缺乏的贫困村，建设户用光伏电站和村级光伏电站。大力发展乡村旅游和商贸流通扶贫，积极探索资产收益扶贫。

实施就业脱贫工程。统筹

使用各类培训资源，提高补贴标准，通过政府购买公共服务等有效方式，开展订单、定岗、定向、菜单式培训，积极促进大众创业、万众创新。开展“雨露计划”实施方式改革，建立完善输出与输入地劳务对接机制，输入地政府要对在城镇工作生活一年以上有能力稳定就业和生活的农村贫困人口有序推进市民化。支持国有企业、民营企业优先吸纳贫困人口就地就业。

实施智力脱贫工程。建档立卡贫困家庭子女接受学前教育、中小学教育、普通高中教育，率先从建档立卡的家庭经济困难学生实施普通高中教育、中等职业教育免除学杂费。加强有专业特色并适应市场需求的中等职业学校建设，努力办好特殊教育和远程教育。大力推行“千所村级小学提升工程计划”，实现贫困村全覆盖，特岗教师分配向贫困村教学点倾斜，实现全市贫困村幼儿园全覆盖。鼓励各类人才扎根贫困地区基层建功立业，深入推行科技特派员“包村联户”扶贫服务。实施贫困村创业致富带头人培训工程。实施一批文化扶贫项目，实现全市贫困村文化活动中心、村级农体工程全覆盖。

实施健康脱贫工程。新型农村合作医疗和大病保险制度对贫困人口实行政策倾斜，门诊统筹率先覆盖所有贫困地区。加大医疗救助、临时救助、慈善救助等帮扶力度，加大农村贫困残疾人康复服务和医疗救助力度，扩大纳入基本医疗保险范围的残疾人医疗康复项目。建立贫困人口健康卡。对贫困人口大病实行分类救治和先诊疗后付费的结算机制。全面实施贫困地区儿童营养改善、新生儿疾病免费筛查、妇女“两癌”免费筛查、孕前优生健康免费检查等重大公共卫生项目。“十三五”时期，实现县、乡、村三级卫生计生服务网络基本健全，技术水平和服务能力显著提升，因病致贫返贫问题得到基本解决。

实施社保兜底脱贫工程。对丧失劳动能力、无法通过产业扶持和就业帮助实现脱贫的贫困家庭，实现政策性保障兜底，做到动态管理、应保尽保。提高农村特困人员供养水平，改善供养条件。健全留守儿童、留守妇女、留守老人和残疾人关爱服务体系。健全孤儿、事实无人抚养儿童、低收入家庭重病重残等困境儿童的福利保障体系。全面建立困难残疾人生活补贴和重度残疾人护理补贴制度。重点支持贫困户危房改造，探索采用贷款贴息、建设集体公租房等多种方式，切实保障贫困户基本住房安全。

实施基础设施建设扶贫工程。加快推进农村道路畅通工程建设，“八小水利”工程建设投入向贫困村倾斜，加快推进农村电网改造升级、宽带网络覆盖贫困村。有条件的贫困村优先纳入全市美丽乡村建设范围，结合国家农村环境连片整治项目建设，开展以脏乱差治理、农业废弃物综合利用、垃圾污水处理、沟塘整治、村庄绿化美化为重点的环境整治，加快改善贫困村人居环境。

实施易地搬迁扶贫工程。以县区为单位，制定易地搬迁专项规划、实施方案、年度计划，多渠道筹集建设资金，合理安排搬迁地点、搬迁资金、搬迁进度。统一规划易地搬迁集中安置区的基础设施和公共服务设施建设。完善搬迁后续政策，确保搬迁对象搬得出、稳得住、能致富。

实施金融扶贫工程。积极争取国家、省金融扶贫政策。探索设立扶贫发展专项基金，延伸服务网络，加大信贷投放。加大贫困地区基础设施建设信贷投放力度。全面落实扶贫再贷款利率优惠政策。加大创业担保贷款、助学贷款、妇女小额贷款、康复扶贫贷款实施力度。县区设立扶贫贷款风险补偿基金、政府出资的融资担保机构，重点开展扶贫担保业务。积极发展扶贫小额贷款保证保险，开展特色农产品价格保险，对贫困户保证保险保费予以补助和保费补贴。

第三十一章　完善扶贫工作机制

强化精准识别和动态管理。扎实做好建档立卡，统一识别标准、统一数据口径，严格识别程序，把好关键环节，精准掌握贫困村户的基本信息，认真制定扶贫对象和需求清单、脱贫时限清单、扶贫措施清单和脱贫责任清单，确保底数清、户情明、措施准、责任实。实行精准识别工作分级负责和责任追究制度，确保扶持对象精准识别、公开公正、经得起检验。

强化资金投入。建立健全市、县区财政专项扶贫资金稳定增长机制。全面整合目标相近、方向类同的各类涉农资金用于扶贫开发，聚焦脱贫攻坚。扶贫项目实行“群众参与、村级申报、乡镇审查、县级审批、省市备案”。强化扶贫项目资金监管，加强资金检查、审计、监察和稽查等工作，健全公告公示制度，发挥社会舆论监督作用，严肃查处扶贫资金使用过程中出现的违规违纪违法行为。

强化社会扶贫。广泛动员和凝聚社会力量参与扶贫，形成政府、市场、社会互为支撑，专项扶贫、行业扶贫、社会扶贫“三位一体”的大扶贫格局。实施扶贫志愿者扶贫行动计划和社会工作专业人才服务贫困地区计划。鼓励社会各界捐资捐助、参与扶贫开发。开展“千企帮千村”活动，倡导民营企业包村包户扶贫。通过政府购买服务等方式，鼓励各类社会组织开展到村到户到人精准扶贫。

第三十二章　加强扶贫组织领导

实行党政一把手负责制。坚持“市县抓落实”的管理体制和“工作到村、扶贫到户”的工作机制，按照省市县乡村五级书记一起抓扶贫的治理格局，层层签订脱贫攻坚责任书，逐级报告扶贫脱贫进展情况。市委、市政府负责上下衔接、域内协调、督促检查、监督考核等工作。县级党委、政府是脱贫攻坚的责任主体，党政主要负责人是第一责任人，做好对象核准、路径选择、进度安排、项目落地、资金使用、人力调配、推进实施等工作。市直各部门按照部门职责落实扶贫开发责任，实现部门专项规划与脱贫攻坚规划有效衔接，充分运用行业资源做好扶贫开发工作。

强化基层组织建设。有计划地安排后备干部到县区或者扶贫开发任务重的乡镇挂职任职。鼓励和选派思想好、作风好、能力强、真心为群众服务的优秀年轻干部、退伍军人、高校毕业生到贫困村工作。精准选配贫困村第一书记，精准选派驻村扶贫工作队，精准选派非贫困村驻村扶贫专干。加快推进贫困村村务监督委员会建设。

强化舆论导向。深刻领会习近平总书记关于新时期扶贫开发的重要战略思想，准确解读党和政府扶贫开发的决策部署和政策举措，增强脱贫攻坚的合力，坚定脱贫攻坚的必胜信心。加强扶贫开发的交流合作，广泛、深入报道各地各部门脱贫成效、实践经验和先进典型，着力营造坚决打赢脱贫攻坚战的舆论氛围。

第十篇　提升基本公共服务，提高人民群众生活福祉

繁荣各项社会事业，着力促进收入公平化、基本公共服务均等化和供给多元化，促进经济发展与社会建设相互协调。到2020年，社会事业全面发展，社会保障更加健全，公共服务均等化水平显著提高，人民群众安居乐业有依托、生老病孤有依靠、社会生活有尊严，安全感、获得感和满意度明显增强。

第三十三章　优先发展教育事业

加快教育现代化进程，推进教育领域综合改革，全面加强基础教育、职业教育、素质教育和终身教育，推进教育信息化发展，实现教育转型发展。

基础教育。规范办学行为，提高教育教学质量。以公益性和普惠性为导向，扩充城区公办学前教育资源，完成第二期学前教育三年行动计划，普及学前三年教育。完善城乡一体的义务教育发展机制，完成全市义务教育发展基本均衡县（区）创建任务，促进义务教育优质均衡发展。普及高中阶段教育，开展省级示范高中和优秀省级示范高中创建工作，推进普通高中招生制度改革，让更多学生享受优质、公平的高中教育。大力发展民族教育和特殊教育。到2020年，全面普及15年基础教育，学前三年毛入园率达到95%以上，学前一年毛入园率达到98%以上。完成千所“村小”提升工程任务。“三残”儿童少年入学率保持在93%以上，初中毕业升学率保持在98%以上。

职业教育。实施职业教育提升计划，围绕主导产业升级，加快发展现代职业教育，实现由人口大市向人力资源大市转变。强化中等职业教育的基础地位，扩大中等职业学校在高中阶段教育中的规模，提高办学质量。创新发展高等职业教育，提升现有高等职业院校办学水平，开展亳州学院、亳州职业技术学院与中等职业学校分段人才培养试点，支持高职院校为本地企业提供技术开发和产品升级服务。支持亳州职业技术学院创建地方技能型高水平大学。推动亳州职

业技术学院与安徽中医药大学、合肥工业大学、亳州学院联合办学，构建以企业行业为主体、职业院校为基础、政府推动与社会支持相结合的高技能人才培养体系。完善职业教育人才多样化成长渠道，提高中职毕业生升高职、升本科和高职毕业生升本科的比例。鼓励社会力量兴办职业教育，支持各类办学主体通过独资、合资、合作等多种形式举办民办职业教育，支持校企合作办学，探索建立“工学一体”的就业就学人才培养模式。探索组建职教联盟或集团化办学试点，加快构建具有亳州特色的现代职业教育体系。推进职业教育优质数字资源共建共享，到2020年，全市职业院校全部建成数字化校园。完善市级职教园区建设总体规划，提高县区职教中心办学水平。实施亳州幼儿师范学校和亳州中药科技学校二期工程建设项目，推进亳州工业学校新校区、亳州特教学校新校区建设，“十三五”末，实现亳州幼儿师范学校升格专科学校目标。

教育信息化。加强教育装备投入，完成薄弱学校改造任务，按省定标准配齐学校图书、仪器等教学设施设备。推进教育信息化进程，实现宽带网络“校校通”、优质资源“班班通”、网络空间“人人通”，教师师机比达到1∶1，学生生机比达到8∶1。全面提升教师教育技术应用能力和水平，促进教育信息技术与教育教学深度融合，以教育信息化带动教育现代化。

素质教育。在加强文化知识和实用技能教育的同时，注重学生思想道德素质、能力培养、个性发展、身体健康和心理健康教育以及生命教育。通过深化素质教育，培养批判性思维和创造的能力、决策判断和分析的能力、群组合作和适应的能力、传统的人文精神、规范的道德行为和现代公民意识等，树立社会主义核心价值观，从而推动人口素质的全面提高。深化中小学国学经典教育，加强未成年人思想道德建设。到2020年，素质教育实践基地建设实现县区全覆盖。

终身教育。发展多种形式的职业培训和继续教育，满足个人多样化学习和发展需要。坚持学校教育和职业培育、培训并举，全日制和非全日制并重。整合职业培训资源，提高资金使用效益。全面建立面向广大职工、新型职业农民、未升学初高中毕业生、残疾人、退役军人等群体的终身职业培训体系。依托亳州电大建设开放型大学，加强社区教育，推进学习型社会建设。实施基层农技人员、新型职业农民继续教育工程，培育生产经营型、专业技能型、社会服务型新型职业农民。依托职业院校和职业培训机构开展职业教育和培训，开展终身学习成果认证。

第三十四章　创新卫生计生服务

坚持政府主导，发挥市场机制作用，确保基本医疗卫生的公益性，满足群众多层次健康服务需求；坚持计划生育和男女平等基本国策，促进人口合理增长。力争到2020年，基本公共卫生服务达到全省平均水平。

提升医疗服务能力。实施“智慧医疗”工程，建设区域人口健康信息化平台，实现市县乡村卫生信息互联互通，发展远程医疗。加强卫生资源三级网络建设，实施县域医疗服务能力提升工程三年行动方案。引进民间资本参与医疗机构建设，鼓励支持民营医院发展。加强市、县区医院、乡镇卫生院和省内外知名医院医共体建设，全面推进医师多点执业。加强医疗服务与质量监管，全面实施“先诊疗、后结算”服务模式。开展医疗服务信息社会公开制度和群众满意度调查，引导患者合理就医。开展血液核酸检测，完善无偿献血宣传服务体系。加强乡村医疗卫生机构建设，全面实施健康管理团队和乡村医生签约服务。市人民医院新院二期、华佗中医院新院、蒙城县中医院新院投入使用，市传染病医院、市急救中心、市精神病医院独立运营，启动涡阳县中医院二期等项目建设。

加强疾病预防控制。加强疫情监测、艾滋病防治和严重精神障碍患者治疗管理，巩固结核病防治成果。深入推进全民健康生活方式行动，加强慢性病综合防控。加强卫生应急体系建设，完善卫生应急预案，提高突发事件医疗救援能力和水平。以创建省级卫生城市为抓手，全面推动爱国卫生运动。

严格卫生计生行业监管。理顺市、区卫生计生执法体制，深入开展打击非法行医、非法医疗广告专项行动，建立监管长效机制。加强医疗机构监管，规范执业行为，减少医疗事故。加强医废监管。做好生活饮用水卫生、学校卫生、职业卫生、公共场所卫生执法监督工作，保障群众健康权益。

实施卫生计生民生工程。继续完善民生工程制度和措施，加强项目管理，提高各项民生工程惠民受益水平。进一步健全疾病防控、卫生监督、健康教育、精神卫生、妇幼保健、应急救治、采供血等专业公共卫生计生服务网络，提升公共卫生计生服务功能和水平。

优化人口计生服务。完善基础设施建设，提升技术服务水平。依托全员人口数据库，提高全员人口信息质量。坚持计划生育基本国策，促进人口长期均衡发展。围绕稳定适度的低生育水平，全面实施一对夫妇可生育两个孩子政策，控制政策外多孩生育。实施出生缺陷干预工程，提高出生人口素质。帮扶存在特殊困难的计划生育家庭。抓好综合治理出生人口性别比工作，改善人口结构。引导人口合理流动，实现流动人口均等化服务。到2020年年末，全市总人口稳定在670万人以内，自然增长率控制在9.5‰以内。

发展中医事业。实施“名院名医名科”工程，加大对中医院的扶持力度，蒙城县中医院、华佗中医院创建三甲中医院。新建2个国医大师工作室，建成32个中医馆，创建2个国家级、10个省级、12个市级重点中医专科，所有乡镇卫生院和社区卫生服务中心设置中医科，85%的村卫生室和社区卫生服务站能够提供中医药服务。广泛开展“拜名师”活动，定期邀请国医大师、全国名中医来亳坐诊；培养10名省级、20名市级名中医。蒙城县中医院开展医养结合试点，全市二级以上中医医院设立治未病中心，并与社区、养老机构合作，广泛开展治未病服务和康复服务工作。充分挖掘亳州市中医药文化资源，做强“华佗”品牌。

第三十五章　大力推动全民健身

统筹规划体育设施建设，合理布点布局，重点建设一批便民利民的中小型体育场馆、公众健身活动中心、户外多功能球场、健身步道等场地设施，新建社区实现体育设施配套。开工建设市体育馆。盘活存量资源，改造旧厂房、仓库、老旧商业设施等用于体育健身，鼓励社会力量建设小型化、多样化的活动场馆和健身设施，政府以购买服务等方式予以支持。推进实施农民体育健身工程，全面提高公共体育健身设施覆盖水平。建立健全规范管理机制，扎实做好学校体育场馆向社会免费开放工作。大力推广五禽戏，加强学校体育工作，推进青少年校园足球工作，全面深化学校“阳光体育”运动。到2020年，建成城市社区15分钟健身圈，“体育、艺术2+1项目”示范校达到160所，市级校园足球布点学校达到60所。

第三十六章　健全社会保障体系

着眼化解风险、增进福利、兜住底线，按照全覆盖、保基本、多层次、可持续方针，以增强公平性、适应流动性为重点，建设覆盖城乡居民的社会保障体系。

健全城乡养老和住房保障体系。全面实施机关事业单位养老保险制度改革，完善城镇职工养老保险制度和保险关系转移接续机制，健全新型农村社会养老保险制度。加快推进公办养老机构建设，抓好农村敬老院转型升级。加强城区养老院建设，推进医养结合，发展居家养老。支持民营资本投资养老机构建设。加强养老机构行业管理，促进养老机构安全规范发展。实施保障性安居工程，加快棚户区改造，健全住房保障体系。“十三五”期间，城乡居民养老保险参保率达到95%以上、续保率达到80%以上。

完善城乡居民基本医疗保险制度。完善城镇职工基本医疗保险个人账户政策。完善城乡居民基本医疗保险门诊统筹，健全城镇居民医疗保险筹资机制，推进城乡居民大病保险制度。深化医疗保险支付制度改革。建立医疗保险与医疗机构的谈判协商机制。完善城镇职工医疗保险关系转移接续措施。完善异地安置退休人员就医管理服务和协作机制，实现异地安置退休人员医疗费用直接结算。2020年前，全面建成公平、统一、规范的城乡居民医疗保险制度。

建立现代社会救助体系。建立救助家庭收入科学核定机制，完善低保标准动态调整机制、最低生活保障和其他专项社会救助的衔接机制，以及社会救助管理和服务的规范化运作机制。完善城乡居民最低生活保障制度和城乡“三无人员”、农村五保供养制度。加强儿童福利院建设，提高孤儿养育水平。坚持扶贫助残，加强基础设施建设，制定残疾人养护机构服务标准和服务质量评估体系，创建“示范型福利企业基地”，建立健全残疾人集中就业扶持等相关政策，扎实推进残疾人社会救助及康复等工作顺利开展。弘扬受助者自助、受助者互助、受助者助人的积极价值观，增强社会公众和社会资源参与社会救助的信心，形成乐善、扶危、助弱的良好社会风气。

大力推进就业创业。坚持就业优先战略，实施更加积极的就业政策，推动大众创业，稳定和增加就业岗位。发展智力和劳动密集型产业、服务业和小型微型企业，多渠道开发就业岗位。更加重视以高校毕业生为重点的青年就业，统筹做好城镇就业困难人员、农村转移劳动力等各类群体就业工作。加强职业技能培训，提升劳动者就业创业能力，增强就业稳定性。健全人力资源市场，完善就业服务体系，增强失业保险对促进就业的作用。支持各类人员自主创业，鼓励国有企业员工、留学回国人员、大学生、复转军人、外出务工人员返乡创业，推动更多社会成员开展实体创业和网上创业。建立“立体化”就业信息发布体系，帮助农民工和高校毕业生就业。开发基层公益性岗位，纳入政府购买公共服务范围。鼓励服务机构为初创企业提供法律、知识产权、财务、咨询、检验检测认证和技术转移等服务，提升创业人员市场适应能力。设立创业孵化基地和创业园区，鼓励初创企业进入孵化基地或标准化厂房。发展“互联网+”创业网络体系，建设一批小微企业创业创新基地，促进创业与就业、线上与线下相结合，降低全社会创业门槛和成本。推进互联网企业和基础电信企业向创业者开放计算、存储和数据资源。“十三五”期间，全市新增城镇就业14万人以上，城镇登记失业率控制在4.2%以内，新增转移农村劳动力35万人以上。

第三十七章 提高城乡居民收入

实施城乡居民收入提升工程，建立科学的工资水平决定机制、正常增长机制、支付保障机制，稳步提高最低工资标准，保障职工工资增速同经济发展增速同步。优化收入结构，大幅度提高低收入群体收入水平，减少低收入群体，扩大中等收入群体。解决农民工工资支付保障问题，健全企业欠薪保障应急周转金制度，切实维护群众权益。发展高效设施农业，鼓励多种形式的农业适度规模经营，深化农村产权制度改革，增加农民工资性、财产性收入，切实保障农民持续增收。

以扩大全市主导产业就业创业规模、提升劳动者获取收入能力和实现更高质量的就业为目标，完善劳动、资本、技术、管理等要素按贡献参与分配的初次分配机制，提高主导产业和主要从业人员工资总额在收入分配中的比重。建立统一规范的企业薪酬调查和信息发布制度。完善公务员和事业单位工资制度。加强对垄断行业企业收入的调控与监管，规范企业内部薪酬管理制度。根据经济发展、物价变动等因素，适时调整最低工资标准。围绕主导产业发展和产业结构调整，研究发布部分行业最低工资标准。以非公有制企业为重点，稳妥推行工资集体协商和行业性工资集体协商。按照市场机制调节、企业自主分配、平等协商确定、政府监督指导的原则，逐步形成反映劳动力市场供求关系和企业经济效益的工资决定机制和增长机制。

专栏12 社会事业重点项目

竣工项目：市人民医院二期（4.5亿元）、华佗中医院新院（4.5亿元）、蒙城县中医院新区（2亿元）。

开工项目：实施三县一区基层医疗单位服务能力提升工程（40亿元）、亳州基层综合性文化服务中心（20亿元）、唯康国际（亳州）养生养老产业园（10亿元）、谯城区中医养生保健中心（9亿元）、谯城区康复医院（8亿元）、涡阳县人民医院新区（8亿元）、蒙城养老康复中心（6亿元）、利辛县第三人民医院（6亿元）、涡阳县妇幼保健医院新区（4亿元）、安徽济民肿瘤医院（4亿元）、黉学中学市经开区校区（2.5亿元）、风华中学市经开区校区（2亿元）、亳州师专附属中学（2亿元）、亳州市特教学校新校区（1亿元）、中药科技学校二期（1亿元）。

推前期项目：亳芜园区职教城（35亿元）、润春华健康产业园（9.5亿元）、市中医院（9亿元）、上海汉循亳州长征骨科医院（5亿元）。

第十一篇 构建现代治理体系，全面推进法治社会建设

按照依法治国总体部署，坚持依法治市、依法执政、依法行政共同推进，实现科学立法、严格执法、公正司法、全民守法，促

进治理体系和治理能力现代化。

第三十八章　健全社会治理体系

完善政府主导、社会协同、公众参与、法治保障的社会治理体制，推进社会治理精细化，深化平安亳州建设。加强社会治理基础制度建设，建立统一的社会信用代码制度和实名登记制度，健全社会心理服务体系和疏导机制、危机干预机制。

推动基层民主自治。加强社区治理，提升服务功能，实现政府治理和社会调节、居民自治良性互动。健全社区居民会议、议事协商、民主听证、民情恳谈、社区论坛、居务公开、民主评议等机制，制定基层自治章程和村（居）民公约，促进居民群众在城乡社会治理、基层公共事务和公益事业中依法自我管理、自我服务、自我教育、自我监督。创新社区管理模式，构建惠民、便民、利民的“全天候、一站式”为民服务平台。按照“责任网格化、平台信息化、管理精细化、服务人性化”要求，完善城市社区网格化服务管理模式。

加强社会协同治理。完善居民（代表）会议制度和民主听证、协商制度，实施重大项目或涉及居民切身利益的重大事项，广泛听取社区居民的意见和建议。理顺社区居委会、物业公司、业主委员会三者关系，发挥社区服务、社会保障、计划生育、治安保卫、公共卫生、文化教育等作用，形成共治局面。建立民主评议工作制度，把群众评价纳入社区考核体系，将社区评议政府职能部门工作纳入政府绩效考核体系。激发社会组织活力，培育发展各类社会组织，创新非公有制经济、社会组织管理和服务，充分发挥两新组织在社会管理中的积极作用，重点发展行业协会、商会、科技、公益慈善、城乡社区服务等社会组织，打造一批专业化、能力高、服务优的社会组织品牌。

加强信访工作。加强和改进信访工作，落实信访工作“三位一体”责任机制，坚持完善领导干部公开接访和带案下访制度，落实重大决策社会稳定风险评估制度，完善社会矛盾排查预警和调处化解综合机制，推进综治维稳信访工作中心（站）、县级矛盾纠纷调处中心建设。健全“大调解”组织网络，完善人民调解、行政调解、司法调解联动工作体系，建立健全有机衔接、协调联动、高效便捷的矛盾纠纷多元化解机制，及时有效化解社会矛盾。坚持和完善社会稳定风险评估机制，从源头上预防和减少社会矛盾。

加强社会公共事务建设。充分发挥工会、共青团、妇联等人民团体联系和服务群众作用。全面贯彻党的民族和宗教政策，做好民族宗教、史志编修、外事、侨务和对台工作。加强流动人口、特殊人群管理服务，加大青少年群体关爱力度，做好禁毒工作，切实预防和减少违法犯罪。推进“双拥”工作，开展军民共建活动，推进军民深度融合发展。完善国防动员体系，提高国防动员信息化建设水平，抓好经济动员、人民防空和交通战备建设，加强人民武装、国防教育和民兵预备役工作。支持驻亳解放军和武警部队建设。做好退役军人就业安置。

第三十九章　构建公共安全体系

推进社会服务管理信息化建设，创建全国社会管理综合治理优秀城市。

健全社会矛盾预防预警机制。完善矛盾纠纷调解工作机制，创新民众诉求表达和权益保障机制。健全基层社会服务管理机制，在乡镇（街道）、村（社区）普遍建立为民服务中心（代理站）。

加强食品药品安全监管。实施食品安全战略，加大食品药品监管力度，建设食品药品网上监管系统，建立食品质量安全追溯体系，争创全省食品药品安全示范城市。

加强安全生产监管。完善安全生产责任体系，落实“五位一体”安全生产责任制，推行安全生产标准化建设，深化道路交通、建筑施工、危险化学品、人员密集场所等重点领域安全专项整治，加强“智慧安监”和安全生产应急平台建设，健全预测预警、应急救援机制。

实施“天网工程”。完善立体化数字化社会治安防控体系，加快视频数据平台建设，提高社会治安管控科技化水平，有效预防、坚决打击各类违法犯罪活动，切实维护人民群众生命财产安全。加强社会治安管理，加大对“城中村”、城乡接合部等社会治安和火灾防控重点区域及薄弱环节整治力度。严厉打击涉及黑恶势力、严重暴力、毒品、邪教、非法集资等违法犯罪活动。加强网络社会管理。

建立智能化防灾减灾救灾体系。健全完善群体性事件应急处置机制，提升突发事件应急处置能力。加强防震减灾工作，完善四级救灾应急预案，建设市、县（区）救灾物资仓储中心，加强减灾宣传、教育、培训，加强减灾社区建设。力争到2020年，50%以上社区达到国家减灾标准。

第四十章　着力推动依法治市

坚定不移走中国特色社会主义法治道路，依法维护人民权益、社会公平正义、社会大局和谐稳定，为“三个亳州”现代化建设提供有力法治保障。

全面建设法治政府。完善政府事权划分，推进各级政府事权规范化、法律化。深化行政审批制度改革，推行权力清单、责任清单和负面清单，建立权力事项增减调整动态管理机制。全面实施涉企收费清单制度，做到清单外无收费。建设全市行政权力项目库，行政权力网上运行平台、政务公开服务平台、法制监督平台、电子监察平台等，做好与社会服务管理信息化平台对接工作。加强备案审查制度和能力建设，坚持有件必备、有备必审、有错必纠。健全规范性文件定期清理制度，提高规范性文件制定质量和水平。制定重大行政决策程序规定，把公众参与、专家论证、风险评估、合法性审查、集体讨论决定确定为重大事项决策必经程序，规范各级政府重大事项决策行为，确保决策科学、程序正当、过程公开、责任明确。

着力推进司法公正。落实中央、省关于司法机关改革部署，执行法院、检察院司法行政事务管理权和审判权、检察权相分离的规定。严格执行领导干部干预司法活动、插手具体案件处理的记录、通报和责任追究制度。严格执行证据裁判规则，完善证人、鉴定人出庭制度。推行主审法官、合议庭、主任检察官、主办侦查员办案责任制。完善确保依法独立公正行使审判权和检察权的制度。完善人民陪审员、人民监督员制度。完善监督机制，增强对司法活动监督的合力。依法保障律师执业权利，规范律师执业行为，完善法律援助制度。

加快法治社会建设。实施“七五”普法规划，深入开展法治宣传教育，推动形成尊法学法守法用法的良好社会氛围。加强社会诚信和公民道德建设，健全公民和组织守法信用记录，完善守法诚信褒奖机制和违法失信行为惩戒机制，探索实行失信发布制度，建立严重失信黑名单制度和市场退出机制。弘扬亳州优秀地域文化传统，增强法治的道德底蕴。强化规则意识，弘扬公序良俗，引导人们自觉履行法定义务、社会责任、家庭责任。推进多层次多领域依法治理，深入开展法治城市、法治县区、法治乡镇、民主法治示范村（社区）、依法行政示范单位、诚信守法企业等法治创建活动。按照“窗口化、综合性、一站式”模式，加快推进公共法律服务实体平台、网络平台建设，建设覆盖城乡、惠及全民的公共法律服务体系。

加强民主协商建设。完善协商的会议形式，就重大决策、重要文件、重大问题召开专题协商座谈会。加强政党协商保障机制建设，健全知情明政机制。建立人大、政府、政协三方联席会议制度，确定年度立法协商计划，提高立法质量。充分发挥人大代表在协商民主中的作用，进一步扩大人大代表对人大常委会、专门委员会工作的参与。探索制定协商事项目录，细化协商条件、范围、程序和责任，并及时对外公布。切实加强与人大代表、政协委员以及民主党派、无党派人士、工商联等的沟通协商。依据权力清单和责任清单，定期编制、公布、更新政府信息公开指南和政府信息公开目录。把事关经济、政治、文化、社会、生态文明建设的重大决策及重要部署作为政协协商的主要内容。加强和改进党对协商民主建设的领导，切实做好人民团体协商，积极稳妥推进基层协商。

深入推进反腐倡廉。严明政治纪律和政治规矩，保证政令畅通。深入推进作风建设，持续深化“三严三实”教育，争做“四个自觉”的模范，持之以恒抓好中央八项规定和省委、市委三十条规定的落实。严格执行党风廉政建设党委主体责任和纪委监督责任。加强党委（党组）对党风廉政建设和反腐败的统一领导，压实“两个责任”。严肃查处发生在群众身边的“四风”和腐败问题。加强对党员干部特别是领导干部中国特色社会主义和“中国梦”教育、理想信念和宗旨教育、社会主义核心价值观教育。认真学习贯彻落实《准则》和《条

例》。健全反腐败领导体制和工作机制，改革和完善反腐败协调小组职能，坚持用制度管权管事管人，把权力关进制度的笼子。畅通举报渠道，严格纪律审查程序，严明纪律审查纪律，提高纪律审查的质量和效率。不断深化“三转”要求，找准职能定位。切实加强各级纪检监察机关自身建设。

第十二篇 加强政策措施保障，确保规划全面顺利实施

《纲要》是国家规划体系的重要组成部分，推动规划顺利实施，必须充分发挥市场配置资源的决定性作用。各级政府要合理引导公共资源配置，积极调动社会资源，保障规划目标和任务的完成。

第四十一章 坚持党的领导

坚持党总揽全局、协调各方，创新党委领导经济社会工作的体制机制和方式方法，强化各级党委决策和监督作用，完善党委研究经济社会发展战略、定期分析经济形势、研究重大方针政策的工作机制，坚持完善全市经济工作督查调度会议制度，加强地方智库建设，健全完善决策咨询机制，提高科学民主依法决策的能力和水平。建立完善公开透明的信息发布制度。建立完善以创新发展、协调发展、绿色发展、开放发展、共享发展新理念引领经济社会发展的考核评价办法，充分发挥考核指挥棒作用。加强党的各级组织建设，坚持完善全市基层党建工作督查调度会议制度，强化政治引领功能，提升服务群众本领，充分发挥党组织战斗堡垒作用和党员、干部先锋模范作用，更好带领群众全面建成小康社会。

第四十二章 明确实施责任

《纲要》提出的预期性指标和产业发展、结构调整等任务，主要依靠市场主体的自主行为实现，政府各部门要维护公平竞争，不得直接干预企业经营活动，不得干预市场机制正常运行。各级政府要通过完善市场机制和利益导向机制，创造良好的政策环境、体制环境和法治环境，打破市场分割和行业垄断，激发市场主体的积极性和创造性，引导市场主体行为与全市发展目标相一致。《纲要》确定的约束性指标和公共服务领域的任务，是政府对人民群众的承诺。主要约束性指标要分解落实到有关部门和各县（区）、乡镇。基本公共服务均等化任务，要明确工作责任和进度，主要通过政府运用公共资源全力完成。加强年度计划与《纲要》的衔接，对主要指标应当设置年度目标，充分体现《纲要》提出的发展目标和重点任务。年度计划报告要分析《纲要》的实施进展情况，特别是约束性指标的完成情况。

第四十三章 实施分类考核

重点开发区域主要考核地区生产总值、非农产业就业比重、财政收入占地区生产总值比重、单位地区生产总值能耗、单位工业增加值用水量、主要污染物排放目标完成情况、“三废”处理率、水功能区达标率、用水总量、大气和水体质量、吸纳外来人口规模等指标。其他区域实行农业发展优先的绩效评价，强化对农产品保障能力的评价，弱化对工业化、城镇化相关经济指标的评价，主要考核农业综合生产能力、农民收入等指标。

第四十四章 强化政策协调

围绕《纲要》提出的目标和任务，加强经济社会发展政策的统筹协调。按照公共财政服从和服务于公共政策的原则，优化财政支出结构和政府投资结构，逐步增加政府投资规模，建立与完成任务相匹配的政府投资规模形成机制，重点投向民生和社会事业、农业农村、科技创新、生态环保、资源节约等领域，更多投向贫困地区、贫困人口。

第四十五章 完善规划体系

推进规划体制改革创新，加快规划体系建设，以国民经济和社会发展总体规划为统领，以主体功能区规划为基础，以专项规划为支撑，加快推动经济社会发展规划、城乡规划、土地利用规划、生态环境保护规划“多规合一”，形成各类规划定位清晰、功能互补、统一衔接的规划体系，完善科学化、民主化、规范化的编制程序，健全责任明确、分类实施、有效监督的实施机制。编制县级主体功能规划或实施方案，确保各地主体功能落实到乡镇。

第四十六章 加强评估监测

完善监测评估制度，加强监测评估能力建设，加强服务业、节能减排、劳动就业、收入分配、房地产等方面统计工作，强化《纲要》实施情况跟踪分析。政府有关部门要加强相关领域实施情况的评估，对约束性指标和主要预期性指标完成情况进行重点评估，接受市人民代表大会及其常务委员会的监督检查。在《纲要》实施的中期阶段，由市政府组织开展全面评估，并将中期评估报告提交市人民代表大会常务委员会审议。需要对本规划进行调整时，市政府提出调整方案，报市人民代表大会常务委员会批准。

（市发展与改革委员会）

图99 芒种到，收麦忙

亳州市2016年国民经济和社会发展统计公报

【概况】2016年，亳州市生产总值（GDP）1046.1亿元，按可比价格计算，比上年增长8.9%。分产业看，第一产业增加值206.3亿元，增长3.1%；第二产业增加值404.9亿元，增长9.2%；第三产业增加值434.9亿元，增长11.5%。三次产业结构由上年的20.7∶39.3∶40.0调整为19.7∶38.7∶41.6，其中工业增加值占GDP比重为32.1%。人均GDP 20611元，比上年增加1840元。

年末全市户籍人口646.8万人，比上年增加11.9万人；常住人口为510.4万人，城镇化率38.3%，较上年提高了1.3个百分点；全年出生人口11.3万人，人口出生率为17.4‰；死亡人口2.7万人，死亡率为4.2‰；人口自然增长率13.3‰。

2016年全市生产总值及其增长速度统计表

表6 单位：亿元

指 标	绝对数	比上年增长（%）
生产总值	1046.1	8.9
第一产业	206.3	3.1
第二产业	404.9	9.2
工业	336.1	9.7
建筑业	69.0	7.2
第三产业	434.9	11.5
交通运输、仓储和邮政业	46.6	5.8
批发和零售业	87.1	6.6
住宿和餐饮业	23.3	7.3
金融业	40.0	21.9
房地产业	47.8	12.6
营利性服务业	66.1	19.0
非营利性服务业	110.4	10.5

全年居民消费价格比上年上涨1.6%，其中食品烟酒价格上涨3.7%。商品零售价格上涨1.2%。工业生产者出厂价格上涨0.6%，工业生产者购进价格下降1.1%。

2016年全市居民消费价格比上年涨跌幅度统计表

表7 单位：%

指 标	比上年涨跌幅度
居民消费价格	1.6
其中：食品烟酒	3.7
居住	0.3
衣着	0.5
生活用品及服务	−0.2
医疗保健	3.8
交通和通信	−2.4
教育文化和娱乐	1.7
其他用品和服务	2.9

全年城镇新增就业5.1万人，比上年增长2.4%，下岗失业人员再就业0.8万人。年末城镇登记失业率2.8%，比上年下降1个百分点。

【农业】2016年，亳州市粮食作物种植面积890300公顷，比上年扩大4700公顷，其中优质专用小麦面积412000公顷，扩大3800公顷。油料种植面积9800公顷，减少600公顷。棉花种植面积6000公顷，减少7500公顷。蔬菜种植面积102900公顷，扩大800公顷。中药材种植面积56500公顷，扩大400公顷。

全年粮食产量473.9万吨，比上年减产11万吨，下降2.3%。其中，夏粮327.9万吨，减产2.7万吨，下降0.8%；秋粮146.0万吨，减产8.6万吨，下降5.6%。油料产量5.1万吨，下降2.8%。棉花产量0.9万吨，下降53.3%。蔬菜产量311.1万吨，增长1.9%。

全年完成育苗面积1733.33公顷，四旁植树805.7万株，人工造林面积6533.33公顷，林木绿化率达22.6 %。

年末全市生猪存栏157.9万头，比上年增长1.3%；全年生猪出栏305.5万头，下降0.5%。肉类总产量32.7万吨，增长0.6%，其中猪牛羊肉产量28.7万吨，下降0.1%。禽蛋产量7.1万吨，下降2.3%。牛奶产量2万吨，增

2016 年全市主要农产品产量统计表

表 8　单位：万吨

产品名称	绝对数	比上年增长(%)
粮食	473.9	-2.3
油料	5.1	-2.8
#花生	4.5	-0.2
油菜籽	0.3	-36.6
棉花	0.9	-53.3
烤烟	0.2	-76.6
药材	27.5	3.4
蔬菜	311.1	1.9
园林水果	6.8	0.4

长 7%。水产品产量 5.8 万吨，增长 2%。

年末全市农业机械总动力 985.5 万千瓦，比上年增长 13.7%。加强农产品质量安全监管体系建设，新建 87 个乡镇农产品速测室。新认定无公害农产品产地、绿色食品原料基地 33 个，新增“三品一标”农产品 62 个，“三品一标”认证产品达到 388 个。农田有效灌溉面积 48.07 万公顷，新增 21200 公顷；新增节水灌溉面积 4200 公顷。

年末市级以上农业龙头企业达 513 家，较上年新增 17 家，其中国家级 4 家，省级 50 家。全市新建农民专业合作社省级示范点 58 个，年末拥有农民专业合作组织 12337 个，合作组织成员 52.5 万人。建设市级现代农业科技示范园 100 个，培训新型职业农民 4950 人。

全市改造县乡公路 758.4 千米，建成农村安全饮水工程 404 处，解决了 435.5 万农村居民和 18.8 万农村学校师生饮水安全问题。

2016 年全市规模以上工业增加值统计表

表 9　单位：亿元

指　标	绝对数	比上年增长(%)
规模工业增加值	272.0	10.0
其中：轻工业	177.1	8.6
重工业	94.9	12.9
其中：国有企业	6.9	14.5
集体企业	1.5	15.2
股份合作企业	1.8	-0.4
股份制企业	251.0	10.1
外商及港澳台商投资企业	1.4	10.3
其他企业	9.4	5.7
其中：国有及国有控股企业	75.3	10.0
其中：大中型工业企业	119.2	7.1

2016 年全市主要工业产品产量统计表

表 10

产品名称	单位	绝对数	比上年增长%
小麦粉	万吨	337.5	11.7
鲜、冷藏肉	万吨	7.9	-17.0
方便面	吨	9083.9	172.0
白酒	千升	148368.2	3.1
纱	吨	55088.1	53.1
人造板	万立方米	62.3	-6.6
服装	万件	3326.5	1.0
精甲醇	万吨	4.1	-39.9
合成氨	万吨	12.8	-43.5
氮肥	万吨	6.4	-58.8
化学农药原药	吨	818	-12.6
塑料制品	吨	49155.9	18.6
水泥	万吨	428.5	1.1
商品混凝土	万立方米	331.6	15.8
砖	万块	502553.4	1.4
石墨及碳素制品	吨	1567.5	-0.95
汽车	辆	0	-100
改装汽车	辆	1875	12.1
民用钢质船舶	载重吨	84897	-28.3
电光源	万只	82	-5.8

【工业和建筑业】2016 年年末，亳州市规模以上工业企业达 931 户，比上年净增 138 户。全年规模以上工业企业实现增加值 272 亿元，比上年增长 10%，其中轻、重工业分别增长 8.6% 和 12.9%。股份制企业和外商及港澳台商投资企业生产增长较快，增幅分

别比规模工业高0.1个和0.3个百分点。

全市31个工业行业中，28个保持增长，其中增速超过20%的行业达到5个。煤炭开采和洗选业增长6.9%，农副食品加工业增长4.5%，酒、饮料和精制茶制造业增长8.7%，医药制造业增长10.8%，汽车制造业增长20.5%，五大主导行业对全市规模以上工业增长贡献率达59.2%。高新技术产业增长15.8%，高耗能行业增长16.1%。战略性新兴产业产值296.6亿元，增长17.3%；农产品加工产值707.5亿元，增长13.9%；高新技术产业产值363.9亿元，增长21.9%。

规模以上工业统计的主要产品产量中，小麦粉增长11.7%、白酒增长3.1%、水泥增长1.1%、服装增长1%、改装汽车增长12.1%。

全市规模以上工业企业经济效益综合指数270.9%，比上年提高2个百分点。企业主营业务收入972亿元，增长12.2%；利税95.7亿元，增长17.8%，其中利润61.1亿元，增长22.9%。农副食品加工业，食品制造业，酒、饮料和精茶制造业，化学原料及化学制品制造业，医药制造业，金属制品业，非金属矿物制品业，木材加工和木、竹、藤、棕、草制品业，计算机、通信和其他电子设备制造，电力、热力生产和供应业，煤炭开采和洗选业，汽车制造业，纺织服装、服饰业等13个行业利润均超亿元。

全年全社会建筑业增加值69亿元，比上年增长6.5%。资质内建筑企业利税总额3.4亿元，增长16.7%。房屋建筑施工面积386.9万平方米，比上年增加88.8万平方米；房屋竣工面积238.2万平方米，比上年增加24.3万平方米。

【固定资产投资】2016年，亳州市固定资产投资874.9亿元，比上年增长14%。其中，工业及信息化产业技术改造投资114.9亿元，增长10.6%；民间投资563.5亿元，增长15.0%。分产业看，第一产业投资增长130.9%，第二产业投资增长4.6%，第三产业投资增长17.8%。分行业看，工业投资增长4.6%，其中制造业投资增长0.5%。

全年房地产开发投资231.4亿元，比上年增长12.8%。商品房销售面积412.4万平方米，增长40.2%；商品房销售额192.9亿元，增长37.3%。全年开工建设城镇保障性安居工程住房24536套（户），基本建成27006套（户）。

全年共实施重点项目399个、完成投资604亿元，其中亿元以上项目295个，比上年增加43个。新开工亿元以上项目127个，增加35个；亿元以上在建工业项目129个，增加6个，其中新开工亿元以上工业项目55个，增加5个。利辛板集电厂、万达全业态城市综合体、济祁高速公路利辛段、司尔特肥业一期、亿丰亳达环保包装材料、涡阳创酷智能手机终端设备及零部件生产等一批亿元项目建成投产、投用；神农谷中药电商物流城、九洲方圆制药、外经钻石广场、信利新能源100兆瓦光伏电站、蒙城县红星美凯龙商业综合体等一批亿元项目加快建设；建安路涡河

2016年全市行业固定资产投资额及增长速度统计表

表11　　单位：亿元

行　业	绝对数	比上年增长（%）
农、林、牧、渔业	25.93	130.9
采矿业	13.89	−47.7
制造业	240.10	0.5
农副食品加工业	26.33	27.8
酒、饮料和精制茶制造业	11.24	−5.0
医药制造业	59.96	−0.4
非金属矿物制品业	19.36	5.2
汽车制造业	10.30	−65.3
电力、燃气及水的生产和供应业	75.14	52.7
交通运输、仓储和邮政业	59.60	92.8
信息传输、软件和信息技术服务业	0.56	−56.5
批发和零售业	4.70	−48.1
住宿和餐饮业	0.36	−3.8
房地产业	317.42	7.0
教　育	21.13	417.7
卫生和社会工作	8.30	−47.5
文化、体育和娱乐业	7.62	193.4

隧道、市文化公园、亳州新发地农产品批发市场及冷链物流、谯郡堂中药饮片、涡阳光机电聚集区、上海电气蒙城秸秆发电等一批亿元项目开工建设。

【国内贸易】 2016年，亳州市社会消费品零售总额492.1亿元，比上年增长12.8%。按经营地统计，城镇消费品零售额368.8亿元，增长12.7%；乡村消费品零售额123.3亿元，增长13.0%。按消费形态统计，商品零售额436.8亿元，增长12.6%；餐饮收入55.3亿元，增长14.1%。按企业规模分，限额以上企业零售额184.5亿元，增长17%；限额以下企业零售额307.6亿元，增长10.8%。

限额以上企业商品零售额中，吃、穿、用类商品零售额分别比上年增长24.7%、24.3%和15.2%。其中，粮油类增长24.6%，肉禽蛋类增长32.7%，服装类增长21%，化妆品类增长26.6%，日用品类增长22.8%，中西药品类增长14.5%，家用电器和音像器材类增长17.7%，石油及制品类下降10.6%，汽车类增长26.8%。

【对外经济和旅游】 2016年，亳州市进出口总额5.2亿美元，比上年增长3.7%。其中，出口4.6亿美元，增长2.6%；进口0.6亿美元，增长13.6%。从出口经营主体看，生产型企业出口增长1.8%，贸易型企业出口增长7.3%。从出口商品看，中药材、机电产品出口分别增长9.8%和53.6%。

全年新批外商投资企业4家，比上年下降50%；合同利用外商直接投资0.9亿美元，下降41.7%；实际利用外商直接投资7.2亿美元，增长10.1%。

2016年全市出口主要分类及地区分布统计表

表12 单位：万美元

指标	绝对数	比上年增长%
出口额	46149	2.6
其中：中药材	17889	9.8
其中：机电产品	5075	53.6
其中：高新技术产品	1806	−3.0
其中：一般贸易	41780	−1.2
加工贸易	4368	60.4
其中：香港	9547	−14.1
韩国	7645	−3.9
美国	5244	33.1
其中：对亚洲	32584	7.9
对欧洲	3838	17.0
对北美洲	5836	33.4
对非洲	2331	−56.2
对拉丁美洲	1107	−17.3
对大洋洲	448	−3.6

全年入境旅游人数4.2万人次，比上年增长12.3%；国内游客1775.8万人次，增长18.0%。旅游总收入131.9亿元，增长20.2%。其中，旅游外汇收入2284.8万美元，增长13.3%；国内旅游收入130.4亿元，增长20.2%。年末全市有AAAA级旅游景点（区）6处，星级酒店18家，旅行社35家。

【交通和邮电】 全年交通运输、仓储和邮政业增加值46.6亿元，比上年增长5.8%。

全年公路旅客运输量5257万人，下降6.8%，公路和水运货物运输量30565万吨，增长9.7%；公路旅客运输周转量41.8亿人千米，下降13.6%，公路和水运货物运输周转量872.4亿吨千米，增长6.5%。全年港口货物吞吐量1327.3万吨，下降5%。

年末全市民用汽车拥有量42.7万辆，比上年增长19.4%，其中私人汽车36.4万辆，增长20.7%。轿车拥有量17.3万辆，增长27.6%，其中私人轿车16.6万辆，增长28.4%。

全年邮电业务总量52.3亿元，比上年增长53.4%。其中，电信业务总量45.9亿元，增长59.9%；邮政业务总量6.4亿元，增长37.4%。年末本地固定电话交换机总容量19.2万门，比上年减少7.8万门。本地固定电话用户24.7万户；移动电话用户276.1万户。年末基础电信运营企业计算机互联网宽带接入用户53.6万户，增加12.5万户。

【财政、金融和保险业】 年财政

2016 年末全市金融机构人民币各项存贷款余额及增长速度统计表

表 13

指　标	年末数（亿元）	比上年末增长（%）
各项存款余额	1589.9	26.2
其中：非金融企业	338.7	65.1
住户	1006.4	16.2
广义政府	244.0	29.8
各项贷款余额	1036.5	32.4
其中：住户	563.4	34.4
非金融企业及机关团体	473.1	30.0
其中：境内短期	244.2	26.4
境内中长期	222.7	41.0

收入 147.3 亿元，比上年增长 13.2%，其中地方财政收入 87 亿元，增长 6.9%。全部财政收入中，增值税增长 70.9%，营业税下降 45.8%，企业所得税下降 4.5%。财政支出 278.6 亿元，增长 0.3%，民生支出完成 242.5 亿元，同比增长 2%，占财政支出的 87%，同比提高 2.4 个百分点。其中，科学技术支出下降 7%，教育支出增长 13.8%，医疗卫生支出下降 9.5%，农林水支出增长 5.8%，社会保障与就业支出增长 7%，住房保障支出下降 30.6%。全年民生工程累计投入 122.7 亿元。

年末全市金融机构各项存款余额（人民币口径，下同）1589.9 亿元，比上年末增加 329.8 亿元，增长 26.2%。其中，单位存款余额 572.9 亿元，增长 50.1%；住户存款余额 1006.4 亿元，增长 16.2%。金融机构各项贷款余额 1036.5 亿元，比上年末增加 253.5 亿元，增长 32.4%。其中，短期贷款 550.7 亿元，增长 33.2%；中长期贷款 479.6 亿元，增长 34.3%，中长期贷款中个人消费贷款 210.1 亿元，增长 28.9%。

年末全市共有 7 家证券公司营业部，开户股民（含基金）总数 5.3 万个，比上年增长 13.8%。全市共有保险公司 33 家，其中，财产保险公司 17 家，人寿保险公司 16 家。全年保险业保费总收入 55.1 亿元，增长 3.5%。其中，财产险业务保费收入 22.9 亿元，增长 20.7%；人身险业务保费收入 32.2 亿元，下降 6.3%。赔款和给付 22.8 亿元，增长 22.4%。其中，财产险业务赔款和给付支出 11.2 亿元，增长 49.7%；人身险业务赔款和给付支出 11.5 亿元，增长 4%。

【教育和科学技术】2016 年末，亳州市普通高校 2 所，在校学生 1.1 万人。各类中等职业学校（不含技工学校）29 所，在校生 7.3 万人。普通高中 26 所，在校生 8.0 万人，高中阶段毛入学率 93%，比上年上升 0.9 个百分点。普通初中 265 所，在校生 20.4 万人，初中阶段适龄人口入学率 99.97%。小学 1122 所，在校生 49.7 万人，小学学龄儿童入学率 99.99%。各级各类成人学校毕业生 1.4 万人。全面实施免费义务教育，受益学生 70.2 万人。

2016 年全市各类教育发展情况统计表

表 14　　　　单位：人

指标	招生数	在校生数	毕业生数
普通高等教育	3713	11219	4449
中等职业教育	27005	73355	29172
普通高中	27641	79808	25949
普通初中	73195	203652	54970
小学	855598	496914	70607
特殊教育	273	2113	86

年末全市有各类专业技术人员 5.1 万人，比上年增长 3%。有省级以上工程（技术）研究中心 20 家，全市高新技术产业增加值 89.4 亿元，比上年增长 15.8%。全年受理专利申请 3438 件，授权专利 1447 件。全年主要科技成果有：安徽瑞思威尔科技有限公司“酒曲害虫非化学防治技术开发及应用”、安徽济人药业有限公司“疏风解毒胶囊质量标准提升研究与应用”、安徽协和成药业饮片有限公司“出口中药饮片现代炮制工艺及质量标准合作研究”等。

全年开展食品质量监督抽检 2158 批次，工业产品质量监督定期抽查 508 批次，工业品定期抽查合格率 91.9%。年末全市共有系统内县以上产品质量检验机构 42 个，法定计量技术机构 4 个。全年强制检定计量器具 72513 台（件）。制定、修订地方标准 5 项。年末全市有国家地理标志产品 4 个。年末全市有各类气象台站 4 个，自动观测点 189 个。

【文化、卫生和体育】2016年年末，亳州市共有专业艺术表演团体216个，文化馆4个，公共图书馆5个，博物馆4个，乡镇综合文化站89个。全国重点文物保护单位7处，省级重点文物保护单位38处，市级重点文物保护单位45处。国家级非物质文化遗产名录3项，省级名录20项，市级名录77项。广播电台4座，中波发射台和转播台1座，广播人口覆盖率100%。电视台4座，有线电视用户30.7万户，电视人口覆盖率100%。全年出版报纸2种，总印数1272万份。各级档案馆5个，馆藏档案资料57.4万卷（件、册），库馆总建筑面积3.4万平方米。

年末全市共有卫生机构1625个，其中医院60个、卫生院92个，社区卫生服务中心（站）101个，妇幼保健院（所、站）5个，疾病预防控制中心5个。卫生技术人员15690人，其中执业（助理）医师5555人，注册护士6394人。医院、卫生院实有床位数1.7万张，编制床位数1.2万张。全年诊疗2030.1万人次。村卫生室1268个，乡村医生和卫生员5596人，农村有医疗点的村占总村数的100%。参加新型农村合作医疗的农业人口540.5万人，参合率106.4%。

年末全市共有体育场地1228个，其中体育场14个，体育馆4座。全年在国际和国内的重大比赛中，亳州市运动健儿获62枚奖牌。“全民健身”系列主题活动蓬勃开展，共开展全民健身项目128项次，全民健身运动参加人数114万人，全年共举办百人以上群众体育活动129次。

【城镇和美丽乡村建设】2016年，亳州市区新修主干路网17.7千米，配套设施正在完善。全年共投入城市建设维护资金14亿元。城市日供水综合能力15万吨，自来水普及率达98.8%。液化气年家庭用量0.2万吨，用气人口41万人，城市气化率达95.%。年末园林绿地面积2290公顷，建成区绿化覆盖率为41.3%，人均公共绿地面积12.5平方米。

全年全市调整完成小城镇规划2个，小城镇规划区内新铺装道路70.8千米，新修排水管道47.6千米，新增供水管道51.8千米，新增住宅面积75万平方米。规划区绿化覆盖率为35.3%，供水普及率为50%。

全年中心镇完成建设总投入7.5亿元。新增道路面积和住宅面积分别为17.7万平方米和25万平方米，新增排水管道15.9千米，新铺供水管道17.3万米，供水普及率为65%。新增公共绿地面积54.5万平方米。

全年市级美丽乡村财政专项投入6615万元，各县区均在6000万元以上。省级中心村编制建设项目710个，乡镇政府驻地建成区编制建设项目440个。

【人民生活和社会保障】全年城镇常住居民人均可支配收入25053元，比上年增长8.4%。人均消费性支出16639元，增长6.6%。其中，食品支出增长4.5%，衣着增长31.4%，居住增长15.6%，教育文化娱乐服务增长27%。城镇常住居民恩格尔系数为30.3%，比上年下降0.6个百分点。年末城镇常住居民人均住房建筑面积50平方米，比上年增加8平方米。

全年农村常住居民人均可支配收入10576元，比上年增长8.6%。人均生活消费支出9014元，增长9.9%。其中，食品支出增长9.8%，衣着增长23.6%，居住增长55.8%，交通下降11.2%。农村常住居民恩格尔系数为34.8%，比上年下降0.1个百分点。

年末全市参加城镇职工基本养老保险21.1万人、城镇职工基本医疗保险22.7万人，参加失业保险人数为15.4万人，全年为1449名失业人员发放了不同期限的失业保险金。全市参加工伤、生育保险人数分别为21.5万人和16.8万人。被征地农民养老保险制度全面推进，年末被征地农民参保人数13.2万人。全市城乡低保水平进一步提升，全年发放低保金3.9亿元，城镇低保年末保障2.1万人，农村低保年末保障12万人。

年末全市有各类收养性社会福利单位床位2.8万张，收养各类人员1.5万人。城镇建立各种社区服务设施575个，其中综合性社区服务站78个。全年销售社会福利彩票3亿元，筹集公益金3124.6万元。

【资源、环境和安全生产】全年批准建设用地876.4公顷，建设占用耕地525.1公顷，出让国有土地使用权770.6公顷。补充耕地2199.6公顷，基本农田保护面积

51.3万公顷。

全市已发现各类矿产9种，已探明储量的矿产6种，煤炭储量达50.2亿吨。

全市人均水资源547立方米。总用水量10.2亿立方米，人均用水量199.5立方米。年平均气温15.9℃；年日照总时数1855.9小时。年平均降水量924.7毫米。

年末，全市共有市、县级环境监测站5个。监测的5个城区中，城市空气质量全部达到二级标准。全市有1个国家级生态示范区、4个国家级生态乡镇、13个省级生态镇、30个省级生态村、12个市级生态镇、94个市级生态村。

在涡河共设置的4个监测断面，涡河亳州、义门大桥、岳坊大桥、龙亢水质类别分别为V类、V类、V类、III类，四个断面水质改善。境内西淝河断面水质为IV类，与上年持平。

全年市区环境空气质量优良天数为259天。市区空气质量达标率70.8%，集中式饮用水水源地水质达标率100%。区域环境噪声平均值为54.3分贝，交通噪声平均值为69分贝。建成烟尘控制区4个，面积为269平方千米。建成环境噪声污染达标区面积40.1平方千米。

全年共发生各类生产安全伤亡事故303起，死亡133人，按可比口径，分别同比下降0.7%和33.3%。其中，道路交通安全事故死亡102人，建筑事故死亡7人，工商贸其他事故死亡20人，铁路路外事故死亡3人，危化品事故死亡1人。全市亿元GDP生产安全事故死亡人数为0.1人。

（亳州市统计局）

亳州市重点景区简介

【花戏楼】又称山陕会馆，大关帝庙。明清时期山西、陕西商人聚会的地方，他们在此建关公庙。清康熙十五年（1676）始建花戏楼，乾隆年间增添许多彩绘和雕刻。花戏楼因精湛的雕刻、绚丽的彩绘驰名中外。整个建筑面积3163平方米，分戏楼、钟楼、鼓楼、座楼和关帝庙大殿等几个部分。

花戏楼有“三绝”：正门前两根旗杆，每根重6吨，高16余米，直插云霄，是为花戏楼一绝。旗杆分五节，每节分铸八卦蟠龙，顶端铸丹凤一只，造型生动，旗杆上有三层方斗风铃24只，迎风叮当作响，清脆悦耳。花戏楼的木雕是第二绝，共雕有三国戏文18出，人物数百个，神态各异，龙争虎斗，呼之欲出。花戏楼的第三绝在山门。花戏楼的山门是一座仿木结构的三层牌坊式建筑，上面镶嵌着闻名天下的立体水磨砖雕，玲珑剔透，琳琅满目。花戏楼的砖雕，属徽派微雕艺术，在不足5厘米厚的水磨青砖面上，共雕人物115人，禽鸟33只，走兽67只，楼台殿阁多处，花草树木无数，内容涉及中国的宗教、历史、政治、军事、风俗民情等诸多方面。1988年1月，被国务院公布为全国重点文物保护单位。

【地下运兵道】位于亳州市老城区地下，以大禹首为中心，向四面延伸，分别通达城外。运兵道始建于东汉末年，相传为曹操所建。整个地道经纬交织，纵横交错、布局奥妙，规模宏大，目前已发现长度近八千米，它远远超过地面上保留的一座古老城池的价值。被誉为“地下长城”。2001年6月25日，被国务院公布为全国重点文物保护单位。

现存古地道，由于年代久远，并非一个时代修筑使用，结构不一，宽窄不同，高低不等。古地道距地表深度一般在2～3米之间，最深处超过6米。结构有土木结构、砖土结构、砖木结构、砖结构四种形式。有单形道、平行双道、上下两层道、立体交叉道等几种形式。道内高一般在1.6～2.1米之间，宽0.6～0.9米，道内转弯处均为“T”形道口连接，平行双道相距约2～3.5米，中间砌有方形传话孔。设有猫耳洞、掩体、障碍券、障碍墙、绊腿板、陷阱等军事设施，还有通气孔、灯龛等附属设施。

近年来在古地道的发掘维修过程中出土有汉、唐、宋各代文物，有铁刀、铁剑、弹丸、衔枚、铜镜、铁钉、瓷器、围棋子、钱币等，对研究我国古代军事建筑、军事战术以及曹操军事思想有重要价值。

【曹氏宗族墓群】位于亳州魏武大道两侧，主要包括董园汉墓群、曹四孤堆、刘园孤堆、薛家孤堆、观音山孤堆、张园汉墓、马园汉墓、袁牌坊汉墓群、元宝坑汉墓群等。占地约10平方千米，甚为庞大。2001年6月5日，被国务院公布为全国重点文物保护单位。

由文献记载可知，亳州城南有曹腾、曹褒、曹嵩、曹灿、曹胤等人的墓群。近年考古发掘证实，亳州城南除有《水经注》记载的曹腾等人墓以外，还有曹鼎、曹鸾、曹勋、曹水、曹宪以及许多不知名的墓。可见曹氏家族，自曹腾发迹后，形成一个庞大的官僚群，其宗族墓地广大。

从已发掘的墓葬可知，曹氏宗祖墓群的形制基本相同，规模都很大，为砖石结构的多室墓，一般均具有前室、中室、后室以及数量不等的耳室或偏室组成，其中最具代表性的是石结构的曹腾墓和砖结构的曹嵩墓。

曹氏宗族墓群，墓门多为石结构，饰有画像刻石，墓室墙壁，券顶绘有彩色壁画。出土有玉刚卯、玉猪、银缕玉衣、玉枕、象牙石等珍贵文物。墓中出土的800多块带文字墓砖，最引人注目。有隶、篆、草、真、行等书体。文字内容有记曹氏宗组成员或地方官吏姓名等，对研究我国古代书体演变和具有重要价值。

【南京巷钱庄】位于亳州市北关南京巷19号，是以货币为经营对象的民间金融机构旧址，1998年5月，被安徽省人民政府公布为全省重点文物保护单位。2013年，被国务院公布为全国重点文物保护单位。

亳州自古为一大商埠，明清之后，金融业更趋繁荣。随着经济和对外贸易的发展，商贾云集，商会林立。到清末民初，全城大小钱庄有33家，南京巷钱庄建于清道光年间，清末平遥"日升昌"票号的分号，经营范围主要包括：存款、放款、货币兑换、发行与兑换钱票、银票。随着城市建设的发展，亳州城内原有的钱庄旧址，绝大多数被拆除改建，仅有南京巷钱庄，保存较为完整，作为钱庄博物馆，对外开放。

南京巷钱庄，为面阔3间的三进四合院，存有门厅、正厅、后厅、柜房、账房、掌柜房、灶房等建筑30余间，建筑风格中西合璧，布局严谨，保存完整。现内有亳州钱庄兴起、发展、消亡专题陈列，对研究近代钱庄的历史和商铺建筑有重要价值。

【尉迟寺遗址】尉迟寺遗址位于亳州市蒙城县许疃镇毕集村。遗址现存面积10万平方米左右。遗址东西长约370米，南北宽约250米，现存崮堆面积约5万平方米为遗址中心部位，其中埋藏着壕沟环绕的主要居住区。1988年安徽省文物考古所对该遗址进行调查，确认为新石器时代遗址。从地层情况和碳14测定的年代看，尉迟寺遗址的年代大约距今4600～4800年。尉迟寺遗址是皖北地区目前规模最大的一处原始聚落遗址，它的发现对大汶口文化的全面研究是一项巨大的突破。1998年，被安徽省公布为省级重点文物保护单位。2001年6月25日，被国务院公布为国家重点文物保护单位。

【万佛塔】万佛塔又名插花塔，万佛塔现在占地面积约2500 平方米，周长250米，呈长方形，是一处保存完整的宋代古塔。位于蒙城县宝塔中路49户北约50米的万佛塔公园内。因塔身内外嵌砌琉璃小佛近万尊而得名。万佛塔为八角十三层楼阁式砖塔，高42.6米。塔的四正面辟门，其余四面砌作假窗，外檐第二、第三层用砖砌作塔檐平座。自四层以下只出小平台，无平座。从塔的结构上可以看出，此塔自四层以上有变化，下面几层穿心式楼梯，上面则改成盘旋式楼梯，七层以上门窗位置也不规则。因此，此塔工程可能是分几次完成的。万佛塔体型不很大，但造型秀丽，结构富于变化，保存亦较完整。1961年，被省政府公布为省级重点文物保护单位，被载入《中国名胜词典》。2006年5月，被国务院公布为第六批全国重点文物保护单位。

【古井贡酒酿造遗址】古井贡酒酿造遗址主体由明代酒窖池群、明清酿酒遗址以及魏井、宋井构成，是古井酒文化遗址的核心部分。

该遗址是一处较全面展现传统酿酒工艺流程的手工业设施遗址。遗址范围内的遗存包括明清窖池122口及部分古井、炉灶、晾堂、蒸馏设施等酿酒设施及作坊遗址，出土百余件碗、盏、盘、杯、缸等生活用具，时间跨度自宋至今，再现中国东部地区传统酿酒工艺全过程，体现中原地区深厚的酿酒文化，是该区域传统酿酒技艺重要实物见证。

古井贡酒酿造遗址具较高的历史与科研价值。该遗址分布面积总计340平方米，现仍为古井贡酒生产区。明代窖池一直沿用至今，是中国白酒酿造历史的"活化石"。2013年，被国务院公布为全国重点文物保护单位。

【华佗纪念馆】又名华祖庵、华佗庙，位于亳州市永安街中段路北，东邻三神庙和神农衣冠冢，南邻曹操的斗武营，是祭祀神医华佗的庙堂。因庙的历代主持皆为女僧，因此叫华佗庵。1961年郭沫若先生来亳，亲题"华佗纪念馆"馆名，而后用现名。1981年，被安徽省人民政府公布为全省重点文物保护单位。

华佗辞世后，家人流散，故居被水冲坏。唐初尚文，谯人便在他的故居前建华佗庙，而后多次修建。现存华佗纪念馆与华佗故居连为一体，占地1.3万平方米，有山门、耳房、大殿、东西殿、禅房、元化草堂、存珍斋、益寿轩、课徒馆、自怡亭、五禽戏台、药圃、洗芝池、碑廊等建筑。大殿上方悬有清嘉庆二年（1797）安徽巡抚朱圭题写的“燮理通微”的匾额。殿内金柱上有朱圭题写的楹联：“五戏转灵枢道本皇轩仙位业，四轮消劫运功参地释佛菩提。”店内供奉着雕塑大师钱绍武为华佗雕塑的铜像。碑廊上镶着古今名人为华佗题写的诗文。整个纪念馆，古朴典雅，环境优美，凝聚中医药文化的精髓。

【汤王陵】位于亳州市谯陵北路东侧，涡河北岸，是商汤王的衣冠冢，又称汤王墓。1981年9月，被安徽省人民政府公布为全省重点文物保护单位。

汤王墓的记载，最早见于三国时期曹丕著的《皇览》：“涡北凤头村，有成汤故垒”。郦道元在《水经注》中记载：“商成汤葬于涡河之阳。”据《亳州志》记载：“汤陵西有桑林，是成汤王祈雨处，东北有桐宫，是伊尹囚禁太甲之处，今具无存。”民国25年（1936）辟为“汤陵公园”，园内广植花木，松柏常青，亭榭翼然，曲径通幽。

现存汤陵为一高大圆形土丘，高6米余，周长近60米。墓冢前竖“商成汤王陵”石碑，墓南一棵500余年树龄的黄楝树生长顽强，历代重修汤陵碑刻，由于战争破坏，仅存清代康熙十二年（1673）和乾隆三十六年（1771）“重修汤陵碑记”立于左右，记录了历次维修汤陵的情况。园内古树、寝陵、墓碑，构成帝王园林特色。

【明王台】明王台在谯城区大有街路北通真观内，西、北两面靠哑巴坑，地面建筑早毁，现为一略高于周围地面的台地，是元末红巾军农民起义领袖刘福通拥韩林儿称帝时的宫殿遗址。《亳州志》载：“刘福通自砀山清河迎韩林儿为帝，据亳继位，遗台尚存。”韩山童与刘福通于元至正十一年（1351）聚众起义，韩山童被推奉为明王，后被元军擒杀。韩林儿号“小明王”，立国号宋，都亳州，建元龙凤。以亳州通真观设为宫殿，并拆城西太清宫建筑材料扩建宫殿。1981年9月，被安徽省人民政府公布为全省重点文物保护单位。

【傅庄遗址】位于谯城区西郊傅庄，涡河南岸，1981年发现，面积约2.4万平方米，遗址北部被涡水冲刷成断壁。1982 年安徽省考古研究所小面积发掘，发掘面积110平方米。遗址文化堆积从上至下分别为商、二里头文化、龙山文化、大汶口时期文化，堆积厚度约5米。遗址埋藏丰富，仅在此次发掘中就出土各种遗物1000余件，有玉环、玉管、玉珠、玉牌、石斧、石锛、石镞、骨针、骨笄，陶器有大陶罐、背水壶、各式鼎、豆等。遗址发掘墓葬13 座，有单人葬，3人、5人合葬，葬式为仰身直肢和侧肢，合葬墓有两男一女、四男一女、两男两女一童等，从一些尸骨上发现拔牙习俗，这种葬俗对研究大汶口文化中晚期的社会结构和当时的习俗，提供了珍贵的实物资料。根据碳14年代测定，遗址中龙山文化层的年代，距今4045±95年，树轮校正年代，距今4460±145年。1989年，被安徽省人民政府公布为全省重点文物保护单位。

【江宁会馆】位于亳州市古泉路中北侧，是南京药材商人为经销方便，清嘉庆十二年（1807）在圆觉寺的基础上集资改建的（因圆觉寺自康熙时期就由南京商人管理使用），具有祭祀神灵、祈福求财、交流信息、商务活动、方便起居、娱乐休闲等功能。

会馆坐北朝南，青砖灰瓦。现存山门、戏楼、配楼、钟楼、鼓楼、看楼、正殿、偏殿等古建筑，计52间。山门3间，明间正门匾额镶嵌砖刻“江宁会馆”四个大字，东西次间匾额，分别镶嵌“钟山”“分秀”碑刻大字，意为将中山之秀分到亳州来。进入山门即是戏楼，戏楼与大殿南北相对而建，舞台前突、木结构，屏风彩绘“二龙戏珠”图案，上悬“秀接钟山”匾额，整座戏楼建筑，集南北风格于一体，秀丽多姿，看楼与钟鼓楼分列东西两侧，檐廊弯绕，构成一个古老的四合院，具有鲜明的亳州地方特色。江宁会馆对研究清代早期建筑艺术，宗教、商务具有重要价值。1989年5月，被安徽省人民政府公布为全省重点文物保护单位。

【道德中宫】又名老祖殿，位于亳州市老祖殿街东首，坐北朝南，山门正对问礼巷，是祭祀春秋时期伟大的思想家、哲学家、道家学派的创始人老子的庙祠。道德中宫始建于汉代，据《亳州志》记载，汉桓帝、唐高宗、唐玄宗、宋真宗等，都曾前来拜谒过老子庙祠。后因战乱，洪水等颓废。

现存道德中宫是明代万历年间重修的，整个建筑坐北朝南，存有山门、拜殿、大殿、东殿、西殿等古建筑20余间，占地面积约2000平方米。布局对称，金碧辉煌。山门镶嵌“道德中宫”四个砖雕大字，步入山门，悬挂在拜殿门上的是“道法自然”巨型匾额。明间屏风，绘道教“太极图”。穿过拜殿为道德中宫的大殿，大殿三间，高大宏伟，正门上悬“上德若谷”巨型匾额，是祭祀老子的地方。殿内塑有三米多高的老子塑像。东殿三间题“紫气东来”匾额，敬奉鲁班，西殿门悬“返璞归真”匾额，敬奉财神。1991年重新镌刻的《道德经》石碑镶嵌在院内西墙上。1989年5月，被安徽省人民政府公布为全省重点文物保护单位。

【薛阁塔】又名文峰塔，位于亳州市薛阁路中段路南。清乾隆三十七年(1772)亳州知州郑交泰，为兴文风始建，初为五层。嘉庆十七年(1812)州绅何天衢投资续建两层，成为七级玲珑宝塔。因塔建在明代吏部考功司郎中薛蕙的家庙薛家阁附近，故当地人称此塔为薛阁塔。

塔为砖结构，楼阁式建筑造型，直椎八角形，共七层，高34.15米，底层周长23.36米，塔座为八块大清石奠基。每层外转角为砖砌仿木方柱，柱上是砖枋，枋上为塔檐，枋下饰砖刻斗拱、禽鸟、花卉图案。塔内为“壁内折上式”，从第二层至第六层内壁上各有一面南小龛，为供神之处。塔顶八角飞檐、翘角垂脊、风铃叮当，筒瓦屋顶，玲珑剔透。塔尖为铁铸莲花座，座上铸葫芦式塔刹，直插云霄。2001年6月，国务院将该塔作为曹氏家族墓群的附属建筑公布为全国重点文物保护单位。

【新四军第四师司令部旧址】位于涡阳县新兴镇，占地3000平方米，是安徽省重点文物保护单位，爱国主义教育基地。1939年9月初，彭雪枫带领新四军游击支队来到新兴集，开创以新兴集为中心的豫皖苏边抗日根据地。1940年2月，游击支队改番号为新四军六支队；6月又与黄克诚领导的八路军二纵队合编为八路军第四纵队；1941年新四军组建后改番号为新四军第四师，同年彭雪枫率新四军四师转移到津浦路东。四师在新兴集期间，司令部直属机关有政治部、锄奸部、民运部、参谋部、军法处、副官处、供给处、拂晓剧团、拂晓报社等十余个部门。四师司令部旧址为砖木结构的四合院，分东西两个院子，有房34间，现已辟为新四军第四师纪念馆，军委原副主席张震为纪念馆题写馆名。纪念馆内有刘少奇、彭雪枫旧居，彭雪枫德政碑，陈列有各种图片和革命文物等。1981年，被省政府公布为省级重点文物保护单位。

【张乐行故居】位于涡阳县张老家村，是捻军首领张乐行的诞生地。故居属清式四合院，院内松柏掩映，有合瓦瓦房16间，其中前排堂屋5间，会客厅5间，东西厢房各3间。客厅重梁起架，雕梁画栋，明柱走廊，花格门窗，建筑雄伟。故居内存有张氏大宗谱、张氏小宗图、张慰祖墓碑及张敏行墓碑等。1981年，被安徽省人民政府公布为全省重点文物保护单位。

【捻军会盟旧址】捻军会盟旧址，位于涡阳县城西关大桥北侧，西环路西侧。原名山西会馆，是山西旅游商人集资所建，整体建筑雄伟、庄肃。捻军起义时，曾会盟于此。中华人民共和国成立后，命名为捻军会盟旧址。1981年，被安徽省人民政府公布为省级重点文物保护单位。

【太清宫】又称天静宫，位于涡阳县城北郑店村。太清宫始建于东汉延熹八年(165)，始称老子庙。因桓帝梦见老子降于殿廷，乃颁旨在老子故里建庙立祠，祀奉老子，并命陈相边韶撰《老子铭》碑。李唐王朝，以老子为始祖，尊此庙为祖庙。高祖武德三年(620)、太宗贞观六年(627)、高宗乾封元年(666)、武周光宅元年(684)，曾相继于此营建宫阙殿宇，金碧辉煌，宏伟壮丽，不逊于帝王之都。玄宗天宝二年(743)钦封此宫为太清宫。唐末毁于兵火，几成废墟。北宋大中祥符七年(1014)至天禧二年(1018)间奉敕重建，规模比唐时还大。元世祖之后，道教再度兴盛，此宫得以新建，并根据道教教义易名为天静宫。明正德崇祯年间和清康熙八年(1669)均进行过装修。历史上的太清宫规模宏大，占地三千亩，食业数千人，被道教界誉为中华道观之最。现在的太清宫是20世纪90年代由海外华人捐资在原址上重建的，其主要建筑按宋代规制建设。老君殿、三清殿、灵官殿、天师殿、重阳殿、吕祖殿、老祖殿、元辰殿、财神殿、慈航殿、道士舍、迎仙桥、钟楼、鼓楼、两庑、长廊、山门及门前广场等工程告竣，各殿神像及宗教设施齐备。东岳庙已修复开放。1998年，被安徽省人民政府公布为省级重点文物保护单位。

【北平城遗址】位于涡阳县曹市镇北3千米，是汉朝“山桑城”故址，东汉末封文钦为山桑侯。当地俗称“北平城”“红粟城”，《水经注》及《涡阳县志》均有记载。又因城址土呈红色，当地人遂以“红城子”呼之。2004年，被安徽省人民政府公布为省级重点文物保护单位。

【庄子祠】宋元丰元年(1078)，蒙城县令王竞始建庄子祠，苏轼为记:“庄子，蒙人也，尝为蒙漆园吏。没千余岁而蒙未有祠之者，县令、秘书丞王竞始作祠，求文以为记……”此祠堂建于涡河北岸漆园故址，主要建筑有逍遥堂、梦蝶楼、观鱼台等。每年祭祀，从未间断，至明朝天顺年间被洪水淹没。《庄子祠堂记》收在《苏东坡全集》中。

明万历八年（1580)，知县吴一鸾于县城东关重建。重建的庄子祠堂规模宏大，颇为壮观。有逍遥堂、梦蝶楼、卷篷各三间，道舍三间，鱼池桥一座。左为梦蝶楼，右为观鱼台。逍遥堂居中，堂中塑庄周像，每年春秋祭祀。明崇祯五年（1632)，知县李时芳重修逍遥堂，增建五笑亭，辟池为庄子濠上观鱼园，并新撰《新修庄子祠记》，刻碑立于祠内。门前立丈余高的石碑，镌刻“庄周故里”四个大字。

现存庄子祠是蒙城县政府在宋代庄子祠旧址上新建的，总占地面积52亩，总建筑面积1086平方米，全祠由祠堂建筑群与万树园两部分组成。主要建筑有大三门、影壁、山门、逍遥堂、古衡门，濮池、五笑亭、观台、观鱼桥、梦蝶楼、南华经阁、东西碑廊、道舍、客舍等。

【古井酒文化博物馆】位于亳州古井镇古井酒厂对面，为仿明清宫廷建筑，是安徽十大行业馆之一，也是国内最早的酒文化博物馆之一。连同古井酒厂、魏井、宋井，被国家旅游局命名为“工业旅游示范点”。

博物馆建于1994年，占地3200平方米，建筑面积2200平方米，总投资近2000万元，由北京故宫博物院专家陈列布展，分为中国酒文化、古井酒文化、古井发展史、名酒荟萃、古井画廊五大展区，一大批诸如储秀宫慈禧太后专用酒器等国宝在馆内展出，充分展示中国酒文化的博大精深。

【蒙城文庙】又名孔庙，始建于元至元二十一年（1284)。省级文物保护单位。是封建时代祭孔、演礼和办学的地方。文庙院长54.54米，宽37.45米，分布面积2042平方米。文庙自前而后依次为大成门和大成殿。大成门又名戟门，面阔五间，是通向大成殿的过道门。大成门东连名宦祠，西接乡贤祠。大成殿，原名先师殿，是文庙的主体建筑。殿阔五间，进深三间，为歇山顶抬梁式建筑。东西庑各七间，为灰色筒瓦覆顶。2008年，文物部门对文庙再次进行维修，增添文庙文化内涵，塑孔子及四配圣像，立碑悬匾，添置香炉，增设至圣堂、崇教堂、才俊堂、国学堂，目前文庙成为“探询古文化，接受传统教育”的教育基地，已向游人开放。

【伍奢冢遗址】伍奢冢遗址位于利辛县孙庙乡庙李村东北，为新石器时代至汉代遗址。遗址呈谷堆形，占地3万平方米，因伍奢冢在此而得名。冢上文化堆积层为38米，冢下为18米(河堤剖面)，冢南100米处有土城墙遗址，东西长140米，基宽3米，高出地面半米许，城墙北侧发现有古井，锅灶遗迹等。20世纪60年代，曾发现有石斧、骨针、陶网坠、红烧土等。1980年后，地面采集大量文物标本，经专家鉴定，为大汶口文化晚期遗物。其上层夹杂着东周至汉代遗物。该处具有重要的保护价值和学术研究价值。2004年，被安徽省人民政府公布为省级重点文物保护单位。

【亳州市博物馆】亳州市博物馆为仿汉城堡式建筑，在原三国揽胜宫基础上改建而成，占地2.5万平方米，建筑面积5200平方米，总投资1500万元。室内陈列面积2800平方米，文物库房建筑面积1200平方米，馆藏文物2071件套。

亳州博物馆陈列的主题为“穿越五千年——亳州文化寻源”，按照历史发展的脉络，展示亳州博大精深的文化魅力和多姿多彩的文物形态。展厅由序厅、涡河文明、商汤都亳、道源圣地、汉魏风骨、天下望州、亳商市井、近代和当代亳州8个部分组成，共展出文物700余件套。

亳州博物馆集声、光、电等现代传媒技术为一体，采用文字、图片、实物、动画、沙盘等多种表现手法，再现亳州千年文明的历史画卷，成为展示亳州历史文化名城的标志性建筑。

【亳州北关历史街区】又称北关老街。亳州物华天宝，春秋时为楚、宋、鲁等国的物产重要交流地，唐宋时为南北贸易的货物集散地，明清达到鼎盛，成为苏鲁豫皖商品集散地之一，被誉为“南北通衢，中州锁钥”。光绪年间，亳州有大小街道146条，其中北关商业区街道57条，大多以行业命名，一街一市，如花子街、白布大街、牛市、驴市等。这里汇聚全国十多个省和地区的33家商业会馆，其中湖广会馆、河南会馆、山陕会馆（花戏楼）、江宁会馆等规模最大，功能也较齐全。到清末民初，这一区域有大小钱庄33家，各类商店、栈、号、行、庄近千家，被称为“小南京”。现在的亳州老街主要指北门口以北，涡河以南的老街区，保存古街近20条，街貌依旧，建筑典雅，是研究明清中原商贸文化不可多得的实物资料。

【蒙城板桥战斗纪念馆暨雪枫公园】板桥战斗纪念馆暨雪枫公园位于蒙城县板桥镇，是国家AAA级旅游景区。纪念馆为纪念八路军第四纵队在淮北板桥集抗击日伪军进攻的战斗而建。新四军在战斗中击落敌机的照片陈设在四师纪念馆， 当年被击落的飞机就陈列在板桥雪枫公园内。2007年在遗址上建起板桥雪枫公园，公园紧邻河面，水陆面积约40公顷，公园内有板桥战斗纪念碑一座，周围长廊短亭，绿水环绕，是休闲度假的好去处。

【陈抟庙】陈抟庙，又名希夷故里，是道家著名人物陈抟的出生地，国家AAA级旅游景区。陈抟庙始建于宋，后历代维修，保留至今。2007年市政府斥资重建，在各殿内围绕着陈抟及道家文化进行布展，2009年1月对游客开放。陈抟庙占地5000平方米，有山门、碑亭、拜殿、大殿、东西偏殿等建筑。

【白鹭洲国家级水利风景区】白鹭洲国家级水利风景区位于亳州市利辛县城东南18千米处，是以茨淮新河水利工程为依托，以水利文化展示为主体，以生态旅游休闲度假为主要发展方向的综合性风景区。景区总占地面积120公顷，其中陆地面积80公顷，水面40公顷。景区内茨淮新河、利阚新河、白洋沟、月牙河等水系交错，老利风路穿境而过，把整个景区划分为4个相对独立的岛屿。其中西三角洲有水杉林、杜仲林、柳林、竹林、枇杷林、桂花林6个专题园林区，景区内“闸抱水、水漫闸”，“洲衬水、水映洲”，碧水清清，波澜不惊，渔歌互答，鹭鸟翔集，一派朝阳伴春草生辉、落日与秋水一色的靓丽美景。2009年8月，被国家水利部正式批准为国家级水利风景区，12月被评为国家AAA级旅游景区。　（市文化旅游局）

索 引

本索引采取主题分析索引法，按索引词首字汉语拼音字母顺序排列，同声同韵字按声调、同音字按笔画顺序排列，若首字相同则按第二字音序排列，依次类推。索引词后的阿拉伯数字表示该词所在页码，数字后的英文字母 a、b、c 分别表示该页文字的左、中、右栏。

A

B

C

D

E

F

G

H

J

K

L

M

N

P

Q

R

S

T

W

Y

Z

图表索引